U0528421

本书由国家博士后研究人员计划资助（GZC20231143）

《逸周书》西周诸篇研究

王文意 著

南京大学出版社

图书在版编目(CIP)数据

《逸周书》西周诸篇研究 / 王文意著. — 南京：南京大学出版社,2024.11. — ISBN 978-7-305-28419-9

Ⅰ. K224.04

中国国家版本馆 CIP 数据核字第 2024AX9814 号

出版发行	南京大学出版社		
社　　址	南京市汉口路 22 号　　邮　编　210093		

书　　名　《逸周书》西周诸篇研究
　　　　　《YI ZHOU SHU》XIZHOU ZHUPIAN YANJIU
著　　者　王文意
责任编辑　李晨远

照　　排　南京南琳图文制作有限公司
印　　刷　南京玉河印刷厂
开　　本　718 mm×1000 mm　1/16　印张 31　字数 460 千
版　　次　2024 年 11 月第 1 版　2024 年 11 月第 1 次印刷
ISBN 978-7-305-28419-9
定　　价　120.00 元

网址：http://www.njupco.com
官方微博：http://weibo.com/njupco
官方微信号：njupress
销售咨询热线：(025) 83594756

* 版权所有,侵权必究
* 凡购买南大版图书,如有印装质量问题,请与所购
　图书销售部门联系调换

序 言

王 青

  文意大学二年级就关注"书"类文献，本科毕业论文写的是《尚书》《逸周书》及清华简相关文献研究，2018年保送进南师跟随徐克谦教授读研究生，开始侧重研究《逸周书》。他在读研的两年时间内，搜集了元至正十四年（1354）嘉兴路儒学刻本、卢文弨本、潘振本、陈逢衡本、丁宗洛本、唐大沛本、日藏天保辛卯年（1831）彦蕃弘道馆本、朱右曾本、孙诒让本、陈汉章本、刘师培本、刘晓东本、张闻玉本、周宝宏本、王连龙本、黄怀信本、牛鸿恩本、姚蓉本，古今凡十八个版本的《逸周书》，也搜集了庄述祖、梁启超、郭沫若、吕思勉、刘起釪、屈万里、赵光贤、蒋善国、祝中熹、林文华、魏慈德、李学勤、裘锡圭、杨宽、罗家湘、张怀通、周玉秀等学者的相关研究文献，并对南京图书馆收藏的各个版本的《逸周书》和研究著作作了充分的调查。在此基础上，他做好了博士阶段的学习研究计划，开始申请硕博连读。因为学习成绩优异，科研成果丰富，经过层层考核，学校批准提前攻博。但克谦教授刚好于此年退休，学科也没有其他从事先秦研究的导师，克谦、王晓斌老师对我鼎力推荐，于是我改变了原先的对外招生计划，直接接收文意，他开始随我攻读博士学位。

  刚开始读博的时候，我希望他能扩大视野，除了系统性地阅读先秦时期的经典，尤其要重视近年来的出土文献。他花了近两年的时间埋头苦读，加上硕士期间的阅读积累，基本完成了十三经、前四史、大部分先秦诸子、《楚辞》《资治通鉴》（至《魏纪》部分）的通读。对有些原典则反复细读。比如《左传》，不但读《左传正义》，详细了解杜预注，也读杨伯峻《春秋左传注》，以了解有关史实的现代研究成果。对《史记》和《诗经》中与西周有关的内容则与《尚书》《逸周书》相关段落进行对比阅读。对核心文献即《逸周书》和今文《尚书》的阅读则侧重比较版本间的异文；既读点校本，也直接读古籍白文。除了细读原典，也广泛阅读今人著作，重点是今人的商周史著作。为了对《逸周书》进行版本研究，又阅读了大量的文献目录学方面的论著。文意也花了不少时间关注各类出土材料。金文部分，翻查了今人编著的青铜器铭文集成，对其中的相关史料做到心中有数；简帛则重点阅读清华简、上博简与郭店简。

通过这些基础性的阅读，他有了很多的想法，并写成了不少论文，比如《燕国琉璃河大保二器铭文及相关史实再探》《文武周公时代与诸子发生学》《基于量化统计的先秦文学史书写——以金文部分为中心》《周人政治集团在"以服事殷"问题上的文武阴阳》《朱子读〈书〉方法对"书"类文献研究的启示》等等。这些论文有的在学术会议上宣读，有的发表在《原道》《朱子学研究》《中国文化与管理》等 CSSCI 刊物上。

这一阶段，文意继续围绕博士选题做文献搜集、专项阅读，并开始写作阶段性的研究论文。在此期间，他搜寻到了周光霁《袖珍廿一种秘书》本《汲冢周书》，并写作了论文《极稀见本周光霁校刊〈袖珍廿一种秘书〉本〈汲冢周书〉研究》。此书版本价值并不很高，但文意围绕此书所作的考证，却十分精彩，充分体现出文意极为扎实的基础、广博的知识和很强的推理能力。这一阶段写作的其他几篇论文，比如《〈程寤〉〈保训〉视野下的〈逸周书〉文王佚篇研究》在华中师范大学第八届华大研究生史学论坛进行了宣讲，获三等奖，并发表在第七辑《华大史学论坛》上；《〈逸周书〉视阈下的周人"革命"观》在北京大学举办的"中外政治思想史中的人与国家"博士生学术会议上发表；《〈逸周书·芮良夫〉成篇年代考》发表在《历史文献研究》上。因此，文意对博士论文写作的准备是非常充分的。

不过，文意开始设计的写作大纲我却不太满意。当初他设计的框架是上篇六章，分别对《逸周书》"西周六篇"作文本释读、大意析论和问题辑考这三项工作，下篇则对《逸周书》全书作历史、思想方面的综合研究。我觉得上篇只是对"西周六篇"一个较为详尽的注释，而下篇又缺少了文学层面的研究。我希望此篇博士论文是一篇以问题为导向、带有强烈问题意识,并能解决问题的文学论文。文意对写作大纲作了大幅度的修改。上篇围绕古今学术界对"西周六篇"的诸多争议与问题,分别给出了新的、独特的论证、解释与答案,并由此概括出"书"类文献的普遍特征。考虑到这是一篇申请文学博士学位的论文,下篇则尽力挖掘《逸周书》所蕴含的文学性、所具有的文学价值。我觉得,修改后的上篇,完全达到了我们设定的目标。修改后的下篇尽管也是前人未曾认识到、当然也未曾分析过的,但与文意原来的设想相比,我也不太确定这样的改写是提升了论文,还是让论文减色,但肯定是对当今学位制度的一种妥协。好在文意原先的一些精彩章节作为论文的附录得以保留,没有湮没。不出所料,文意的博士论文无论是在外审还是答辩时,都得到了专家们的高度评价。

文意今年三十岁,到此书出版之时,他的《逸周书》研究已经持续了近十年,他的青春年华、生命的三分之一时间都花在了此项研究上。南京大学出版社即将出版文意的博士论文,正好为他将近十年的工作做一个总结,他美好的、有价值的青年时代有了一个最好的纪念,近年来体形的微微发胖也能得到些许补偿。在过去的研究暂告一个段落后,可以朝着全新的方向进发。

文意天生是做学问的人,除了读书做学问,我还没有发现他有其他特长。所以,我特别希望他出站后,能找到他喜爱并擅长的工作,能够继续从事他所喜爱并擅长的职业。是为序。

2024 年 6 月 7 日于仙林茶苑

目　录

绪　论 ··· 001

第一章　《逸周书》西周诸篇成篇年代再论 ······································· 036

第一节　《克殷》成篇年代再论——"轻吕"引发的质疑 ················· 037
第二节　《世俘》成篇年代再论——离谱的数字 ······························· 042
第三节　《商誓》成篇年代再论——"几耿肃执"的族属与字体特征 ··· 046
第四节　《度邑》成篇年代再论——超自然的灾异描写 ··················· 051
第五节　《皇门》成篇年代再论——天下意识与隐君之恶 ··············· 056
第六节　《祭公》成篇年代再论——病榻焉能"拜手稽首" ··············· 060

第二章　《逸周书》西周诸篇单篇专题讨论 ······································· 066

第一节　《克殷》中的"致师"礼 ··· 067
第二节　《世俘》中的动物 ··· 073
第三节　《商誓》中的"话言" ··· 080
第四节　《度邑》"名三百六十夫"与氏族封建制 ······························· 085
第五节　《皇门》中"王"的史事背景 ··· 099
第六节　《祭公》的"顾命"体特征——兼谈《顾命》《保训》 ··············· 109

第三章　《逸周书》西周诸篇与"书"类文献 ······································· 123

第一节　先秦文献的类型与体系 ··· 123

第二节　"书"类文献的定义及鉴定标准 …………………… 127
　　第三节　西周诸篇是否为"书"类文献 ……………………… 135
　　第四节　西周诸篇与"书"类文献的文学性："记言体""六体" …… 147

第四章　《逸周书》西周诸篇的君臣群像及其文学特征 …… 158

　　第一节　王权独尊的武王 …………………………………… 159
　　第二节　走马灯般的群臣 …………………………………… 164
　　第三节　政治老成的武王 …………………………………… 167
　　第四节　战战兢兢的武王 …………………………………… 170
　　第五节　拳拳忠心的周公 …………………………………… 174
　　第六节　鉴史知今的周公 …………………………………… 175
　　第七节　鞠躬尽瘁的祭公 …………………………………… 179
　　第八节　论君臣群像的"文学特征" ………………………… 184

第五章　《逸周书》西周诸篇的文学修辞 ……………………… 206

　　第一节　平铺直叙的铺陈 …………………………………… 206
　　第二节　排比作用下的文势 ………………………………… 214
　　第三节　因事设譬：比喻的纯熟运用 ……………………… 222
　　第四节　极致的夸张与溢美的夸饰 ………………………… 226
　　第五节　节缩、脱文之辨 …………………………………… 245

第六章　《逸周书》西周诸篇的文学史地位 …………………… 257

　　第一节　西周诸篇的文学成熟度 …………………………… 257
　　第二节　西周诸篇在先秦文学中的位置 …………………… 294

结　语 …………………………………………………………… 325

附录一　《逸周书》西周诸篇阙文整理与讨论 ………………… 328

附录二 《逸周书》西周诸篇版本汇校 …………………… 360

附录三 《逸周书》西周诸篇自行点校 …………………… 420

附录四 周光霁本概说 …………………………………… 428

附录五 《芮良夫》成篇年代再论 ………………………… 455

参考文献 …………………………………………………… 463

后　记 ……………………………………………………… 483

绪　论

《逸周书》①是一部具有较高价值的先秦典籍,"七十一篇之编订时间,就初步可以限定在前 532—前 339 之间"(黄怀信语)②,"《逸周书》编辑于公元前 299 年之前"(李峰语)③。"七十一篇"的《逸周书》在战国时已编订成书恐非事实,但说最晚篇目的写成年代在这个区间内,应是大致不错的,所以称《逸周书》为先秦典籍恰如其分。有些学者认为"《逸周书》的地位,应与《尚书》相近或相同"(晁岳佩语)④,此说虽有夸大之嫌,但足以说明《逸周书》地位的重要。⑤

《逸周书》篇目鱼龙混杂,其总体价值不足与《尚书》相提并论,但其中的《商誓》《皇门》等西周诸篇可与《尚书》周初诸诰相颉颃。《逸周书》较《尚书》而言,受儒家意识形态束缚相对较少,更容易保存一些史实,所以这部分文献的史料价值不逊于《尚书》西周诸篇。另外,由于长期受重视程度不如《尚书》,《逸周书》西周诸篇尚未解决的问题也要远多于《尚书》。尤其是元明清

---

① 为避免脚注烦琐,本书引用的《逸周书》正文、序文、孔注、卢校、卢注一律默认引自卢文弨抱经堂本《逸周书》,不再一一出注。如非引自这个版本,则会详细出注。[晋]孔晁注,[清]卢文弨校:《逸周书》,清乾隆五十一年(1786)余姚卢氏抱经堂刻本,宋志英、晁岳佩选编:《〈逸周书〉研究文献辑刊》第 1 册,北京:国家图书馆出版社,2015 年。
② 黄怀信:《〈逸周书〉时代略考》,《西北大学学报(哲学社会科学版)》1990 年第 1 期,第 111—117 页。
③ 李峰著、徐峰译、汤惠生校:《西周的灭亡:中国早期国家的地理和政治危机(增订本)》,上海:上海古籍出版社,2016 年,第 31 页。
④ 宋志英、晁岳佩选编:《〈逸周书〉研究文献辑刊》第 1 册,北京:国家图书馆出版社,2015 年,前言第 9 页。
⑤ 在本书中,若非需特别强调,《尚书》《逸周书》篇目直接写篇名,不再写书名,如:直接写《洛诰》,不写《尚书·洛诰》;直接写《瘝儆》,不写《逸周书·瘝儆》。

各版本的异文情况,远较《尚书》复杂。再加上出土文献清华简《皇门》《祭公之顾命》等篇目的面世,更给《逸周书》西周诸篇的研究带来了新的问题。通过对《逸周书》西周诸篇的深入研读,可为"书"类文献等课题的研究提供新的思路和方案。

本书题目定为《〈逸周书〉西周诸篇研究》,出于以下两点考虑。第一,《逸周书》中的西周诸篇"大妣今文《尚书》"(朱右曾语)①、"与今文《尚书》二十八篇悉同轨辙"(唐大沛语)②,所以《逸周书》中的西周篇目是全书最有价值的部分。③ 第二,相对于"春秋篇目""战国篇目"而言,《逸周书》中的"西周篇目"有着更加明确的界定。通过博采、整理众家之说,我们可以较有信服力地得到一个基本立足点,即"西周"这个立足点,并在此基础上将研究进一步推进。

《逸周书》在先秦主要以单篇形式流传,至西汉晚期被刘向④整理校订成"《周书》七十一篇,周史记"(《汉书·艺文志》)⑤,经历了由"书"到《周书》的过程。东汉许慎首提"逸周书"之名:"《逸周书》曰:士分民之祊。"⑥"《逸周书》曰:文翰若翚雉。一名鹔鸘。"⑦"《逸周书》曰:不卵不蹼,以成鸟兽。"⑧此后经历了"逸周书""周书"两名并用的漫长时期。唐代《隋书·经籍志》之后,《逸周书》还一度被误称作"汲冢书""汲冢周书"。观元明诸版本,除程荣

---

① [清]朱右曾撰:《逸周书集训校释》,清光绪十四年(1888)南菁书院刻《皇清经解续编》本,宋志英、晁岳佩选编:《〈逸周书〉研究文献辑刊》第8册,北京:国家图书馆出版社,2015年,第10页。
② [清]唐大沛撰:《逸周书分编句释》,清道光十六年(1836)著者手定底稿本,宋志英、晁岳佩选编:《〈逸周书〉研究文献辑刊》第7册,北京:国家图书馆出版社,2015年,第4页。
③ 余嘉锡尝详论"古书单篇别行之例",可知《逸周书》西周篇目和《逸周书》是两个不同维度的研究对象。参见余嘉锡:《目录学发微 古书通例》,北京:中华书局,2009年,第265页。
④ 陈梦家:"今所见《逸周书》,当是刘向根据中祕的原始材料而加以整齐成编,如他所编的《新序》《说苑》一样。"陈梦家:《尚书通论》,北京:中华书局,2005年,第291页。
⑤ [汉]班固撰,[唐]颜师古注:《汉书》第6册,北京:中华书局,1962年,第1705页。
⑥ [汉]许慎撰,[宋]徐铉等校定:《说文解字》,北京:中华书局,2013年,第3页下栏。
⑦ [汉]许慎撰,[宋]徐铉等校定:《说文解字》,北京:中华书局,2013年,第69页下栏。原文作"大翰",据段玉裁之说改。参见[汉]许慎撰,[清]段玉裁注:《说文解字注》,杭州:浙江古籍出版社,2006年,第138页下栏。
⑧ [汉]许慎撰,[宋]徐铉等校定:《说文解字》,北京:中华书局,2013年,第154页上栏。

《汉魏丛书》本、何允中《广汉魏丛书》本的书名为《逸周书》外,其他版本均作《汲冢周书》。清乾隆《四库全书》时期,"《周书》不出汲冢"①才成为公论。此后各版本以《逸周书》为书名渐成主流,但称《汲冢周书》者依然有之,如王谟《增订汉魏丛书》本《汲冢周书》等。

《逸周书》始终未能位列诸"经",清四库时代也不过屈居"别史"。继西晋孔晁之后,首先为《逸周书》全书增注的要晚至清乾隆年间的卢文弨。近年地不爱宝,先秦、两汉出土文献呈井喷之势。2008年清华简的发现大大丰富了《逸周书》中部分篇目的研究(如《皇门》《祭公》等)。近十几年来,疑古信古释古、重建古典学、先秦古书形成、"书"类文献等也因之成为较热门的话题。这些话题都与《逸周书》紧密相关,甚至把《逸周书》作为讨论的中心。这使人们愈发意识到《逸周书》的重要性,并对《逸周书》的深入研究起到了一定的引领、促进作用。但是,时至今日依然不乏视《逸周书》为伪书的论调(本人2019年12月在学术会议上亲闻),部分学者对《逸周书》的偏见依然根深蒂固。综观学史,《逸周书》作为可靠史料的认同度还有待进一步的提升,其中各篇尤其西周各篇涉及、衍生的许多问题还有待进一步地探讨、细究。从文学的角度看,可进一步探讨、细究的空间就更大了。

若把研究《逸周书》(或称《汲冢周书》《周书》等)的学问统称为"《逸周书》学",那么"《逸周书》学"可分为三个阶段:一、"旧《逸周书》学";二、"新《逸周书》学";三、"当代《逸周书》学"。

"旧《逸周书》学"阶段指的是从西汉刘向把《逸周书》编纂成书至清乾隆年间卢文弨为《逸周书》全书增注之前的这漫长的一千八百年。在先秦时期,并没有一本书叫《逸周书》,当时只有《世俘》《皇门》《祭公》等一篇篇独立的文章。人们把这些文章统称为《书》《周书》《周志》等,和《尚书》篇目混在一起,并且篇名不定。直至刘向把《世俘》《皇门》等文章合编成了一本"书",然后才有了"《逸周书》学"。这个时间点,我们认为是《逸周书》学(即"旧《逸周书》学")的"发生"。"旧《逸周书》学"的时间跨度大,但十分沉寂。刘

---

① [晋]孔晁注:《逸周书》,乾隆四十四年(1779)抄本,[清]永瑢、纪昀等:《景印文渊阁四库全书》第370册,台北:台湾商务印书馆,1986年,第1页下栏。

向之后,便是西晋的孔晁。孔晁是为《逸周书》全书①作注的第一人。孔晁之后,便是清乾隆时期的卢文弨,卢文弨是为《逸周书》全书作注的第二人。之所以强调"全书"二字,是因为孔晁之后、卢文弨之前并非无人关注《逸周书》,其中最有代表性的就是南宋王应麟为《王会篇》作的"补注",今有清嘉庆十一年(1806)本《周书王会篇补注》一卷,收录在《〈逸周书〉研究文献辑刊》②。另外,"旧《逸周书》学"时期的各史志文献也没有忽略《逸周书》,乃如《汉书·艺文志》《隋书·经籍志》《旧唐书·经籍志》《新唐书·艺文志》《宋史·艺文志》都提到了《周书》或《汲冢周书》,指的都是《逸周书》。《汉书·艺文志》颜师古注引刘向言堪称"旧《逸周书》学"之精髓:"师古曰:'刘向云:周时诰誓号令也,盖孔子所论百篇之余也。'今之存者四十五篇矣。"③这句话涉及刘向对《逸周书》的定性,也涉及唐时《逸周书》的存佚情况,具有极大学术价值。④《逸周书》见载历代史志文献,说明其虽不受重视,但至少不是晚出的伪书。《逸周书》在宋之前的传抄情况今已很难追溯,现知最早版本是元至正十四年(1354)嘉兴路儒学本所附丁黼序中提到的"嘉定十五年(1222)夏四月十一日东徐丁黼"本,丁黼本今佚。今存最早版本即元至正本,书名题"汲冢周书"。明至清初的《逸周书》版本,多数书名题"汲冢周书"。这些版本的存在仅志在传承史籍,并无增注、研究的意向。清乾隆卢文弨后,增注、研究渐成主流⑤,"新《逸周书》学"自此诞生。

"新《逸周书》学"的起点是卢文弨⑥。卢文弨抱经堂本《逸周书》的面世在《逸周书》研究史上具有里程碑的意义,几乎起到了"善本出而诸本废"的

---

① 严格来说并非所有篇目都有孔注,但孔晁作注时的导向是为全书作注,而非特地研究专篇,故我们这里姑且将他算作《逸周书》全书作注的第一人。
② 以下简称《辑刊》。
③ [汉]班固撰,[唐]颜师古注:《汉书》第6册,北京:中华书局,1962年,第1705页。
④ 当然,这句定性也并非不刊之论。详参本书第六章。
⑤ 卢文弨后,"旧《逸周书》学"作为支流依然顽强地存在着,如王谟《增订汉魏丛书》本、周光霁《袖珍廿一种秘书》本,皆在卢文弨之后,书名皆题"汲冢周书",除孔注外无任何增注,属"旧《逸周书》学"之余续。
⑥ 卢文弨对《逸周书》有很深入的研究,他曾亲手批校何允中《广汉魏丛书》本《逸周书》,该本今藏南京图书馆,多色小字群蚁排衙、钤印满纸,非常精美,笔者曾亲手翻阅过。

效果。卢文弨不仅是继孔晁后为《逸周书》全书增注的第一人,而且抱经堂本是他对《逸周书》元明各版本进行深入研究之后整理、校勘的成果,属于典型的"后出转精"。黄怀信对抱经堂本的评价可谓恰如其分:"卢氏几乎校用了所有传世元明名刊,而且又广泛吸收了各家成果。无疑,其本应该比较精善。卢氏本人,又以校勘见长,在清代首推校勘大家,故其本自然高出众本之上,世推'最善'。"①与卢文弨同时期还有一件大事,就是《四库全书》的编纂。《四库全书》为《逸周书》做了官方定性,即"《周书》不出汲冢"②,并使之成为公论。这是继杨慎、李焘等人否定《逸周书》出于汲冢之后,官方的再一次确证。受卢文弨本的影响,清中后期的《逸周书》各版本转向以增注、研究为主,代表人物有潘振、陈逢衡、丁宗洛、唐大沛、王念孙、朱右曾、孙诒让等。同样,受《四库全书》和抱经堂的共同影响,清中后期各版本的书名也都题"逸周书"或"逸周书××"之类(如丁宗洛《逸周书管笺》、唐大沛《逸周书分编句释》),像嘉庆年间周光霁《袖珍廿一种秘书》本依然题《汲冢周书》且除孔注外无增注,确为少见。"新《逸周书》学"时代贯穿了清中后期至民国,以卢文弨抱经堂本为绝对的大宗,并以注解、研究《逸周书》为主要再刊缘由。这种以卢文弨本为大宗的风气甚至远播海外,日本天保二年(1831)彦藩弘道馆本《逸周书》对卢本的原样翻刻即其明证。

  新中国成立后,《逸周书》研究进入了"当代《逸周书》学"阶段。其实在1970年代之前,几乎未见研究《逸周书》的专书。这一阶段关于《逸周书》的研究主要散见于各类史学著作,如郭沫若《中国古代社会研究》提到:"《逸周书》中可信为周初文字者尽三二篇。"③

  1976年台湾大学中国文学研究所黄沛荣的博士论文《周书研究》堪称"当代《逸周书》学"阶段最早的研究专书。虽说是"博士论文",但该书很厚,大开本398页,更以屈万里为导师,经王梦鸥、李树桐、龙宇纯等名家评审,从宏观层面讨论了《逸周书》的篇数、"汲冢"与否、文章特色、内容思想等问

---

① 黄怀信:《〈逸周书〉源流考辨》,西安:西北大学出版社,1992年,第138页。
② [晋]孔晁注:《逸周书》,乾隆四十四年(1779)抄本,[清]永瑢、纪昀等:《景印文渊阁四库全书》第370册,台北:台湾商务印书馆,1986年,第1页下栏。
③ 郭沫若:《中国古代社会研究》,北京:人民出版社,1964年,第269页。

题。虽其文学角度的研究和篇目断代方面还有需商榷之处,但其大致体例已具备"当代《逸周书》学"之特征,绝非古人的"注解"或"寻章摘句",而是现代意义上的研究专书。1992年,香港商务印书馆出版了《逸周书逐字索引》,该书对《逸周书》原文全文做了逐字索引,并在附录里附有《全书用字频数表》,非常方便检索查阅。虽然现在各类电子数据库检索便捷,但这类索引书籍依然具有不可替代的学术价值。同年,西北大学出版社出版了黄怀信的《〈逸周书〉源流考辨》,该书虽然只有薄薄一本,但学术价值极大,是"当代《逸周书》学"史上不可避而不谈的经典之作。该书最有价值的两个部分:第一,收集古书引用情况;第二,考其版本源流。虽说现在的电子数据库十分便捷,但《逸周书》古时书名不定,时而"周书",时而"周志",甚至有时直接叫作"书"。黄怀信的整理大大方便了当代学人的检索查阅。再看"版本源流"部分,这更是黄氏本书的主题。黄怀信的"《逸周书》版本源流图"基本是准确可靠的,大致厘清了《逸周书》版本存世情况。① 1995年,黄怀信《逸周书汇校集注》②出版;1996年,黄怀信《逸周书校补注译》③出版。这两个版本分别在2007年和2006年出了修订本,下文详谈。1997年,辽宁教育出版社出版了贾二强校点《逸周书》,收在合订本《帝王世纪 山海经 逸周书》中。

---

① 不过,还是有两个明显的错误需纠正。第一个错误,第33页:"杨氏之后,终明一代所见,唯新安程荣辑刊之《汉魏丛书》本题'逸周书'(盖从杨说而改),余均仍冠'汲冢'。"参见黄怀信:《〈逸周书〉源流考辨》,西安:西北大学出版社,1992年,第33页。实际上,何允中《广汉魏丛书》本也题"逸周书",南京图书馆藏卢文弨批校本即是明证。黄怀信在第128页介绍何允中本时说:"何本,题'汲冢周书',十卷。"参见黄怀信:《〈逸周书〉源流考辨》,西安:西北大学出版社,1992年,第128页。显然是错误的。第二个错误,黄怀信在第127—129页列举了《逸周书》的主要传世版本,其中包括"明万历中武林何允中辑刊之《广汉魏丛书》本(以下简称'何本')"和"乾隆间王谟所辑之《增订汉魏丛书》本(以下简称'王本')"。这没问题,关键是接下来他有一句论断:"王本翻刻何本,体式、文字同。"参见黄怀信:《〈逸周书〉源流考辨》,西安:西北大学出版社,1992年,第127—129页。笔者去南京图书馆分别查看了何允中本和王谟本原书,发现两个版本差异较大,绝非如黄氏所说。何本与王本至少存在以下四点差异:第一,王本避清讳,何本不避。第二,何本书名作《逸周书》,王本作《汲冢周书》。第三,何本编者信息落款为王儁、钟人杰,王本则为严作哲。第四,序和目录的先后顺序不同,何本古序在前、目录在后,王本目录在前、古序在后。

② 以下简称《汇校集注》。

③ 以下简称《校补注译》。

这个版本与2010年齐鲁书社出版的袁宏点校《逸周书》类似，也是合订本《帝王世纪　世本　逸周书　古本竹书纪年》中的一种书，无增注、有孔注，似"旧《逸周书》学"。

21世纪以来，"当代《逸周书》学"进入了兴盛阶段，其成果主要可分为三类：第一，古代珍本的发现与影印；第二，标点、校勘、注释成果的不断涌现；第三，研究专著的不断出版。

第一，古代珍本的发现与影印。

影印古籍是对古书原貌最大程度的复原，其原理与古代翻刻类似，只不过是使用现代复印技术批量生产。当代影印古籍影响较大的丛书系列是山东大学杜泽逊审定的《国学基本典籍丛刊》，里面收录了大量珍贵的宋元明古籍。《逸周书》现存最早版本元至正本也在其中，题"元本汲冢周书"（国家图书馆出版社2017年版）。该本除原貌还原至正本外，前面还附有晁岳佩的《序言》。国家图书馆另一套大型影印古籍丛书系列是《先秦典籍研究文献辑刊》，该系列已出版《〈战国策〉研究文献辑刊》《〈竹书纪年〉研究文献辑刊》《〈左传〉研究文献辑刊》《〈史记〉研究文献辑刊》等辑刊，其中包括《〈逸周书〉研究文献辑刊》（国家图书馆出版社2015年版）。《〈逸周书〉研究文献辑刊》全套凡九册，收录了十五种清中期至民国的影印古籍（包括手稿），除孔晁外，所涉校注笺撰者包括王应麟、卢文弨、潘振、姚东升、陈逢衡、丁宗洛、唐大沛、王念孙、朱右曾、俞樾、孙诒让、何秋涛、陈汉章、刘师培十四人，其中刘师培有两部专书，其余人各一部。第九册书末有吴平的《〈逸周书〉研究论著索引》，列举了28种古今专书和120篇论文，可资索引、参考。《辑刊》是《逸周书》古籍版本研究的必备之书，其收录稀见古籍之功使"开展研究工作，或不需走出斗室"（晁岳佩语）[1]，实可谓造福学林。2021年浙江大学出版社出版了一部影印《逸周书》，书名题"逸周书"，选用的是卢文弨抱经堂本。卢文弨本已收录在《辑刊》，且常见易得，故此番影印的主要价值在于前附的陈东辉《前言》，较为精炼地概述了《逸周书》的现存版本，并充分肯定了

---

[1] 宋志英、晁岳佩选编：《〈逸周书〉研究文献辑刊》第1册，北京：国家图书馆出版社，2015年，前言第11页。

卢文弨本的价值。尤其是其中关于南京图书馆藏何允中《广汉魏丛书》本《逸周书》的论述，既肯定了卢文弨批校何允中本的学史意义，又可用于校误黄怀信《版本源流》中的某些论断（上文脚注已详述）。但是，现有的《逸周书》古籍版本影印情况并不能实现所有版本都轻松易得，一些稀见版本依然令学者"踏破铁鞋无觅处"。乃如湖南图书馆藏万历间钟惺《秘书九种》本《汲冢周书》，若不去图书馆查阅原书，其他任何地方都看不到这本书。再如南京图书馆藏卢文弨批校何允中《广汉魏丛书》本《逸周书》，是真正的孤本，若不去南图，则其他任何地方都看不到此书。再如周光霁《袖珍廿一种秘书》本《汲冢周书》，原为四川巴中官员家藏本，若非笔者购回，学界更不知世间有此书。再如一些曾在孔夫子网或拍卖会昙花一现的版本，如周光霁《秘书廿一种》本《汲冢周书》，其存在与否尚且不能确定，就更不用说翻阅了。仅就《逸周书》的版本研究而言，未知版本的发现可直接助益完善黄怀信的版本源流图。

第二，标点、校勘、注释成果的不断涌现。

首先，注译类。

需特别强调的是，注译类成果虽书名包括"全译""注译""新译"等字眼，但绝非普及类读物，而是学术著述，其内容不仅包括训译，还涉及疏证、校勘、历日考证等，将在下文逐个介绍。相关著作包括：张闻玉《逸周书全译》（贵州人民出版社 2000 年版）、周宝宏《〈逸周书〉考释》（社会科学文献出版社 2001 年版）、黄怀信《逸周书校补注译》（三秦出版社 2006 年版）、牛鸿恩《新译逸周书》（三民书局 2015 年版）、姚蓉《逸周书文系年注析》（广西师范大学出版社 2015 年版）、徐芹庭《细说逸周书》（圣环图书 2017 年版）、章宁《逸周书疏证》（三秦出版社 2023 年版）。这七种注译类专著，可以视作当代《逸周书》点校本的代表。他们点校、注译、研究的对象，都是《逸周书》全书，而非特定专篇，更不是寻章摘句。

张闻玉《逸周书全译》以朱右曾《逸周书集训校释》为底本，重点参考了黄怀信《逸周书校补注译》[1]。该书各篇体例为题解、原文、注释、译文。每篇分为多个小段落,逐段注译。书的末尾附有《读〈逸周书〉笔记》,对一些重点疑难字句进行了详尽的考释,具有较高的学术价值。张闻玉向来擅长历日研究,其《西周纪年研究》(贵州大学出版社2010年版)、《夏商周三代纪年》(科学出版社2016年版)都详细探讨了上古纪年的问题。尤其《西周纪年研究》,将克商年定在了公元前1106年,可谓成一家之言。[2]《逸周书全译》的《读〈逸周书〉笔记》部分[3]对《酆保》"维二十三祀庚子朔"、《小开》"维三十五祀正月丙子拜望食无时"、《宝典》"维王三祀二月丙辰朔"、《世俘》中的历日的考释,正是张氏一贯治学特色的体现。

周宝宏《〈逸周书〉考释》以卢文弨抱经堂本为底本[4],分为上下编。上编题"《逸周书》今注",每篇体例为说明、注释,分为多个小段,原文附在说明下面,说明则相当于题解。上编的前言部分较为精炼地叙述了《逸周书》的许多基本问题,如性质、名称、成书年代、"汲冢"、与《尚书·周书》的关系、流传与版本、脱误残缺情况、内容与价值、重要校注著作等。"引用书目及简称"部分只列举了18个参考文献,却对《逸周书》研究而言极具目录学价值,其大部分几与之后十几年才出版的《辑刊》重合。下编题"《逸周书》词义研究",对《度训》《克殷》《度邑》《作雒》《皇门》《尝麦》六篇进行了详尽的词义研究。在这之后,周氏又附了一篇《〈周祝〉篇与楚简〈语丛〉、帛书〈称〉比较研究》,意在将传世《逸周书》篇目与出土文献相结合,不过其重点还是落在"词义研究"上。在全书最末(不包括后记),周氏还附有"西周金文100篇",并称之曰"真正的《逸周书》"[5],按周王(包括周公)的顺序排列,从武王时期的利簋直至幽王时期的函皇父盘,其中多篇堪称西周金文的经典。虽然现在

---

[1] 参见张闻玉译注:《逸周书全译》,贵阳:贵州人民出版社,2000年,前言第4页。黄怀信《逸周书校补注译》初版于1996年,其修订本出版于2006年。张闻玉《逸周书全译》出版于2000年,所以其参考的黄氏《校补注译》应指1996年版。笔者下文详谈的黄氏《校补注译》为2006年修订版。

[2] 参见张闻玉、饶尚宽、王辉著:《西周纪年研究》,贵阳:贵州大学出版社,2010年,第52页。

[3] 张闻玉译注:《逸周书全译》,贵阳:贵州人民出版社,2000年,第352—376页。

[4] 参见周宝宏:《〈逸周书〉考释》,北京:社会科学文献出版社,2001年,第19页。

[5] 周宝宏:《〈逸周书〉考释》,北京:社会科学文献出版社,2001年,第357页。

我们用吴镇烽的《金文通鉴》查找金文非常方便,但周氏的收集整理依然可提供阅读之便。

　　黄怀信《逸周书校补注译》出过两版,初版于1996年,修订本出版于2006年,我们这里讨论的是修订本。《校补注译》以章檗本(即《四部丛刊》本)为底本[①]。前言部分讨论了《逸周书》的书名、"汲冢"、史志著录情况及今本由来、时代与编撰者、各篇时代、版本源流等问题,内容详尽丰富,相当多的部分与1992年西北大学出版社出版的《〈逸周书〉源流考辨》相重复,包括版本源流图。值得注意的是,黄氏在讨论各篇时代时,他认为《逸周书》所有的篇目都写于西周与春秋[②],其下限不晚于襄昭时期[③]。笔者未见第二家作此言,一般都认为《逸周书》中有相当多的篇目作于战国时期。纵观全书,黄氏的点校不能算非常精善。乃如《酆保》"诸侯咸格,来庆辛苦役商"[④]指的是文王伐崇之事,却被误缀于武王伐纣之事,直接将主人公由文王替换为了武王。《校补注译》是《汇校集注》的补充,可配合着看。全书中最有价值的部分是前言,许多问题可资参考、讨论。其正文各篇的校注、训译部分则失于简略。

　　姚蓉《逸周书文系年注析》以章檗本(即《四部丛刊》本)为底本,参校了卢文弨抱经堂本、朱右曾《逸周书集训校释》本,并参考了黄怀信《逸周书汇校集注》、黄怀信《逸周书校补注译》、张闻玉《逸周书全译》,且《皇门》《祭公》二篇以清华简为参校本。[⑤]《逸周书文系年注析》属上海大学邵炳军主编的《先秦文系年注析丛书》,其特色在于采用编年的形式,按史事年代的顺序将40篇《逸周书》次第排列,并将能确切主人公的篇目尽可能标注了"作者",如第一篇作"约前1600年至约前1589年　商汤元年至商汤十二年　《伊尹

---

① 参见黄怀信:《逸周书校补注译》,西安:三秦出版社,2006年,凡例第1页。
② 黄怀信:"无一篇可以断属战国或以后。"参见黄怀信:《逸周书校补注译》,西安:三秦出版社,2006年,前言第64页。
③ 参见黄怀信:《逸周书校补注译》,西安:三秦出版社,2006年,前言第63页。襄昭时期,即《春秋》所载鲁襄公、鲁昭公时期,对应公元前572—前510年,属春秋晚期。
④ 黄怀信:《逸周书校补注译》,西安:三秦出版社,2006年,第89页。
⑤ 参见姚蓉:《逸周书文系年注析》,桂林:广西师范大学出版社,2015年,第24页。

朝献》 伊尹",第二篇作"前1066年 商帝辛十年 西伯昌三十四年 《大开》 佚名",第三篇作"前1065年 商帝辛十一年 西伯昌三十五年 《小开》 周文王",最后一篇作"前299年 周赧王十六年 《器服》 佚名"①。另外21篇难以系年的放在《附录一》里,题"《逸周书》难以确切系年之文"②。这样的系年工作将《逸周书》各篇的顺序整理得颇有条理,但实际上价值有限。《逸周书》各篇年代的关键是写作年代,而非史事年代。史事年代是一目了然的部分,不需要专门论证。况且,精确到年的系年方法用于商周时期,本来就是比较危险的。即使《夏商周断代工程》已经论得武王伐纣之年是公元前1046年,但1046这个数字依然无法成为定论。更不用说把公元前1589年对应到商汤十二年,这是何等的不严谨。所以这里的系年仅是断代工程基础上的系年,不能作为公论。再具体到文王伐崇究竟是哪一年、武王灭商后活了几年等问题,争议更是层出不穷。姚氏系年时每次选取的都只能是一家之言,所以其系年价值要大打折扣。不过,此书还是有三点值得肯定的:其一,导言部分对《逸周书》的许多基本问题进行了详尽的概述,有参考价值;其二,对《逸周书》40篇的史事年代先后进行了梳理,堪称一家之言,可资参考;其三,各篇注释和简析部分有收集材料之功。

徐芹庭《细说逸周书》以朱右曾《逸周书集训校释》为底本③,但在出版说明中作者又说底本有二:一为章檗本(即《四部丛刊》本),一为卢文弨抱经堂本。不知何者为是。④ 该书属《细说廿四经》的第十二种书,丛书主编是徐耀环。该书将《逸周书》位列诸"经",可见徐氏对《逸周书》的推崇。《细说逸周书》各篇体例为微旨、逸周书序、音注、义译,然后再分小段,逐段注译。书后附《逸文第七十一》,列逸文(佚文)166条,部分有清人注。书的最末又附有

---

① 姚蓉:《逸周书文系年注析》,桂林:广西师范大学出版社,2015年,目录页。
② 姚蓉:《逸周书文系年注析》,桂林:广西师范大学出版社,2015年,第176页。这里的《逸周书》总篇数是61篇,而非传统所说的存世59篇,是因为作者将《伊尹朝献》单列,并把清华简《程寤》补了进来。
③ 徐芹庭编著:《细说逸周书》,徐耀环主编:《细说廿四经》第12册,新北:圣环图书,2017年,序言第4页。
④ 徐芹庭编著:《细说逸周书》,徐耀环主编:《细说廿四经》第12册,新北:圣环图书,2017年,出版说明第1—2页。

《四部丛刊》收录民国上海涵芬楼影印的章檗本全书。该书序言中有两个与主流不合的观点值得一提：第一，认为《逸周书》"是孔子所未及见，或见而弗能刊刻者也"①，这意味着在孔子之前已有一部书叫《逸周书》；第二，《逸周书》出自汲冢②。此类论调仅供参考即可。该书最值得参考的部分是出版说明，其中有收罗文献之功，可供索引查阅。

章宁《逸周书疏证》以元至正十四年（1354）嘉兴路儒学本为底本，参考的主要版本多达14个。③ 章宁将《逸周书》中的文献分为六类：第一，"疑似战国诸子手笔的政论"；第二，"春秋战国时期流传的箴戒及习语汇集"；第三，"来源较早的诗书逸篇"；第四，"春秋战国时期流传的记事专篇"；第五，"可能旁取自他书的功能性篇章"；第六，"是战国乃至更晚时期的造作故事"。④ 该书依循《逸周书》原书体例分为十卷，除《史记》篇为区别于司马迁《史记》而作《史记解》外，其余篇名皆不加"解"字。各篇按照题解、正文、孔注、疏证的顺序展开，而且正文、孔注、疏证皆分小段罗列，几乎是一句一疏证，极为精细。各篇中无集注，也无刻意的汇校。各篇末尾也无全文译文、专题讨论等。章宁此疏证本完全按照传统古典文献学的治学路数，与清儒所治版本并无二致。

牛鸿恩《新译逸周书》既属注译类，也属汇校集注类，但以汇校集注为主，所以我们下文再谈。

其次，汇校集注类。

汇校集注类的点校本以黄怀信《逸周书汇校集注》（上海古籍出版社2007年版）、牛鸿恩《新译逸周书》（三民书局2015年版）为代表。

黄怀信《逸周书汇校集注》原版于1995年，2007年出修订本。《汇校集

---

① 徐芹庭编著：《细说逸周书》，徐耀环主编：《细说廿四经》第12册，新北：圣环图书，2017年，序言第1页。
② 参见徐芹庭编著：《细说逸周书》，徐耀环主编：《细说廿四经》第12册，新北：圣环图书，2017年，序言第3页。
③ 章宁疏证，晁福林审订：《逸周书疏证》，西安：三秦出版社，2023年，凡例第1页。
④ 章宁疏证，晁福林审订：《逸周书疏证》，西安：三秦出版社，2023年，弁言第2—3页。

注》以章檗本(即《四部丛刊》本)为底本①,属《中华要籍集释丛书》系列。其搜罗材料之功甚巨,几乎收集了所有与《逸周书》相关的材料,包括汇校采用旧本7种、入校前人校注本6种、采辑前人校注21种。像沈延国《逸周书集释》这样"未刊"的文献,也在顾颉刚引各家中有所呈现。在2015年《辑刊》出版之前,攻研《逸周书》者无人可绕过此书。每当我们看到学者引用陈逢衡、丁宗洛、唐大沛等清人注笺时,其标注的参考文献几乎全是《汇校集注》,由此可见黄氏汇集材料之功。在《辑刊》出版之后,因其价贵难得,《汇校集注》依然是学者引清人注时的主要参考书。况且,《汇校集注》所涉文献远不止《辑刊》所录十五种专书。学者通过《汇校集注》按图索骥,可进一步收集更多的前人注解材料。因此,黄氏此书堪称《逸周书》"汇校集注"的集大成之作。然而,客观来说,《汇校集注》的点校不能算十分精善,颇有值得商榷的地方。另外,有集注却无按语的体例也美中不足,使读者不得不配合着《校补注译》一起阅读才行。

牛鸿恩《新译逸周书》以朱右曾《逸周书集训校释》为底本,参校章檗本、卢文弨抱经堂本②,属《古籍今注新译丛书》系列。该书收录《逸周书》六十一篇,包括存世五十九篇、《序》,还有据清华简补入的《程寤》。另外,《皇门》《祭公》设"传本与清华简对照"部分,充分将出土文献与传世文献进行了比对研究。具体到各篇,牛氏的体例是题解、正文、章旨、注释、语译,每篇分小段,篇末有研析。就篇幅而言,"研析"往往占有较大的比重,是对该篇相关内容的探讨,极具学术价值。在注释方面,该本虽不似黄氏《汇校集注》那样特地集注百家,但引用材料也颇丰富、讨论颇详细,起到了集注的作用,可补黄氏《校补注译》注释简略之失。注释之后的语译相当于翻译和析论,可补黄氏《汇校集注》按语之缺失。在书后附录部分,牛氏又设《古今学者论〈逸周书〉》部分,收录了大量前人关于《逸周书》的论述,有收罗文献之功,具有较高的学术价值。

---

① 黄怀信、张懋镕、田旭东撰,黄怀信修订,李学勤审定:《逸周书汇校集注》,上海:上海古籍出版社,2007年,凡例第1页。
② 牛鸿恩注译:《新译逸周书》,台北:三民书局,2015年,凡例第1页。

总论当代各家点校本(包括注译类、汇校集注类),黄怀信对《逸周书》的研究成果最丰,《逸周书汇校集注》(1995/2007)、《逸周书校补注译》(1996/2006)、《〈逸周书〉源流考辨》(1992)三部书从三个角度对《逸周书》进行了深入的研究,其维度之广,涉览之博值得肯定。但是,《汇校集注》《校补注译》在文本点校方面都谈不上精善,注译部分也有一些较明显的错误。周宝宏《逸周书考释》较为严谨,且分为上下编,文本考释十分细致。牛鸿恩《新译逸周书》集汇校、集注、集前人萃语为一体,又充分结合了出土文献清华简。周、牛两家的文本点校都较为精善,未见太离谱的错误,在收集材料方面也可与黄氏相补充。张闻玉《逸周书全译》的历日、纪年部分需重点参考。姚蓉《逸周书文系年注析》可在史事年代顺序方面提供参考,但精确年份不可为据。笔者在撰写本书时,将采用卢文弨抱经堂本作为底本重新点校,不敢以当代任何一家点校本为尊。

第三,研究专书的不断出版。

当代研究专书方面,当以以下七家为代表:周玉秀《〈逸周书〉的语言特点及其文献学价值》(中华书局 2005 年版)、罗家湘《〈逸周书〉研究》(上海古籍出版社 2006 年版)、王连龙《〈逸周书〉研究》(社会科学文献出版社 2010 年版)、张怀通《〈逸周书〉新研》(中华书局 2013 年版)、赵奉蓉《〈逸周书〉文学研究》(中国社会科学出版社 2013 年版)、唐元发《〈逸周书〉词汇研究》(浙江大学出版社 2015 年版)、罗斌·麦克尼尔(Robin Mcneal)《征服与统治:〈逸周书〉中的早期中国军事文本》(夏威夷大学出版社 2012 年版)(*Conquer and Govern*: *Early Chinese Military Texts from the Yizhou Shu*,University of Hawai'i Press,2012)。

周玉秀《〈逸周书〉的语言特点及其文献学价值》从语法、韵语、修辞等方面解剖文献,对《逸周书》各篇进行了断代。上古文献向来以"材料太少"为特点,凭内容断代则可依凭的文献有限,凭文辞古奥断代又多主观臆断。与传统路数不同,周玉秀从人称代词、句末语气词、特殊词序、押韵情况、修辞方法等角度入手,以西周金文为参照标准,以《尚书》为主要参考对象,界定出西周篇目是《克殷》《商誓》《世俘》《度邑》《皇门》《祭公》六篇,而《芮良夫》《尝麦》在人称代词方面存在春秋特征,《作雒》在韵语方面存在战国特征——因此此三篇被归于春秋、战国。① 张怀通《〈逸周书〉新研》最精华的部分也在于文献的断代,尤其是西周文献的鉴定。张怀通的结论可以分为三个层次,并最终裁定"《克殷》《世俘》《商誓》《度邑》《皇门》五篇是西周篇章"②。张氏的论证过程十分严谨,结论比周玉秀少一《祭公》,两者基本吻合。张怀通还对《逸周书》的版本做了非常细致的梳理,其收集整理之功不逊于黄怀信《源流考辨》。在诸版本中,张怀通最推崇的是卢文弨本和朱右曾本,这也是符合学界共识的。罗家湘《〈逸周书〉研究》也以"《逸周书》各篇的时代"为主要立足点,借此探讨《逸周书》的编辑、文体和各类思想特征。罗氏将《逸周书》文献分为史书、政书、兵书、礼书,并在史书里界定了"完全确定的西周篇章"和"有争议的西周篇章",前者指《世俘》《商誓》《皇门》《尝麦》《祭公》《芮良夫》六篇。③ 另外,周玉秀《〈逸周书〉的语言特点及其文献学价值》和罗家湘《〈逸周书〉研究》都有赵逵夫作序,序的内容本身就很有参考价值。王连龙《〈逸周书〉研究》第二编为"《逸周书》篇章讲义",涉及《皇门》等四篇的文本考释,可作为当代点校本参读。王氏全书从版本源流到文本考释,再到探讨制度与思想,这样的研究体例很值得我们学习。④ 唐元发《〈逸周书〉词汇研究》的研究角度与周玉秀类似,研究目的却有本质不同。周氏是通过语言学角度解决《逸周书》相关问题,唐氏则是从语言学层面解剖《逸周书》文本本身。唐氏的优势在于极尽详细的单字考释,可以为我们解读文本提供参考。⑤ 赵奉蓉《〈逸周书〉文学研究》主要从文学角度切入,其中的序、前言、第一章"文本形态论"、第三章"人物形象"、附录部分最可资参考。⑥ 罗斌《征服与统治:〈逸周书〉中的早期中国军事文本》分为两部分,第一部分是"武以消灾,民以定序"(Use the Martial to Dispel Calamity and

---

① 周玉秀:《〈逸周书〉的语言特点及其文献学价值》,北京:中华书局,2005 年,第 271—272 页。
② 张怀通:《〈逸周书〉新研》,北京:中华书局,2013 年,第 368—369 页。
③ 参见罗家湘:《〈逸周书〉研究》,上海:上海古籍出版社,2006 年,第 10 页。
④ 王连龙:《〈逸周书〉研究》,北京:社会科学文献出版社,2010 年。
⑤ 唐元发:《〈逸周书〉词汇研究》,杭州:浙江大学出版社,2015 年。
⑥ 赵奉蓉:《〈逸周书〉文学研究》,北京:中国社会科学出版社,2013 年。

the Civil to Bring Order），第二部分是"《逸周书》中的军事章节"（Military Chapters of the *Yizhou Shu*），后者重点谈到《逸周书》军事章节的翻译与语言问题。①

　　以上就影印本、点校本、研究专书三个方面综述了"当代《逸周书》学"在著述方面的研究现状。著述出版情况可以直观反映一个领域的研究热度，毫无疑问，"当代《逸周书》学"是清中后期"新《逸周书》学"之后的又一个高峰。无论是清乾嘉之后还是当代，学者都在试图整理、考据一切可见的古籍。作为千年"小道"的《逸周书》，在乾嘉至今的三百年里也得到了较为充分的研究。就著述层面而言，现阶段至少还存在三点不足：第一，目前还没有一个公认的最精善的点校本。即使是黄怀信这样毕生致力于《逸周书》研究的学者，其《汇校集注》《校补注译》的点校情况也依然不容乐观。笔者认为现在较为可靠的点校本当属牛鸿恩《新译逸周书》，但若称"最善"，依然力有不逮。第二，《逸周书》的古籍版本收集和古今学者的研究成果收集还不够全面。黄怀信的版本源流图距离完善还有很长的路要走，除笔者收购的周光霁《袖珍廿一种秘书》本《汲冢周书》应被收录之外，还有散见于孔夫子网、各拍卖会及各种古代集子里的《逸周书》或其单篇，这些都应纳入版本研究的范畴。在古今学者的研究成果方面，牛鸿恩已在《新译逸周书》的附录里作过收集，但还显零碎，未来最好能将某家辑佚成书。沈延国《逸周书集释》一直以"未刊"为标签，该书能不能找到？若能找到，理当出版；若找不到，也应辑佚文出版。据顾颉刚引用情况，沈延国现存佚文应非只言片语。第三，《尚书》已有多部"尚书学史"（陈梦家、刘起釪、蒋善国、程元敏等）②，《逸周书》却还没有类似的学史著作。

　　著述之外，学术论文可起到补充研究的作用。《逸周书》相关论文不可胜数，现做一个简单的举隅。第一，宏观视角探讨《逸周书》基本问题的，如：

---

① Robin Mcneal. *Conquer and Govern：Early Chinese Military Texts from the Yizhou Shu*，Hawai'i：University of Hawai'i Press，2012.

② 陈梦家：《尚书通论》，北京：中华书局，2005 年。刘起釪：《尚书学史》，北京：中华书局，2017 年。蒋善国：《尚书综述》，上海：上海古籍出版社，1988 年。程元敏：《尚书学史》，上海：华东师范大学出版社，2013 年。

李学勤《清华简与〈尚书〉〈逸周书〉的研究》①、罗家湘《〈逸周书〉的异名与编辑》②、谭家健《〈逸周书〉与先秦文学》③、黄怀信《〈逸周书〉时代略考》④、杨宽《论〈逸周书〉》⑤、俞可平《从〈逸周书〉看西周的国家形态》⑥、谷中信一《逸周书的思想及其成书——对于齐学术一个侧面的考察》⑦。第二，单篇视角探讨《逸周书》某一篇、某几篇或某一类的，如：顾颉刚《〈逸周书·世俘篇〉校注、写定与评论》⑧、李学勤《〈世俘〉篇研究》⑨、何幼琦《〈武成〉〈世俘〉述评》⑩、张怀通《〈世俘〉与武王献俘盟誓典礼》⑪。第三，结合出土文献(尤其是清华简)讨论《逸周书》问题的，如：魏慈德《从出土的〈清华简·祭公之顾命〉来看清人对〈逸周书·祭公〉篇的校注》⑫、李学勤《清华简与〈尚书〉〈逸周书〉的研究》⑬。第四，结合其他传世文献讨论《逸周书》问题的，最典型的就是《尚书》，还有《左传》《史记》《竹书纪年》《山海经》《说文解字》等，如：李学

---

① 李学勤：《清华简与〈尚书〉〈逸周书〉的研究》，《史学史研究》2011年第2期，第104—109页。
② 罗家湘：《〈逸周书〉的异名与编辑》，《西北师大学报(社会科学版)》2001年第5期，第74—77页。
③ 谭家健：《〈逸周书〉与先秦文学》，《文史哲》1991年第3期，第75—82页。
④ 黄怀信：《〈逸周书〉时代略考》，《西北大学学报(哲学社会科学版)》1990年第1期，第111—117页。
⑤ 杨宽：《论〈逸周书〉》；杨宽：《西周史》，上海：上海人民出版社，2016年，第911—925页。
⑥ 俞可平：《从〈逸周书〉看西周的国家形态》；俞可平主编：《北大政治学评论》第7辑，北京：商务印书馆，2020年，第3—33页。
⑦ ［日］谷中信一：《逸周书的思想及其成书——对于齐学术一个侧面的考察》，《日本学者论中国哲学史》，上海：华东师范大学出版社，2010年，第183—197页。原载《日本中国学会报》第38集，1986年。
⑧ 顾颉刚：《〈逸周书·世俘篇〉校注、写定与评论》，新建设编辑部编：《文史》第2辑，北京：中华书局，1963年，第1—41页。
⑨ 李学勤：《〈世俘〉篇研究》，《史学月刊》1988年第2期，第3—8页。
⑩ 何幼琦：《〈武成〉〈世俘〉述评》，《江汉论坛》1983年第2期，第76—79页。
⑪ 张怀通：《〈世俘〉与武王献俘盟誓典礼》，《古代文明》2022年第16卷第3期，第46—56、157页。
⑫ 魏慈德：《从出土的〈清华简·祭公之顾命〉来看清人对〈逸周书·祭公〉篇的校注》，《厦大中文学报》2016年第1期，第3—30页。
⑬ 李学勤：《清华简与〈尚书〉〈逸周书〉的研究》，《史学史研究》2011年第2期，第104—109页。

勤《清华简与〈尚书〉〈逸周书〉的研究》①、胡宏哲《〈尚书〉与〈逸周书〉比较研究》②、刘韵叶《略论〈逸周书〉中的夏史料》③、李学勤《〈尚书〉与〈逸周书〉中的月相》④、谭家健《〈逸周书〉与先秦文学》⑤、马承玉《〈逸周书〉之名始于〈说文〉》⑥。第五，以清代学人的注疏札记为切入点探讨《逸周书》问题的，最受关注的清代学人有朱右曾、丁宗洛、陈逢衡、王念孙等，如：刘精盛《王念孙〈读书杂志·逸周书〉校雠补正》⑦、蔡升奕《〈逸周书〉若干校注疏证》⑧、黄怀信《〈逸周书〉各家旧校注勘误举例》⑨。第六，结合《逸周书》集中探讨"武王伐纣"这一史事的，主要涉及《世俘》《克殷》等篇目，如：桂珍明《〈逸周书〉所载武王伐纣史事述论》⑩、翟胜利《西周金文与献俘礼》⑪、叶正渤《〈逸周书〉与武王克商日程、年代研究》⑫。第七，结合《逸周书》讨论"周书""汲冢周书"等问题的。如：王连龙《谈汲冢〈周书〉与〈逸周书〉——从出土文献研究看古书形成和流传问题》⑬、李绍平《〈逸周书〉考辨四题》⑭、罗家湘《〈逸周书〉的异名与编辑》⑮。海外关于《逸周书》的研究并不算多，重点落在武王伐纣的

---

① 李学勤：《清华简与〈尚书〉〈逸周书〉的研究》，《史学史研究》2011年第2期，第104—109页。
② 胡宏哲：《〈尚书〉与〈逸周书〉比较研究》，北京语言大学博士学位论文，2008年。
③ 刘韵叶：《略论〈逸周书〉中的夏史料》，《史海侦迹——庆祝孟世凯先生七十岁文集》，中国先秦史学会，2005年，第104—108页。
④ 李学勤：《〈尚书〉与〈逸周书〉中的月相》，《中国文化研究》1998年第2期，第5—8页。
⑤ 谭家健：《〈逸周书〉与先秦文学》，《文史哲》1991年第3期，第75—82页。
⑥ 马承玉：《〈逸周书〉之名始于〈说文〉》，《江汉论坛》1985年第5期，第76页。
⑦ 刘精盛：《王念孙〈读书杂志·逸周书〉校雠补正》，《古籍整理研究学刊》2007年第3期，第36—38、51页。
⑧ 蔡升奕：《〈逸周书〉若干校注疏证》，《语文研究》2000年第4期，第14—18、38页。
⑨ 黄怀信：《〈逸周书〉各家旧校注勘误举例》，《西北大学学报（哲学社会科学版）》1991年第3期，第108—114页。
⑩ 桂珍明：《〈逸周书〉所载武王伐纣史事述论》，《西部学刊》2014年第8期，第36—40页。
⑪ 翟胜利：《西周金文与献俘礼》，《文物春秋》2010年第6期，第12—15页。
⑫ 叶正渤：《〈逸周书〉与武王克商日程、年代研究》，《南京社会科学》2001年第8期，第52—55页。
⑬ 王连龙：《谈汲冢〈周书〉与〈逸周书〉——从出土文献研究看古书形成和流传问题》，《中原文化研究》2014年第2卷第4期，第104—111页。
⑭ 李绍平：《〈逸周书〉考辨四题》，《湖南师范大学社会科学学报》2001年第5期，第122—126页。
⑮ 罗家湘：《〈逸周书〉的异名与编辑》，《西北师大学报（社会科学版）》2001年第5期，第74—77页。

问题上,即上述所说的第六类,较有代表性的有夏含夷《周人克商新证》[1]、夏含夷《大保簋在巩固周人克商成果中扮演的角色》[2]。从学科分类来说,当代《逸周书》相关学术论文主要集中在史学(包括考古学)、文学(包括文献学)、经学等方面。

现重点选取几篇做详细介绍。

李学勤《清华简与〈尚书〉〈逸周书〉的研究》[3]涉及了多个很关键的问题:第一,《尚书》类文献[4]的鉴定。按李学勤观点,清华简第一辑八篇(不包括《楚居》)都属此类。第二,清华简可以部分证明古文《尚书》确实是伪作。第三,一篇真,一书真的可能性增大;一篇伪,一书伪的可能性增大。第四,《尚书》《逸周书》的篇目在清华简时代都无差别作"书",因此《逸周书》部分篇目的估价还有待提高。李学勤这篇文章涉及了清华简、"书"类、古籍辨伪等基本问题,可以和程浩等学者关于"书"类文献的著作对比阅读。

王连龙《谈汲冢〈周书〉与〈逸周书〉——从出土文献研究看古书形成和流传问题》[5]重申了《逸周书》不出汲冢的问题,并将汲冢《周书》归于《六韬》类文献。王氏还将晋人对汲冢《周书》(即《六韬》类文献)和《逸周书》的整合情况做了详细的文献比较。四库时期已有"《周书》不出汲冢"[6]的公论,王连

---

[1] Edward. L. Shaughnessy. "'New' Evidence on the Zhou Conquest," *Early China*, Vol. 6 (1980-81), pp. 57-79.

[2] Edward. L. Shaughnessy. "The Role of Grand Protector Shi in the Consolidation of the Zhou Conquest," *Ars Orientalis*, Vol. 19 (1989), pp. 51-77.

[3] 李学勤:《清华简与〈尚书〉〈逸周书〉的研究》,《史学史研究》2011年第2期,第104—109页。

[4] 《尚书》类文献,即后来所说的"书"类文献。

[5] 王连龙:《谈汲冢〈周书〉与〈逸周书〉——从出土文献研究看古书形成和流传问题》,《中原文化研究》2014年第2卷第4期,第104—111页。

[6] [晋]孔晁注:《逸周书》,乾隆四十四年(1779)抄本,[清]永瑢、纪昀等:《景印文渊阁四库全书》第370册,台北:台湾商务印书馆,1986年,第1页下栏。另参《四库全书总目》:"《逸周书》十卷,内府藏本。旧本题曰《汲冢周书》。考《隋·经籍志》《唐·艺文志》,俱称此书以晋太康二年(281)得于魏安釐王冢中,则汲冢之说其来已久。然《晋书·武帝纪》及《荀勖束晳传》载汲郡人不准所得竹书七十五篇,具有篇名,无所谓《周书》。杜预《春秋集解后序》载汲冢诸书亦不列《周书》之目,是《周书》不出汲冢也。"[清]永瑢等:《四库全书总目》,北京:中华书局,1965年,第445页下栏。

龙这里又强化了这一观点、讨论了混淆的原因,并考证了汲冢《周书》与传本《逸周书》的源流关系。

杨宽《论〈逸周书〉》①讨论了《逸周书》的许多基本问题,包括史志著录情况、清人批校情况、成书过程等,并重点对《世俘》《克殷》《商誓》《度邑》《作雒》《皇门》《祭公》进行了详述。这个篇目选取几乎与本书选定的西周六篇吻合,可资重要参考。杨宽本来就是史学大家,该文章又附在《西周史》的最后,可见其用意是启发我们在西周的历史大背景下解读《逸周书》。

俞可平《从〈逸周书〉看西周的国家形态》②从政治学的角度解读了《逸周书》,角度新颖。俞可平认为,周政权已具备社会公共服务职能和系统的国际战略思想;"王道""霸道"这些思想概念已被重视,甚至"王道"已经成为理想的统治方式。

谷中信一《逸周书的思想及其成书——对于齐学术一个侧面的考察》③首次提出,《逸周书》成书于齐国。这个说法得到了许多学者的认同。④《逸周书》成书于齐国的观点对我们解释《逸周书》中的兵书或《六韬》类文献具有重要意义。

综合现有研究,笔者认为接下来可重点关注以下几个方面。第一,义

---

① 杨宽:《论〈逸周书〉》;杨宽:《西周史》,上海:上海人民出版社,2016年,第911—925页。
② 俞可平:《从〈逸周书〉看西周的国家形态》;俞可平主编:《北大政治学评论》第7辑,北京:商务印书馆,2020年,第3—33页。
③ [日]谷中信一:《逸周书的思想及其成书——对于齐学术一个侧面的考察》,《日本学者论中国哲学史》,上海:华东师范大学出版社,2010年,第183—197页。原载《日本中国学会报》第38集,1986年。
④ 周玉秀在《〈逸周书〉的语言特点及其文献价值》(2005)一书中也强化了这一说法:"《逸周书》中的相应篇章也应与齐士有关……此编者当在田氏代齐之后。因为田齐要尽可能淡化姜齐祖先的影响。这也同战国中期以后孟轲等儒家学者大讲文、武、周公之业的状况相一致。"参见周玉秀:《〈逸周书〉的语言特点及其文献学价值》,北京:中华书局,2005年,第248页。牛鸿恩也赞成齐人编书说:"《逸周书》除作于西周史官的九篇宝贵史书(有的篇章有后人修饰)以外,其余四、五十篇均为战国人所作,汉代作品三数篇,时代难以明指者两三篇。其与《管子》《周礼》等齐国作品思想、文体的相似性,说明这些作品应当作于齐国稷下,明显受到战国中期秦法家、齐法家及齐五行家、黄老家思想影响。以数为纪、顶真修辞格也盛行于战国。《逸周书》多篇改《六韬》等书之'太公'为周公,是它出于田齐的铁证。"参见牛鸿恩注译:《新译逸周书》,台北:三民书局,2015年,导读第1页。

理、考据要并重，不能忽视义理。现《逸周书》在文本考释、注疏集释等方面已有较多著述成果，但思想、哲学层面的阐释还需要进一步加强。第二，回归经学，并以"二书"为基础完善"书"类文献理论。虽然《逸周书》常常和《尚书》放在一起讨论，但两者的鸿沟依然存在。要解放思想，多用单篇流传的眼光去看待先秦文献，让《逸周书》某些篇目列于"经"、服务于"经"。第三，《逸周书》中的文献类型较杂，有政书、史书、兵书、礼书等，其中礼书和史书的涉"礼"部分需与"三礼"做充分结合，其中政书、兵书需与《六韬》等文献充分结合。第四，"前轴心时代"理论建构，当以《逸周书》为关键。东周诸子是轴心时代的产物，但在轴心时代之前还有一个以"文武周公"为主角的"前轴心时代"。"文武周公"时代的思想文化形态需要重新审视，并得到充分的还原、认可。"书学"与"东周子学"的联系，需要进一步打通。第五，《逸周书》的佚文、佚篇及其与出土文献的关系等问题可作专题研究，其佚失原因可从字、句、篇等维度深入探讨。第六，《逸周书》的文学研究远未充分，《逸周书》的文学成熟度及其在文学史上的定位，有待深入考察。当然，以上诸多问题不是本书所能包揽的。本书立足《逸周书》中的西周篇目，在有限文献视阈内展开一系列文学、文献学、史学相关的研究，并以文学研究为主。

对于本书而言，在正式开始研究之前，我们需先对《逸周书》"西周诸篇"进行界定。接下来，我们将综合各家之说，明确"西周诸篇"这个立足点。

《逸周书》中的西周篇目，可以指成篇年代为西周的篇目，也可以指史事年代为西周的篇目。显然，史事年代是一目了然的部分，不需过多论证。因此，本书所说"西周篇目"且未加特别说明者，皆默认指的是成篇年代。

最早讨论《逸周书》各篇成篇年代的文献，毫无疑问是《逸周书》的古序，其中涉及西周部分的段落有：

> 武王率六州之兵车三百五十乘以灭殷，作《克殷》。武王既克商，建三监以救其民，为之训范，作《大匡》。□□□□□，作《大聚》。□□□□□□，作《世俘》。武王既释箕子囚，俾民辟，宁之以王，作《箕子》。武王秉天下，论德施惠而命位以官，作《考德》。武王命商王之诸侯，绥定厥邦，申义告之，作《商誓》。武王平商，维

定保天室,规拟伊洛,作《度邑》。武王有疾,命诏周公立后嗣,作《武儆》。命周公辅小子,告以正要,作《五权》。武王既没,成王元年,周公忌商之孽,训敬命,作《成开》。周公既诛三监,乃述武王之志,建都伊洛,作《作雒》。周公会群臣于闳门,以辅主之格言,作《皇门》。周公陈武王之言以赞已言,戒乎成王,作《大戒》。周公正三统之义,作《周月》;辩二十四气之应以明天时,作《时训》。周公制十二月赋政之法,作《月令》。周公肇制文王之谥义以垂于后,作《谥法》。周公将致政成王,朝诸侯于明堂,作《明堂》。成王既即政,因尝麦以语群臣而求助,作《尝麦》。周公为太师,告成王以五则,作《本典》。成王访周公以民事,周公陈六征以观察之,作《官人》。周室既宁,八方会同,各以其职来献,欲垂法厥后,作《王会》。周公云殁,王制将衰,穆王因祭祖不豫,询谋守位,作《祭公》。穆王思保位惟难,恐贻世羞,欲自警悟,作《史记》。王化虽弛,天命方永,四夷八蛮,攸尊王政,作《职方》。芮伯稽古作训,纳王于善,暨执政小臣,咸省厥躬,作《芮良夫》。(《周书序》)

其余部分,或明说不是西周,或未说时代,我们不再赘引。与《尚书序》的写法相同,《周书序》也基本将成篇年代等价于史事年代。按《周书序》,《逸周书》中的西周篇目有《克殷》《大匡》《大聚》《世俘》《箕子》《考德》《商誓》《度邑》《武儆》《五权》《成开》《作雒》《皇门》《大戒》《周月》《时训》《月令》《谥法》《明堂》《尝麦》《本典》《官人》《王会》《祭公》《史记》《职方》《芮良夫》二十七篇。除去佚失的《箕子》《考德》,传世的尚有二十五篇(包括收录于《礼记》的《月令》)。显然,这二十五篇不可能全是西周篇目。虽说不排除这二十五篇都包含西周材料的可能性,但它们中有相当一部分与西周原貌已相去甚远,不能算作"西周篇目"。

经过一代代后世学者的考证,《逸周书》中基本确定写于西周的篇目被一篇篇剥离了出来。其中有许多争议,但也有更多的共识。现从"悉同轨辙"、单篇、全书三个视角入手,将历来诸家的说法整理如下。

第一,与今文《尚书》"悉同轨辙"。

清代学者论《逸周书》,一般不会明指哪些篇目写于西周,但会将相关篇目与今文《尚书》相提并论。他们提出的论断虽然不直接针对文献断代,但对西周篇目的鉴定有重要参考价值。唐大沛:"《商誓》《度邑》《皇门》《尝麦》《祭公》《芮良夫》,与今文《尚书》二十八篇悉同轨辙。"①唐大沛"悉同轨辙",实际上就是认可《商誓》等六篇是真古文,文献价值、史料价值可以与今文《尚书》二十八篇等量齐观。朱右曾:"《克殷》篇所叙,非亲见者不能,《商誓》《度邑》《皇门》《芮良夫》诸篇,大姒今文《尚书》,非伪古文所能仿佛。"②"非亲见者不能",即明确《克殷》篇史事年代与成篇年代的一致性,虽未提及"西周"字眼,但已默认"西周",并且是"周初"。朱右曾又说《商誓》等四篇"大姒今文《尚书》",则认定方式与唐大沛完全相同,即将这些篇目与今文篇目等而视之。庄述祖的《尚书记》,在目录中将《商誓》《度邑》《皇门》《祭公》《芮良夫》《尝麦》《世俘》七篇与《汤诰》《大誓》并列为《尚书》③,近人吕思勉认为《商誓》《祭公》"极类《尚书》"④,也是取"悉同轨辙"之意。这些论述表面上不是在谈《逸周书》西周篇目的鉴定问题,但实则密切相关,不可忽视之。综合以上诸家,以"悉同轨辙"视角论之,涉及篇目包括《克殷》《世俘》《商誓》《度邑》《皇门》《尝麦》《祭公》《芮良夫》八篇,其中唐大沛、朱右曾、庄述祖、吕思勉四位学者提到《商誓》,唐大沛、朱右曾、庄述祖三位学者提到《度邑》《皇门》《芮良夫》,唐大沛、庄述祖、吕思勉三位学者提到《祭公》。由此可知,在以上所涉八篇中,尤以《商誓》《度邑》《皇门》《祭公》《芮良夫》五篇与今文二十八篇更加"悉同轨辙"。

近人梁启超以《克殷》《世俘》为切入点,通过此两篇的"不伪",力证《逸

---

① [清]唐大沛撰:《逸周书分编句释》,清道光十六年(1836)著者手定底稿本,宋志英、晁岳佩选编:《〈逸周书〉研究文献辑刊》第7册,北京:国家图书馆出版社,2015年,第4页。
② [清]朱右曾撰:《逸周书集训校释》,清光绪十四年(1888)南菁书院刻《皇清经解续编》本,宋志英、晁岳佩选编:《〈逸周书〉研究文献辑刊》第8册,北京:国家图书馆出版社,2015年,第10页。
③ [清]庄述祖:《尚书记》,《云自在龛丛书》本,光绪二十五年(1899)菊月江阴缪氏校刊本,目录第1叶上半叶。
④ 吕思勉:《经子解题》,上海:华东师范大学出版社,1995年,第37页。

周书》的"不伪"。① 所谓"不伪",即以成篇年代等价史事年代,并且满足"悉同轨辙"说。参上文,朱右曾、庄述祖也分别认可《克殷》《世俘》二篇。因此,此两篇可补上述五篇之余。

今人蒋善国有"同等价值"说,实为"悉同轨辙"之延续。他谈到"与《尚书·大诰》诸篇有同等的价值"的篇目包括《克殷》《大聚》《世俘》《商誓》《度邑》《作雒》《皇门》《王会》《祭公》《芮良夫》十篇②,可涵盖上述七篇。

更隐晦者,还有章学诚"文体"说,他先言《逸周书》"文气不类,醇驳互见",继而又肯定道:"而其中实有典言宝训,识为先王誓诰之遗者,亦未必非百篇之逸旨,而不可遽为删略之余也。"③章学诚未列具体篇目,但其"文体"论旨在强调,凡是符合《尚书》"六体"的《逸周书》篇目,都应划归真古文序列。至于《逸周书》哪些篇目属于"六体",则需后学审慎断之。在《逸周书》中,《商誓》《皇门》属较典型的"诰"体文献,《祭公》属较典型的"训"体文献,按章学诚之说,此三篇可与今文二十八篇颉颃。然而,"典言宝训"的实际范围大于此三篇,但限于分歧,此难尽述。

综合以上诸家之说,可定性为真古文、与今文《尚书》二十八篇"悉同轨辙"者,可概括为《克殷》《世俘》《商誓》《度邑》《皇门》《祭公》《芮良夫》七篇。这样的定性虽然与"西周篇目"不完全一致,但可对后代学者鉴定西周篇目起到重要的启示作用。

第二,单篇视角。

清代学者中,明言"西周"的是陈逢衡:"《皇门》作于流言初起之时,《尝麦》作于三叔构祸之后。二篇文辞古奥,定是西周手笔。"④陈逢衡将《皇门》

---

① 梁启超:"又如孟子因《武成》'血流漂杵'之文,乃叹'尽信书不如无书',谓'以至仁伐至不仁',不应如此。推孟子之意,则《逸周书》中《克殷》《世俘》诸篇,益为伪作无疑。其实孟子理想中的'仁义之师',本为历史上不能发生之事实;而《逸周书》叙武王残暴之状,或反为真相。吾侪所以信《逸周书》之不伪乃正以此也。"梁启超:《中国历史研究法》,北京:中华书局,2016年,第108页。
② 参见蒋善国:《尚书综述》,上海:上海古籍出版社,1988年,第440页。
③ [清]章学诚撰,叶瑛校注:《文史通义校注》上册,北京:中华书局,2014年,第46页。
④ [晋]孔晁注,[清]陈逢衡补注:《逸周书补注》,清道光五年(1825)刻本,宋志英、晁岳佩选编:《〈逸周书〉研究文献辑刊》第2册,北京:国家图书馆出版社,2015年,第469页。

《尝麦》定性为西周篇目，观点明确，但需注意的是，他只是以单篇视角认定此二篇是西周篇目，却未言《逸周书》中的西周篇目仅此二篇。同样以单篇视角讨论《逸周书》篇目西周属性的还有顾颉刚、王晖、谢肃、夏含夷，这四位学者只谈《世俘》单篇，并力证其为西周篇目。① 魏慈德只谈《克殷》《世俘》，并力证其为西周篇目。② 李薇针对《皇门》《祭公》《芮良夫》三篇进行了讨论，并认为《皇门》《祭公》是西周文献，《芮良夫》不是西周文献。③ 林文华在结合金文讨论《逸周书》时，提到《祭公》《作雒》《度邑》三篇是西周篇目。④ 赵光贤在列举《逸周书》西周篇目时，提到《商誓》《度邑》。⑤

单篇视角具有一定的局限性，只能说明所涉单篇的西周属性，与《逸周书》其他篇目无关。单篇视角可分为两类：第一类，以一篇或数篇为单一研

---

① 顾颉刚："综合以上许多证据，无论在用语上，在历法上，在制度上，在史实上，《世俘》必然是西周时代的一篇记载，它写出了武王克殷，以掠夺为其目的，以武力镇压为其手段，他在两三个月中派兵遣将，用血腥的铁腕获得了彻底的胜利，建立一个新王朝，这是得到当时历史的内在最本质的真实，跟后来周人所宣传的人本主义的说法和战国诸子的'仁政'理想以及许多唯心主义者的见解恰恰立于完全相反的地位。《尚书》里时代最早、记载最真的，应该属于《周诰》八篇，但《周诰》重于记言，略于记事。《世俘》一篇刚好弥补了这个空白点，这是值得我们加以高度的重视的。"顾颉刚：《〈逸周书·世俘篇〉校注、写定与评论》，新建设编辑部编：《文史》第 2 辑，北京：中华书局，1963 年，第 29 页。王晖从数词组合方式的角度考证了《世俘》是西周甚至武王克商不久的作品："……依此来看，《世俘》绝不会是西周以后的作品。""……这说明了《世俘》基本上还保留着殷商时代数词组合方式的特点，它应是武王克商不久的作品。"王晖：《古文字与商周史新证》，北京：中华书局，2003 年，第 369 页。谢肃："《世俘》'武王乃夹于南门，用俘，皆施佩，衣衣，先馘入'所记述的在周庙献俘祭祀的相关仪节应源于商代。对这句话的正确解释不仅解决了该句的字词、句读难点，明了了相关礼节，而且再次证明了《世俘》是周初文献。"谢肃：《〈世俘〉"皆施佩，衣衣，先馘入"解》，《中国史研究》2017 年第 1 期，第 204—207 页。夏含夷："笔者认为《世俘》只可能是在西周初期完成的，并且此篇一定是现今《尚书·武成》篇的原始编本。"[美]夏含夷：《孔子之前：中国经典诞生的研究》，上海：中西书局，2019 年，第 9 页。
② 魏慈德：《〈逸周书〉〈世俘〉〈克殷〉两篇与出土文献互证试论》，《东华人文学报》2004 年第 6 期，第 25—55 页。
③ 李薇：《基于词汇史的〈逸周书〉三篇之传世及出土本撰成时代考》，西南大学硕士学位论文，2018 年。
④ 林文华：《金文研究在〈逸周书〉经文训解上的几项新证》，《书目季刊》2002 年第 2 期，第 1—20 页。
⑤ 赵光贤：《说〈逸周书·世俘〉篇并拟武王伐纣日程表》，《历史研究》1986 年第 6 期，第 92—101 页。

究对象,虽论证详细,但不涉及其他篇目,如顾颉刚、王晖、谢肃、夏含夷、魏慈德、李薇;第二类,只是学者的举隅,缺少应有的详证,如陈逢衡、林文华、赵光贤。这两类的共同作用在于强化相关篇目的西周属性,至于其他篇目则不在考虑之列。尤其第一类,强化作用极为突出。

综上,单篇视角论及的西周篇目包括《克殷》《世俘》《商誓》《度邑》《作雒》《皇门》《尝麦》《祭公》八篇,其中被提到次数最多也被论证最详细的是《世俘》,可见《世俘》之西周属性最具有共识性。

第三,全书视角。

放眼《逸周书》全书考察其西周篇目,此视角下得出的结论对我们最有参考价值。多位学者对此有过总结性论断,如刘起釪:"初步可以肯定为周代《书》篇的,是关于周武王的几篇和周公篇卷中的少数几篇,即《克殷》《世俘》《商誓》《度邑》《作雒》《皇门》《祭公》,可确认为西周文献。"[1]结论明确,语气肯定。李学勤:"现在看来,《世俘》《商誓》《皇门》《尝麦》《祭公》《芮良夫》等篇,均可信为西周作品。"[2]李学勤已在多篇著述中论及《逸周书》的西周篇目问题,这一则属于总结性的结论。黄怀信:"现存五十九篇之中,属于或基本属于西周作品者,有《世俘》《商誓》《度邑》《皇门》《尝麦》《祭公》《芮良夫》等七篇。"[3]黄怀信的结论也见于其多部著述。何忠礼:"《逸周书》10卷……其中《世俘》《克殷》《商誓》约成于周初,《度邑》《皇门》《祭公》《芮良夫》《作雒》亦基本西周文献,有与甲骨文、金文所载相合者,史料价值颇高。"[4]何忠礼将此结论写入史料学著述,带有明显的共识性。

以全书视角讨论《逸周书》西周篇目的学者众多,不能一一详举,以笔者

---

[1] 刘起釪:《尚书学史》,北京:中华书局,2017年,第95页。
[2] 黄怀信、张懋镕、田旭东撰,黄怀信修订,李学勤审定:《逸周书汇校集注》,上海:上海古籍出版社,2007年,序言第3页。
[3] 黄怀信:《〈逸周书〉源流考辨》,西安:西北大学出版社,1992年,第125页。另参黄怀信:《逸周书校补注译》,西安:三秦出版社,2006年,前言第63页。
[4] 何忠礼:《中国古代史史料学》,上海:上海古籍出版社,2012年,第30—31页。

目力所及,明确认定《世俘》为西周篇目的有郭沫若[1]、刘起釪[2]、屈万里[3]、祝中熹[4]、黄怀信[5]、周宝宏[6]、谭家健[7]、李学勤[8]、裘锡圭[9]、杨宽[10]、黄沛荣[11]、罗家湘[12]、张怀通[13]、牛鸿恩[14]、姚蓉[15]、周玉秀[16]、何忠礼[17]、晁福林[18]、曾雯瑶[19],凡19位;明确认定《克殷》为西周篇目的有郭沫若[20]、刘起釪[21]、屈万

---

[1] 郭沫若:《中国古代社会研究》,北京:人民出版社,1964年,第269页。
[2] 刘起釪:《尚书学史》,北京:中华书局,2017年,第95页。
[3] 屈万里:《先秦文史资料考辨》,台北:联经出版事业公司,1983年,第397页。
[4] 祝中熹:《〈逸周书〉浅探》,《青海师范大学学报(哲学社会科学版)》,1989年第2期,第56—65页。
[5] 黄怀信:《〈逸周书〉源流考辨》,西安:西北大学出版社,1992年,第125页。另参黄怀信:《逸周书校补注译》,西安:三秦出版社,2006年,前言第63页。
[6] 周宝宏:《〈逸周书〉考释》,北京:社会科学文献出版社,2001年,第8页。
[7] 谭家健:《〈逸周书〉与先秦文学》,《文史哲》1991年第3期,第75—82页。
[8] 黄怀信、张懋镕、田旭东撰,黄怀信修订,李学勤审定:《逸周书汇校集注》,上海:上海古籍出版社,2007年,序言第3页。
[9] 裘锡圭:《古代文史研究新探》,南京:江苏古籍出版社,1992年,第47页。
[10] 杨宽:《西周史》,上海:上海人民出版社,2016年,第914页。
[11] 黄沛荣:《周书研究》,台湾大学中国文学研究所博士学位论文,1976年,目录页。
[12] 罗家湘:《〈逸周书〉研究》,上海:上海古籍出版社,2006年,绪论第1页。
[13] 张怀通:《〈逸周书〉新研》,北京:中华书局,2013年,第368页。
[14] 牛鸿恩注译:《新译逸周书》,台北:三民书局,2015年,第4页。
[15] 姚蓉:《逸周书文系年注析》,桂林:广西师范大学出版社,2015年,第5页。
[16] 周玉秀:《〈逸周书〉的语言特点及其文献学价值》,北京:中华书局,2005年,第271—272页。
[17] 何忠礼:《中国古代史史料学》,上海:上海古籍出版社,2012年,第30页。
[18] 晁福林:《从清华简〈程寤〉篇看"文王受命"问题》,《北京师范大学学报(社会科学版)》2016年第5期,第95—105页。
[19] 曾雯瑶:《〈逸周书〉周初史事诸篇研究》,吉林大学硕士学位论文,2016年。
[20] 郭沫若:《中国古代社会研究》,北京:人民出版社,1964年,第269页。
[21] 刘起釪:《尚书学史》,北京:中华书局,2017年,第95页。

里[1]、祝中熹[2]、周宝宏[3]、杨宽[4]、黄沛荣[5]、张怀通[6]、牛鸿恩[7]、姚蓉[8]、周玉秀[9]、何忠礼[10]、晁福林[11]、曾雯瑶[12]，凡14位；明确认定《商誓》为西周篇目的有郭沫若[13]、刘起釪[14]、屈万里[15]、祝中熹[16]、黄怀信[17]、周宝宏[18]、谭家健[19]、李学

---

[1] 屈万里：《先秦文史资料考辨》，台北：联经出版事业公司，1983年，第397—398页。
[2] 祝中熹：《〈逸周书〉浅探》，《青海师范大学学报（哲学社会科学版）》，1989年第2期，第56—65页。
[3] 周宝宏：《〈逸周书〉考释》，北京：社会科学文献出版社，2001年，第8页。
[4] 杨宽：《西周史》，上海：上海人民出版社，2016年，第914页。
[5] 黄沛荣：《周书研究》，台湾大学中国文学研究所博士学位论文，1976年，目录页。
[6] 张怀通：《〈逸周书〉新研》，北京：中华书局，2013年，第368页。
[7] 牛鸿恩注译：《新译逸周书》，台北：三民书局，2015年，第4页。
[8] 姚蓉：《逸周书文系年注析》，桂林：广西师范大学出版社，2015年，第5页。
[9] 周玉秀：《〈逸周书〉的语言特点及其文献学价值》，北京：中华书局，2005年，第271—272页。
[10] 何忠礼：《中国古代史史料学》，上海：上海古籍出版社，2012年，第30页。
[11] 晁福林：《从清华简〈程寤〉篇看"文王受命"问题》，《北京师范大学学报（社会科学版）》2016年第5期，第95—105页。
[12] 曾雯瑶：《〈逸周书〉周初史事诸篇研究》，吉林大学硕士学位论文，2016年。
[13] 郭沫若：《中国古代社会研究》，北京：人民出版社，1964年，第269页。
[14] 刘起釪：《尚书学史》，北京：中华书局，2017年，第95页。
[15] 屈万里：《先秦文史资料考辨》，台北：联经出版事业公司，1983年，第397页。
[16] 祝中熹：《〈逸周书〉浅探》，《青海师范大学学报（哲学社会科学版）》，1989年第2期，第56—65页。
[17] 黄怀信：《〈逸周书〉源流考辨》，西安：西北大学出版社，1992年，第125页。另参黄怀信：《逸周书校补注译》，西安：三秦出版社，2006年，前言第63页。
[18] 周宝宏：《〈逸周书〉考释》，北京：社会科学文献出版社，2001年，第8页。
[19] 谭家健：《〈逸周书〉与先秦文学》，《文史哲》1991年第3期，第75—82页。

勤[1]、裘锡圭[2]、杨宽[3]、黄沛荣[4]、罗家湘[5]、张怀通[6]、牛鸿恩[7]、姚蓉[8]、周玉秀[9]、何忠礼[10]、晁福林[11]，凡18位；明确认定《度邑》为西周篇目的有刘起釪[12]、屈万里[13]、祝中熹[14]、黄怀信[15]、周宝宏[16]、杨宽[17]、张怀通[18]、牛鸿恩[19]、姚蓉[20]、周玉秀[21]、何忠礼[22]、晁福林[23]、曾雯瑶[24]，凡13位；明确认定《作雒》为西

---

[1] 黄怀信、张懋镕、田旭东撰，黄怀信修订，李学勤审定：《逸周书汇校集注》，上海：上海古籍出版社，2007年，序言第3页。
[2] 裘锡圭：《古代文史研究新探》，南京：江苏古籍出版社，1992年，第47页。
[3] 杨宽：《西周史》，上海：上海人民出版社，2016年，第914页。
[4] 黄沛荣：《周书研究》，台湾大学中国文学研究所博士学位论文，1976年，目录页。
[5] 罗家湘：《〈逸周书〉研究》，上海：上海古籍出版社，2006年，绪论第1页。
[6] 张怀通：《〈逸周书〉新研》，北京：中华书局，2013年，第368页。
[7] 牛鸿恩注译：《新译逸周书》，台北：三民书局，2015年，第4页。
[8] 姚蓉：《逸周书文系年注析》，桂林：广西师范大学出版社，2015年，第5页。
[9] 周玉秀：《〈逸周书〉的语言特点及其文献学价值》，北京：中华书局，2005年，第271—272页。
[10] 何忠礼：《中国古代史史料学》，上海：上海古籍出版社，2012年，第30页。
[11] 晁福林：《从清华简〈程寤〉篇看"文王受命"问题》，《北京师范大学学报（社会科学版）》2016年第5期，第95—105页。
[12] 刘起釪：《尚书学史》，北京：中华书局，2017年，第95页。
[13] 屈万里：《先秦文史资料考辨》，台北：联经出版事业公司，1983年，第397页。
[14] 祝中熹：《〈逸周书〉浅探》，《青海师范大学学报（哲学社会科学版）》，1989年第2期，第56—65页。
[15] 黄怀信：《〈逸周书〉源流考辨》，西安：西北大学出版社，1992年，第125页。另参黄怀信：《逸周书校补注译》，西安：三秦出版社，2006年，前言第63页。
[16] 周宝宏：《〈逸周书〉考释》，北京：社会科学文献出版社，2001年，第8页。
[17] 杨宽：《西周史》，上海：上海人民出版社，2016年，第914页。
[18] 张怀通：《〈逸周书〉新研》，北京：中华书局，2013年，第368页。
[19] 牛鸿恩注译：《新译逸周书》，台北：三民书局，2015年，第4页。
[20] 姚蓉：《逸周书文系年注析》，桂林：广西师范大学出版社，2015年，第5页。
[21] 周玉秀：《〈逸周书〉的语言特点及其文献学价值》，北京：中华书局，2005年，第271—272页。
[22] 何忠礼：《中国古代史史料学》，上海：上海古籍出版社，2012年，第30页。
[23] 晁福林：《从清华简〈程寤〉篇看"文王受命"问题》，《北京师范大学学报（社会科学版）》2016年第5期，第95—105页。
[24] 曾雯瑶：《〈逸周书〉周初史事诸篇研究》，吉林大学硕士学位论文，2016年。

周篇目的有刘起釪①、祝中熹②、周宝宏③、杨宽④、牛鸿恩⑤、何忠礼⑥、晁福林⑦,凡7位;明确认定《尝麦》为西周篇目的有祝中熹⑧、黄怀信⑨、李学勤⑩、罗家湘⑪、张怀通⑫、牛鸿恩⑬、姚蓉⑭、晁福林⑮,凡8位;明确认定《皇门》为西周篇目的有刘起釪⑯、屈万里⑰、祝中熹⑱、黄怀信⑲、周宝宏⑳、谭家健㉑、李

---

① 刘起釪:《尚书学史》,北京:中华书局,2017年,第95页。
② 祝中熹:《〈逸周书〉浅探》,《青海师范大学学报(哲学社会科学版)》,1989年第2期,第56—65页。
③ 周宝宏:《〈逸周书〉考释》,北京:社会科学文献出版社,2001年,第13页。
④ 杨宽:《西周史》,上海:上海人民出版社,2016年,第914页。
⑤ 牛鸿恩注译:《新译逸周书》,台北:三民书局,2015年,第4页。
⑥ 何忠礼:《中国古代史史料学》,上海:上海古籍出版社,2012年,第31页。
⑦ 晁福林:《从清华简〈程寤〉篇看"文王受命"问题》,《北京师范大学学报(社会科学版)》2016年第5期,第95—105页。
⑧ 祝中熹:《〈逸周书〉浅探》,《青海师范大学学报(哲学社会科学版)》,1989年第2期,第56—65页。
⑨ 黄怀信:《〈逸周书〉源流考辨》,西安:西北大学出版社,1992年,第125页。另参黄怀信:《逸周书校补注译》,西安:三秦出版社,2006年,前言第63页。
⑩ 黄怀信、张懋镕、田旭东撰,黄怀信修订,李学勤审定:《逸周书汇校集注》,上海:上海古籍出版社,2007年,序言第3页。
⑪ 罗家湘:《〈逸周书〉研究》,上海:上海古籍出版社,2006年,绪论第1页。
⑫ 张怀通:《〈逸周书〉新研》,北京:中华书局,2013年,第368页。
⑬ 牛鸿恩注译:《新译逸周书》,台北:三民书局,2015年,第4页。
⑭ 姚蓉:《逸周书文系年注析》,桂林:广西师范大学出版社,2015年,第5页。
⑮ 晁福林:《从清华简〈程寤〉篇看"文王受命"问题》,《北京师范大学学报(社会科学版)》2016年第5期,第95—105页。
⑯ 刘起釪:《尚书学史》,北京:中华书局,2017年,第95页。
⑰ 屈万里:《先秦文史资料考辨》,台北:联经出版事业公司,1983年,第397页。
⑱ 祝中熹:《〈逸周书〉浅探》,《青海师范大学学报(哲学社会科学版)》,1989年第2期,第56—65页。
⑲ 黄怀信:《〈逸周书〉源流考辨》,西安:西北大学出版社,1992年,第125页。另参黄怀信:《逸周书校补注译》,西安:三秦出版社,2006年,前言第63页。
⑳ 周宝宏:《〈逸周书〉考释》,北京:社会科学文献出版社,2001年,第8页。
㉑ 参见谭家健:《〈逸周书〉与先秦文学》,《文史哲》1991年第3期,第75—82页。

学勤[1]、杨宽[2]、罗家湘[3]、张怀通[4]、牛鸿恩[5]、姚蓉[6]、周玉秀[7]、何忠礼[8]、晁福林[9]、凡15位；明确认定《祭公》为西周篇目的有刘起釪[10]、祝中熹[11]、黄怀信[12]、周宝宏[13]、谭家健[14]、李学勤[15]、杨宽[16]、黄沛荣[17]、罗家湘[18]、牛鸿恩[19]、姚蓉[20]、周玉秀[21]、何忠礼[22]、晁福林[23]，凡14位；明确认定《芮良夫》为西周篇目

---

[1] 黄怀信、张懋镕、田旭东撰，黄怀信修订，李学勤审定：《逸周书汇校集注》，上海：上海古籍出版社，2007年，序言第3页。
[2] 杨宽：《西周史》，上海：上海人民出版社，2016年，第914页。
[3] 罗家湘：《〈逸周书〉研究》，上海：上海古籍出版社，2006年，绪论第1页。
[4] 张怀通：《〈逸周书〉新研》，北京：中华书局，2013年，第368页。
[5] 牛鸿恩注译：《新译逸周书》，台北：三民书局，2015年，第4页。
[6] 姚蓉：《逸周书文系年注析》，桂林：广西师范大学出版社，2015年，第5页。
[7] 周玉秀：《〈逸周书〉的语言特点及其文献学价值》，北京：中华书局，2005年，第271—272页。
[8] 何忠礼：《中国古代史史料学》，上海：上海古籍出版社，2012年，第30页。
[9] 晁福林：《从清华简〈程寤〉篇看"文王受命"问题》，《北京师范大学学报（社会科学版）》2016年第5期，第95—105页。
[10] 刘起釪：《尚书学史》，北京：中华书局，2017年，第95页。
[11] 祝中熹：《〈逸周书〉浅探》，《青海师范大学学报（哲学社会科学版）》，1989年第2期，第56—65页。
[12] 黄怀信：《〈逸周书〉源流考辨》，西安：西北大学出版社，1992年，第125页。另参黄怀信：《逸周书校补注译》，西安：三秦出版社，2006年，前言第63页。
[13] 周宝宏：《〈逸周书〉考释》，北京：社会科学文献出版社，2001年，第8页。
[14] 谭家健：《〈逸周书〉与先秦文学》，《文史哲》1991年第3期，第75—82页。
[15] 黄怀信、张懋镕、田旭东撰，黄怀信修订，李学勤审定：《逸周书汇校集注》，上海：上海古籍出版社，2007年，序言第3页。
[16] 杨宽：《西周史》，上海：上海人民出版社，2016年，第924页。
[17] 黄沛荣：《周书研究》，台湾大学中国文学研究所博士学位论文，1976年，目录页。
[18] 罗家湘：《〈逸周书〉研究》，上海：上海古籍出版社，2006年，绪论第1页。
[19] 牛鸿恩注译：《新译逸周书》，台北：三民书局，2015年，第4页。
[20] 姚蓉：《逸周书文系年注析》，桂林：广西师范大学出版社，2015年，第5页。
[21] 周玉秀：《〈逸周书〉的语言特点及其文献学价值》，北京：中华书局，2005年，第271—272页。
[22] 何忠礼：《中国古代史史料学》，上海：上海古籍出版社，2012年，第31页。
[23] 晁福林：《从清华简〈程寤〉篇看"文王受命"问题》，《北京师范大学学报（社会科学版）》2016年第5期，第95—105页。

的有屈万里①、黄怀信②、周宝宏③、李学勤④、杨宽⑤、黄沛荣⑥、罗家湘⑦、牛鸿恩⑧、姚蓉⑨、何忠礼⑩,凡10位;明确认定《王会》为西周篇目的有祝中熹⑪,凡1位;明确认定《武儆》为西周篇目的有周宝宏⑫,凡1位。总结来说,10位及以上学者认可为西周篇目的有《世俘》《克殷》《商誓》《度邑》《皇门》《祭公》《芮良夫》七篇。

现在我们通过表格的形式,对全书视角下各家认定《逸周书》西周篇目的情况进行归纳总结。表格第一行为论及的《逸周书》西周篇目,左数第一列为参与讨论的学者姓名。认可为西周篇目,则打√。最后一行为学者人数,按从多到少排列。为节约空间,篇名不再加书名号。

表1 "全书视角"下各家认定的《逸周书》西周篇目

	世俘	商誓	皇门	克殷	祭公	度邑	芮良夫	尝麦	作雒	王会	武儆
郭沫若	√	√		√							
刘起釪	√	√	√	√	√	√			√		
屈万里	√	√	√		√	√					
祝中熹	√	√	√	√	√	√		√		√	
黄怀信	√	√	√	√	√	√					

---

① 屈万里:《先秦文史资料考辨》,台北:联经出版事业公司,1983年,第397页。
② 黄怀信:《〈逸周书〉源流考辨》,西安:西北大学出版社,1992年,第125页。另参黄怀信:《逸周书校补注译》,西安:三秦出版社,2006年,前言第63页。
③ 周宝宏:《〈逸周书〉考释》,北京:社会科学文献出版社,2001年,第8页。
④ 黄怀信、张懋镕、田旭东撰,黄怀信修订,李学勤审定:《逸周书汇校集注》,上海:上海古籍出版社,2007年,序言第3页。
⑤ 杨宽:《西周史》,上海:上海人民出版社,2016年,第924页。
⑥ 黄沛荣:《周书研究》,台湾大学中国文学研究所博士学位论文,1976年,目录页。
⑦ 罗家湘:《〈逸周书〉研究》,上海:上海古籍出版社,2006年,绪论第1页。
⑧ 牛鸿恩注译:《新译逸周书》,台北:三民书局,2015年,第4页。
⑨ 姚蓉:《逸周书文系年注析》,桂林:广西师范大学出版社,2015年,第5页。
⑩ 何忠礼:《中国古代史史料学》,上海:上海古籍出版社,2012年,第31页。
⑪ 祝中熹:《〈逸周书〉浅探》,《青海师范大学学报(哲学社会科学版)》,1989年第2期,第56—65页。
⑫ 周宝宏:《〈逸周书〉考释》,北京:社会科学文献出版社,2001年,第13页。

(续表)

	世俘	商誓	皇门	克殷	祭公	度邑	芮良夫	尝麦	作雒	王会	武儆
周宝宏	✓	✓	✓	✓	✓	✓	✓		✓		✓
谭家健	✓	✓	✓	✓							
李学勤	✓	✓	✓		✓		✓	✓			
裘锡圭	✓										
杨宽	✓	✓	✓	✓	✓	✓			✓		
黄沛荣	✓			✓	✓						
罗家湘	✓	✓	✓		✓						
张怀通	✓	✓	✓								
牛鸿恩	✓	✓	✓	✓	✓	✓		✓			
姚蓉	✓	✓				✓					
周玉秀	✓	✓	✓			✓					
何忠礼	✓	✓	✓	✓	✓	✓		✓			
晁福林	✓	✓	✓		✓	✓			✓		
曾雯瑶	✓			✓	✓						
人数	19	18	15	14	14	13	10	8	7	1	1

从表格上看,认同率最高的是《世俘》《商誓》《皇门》《克殷》《祭公》《度邑》六篇,同时认可此六篇为西周篇目的学者有刘起釪、祝中熹、周宝宏、杨宽、牛鸿恩、姚蓉、周玉秀、何忠礼、晁福林9位。这六篇代表着全书视角下"篇群"的最高共识度。

另外,需强调的是,有部分学者在讨论《逸周书》西周篇目的问题时明确否定了部分篇目的西周性质,如夏含夷:"《克殷》在许多语言的使用上是违背当时的历史的,而其中最为明显的便是关于'轻吕'这个名词的使用。'轻吕'几乎可以肯定是一个中亚词语的音译,就是希腊人所知的一种弧形的剑类武器akinakes,而此物不可能在早于公元前300年以前就传进中国。"[①]此

---

① [美]夏含夷:《孔子之前:中国经典诞生的研究》,上海:中西书局,2019年,第94页。

否定了《克殷》的西周性质。张怀通："《作雒》)制作于春秋时代后期,语言文字有战国时代特征。"①"《芮良夫》)很可能制作于西周时代而语言文字有明显战国时代特征。"②此否定了《作雒》《芮良夫》的西周性质。周玉秀："《芮良夫》《尝麦》两篇的写定时代可能稍晚些,其中用了第一人称代词'余'字,说明它们可能与《尚书》逸篇无关。"③此否定了《芮良夫》《尝麦》的西周性质。曾雯瑶："《作雒》虽然成篇较晚,但通过与金文、传世文献等对比可发现,其蕴含的史料价值不比其他可信的周初文献少,且为了论证过程科学严谨,本书将摘出《作雒》中可信部分以供研究。"④此虽认可《作雒》的史料价值,但也否定了其西周性质。李薇："《芮良夫》篇传世本与出土本的撰成时代不晚于西周时期,东周时期有所增改,改动幅度较大。"⑤此虽认可《芮良夫》有西周祖本,但今传世本经过了较大改动,不能划归西周。综上,被否定篇目涉及《克殷》《作雒》《芮良夫》《尝麦》,其中《芮良夫》被多次否定。从单篇视角、全书视角来看,夏含夷、李薇属单篇视角,张怀通、周玉秀、曾雯瑶属全书视角。全书视角的可靠性相对更大一些,李薇《芮良夫》"改动幅度较大"的说法也有张怀通、周玉秀观点的佐证,唯一信服力较弱的是夏含夷的观点。

至此,我们可对古今诸家说法做一归纳。第一,从"悉同轨辙"的角度看,《克殷》《世俘》《商誓》《度邑》《皇门》《祭公》《芮良夫》七篇可与今文《尚书》二十八篇等量齐观。第二,在单篇视角下,《克殷》《世俘》《商誓》《度邑》《作雒》《皇门》《尝麦》《祭公》八篇的西周共识度最高。第三,在全书视角下,以单篇为单位,《世俘》《克殷》《商誓》《度邑》《皇门》《祭公》《芮良夫》七篇的西周共识度最高。第四,在全书视角下,以篇群为单位,《世俘》《商誓》《皇门》《克殷》《祭公》《度邑》六篇的西周共识度最高。第五,从反面看,否定《芮良夫》西周属性的观点在以上提名西周篇目中居首。按可靠程度,全书视角

---

① 张怀通:《〈逸周书〉新研》,北京:中华书局,2013年,第234页。
② 张怀通:《〈逸周书〉新研》,北京:中华书局,2013年,第234页。
③ 周玉秀:《〈逸周书〉的语言特点及其文献学价值》,北京:中华书局,2005年,第272页。
④ 曾雯瑶:《〈逸周书〉周初史事诸篇研究》,吉林大学硕士学位论文,2016年。
⑤ 李薇:《基于词汇史的〈逸周书〉三篇之传世及出土本撰成时代考》,西南大学硕士学位论文,2018年。

(篇群)≥全书视角(单篇)＞单篇视角＞"悉同轨辙"论。同时参考反面结论,反对呼声较高的篇目应谨慎视为西周篇目。

接下来,我们从"悉同轨辙"、单篇视角、全书视角(单篇)、全书视角(篇群)四个维度来总结最具有共识性的《逸周书》西周篇目。

表2　四维度下最具有共识性的《逸周书》西周篇目

	世俘	商誓	皇门	克殷	祭公	度邑	芮良夫	作雒	尝麦
"悉同轨辙"	✓	✓	✓	✓	✓	✓	✓		
单篇视角	✓	✓	✓	✓	✓	✓		✓	✓
全书视角(单篇)	✓	✓	✓	✓	✓	✓	✓		
全书视角(篇群)	✓	✓	✓	✓		✓			

通过表格,我们可得出最终结论,最具有共识性的《逸周书》西周篇目是《世俘》《商誓》《皇门》《克殷》《祭公》《度邑》。虽然夏含夷明确否定过《克殷》的西周属性,但笔者认为此观点是可商榷的,下文详谈。至于其余五篇,则未见明确否定其西周属性的论断。

虽然卷帙浩繁无法穷尽,笔者搜罗之力也有限,但以上观点梳理已涉及清代至今主要大家,大体上不会有严重偏差。而且,本书坚持从紧的原则,对《芮良夫》《作雒》《尝麦》这样的疑篇采取了不纳的态度,以免将后世文献误当作西周文献研究。所以,将《世俘》等"西周六篇"视同"西周诸篇",应是基本可靠的。

我们现在可以明确,本书最核心的研究对象是《逸周书》西周六篇:《世俘》《商誓》《皇门》《克殷》《祭公》《度邑》。本书的一切研究,都是以"西周诸篇"等价"西周六篇"为基础展开的。为了史事年代的连续性,本书按照《逸周书》目次顺序研究这些篇目,即:《克殷》《世俘》《商誓》《度邑》《皇门》《祭公》。

第一章 《逸周书》西周诸篇成篇年代再论

在绪论中，我们已总结归纳了学界公认的《逸周书》"西周六篇"。本章我们将对这六篇文献的成篇年代进行再讨论。在讨论一篇文献的成篇年代时，我们应严格避免"株连法"，赵逵夫说过："一部书中有一篇是后人附益或伪造，整部书便被定为伪书；一篇文章中有几部分或几段是整理者误将其他文献编入，或传抄中误将注文、评语抄入其中（自然也不排除个别好事之徒自我作古、添加文字的可能），便将全书、全文判为伪书、拟托，这实际上是一种株连。"①一篇文献是"西周"还是"东周"，取决于其主体成篇年代，不能因后代润色而将成篇年代归于后代。程浩："文献作成后在流传过程中难免要经过后人的润色与改动，留下后世的时代印迹。因此，我们对于文献的作成时代进行判断，要以其主体部分为中心进行考察，适当排除流传过程中'层累'的干扰因素。"②但若后世改动较大，我们也不可忽视这种"层累"并将其视作早期文献。最典型如《史记·五帝本纪》训译《尧典》。《尧典》："帝曰：'咨！四岳。朕在位七十载，汝能庸命巽朕位。'岳曰：'否德，忝帝位。'曰：'明明扬侧陋。'"③《五帝本纪》："尧曰：'嗟！四岳：朕在位七十载，汝能庸命，践朕位？'岳应曰：'鄙德忝帝位。'尧曰：'悉举贵戚及疏远隐匿者。'"④显然，

---

① 赵逵夫：《序一》；周玉秀：《〈逸周书〉的语言特点及其文献学价值》，北京：中华书局，2005年，序言第6页。
② 程浩：《有为言之：先秦"书"类文献的源与流》，北京：中华书局，2021年，第187页。
③ 顾颉刚、刘起釪：《尚书校释译论》第1册，北京：中华书局，2005年，第86页。
④ ［汉］司马迁撰，［南朝宋］裴骃集解，［唐］司马贞索隐，［唐］张守节正义：《史记》第1册，北京：中华书局，2014年，第26页。

后者是对前者大幅修改加工后呈现出的面貌。我们不得不承认《五帝本纪》记载的上古君臣对话有所本,但决不能因此认为《五帝本纪》中这些段落的写成年代属于先秦。①

学者误判西周文献为非西周文献,往往是因为错误地将文献中的某些细节过度放大,以至于忽略了整体。但是,重要的细节、过多的细节也会颠覆整体,我们不得不审慎对待。乃如《芮良夫》,虽然一般认为它有西周祖本,但因后世改动过大,故而不得不排除在"西周诸篇"之外。本书将在附录五详论《芮良夫》的成篇年代为什么不应划归西周。

本章的六节,我们将在西周六篇中各选取一个容易产生疑点的细节,入手讨论为什么这样的细节不足以推翻对应篇目的西周性质。

第一节 《克殷》成篇年代再论——"轻吕"引发的质疑

《克殷》:"武王答拜,先入。适王所,乃克射之三发,而后下车,而击之以<u>轻吕</u>,斩之以黄钺。折,县诸太白。乃适二女之所,既缢。王又射之三发,乃右击之以<u>轻吕</u>,斩之以玄钺,县诸小白。""周公把大钺,召公把小钺,以夹王。泰颠、闳夭皆执<u>轻吕</u>以奏王。"孔注:"轻吕,剑名。"

《克殷》中一共出现了三次"轻吕",孔晁注之曰"剑名"。按常规理解,此处的"轻吕"不过是当时的一种剑而已,不需过多阐释。然而,在夏含夷看来,"轻吕"正是否定《克殷》西周文献性质的有力证据:"《克殷》在许多语言的使用上是违背当时的历史的,而其中最为明显的便是关于'轻吕'这个名词的使用。'轻吕'几乎可以肯定是一个中亚词语的音译,就是希腊人所知的一种弧形的剑类武器 akinakes,而此物不可能在早于公元前 300 年以前就传进中国。"②夏含夷语气坚定,但未给出他的依据。纵观学史,夏含夷之说并非一家之言,但 akinakes 也绝非定论。

---

① 虽然一般认为《尧典》不是尧时实录,但《尧典》是先秦文献还是无可非议的。
② [美]夏含夷:《孔子之前:中国经典诞生的研究》,上海:中西书局,2019 年,第 94 页。

各家解释"轻吕"的依据主要有两个源头,一为《史记》,一为《汉书》。《史记·周本纪》:"及期,百夫荷罕旗以先驱。武王弟叔振铎奉陈常车,周公旦把大钺,毕公把小钺,以夹武王。散宜生、太颠、闳夭皆执剑以卫武王。"[1]《周本纪》将《克殷》中的"轻吕"改写为"剑",可见司马迁认为"轻吕"是一种剑。此说为孔晁沿袭。《汉书·匈奴传》:"昌、猛与单于及大臣俱登匈奴诺水东山,刑白马,单于以径路刀金留犁挠酒,以老上单于所破月氏王头为饮器者,共饮血盟。"颜师古注:"径路,匈奴宝刀也。"[2]由《汉书》可知,西汉时期匈奴会盟时有一种宝刀叫作"径路"。"径路"与"轻吕"有什么关系呢?且看下文。

以"剑"和"径路"为基础,至少产生了三种关于"轻吕"的外文解释。

一说 qynghrāq。早在1908年,美籍德国汉学家夏德(Friedrich Hirth)就已提出"轻吕"是"突厥语 qynghrāq(kingrak)的音译,是一种宽身刀或两刃刀"[3]。张永言认为"径路""轻吕"[4]的上古音可分别拟构为 kieŋlɑg 和 k'ieŋlĭɑg,跟突厥语 qynghrāq(kingrak)语音符合。[5]

一说 Kilidji。闻一多认为:"轻吕即径路也,外国学者谓出自突厥语 kilidji。"[6]郭沫若:"外国学者谓起源于突厥语之 Kilidji。据此足证剑制实来自西北,于周初时盖已有之。"[7]顾颉刚在《史林杂识初编》里也提到 Kilidji:"'轻吕''径路'并即 Kilidji 之对音,剑实来自西域。"[8]他们所说的"外国学者"不明所指。

一说 akinakes。除夏含夷外,江上波夫早就"在《径路刀と师比》一文

---

[1] [汉]司马迁撰,[南朝宋]裴骃集解,[唐]司马贞索隐,[唐]张守节正义:《史记》第1册,北京:中华书局,2014年,第162页。
[2] [汉]班固撰,[唐]颜师古注:《汉书》第11册,北京:中华书局,1962年,第3801—3802页。
[3] 转引自张永言:《"轻吕"和"乌育"》,《语言研究》1983年第2期,第134—135页。
[4] 这里将"轻吕""径路"并举是因为张永言默认《逸周书》之"轻吕"与《汉书》之"径路"是同一个东西。
[5] 张永言:《"轻吕"和"乌育"》,《语言研究》1983年第2期,第134—135页。
[6] 闻一多:《天问疏证》,上海:上海古籍出版社,1985年,第94页。
[7] 郭沫若:《两周金文辞大系图录考释(二)》;郭沫若著作编辑出版委员会编:《郭沫若全集·考古编》第8卷,北京:科学出版社,2002年,第335页。
[8] 顾颉刚:《史林杂识初编》,北京:中华书局,1963年,第167页。

（见所著《エウラシア古代北方文化》，1948）中主张'径路'是 Achæmenes 王朝时代波斯与南俄斯基泰人（Scythian）所用的一种两刃短剑的希腊名称 akinakes 的音译"①。

许倬云："《逸周书》的'轻吕'，名称不见他书，若周人因为与草原文化接触，以剑代商人传统的短刀，从而以神剑斩纣及二女的首级，也当然可解为一种魇胜的巫术行为。"②许倬云没有明确将"轻吕"与某个外文词对应，但他在大方向上与以上三说同，认为"轻吕"外来。

综合以上各家之说，"轻吕"到底能不能否定《克殷》的西周文献性质？

首先要论证的是，"轻吕"是否"西来"？其实"轻吕西来"的说法主要来自《汉书》的"径路"。从语音层面看，"轻吕""径路"确实可以作一音之转。如张永言所说，"径路""轻吕"的上古音皆与突厥语 qynghrāq 相似，并且 qynghrāq 的释义又正好是"宽身刀或两刃刀"。如此巧合，难免让人怀疑"轻吕"就是夏德说的 qynghrāq。然而，以上古拟音为依据是不可靠的，若 kieŋlɑg 和 kʻieŋlĭɑg 的拟音可以为定论，就不会有郭沫若、顾颉刚的 kilidji 之说了。kilidji 也是突厥语，由不明所指的"外国学者"提出。我们暂且不知道这位"外国学者"的依据是什么，若仅仅是 kingrak 的两个音节可分别对应"轻 king""吕 rak"，那也未免于草率。l 和 r 属一个音位的现象在当代的许多方言中依然常见，若是近代人音译 rak，很有可能用 l 音译 r。q 和 k 都是舌面音、送气音、清音，并且前者是塞擦音，后者是塞音，极为相似。如果是近代人音译 king，也完全可以译作"轻"。然而，语音随时间地域流变，我们宁可将上古拟音与突厥语对照，也胜过将今之 qīnglǚ（汉语拼音）与突厥语 kingrak 对照。至于江上波夫和夏含夷的 akinakes，在发音上就距离"轻吕"更远了。其实，"轻吕"西来的可能性不大。以上三种说法，都建立在"轻吕"是音译的基础上。"轻吕""径路"虽然存在音近的情况，但把两者画等号的做法也只是一种猜测，并不一定成立。所以说，"轻吕西来"只存在较小的可能性，决非不刊之论。

---

① 转引自张永言：《"轻吕"和"乌育"》，《语言研究》1983 年第 2 期，第 134—135 页。
② 许倬云：《西周史》，北京：生活·读书·新知三联书店，2018 年，第 101 页。

假如"轻吕"确实"西来",并且是夏含夷所说的 akinakes,就可以否定《克殷》的西周文献性质了吗?依然不可以。夏含夷以 akinakes 否定"轻吕"的关键无非是因为 akinakes 是铁器(akinakes 也被称作 Scythian iron shortsword[①],斯基泰人短铁剑),而武王伐纣时中原王朝处于典型的青铜时代——以铁器为兵器的考古资料尚缺,所以认定"轻吕"只能是后世的兵器,绝不可能出现在武王伐纣之时。这种说法的成立必须同时具备三个条件:第一,"轻吕""径路"是同一种兵器;第二,"轻吕"就是 akinakes 的音译;第三,武王伐纣时确定没有铁制兵器。可惜,这三个条件都是不确定的。假设"轻吕"是江上波夫所说的 akinakes,可以否定《克殷》的西周文献性质吗?更不可以。江上波夫的"轻吕"在 Achæmenes 时代就已有,Achæmenes 时代对应的正好是商周之际。再退一步说,假如"轻吕"就是铁制兵器 akinakes,也依然不能否定《克殷》的西周文献性质。周民族来自西边,很有可能与西方民族有过交流,或是交战,或是贸易。Achæmenes 时代的 Scythian(斯基泰人)主要生活在新疆阿尔泰地区,涉足甘肃一带并非难事。在这个过程中,斯基泰人完全有可能把自己的兵器文化传播给周人。至于 qynghrāq 和 kilidji 两种说法,就更与《克殷》的西周文献性质无关了。

当然,更大的可能性是,"轻吕"并非"西来"。上文已说到,"轻吕""径路"是同一种东西的可能性并不高,况且从"轻吕"这个词来看,它并不像音译词。以"轻+剑(兵器名)"的用法在后世十分常见,如:"轻剑拂鞶厉,长缨丽且鲜。"[②]"独作书生疑不稳,软弓轻剑也随身。"[③]"轻"带有正面色彩,"轻剑"有利剑、宝剑的意思,或至少应是使用顺手的剑。这是符合《克殷》"轻吕"的语境的。所以"轻吕"是"轻+吕","轻"是定语,"吕"是兵器名。

《说文》:"吕,脊骨也。象形。昔太岳为禹心吕之臣,故封吕侯。凡吕之

---

① 斯基泰人短铁剑可见于海外拍卖平台 Catawiki: https://www.catawiki.com/de/l/14606709-scythian-iron-shortsword-akinakes-39-5-cm(2023 年 12 月 14 日)。
② [晋]陆机:《吴王郎中时从梁陈作》,[南朝梁]萧统编,[唐]李善等注:《六臣注文选》,北京:中华书局,2012 年,第 494 页上栏。
③ [唐]杜荀鹤:《塞上》,[宋]郭茂倩编:《乐府诗集》第 4 册,北京:中华书局,1979 年,第 1297 页。

属皆从吕。"①《古文字谱系疏证》:"吕,象金属熔块之形。或说铝之初文。《集韵》:'鑢,《说文》错铜铁也。或从吕。'"②由此,我们可以提出两种假想。第一种假想:"轻吕"即"轻铝",是一种铝制品。河南、山西等地有大量的铝土矿,其主要成分有氧化铝(Al_2O_3)、二氧化硫(SiO_2)、三氧化二铁(Fe_2O_3)等,且氧化铝的比重明显大于后两者。③假如"轻吕"是一种铝硅合金,以当时原始的生产技术来看,它的硬度应该不会太大,最多相当于陶器的硬度。④既然武王可以"击之以轻吕",那至少"轻吕"的硬度可以刺入纣尸。所以说,"轻吕"是铝制品的可能性并不大。第二种假想:"轻吕"是一种骨制品。骨制兵器在远古、上古时期并不罕见,如骨镞⑤、骨剑⑥等。曹方向:"据研究,商代的箭镞多是骨质。郑州商城城郊的一个手工业作坊遗址中出土过一批骨箭镞,经鉴定,半数以上是用人的肋骨和肢骨制成的。"⑦人骨在商代可被用来制作兵器,是毋庸置疑的。武王时代可以得到人骨做的兵器,也是非常明确的。所以,以"轻吕"为骨制兵器是说得通的。至于武王为什么刻意要用骨剑刺纣王的尸体,应该和商周时期的厌(魇)胜术有关,其本质是一种巫术行为。铝、铁、铜都是没有生命的,而骨制品的来源是动物甚至人,是带有灵性的。干将莫邪用人铸剑,性质与此相似,见载《吴越春秋》:"莫耶曰:'夫神物之化,须人而成。今夫子作剑,得无得其人而后成乎?'干将曰:'昔吾师作冶,金铁之类不销,夫妻俱入冶炉中,然后成物。至今后世,即山作冶,麻

---

① [汉]许慎撰,[宋]徐铉等校定:《说文解字》,北京:中华书局,2013年,第149页上栏。
② 黄德宽主编:《古文字谱系疏证》第2册,北京:商务印书馆,2007年,第1574页下栏。
③ 参见朱忠平、范晓慧、姜涛、李光辉:《我国氧化铝工业及铝土矿铝硅分离研究进展》,《矿产保护与利用》2002年第4期,第28—34页。温同想:《表生富集在我国上古生界铝土矿富矿体形成中的意义》,《河南地质》1987年第1期,第7—10页。
④ 参见王昌燧、左健、毛振伟、河西学、舆水达司:《班村遗址出土彩陶的陶彩分析》,《中国历史博物馆馆刊》1995年第1期,第78—80+84页。
⑤ 参见[俄]A·A·科瓦列夫、[蒙]Д·额尔德涅巴特尔、邵会秋、潘玲:《蒙古青铜时代文化的新发现》,《边疆考古研究》第8辑(2009年),第246—269、279、270—278、401—406页。肖明华:《云南剑川海门口青铜时代早期遗址》,《考古》1995年第9期,第775—787、865—872页。
⑥ 侯莉闽:《吉林延边新龙青铜墓葬及对该遗存的认识》,《北方文物》1994年第3期,第2—14页。
⑦ 曹方向编:《甲骨文读本》,南京:凤凰出版社,2017年,第100页。

经菱服,然后敢铸金于山。今吾作剑不变化者,其若斯耶?'莫耶曰:'师知烁身以成物,吾何难哉?'于是干将妻乃断发剪爪,投于炉中。"①在西方的某些文学作品中,也曾提到中世纪"人骨剑"的奇异效用,其中充满了神秘主义色彩。②武王的"轻吕"如果确是骨剑,也应具备类似的宗教功能。因此,我们把"吕"视作脊骨、把"轻吕"视作一种骨制兵器(即骨剑)更为合适。

总之,作为骨剑的"轻吕"并不是akinakes等外来语的音译词,更不能作为否定《克殷》西周文献性质的证据。

第二节 《世俘》成篇年代再论——离谱的数字

《世俘》中有一段炫耀武功斩获的数字十分离谱,"亿"字频频出现:"武王遂征四方,凡憝国九十有九国,馘磿亿有十万七千七百七十有九,俘人三亿万有二百三十,凡服国六百五十有二。"乃至于孔晁都不信这个数字:"武王以不杀为仁,无缘馘亿也。俘馘之多,此大言之也。"当代各家也多以"言过其实"或"记载有误"来解释这种离谱的数字。孙醒:"当然,这数字是言过其实。"③王永波:"报告的数字或有夸大之嫌,但其核心史实当不容置疑。"④叶正渤:"数目之大,恐怕记载有误。"⑤如果《世俘》的数字有误,难免会引发人们对其西周文献性质的质疑。

有一则与《世俘》记录方式如出一辙的殷商甲骨材料可资参照,见《合集》10197:"乙未卜,王狩垒。允只虎二、兕一、鹿十二、豕二、罴百二十七、□

---

① [汉]赵晔撰:《吴越春秋》卷二;王云五主编:《丛书集成初编》,上海:商务印书馆,1937年,第42—43页。
② 佚名:《法国"人骨剑"吸血惊魂》,《奇闻怪事》2010年第7期,第48—51页。
③ 孙醒:《试探武王伐纣的目的与性质》,《史学月刊》1987年第2期,第8—13页。
④ 王永波:《论禽簋与鲁国始封年代》,《东南文化》2000年第11期,第48—55页。
⑤ 叶正渤:《〈汲冢周书·克殷解〉〈世俘解〉合校》,《古籍整理研究学刊》2010年第4期,第45—50页。

二、兔二十三、雉七。□月。"①这一串数字的真实性不应引起怀疑,因其特征是"数字具体+数字合理"。相比之下,《世俘》的特征是"数字具体+数字不合理",而"数字不合理"的关键在"亿"。如果"亿"能得到一个合理的解释,《世俘》数字真实性及文献真实性的问题就随之迎刃而解了。

《世俘》的数字是否夸大,取决于对"亿"的理解。如果按今人所说的"亿",自然是夸大;若以"十万"为"亿",则不夸大。《洛诰》:"公其以予万亿年敬天之休。"伪孔传:"十千为万,十万为亿。言久远。"②东汉文献《数术计遗》也可征:"十万曰亿,十亿曰兆,十兆曰京。"③郭沫若认为"以十万为亿最近情理"④,并在解释下文"俘玉"之处再次明确其观点:"'亿有八万'亦正十万为亿之证。"⑤之后各家亦多从其说,如黄怀信:"十万曰亿。"⑥张闻玉:"古以十万为亿。"⑦以"十万"为"亿",则数字离谱的问题就迎刃而解了。武王的周军杀 177 779 人⑧、俘 300 230 人,凡 478 009 人,分摊到 652 个"服国",平均每个邦国才 733 人。按"憝国九十九"算,平均每个"憝国"也才 4 828 人。殷商时期虽然邦国林立、小国寡民,但一个邦国出兵 733 人或全族达到 4 828 人,还是非常容易的。

那么,以"十万"为"亿"就一定合理吗?章宁在《〈世俘〉编纂考》一文中极力证明了以"十万"为"亿"的不合理性。他列举了《尚书》《左传》《诗经》中"千亿""亿兆""万亿""百亿"的用例,并认为"亿"这个字"在较早文献中,只

---

① 胡厚宣主编:《甲骨文合集释文》第 1 册 10197,北京:中国社会科学出版社,1999 年,第 547 页。
② [汉]孔安国传,[唐]孔颖达正义:《尚书注疏》,[清]阮元校刻,方向东点校:《十三经注疏》第 2 册,北京:中华书局,2021 年,第 658 页。
③ [汉]徐岳撰,[北朝·北周]甄鸾注:《数术记遗》,王云五主编:《丛书集成初编》,上海:商务印书馆,1939 年,第 13 页。
④ 郭沫若:《中国古代社会研究》,北京:人民出版社,1964 年,第 271 页。
⑤ 郭沫若:《中国古代社会研究》,北京:人民出版社,1964 年,第 279 页。
⑥ 黄怀信:《逸周书校补注译》,西安:三秦出版社,2006 年,第 201 页。
⑦ 张闻玉译注:《逸周书全译》,贵阳:贵州人民出版社,2000 年,第 145 页。
⑧ 以"十万"为"七万"之误。

用作约数,而不指确数",而《礼记·王制》"为田九十亿亩"①这一确数的用例正是因为《礼记》晚出于战国中后期。章氏还进一步论证,《世俘》"武王狩"的来源是战国。② 章宁的观点看似无懈可击,其实有很大的漏洞。首先,"千亿""亿兆"等用例只能说明"亿"在早期文献中可以作约数,但并不意味着只能做约数。章宁以《礼记·王制》"为田九十亿亩"的"亿"为确数,更是大谬。据统计,截至2019年底,中国的耕地总面积为19.179亿亩。③ 在《礼记》那个年代,哪得90亿亩?所以《礼记》的"亿"也只能用"万"解释,即"为田九十万亩"。至于前面的"十",笔者认为加与不加都是一样的,没必要作"十亿→十十万→百万"的转换。"亿"本来就是"十万",故"十亿"也是"十万",只是为了突出"十进制"而已。还有更重要的一点,《世俘》的离谱数字是具体的,而非一句"千亿""亿兆"一笔带过——这也是章宁的依据无法立足的关键。如此看来,我们并不能否定西周时期存在以"十万"为"亿"的用法。

　　结合《世俘》全篇来看,《世俘》存在大量的数字,绝非仅此一处,如"恶臣百人""九终""禽御八百有三百两""百神水土社二千七百有一""武王俘商旧玉亿有百万"之类一笔带过的数字,数不胜数。《世俘》中以较大篇幅记录的数字共有两处。第一处,记录狩猎情况:"武王狩,禽虎二十有二、猫二、麋五千二百三十五、犀十有二、氂七百二十有一、熊百五十有一、罴百一十有八、豕三百五十有二、貉十有八、麈十有六、麝五十、麋三十、鹿三千五百有八。"第二处,即我们主要探讨的部分,记录俘馘情况,不再赘引。把狩猎情况按原文转换成今人习惯的用法,即22只虎、2只猫、5 235只麋、12头犀、721头氂、151头熊、118头罴、352头猪、18只貉、16只麈、50只麝、30只麋、3 508只鹿。以上所有数字皆在"万"以内,与今人数字用法同,理解起来没有任何问题。一旦到了"万",便开始有歧义,如"武王俘商旧玉亿有百万"。如果按

---

① [汉]郑玄注,[唐]孔颖达正义:《礼记注疏》,[清]阮元校刻,方向东点校:《十三经注疏》第13册,北京:中华书局,2021年,第755页。
② 章宁:《〈世俘〉编纂考》,《经学文献研究集刊》2020年第1期,第58—69页。
③ 《第三次全国国土调查结果:2019年末我国耕地超19亿亩》,《中国经济周刊》2021年第17期,第7页。

今人的"亿"理解,武王俘玉数字应为 101 000 000 枚。如果以"百"为"四"①、以"亿"为"十万",那就是 140 000 枚。显然,后者更合理一些。除此之外,其他数字都不应再有涉"亿"的争议。从《世俘》全篇来看,数字无论大小皆十分具体,即全是确数。武王俘馘之数要想是确数,"亿"就必须按"十万"来理解。

其实,西周时期有类似的铭文,记录了非常详细的数字,如《殷周金文集成》②02837A 大盂鼎(康王时期):"赐汝邦司四伯,人鬲自驭至于庶人,六百又五十又九夫,易夷司王臣十又三伯,人鬲千又五十夫。"③《集成》02839B 小盂鼎(康王时期):"获馘四千八百又二馘,俘人万三千八十一人,俘马□□匹,俘车卅两,俘牛三百五十五牛,羊卅八羊……获聝二百卅七聝,俘人□□人,俘马百四匹,俘车百□两。"④由此推测,《世俘》的原始底本应当就是一篇刻在青铜器上的西周铭文。此外,春秋时期有"数军实"和"为铭"的传统。《左传·隐公五年》:"三年而治兵,入而振旅。归而饮至,以数军实。"⑤《左传·僖公二十五年》:"正月丙午,卫侯毁灭邢。同姓也,故名。礼至为铭曰:'余掖杀国子,莫余敢止。'"⑥"为铭"的习俗,显然是从以青铜器为主要书写载体的时代流传下来的。因此,《世俘》就是一次武王时期"数军实"和"为

---

① 郭沫若最早认为这里的"亿有百万"应作"亿有四万",理由是"晚周人书'四'有作亖者(邵钟),与'百'形似。"郭沫若:《中国古代社会研究》,北京:人民出版社,1964 年,第 279 页。按:邵钟即邵黛钟,铭文属金文,为春秋晚期器,勉强算"晚周人书"。参:金文"百"作⦾、"四"作⦾、⦾,两者形似。见于《汇编》NA1875 老簋(西周中期),钟柏生、陈昭容、黄铭崇、袁国华编:《新收殷周青铜器铭文暨器影汇编》,台北:艺文印书馆,2006 年,第 1258 页。⦾见于《集成》00225 邵黛钟(春秋晚期),中国社会科学院考古研究所编:《殷周金文集成(修订增补本)》第 1 册,北京:中华书局,2007 年,第 270 页。⦾见于《集成》00182.2 徐王子旃钟(春秋晚期),中国社会科学院考古研究所编:《殷周金文集成(修订增补本)》第 1 册,北京:中华书局,2007 年,第 191 页。
② 以下简称《集成》。
③ 中国社会科学院考古研究所编:《殷周金文集成(修订增补本)》第 2 册,北京:中华书局,2007 年,第 1517 页。
④ 中国社会科学院考古研究所编:《殷周金文集成(修订增补本)》第 2 册,北京:中华书局,2007 年,第 1523 页。
⑤ 杨伯峻编著:《春秋左传注》第 1 册,北京:中华书局,2016 年,第 45—46 页。
⑥ 杨伯峻编著:《春秋左传注》第 2 册,北京:中华书局,2016 年,第 470 页。

铭"的见证。它不仅是西周文献,而且是武王在世时的文献。

第三节 《商誓》成篇年代再论——"几耿肃执"的族属与字体特征

《商誓》:"王若曰:'告尔伊旧何父□□□几耿肃执,乃殷之旧官人……'""几耿肃执"四字,孤立来看较为费解。放在句中,"几耿肃执"后接"乃殷之旧官人",可见此四字应为专有名词,蕴含着丰富的史料价值。对此四字的解读,会直接影响《商誓》这篇文献的可靠性。若《商誓》确为西周文献,"几耿肃执"应保留一定的西周原始形态。

朱右曾注"几耿肃执":"《左传》殷民七族有饥氏、六族有萧氏。几,即饥。肃,即萧也。《路史·国名纪》:'相州有几城。'《书序》:'祖乙圮于耿。'即邢也。执,挚通。《诗》曰:'挚仲氏任。'"①朱说似乎合理,但我们还是要从元典、甲骨金文、字形传抄三个层面去进一步考察这一注解的合理性。

参元典,《左传·定公四年》:"殷民六族,条氏、徐氏、萧氏、索氏、长勺氏、尾勺氏。"《左传·定公四年》:"殷民七族,陶氏、施氏、繁氏、锜氏、樊氏、饥氏、终葵氏。"②这里确有殷民六族和殷民七族。按朱说,殷民六族中的萧氏和殷民七族中的饥氏可分别对应"几耿肃执"的"肃"和"几"。再参元典,《路史·国名纪》:"今相州有畿城,商亶甲故城在安阳西北五里。"③畿、几(幾)字形相近,可通。按此说法,河亶甲时期几氏大族曾在安阳西北五里封建,朱说可靠。三参元典,《尚书序》:"祖乙圮于耿,作《祖乙》。"④朱右曾没有

---

① [清]朱右曾撰:《逸周书集训校释》,清光绪十四年(1888)南菁书院刻《皇清经解续编》本,宋志英、晁岳佩选编:《〈逸周书〉研究文献辑刊》第8册,北京:国家图书馆出版社,2015年,第113页。
② 杨伯峻编著:《春秋左传注》第6册,北京:中华书局,2016年,第1712、1714页。
③ [宋]罗泌撰:《路史》,[清]永瑢、纪昀等:《景印文渊阁四库全书》第383册,台北:商务印书馆,1986年,第324页下栏—第325页上栏。
④ [汉]孔安国传,[唐]孔颖达正义:《尚书正义》,[清]阮元校刻,方向东点校:《十三经注疏》第2册,北京:中华书局,2021年,第358—359页。

具体说为什么"耿即邢"。其实,依据出自《史记·殷本纪》:"祖乙迁于邢。"《索隐》:"邢音耿。近代本亦作'耿'。今河东皮氏县有耿乡。"《正义》:"《括地志》云:'绛州龙门县东南十二里耿城,故耿国也。'"①因此,朱右曾"耿即邢"的论断是可靠的。四参元典,《诗经·大雅·大明》:"挚仲氏任,自彼殷商,来嫁于周,曰嫔于京。"②方玉润:"挚,国名。"③我们由此可知殷有大族曰挚,此"挚"与"执"对应也是理所应当的。通过以上元典文献可知,"几""耿""执"对应的就是"饥""邢""挚"三个殷之世家大族,朱说有着充分的文献依据。朱右曾未对"肃,即萧也"给出文献依据,其实,此据出自《史记·殷本纪》:"太史公曰:余以《颂》次契之事,自成汤以来,采于《书》《诗》。契为子姓,其后分封,以国为姓,有殷氏、来氏、宋氏、空桐氏、稚氏、北殷氏、目夷氏。""北殷氏"下《索隐》:"《系本》作'髦氏',又有时氏、萧氏、黎氏。"④"萧氏"乃司马贞对太史公所列殷商封国之"氏"的补充。《史记·齐太公世家》:"齐侯请以宝器谢,不听;必得笑克者萧桐叔子,令齐东亩。"《集解》:"贾逵曰:'萧,附庸,子姓。'"⑤萧既为子姓,则为殷商之裔无疑。《史记·宋微子世家》:"因杀太宰华督,乃更立公子游为君。诸公子奔萧,公子御说奔亳。"《集解》:"服虔曰:'萧、亳,宋邑也。'杜预曰:'今沛国有萧县,蒙县西北有亳城也。'"⑥宋乃殷之后,萧为宋邑名,可见其族名源自殷商。沛国乃故殷腹心地带,又紧邻汤都亳城,可见此地应为萧族殷时宗庙之所在。以上三则《史记》材料可补《左传》"六族""七族"之略,可证萧族确为殷商大族。《商誓》"几耿肃执"之"几耿执"既已定性为殷商大族,则"肃"几可确证就是《左传》及《史

---

① [汉]司马迁撰,[南朝宋]裴骃集解,[唐]司马贞索隐,[唐]张守节正义:《史记》第1册,北京:中华书局,2014年,第130—131页。
② [清]方玉润撰,李先耕点校:《诗经原始》下册,北京:中华书局,1986年,第477页。
③ [清]方玉润撰,李先耕点校:《诗经原始》下册,北京:中华书局,1986年,第479页。
④ [汉]司马迁撰,[南朝宋]裴骃集解,[唐]司马贞索隐,[唐]张守节正义:《史记》第1册,北京:中华书局,2014年,第140—141页。
⑤ [汉]司马迁撰,[南朝宋]裴骃集解,[唐]司马贞索隐,[唐]张守节正义:《史记》第5册,北京:中华书局,2014年,第1812—1813页。
⑥ [汉]司马迁撰,[南朝宋]裴骃集解,[唐]司马贞索隐,[唐]张守节正义:《史记》第5册,北京:中华书局,2014年,第1962页。

记》注解中所说的"萧"。朱右曾未引文献证之,应已视为默证。

　　从甲骨金文的层面看,"耿"本作"邢",其说有自。《左传·隐公五年》:"卫人逆公子晋于邢。"①杨伯峻注:"传世有邢侯彝,彝为周天子册命邢侯时所作,铭末曰'作周公彝',足证其为周公之胤,故僖公二十四年云云。金文常见'井侯''井伯',刘节《古史考存·古邢国考》谓'井'即'邢'。今河北省邢台市境有襄国故城,即古邢国。"②参《铭图》,"邢侯彝"作"邢侯簋",西周早期器,铭末有"作周公彝"③,符合杨伯峻之说。该器铭文中有"介邢侯服","邢"写作 共 ④,符合"井即邢"的说法。另参西周早期邢侯方彝,铭文中有"辟邢侯光厥正吏","邢"写作 共 ⑤,也符合"井即邢"的说法。可见,以"邢"为"井",是金文中的常见写法。在甲骨文中,"邢"也写作"井",《合集》838.反:"妇井示四十。"⑥按丁山观点,"示"即"氏","井示"即"井氏"。⑦ 此"井氏"乃"邢氏",当无可疑。从音韵学角度说,井、耿皆属耕部,井为精母,耿为见母,

---

① 杨伯峻编著:《春秋左传注》第1册,北京:中华书局,2016年,第41页。
② 杨伯峻编著:《春秋左传注》第1册,北京:中华书局,2016年,第41页。另参《夏商周断代工程报告》:"近几十年来邢台地区的考古工作取得重大进展,在此不仅发现多处商代遗址,而且邢台葛家庄一带发现了西周时期的邢侯墓,从而证明西周的邢国就在今邢台。西周之邢国既已确定,则祖乙所迁之邢也当在此区域。"夏商周断代工程专家组编著:《夏商周断代工程报告》,北京:科学出版社,2022年,第285—286页。
③ 吴镇烽编著:《商周青铜器铭文暨图像集成》第11卷,上海:上海古籍出版社,2012年,第384页。
④ 吴镇烽编著:《商周青铜器铭文暨图像集成》第11卷,上海:上海古籍出版社,2012年,第384页。
⑤ 吴镇烽编著:《商周青铜器铭文暨图像集成》第24卷,上海:上海古籍出版社,2012年,第420页。
⑥ 胡厚宣主编:《甲骨文合集释文》第1册838反,北京:中国社会科学出版社,1999年,第76页。
⑦ 参见丁山:《甲骨文所见氏族及其制度》,北京:中华书局,1988年,第3、19页。另参丁山:"食土之君,祭其氏族的宗神,在定公四年《左传》谓之'帅其宗my'。严格的(按:原文如此)说:同一图腾,即同一宗氏,氏族社会的组织,即以图腾祭的神示为中心;所以卜辞所见的丁字应读为氏族的氏,不作神示解。"丁山:《甲骨文所见氏族及其制度》,北京:中华书局,1988年,第4页。

因此井、耿音近①，可为上引《尚书序》"祖乙圮于耿"②与《史记·殷本纪》"祖乙迁于邢"③的"耿""邢"通用起到证经补史的作用。另参上引司马贞《索隐》："邢音耿。近代本亦作'耿'。今河东皮氏县有耿乡。"④王国维："祖乙所居，不得远在河东，且河东之地自古未闻河患，耿乡距河稍远，亦未至遽圮也。"⑤可见，丁山所说"祖乙所居在邢不在耿"⑥应为可靠说法。《商誓》之"耿"，本应是祖乙之"邢"。王长丰对殷周金文族徽做过非常详细的整理，统计出 2168 种族徽⑦，其中包括"耿"和"邢"。耿，族徽作🙏⑧，见于商代晚期器耿父癸尊；邢，族徽作井⑨，见于西周晚期器伯䵼父鼎。此"耿"是否就是"邢"，从字形上无法给出结论，但可确定的是，商代晚期有耿族。上参杨伯峻所举西周早期器邢侯簋，可知邢族也不必晚至西周晚期，而是可以上溯到西周早期，几与耿族所在的商代晚期同时。⑩从族名定性的角度看，伯䵼父鼎的族徽井与上引邢侯簋、邢侯方彝的"邢"字写法属同一体系，说明"邢"

---

① 参见郭锡良编著：《汉字古音手册》，北京：商务印书馆，2010 年，第 419、435 页。此外，与"井"今音同的"景""憬""警""儆""璥""颈"等字皆为见母字，这可进一步增大"井""耿"古音相近乃至相同的可能性。参见郭锡良编著：《汉字古音手册》，北京：商务印书馆，2010 年，第 435 页。

② [汉]孔安国传，[唐]孔颖达正义：《尚书注疏》，[清]阮元校刻，方向东点校：《十三经注疏》第 2 册，北京：中华书局，2021 年，第 358 页。

③ [汉]司马迁撰，[南朝宋]裴骃集解，[唐]司马贞索隐，[唐]张守节正义：《史记》第 1 册，北京：中华书局，2014 年，第 130 页。

④ [汉]司马迁撰，[南朝宋]裴骃集解，[唐]司马贞索隐，[唐]张守节正义：《史记》第 1 册，北京：中华书局，2014 年，第 131 页。

⑤ 王国维：《观堂集林》上册，北京：中华书局，1959 年，第 523 页。

⑥ 丁山：《古代神话与民族》，北京：商务印书馆，2015 年，第 49 页。

⑦ 王长丰：《殷周金文族徽研究》下册，上海：上海古籍出版社，2015 年，第 329—635 页。

⑧ 王长丰：《殷周金文族徽研究》下册，上海：上海古籍出版社，2015 年，第 405 页。见于《集成》05670 耿父癸尊（商代晚期），中国社会科学院考古研究所编：《殷周金文集成（修订增补本）》第 5 册，北京：中华书局，2007 年，第 3576 页。另参吴镇烽编著：《商周青铜器铭文暨图像集成》第 20 卷，上海：上海古籍出版社，2012 年，第 366 页。

⑨ 王长丰：《殷周金文族徽研究》下册，上海：上海古籍出版社，2015 年，第 569 页。见于《集成》02465 伯䵼父鼎（西周晚期），中国社会科学院考古研究所编：《殷周金文集成（修订增补本）》第 2 册，北京：中华书局，2007 年，第 1239 页。另参吴镇烽编著：《商周青铜器铭文暨图像集成》第 4 卷，上海：上海古籍出版社，2012 年，第 192 页。

⑩ 以"X父癸尊"为名的器物，多见于商代晚期与西周早期。

乃族名无疑,且以本字为族徽。《商誓》之"耿",前证应为今河北邢台之"邢",假使非此"邢",单以"耿"论之,☥亦不失为商代一族名。

　　从字形与传抄的角度看,除"邢"之外,《左传》的"饥""萧"和《诗经》的"挚"可分别拆解为"亻几""艹肃""执手"。因此,"几→饥""肃→萧""执→挚"都不可用形讹来解释,而应用汉字演变的一般规律来解释。殷商、西周时期的独体字到东周及之后演变成复合字的情况非常普遍,最典型如"位",在西周时期就经常被写作 ☥①、☥②,而到了东周时期又被写作 ☥③。"几""肃""执"也存在同样的问题,这些字在西周时期写作"几""肃""执",但到了东周及以后就被写作了"饥""萧""挚"。《左传》是东周文献,所以它在记述殷民六族、七族的时候写的是"饥""萧"。《诗经·大雅》虽然一般被认为是西周文献④,但《诗经》全书的编定在春秋时期的鲁国,"挚仲氏任"很有可能是后世抄写时改动的结果。西周文献分为原汁原味的西周文献和略经改动的西周文献,后者虽有西周祖本,但也会存在一定数量的东周元素。如果某篇文献中同一类型元素大量以西周的样式呈现,我们就可以说这是一篇较为原汁原味的西周文献。《左传》的东周文献性质无需质疑,《大雅》也是带有东周元素的西周文献,但《商誓》应可定性为一篇较为原汁原味的西周文献。其理由在于,《商誓》的"几""肃""执"三个字没有被写作"饥""萧""挚",而是原封不动地保留了它们西周时期的样子。可以想象,东周时人或西汉时人誊写《商誓》时用的底本极有可能就是刻在青铜器上的铭文。或是因为不了解殷商大族的相关史实,或是因为根本不认识这几个字,总之誊写者没有把"几""肃""执"改写成当时更通行的"饥""萧""挚",而是保留了原貌。程浩在讨论"书"类文献的传抄情况时认为,楚系竹简中如果出现了明显不

---

① 见于西周晚期宣王世的此鼎甲。参见吴镇烽编著:《商周青铜器铭文暨图像集成》第5卷,上海:上海古籍出版社,2012年,第357页。
② 见于西周中期的牧簋。参见吴镇烽编著:《商周青铜器铭文暨图像集成》第12卷,上海:上海古籍出版社,2012年,第215页。
③ 湖北省荆沙铁路考古队:《包山楚简》,北京:文物出版社,1991年,图版第99页。
④ 此刘起釪观点。参见陈高华、陈智超等著:《中国古代史史料学》,北京:中华书局,2016年,第51页。

是楚文字的字,那就很有可能连竹简的抄写者也不认识。①"由于该篇流传不广,传抄次数不多,就保留了较多的西周金文的文字特征。"②这同样可用于解释为什么《商誓》中保留了"几""肃""执"这样的早期写法。至于"邢""耿",既然司马贞《索隐》说"近代本亦作'耿'"③,那就不存在两字孰古孰今的问题。唐代或稍早时期的《史记》版本有作"耿"者、有作"邢"者,说明"邢""耿"通用的情况长期存在,上溯殷商,下至隋唐。其中哪一种写法更早,难有定论。

总之,《商誓》以"几""肃""执"这样独体字的形式呈现殷商族名,虽然不能保证该篇文献其他部分没有后世修改的痕迹,但至少可以说明"几""肃""执"是保留了最原汁原味的西周形态的。从"几""肃""执"的独体字特征来看,《商誓》这一篇文献绝非东周时人的杜撰,而是在西周时期就已经刻之金版了。

第四节 《度邑》成篇年代再论——超自然的灾异描写

孔子"不语怪力乱神"④。司马迁撰《史记》,亦去"其文不雅驯"⑤者。在此传统下,经史中一旦出现超自然的描写,就很容易引起读者的注意。这类描写有时会成为鉴定文献真伪的突破口。《度邑》中既然有这类描写,就可能对其西周性质形成挑战。

《度邑》:"王曰:呜呼,旦! 惟天不享于殷! 发之未生至于今六十年,夷羊在牧,飞鸿满野。"《度邑》的这段话带有一定的超自然特征。首先,拉长时

---

① 参见程浩:《有言为之:先秦"书"类文献的源与流》,北京:中华书局,2021年,第207页。
② 程浩:《有言为之:先秦"书"类文献的源与流》,北京:中华书局,2021年,第207页。
③ [汉]司马迁撰,[南朝宋]裴骃集解,[唐]司马贞索隐,[唐]张守节正义:《史记》第1册,北京:中华书局,2014年,第131页。
④ 杨伯峻译注:《论语译注》,北京:中华书局,2009年,第71页。
⑤ [汉]司马迁撰,[南朝宋]裴骃集解,[唐]司马贞索隐,[唐]张守节正义:《史记》第1册,北京:中华书局,2014年,第54页。

间跨度。武王强调"发之未生",是因为武王当时并没有六十岁(最终也没能活到六十岁),而"夷羊在牧,飞鸿满野"这种现象已经持续存在了六十年。"六十年",强调时间之长。其次,拉大空间跨度。"飞鸿满野"的"满"突出空间跨度之大,欲将"飞鸿"填满野外所有空间。再加上"夷羊""飞鸿"这两种动物的特殊性质,就使文本更似有超出现实的色彩。

其实,只要细究文本,我们会发现,"夷羊在牧,飞鸿满野"只是一般的灾异描写,其超自然属性不应被过度放大和解读。潘振:"夷羊,土神。"①陈逢衡:"夷羊,怪物,商羊、羵羊之类。"②黄怀信、周宝宏:"夷羊,(一种)怪兽。"③《国语·周语上》:"商之兴也,梼杌次于丕山;其亡也,夷羊在牧。"韦昭注:"夷羊,神兽。牧,商郊牧野也。"④《淮南子》:"夷羊在牧,飞蛩满野。"高诱注:"夷羊,土神。"⑤在古人眼里,夷羊是一种神兽、怪物。

张闻玉、周宝宏:"飞鸿,即飞蝗。"⑥牛鸿恩:"飞鸿满野,蝗虫遍野。"⑦潘振:"飞鸿,蠛蠓也,小虫似蚋而乱飞。满野,乱之象也。牧外谓之野。"⑧《史记索隐》:"按:高诱曰'蜚鸿,蠛蠓也'。言飞虫蔽田满野,故为灾,非是鸿雁也。《随巢子》作'飞拾',飞拾,虫也。"⑨《金楼子》:"昔夏后既衰,妖精并见,

---

① [清]潘振注:《周书解义》,清嘉庆间(1796—1820)刻本,宋志英、晁岳佩选编:《〈逸周书〉研究文献辑刊》第2册,北京:国家图书馆出版社,2015年,第57—58页。
② [晋]孔晁注,[清]陈逢衡补注:《逸周书补注》,清道光五年(1825)刻本,宋志英、晁岳佩选编:《〈逸周书〉研究文献辑刊》第2册,北京:国家图书馆出版社,2015年,第410页。
③ 黄怀信:《逸周书校补注译》,西安:三秦出版社,2006年,第217页。周宝宏:《〈逸周书〉考释》,北京:社会科学文献出版社,2001年,第134页。
④ 徐元诰撰,王树民、沈长云点校:《国语集解》,北京:中华书局,2002年,第29页。
⑤ 刘文典撰,冯逸、乔华点校:《淮南鸿烈集解》上册,北京:中华书局,1989年,第248页。
⑥ 张闻玉译注:《逸周书全译》,贵阳:贵州人民出版社,2000年,第177页。周宝宏:《〈逸周书〉考释》,北京:社会科学文献出版社,2001年,第134页。
⑦ 牛鸿恩注译:《新译逸周书》,台北:三民书局,2015年,第330页。
⑧ [清]潘振注:《周书解义》,清嘉庆间(1796—1820)刻本,宋志英、晁岳佩选编:《〈逸周书〉研究文献辑刊》第2册,北京:国家图书馆出版社,2015年,第58页。
⑨ [汉]司马迁撰,[南朝宋]裴骃集解,[唐]司马贞索隐,[唐]张守节正义:《史记》第1册,北京:中华书局,2014年,第166页。

蚩虹满野,夷羊在牧。"①《博物志》:"禹羊在牧,水潦东流,天下飞鸿满野。"②《艺文类聚》:"《周书》曰:'子夏曰:桀德衰,夷羊在牧,飞蛤满野。'"③刘师培:"蛤、拾,盖均蝗误。"④蛤类不会飞,再结合"虫"字偏旁,则只能是"蝗误"。《宋书》卷二十七《符瑞上》:"季历之十年,飞龙盈于殷之牧野。"⑤从季历十年到武王克殷成功,差不多正好合六十年之数。既是"盈",则不可能是"龙",也只能是小型的诸如"虫"的动物。综合各家之说,一般认为"飞鸿"是虫子,尤指蝗虫。《王昭君辞》:"愿假飞鸿翼,弃之以遐征。飞鸿不我顾,伫立以屏营。"⑥《西洲曲》:"忆郎郎不至,仰首望飞鸿。鸿飞满西洲,望郎上青楼。"⑦后世的"飞鸿"指大雁、野鸭等,与《度邑》之蝗虫截然不同。"飞鸿满野",就是蝗虫满野,在古人眼里属于典型的天降异象。

如果《度邑》确实是西周文献,并且与正经今文《尚书》二十八篇属同一系统,那么它出现这样的描写是否合理?

笔者认为,合理与否的关键在于写作目的,是猎奇的小说家心态,还是出于政治隐喻。朱右曾:"天示妖祥,冥冥中已不享殷。"⑧邓乐群:"到商纣末年,由于大量奴隶逃亡,致使中原土地大片荒芜,出现了'夷羊在牧,飞鸿满野'的凄凉景象。"⑨王福海:"'夷羊在牧''飞鸿满野'这种王朝将灭的恶兆,

---

① [南朝梁]萧绎撰,陈志平、熊清元疏证校注:《金楼子疏证校注》上册,上海:上海古籍出版社,2014年,第176页。
② [晋]张华撰,范宁校证:《博物志校证》,北京:中华书局,2014年,第93页。
③ [唐]欧阳询撰,汪绍楹校:《艺文类聚》卷九四,上海:上海古籍出版社,1982年,第1631页。
④ 刘师培撰:《周书补正》,民国间(1912—1949)宁武南氏铅印本,宋志英、晁岳佩选编:《〈逸周书〉研究文献辑刊》第9册,北京:国家图书馆出版社,2015年,第429页。
⑤ [南朝梁]沈约撰:《宋书》第3册,北京:中华书局,1974年,第764页。
⑥ [南朝陈]徐陵编,[清]吴兆宜注,[清]程琰删补,穆克宏点校:《玉台新咏笺注》上册,北京:中华书局,2017年,第101页。
⑦ [南朝]佚名:《西洲曲》,[宋]郭茂倩编:《乐府诗集》第3册,北京:中华书局,1979年,第1027页。
⑧ [清]朱右曾撰:《逸周书集训校释》,清光绪十四年(1888)南菁书院刻《皇清经解续编》本,宋志英、晁岳佩选编:《〈逸周书〉研究文献辑刊》第8册,北京:国家图书馆出版社,2015年,第118页。
⑨ 邓乐群:《略论西周"以德辅天"思想的兴起及其积极作用》,《南充师院学报(哲学社会科学版)》1987年第2期,第178—184页。

六十年前已经出现了。"①刘芳亮引泷川资言手稿《史记正义佚存》:"此文'飞鸿'用比箕子、微子、比干、商容,被其放弃,若飞野外,或杀或去,后君子庶免疑焉。[蜚,音飞,古"飞"字也。于今,犹当今。于今六十年,从帝乙十年至伐纣年也。麋鹿在牧,喻谗佞小人在朝位也。飞鸿满野,喻忠贤君子见放弃也。言纣父帝乙立后,殷国益衰,至伐纣六十年间,谄佞小人在于朝位,忠贤君子放迁于野。]"②显然,"夷羊在牧,飞鸿满野"这段描写的目的是政治隐喻,与魏晋及之后神怪小说的创作动机截然不同。《史记·孔子世家》:"及西狩见麟,曰:'吾道穷矣!'喟然叹曰:'莫知我夫!'"③"获麟"之事,也属典型的政治隐喻。"麟"这个意象,可与《度邑》的"夷羊"等量齐观。我们解读这类文本的重点应在于探讨其背后深厚的政治文化内涵,而非引向猎奇神怪之说。

从版本校勘角度看,"夷羊在牧,飞鸿满野"的超自然特征也被高估了。元至正本等十四个版本"满"作"过"。④ 如果是"过",超自然色彩就会大打折扣。即使是"满",也可以用蝗灾解释,不至于引向神怪之说。《史记·周本纪》:"麋鹿在牧,蜚鸿满野。"⑤太史公将夷羊视作麋鹿,也可备一说。不过这种可能性不大,因为麋鹿在当时并不罕见,《世俘》"麋三十"可证。按现代的物种分类,夷羊应是一种较为罕见的偶蹄目牛科动物,体型大于一般的羊。因其"大",故被贴上"土神""神兽"的标签。但不管怎么说,夷羊终究是现实存在的,与鬼神无关。至此,我们可大致还原"夷羊在牧,飞鸿满野"的实际历史图景了:从帝乙十年到伐纣之年的六十年间,中原地区出现了持续性的

---

① 王福海:《殷周之际"天命"思想变迁内在理路的哲学省察——以周武王的天命思想为中心》,《周易研究》2021年第2期,第96—104页。
② 刘芳亮:《袁传璋〈唐张守节史记正义佚存〉手稿之文献价值〉补正》,《域外汉籍研究集刊》2021年第1期,第503—525页。
③ [汉]司马迁撰,[南朝宋]裴骃集解,[唐]司马贞索隐,[唐]张守节正义:《史记》第6册,北京:中华书局,2014年,第2351页。
④ [晋]孔晁注:《元本汲冢周书》,元至正十四年(1354)嘉兴路儒学刻本,杜泽逊审定:《国学基本典籍丛刊》,北京:国家图书馆出版社,2017年,第96页。其余十三个版本不再逐个出注,详见附录二。
⑤ [汉]司马迁撰,[南朝宋]裴骃集解,[唐]司马贞索隐,[唐]张守节正义:《史记》第1册,北京:中华书局,2014年,第165页。

灾害性气候。蝗虫灾害持续了六十年,农民颗粒无收。野生动物泛滥成灾,大肆侵入人类的领地,部分罕见的偶蹄目动物也在郊外被频频目击。于是,周人将这些自然灾害与殷商统治集团的昏庸、暴政联系了起来,为反商增加了一道"天"的旨意。到了《度邑》这个时期,武王已完成灭商大业,但自然灾害犹未停止——由"发之未生至于今"的"今"字可知。于是武王战战兢兢、惶恐不安,积极寻求稳固统治的方法。在这个背景下,武王欲"命旦传于后",并"定天保"。于是,有了《度邑》篇。从以上解释看,《度邑》"夷羊在牧,飞鸿满野"只是政治隐喻,并无神怪之说。所谓超自然描写也只是政治书写的手段,并非自觉的文学创作。鲁迅评"六朝之鬼神志怪书":"文人之作,虽非如释道二家,意在自神其教,然亦非有意为小说,盖当时以为幽明虽殊途,而人鬼乃皆实有,故其叙述异事,与记载人间常事,自视固无诚妄之别矣。"[1]所以《度邑》"夷羊在牧,飞鸿满野"并不违背时人的实录精神。

在"不语怪力乱神"的早期正经正史中,超自然描写也并不稀见。最典型的就是今文《尚书》中的《金縢》:"秋,大熟,未获,天大雷电以风,禾尽偃,大木斯拔,邦人大恐……王出郊,天乃雨,反风,禾则尽起。"[2]在风雨雷电之下,禾苗已倒、根基已拔,为何又能在之后因风向的转变而起死回生?这种描写显然是有违自然实际的。结合语境,我们才知道,这里禾苗的死而复生是一种政治隐喻,隐喻着成王对周公的态度从猜忌到冰释前嫌的过程。《僖公十六年·经》:"是月,六鹢退飞,过宋都。"《传》:"风也。"[3]杨伯峻:"当是水鸟,而能高飞。"[4]赵生群:"鹢,水鸟名。形似鹭而大,羽色苍白,善翔。退飞,谓遇风而退,并非向后飞。宋人以为灾祸之兆,告于诸侯,故书。"[5]张洽《集注》:"鹢退飞,不顺也。宋襄欲图霸而无其德,故天出怪异,以警惧之,卒之五年被执、六年兵败,天之示人显矣。"[6]《春秋经》的这一则"六鹢退飞"属"怪

---

[1] 鲁迅:《中国小说史略》,南昌:江西教育出版社,2017年,第21页。
[2] 顾颉刚、刘起釪:《尚书校释译论》第3册,北京:中华书局,2005年,第1240页。
[3] 杨伯峻编著:《春秋左传注》第2册,北京:中华书局,2016年,第402—403页。
[4] 杨伯峻编著:《春秋左传注》第2册,北京:中华书局,2016年,第402页。
[5] 赵生群注:《春秋左传新注》上册,西安:陕西人民出版社,2008年,第199页。
[6] [宋]张洽撰,陈岘点校:《春秋集注》,北京:中华书局,2021年,第155页。

异"描写,但也非小说家的文学创作,而是以政治隐喻为基础的。这种类型的超自然描写似乎被排除在了"其文不雅驯"之外,从而被正经正史所接受。《度邑》"夷羊在牧,飞鸿满野"的政治隐喻特征与《金縢》的"禾"、《春秋》的"鹳"属于同一类型,虽带有一定程度的超自然性,但绝非"怪力乱神"。《尚书》《春秋》都是正经中的正经,《度邑》与之同类,于其文献的真实性而言有增无减。因此,"夷羊""飞鸿"这则超自然描写应定性为正经正史中常见的灾异描写,并不能否定《度邑》的西周文献性质。

第五节 《皇门》成篇年代再论——天下意识与隐君之恶

一、"王用奄有四邻"的天下意识

《皇门》:"王用奄有四邻,远土丕承,万子孙用末,被先王之灵光。"清华简:"王用能奄有四邻,远土丕承,子孙用末被先王之耿光。"[1]《皇门》这句话最突出的思想特征是天下意识,即以"王"为天下共主。从史实层面看,在夏商两朝及周公皇门作诰的西周初年,是否有"天下共主"一说? 我们一般认为,夏商时期并没有一个政权可以实现"溥天之下,莫非王土"[2]。夏商时期邦国林立,大国与小国之间充其量是霸主和仆属的关系,并非君臣关系。至于大国与大国之间,更连仆属关系都不会有。因此夏国、商国并不是夏代、商代的天下共主,只是当时最有代表性的强大邦国而已。顾颉刚为此曾做过详细论述:

> 中国在战国以前是不曾统一过,在周代行封建制以前还是满

---

[1] 清华大学出土文献研究与保护中心编,李学勤主编:《清华大学藏战国竹简(壹)》,上海:中西书局,2010年,第164页。
[2] [清]方玉润撰,李先耕点校:《诗经原始》下册,北京:中华书局,1986年,第425页。

地的立着许多部落的国家。①

我很疑心夏商间所谓的"王",实即春秋时所谓"霸"。春秋时,一个霸主出来,便有许多服属的小国。如郑、卫、陈、蔡、许、曹诸国,永远依违于几个大国之间。说它服属,确是服属;说服属的是臣,所服属的是君,那就大误。所以齐桓晋文假使生于夏商,未必不为王者;只因齐晋为周王所封建,不便取而代之,所以不做到"王"的地步罢了。更想周之与商,正似楚之与周:周强则"蛮荆来威",周衰则"观兵问鼎"。这完全是势力的关系,有什么名分在内!春秋时,东周尚是诸夏的共主,但楚也称王,尽力拓地,自定制度。试问王朝有什么力量可以裁制它?所以看了周代时的楚国,举一反三,周本是商代时的强国,它对于商的关系也可知了。②(顾颉刚《讨论古史答刘、胡二先生》)

既然如此,《皇门》中作为"天下共主"的"王"是否不符合先周的实情,是否是东周杜撰,并可由此进一步说明《皇门》不是西周文献呢?

须知,"天下"观念不必等到东周。幽公盨(西周中期):"厥沬唯德,民好明德,任在天下。"③《召诰》:"其惟王位在德元,小民乃惟刑用于天下。"《立政》:"其克诘尔戎兵,以陟禹之迹。方行天下,至于海表,罔有不服,以觐文王之耿光,以扬武王之大烈。"④此"耿光"与清华简《皇门》"子孙用末被先王之耿光"⑤用法相同。《顾命》:"命汝嗣训,临君周邦,率循大卞,燮和天下,用答扬文武之光训。""昔君文、武,丕平富,不务咎,厎至齐信,用昭明于天下。"

---

① 顾颉刚:《讨论古史答刘、胡二先生》;顾颉刚编著:《古史辨》第1册,海口:海南出版社,2005年,第131页。
② 顾颉刚:《讨论古史答刘、胡二先生》;顾颉刚编著:《古史辨》第1册,海口:海南出版社,2005年,第133页。
③ 吴镇烽编著:《商周青铜器铭文暨图像集成》第12卷,上海:上海古籍出版社,2012年,第456页。
④ 顾颉刚、刘起釪:《尚书校释译论》第3、4册,北京:中华书局,2005年,第1442、1687页。
⑤ 清华大学出土文献研究与保护中心编,李学勤主编:《清华大学藏战国竹简(壹)》,上海:中西书局,2010年,第164页。

《吕刑》:"天罚不极,庶民罔有令政在于天下。"①《商誓》:"凡在天下之庶民,罔不维后稷之元谷用蒸享。""今在商纣,昏忧天下。"《大雅·皇矣》:"以笃于周祜,以对于天下。"《周颂·般》:"敷天之下,裒时之对,时周之命。"②以上皆属刘起釪裁定的西周文献,也基本可以代表学界共识。③至于最经典的"溥天之下,莫非王土;率土之滨,莫非王臣"④,则出自《小雅·北山》,按诗小序亦作于西周。⑤可见,西周时人常"胸怀天下",以周王为天下共主。只要西周有这样的观念,就不妨碍他们在叙述夏商历史时认为夏后、商王也是天下共主。这是文献层面和历史层面的差异,文献层面反映的是时人史观,而历史层面反映的是史实。只要西周的"史观"层面有"天下"意识,西周的文献中就可以出现这样的意识。因此,我们不能凭借夏后、商王在史实上"非天下共主"的属性,就转而否定《皇门》的西周文献性质。

二、"王阜良"隐君之恶

《皇门》:"王阜良,乃惟不顺之言。于是人斯乃非维直以应,维作诬以对,俾无依无助。"孔晁注:"阜,大。良,善也。王求善而是人作诬以对,故王无依助也。"清华简:"我王访良言于是人,斯乃非休德以应,乃维诈诟以答,俾王之无依无助。"⑥这句话强调君王没有道德瑕疵,只是被君侧的奸臣蒙蔽了而已。这种笔法与后来的楚辞极为相似:不直言昏君之恶,只说君王是被

---

① 顾颉刚、刘起釪:《尚书校释译论》第4册,北京:中华书局,2005年,第1803、1839、2055页。
② [清]方玉润撰,李先耕点校:《诗经原始》下册,北京:中华书局,1986年,第490、628页。
③ 按刘起釪、李锐观点,《尚书》中的《牧誓》《洪范》《金滕》《大诰》《康诰》《酒诰》《梓材》《召诰》《洛诰》《多士》《无逸》《君奭》《多方》《立政》《顾命》《吕刑》十六篇、《逸周书》中的《世俘》《克殷》《度邑》《皇门》《祭公》《芮良夫》《作雒》七篇、《诗经》中的《大雅》《周颂》(准确来说,《大雅》《周颂》为"先周及西周")和《小雅》《国风》的"大部分"、《周易》中的卦爻辞属于西周文献。参见陈高华、陈智超等著:《中国古代史史料学》,北京:中华书局,2016年,第50—51页。
④ [清]方玉润撰,李先耕点校:《诗经原始》下册,北京:中华书局,1986年,第425页。
⑤ 《北山·序》:"北山,大夫刺幽王也。"参见[汉]毛亨传,[汉]郑玄笺,[唐]孔颖达正义:《毛诗注疏》,[清]阮元校刻,方向东点校:《十三经注疏》第5册,北京:中华书局,2021年,第1354页。
⑥ 清华大学出土文献研究与保护中心编,李学勤主编:《清华大学藏战国竹简(壹)》,上海:中西书局,2010年,第164页。

蒙蔽,并且控诉君侧之臣。屈原《惜往日》:"蔽晦君之聪明兮,虚惑误又以欺。""谅聪不明而蔽壅兮,使谗谀而日得。"①这样的传统甚至延及后世,李白《登金陵凤凰台》:"总为浮云能蔽日,长安不见使人愁。"②

往前追溯,最早主张"隐君之恶"的是孔子,《论语·子罕》:"出则事公卿,入则事父兄。"《论语·子路》:"父为子隐,子为父隐,直在其中矣。"③孔子把事君和事父视作一回事,并认为要做到"子为父隐"。在春秋笔法中,孔子也屡屡"为尊者讳"④"为尊者讳耻"⑤。但在孔子之前,我们似未发现"隐君之恶"思想的存在。由此可见,"王阜良"很有可能是后人改动的结果,改动时间不早于春秋晚期。我们虽不能断言西周一定没有类似思想,但蒙蔽之说确有较明显的后世特征。

关于"阜"的释读,陈逢衡:"阜,盛也。"⑥庄述祖本"王阜良"作"王师刨"⑦。王念孙认为"王阜良"应作"王阜求良言"⑧,朱右曾⑨、张闻玉⑩、牛鸿恩⑪、徐芹庭⑫从之。王念孙等学者对"王阜求良言"句意层面的推测基本正

---

① [宋]洪兴祖撰,白化文等点校:《楚辞补注》,北京:中华书局,1983年,第150、152页。
② [唐]李白著,瞿蜕园、朱金城校注:《李白集校注》第3册,上海:上海古籍出版社,1980年,第1234页。
③ 杨伯峻译注:《论语译注》,北京:中华书局,2009年,第91、137页。
④ [汉]何休注,[唐]徐彦疏:《春秋公羊传注疏》,[清]阮元校刻,方向东点校:《十三经注疏》第20册,北京:中华书局,2021年,第324页。
⑤ [晋]范宁注,[唐]杨士勋疏:《春秋谷梁传注疏》,[清]阮元校刻,方向东点校:《十三经注疏》第22册,北京:中华书局,2021年,第365页。
⑥ [晋]孔晁注,[清]陈逢衡补注:《逸周书补注》,清道光五年(1825)刻本,宋志英、晁岳佩选编:《〈逸周书〉研究文献辑刊》第2册,北京:国家图书馆出版社,2015年,第513页。
⑦ [清]庄述祖:《尚书记》卷四,《云自在龛丛书》本,光绪二十五年(1899)菊月江阴缪氏校刊本,第25叶下半叶。
⑧ [清]王念孙撰:《逸周书杂志》,清同治九年(1870)金陵书局刻本,宋志英、晁岳佩选编:《〈逸周书〉研究文献辑刊》第7册,北京:国家图书馆出版社,2015年,第557页。
⑨ [清]朱右曾撰:《逸周书集训校释》,清光绪十四年(1888)南菁书院刻《皇清经解续编》本,宋志英、晁岳佩选编:《〈逸周书〉研究文献辑刊》第8册,北京:国家图书馆出版社,2015年,第133页。
⑩ 张闻玉译注:《逸周书全译》,贵阳:贵州人民出版社,2000年,第199页。
⑪ 牛鸿恩注译:《新译逸周书》,台北:三民书局,2015年,第381页。
⑫ 徐芹庭编著:《细说逸周书》,徐耀环主编:《细说廿四经》第12册,新北:圣环图书,2017年,第227页。

确,已得到清华简"我王访良言于是人"的证实,只是简本不见"阜"字。如果"王阜良"确为后人订补的结果,那就不存在"阜,大;良,善"之说了。简本"我王访良言于是人"表现的"王"的形象也是正面的——积极作为、广求良言,但相对于"阜良"之"大善"而言还是略显中性了,不至于达到隐君之恶的地步。

基于"王阜良"句在篇中的位置远不如"王用奄有四邻"句重要,更有传本、简本之异,再加上"阜"训"大"的合理性仍然有待讨论,所以"王阜良"句并不能证明《皇门》初稿写作时人有"隐君之恶"的传统。即使有,我们亦没有证据证明西周时期一定没有"隐君之恶"的思想存在。因此,我们不能凭借"王阜良"否定《皇门》的西周文献性质。

第六节 《祭公》成篇年代再论——病榻焉能"拜手稽首"

"拜手稽首"这样的用法在《祭公》中出现了两次。《祭公》:"祭公拜手稽首曰:'天子,谋父疾维不瘳,朕身尚在兹,朕魂在于天。昭王之所勖。'""王拜手稽首党言。"一次主语为祭公,一次主语为穆王。朱凤瀚认为,"拜稽首"是"拜手稽首"的省略写法。[1]此说可从。按此,《祭公》还有一处"拜稽首":"祭公拜稽首曰:'允乃诏,毕桓于黎民般。'"主语又为祭公。对比之下,清华简《祭公之顾命》也有三处"拜手稽首"或"拜稽首":"祭公拜手稽首,曰:天子,谋父朕疾惟不瘳。朕身尚在兹,朕魂在朕辟昭王之所。""公懋拜手稽首,曰:允哉!""王拜稽首举言,乃出。"[2]

"拜手稽首"作为一种礼,因其不涉及祭公顾命的内容,所以在学者解读文本时容易被忽视。其实,"拜手稽首"很容易成为否定《祭公》西周文献性质的关键点。《祭公》是当时的真实记录还是后世凭想象编撰的历史故事,

---

[1] 朱凤瀚:《也论西周金文中的"拜手稽首"》,《青铜器与金文》第3辑(2019年),第1—16页。
[2] 清华大学出土文献研究与保护中心编,李学勤主编:《清华大学藏战国竹简(壹)》,上海:中西书局,2010年,第174—175页。

有一个很重要的鉴定标准就在于看它记载的内容在当时是否有可能真实发生。如果文本中出现了明显违背常理的片段,就要考虑后世杜撰的可能性了。"拜手稽首",到底是怎么"拜"? 怎么"稽"? 当时躺在病榻上处于弥留之际的祭公有没有可能这样"拜"、这样"稽"?

在《尚书》《逸周书》、清华简"书"类文献、西周金文中,"拜手稽首"这个用法非常常见,如《皋陶谟》:"皋陶拜手稽首飏言曰:'念哉!'"《召诰》:"〔周公〕曰:'拜手稽首,旅王若公,诰告庶殷越自乃御事。'""拜手稽首曰:'予小臣敢以王之仇民、百君子越友民保受王威命明德!'"《洛诰》:"周公拜手稽首曰:'朕复子明辟。'""王拜手稽首曰:'公不敢不敬天之休!'""拜手稽首诲言。"①《立政》:"周公若曰:'拜手稽首,告嗣天子王矣!'""乃敢告教厥后曰:拜手稽首后矣。"②《世俘》:"大享一终,王拜手稽首。"《酆保》:"旦拜手稽首曰:'商为无道,弃德刑范。'"《小开武》:"周公拜手稽首曰:'在我文考,顺明三极。'"《宝典》:"周公拜手稽首兴曰:'臣既能生宝,恐未有子孙其败。'"伪古文《太甲中》:"王拜手稽首曰:'予小子不明于德。'""伊尹拜手稽首,曰:'修厥身。'"③清华简《厚父》:"厚父拜手稽首,曰:'者鲁,天子!'"④懿王时期的楚簋甲:"楚敢拜手稽首,䝬扬天子丕显休。"⑤此外,还有大量的"拜稽首""再拜稽首"等。举隅如《尧典》:"垂拜稽首,让于殳斨暨伯与。"⑥《顾命》:"皆再拜稽首。"⑦《克殷》:"武王再拜稽首,乃出。"《本典》:"周公再拜稽首曰:'臣闻之文考,能求士□者,智也。'"数量繁多,不能尽举。

由于"拜手稽首"及其类似用法的普遍性,古今学者对这种礼也有比较

---

① 顾颉刚、刘起釪:《尚书校释译论》,北京:中华书局,2005 年,第 477、1434、1444、1456—1457 页。
② 顾颉刚、刘起釪:《尚书校释译论》第 4 册,北京:中华书局,2005 年,第 1662、1666 页。
③ 〔汉〕孔安国传,〔唐〕孔颖达正义:《尚书注疏》,〔清〕阮元校刻,方向东点校:《十三经注疏》第 2 册,北京:中华书局,2021 年,第 342—344 页。
④ 清华大学出土文献研究与保护中心编,李学勤主编:《清华大学藏战国竹简(伍)》,上海:中西书局,2015 年,第 110 页。
⑤ 吴镇烽编著:《商周青铜器铭文暨图像集成》第 11 卷,上海:上海古籍出版社,2012 年,第 408 页。
⑥ 顾颉刚、刘起釪:《尚书校释译论》第 1 册,北京:中华书局,2005 年,第 192 页。
⑦ 顾颉刚、刘起釪:《尚书校释译论》第 4 册,北京:中华书局,2005 年,第 1839 页。

详细的解读。《周礼·春官·大祝》:"辨九拜,一曰稽首,二曰顿首,三曰空首,四曰振动,五曰吉拜,六曰凶拜,七曰奇拜,八曰褒拜,九曰肃拜,以享右祭祀。"郑玄注:"稽首,拜头至地也。顿首,拜头叩地也。空首,拜头至手,所谓拜手也。"贾公彦疏:"稽首,拜中最重,臣拜君之拜。"① 由此可见,"稽首"是"九拜"之首,是"拜"中最重的礼,常见于君臣之间,需要把头叩在地上。《荀子·大略》:"平衡曰拜,下衡曰稽首,至地曰稽颡。"② 荀子也认为"稽首"需以头至地。顾炎武《日知录》卷二十八"拜稽首"条:"古人席地而坐,引身而起,则为'长跪';首至手则为'拜手';手至地则为'拜';首至地则为'稽首',此礼之等也。君父之尊必用稽首。拜而后稽首,此礼之渐也。必以稽首终,此礼之成也……古人以稽首为敬之至。"③ 陈彦辉:"'拜手稽首'为两个连续礼仪动作的组合,一般配合使用,行礼时先跪倒在地,双手至地,额头触手;头至手之后,再触地,并做短暂停留。"④ 胡新生:"'拜手'之容为两膝跪地,拱手胸前,首俯于手。拜手时手的位置与心相平。""'稽首'之容为两膝跪地,拱手至地,首俯于地。手和头都触及地面,这是稽首不同于拜手之处。"⑤ 江龙山:"'再拜'和'稽首'的关系非常密切,它们往往形成一种连续动作,即再拜后又加上一个稽首,以表示礼节极度恭敬。"⑥ 古今各家说对"拜手稽首"的解释已经非常详尽,笔者无需赘言。现在可以确定的是,"拜手稽首"是君臣、父子之间行的大礼,需要双膝跪地、叩头至地。带回《祭公》文本,穆王、祭公属君臣关系,祭公是穆王敬重至极的顾命老臣,所以穆王、祭公之间行拜礼之首的"稽首"礼是完全合乎情理的。再结合上引诸多西周文献的"拜手稽首",可知穆王时代的君臣之间是完全可以"拜手稽首"的。唯一让人疑惑的

---

① [汉]郑玄注,[唐]贾公彦疏:《周礼注疏》,[清]阮元校刻,方向东点校:《十三经注疏》第8册,北京:中华书局,2021年,第1084—1085页。
② 梁启雄:《荀子简释》,北京:中华书局,1983年,第369页。
③ [明]顾炎武著,[清]黄汝成集释,栾保群校注:《日知录集释》第5册,杭州:浙江古籍出版社,2013年,第1619页。
④ 陈彦辉:《西周册命铭文的礼仪内涵及其文体意义——以文体要素"拜手稽首"为例》,《广东外语外贸大学学报》2009年第20卷第5期,第75—78页。
⑤ 胡新生:《周代拜礼的演进》,《文史哲》2011年第3期,第132—147页。
⑥ 江龙山:《拜和再拜》,《辞书研究》1985年第4期,第128—131页。

是,弥留之际的祭公真的能行"拜手稽首"这样的大礼吗?当时祭公的状态已经是"朕身尚在兹,朕魂在于天",《祭公》记录的也是他的临终顾命之言。在这样的状态下,祭公很可能已经无法自主翻身和坐起,更不用说站起身来、再跪下去行大礼。《祭公》短短七百多字的篇幅,让气若游丝的祭公两次"拜手稽首""拜稽首",实在是强人所难。即使周人重礼,也不至于需如此"虐待"一位病榻上的老臣。

如果"拜手稽首"不是实录,那有没有可能是夸张写法呢?《左传·僖公二十八年》:"魏犨束胸见使者,曰:'以君之灵,不有宁也!'距跃三百,曲踊三百。"①杨伯峻:"距跃、曲踊,皆跳跃之名。"②赵生群:"距跃:超越,即向上跳。三百:泛指次数之多。曲踊:向前跳。踊:跳。"③重伤在身的魏犨上下、前后各跳三百下,是绝无可能的。不仅身体受不了,使者也不可能有耐心站在那里等他跳完六百下。唯一的解释是,魏犨当时分别上下、前后各跳了好几下,大约三四下的样子,以示自己伤势较轻,仍然可用。"三百"是夸张的写法,用以证明魏犨的体力并不差。按照这个逻辑,《祭公》中祭公的"拜手稽首"也有可能是类似的描写。主人公或许只是象征性地完成了标准动作的百分之一,便被视作已完成了全部动作。如"拜手",可能祭公只是在床上合手胸前;如"稽首",可能祭公只是躺着轻微点了一下头。这样的解读貌似可以解释为什么祭公在病床上还能"拜手稽首",但也非常勉强。首先,"拜手稽首"的定义是很明确的,就是要跪着以头叩地,似乎并无所谓的简略拜法、稽法。魏犨的跳跃是真实的跳跃,只是在数字上有所夸张而已,与拜、稽之礼的夸张与否无法形成一对一的参考。其次,祭公卧病在床属于"特殊场合",特殊场合的拜、稽之礼应以其他特殊场合为参考。

细审《尚书》的"拜手稽首",我们会发现"特殊场合"并不少见。如《洛诰》有五个"拜手稽首",但其说话场合令人质疑,刘起釪认为:"(1)所包的时间较久,从周公营洛到成王至洛命周公后,中间约经过十个月。(2)说话

---

① 杨伯峻编著:《春秋左传注》第2册,北京:中华书局,2016年,第496页。
② 杨伯峻编著:《春秋左传注》第2册,北京:中华书局,2016年,第496页。
③ 赵生群注:《春秋左传新注》上册,西安:陕西人民出版社,2008年,第248页。

的地点不一致,周公在洛而成王在镐,三次往来告答似均派人传语。"①此说可从。如果"拜手稽首"是写在信件上的敬语,那就不用真实地去叩头了。现在我们写信也会在最末写"顿首顿首某某某敬上",就是这种用法的遗存。"顿首顿首"不是真的需要在写好信后遥望着对方所在的方位磕上几个响头,而是仅仅作为一种常见的信件用语来使用罢了。曾运乾:"拜手稽首者,古人命使陈言之常。《尚书》凡命使陈言,无论君臣上下,皆陈此语。此时周公在洛,成王在周,故称'拜手稽首'。若后世言'顿首上书'矣。"②曾氏之说可谓切中要害。

除《洛诰》的信件场合外,我们发现《尚书》中还有很多"拜手稽首"是出现在人物语言里的,而非旁白描写,如《召诰》:"〔周公〕曰:'拜手稽首,旅王若公,诰告庶殷越自乃御事。'"③《立政》:"周公若曰:'拜手稽首告:嗣天子王矣。'"④孔颖达:"周公既拜手稽首而后发言,还自言'拜手稽首',示已重其事。欲令受其言,故尽礼致敬以告王也。《召诰》云'拜手稽首,旅王若公',亦是召公自言已拜手稽首,与此同也……王肃以为于时周公会群臣共戒成王,其言曰拜手稽首者,是周公赞群臣之辞。"⑤石安瑞:"如果相信《召诰》和《立政》确实是包含西周早期的大臣演讲实录的文献,那么'拜稽首'这种用法则可追溯到西周初年,说明其作为套语的起源可早于周初,而其作为跪拜礼的起源更为早……实际上,孔颖达已经意识到此处'拜手稽首'是一种敬语,其公式化程度较高,作为语言单位,已经从某种跪拜礼的专名经过转喻手法成为套语,某人说'拜稽首'不意味着他将要跪在地上稽首,与实际施行跪拜礼在一定程度上脱离了关系,成为形式化的表述。"⑥由此可见,"拜手稽

---

① 顾颉刚、刘起釪:《尚书校释译论》第 3 册,北京:中华书局,2005 年,第 1505 页。
② 曾运乾撰,黄曙辉点校:《尚书正读》,上海:华东师范大学出版社,2011 年,第 210 页。
③ 顾颉刚、刘起釪:《尚书校释译论》第 3 册,北京:中华书局,2005 年,第 1434 页。
④ [汉]孔安国传,[唐]孔颖达正义:《尚书注疏》,[清]阮元校刻,方向东点校:《十三经注疏》第 2 册,北京:中华书局,2021 年,第 756 页。
⑤ [汉]孔安国传,[唐]孔颖达正义:《尚书注疏》,[清]阮元校刻,方向东点校:《十三经注疏》第 2 册,北京:中华书局,2021 年,第 757 页。
⑥ [捷克]石安瑞:《由铜器铭文的编纂角度看西周金文中"拜手稽首"的性质》,《青铜器与金文》第 1 辑(2017 年),第 541—559 页。

首"就是一种敬语、套语，不需要真的去跪拜叩头。即使不是在信件中，君臣当面对话也可以使用"拜手稽首"。"拜手稽首"的作用相当于开场白，相当于在说正式内容之前先加一句"回您的话"。这样既可以吸引对方的注意力，又可以表示对对方足够的尊敬。用在君臣、臣臣之间的当面交流、信件往来都是合理的。

　　按照套语、敬语来解释祭公在病榻上的"拜手稽首"，就十分合情合理了。祭公不仅不用叩头，甚至不需要说出"拜手稽首"四个字，史官在记录祭公的顾命遗言时也照样可以在"曰"的前面加上"拜手稽首"。因为这只是一种记事格式，其作用在于彰显穆王、祭公之间的互相敬重，并不需要主人公在当时场景下行礼。因此，"拜手稽首"的出现丝毫不会损害《祭公》的实录性质。结合《尚书》《逸周书》《厚父》及西周金文中大量的"拜手稽首""拜稽首"等用法（详见上引），可知《祭公》和它们属于同样的文献系统，是货真价实的西周"书"类文献。所以，"拜手稽首"不仅不是《祭公》西周文献性质的疑点，反而应是我们进一步确定《祭公》是西周文献的有力证据。

第二章　《逸周书》西周诸篇单篇专题讨论

本章以单篇为单位，西周六篇各设一节，凡六节。每节选取对应篇目的一个问题进行专题讨论，并给出相应的观点。本章选取的问题涉多维度、多学科，微观宏观兼而有之，着力于推进文本的考释、解读、延伸，同时关注学术研究与大众兴趣的结合点。在《克殷》中，最可与大众兴趣点相结合的问题当属"致师"礼。"致师"类似于《三国演义》中武将阵前单挑的行为，只不过先秦时代"致师"的具体内容与后世有所不同。通过还原《克殷》中的"致师"礼，我们可以更好地再现当时的战斗场景和人物形象。在《世俘》中，最令人好奇的是作者列举的一连串动物。"麋""麈""麇"分别对应的是什么动物，"猫"又和今天的猫有什么区别，难免令人遐想。通过考证这些动物，我们似可复活远古巨兽。《商誓》中的"话言"，或许更能引起江西和广东的读者的兴趣，因为他们方言中有"话事"一词。通过考证《商誓》中的"话言"，我们可推测今之方言词与古语是否存在某种联系。《度邑》中的"名三百六十夫"是什么"夫"，与氏族封建制有怎样的关系，与氏族封建制下的族权又有什么关系，难免会激起读者的探索欲。通过考证《度邑》中的"名三百六十夫"，我们可还原当时族权强盛的历史背景。《皇门》中出现了 19 个"王"，这么多的"王"分别指谁，"王"的史事背景指向夏商还是指向什么时期，难免引起读者的思索。通过考证《皇门》中"王"的史事背景，我们可以更客观地为读者还原周公皇门作诰时的苦心。《祭公》的主题是祭公谋父的"顾命"，这让读者不禁联想到同为"顾命"主题的"书"类文献《尚书·顾命》、清华简《保训》。这三篇文献有怎样的联系，文王顾命、成王顾命、祭公谋父顾命有什么异同，"书"类文献中是否存在一种"体"叫作"顾命体"，都引人深思。通过考证《祭公》对"顾命体"概念生成的意义,我们可为读者归纳"书"类文献中的一类体裁。

第一节 《克殷》中的"致师"礼

致师礼是一种古老的军礼。元代汪克宽《经礼补逸》①、清代秦蕙田《五礼通考》②均有载,但未详论。"致师"王锷注:"战必致师,盖使环人犯敌以致吾必战之志,使敌人怒而求战,其致之自吾也。"③致师礼在古代文献中的第一次亮相,就是《克殷》。然而,古今学者对《克殷》之"致师"的解读分歧较大。本节的主要任务在于还原《克殷》中的致师礼。

《克殷》:"周车三百五十乘,陈于牧野,帝辛从。武王使尚父与伯夫致师。王既誓,以虎贲戎车驰商师,商师大崩。"由文本可知,致师行为发生在正式开战之前,甚至可能发生在武王作誓之前。"致师"孔注:"挑战也。"孔注未具体说是如何挑战。陈逢衡:"是时尚父与伯夫为一队,前陷纣阵。武王以虎贲戎车为一队,横冲之。一以正合,一以奇胜。"④按陈逢衡说法,"致师"属战争行为。当时师尚父等人与武王分别从两个方向向商军发起了进攻,并不存在先后的问题。丁宗洛:"致师,盖言致兴师之意也。"⑤因为下文是武王作"誓",所以丁宗洛认为"致师"也是"誓"的一部分,即以"尚父与伯

---

① [元]汪克宽撰:《经礼补逸》,[清]永瑢、纪昀等:《景印文渊阁四库全书》第105册,台北:商务印书馆,1986年,第700页上栏。
② [清]秦蕙田撰,方向东、王锷点校:《五礼通考》第18册,北京:中华书局,2020年,第11548页。
③ [清]秦蕙田撰,方向东、王锷点校:《五礼通考》第18册,北京:中华书局,2020年,第11548页。
④ [晋]孔晁注,[清]陈逢衡补注:《逸周书补注》,清道光五年(1825)刻本,宋志英、晁岳佩选编:《〈逸周书〉研究文献辑刊》第2册,北京:国家图书馆出版社,2015年,第263页。
⑤ [晋]孔晁注,[清]丁宗洛笺:《逸周书管笺》,清道光十年(1830)济宁海康丁宗洛迂园刻本,宋志英、晁岳佩选编:《〈逸周书〉研究文献辑刊》第6册,北京:国家图书馆出版社,2015年,第78页。

夫致师"为阵前讲话。唐大沛:"致师者,致其必战之志也。"①《周礼·夏官·环人》:"环人,掌致师。""致师"郑玄注:"致师者,致其必战之志。古者将战,先使勇力之士犯敌焉。"唐说取自《周礼》郑注。然而,唐大沛只认可郑注前半句,对"勇力之士犯敌"之说不置可否。如果只是"致其必战之志",则与丁宗洛之说差别不大。朱右曾则完全袭用郑注,认可其"勇力之士犯敌"之说③。张闻玉、周宝宏亦从郑、朱说④。黄怀信:"致:招致、集中。致师:集合军队,以待誓。旧释挑战,非。"⑤黄说也否认了致师是战斗行为。牛鸿恩:"致师,单车挑战敌军。""致:传达,表达。"⑥徐芹庭:"致:招致。"徐芹庭义译:"周武王使太师师尚父姜太公率领百夫长集中出战。"⑦牛、徐皆认为致师是战斗行为。综合各家之说,观点可分两类:一类认为致师是战斗行为,师尚父与伯夫攻入了敌阵;另一类认为致师不是战斗行为,只是召集军队并作战前讲话。

  其实,"致师"作为一种军礼,在其他早期文献中并非无征。《左传·宣公十二年》有多处关于"致师"的内容:"楚许伯御乐伯,摄叔为右,以致晋师。许伯曰:'吾闻致师者,御靡旌、摩垒而还。'乐伯曰:'吾闻致师者,左射以菆,代御执辔,御下,两马、掉鞅而还。'摄叔曰:'吾闻致师者,右入垒,折馘、执俘而还。'皆行其所闻而复。""晋魏锜求公族未得,而怒,欲败晋师。请致师,弗许。请使,许之。""赵旃求卿未得,且怒于失楚之致师者,请挑战,弗许。请

---

① [清]唐大沛撰:《逸周书分编句释》,清道光十六年(1836)著者手定底稿本,宋志英、晁岳佩选编:《〈逸周书〉研究文献辑刊》第7册,北京:国家图书馆出版社,2015年,第184页。
② [汉]郑玄注,[唐]贾公彦疏:《周礼注疏》,[清]阮元校刻,方向东点校:《十三经注疏》第8册,北京:中华书局,2021年,第1297页。
③ [清]朱右曾撰:《逸周书集训校释》,清光绪十四年(1888)南菁书院刻《皇清经解续编》本,宋志英、晁岳佩选编:《〈逸周书〉研究文献辑刊》第8册,北京:国家图书馆出版社,2015年,第89页。
④ 张闻玉译注:《逸周书全译》,贵阳:贵州人民出版社,2000年,第136页。周宝宏:《〈逸周书〉考释》,北京:社会科学文献出版社,2001年,第107页。
⑤ 黄怀信:《逸周书校补注译》,西安:三秦出版社,2006年,第166页。
⑥ 牛鸿恩注译:《新译逸周书》,台北:三民书局,2015年,第228页。
⑦ 徐芹庭编著:《细说逸周书》,徐耀环主编:《细说廿四经》第12册,新北:圣环图书,2017年,第151页。

召盟,许之。"另《左传·襄公二十四年》:"晋侯使张骼、辅跞致楚师,求御于郑。"①至此,我们可得出至少五点结论:第一,"致师"在春秋时期的楚国早已不流行或从未流行过。对于当时的楚人来说,致师礼是传说中的古礼,他们对致师的解读也有一定的分歧。第二,致师礼的完成需要战车,战车的人员配置与春秋时期的车战基本相同,但不配备协同作战的步兵。第三,在致师的过程中,主将、御者、戎右可以各自发挥,并非其中一人作战、其余两人配合的模式。尤其是御者,并非车夫式的小角色。第四,致师是一种作战行为,针对的是对面营垒中的敌人,需要有一定程度的交锋与斩获。致师不是临阵叫骂,不是和平出使,更不是针对己方士兵的战前动员。第五,致师不是大规模的作战,而是以单兵深入的形式破袭敌方阵营。这种行为非常危险,容易被敌人擒获,非勇武强悍的猛将不能完成。祝中熹:"致师是相当艰巨而危险的任务,致师者往往战死或成为俘虏。"②由此,我们可以大致描述一下春秋时期的致师:致师的过程就是以数名勇武强悍的猛将,驾驶快速行进的作战工具,杀入人员众多的敌阵,给敌军造成一定程度的破坏,然后全身而退。其作用在于挑衅、羞辱敌军,并鼓舞我军士气。吕思勉:"古自有以数人之格斗决胜负者。"③任惠霞:"致师是暴力性的,发起致师的一方,不管对方应不应战,都会冲到敌军阵营中折腾一番,因此,致师一定会发生暴力冲突,双方一定会有交战行为。"④王太阁总结了"致师"的三大特点,其中前两点笔者比较认同:"一、攻击猛进而速退。""二、编制精悍而固定。"⑤刘红霞认为,致师起源于"原始的带有血族复仇性质的械斗"⑥,即以个人代表全族的传统。回归《克殷》文本,我们认为这样的解释是完全符合语境的。"尚父与伯夫"的"致师"就是一次战斗行为,符合郑玄对《周礼》"致师"的注解,后世注家朱右曾、张闻玉、周宝宏等人的说法可从。

---

① 杨伯峻编著:《春秋左传注》第4册,北京:中华书局,2016年,第802—804、1202页。
② 祝中熹:《先秦独特的挑战方式——致师》,《文史知识》1988年第7期,第59—63页。
③ 吕思勉:《吕思勉读史札记》上册,上海:上海古籍出版社,2005年,第336页。
④ 任惠霞:《周代"大师之礼"研究》,青岛大学硕士学位论文,2016年。
⑤ 王太阁:《致师,独特的上古挑战方式》,《殷都学刊》1991年第1期,第46—48页。
⑥ 刘红霞:《先秦的"致师"》,《山东省农业管理干部学院学报》2003年第6期,第89—90页。

随着时代的变迁，致师礼的具体操作方法发生了一些演变。这虽然为我们解读《克殷》之"致师"构成了一些障碍，但只要抓住其本质，就会发现部分歧义解读彼此并不冲突。曹海东："秦汉以后，战车致师逐渐演变为单骑挑战，但仍遗存先秦时代战车致师的那种突阵慑敌的意味。"①"单骑挑战"，即其变种；"突阵慑敌"，即其本质。在楚汉相争时，项羽曾试图向刘邦发起"致师"。《史记·项羽本纪》："项王谓汉王曰：'天下匈匈数岁者，徒以吾两人耳，愿与汉王挑战决雌雄，毋徒苦天下之民父子为也。'汉王笑谢曰：'吾宁斗智，不能斗力。'"集解："瓒曰：'挑战，擿娆敌求战，古谓之致师。'"②由少量精锐破袭敌阵变为主将单挑，这是"致师"在秦汉之际出现的第一次变种。有些学者认为，单挑只能算是挑战，应与真正意义上的"致师"区分开来。③笔者认为这样的区分没有必要，因为数人、单人起的作用都是相同的，都在于"慑敌"。以后世的挑战为致师演变的结果，是较为恰当的解读。④从《克殷》文本中，我们读不出"慑敌"的意味，但将"慑敌"带入语境，也并不矛盾。结合后世各家对"致师"的解读，尚父、伯夫的致师极有可能也在于"突阵慑敌"。

　　《史记·李将军列传》记载了西汉时期一次经典的"致师"，相比于项羽的挑战而言，属于《克殷》之"致师"的回流："匈奴左贤王将四万骑围广，广军士皆恐，广乃使其子敢往驰之。敢独与数十骑驰，直贯胡骑，出其左右而还，告广曰：'胡虏易与耳。'军士乃安。"⑤李敢作为这次致师的主角，率数十骑兵杀入敌阵并贯穿之，然后从敌阵两翼安全返回。这样的做法在于证明敌军并不可怕，可以起到振奋军心的作用——从"军士皆恐"到"军士乃安"。李

---

① 曹海东：《〈国殇〉"凌余阵"新诠》，《华中师范大学学报（人文社会科学版）》2004年第4期，第93—95、98页。
② [汉]司马迁撰，[南朝宋]裴骃集解，[唐]司马贞索隐，[唐]张守节正义：《史记》第1册，北京：中华书局，2014年，第416—417页。
③ 参见祝中熹：《先秦独特的挑战方式——致师》，《文史知识》1988年第7期，第59—63页。
④ 参见刘红霞：《先秦的"致师"》，《山东省农业管理干部学院学报》2003年第6期，第89—90页。
⑤ [汉]司马迁撰，[南朝宋]裴骃集解，[唐]司马贞索隐，[唐]张守节正义：《史记》第9册，北京：中华书局，2014年，第3473页。

第二章 《逸周书》西周诸篇单篇专题讨论 / 071

敢致师与春秋时期许伯、乐伯、摄叔致师的作用是相同的,但还是有两点差异:第一,许伯等人驾车突袭敌阵,李敢骑马突袭;第二,许伯以三人一车的形式突袭敌阵,而李敢以数十骑的形式突袭敌阵。太史公在《李将军列传》中虽然没有明言"致师"二字,但李敢杀入敌阵的行为本质上就一种致师行为,与古礼极为接近。可以说,这是致师礼在西汉时期的一次实践。

至此,我们已经可以给《克殷》中的"致师"进行定性了。《克殷》的致师就是师尚父、伯夫突袭敌阵、震慑敌军的一次战斗行为。这次战斗的方式与许伯、李敢非常接近,与项羽有一定区别。项羽是单人挑战,更似后世演义小说中的阵前单挑;师尚父、许伯、李敢则是数人袭阵,更符合古礼。在此定性下,《克殷》的"致师"还有个细节问题亟待解决:"伯夫"是谁?"伯夫"的各家注解,有很大分歧。潘振:"父,同甫。伯夫,百夫长也。"[1]陈逢衡:"伯夫,南宫伯达也。"[2]丁宗洛:"伯夫,疑'伯达'讹。下文有'百夫',或即其人。《周本纪》即作'百夫'。"[3]唐大沛:"伯夫,未知何人,或曰即南宫伯达。"[4]朱右曾:"伯夫,四卒百人也。"[5]孙诒让:"伯、百同。下文作百夫。"[6]周宝宏:"伯夫:当作百夫,一百人。"[7]张闻玉:"伯夫:即百夫,四卒百人。"[8]黄怀信:"伯:

---

[1] [清]潘振注:《周书解义》,清嘉庆间(1796—1820)刻本,宋志英、晁岳佩选编:《〈逸周书〉研究文献辑刊》第2册,北京:国家图书馆出版社,2015年,第5页。

[2] [晋]孔晁注,[清]陈逢衡补注:《逸周书补注》,清道光五年(1825)刻本,宋志英、晁岳佩选编:《〈逸周书〉研究文献辑刊》第2册,北京:国家图书馆出版社,2015年,第263页。

[3] [晋]孔晁注,[清]丁宗洛笺:《逸周书管笺》,清道光十年(1830)济宁海康丁宗洛迂园刻本,宋志英、晁岳佩选编:《〈逸周书〉研究文献辑刊》第6册,北京:国家图书馆出版社,2015年,第78页。

[4] [清]唐大沛撰:《逸周书分编句释》,清道光十六年(1836)著者手定底稿本,宋志英、晁岳佩选编:《〈逸周书〉研究文献辑刊》第7册,北京:国家图书馆出版社,2015年,第184页。

[5] [清]朱右曾撰:《逸周书集训校释》,清光绪十四年(1888)南菁书院刻《皇清经解续编》本,宋志英、晁岳佩选编:《〈逸周书〉研究文献辑刊》第8册,北京:国家图书馆出版社,2015年,第89页。

[6] [清]孙诒让撰:《周书斠补》,清光绪二十六年(1900)里安孙氏刻本,宋志英、晁岳佩选编:《〈逸周书〉研究文献辑刊》第8册,北京:国家图书馆出版社,2015年,第383页。

[7] 周宝宏:《〈逸周书〉考释》,北京:社会科学文献出版社,2001年,第107页。

[8] 张闻玉译注:《逸周书全译》,贵阳:贵州人民出版社,2000年,第136页。

同百。"①牛鸿恩:"伯夫,即百夫(四卒)之长。"②徐芹庭:"伯夫:百夫长。"③各家解读可归纳为三种:第一,伯夫是百夫长,即一名下级军官;第二,伯夫是百人,即一百名士兵;第三,伯夫就是南宫伯达。《克殷》下文有"百夫"④,《史记·周本纪》的本句异文也作"百夫"⑤,但这些都不足以证明以上三种观点哪种更可靠。要知道哪种更可靠,还是需要带回实际情景考察其合理性。如果"伯夫"是百夫长,那也是两人一车的形式,但这里有三个疑问:第一,为什么百夫长出战时不带着他麾下的一百名士兵?第二,参加致师的从来都是有名有姓的大将,百夫长是否有资格致师?如果有资格,为什么不留下名字?第三,按武王伐纣时期的军制,是否有百夫长这样的官职?鉴于如此多的不确定因素和不合理因素,"百夫长"显然是一个较为牵强的解读。如果"伯夫"是一百名士兵,那就更不合理了。致师的精髓在于"人少",以当时的战争规模,百人已经不能算是小部队了。李敢尚且只率领数十骑突袭敌阵,在这之前九百年的武王伐纣时期就以百人突袭敌阵,未免太阔绰了。另外,致师讲究的是又快又狠,致师者必须借助战车或战马,不可以是步兵。如果以百人突袭敌阵,是一百辆战车还是一百匹战马呢?以当时的骑射能力,一百匹战马是绝无可能的。若是战车,周军战车总数只有"三百五十乘",拿出一百乘来致师,岂不贻笑大方?即使按三人一乘,也需三十三乘,这也完全不符合致师的要求。如果"伯夫"是南宫伯达,那就是姜太公、南宫伯达以两人一车的形式突袭商阵。这种致师方式和春秋时期的许伯等人完全一致,符合"勇力之士犯敌"之说。因此,综合分析,"伯夫"的唯一合理解释就是南宫伯达。现在,我们可以完整还原一下《克殷》"致师"的场景:当时,周车三百五十乘陈兵牧野,商纣王也出兵迎战。师尚父姜太公、南宫伯达两人驾驶

---

① 黄怀信:《逸周书校补注译》,西安:三秦出版社,2006年,第166页。
② 牛鸿恩注译:《新译逸周书》,台北:三民书局,2015年,第228页。
③ 徐芹庭编著:《细说逸周书》,徐耀环主编:《细说廿四经》第12册,新北:圣环图书,2017年,第151页。
④ 《克殷》:"及期,百夫荷素质之旗于王前。"
⑤ 《史记·周本纪》:"武王使师尚父与百夫致师。"[汉]司马迁撰,[南朝宋]裴骃集解,[唐]司马贞索隐,[唐]张守节正义:《史记》第1册,北京:中华书局,2014年,第160页。

着一辆战车,突袭杀入商军军阵。一时商军手足无措,向两边散开,阵型大乱。姜太公、南宫伯达斩纛义旗、执讯获丑,又杀出敌阵,平安归来。周人军心大振。武王在周军及联军阵前作了简短的《牧誓》,然后派虎贲、战车全军出击。商人阵脚未稳、军心涣散,在虎贲、战车的冲击下兵败如山。

致师礼的另一重要研究价值在于它与大众兴趣的相通,具体来说,致师礼与后世演义小说中的武将单挑是一脉相承的。这个话题不仅被学界关注,也同样吸引着广大民间历史爱好者。上引《史记·项羽本纪》中的单挑行为,就是以主将单挑形式呈现致师礼的一次早期记载。韩维志:"即以《三国演义》为例,元明之际的罗贯中实际是在古时的致师、挑战的基础上,塑造出吕布、赵云、关羽、张飞等一大批能在两军阵前取上将首级的、直接决定双方胜负的英雄豪杰的……其原型之来源于致师者、挑战者却是没有疑问的。"[①]因此,我们可以说,师尚父姜太公、南宫伯达是历史上有记载的最早的两位在阵前挑战的武将。虽然其具体表现不是与商军将领一对一的单挑,但其破袭敌阵的勇武强悍形象也足以令人震撼。[②]

第二节 《世俘》中的动物

《世俘》详细记录了武王伐纣胜利后周人的狩猎成果:"武王狩,禽虎二十有二、猫二、麋五千二百三十五、犀十有二、氂七百二十有一、熊百五十有一、罴百一十有八、豕三百五十有二、貉十有八、麈十有六、麝五十、麋三十、

---

① 韩维志:《古代"致师"小考》,《古籍整理研究学刊》2001年第1期,第61—63页。
② 在此基础上,我们可进一步考证姜太公参与武王伐纣时的实际年龄是否真如后世所说的那么老。姜太公被称作"太公望",是因为他乃文王祖父太王"望"之的结果,并非姜太公本人有着"太公"那么大的年纪。因其名有"太公"二字,故后世将其讹成了一位高寿的老者。借助《克殷》的"致师"场景,我们可知当时的姜太公应正值身强力壮的年纪,绝非垂暮老人。文王、太公的年龄差应相当于刘备、诸葛亮。太公作为文王时期出山的老臣,至伐纣时依然是壮年。中年的文王请太公出山时,太公正是一位意气风发、风华正茂的青年才俊。藉此,我们可进一步证明《克殷》是当时的文献,而非后世所作。因为《克殷》没有受到后世对姜太公老者形象塑造的误导,而是按伐纣时的实际情况记录的。

鹿三千五百有八。"关于《世俘》的数字,本书第一章第二节再论《世俘》的成篇年代时已有详细论述,本节的重点在于讨论《世俘》中的动物。由《世俘》文本可知,武王擒获的猎物有虎、猫、糜、犀、氂、熊、羆、豕、貉、麈、麝、麇、鹿,凡十三种。我们重点要讨论的是讹字和古今不同种的情况。

一、"糜""麈""麇"是否讹字

在这十三种动物中,"糜""麈""麇"的写法存在一定的争议。何允中本等四个版本①:"糜"作"麇"。元至正本等八个版本②:"麈"作"廛"。朱右曾本③、牛鸿恩本④、徐芹庭本⑤:"糜"作"麇"。

相对来说,"麈""廛"之讹的争议还是比较小的,"廛"可直接视作"麈"之讹。理由主要有四点:第一,虽然现存最早的元至正本作"廛",但同样属于早期版本的程荣本⑥、何允中本⑦都作"麈"。也就是说,校"廛"为"麈"并非卢文弨首创。第二,"麈""廛"两字极为形近,很容易互讹。第三,"麈"是常见于史书的一种"鹿"。既然武王狩猎的时代和区域范围内有大量的"鹿"类动物,那么"麈"是其中之一的可能性是非常大的。第四,在《世俘》本段文本中,"麈""廛"之讹不会影响到文本其他部分的解读。

"糜"和"麇"的问题相对来说就要复杂很多。我们首先可以确定的是,

---

① [明]何允中:《逸周书》卷四,《广汉魏丛书》本,明万历间(1573—1620)刻本,第10叶下半叶。其余三个版本不再逐个出注,详见附录二。
② [晋]孔晁注:《元本汲冢周书》,元至正十四年(1354)嘉兴路儒学刻本,杜泽逊审定:《国学基本典籍丛刊》,北京:国家图书馆出版社,2017年,第86页。其余七个版本不再逐个出注,详见附录二。
③ [清]朱右曾撰:《逸周书集训校释》,清光绪十四年(1888)南菁书院刻《皇清经解续编》本,宋志英、晁岳佩选编:《〈逸周书〉研究文献辑刊》第8册,北京:国家图书馆出版社,2015年,第97页。
④ 牛鸿恩注译:《新译逸周书》,台北:三民书局,2015年,第281页。
⑤ 徐芹庭编著:《细说逸周书》,徐耀环主编:《细说廿四经》第12册,新北:圣环图书,2017年,第183页。
⑥ [明]程荣:《逸周书》卷四,《汉魏丛书》本,明万历二十年(1592)刻本,第10叶下半叶。
⑦ [明]何允中:《逸周书》卷四,《广汉魏丛书》本,明万历间(1573—1620)刻本,第10叶下半叶。

文本中不可能出现两个"麋"或两个"麇"。《四库全书》本的这两个字位都是"麋"①，显然其中必有一个是错误的。其次可以确定的是，"麋""麇"只能用讹字去讨论，不能用衍字去讨论。因为如果是衍文的话，动物名称后面的具体数字就没法解释了，毕竟"五千二百三十五"这么多字不可能全是衍出来的。在此基础上，通过细读文本我们发现，《世俘》的这段记录在动物数量上是没有章法可言的，不存在从大到小或从小到大的排序。但是按照动物品种来看，还是有一定规律可循的。《世俘》中动物的排列顺序是：<u>虎、猫、麋</u>、<u>犀、氂、熊、罴、豕、貉、麈、麝、麇、鹿</u>。虎、猫都是"猫"，犀、氂都是"牛"，熊、罴都是"熊"，两两成组，彼此属于亲缘关系较近的动物，所以放在一起是合适的。豕是"猪"，属于体型略小于熊的大型杂食动物②。貉是"犬"，属于体型较小的杂食动物，两者亲缘关系不近，但按"杂食"也可以排在一起。最后四种动物是"鹿"，排在一起也合适。这样顺着看过来，最格格不入的就是"麋"。如果它是"鹿"，为什么不和"鹿"排一起，却要排在"猫"和"牛"中间？"猫"是食肉动物，"牛"是大型食草动物，如果麋是一种食肉动物或大型食草动物的话，它的捕获数量又为何会有"五千二百三十五"？按照食物链的规律，各类动物在数量上应该是大型动物少于小型动物、食肉动物少于食草动物③。食草动物的数量偏少是有可能的，因为要考虑到食物链以外的因素，比如"麈十有六"；但是食肉动物偏多是不可能的，因为生态系统有它的上

---

① ［晋］孔晁注：《逸周书》，乾隆四十四年（1779）抄本，［清］永瑢、纪昀等：《景印文渊阁四库全书》第 370 册，台北：台湾商务印书馆，1986 年，第 29 页上栏。
② 野猪虽然是杂食动物，但极具攻击性，有时也可被视作食肉动物。李治霖等："一般地，根据成体体型大小可把食肉动物分为大型食肉动物（体重 ≥ 15 kg）与小型食肉动物（< 15 kg）。"李治霖、多立安、李晟、王天明：《陆生食肉动物竞争与共存研究概述》，《生物多样性》2021 年第 29 卷第 1 期，第 81—97 页。按照这个标准，豕属于典型的大型食肉动物，更何况"豕"本来就有"大猪"的意思。
③ 如距今 9000—7800 年的舞阳贾湖遗址发掘出的主要哺乳动物的可鉴定标本数分别为："猪 259，狗 121，麋鹿 4，斑鹿 182，小型鹿科 1498，黄牛 45，大型食肉动物 1，小型食肉动物 289，猫科 2，狗獾 4，兔 11；总计 2418。"罗运兵、张居中：《河南舞阳县贾湖遗址出土猪骨的再研究》，《考古》2008 年第 1 期，第 90—96 页。大型动物少于小型动物，食肉动物少于食草动物，这是基本符合食物链规律的。狗獾和兔这些小型动物的数量较少，应归因于食物链之外的其他因素——这种情况也和《世俘》中部分小型动物或食草动物数量较少是类似的。

限,超过这个上限就会崩溃。所以,穈只能是小型食草动物,与麈、麝、麋、鹿相似。《说文》"穈"作㊿,"穄也,从米麻声"①。《说文》"麛"作㊿,"鹿属,从鹿米声"②。"麋"在甲骨文中作㊿③、在金文中作㊿④。因为"穈"不见于甲骨金文,所以"穈"的甲骨金文对"穈"的参考价值不大,但"麋"的甲骨金文象形写法可以给我们一个启示,也许把㊿释读作任何一种鹿科动物都是可以的,因为字形本身并无任何"米"字特征,"麋"是后代释读者推测出来的。从《说文》的㊿㊿来看,两者字形差异较小,存在讹误的可能性。从"穈"的本义来看,其本义"穄"是一种粮食作物,而非动物。因此,"穈"存在讹误几是必然,且其讹误作"麛"的可能性也极大。但是,如果"穈"确为"麛"之讹,那么后一个"麛"还需要再讹成其他鹿科动物。于是,便有了朱右曾之说,将前面的"穈"改成"麋",然后将后面的"麛"改成"麇"⑤。从字形上看,由"穈"到"麋"只需要"麻→鹿",由"穈"到"麇"只需要"米→禾",而由"麛"到"麇"需要"麻→鹿""米→禾"。至于"穈"为什么是"麋"之讹而不是其他鹿科动物之讹,也好解释,因为"米→禾"下都是"木",极易互相形讹。虽然我们一般优先选用不改字的释读方法,但朱氏"二改"显然比"一改"更合理。《尔雅·释兽》:"麋,牡麔,牝麎,其子䴠。"⑥"䴠"与"麛"形似,更与"麇"极为相似。由此可知,朱氏之说也非最佳改法,后面的"麇"改作"䴠"更合理。按照这种理解,前面的"穈"和后面的"麛"都是"麋",只不过前面的是大麋鹿,后面的是小麋鹿,只是周人刻意将它们分开算作两种狩获了而已。甚至有一种可能,大麋鹿在西周早期就是写作"麋",而小麋鹿就是写作"麛"。到了后来,随着

---

① [汉]许慎撰,[宋]徐铉等校定:《说文解字》,北京:中华书局,2013年,第144页上栏。
② [汉]许慎撰,[宋]徐铉等校定:《说文解字》,北京:中华书局,2013年,第201页下栏。
③ 胡厚宣、郭沫若等编:《甲骨文合集》第4册10288,北京:中华书局,2001年,第1509页。
④ 见于西周早期的麋癸父己爵。吴镇烽编著:《商周青铜器铭文暨图像集成》第16卷,上海:上海古籍出版社,2012年,第480页。
⑤ [清]朱右曾撰:《逸周书集训校释》,清光绪十四年(1888)南菁书院刻《皇清经解续编》本,宋志英、晁岳佩选编:《〈逸周书〉研究文献辑刊》第8册,北京:国家图书馆出版社,2015年,第96—97页。
⑥ [汉]佚名:《尔雅:附音序、笔画索引》,北京:中华书局,2016年,第94页。

字形的演变，便变成了大麋鹿作"麋"、小麋鹿作"麌"。按这样理解，就不用形讹改字了。但这只是猜测，按保守方案我们还是以前字为"麋"、后字为"麌"妥当。另外，从数量上看，"麋五千二百三十五""麌三十"这样的搭配是十分合理的。在五千多的种群中，有三十只幼崽，属正常区间。从季节上看，武王伐纣在冬天，狩猎完成的时间大概是早春。这时正是鹿科动物交配繁衍的季节，存在一定数量的幼体也是合理的。所以前字为"麋"、后字为"麌"的说法是符合多方逻辑的。

至于"麋"为什么被排在前面，而不是和其他四种"鹿"排在一起，应是后人刻意调换的结果。至于为什么要调换，我们接下来结合"猫"的问题一起来谈。

二、"猫"是什么东西

在《世俘》"武王狩"的十三种动物中，猫的身份最为特殊。它和我们现在常说的"猫"有什么关系？

在战国时代，确实已存在今之所谓的猫。《御览》卷九一二引《尹子》："使牛捕鼠不如猫狌之捷。"①很明显，《尸子》中的猫具有捕鼠的特长，与后世之猫完全一致。《庄子·逍遥游》："子独不见狸狌乎？卑身而伏，以候敖者；东西跳梁，不避高下。"郭庆藩："狌，野猫也。"②《庄子》中的"狸狌"应该就是今天所说的狸花猫，属中华田园猫。鼠患自古就有，《魏风·硕鼠》："硕鼠硕鼠，无食我黍。"《豳风·七月》："穹窒熏鼠，塞向墐户。"③故畜猫十分合理。《说文》："猫，狸属。从豸，苗声。"④这也符合今之猫。再结合考古证据，《华县泉护村——1997 年考古发掘报告》："标本 H172D:1 为保存 p4 和 m1 的左下颌，p3 仅保留齿根部分，p4 和 m1 磨蚀严重。臼齿仅一枚即裂齿 m1，具双刃型，前、后叶近于等长。比榆林火石梁遗址的豹猫和西安半坡的狸略小……标本 H172D:1 为完整的右肱骨……这些数据都在家猫（Felis

---

① [宋]李昉撰：《太平御览》第 4 册，北京：中华书局，1960 年，第 4042 页上栏。
② [清]郭庆藩撰，王孝鱼点校：《庄子集释》上册，北京：中华书局，2012 年，第 46 页。
③ [清]方玉润撰，李先耕点校：《诗经原始》上册，北京：中华书局，1986 年，第 250、305 页。
④ [汉]许慎撰，[宋]徐铉等校定：《说文解字》，北京：中华书局，2013 年，第 196 页下栏。

domestica)的范围内……从标本的形态特征和大小看,这些标本无疑都属于猫属(Felis)动物。"①另外,同属新石器晚期的半坡遗址、临潼姜寨遗址也都有猫的遗骨被发现。②由此看来,猫并非外来物种,中国人与猫打交道的时间几乎是没有历史时间上限的。因此,武王时代完全可以有猫,甚至已经畜猫。

于是,我们可以断言《世俘》中的"猫"就是今之所谓抓老鼠的猫了吗?显然问题没有那么简单。《大雅·韩奕》:"有熊有罴,有猫有虎。"《毛传》:"猫,似虎浅毛者也。"③这里"似虎浅毛"的动物显然与我们一般认知中的猫有一定的差距。况且,《韩奕》将熊、罴、猫、虎四兽并列,显然是把它们一律视作了猛兽。巧合的是,《世俘》中动物的排列顺序为"虎、猫……熊、罴……",与《韩奕》的顺序相似。能够和"熊"并列的是"大熊",即罴;能够和"虎"并列的,想必不该是"使牛捕鼠不如猫狌之捷"的"猫狌"。在《山海经》中,"虎、豹、熊、罴"四种大型食肉动物多次并列出现。《山海经·大荒南经》:"爰有文贝、离俞、鸱久、鹰、延维、视肉、熊、罴、虎、豹;朱木、赤枝、青华、玄实。"《山海经·大荒北经》:"有叔歜国,颛顼之子,黍食,使四鸟:虎、豹、熊、罴。"《山海经·大荒北经》:"有北齐之国,姜姓,使虎、豹、熊、罴。"④以此为参照,猫与豹的亲缘关系不会相去太远,也应是一种大型猛兽。从"禽虎二十有二、猫二"来看,猫要么十分稀有,要么处于食物链的顶端。《山海经·海内北经》:"林氏国有珍兽,大若虎,五采毕具,尾长于身,名曰驺吾,乘之日行千里。"《山海经·大荒西经》:"有人,戴胜,虎齿,有豹尾,穴处,名曰西王母。"⑤《世俘》中的"猫"有可能是驺吾、西王母的原型,是一种处于食物链顶端的大型猫科动物。"珍兽",说明其数量少;"虎齿",说明其齿大于虎;

---

① 陕西省考古研究院、渭南市文物旅游局、华县文物旅游局编著:《华县泉护村——1997年考古发掘报告》下册,北京:文物出版社,2014年,第604—605页。
② 王炜林:《猫、鼠与人类的定居生活——从泉护村遗址出土的猫骨谈起》,《考古与文物》2010年第1期,第22—25页。
③ [汉]毛亨传,[汉]郑玄笺,[唐]孔颖达正义:《毛诗注疏》,[清]阮元校刻,方向东点校:《十三经注疏》第5册,北京:中华书局,2021年,第2109页。
④ 袁珂校注:《山海经校注》,成都:巴蜀书社,1992年,第437、483页。
⑤ 袁珂校注:《山海经校注》,成都:巴蜀书社,1992年,第368、466页。

"大若虎",说明其体型与老虎相当;"五采毕具",说明其外形花色似虎;"尾长于身""豹尾",说明其尾长有力;"穴处",说明其住在洞穴里①。以上特征不一定全部与《世俘》的"猫"吻合,但其中部分应可资参考。

回归《世俘》文本,我们再重点考察一下狩获动物顺序与体型大小的关系。"虎、猫、麇(麋)、犀、氂、熊、罴、豕、貉、麈、麝、麇(麌)、鹿",排在前列的除"猫""麋"的体型待定外,"虎、犀、氂、熊、罴、豕"都是大型动物。从"貉"开始,后面"麈、麝、麌"全是小型动物。"鹿"未言是哪种鹿,但既然是泛称,就应该是最常见的一种草鹿。从"三千五百有八"这个数字来看,"鹿"只能是小型动物。

我们再看"麋"的体型,本书第一章第四节再论《度邑》的成篇年代时提到,之所以后世将"夷羊"解作"土神""神兽",是因为夷羊之"大"。司马迁将《度邑》的"夷羊"替换成"麋鹿"②,也应与对麋鹿体型的误解有一定关系。既然司马迁将"麋鹿在牧"视作一种异象,那就说明至少在西汉时期的陕西地区麋鹿并不常见。因为司马迁对麋鹿不熟悉,所以误以为它是一种大型动物。同样的道理,汉代的文献整理者在整理《逸周书》时也可能误以为麋鹿是一种体型很大的动物,于是在编定《度邑》时将"麋五千二百三十五"一句移到了前面,而不是和四种小型鹿科动物并列。实际上,"五千二百三十五"这个数字决定了麋不可能是大型动物,但这不妨碍人为的文序调换。

至此,排在前列的"虎、猫、麇(麋)、犀、氂、熊、罴、豕"八种动物中,除"猫"待定外,其余七种都是或被误认为是大型动物。现在我们将这八种动物按种类再进行切割分组:"虎猫/麋/犀氂/熊罴/豕"。虎、猫,都是"猫";犀、氂,都是"牛";熊、罴,都是"熊"。从体型看,犀＞氂,熊＜罴,因此我们很难判断虎与猫孰小孰大,但从"禽虎二十有二、猫二"的数量差异来看,笔者认为还是"猫＞虎"的可能性更大一些。商末周初的生态环境远优于现在,甚至也优于司马迁、刘向的时代,存在少量远古大型食肉动物的可能性是存

---

① 现存的虎、豹都不属于穴居动物。
② [汉]司马迁撰,[南朝宋]裴骃集解,[唐]司马贞索隐,[唐]张守节正义:《史记》第1册,北京:中华书局,2014年,第165页。

在的。《山海经》的"虎齿"似乎暗示着"猫"可能是残存的剑齿虎。从毛色看,剑齿虎因为与猛犸象同样生活在冰川时代,所以毛色较浅,符合《毛传》"似虎浅毛"的说法。傅仁义认为,"剑齿虎这种古老动物最晚生存到中更新世晚期,不会越过晚更新世(按:约一万年前)"①,而生物的实际灭绝时间通常会比考古学上认定的灭绝时间晚。武王伐纣距今三千年,这其中的七千年里剑齿虎很有可能一直以较低的种群数量继续存在着。现有考古证据表明,殷商时期仍有剑齿虎存在,苗霞:"加拿大多伦多皇家安大略博物馆现藏有一片刻字残虎骨,这块虎骨正面刻有记述商王狩猎获虎的文字:'辛酉,王田于鸡录,获大□虎,才(在)十月,佳王三祀,胁日。'背面雕出镶嵌有绿松石的两个虎面和龙纹。据 C. S. Churcher 博士鉴定,这件残骨是剑齿虎右前腿的肱骨,长不少于 8.05 英寸,宽 1.25 英寸,是原骨大小的六分之一,长度的三分之二。"②因此,有很大可能《世俘》的"猫"就是剑齿虎。

保守来说,即使不具体到剑齿虎,猫至少也是一种体型与老虎相当的大型食肉动物,且属于远古猫科动物的遗存。在武王伐纣的时代,这种大型猫科动物已经濒临灭绝。东周以降,随着仅存的大"猫"消失殆尽,"猫"就只剩下"狸狌"了,"猫"的常识性概念也完成了向"小猫"的转变。

第三节 《商誓》中的"话言"

《商誓》中的"话言"可视作一个词,也可拆解为"话"和"言"。今之粤语和江西南昌话中都有"话事"一词,观《商誓》之"话言",难免引人联想。本节我们将考证《商誓》中的"话言"具体该如何训释,并探讨"话言"的语义流变及其与今之方言"话事"的关系。

---

① 傅仁义:《金牛山古人类遗址的发掘和研究简史》,《考古学研究》第 7 辑(2008 年),第 15—29 页。
② 苗霞:《殷墟出土的虎类遗物探析》,《考古学集刊》2010 年第 2 期,第 131—154 页。按: 8.05 英寸约为 20.4 厘米,按"三分之二"算,则腿骨原长 30.6 厘米。以此推算,剑齿虎的体型应与现代老虎相似,不至于特别大。

一、《商誓》"话言"诸家说

《商誓》:"今惟新诰命尔,敬诸!朕话言自一言至于十话言,其惟明命尔。"朱骏声本:"自一言至于十话言"作"自一言至于千话言"①。此处作"十"还是"千",并不影响句意,都表其多,非确指。从文本看,"言"是被计量的对象,"言"与"话言"所指相同或相似。潘振、朱右曾、张闻玉、牛鸿恩、徐芹庭:"话言,善言也。"②潘振:"我之善言,自始至终。"③唐大沛:"举凡我所言者。"④黄沛荣:"考'话言'二字,乃西周习语。"⑤黄怀信校:"朕言自一话言至于十话言。"黄怀信注:"话言,即话。"黄怀信训译:"我的话每一句都是明白地教诫你们。"⑥徐芹庭训译:"从第一句善言,到很多善言,都是明白地教诫你们。"⑦罗家湘将"话言"归纳为三种:"话言即善言,并且是讲德行的善言。""话言是圣王之言。""话言是对老百姓说的话。"并且认为,《商誓》中的"话言"是"武王代表上帝发表的讲话"。⑧ 由此观之,诸家对《商誓》"话言"的解

---

① [清]朱骏声:《周书集训校释增校》,邓实、黄节主编:《国粹学报》第15册,扬州:广陵书社,2006年,第9592页。
② [清]潘振注:《周书解义》,清嘉庆间(1796—1820)刻本,宋志英、晁岳佩选编:《〈逸周书〉研究文献辑刊》第2册,北京:国家图书馆出版社,2015年,第49页。[清]朱右曾撰:《逸周书集训校释》,清光绪十四年(1888)南菁书院刻《皇清经解续编》本,宋志英、晁岳佩选编:《〈逸周书〉研究文献辑刊》第8册,北京:国家图书馆出版社,2015年,第113页。张闻玉译注:《逸周书全译》,贵阳:贵州人民出版社,2000年,第170页。牛鸿恩注译:《新译逸周书》,台北:三民书局,2015年,第311页。徐芹庭编著:《细说逸周书》,徐耀环主编:《细说廿四经》第12册,新北:圣环图书,2017年,第191页。按:牛鸿恩本、徐芹庭本无"也",此细节无碍释义。
③ [清]潘振注:《周书解义》,清嘉庆间(1796—1820)刻本,宋志英、晁岳佩选编:《〈逸周书〉研究文献辑刊》第2册,北京:国家图书馆出版社,2015年,第49页。
④ [清]唐大沛撰:《逸周书分编句释》,清道光十六年(1836)著者手定底稿本,宋志英、晁岳佩选编:《〈逸周书〉研究文献辑刊》第7册,北京:国家图书馆出版社,2015年,第47页。
⑤ 黄沛荣:《周书研究》,台湾大学中国文学研究所博士学位论文,1976年,第310页。
⑥ 黄怀信:《逸周书校补注译》,西安:三秦出版社,2006年,第208页。张闻玉训译与之基本相同,兹不赘引。参见张闻玉译注:《逸周书全译》,贵阳:贵州人民出版社,2000年,第170页。
⑦ 徐芹庭编著:《细说逸周书》,徐耀环主编:《细说廿四经》第12册,新北:圣环图书,2017年,第192页。
⑧ 罗家湘:《大祝"会"辞源流考》,《云南民族大学学报(哲学社会科学版)》2009年第26卷第1期,第135—139页。

读主要可分为两种：一种是"善言"；一种是"话"，即普通的"话"。

《尔雅·释诂》："话，言也。"①《说文》："话，合会善言也。"②"言，直言曰言，论难曰语。"③各家注《商誓》作"善言"，应据自《说文》。然而，观《商誓》文本，"善言"似乎并不合乎语境。"话言"前冠主语"朕"而非"先王"，如果"话言"作"善言"，那就是武王在夸自己说的话是"善言"，这样似乎不合情理。再加上接下来的"自一言至于十话言"，是在将"言"与"话言"画等号。黄怀信虽然将原文校改为"朕言自一话言至于十话言"，但终不能成为定论，我们应优先考虑不改字的释读。一旦将"言"与"话言"画等号，便意味着"话言"就是普通的"言"，并无"善言"之意。由此看来，以上诸说当以黄怀信"话言，即话"的解释最为可靠。

以上仅是结合文本与各家注的初步猜想，下面还要结合其他先秦经典的用例。

二、《书》《诗》《左传》中的"话言"

"话言"及其类似用法在先秦经典中并不罕见，如《大雅·抑》："其维哲人，告之话言，顺德之行。"孔颖达："话言，古之善言也。"④《左传·文公六年》："古之王者知命之不长，是以并建圣哲，树之风声，分之采物，着之话言，为之律度。"杨伯峻："话言，同义词连用，一般用为善言之意。"《左传·文公十八年》："颛顼氏有不才子，不可教训，不知话言。"杨伯峻："话言谓善言。"《左传·成公十六年》："今楚内弃其民，而外绝其好，渎齐盟，而食话言。"杨伯峻："不以信守物。"⑤赵生群："食言，不守信。"⑥这几篇文献中的"话言"释义都较为明确，就是"善言"的意思。《成公十六年》的"而食话言"虽然被释

---

① [汉]佚名：《尔雅:附音序、笔画索引》，北京：中华书局，2016年，第8页。
② [汉]许慎撰，[宋]徐铉等校定：《说文解字》，北京：中华书局，2013年，第47页下栏。
③ [汉]许慎撰，[宋]徐铉等校定：《说文解字》，北京：中华书局，2013年，第45页下栏。
④ [汉]毛亨传，[汉]郑玄笺，[唐]孔颖达正义：《毛诗注疏》，[清]阮元校刻，方向东点校：《十三经注疏》第5册，北京：中华书局，2021年，第2003页。
⑤ 杨伯峻编著：《春秋左传注》第3册，北京：中华书局，2016年，第598—599、699、964页。
⑥ 赵生群注：《春秋左传新注》上册，西安：陕西人民出版社，2008年，第482页。

作"食言"、不守信用,但它的褒贬取向是很明确的,被"食"的对象一定是个正面的东西。因此这里的"言"是"好言",也可称作"善言"。在以上诸多"善言"解读中,我们尤其应以同为西周文献的《大雅·抑》为重。孔颖达的正义呼应汉儒许慎之《说文》,对解读先秦之"话言"几乎起到了一锤定音的效果。

然而,将"话""言"拆开,"善言"就不完全适用了,如同样为西周"书"类文献的《立政》:"自一话一言,我则末惟成德之彦,以乂我受民。"①该句将"话言"拆分成"一话一言",可见"话""言"在西周时期可以各为单音节词。孔颖达:"孙炎曰:'话,善之言也。'然则话之与言,是一物也。"②孙说属中间派,既不否定"善言"性质,又认为"话"和"言"是同一个东西。王樵:"一话,一事之始终;一言,一句而已。此不止是言其时之至浅,亦谓议论之间,微有向背,一出话,一出言,微不终于专主君子,则小人乘间入之矣。"③此侧重于谨慎言语,并解剖了"话"与"言"的细微区别,但后者较为牵强。程水金:"一话一言,犹今所谓'只言片语'也。"④雒江生:"一话一言,即一语一言。"⑤屈万里训译:"对于这方面的事情可不要代替(官员们)处理,甚至于一句话一个字(也不要多说)。"⑥各家对该句的解释歧义较大,但共识也是比较明显的,那就是认可"话"与"言"的同类性。我们可以不去纠缠"只言片语"还是"谨慎言语"的问题,只需抓住"话"与"言"的同类性特征即可。这与上文我们对《商誓》"话言,即话"的认知是不矛盾的。

回归《商誓》,有一处用法与《立政》"一话一言"极为相似:"请其斯一话,敢逸僭予,则上帝之明命。"参考各家,为"一话"作注解者极少,只有潘振、唐

---

① 顾颉刚、刘起釪:《尚书校释译论》第4册,北京:中华书局,2005年,第1686页。
② [汉]孔安国传,[唐]孔颖达正义:《尚书注疏》,[清]阮元校刻,方向东点校:《十三经注疏》第2册,北京:中华书局,2021年,第771页。
③ [明]王樵撰:《尚书日记》,[清]永瑢、纪昀等:《景印文渊阁四库全书》第64册,台北:台湾商务印书馆,1986年,第608页上栏—下栏。
④ 程水金:《尚书释读》下册,北京:人民文学出版社,2020年,第931页。
⑤ 雒江生校诂:《尚书校诂》,北京:中华书局,2018年,第387页。
⑥ 屈万里:《尚书今注今译》,上海:上海辞书出版社,2015年,第213页。

大沛训其为"一言"①。一般认为,此"话"即今之所谓"话",不需特别强调。如黄怀信把"一话"释为"一席话"②、张闻玉把"一话"释为"这些话"③。按内证原则,《商誓》"话言"的"话"也不需特别解释。若"话""言"同义,那么"话言"就是今之所谓"话"。

三、《商誓》"话言"辨析及其语义流变

今粤语"话事"指"决定"、南昌话"话事"指"说话",此"话事"可为训释《商誓》之"话言"提供参考。按上文所说,若"话""言"同义,那么"话言"就是今之所谓"话"。这样的解读与今南昌话"话事"的用法极为相似。话事,不用解释为"说事情",直接解释为"说话"即可。因为"说话"就是"说事情",没有必要做特别区分。同样的道理,"话言"就是"话",后面的"言"只是对"话"的补充,多一"言"、少一"言"并不会影响说话者想表达的意思,如《商誓》的"请其斯一话",就是《立政》"自一话一言"④的同类用法。《商誓》"一话"后不接"一言",只是省略写法,表达的意思与"一话一言"同。《立政》有"一言",除了多一层突出强调的作用外,语义也不会比《商誓》"一话"更丰富。由此,我们可再次确定"话言,即话"的说法是合理的。

然而,《商誓》"话言,即话"的解读并不能撼动《诗经》《左传》中的"善言"。相反,《诗经》《左传》中的"善言"才是后世对"话言"的主流解读。从这里,我们可以看出明显的语义流变。通过《左传》可知,在春秋至战国初期,以"话言"为"善言"已成主流用法。参考《说文》的"善言",可知春秋至东汉都以"话言"为"善言"。可见这样的解读不仅是主流,而且根基深厚。《商誓》以"话言"为"话"的解读虽然在东周以降不再占据主导,但《尔雅》

---

① [清]潘振注:《周书解义》,清嘉庆间(1796—1820)刻本,宋志英、晁岳佩选编:《〈逸周书〉研究文献辑刊》第2册,北京:国家图书馆出版社,2015年,第55页。[清]唐大沛撰:《逸周书分编句释》,清道光十六年(1836)著者手定底稿本,宋志英、晁岳佩选编:《〈逸周书〉研究文献辑刊》第7册,北京:国家图书馆出版社,2015年,第54页。
② 黄怀信:《逸周书校补注译》,西安:三秦出版社,2006年,第213页。
③ 张闻玉译注:《逸周书全译》,贵阳:贵州人民出版社,2000年,第175页。
④ 顾颉刚、刘起釪:《尚书校释译论》第4册,北京:中华书局,2005年,第1686页。

的"话,言也"①也说明这样的解读并未消失。再加上《诗经·大雅·抑》属西周文献,"善言"的用法在时间轴上还要前移,最早可前移到西周晚期。②

综合各类材料,我们可对《商誓》"话言"的语义及其流变做出以下四点推论:第一,在《商誓》《立政》写成的西周早期,"话言"的主流解读就是"话",不带褒贬。甚至有可能以"话言"为一字,作为"话"的另一种金文写法。第二,在《大雅·抑》写成的西周晚期,"话言"这个词已开始含有褒义色彩,指"善言"。第三,从西周晚期至春秋、战国、秦、两汉,在这个漫长的时间区间里,以"话言"为"善言"一直是主流解读。第四,在以"善言"为主流解读的同时,"话言"即"话"的用法并未完全消失。杨伯峻对《左传·文公六年》"着之话言"的注"话言,同义词连用,一般用为善言之意"③,即是对春秋时期"话言同义"的认可,也是对"善言"与"同义"两种释读做的折中。

延及后世,"话言同义"以口语、俚语、地方方言等形式继续存在,并随时代的变迁而渐渐演化出不同的变种。南昌方言"话事"即"说话"的用法和《商誓》"话言"即"话"完全相同,故"话事"可视为西周初年用法的历史遗存。至于粤语以"话事"为"决定",则属于语义变种,与南昌话"话事"亲缘关系较远,更与《商誓》之"话言"完全脱离了关系。

第四节 《度邑》"名三百六十夫"与氏族封建制

一、"贤人说"还是"氏族说"

卢文弨本《度邑》:"天不享于殷,乃今有成。维天建殷,厥征天民,名三百六十夫。弗顾,亦不宾灭,用戾于今。"此处"名三百六十夫"令人费解。从表面看,这句话易被理解为三百六十名民夫,正好"民夫"可被"征"、可用于

---

① [汉]佚名:《尔雅:附音序、笔画索引》,北京:中华书局,2016年,第8页。
② 《大雅·抑》的史事年代约在厉王、宣王时期,故写成年代上限为西周晚期。
③ 杨伯峻编著:《春秋左传注》第2册,北京:中华书局,2016年,第598—599页。

"建",又与度邑建都的主题有关。然而,仔细考察语境,我们发现并没有那么简单。

陈逢衡本《度邑》:"维天建殷厥征天民(民下旧衍名字)三百六十句天弗顾亦不宾灭(天旧作夫)。"①陈逢衡强调"名"字为衍、"夫"应作"天"且"六十"后有断句,即应点校为:"维天建殷,厥征天民三百六十。天弗顾,亦不宾灭。"补注:"维天建殷之初,人材间出,如伊尹、伊陟、臣扈、巫咸、巫贤、甘盘,俱以名世大贤,保乂有殷,遂得循建官之制,厥征天民有三百六十之多,以为殷家序官之常法。降及于纣,君虽不德,犹有微子、微仲、王子比干、箕子、胶鬲,皆贤人也。故自武乙而后,天虽不眷顾有殷,然亦不骤加摈灭,故得延至于今也。"②按陈逢衡说法,"三百六十"指的是殷之官员的数量。陈逢衡未对"天民"做出具体解释,但从"建官之制""殷家序官之常法"及下文的"犹有微子、微仲、王子比干、箕子、胶鬲,皆贤人也"来看,"天民"指的是商朝官方选拔的人才,其中包括王室成员微子、微仲、比干、箕子,也包括"胶鬲举于鱼盐之中"③的"胶鬲"。因为人才制度的合理,所以即使到了纣王时期,商王室依然人才济济。带回《度邑》语境,天民乃是"征"的结果,且这些天民是商王室在"用戾"④的现实下依然"不宾灭"的主要力量,故陈氏观点合乎语境,可备一说。我们且称之为"贤人说"。

参《史记·周本纪》:"天不享殷,乃今有成。维天建殷,其登名民三百六十夫,不显亦不宾灭,以至今。"司马贞《索隐》:"言天初建殷国,亦登进名贤之人三百六十夫,既无非大贤,未能兴化致理,故殷家不大光昭,亦不即摈灭,以至于今也。"⑤司马贞之说亦可归纳为"贤人说",与陈逢衡一样强调了人才对商王朝"不摈灭"的贡献。不同之处在于,司马贞认为建国之初的"名

---

① [晋]孔晁注,[清]陈逢衡补注:《逸周书补注》,清道光五年(1825)刻本,宋志英、晁岳佩选编:《〈逸周书〉研究文献辑刊》第2册,北京:国家图书馆出版社,2015年,第411页。
② [晋]孔晁注,[清]陈逢衡补注:《逸周书补注》,清道光五年(1825)刻本,宋志英、晁岳佩选编:《〈逸周书〉研究文献辑刊》第2册,北京:国家图书馆出版社,2015年,第411—412页。
③ 杨伯峻译注:《孟子译注》,北京:中华书局,2010年,第276页。
④ 指君王昏聩、国家衰败。
⑤ [汉]司马迁撰,[南朝宋]裴骃集解,[唐]司马贞索隐,[唐]张守节正义:《史记》第1册,北京:中华书局,2014年,第165—167页。

贤之人三百六十夫"德及后世,故后来商室虽衰,亦不摈灭。陈逢衡则强调时贤微子、箕子、比干等商末贤人的作用,而非认为"不摈灭"与殷初贤人有关。

朱右曾:"天民,贤者也。三百六十,言众也……天建殷邦,其登用天民若伊、莱、甘、巫,可指名者甚众,故其后嗣虽不顾天,天亦不即摈灭,延六十年之久而至于今也。"①朱右曾之说属典型的"贤人说"。刘师培:"'天'涉上衍,'民''名'倒文。"又曰:"'亦'上有'失'字,盖即语首'夫'字之讹。"②故刘师培本写作:"维天建殷,厥征名民三百六十。夫弗顾,亦不宾灭,用戾于今。"刘师培只校不注,未对"天民"做出解释。但刘师培将"夫"放在了下句,认为是发语词,即不与"三百六十"连读。按刘师培理解,三百六十个"名民"是"征"的对象。刘师培未对"名民"做出明确的解释。如果理解为"名人",则可等价为"贤人",即"贤人说";如果理解为"有名字的人",则指氏族。殷商时期只有贵族才有姓名,即所谓"百姓"。不过,刘师培引用了一则材料:"《史记索隐》云:'天初建殷国,亦登进名贤之人三百六十。'则作名民甚明。"③这则材料虽截取今本《索隐》(见上引),但也表明了刘师培的大致立场,即认可司马贞的"贤人说"。

牛鸿恩本《度邑》:"维天建殷,厥征名民三百六十夫,弗顾,亦不宾灭,用戾于今。"④牛鸿恩除"夫"不做发语词外,其余部分的文本改动皆从刘师培之说。"夫"是否做发语词,于此处无本质区别。黄怀信:"名民,犹献民。"下文"训译"写作:"殷朝初建立的时候,也征用了三百六十名贤民,但既不显达他

---

① [清]朱右曾撰:《逸周书集训校释》,清光绪十四年(1888)南菁书院刻《皇清经解续编》本,宋志英、晁岳佩选编:《〈逸周书〉研究文献辑刊》第8册,北京:国家图书馆出版社,2015年,第118页。
② 刘师培撰:《周书补正》,民国间宁武南式铅印本,宋志英、晁岳佩选编:《〈逸周书〉研究文献辑刊》第9册,北京:国家图书馆出版社,2015年,第430页。按:刘师培此处"'夫'字之讹"是针对徐光之说,与《度邑》文本无涉。
③ 刘师培撰:《周书补正》,民国间宁武南式铅印本,宋志英、晁岳佩选编:《〈逸周书〉研究文献辑刊》第9册,北京:国家图书馆出版社,2015年,第430页。
④ 牛鸿恩注译:《新译逸周书》,台北:三民书局,2015年,第327页。

们,也不弃灭他们。"①可见"献民"即"贤民"。周宝宏:"天民:贤人,因其明天理、适天性,故称。"②徐芹庭:"天民:贤人也。"③此皆"贤人说"。

由以上诸家之说可知,"名三百六十夫"的主流说法为"贤人说"。然而,晁福林提出过不同看法,他认为:"殷商氏族的力量相当强大,所谓'名民三百六十夫'即指三百六十位氏族的首领。"④这种说法可被称作"氏族说"。晁福林的观点建立在他对先秦社会性质划分的基础上:"夏商两代应当称之为氏族封建社会,而西周则是宗法封建社会,到了东周时期,宗法封建社会逐渐解体,而步入了地主封建社会。"⑤笔者认为这种划分方式是符合历史事实的。氏族封建社会、宗法封建社会、地主封建社会各自依赖的最高权力有所不同,地主时代的最高权力是皇权,宗法时代的最高权力是王权,这是较易形成共识的说法,那么氏族时代的最高权力是什么呢？帝权,后权,还是和宗法时代一样的王权？笔者认为最妥当的说法应是"族权"或"氏权"。"氏族说"得以立足的主要史实依据就是先周时期尤其是殷商时期族权的强盛。

二、先周"族权"的强盛

以下三点可证先周"族权"之强盛。

第一,盘庚迁殷。《尚书序》:"盘庚五迁,将治亳殷,民咨胥怨,作《盘庚》三篇。"⑥概括来说,《盘庚》三篇的内容就是盘庚劝说不愿迁都的"民"迁都。按刘起釪观点,《盘庚中》应为上篇,《盘庚下》应为中篇,《盘庚上》应为下篇。⑦ 照此顺序,一开篇就是"乃话民之弗率,诞告用亶"⑧。弗率,即不服从

---

① 黄怀信:《逸周书校补注译》,西安:三秦出版社,2006年,第217页。
② 周宝宏:《〈逸周书〉考释》,北京:社会科学文献出版社,2001年,第134页。
③ 徐芹庭编著:《细说逸周书》,徐耀环主编:《细说廿四经》第12册,新北:圣环图书,2017年,第200页。
④ 晁福林:《夏商西周的社会变迁》,北京:中国人民大学出版社,2010年,第212页。
⑤ 晁福林:《夏商西周的社会变迁》,北京:中国人民大学出版社,2010年,第179页。
⑥ [汉]孔安国传,[唐]孔颖达正义:《尚书注疏》,[清]阮元校刻,方向东点校:《十三经注疏》第2册,北京:中华书局,2021年,第361页。
⑦ 参见顾颉刚、刘起釪:《尚书校释译论》第2册,北京:中华书局,2005年,第901页。
⑧ 顾颉刚、刘起釪:《尚书校释译论》第2册,北京:中华书局,2005年,第901页。

者。诞告用亶,即诚恳劝告。① 接下来的诰辞部分多次出现"民"或"众",如"古我前后罔不惟民之承保""视民利用迁""尔谓朕:'曷震动万民以迁'""朕及笃敬共承民命""式敷民德""重我民""施实德于民"②"于朕志,罔罪尔众""予其懋简相尔,念敬我众""邦之臧,惟汝众"③等。盘庚重民是显而易见的,但此处的"民""众"并非后世意义上的民众。晁福林:"殷代的'众'和'众人'即王族和多子族的族众。"④此说可从。《国语·周语上》引《夏书》:"众非元后,何戴?后非众,无与守邦。"⑤说的是王的权威有限,要依赖"众"治理国家。盘庚时期的"民"指有姓的人,即贵族,⑥故此时的民主也不是后世意义上的民主,而是统治阶级的民主。《盘庚》中篇"汝万民乃不生生"⑦,此处的"不"应训为"丕","生"应训为"姓"。甲骨卜辞常见"多生",即"多姓"⑧,此可为证。故这里的"万民"都是有"姓"的,即都是贵族,亦即都是统治阶级。以"姓"为纽带的"多生(姓)",自然指的就是商代的多个氏族(姓族)。所以,盘庚重民,实际上重的是各个氏族。盘庚的王权并非说一不二,他需要充分考虑氏族的态度。那么,氏族的态度究竟"重"到了什么程度呢?《盘庚》:"古我先后既劳乃祖乃父,汝共作我畜民。汝有戕则在乃心,我先后绥乃祖乃父;乃祖乃父乃断弃汝,不救乃死!""乃祖乃父丕乃告我高后曰:'作丕刑于朕孙!'""古我先王暨乃祖乃父胥及逸勤。"⑨盘庚多次用"乃祖乃父"吓唬不愿迁都的族众。他没有用先王,而是用"乃祖乃父",可见"乃祖乃父"在"民"

---

① 参见屈万里:《尚书今注今译》,上海:上海辞书出版社,2015年,第76页。
② 顾颉刚、刘起釪:《尚书校释译论》第2册,北京:中华书局,2005年,第904、923、927、930、939页。
③ 顾颉刚、刘起釪:《尚书校释译论》第2册,北京:中华书局,2005年,第919、927、947页。
④ 晁福林:《夏商西周的社会变迁》,北京:中国人民大学出版社,2010年,第250页。
⑤ 徐元诰撰,王树民、沈长云点校:《国语集解》,北京:中华书局,2002年,第32页。
⑥ 《史记·五帝本纪》:"黄帝二十五子,其得姓者十四人。"故唯贵族方能有姓,此为明证。[汉]司马迁撰,[南朝宋]裴骃集解,[唐]司马贞索隐,[唐]张守节正义:《史记》第1册,北京:中华书局,2014年,第11页。
⑦ 顾颉刚、刘起釪:《尚书校释译论》第2册,北京:中华书局,2005年,第912页。
⑧ 胡厚宣主编:《甲骨文合集释文》第3册24141、24142、27650,北京:中国社会科学出版社,1999年,第1206、1206、1373页。
⑨ 顾颉刚、刘起釪:《尚书校释译论》第2册,北京:中华书局,2005年,第914、944页。

"众"心中的地位是高于先王的。当时的氏族不一定畏惧先王、时王,但一定畏惧他们所在氏族的祖先。"古我先后既劳乃祖乃父""古我先王暨乃祖乃父"将"先后""先王"和"乃祖乃父"放在了平等的位置,体现了商初王权与族权一定程度的平等性。甚至还有"乃祖乃父丕乃告我高后"的情况,似乎前者在向后者发号施令。告,诰也,虽不一定是以上诰下,但族权可左右盘庚迁都之事是毋庸置疑的。

第二,《牧誓》《商誓》各族。《牧誓》:"王曰:'嗟!我有邦冢君、御事、司徒、司马、司空、亚旅、师氏、千夫长、百夫长,及庸、蜀、羌、髳、微、卢、彭、濮人,称尔戈,比尔干,立尔矛,予其誓。'"①《商誓》:"王若曰:'告尔伊旧何父□□□□几耿肃执,乃殷之旧官人序文□□□□及太史比、小史昔,及百官里居献民□□□,来尹师之敬诸戒,疾听朕言!用胥生蠲尹。'"《牧誓》《商誓》都有长串的宣誓对象或作诰对象。《牧誓》可分两个层次,第一层次是"有邦冢君、御事、司徒、司马、司空、亚旅、师氏、千夫长、百夫长",即附属国国君及各层级军政官员;第二层次是"庸、蜀、羌、髳、微、卢、彭、濮人",即追随武王的各个部族。《商誓》可分三个层次,第一层次是"几、耿、肃、执",即商之氏族②;第二层次"旧官人序文□□□□及太史比、小史昔",即商的旧官员;第三层次是"百官里居献民",即低级官员和小的氏族。从史事年代上看,《牧誓》略早于《商誓》,前者为伐纣前的动员之誓,后者为伐纣后的安抚之诰。然而,《牧誓》基于周的政治系统,而《商誓》基于商的政治系统。两相比较,可见氏族在商的地位是明显高于周的。换言之,周之氏族地位并非不高,而是周人把氏族首领称作"有邦冢君",并排在作誓的第一位。"庸、蜀、羌、髳"虽然也是氏族,但属于外族,并非周之嫡系,排在后面也情有可原。然而《商誓》之"几、耿、肃、执"则是商之嫡系,故排在最前。从"几、耿、肃、执"到"有邦冢君",我们可以看到商周氏族形式的嬗变。根据"庸、蜀、羌、髳"等外族,我们也可看出这种嬗变并非一蹴而就,周以后的氏族政治依然在非核心区域普遍存在着。对周人来说,以氏族为前身的"有邦冢君"的地

---

① 顾颉刚、刘起釪:《尚书校释译论》第 3 册,北京:中华书局,2005 年,第 1095 页。
② "几耿肃执"乃商之大氏族,详参本书第一章第三节。

位是最高的。对商人来说,"几、耿、肃、执"这样的大氏族地位是最高的。可见殷商"族权"之强盛,几乎是可以站在权力顶端的。①

第三,族兵制度。夏商军制以族兵制度为特征,《甘誓》:"用命,赏于祖;不用命,戮于社。予则孥戮汝。"②赏、戮皆在于祖、社,可见夏人以血亲祖先为大,而非以王权为大。一支军队的士兵有着共同的祖、社,可见他们都是"兄弟兵",即来自同一氏族的兵源。《甘誓》虽非夏人所作,但其反映史事应有所本。《汤誓》:"尔不从誓言,予则孥戮汝,罔有攸赦。"③《汤誓》的"予则孥戮汝"与《甘誓》同,屈万里:"孥戮,言并其子而杀之。"④此说可从。之所以"孥戮",或为父子同在军中,或为父亲出征时幼子在君王手中——君王以子胁父,以示威严。若为父子同在军中,则族兵之证明矣;若为幼子在君王手中,则军中士兵也应为同族,本来就共同生活在一起,否则君王哪能把那么多的婴孩收集齐全?故也是族兵。《左传·哀公元年》:"虞思于是妻之以二姚,而邑诸纶。有田一成,有众一旅。能布其德,而兆其谋,以收夏众,抚其官职。"⑤事在夏少康时。"有田一成,有众一旅"指耕战制度,这些部众并非后世意义上的职业军人,而是平时耕作、战时打仗的民兵。无论是生活、生产还是作战,他们都处在同一个单位。生产时,则这一成田的农民就是同一氏族;作战时,则这一旅的士兵也是同一氏族,即族兵。可见,"族"是生活、生产、作战的基本单位。这里的"族"与后世的诸侯国十分相似,只是政治系统的完善度和规模逊于诸侯国而已。王权虽然在政治上高于诸侯国国君的君权,但诸侯国对王权的掣肘与反噬也是在所难免的。以此类推,"有田一成,有众一旅"时期的氏族权力也是夏商政治系统的重要支柱。此外,"《国语·周语下》称牧野之战的周军为'六师',可见六师是以周族人为主的军

---

① 不过需要补充说明的是,《牧誓》《商誓》将"有邦冢君""几、耿、肃、执"排在最前面,并不能说明族权高于王权。武王作誓、邦君听誓,已足以说明王权高于族(邦)权。商亡之后,王室已隳,虽有武庚见封,亦不堪主事,故"几、耿、肃、执"被排在作诰的最前面也理所应当。
② 顾颉刚、刘起釪:《尚书校释译论》第2册,北京:中华书局,2005年,第854页。
③ 顾颉刚、刘起釪:《尚书校释译论》第2册,北京:中华书局,2005年,第884页。
④ 屈万里:《尚书今注今译》,上海:上海辞书出版社,2015年,第64页。
⑤ 杨伯峻编著:《春秋左传注》第6册,北京:中华书局,2016年,第1792页。

队。"与此不同的是"殷八师","殷八师应当是以整编商王朝的军队为主所组成的军队。"①《禹鼎》(夷王时期):"王乃命西六师、殷八师。""于匡朕肃慕,唯西六师、殷八师伐鄂侯驭方。"②西六师、殷八师的情况应与清代的满八旗、汉八旗相似,汉八旗相当于殷八师。这是一种特有的军事制度。汉族、满族是两千多年民族大融合的产物,归根到底也是融合后的巨大氏族。当氏族融合到了一定程度,便出现了后世意义上的民族。商族、周族的情况也一样,也是由多个小型的早期氏族组合成的大型氏族。"殷八师"以"族"为单位,正是殷商族权强盛的遗存,"西六师"则是周人对"殷八师"的仿品。

除此之外,还有关于伊尹的两则材料也可作为族权强盛的旁证。因其是否与族权有关尚不具有共识性,故列在后面仅做参考。

第一,成汤与伊尹的关系。清华简《尹诰》:"惟尹既及汤咸有一德。"③《吕氏春秋·慎大览》:"汤与伊尹盟,以示必灭夏。"④我们不应简单用后世的君臣关系来理解汤与伊尹的关系。咸有一德,体现的是对等关系,相当于"戮力同心",发生关系的双方应为盟友,而非上下级。盟,指的是集团与集团之间的协约。《春秋·隐公元年》:"三月,公及邾仪父盟于蔑。"⑤此鲁、邾之盟。《左传·桓公二年》:"公及戎盟于唐,修旧好也。"⑥此鲁、戎之盟。《左传·庄公九年》:"公及齐大夫盟于蔇,齐无君也。"⑦此鲁、齐之盟。值得注意的是,每次结盟的主语都是隐公、桓公、庄公,对象也是邾仪父、齐大夫,而不是"某国"。戎无君无父,也无大夫之职,故简称"公及戎盟",其实"戎"也指可以代表戎的某个人。在"公及齐大夫盟于蔇"句下,左氏还特别强调"齐无

---

① 晁福林:《夏商西周的社会变迁》,北京:中国人民大学出版社,2010年,第311页。另参徐元诰撰,王树民、沈长云点校:《国语集解》,北京:中华书局,2002年,第127页。
② 吴镇烽编著:《商周青铜器铭文暨图像集成》第5卷,上海:上海古籍出版社,2012年,第387页。
③ 清华大学出土文献研究与保护中心编,李学勤主编:《清华大学藏战国竹简(壹)》,上海:中西书局,2010年,第133页。
④ 许维遹撰:《吕氏春秋集释》下册,北京:中华书局,2009年,第355页。
⑤ 杨伯峻编著:《春秋左传注》第1册,北京:中华书局,2016年,第7页。
⑥ 杨伯峻编著:《春秋左传注》第1册,北京:中华书局,2016年,第98页。
⑦ 杨伯峻编著:《春秋左传注》第1册,北京:中华书局,2016年,第195页。

君也",意指这位齐大夫可以代表齐国。由此,我们可以明确"盟"的内涵:"盟"虽然是人与人之间的协约,但双方代表的都不是个人,而是所在的集体,并且"盟"的这个人有资格作为所在集体的代表。"汤与伊尹盟"的情况与此相同。虽然汤、伊尹存在主次关系,见《容成氏》"汤乃谋戒求贤,乃立伊尹以为佐"①,但伊尹并非孤身一人,他的麾下应有一个颇具规模的团体。参《史记·萧相国世家》,萧何全族投奔刘邦,②可以推测,伊尹投奔成汤时也应带了大量的族人。这个"族人"不同于后世所说的"一大家子",而是他所在的整个部落,并且部落的规模相当于一个小邦。我们可由汤的部落来反推伊尹的部落。《保训》:"昔微假中于河,以复有易,有易服厥罪。微无害,乃归中于河。微志弗忘,传贻子孙,至于成汤,祗服不解,用受大命。"③《史记·殷本纪》:"成汤,自契至汤八迁。"④成汤在伐桀前是一个政治军事集团的首领,这是毋庸置疑的。至于这个军事集团已经达到了周人理念中的"大邦殷",还只是一个部族,则另当别论。从商的社会性质来看,所谓的商国其实就是汤的部落及其追随者。能够与商结盟,并且"咸有一德",伊尹显然不可能是孤身一人,一定也有其部众。从部落联盟的社会形态来看,伊尹的部众应为以他为首领的氏族集团。伊尹氏族的规模或许小于成汤氏族,但在伐桀斗争的初期也是一支可以和成汤氏族享有平等政治地位的政治军事团体。

第二,伊尹放太甲。《史记·殷本纪》:"帝太甲既立三年,不明,暴虐,不遵汤法,乱德,于是伊尹放之于桐宫。三年,伊尹摄行政当国,以朝诸侯。帝

---

① 马承源主编:《上海博物馆藏战国楚竹书(二)》,上海:上海古籍出版社,2002年,第279页。
② 《史记·萧相国世家》:"高帝曰:'夫猎,追杀兽兔者狗也,而发踪指示兽处者人也。今诸君徒能得走兽耳,功狗也。至如萧何,发踪指示,功人也。且诸君独以身随我,多者两三人;今萧何举宗数十人皆随我,功不可忘也。'群臣皆莫敢言。"[汉]司马迁撰,[南朝宋]裴骃集解,[唐]司马贞索隐,[唐]张守节正义:《史记》第6册,北京:中华书局,2014年,第166—167页。
③ 清华大学出土文献研究与保护中心编,李学勤主编:《清华大学藏战国竹简(壹)》,上海:中西书局,2010年,第143页。
④ [汉]司马迁撰,[南朝宋]裴骃集解,[唐]司马贞索隐,[唐]张守节正义:《史记》第1册,北京:中华书局,2014年,第121页。

太甲居桐宫三年，悔过自责，反善，于是伊尹乃迎帝太甲而授之政。帝太甲修德，诸侯咸归殷，百姓以宁。伊尹嘉之，乃作《太甲训》三篇，褒帝太甲，称太宗。"①如果将伊尹放太甲之事简单理解为君权与相权的斗争，则属以后人之心臆测古人。参上引《容成氏》，伊尹虽为成汤之佐，但后世意义的宰相制度在当时是远未建立的。"盟""咸有一德"，都说明伐桀初期成汤和伊尹的关系并非君臣，而是盟友。伊尹去世后，伊尹氏族在商邦依然位高权重，伊陟拜相便是明证。《史记·殷本纪》："帝太戊立伊陟为相。"《集解》曰："孔安国曰：'伊陟，伊尹之子。'"②《竹书纪年》："(太甲)乃立其子伊陟、伊奋，命复其父之田宅而中分之。"③成汤至太戊已历五代，伊尹年岁至少应与汤子太丁相当，如果其晚年生子，其子伊陟也有可能活到太戊时期。即使伊陟非伊尹之子，或为其孙，或为其旁枝族人，亦不妨碍伊尹氏族的权势。所以，伊尹死后伊氏依然强势，这是确凿的。朱右曾在解读《度邑》"三百六十夫"时，虽采用"贤人说"，但他亦承认："其登用天民若伊、莱、甘、巫，可指名者甚众。"④既有名，则有氏，则非平民。伊、莱、甘、巫于个人而言是贤人，于政治力量而言则是与汤盟的大族。伊尹之所以能够流放太甲，不是因为相权大于君权，而是因为商在建国之初时王权并不能压制族权。太甲"不明，暴虐，不遵汤法，乱德"等劣行不过是伊尹放逐他的借口，放逐行为的实质则是族权对王权的反噬："仲壬崩，伊尹放太甲于桐而自立也。伊尹即位于太甲七年。"⑤后来"太甲潜出自桐，杀伊尹"⑥，则是王权对族权的一场胜利。然而，"杀伊尹"后的王权依然忌惮族权，不然就不会有"乃立其子伊陟、伊奋，命复其父之田宅

---

① [汉]司马迁撰，[南朝宋]裴骃集解，[唐]司马贞索隐，[唐]张守节正义：《史记》第 6 册，北京：中华书局，2014 年，第 2448 页。按：此说且存而不论，应为伪史，真实历史见下引《竹书纪年》。
② [汉]司马迁撰，[南朝宋]裴骃集解，[唐]司马贞索隐，[唐]张守节正义：《史记》第 1 册，北京：中华书局，2014 年，第 129、130 页。
③ 方诗铭、王修龄撰：《古本竹书纪年辑证》，上海：上海古籍出版社，2005 年，第 23 页。
④ [清]朱右曾：《逸周书集训校释》，清光绪十四年(1888)南菁书院刻《皇清经解续编》本，宋志英、晁岳佩选编：《〈逸周书〉研究文献辑刊》第 8 册，北京：国家图书馆出版社，2015 年，第 118 页。
⑤ 方诗铭、王修龄撰：《古本竹书纪年辑证》，上海：上海古籍出版社，2005 年，第 23 页。
⑥ 方诗铭、王修龄撰：《古本竹书纪年辑证》，上海：上海古籍出版社，2005 年，第 23 页。

而中分之"的后话。杀父用子在西周以前并不罕见,帝舜杀鲧用禹就是明证。按照后世常法,一旦臣子获死罪,其子孙要么满门抄斩,要么流放远地。帝舜、太甲杀鲧、伊尹之后依然重用其子,正是晁福林所说氏族封建社会的特有现象。因为王权需要依赖族权来治理国家,所以太甲在杀伊尹的同时不敢不继续任用伊尹氏族的成员。准确来说,这不是一种"任用",而是伊尹氏族在伊尹死后依然是执掌商邦大权的中坚力量之一。至于伊陟、伊奋为何不报杀父之仇,也应理解为莱、甘、巫等其他氏族的制衡,而非仅出于对王权的忌惮。

三、《度邑》"三百六十"个"族"的合理性

"族"的活跃与强盛是商代社会的标志之一,欲证《度邑》"三百六十"个"族"的合理性,需证商代"族"的数量是否能达到"三百六十"之多。白川静《殷の基础社会》曾罗列"商代青铜器铭文中的徽号",达 240 个之多。[1] 曾昭燏《中国古代铜器铭文与花纹》所列"徽识",更是达到 546 个。[2] 据王长丰《殷周金文族徽研究》,仅金文族徽,商周就有 2168 种。[3] 可见,《度邑》的"族"多达"三百六十"个,是完全可能的。

张光直认为"'图腾氏族'这一概念在很大程度上源自青铜铭文和甲骨文中大量出现的所谓'族徽'",并认为"组成城邑中人群的社会单位的氏族群至少有两方面的差异:一是他们属于不同的氏族,二是他们代表着不同的政治地位"[4]。白川静所列徽号有的彼此相似,有的彼此差异较大,可能也和各氏族间的亲疏远近或政治地位高低有关。通过这些徽号,我们至少可知商代氏族的数量之多、活跃度之高是毋庸置疑的。"三百六十"与"二百四十"相差不多,且实际情况相对于"二百四十"而言只多不少,故将《度邑》"名三百六十夫"理解为"三百六十个氏族"是合乎情理的。

在文献资料中,我们也可见殷商氏族的数量之多。其中最典型的就是

---

[1] 参见张光直:《商文明》,北京:生活·读书·新知三联书店,2019 年,第 173 页。
[2] 南京博物院编:《曾昭燏文集》,文物出版社,1999 年,第 58—71 页。
[3] 王长丰:《殷周金文族徽研究》下册,上海:上海古籍出版社,2015 年,第 329—635 页。
[4] 张光直:《商文明》,北京:生活·读书·新知三联书店,2019 年,第 172 页。

见载《左传》的殷民六族、殷民七族。《左传·定公四年》:"殷民六族,条氏、徐氏、萧氏、索氏、长勺氏、尾勺氏。"《左传·定公四年》:"殷民七族,陶氏、施氏、繁氏、锜氏、樊氏、饥氏、终葵氏。"①《商誓》"几耿肃执"也可与《左传》之记载互为印证。李学勤:"殷民六族、七族,是指商朝的一些世家贵族。《左传》于'六族'下称:'使帅其宗氏,辑其分族,将其类丑,以法则周公,用即命于周。是使之职事于鲁,以昭周公宣明德②。'显然是就六族的族长而言,与《商誓》所诰也相对应。"③从族名看,六族、七族互不重叠,可见殷民之族数远不止六个、七个,甚至也远不止十三个,而是不可尽数。甚至可以说,"族"是国家政权的主要组成形式,相当于后世的诸侯国,且其数量非常庞大。

《吕氏春秋·用民》:"当禹之时,天下万国,至于汤而三千余国。"《吕氏春秋·观世》:"此周之所封四百余,服国八百余。"④如果将这里的"国"视为氏族,那么其数量远超白川静的"二百四十",也远超《度邑》的"三百六十"。那么,先周的"国"可以等同于氏族吗?笔者认为可以,依据有以下三点:

第一,上古帝王最初就是以"氏"为单位进入人们视野的。《史记·五帝本纪》:"轩辕之时,神农氏世衰。""昔高阳氏有才子八人,世得其利,谓之'八恺'。高辛氏有才子八人,世谓之'八元'。此十六族者,世济其美,不陨其名。""昔帝鸿氏有不才子,掩义隐贼,好行凶慝,天下谓之浑沌。少暤氏有不才子,毁信恶忠,崇饰恶言,天下谓之穷奇。颛顼氏有不才子,不可教训,不知话言,天下谓之梼杌。此三族世忧之。""缙云氏有不才子,贪于饮食,冒于货贿,天下谓之饕餮。"⑤以上将神农、高阳、高辛、帝鸿、少暤、颛顼、缙云七位上古帝王所在部族称作神农氏、高阳氏、高辛氏、帝鸿氏、少暤氏、颛顼氏、缙云氏,可见当时没有"王权"的概念,"氏权"就是最高权力。与此同时,还强

---

① 杨伯峻编著:《春秋左传注》第 6 册,北京:中华书局,2016 年,第 1712、1714 页。
② 《左传》原文作:"以昭周公之明德。"参见杨伯峻编著:《春秋左传注》第 6 册,北京:中华书局,2016 年,第 1712—1713 页。
③ 李学勤:《释多君、多子》;胡厚宣主编:《甲骨文与殷商史》,上海:上海古籍出版社,1983 年,第 19—20 页。
④ 许维遹撰:《吕氏春秋集释》下册,北京:中华书局,2009 年,第 523、400 页。
⑤ [汉]司马迁撰,[南朝宋]裴骃集解,[唐]司马贞索隐,[唐]张守节正义:《史记》第 1 册,北京:中华书局,2014 年,第 4、42—43 页。

调了"十六族""三族",可见"氏"与"族"是直接对应的,一个"氏"生出八个儿子,然后八个儿子分化成八个"族"。"氏""族"连称,"氏"前"族"后,以父系血缘为纽带,形成贵族的权力网络。在这个时期,一"国"即为一"氏","氏"之首领即为"国"之首领。"氏"向下再分化为"族",各"族"以族长为首领,由上而下形成一套"氏—族"政权体系。所谓"昔高阳氏有才子八人",翻译成白话就是"高阳家有八个优秀的儿子"——我们可以把"高阳"当作复姓来看。一国一姓一氏,相当于现代的王村、李村,只不过古之"王村""李村"是相对独立的军政集团,故而我们也可把它们称作王部落、李部落,抑或王国、李国。《庄子·胠箧》:"子独不知至德之世乎?昔者容成氏、大庭氏、伯皇氏、中央氏、栗陆氏、骊畜氏、轩辕氏、赫胥氏、尊卢氏、祝融氏、伏牺氏、神农氏,当是时也,民结绳而用之。"①庄子所列十二个"氏",实际上也是十二个"国",准确来说,轩辕氏就是以轩辕为首领的军政集团,等价于上古的部落,也等价于后世的邦国。只不过当时没有国号之说,首领为轩辕,氏名即为轩辕氏。权力交接给轩辕之子辈,则由氏分族、氏大族小。

第二,夏代的"氏"等价于后世的"国"。《史记·五帝本纪》:"昌意娶蜀山氏女,曰昌仆。""帝喾娶陈锋氏女,生放勋。娶娵訾氏女,生挚。""孔甲不能食,未得豢龙氏。""孔甲赐之姓曰御龙氏,受豕韦之后。"②"夏后帝启,禹之子,其母涂山氏之女也。""有扈氏不服,启伐之,大战于甘。"③这里涉及的蜀山氏、陈锋氏、娵訾氏、豢龙氏、御龙氏、涂山氏都是"国",相当于蜀山国、陈锋国、娵訾国、豢龙国、御龙国、涂山国。孔甲赐姓御龙氏,实际上就是给这个人赐了一个封国,让他去做封国首领,并且这个封国以"御龙"为氏。"赐之姓曰御龙氏"更说明"姓""氏"可以通用,与后世意义上的"姓氏"并无本质

---

① [清]郭庆藩撰,王孝鱼点校:《庄子集释》中册,北京:中华书局,2012年,第366页。
② [汉]司马迁撰,[南朝宋]裴骃集解,[唐]司马贞索隐,[唐]张守节正义:《史记》第1册,北京:中华书局,2014年,第12、17、106页。
③ [汉]司马迁撰,[南朝宋]裴骃集解,[唐]司马贞索隐,[唐]张守节正义:《史记》第1册,北京:中华书局,2014年,第103—104页。

区别。《史记·夏本纪》:"夏后氏德衰,诸侯畔之。"①"氏"之大,乃至夏朝也不是"夏国",而是"夏后氏"。所以"夏朝"这个称呼只是为迎合后世习惯,实际上称之曰"夏后氏政权"更为合理。《史记·夏本纪》:"太史公曰:禹为姒姓,其后分封,用国为姓,故有夏后氏、有扈氏、有男氏、斟寻氏、彤城氏、褒氏、费氏、杞氏、缯氏、辛氏、冥氏、斟戈氏。"②实际上,夏代以"氏"为"国",太史公早有定论。只不过"分封"之说过于受后世影响,故产生争议。实际情况应为邦国林立、互不附属,夏后氏只是其中最强的邦国之一而已。

第三,东周时期可见氏族向国家的蜕变痕迹。严毅沉:"华夏族发展到春秋时代,较强大的部落只剩两个当过部落联盟主的晋国和齐国了。姬姓的晋国代表黄帝族,姜姓的齐国代表炎帝族。"③氏族、国家都是军政集团,前者以血缘为纽带,后者由前者演变而来。晋国由姬氏演变而来,齐国由姜氏演变而来,从源头说,前者本黄帝氏,而后者本炎帝氏。《白虎通》:"五霸者,何谓也?昆吾氏、大彭氏、豕韦氏、齐桓公、晋文公也。昔三王之道衰,而五霸存其政,率诸侯朝天子,正天下之化,兴复中国,攘除夷狄,故谓之霸也。昔昆吾氏,霸于夏者也。大彭、豕韦,霸于殷者也。齐桓、晋文,霸于周者也。"④《白虎通》将夏、殷、春秋的霸主相提并论,齐桓、晋文乃春秋之霸毋庸置疑,故昆吾相当于夏之齐桓、晋文,大彭、豕韦相当于殷之齐桓、晋文。这三个"氏"未能撼动夏、商之统治,但也曾雄霸一方。因此,昆吾氏相当于夏代的齐国、晋国,夏代以"氏"为"国"明矣。

此时再带回《度邑》"名三百六十夫"和《吕氏春秋》"当禹之时,天下万国,至于汤而三千余国""此周之所封四百余,服国八百余",我们发现,"三百六十"这个数字并不离谱。禹时有上万个氏族,汤时有三千个氏族,周初有"四百+八百"即一千两百个氏族,这符合氏族数量逐渐变少的规律,并且周

---

① [汉]司马迁撰,[南朝宋]裴骃集解,[唐]司马贞索隐,[唐]张守节正义:《史记》第1册,北京:中华书局,2014年,第106页。
② [汉]司马迁撰,[南朝宋]裴骃集解,[唐]司马贞索隐,[唐]张守节正义:《史记》第1册,北京:中华书局,2014年,第109页。
③ 严毅沉:《周代氏族制度》,哈尔滨:黑龙江人民出版社,2001年,前言第7页。
④ [清]陈立撰:《白虎通疏证》上册,北京:中华书局,1994年,第60—62页。

初的氏族逐渐完成了向"国"的蜕变。《度邑》说"维天建殷,厥征天民,名三百六十夫。弗顾,亦不宾灭,用戾于今",故"三百六十"的时间轴应放在商初。相对于"至于汤而三千余国"而言,"三千"里有相当数量的"服国"和无足轻重的"小国",故能称得上"名"的也就只有"三千"的十分之一强,故谓"名三百六十夫"。白川静列举的"二百四十个"族徽代表的二百四十个族不一定都在"名三百六十夫"之内,但殷商以氏族为基本单位的政权统治形式是毋庸置疑的。从文本解读的角度来看,将《度邑》"名三百六十夫"释作"三百六十位氏族的首领"是较为合理的,故晁福林之"氏族说"可从。至于前贤所论"贤人说",则较为牵强。

第五节 《皇门》中"王"的史事背景

一、史事背景的两个层次

《皇门》的史事背景可分为两个层次:第一层次是周公在皇门作诰这一历史事件发生时的背景;第二层次是篇中周公口述内容涉及的历史事件背景。第一层次的史事背景常是讨论的焦点,卢文弨注:"此诰在成王元年,见《竹书》。"周宝宏注:"正月庚午,指成王元年正月二十二日。"[1]黄怀信注:"正月,成王元年。"[2]旁参今本《竹书纪年》:"元年丁酉春正月,王即位,命冢宰周文公总百官。庚午,周公诰诸侯于皇门。"[3]以上说法认为周公会群臣于皇门之年即成王元年,亦即周公摄政元年。不过也有不同说法,如刘师培:"此篇系于《作雒解》后,当作于成王即政元年,即周公摄政第八年。"[4]王连龙:"《皇门》是周公致政后的第一次训诰,时间在周公摄政五年后,也就是成王即政

---

[1] 周宝宏:《〈逸周书〉考释》,北京:社会科学文献出版社,2001年,第197页。
[2] 黄怀信:《逸周书校补注译》,西安:三秦出版社,2006年,第239页。
[3] 王国维撰,黄永年校点:《今本竹书纪年疏证》,沈阳:辽宁教育出版社,1997年,第81页。
[4] 刘师培撰:《周书补正》,民国间(1912—1949)宁武南氏铅印本,宋志英、晁岳佩选编:《〈逸周书〉研究文献辑刊》第9册,北京:国家图书馆出版社,2015年,第451页。

元年的正月庚午。"①此即"归政成王说"。陈逢衡:"此篇盖为流言初起而发,前假言大门宗子势臣,后假言家相厥室,皆暗指管叔及群弟。"②陈逢衡"大门宗子势臣"下注:"大门宗子势臣,即暗指三叔。"③郭伟川:"本篇叙述周公接获管、蔡、霍三监勾结武庚作乱之讯息,乃急临朝,会群臣于闳门时所说的一番话。"④李均明:"竹简本《皇门》下段述历史教训中,揭示恶臣、媚臣的各种表现及其对国家的危害。述由于用人不当,阻塞任贤之路,从而造成政局混乱的恶果。实喻周初管、蔡及武庚反叛前后之教训,企图澄清人们对时局之模糊认识,纠正诸侯离经叛道的倾向。"⑤王向辉:"主旨应是刚建立的周朝面对管蔡之乱,周公告诫群臣应与王庭保持一致,保持舆情畅通、共同面对危局的政治心声。"⑥此即认为皇门作训的背景与管蔡之乱有关,或在其前,或在其后。还有模糊化处理,如朱凤瀚:"只将《皇门》所展现的历史作为周公摄政七年期间发生的事,则实际上也已经是较具体了。"⑦关于第一层次史事背景的种种歧论,本节暂不详论。宽泛来说,其争议基本不会超出周公摄政的七年期间,最多延至第八年。本节将重点考论第二层次的史事背景。

　　学界对第二层次史事背景的集中讨论相对较少,但我们从学者的只言片语中也可见其观点。《皇门》周公口述部分内容的史事所指,或指向商代,潘振注:"此下五节,言成汤之事。"⑧或认为泛指夏商,陈逢衡:"在昔有国誓

---

① 王连龙:《〈逸周书〉研究》,北京:社会科学文献出版社,2010年,第156—157页。
② [晋]孔晁注,[清]陈逢衡补注:《逸周书补注》,清道光五年(1825)刻本,宋志英、晁岳佩选编:《〈逸周书〉研究文献辑刊》第3册,北京:国家图书馆出版社,2015年,第498—499页。
③ [晋]孔晁注,[清]陈逢衡补注:《逸周书补注》,清道光五年(1825)刻本,宋志英、晁岳佩选编:《〈逸周书〉研究文献辑刊》第3册,北京:国家图书馆出版社,2015年,第504页。
④ 郭伟川:《周公称王考——〈尚书·周书〉与〈逸周书〉新探》,《两周史论》,北京:北京图书馆出版社,2006年,第72页。
⑤ 李均明:《清华简〈皇门〉之君臣观》,《中国史研究》2011年第1期,第59—66页。
⑥ 王向辉:《清华简〈皇门〉篇主旨新读》,《宝鸡文理学院学报(社会科学版)》2012年第32卷第5期,第32—36页。
⑦ 朱凤瀚:《读清华楚简〈皇门〉》;清华大学出土文献研究与保护中心编:《清华简研究(第一辑):清华大学藏战国竹简(壹)国际学术研讨会论文集》,上海:中西书局,2012年,第202页。
⑧ [清]潘振注:《周书解义》,清嘉庆间(1796—1820)刻本,宋志英、晁岳佩选编:《〈逸周书〉研究文献辑刊》第2册,北京:国家图书馆出版社,2015年,第81页。

王,古我夏先后与殷先哲王也。"①唐大沛"至于厥后嗣"句下注:"夏商季世。"②牛鸿恩论"至于厥后嗣"章旨:"周公以夏商教训,警示后人。"③朱凤瀚:"周公召集群臣,告诫他们要吸取夏、商末世亡国之教训。"④或依正文不确指,如孔晁、卢文弨、丁宗洛、王念孙、朱右曾、孙诒让、刘师培及当代学者张闻玉、周宝宏、黄怀信等,都没有明确说明史事对应关系。⑤

笔者认为,要想推论第二层次的史事背景,需从两个方面入手:第一,西周时人谈论夏商的传统。第二,篇中"王"的身份蠡测。

二、西周谈夏商的传统

西周时人谈史必夏商。从现存文献情况看,西周文献中可见最古老的

---

① [晋]孔晁注,[清]陈逢衡补注:《逸周书补注》,清道光五年(1825)刻本,宋志英、晁岳佩选编:《〈逸周书〉研究文献辑刊》第3册,北京:国家图书馆出版社,2015年,第503页。
② [清]唐大沛撰:《逸周书分编句释》,清道光十六年(1836)著者手定底稿本,宋志英、晁岳佩选编:《〈逸周书〉研究文献辑刊》第7册,北京:国家图书馆出版社,2015年,第75页。
③ 牛鸿恩注译:《新译逸周书》,台北:三民书局,2015年,第382页。
④ 朱凤瀚:《读清华楚简〈皇门〉》,清华大学出土文献研究与保护中心编:《清华简研究(第一辑):清华大学藏战国竹简(壹)国际学术研讨会论文集》,上海:中西书局,2012年,第202页。
⑤ 参见[晋]孔晁注,[清]卢文弨校:《逸周书》,清乾隆五十一年(1786)余姚卢氏抱经堂刻本,宋志英、晁岳佩选编:《〈逸周书〉研究文献辑刊》第1册,北京:国家图书馆出版社,2015年,第170—176页。[晋]孔晁注,[清]丁宗洛笺:《逸周书管笺》,清道光十年(1830)济宁海康丁宗洛迁园刻本,宋志英、晁岳佩选编:《〈逸周书〉研究文献辑刊》第6册,北京:国家图书馆出版社,2015年,第148—154页。[清]王念孙撰:《逸周书杂志》,清同治九年(1870)金陵书局刻本,宋志英、晁岳佩选编:《〈逸周书〉研究文献辑刊》第7册,北京:国家图书馆出版社,2015年,第553—560页。[清]朱右曾撰:《逸周书集训校释》,清光绪十四年(1888)南菁书院刻《皇清经解续编》本,宋志英、晁岳佩选编:《〈逸周书〉研究文献辑刊》第8册,北京:国家图书馆出版社,2015年,第131—135页。[清]孙诒让撰:《周书斠补》,清光绪二十六年(1900)里安孙氏刻本,宋志英、晁岳佩选编:《〈逸周书〉研究文献辑刊》第8册,北京:国家图书馆出版社,2015年,第433—435页。刘师培撰:《周书补正》,民国间(1912—1949)宁武南氏铅印本,宋志英、晁岳佩选编:《〈逸周书〉研究文献辑刊》第9册,北京:国家图书馆出版社,2015年,第451—453页。张闻玉译注:《逸周书全译》,贵阳:贵州人民出版社,2000年,第196—201页。周宝宏:《〈逸周书〉考释》,北京:社会科学文献出版社,2001年,第149—152页。黄怀信:《逸周书校补注译》,西安:三秦出版社,2006年,第239—243页。

历史人物是大禹;至于尧舜,则见诸东周①。清华简《保训》虽言及尧舜②,但其为东周文献亦是学界共识③。

西周人谈夏商,除《牧誓》④《克殷》《世俘》等直接记叙当下涉商事件外,皆为议论之辞。对夏来说,议论等于述古;对殷商来说,凡克商战役后所发,议论亦皆等于述古。

周人谈论夏商的内容,至少可分为五类。第一类,笼统且明确地提出要以夏商为鉴,吸取夏商败亡的教训。《召诰》:"我不可不监于有夏,亦不可不监于有殷。"⑤《祭公》:"监于夏商之既败,丕则无遗后难,至于万亿年,守序终之。"清华简《芮良夫毖》:"民之残矣,而惟帝为王。彼人不敬,不鉴于夏商。"⑥此类文本的关键词皆为"监(鉴)"之于"夏""商(殷)",且将夏商作为负面的参照对象。第二类,从"失天命"的角度谈夏商的败亡,以给予周人警示

---

① 顾颉刚:"东周的初年只有禹,是从《诗经》上可以推知的;东周的末年更有尧舜,是从《论语》上可以看到的。"参见顾颉刚:《与钱玄同先生论古史书》;顾颉刚编著:《古史辨》第1册,海口:海南出版社,2005年,第78页。豳公盨(西周中期):"天命禹敷土,堕山濬川。"参见吴镇烽编著:《商周青铜器铭文暨图像集成》第12卷,上海:上海古籍出版社,2012年,第456页。按:由豳公盨铭文知,最晚至西周中期,时人已知大禹。
② 《保训》:"昔舜旧作小人,亲耕于历丘……舜既得中,言不易实变名……帝尧嘉之,用授厥绪。"参见清华大学出土文献研究与保护中心编,李学勤主编:《清华大学藏战国竹简(壹)》,上海:中西书局,2010年,第143页。
③ 黄怀信:"《保训》部分文字有可能出于实录,但全文或经后人改写润饰。改写润饰的时代,应在春秋早中期。"参见黄怀信:《清华简〈保训〉篇的性质、时代及真伪》,《历史文献研究》第29辑(2010年),第133—136页。杜勇:"从《保训》所反映的语言现象、阴阳观念、中道思想看,都有春秋以后的时代印记,似可认为它同《文传》一样,并不是史官实录的真正的周文王遗言,而是战国前期假借文王名义的托古言事之作。"参见杜勇:《清华简与古史探赜》,北京:科学出版社,2018年,第88页。
④ 刘起釪:"《牧誓》这篇文件,它的原本虽是周武王在宣誓式的军事舞蹈典礼上的讲话纪录,由于流传中受到了东周影响,在虚词方面改用了一些春秋时习用的词汇、语法以及较晚的句法,遂使文件琅琅可诵,成了一篇有东周风格的文章。"顾颉刚、刘起釪:《尚书校释译论》第3册,北京:中华书局,2005年,第1142页。按:从原始底本看,《牧誓》是西周文献;但从具体词汇语法看,《牧誓》具有明显的东周色彩。既然我们现在讨论的是史事层面,那么可姑且把《牧誓》算作西周文献。
⑤ 顾颉刚、刘起釪:《尚书校释译论》第3册,北京:中华书局,2005年,第1441页。
⑥ 清华大学出土文献研究与保护中心编,李学勤主编:《清华大学藏战国竹简(叁)》,上海:中西书局,2012年,第145页。

或借以强调天命在周。"天命"虽带有神秘主义色彩,但"失天命"的惩戒源自人间的恶行。《大诰》:"天惟丧殷。"《酒诰》:"故天降丧于殷,罔爱于殷,惟逸。""今惟殷坠厥命,我其可不大监抚于时!"《召诰》:"皇天上帝改厥元子,兹大国殷之命。""天既遐终大邦殷之命,兹殷多先哲王在天。""相古先民有夏,天迪从子保;面稽天若,今时既坠厥命。今相有殷,天迪格保;面稽天若,今时既坠厥命。""我不敢知曰有殷受天命惟有历年,我不敢知曰不其延,惟不敬厥德乃早坠厥命。""上下勤恤,其曰:'我受天命,丕若有夏历年,式勿替有殷历年!欲王以小民受天永命!"《君奭》:"弗吊,天降丧于殷。殷既坠厥命,我有周既受。"①《多方》:"诰告尔多方,非天庸释有夏,非天庸释有殷,乃惟尔辟以尔多方大淫,图天之命,屑有辞。乃惟有夏,图厥政,不集于享;天降时丧,有邦间之。"②《度邑》:"惟天不享于殷。"此类文本的数量较多,反复强调的关键词是"天命",体现的是周人的天命观。周人敬"天"、敬"天命",将夏商之败亡归咎于天命之不顾,并以此强调周人守护邦家的重心在于守护天命。第三类,以"殷先哲王"为正面的榜样,希望周人效法学习。《康诰》:"往敷求于殷先哲王,用保乂民;汝丕远惟商耇成人,宅心知训。""我时其惟殷先哲王德用康乂民作求。"《酒诰》:"在昔殷先哲王,迪畏天显小民,经德秉哲。"将商代先王称作"先哲王",本身就带有褒美之意。以"用保乂民""用康乂民""显小民"等夸赞之,则体现的是周人对商代先王爱民之德政的充分肯定。周人虽与末代商王势如水火,但对"殷先哲王"始终保持着正面的评价。这种正面评价一方面是为了笼络殷民之心,另一方面也是因为周人先辈与殷商民族素有不可分割的关系。第四类,声讨夏商的罪行。《酒诰》:"〔辜〕在商邑越殷国灭无罹。"《无逸》:"无若殷王受之迷乱,酗于酒德哉!"③《多方》:"有夏诞厥逸,不肯戚言于民,乃大淫昏,不克终日劝于帝之迪。乃尔攸闻。厥图帝之命,不克开于民之丽,乃大降罚,崇乱有夏因甲于

---

① 顾颉刚、刘起釪:《尚书校释译论》第 3 册,北京:中华书局,2005 年,第 1409、1434、1438、1441—1442、1553 页。
② 顾颉刚、刘起釪:《尚书校释译论》第 4 册,北京:中华书局,2005 年,第 1610—1611 页。
③ 顾颉刚、刘起釪:《尚书校释译论》第 3 册,北京:中华书局,2005 年,第 1309、1348、1403、1407、1539 页。

内乱。""惟夏之恭多士,大不克明保享于民。乃胥惟虐于民,至于百为,大不克开。""乃惟尔商后王,逸厥逸,图厥政,不蠲烝,天惟降时丧。"①此类文本的针对对象较为明确,即为昏聩的夏、商君王,受指责的行为也主要指向"荒政"或"虐民之政"。从中反映的是周人对昏君、荒政的理解以及周人自身将"民"置于中心地位的执政思想。第五类,以"有夏"自居,以间接表示对夏的推崇。《君奭》:"惟文王尚克修和我有夏。"②《立政》:"帝钦罚之,乃伻我有夏,式商受命,奄甸万姓。"③夏,有正统之意。周人以"夏"自称,渊源有自。这种用法不一定与族属间的血缘亲疏直接相关,而应类似于唐人以"汉家"自指,体现的是对前代王朝的尊崇。

如上文所述,《皇门》的第一层次史事背景虽有争议,但不会超出周公摄政的七年,最多延至第八年。站在这个时间节点看商代,其述古性质可谓与以上所引诸"书"相同。此时虽距商亡不久,包括周公在内的时人也都在世,但商事毕竟已是故事,与《牧誓》《克殷》《世俘》等篇所在视角不同;夏事则毋庸置疑亦是故事。《皇门》的第二层次史事背景虽然指向不明,但可以确定的是,它不可能是对未来的预言,只能是对故事的讲述——"我闻在昔"即是明证。奇怪的是,如此乐于以夏商为鉴的周公等西周时人为什么在《皇门》中只字不提夏与商,是另有所指,还是有所避讳? 如果另有所指,为何不明说"有国誓王"是哪个王? 如果有所避讳,为何其他"书"篇不避讳,偏偏《皇门》避讳? 如果按照上文所说周人"谈史必夏商"的传统(现存西周文献可见最古之人乃大禹,见上文),《皇门》"我闻在昔有国誓王"的"王"不应有争议,只能指向夏商二代——这也是为什么潘振、陈逢衡、唐大沛等人直接以夏商事为《皇门》作注(见上引),但是若以《皇门》文本为本位,我们似乎并不能得出这样的结论。

三、"王"的身份蠡测

《皇门》篇中最重要的角色毫无疑问是"王"。欲知《皇门》第二层次的史

---

① 顾颉刚、刘起釪:《尚书校释译论》第4册,北京:中华书局,2005年,第1610—1611页。
② 顾颉刚、刘起釪:《尚书校释译论》第3册,北京:中华书局,2005年,第1573页。
③ 顾颉刚、刘起釪:《尚书校释译论》第4册,北京:中华书局,2005年,第1666页。

事背景,最关键之处就是弄清《皇门》中每一个"王"分别对应的是谁。

为方便下文论述,兹列《皇门》全文如下并将"王"标序:

维正月庚午,周公格左闳门,会群门。曰:呜呼!下邑小国,克有耇老,据屏位,建沈人,罔不用明刑。维其开告于予嘉德之说。命我辟王(1),小至于大。我闻在昔,有国誓王(2)之不绥于恤,乃维其有大门宗子势臣,罔不茂扬肃德,讫亦有孚。以助厥辟,勤王(3)国王(4)家。乃方求论择元圣武夫,羞于王(5)所。其善臣以至于有分私子,苟克有常,罔不允通,咸献言在于王(6)所。人斯是助,王(7)恭明祀,敷明刑。王(8)用有监,明宪朕命,用克和有成,用能承天嘏命。百姓兆民用,罔不茂在王(9)庭。先用有劝,永有□于上下。人斯既助,厥勤劳王(10)家。先人神祇,报职用休,俾嗣在厥家。王(11)国用宁,小人用格,□能稼穑,咸祀天神。戎兵克慎,军用克多。王(12)用奄有四邻,远士丕承,万子孙末,被先王(13)之灵光。至于厥后嗣,弗见先王(14)之明刑,维时及胥学于非夷。以家相厥室,弗恤王(15)国王(16)家,维德是用。以昏求臣,作威不详,不屑惠听无辜之乱辞,是羞于王(17)。王(18)阜良,乃惟不顺之言。于是人斯乃非维直以应,维作诬以对,俾无依无助。譬若畋,犬骄用逐禽,其犹不克有获。是人斯乃逸贼媢嫉,以不利于厥家国。譬若匹夫之有婚妻,曰:'予独服在寝。'以自露厥家。媢夫有迩无远,乃食盖善夫,俾莫通在于王(19)所。乃维有奉狂夫,是阳是绳,是以为上,是授司事于正长。命用迷乱,狱用无成,小民率穑。保用无用,寿亡以嗣,天用弗保。媢夫先受殄罚,国亦不宁。呜呼!敬哉!监于兹,朕维其及。朕荩臣夫,明尔德,以助予一人忧。无维乃身之暴,皆恤尔。假予德宪,资告予元。譬若众畋,常扶予险,乃而予于济。汝无作!(《皇门》)

《皇门》全文一共有 19 个"王"。(1)"命我辟王,小至于大。"清华简:"今我譬小于大。"按清华简书法,此"王"字很可能是衍文。若按衍文,则此

"王"不需解。若非衍文,按传世本,则"王"在"我闻在昔"前,是"我"的"王",与"辟"同义重复,只能指成王。(2)"我闻在昔,有国誓王之不绥于恤。"清华简:"我闻昔在二有国之哲王则不恐于恤。"传本"有国誓王"和简本"有国之哲王"没有本质区别。"誓"本字"哲",即"有国哲王",指的是执掌国家的"王"。简本比传本多一"二"字,似有所确指,有"两位王"或"两朝王"的意思。"二"后的"王"应是人尽皆知的对象。把"二有国之哲王"对应夏商两代的哲王,具有很大的合理性。但是,我们依然不能排除"二"指的是两位王,抑或是衍文的可能性。毕竟"二"字易衍。(3)(4)"以助厥辟,勤王国王家。"清华简:"以助厥辟,勤恤王邦王家。"传本避高祖讳,与简本同。"王"有邦家,三代如是,不说明问题。(5)(6)"王所。"简本同。指王的地方。(7)"王恭明祀,敷明刑。"简本同。此处"王"的形象非常正面,是学习效法的对象。(8)"王用有监,明宪朕命,用克和有成,用能承天嘏命。"清华简:"王用有监,多宪政命,用克和有成,王用能承天之鲁命。"简本比传本多一"王"字,但不影响句意。"明""名"互通,"政""朕"音类。这里的"王"是承天命之王,高大伟岸。(9)"罔不茂在王庭。"清华简:"无不扰比在王廷。"人口聚集,政通人和。明君之象。(10)"王家。"清华简:"王邦王家。"不说明问题。(11)"王国用宁,小人用格,□能稼穑。"清华简:"王邦用宁,小民用假能稼穑。"民众生产积极,邦家欣欣向荣。此亦明君之象。(12)(13)"王用奄有四邻,远士丕承,万子孙用末,被先王之灵光。"清华简:"王用能奄有四邻,远土丕承,子孙用末被先王之耿光。"传本简本虽有异文,但大致句意同。"士""土"之异不影响释读,无论远方的人归王所有还是远方的土地归王所有,都意指王的疆域之广、人众之多。"用末"指的是子孙只需要继承先王伟业的零头,就已经非常阔绰了。这里"王"的形象并非小邦之君。这句话也是《皇门》全篇的分野,该句及之前的"王"都是正面形象,该句之后的"王"都是负面形象。(14)"至于厥后嗣,弗见先王之明刑。"清华简:"至于厥后嗣立王,乃弗肯用先王之明刑。"简本比传本多一"王"字。从这句起,出现了时间转换,由"先王"进入"后嗣"。该句可以和上文"我闻在昔"对应,再一次证明周公说的事情都是故事,而非时事,更不是预言。(15)(16)"王国王家。"清华简:"王邦王家。"不说明问题。(17)"是羞于王。"简本无该句。若无,不需谈;若有,也不说明问题。(18)"王阜良,乃惟不顺之言,于是人斯乃非维直以应。"清华简:"乃惟不顺是治。我王访良言于是人,斯乃非休德以应。"传本简本此处差异较大,若以简本为是,则传本有错简。按传本理解,王德良善,只是被奸臣蒙蔽而已。按简本理解,未言王德如何,只说王访求不到良言。看句意,传本简本差异不大,但传本更强调了王德之善。(19)"王所。"简本同。不说明问题。①

综合以上对19个"王"的整理,我们现在可以对《皇门》中"王"的对应关系作出结论。除开篇的"王"是我王成王外,后面的"王"可以分为两大类,即先王、后王。《皇门》全篇采用的是二分法,凡是先王,即正面形象;凡是后王,即负面形象。除"王阜良"②的"王"之外,不存在例外。"王"的形象好坏不是我们考察的重点,我们关注的是《皇门》篇中的"王"具有哪些政治标签:第一,执掌国家政权,如周公摄政期间的成王,即不在此列;第二,拥有祭祀的权力;第三,拥有制定、履行刑罚的权力;第四,"承天命",即必须是王,不能是公、侯、伯;第五,有邦、有家、有朝廷;第六,疆域广阔,富有四海;第七,世袭制,传位于子孙;第八,有一套较为完善的官僚制度。

除第六点外,其余七点均可以指任一邦国的任一邦君③。所以说,第六点是我们蠡测"王"的身份的关键。第六点的出处正是"王用奄有四邻,远土丕承,万子孙用末,被先王之灵光"(清华简:"王用能奄有四邻,远土丕承,子孙用末被先王之耿光。"④)这句话。从史实层面说,夏商时期邦国林立,大邦与小邦之间更似联盟关系,而非君臣关系。纵使夏国、商国会体现出天下共主的气象,那也是西周时人的夸大之词,并不能说明夏后、商王真正具备君临天下的中央集权能力。既然不存在天下共主,又何来"王用奄有四邻,远

---

① 清华大学出土文献研究与保护中心编,李学勤主编:《清华大学藏战国竹简(壹)》,上海:中西书局,2010年,第164页。
② 本书第一章第五节讨论过"王阜良"的问题,"王阜良"训为"王大善"(孔晁注)的可能性较低。
③ "王"这个称呼在当时并不稀有,夏商或至少商时的"王"像战国时的"王"一样遍地都是,所以"承天命"这一点不能说明问题。
④ 清华大学出土文献研究与保护中心编,李学勤主编:《清华大学藏战国竹简(壹)》,上海:中西书局,2010年,第164页。

士丕承,万子孙用末,被先王之灵光"之说呢? 笔者认为,"奄有四邻,远土丕承"虽然指的不是天下共主,但一定是大邦之君。夏商时期虽然邦国林立,但有少数几个邦国对其他邦国具有碾压式的优势。这就好比春秋时期的秦、晋、齐、楚,相比于周边国家而言是赫赫大邦。夏国、商国就是夏代、商代最典型的大邦代表,因此后人以夏、商冠名这两个时期。对于大邦之君而言,他的疆域极为辽阔,完全可以用"远土丕承"来形容。按我们的习惯性思维,"四邻"应解释为东夷、西戎、北狄、南蛮。但换一种思维,将"四邻"解释为其他华夏邦国也未为不可,如春秋时晋国就可以把秦国、郑国等接壤的国家称作"四邻"。

既然"王"指的是夏商时期的大邦之君,那是否可以直接和夏后、商王相对应呢? 从某种程度上说,以夏后、商王为代表,是完全合理的。但是夏朝时的大邦不止有夏,商朝时的大邦也不止有商,周公作诰时既然没有点名夏商二邦,其实就是在强调"有国哲王"和"后嗣"的贤明与昏庸不局限于夏后、商王,而是可以普及到有史以来的一切大邦之君。周公作诰时的周国和古时的大邦非常相似,虽然强如秦楚,但依然不能算作天下共主。周公要想稳定周政权并且通过封建来实现"天下共主"的政治理想,还有很长的路要走。当时成王尚幼,殷商遗民随时有可能反扑,再加上《皇门》第一层次的史事背景可能和管蔡之乱有关,当时的周邦可谓危机重重、风雨飘摇。这时的周邦不仅不是天下共主,甚至连夏商时期夏国、商国那样的大宗地位都难以维持。这意味着,周邦暂时还不能以天下共主自居,而是只能以大邦自居。另外,周公摄政之前的任何一个历史时期都不曾出现过真正的"天下共主",即使他想借鉴前代的天下共主,也求师无门。所以,在这种情况下,以古之大邦为效法对象应是最合理的选择。

以古之一切大邦为效法对象,这样的格局是大于单纯以夏商之君为效法对象的。这体现的是周公等周人的政治野心,他们不仅想重现大禹、成汤那样的大邦盛世,更想建立一个拥有全新政治制度的大邦周。从周公制礼作乐及实际对后世的影响来看,这样的政治抱负是实现了的。

我们现对《皇门》的史事背景做一总结。《皇门》第二层次史事背景的主人公"王"指的是西周之前的一切大邦之君。虽然西周时人有谈论夏商历史的传统,夏后、商王也可以作为夏商时期大邦之君的代表,但《皇门》的"王"不能直接和夏后、商王画等号。周公故意用泛称的"王"代替夏商之君,至少有以下几点考虑:第一,从其他"书"类文献来看,周人以夏商为鉴的次数繁多,当时人可能已经疲于听夏商故事。周公也不愿再重复夏商故事,于是用笼统的概念替代之。第二,历史具有复杂性。虽然夏商都经历了由盛而衰的过程,但由盛而衰不是直线下降的,政治清明的程度与国家盛衰也不能完全对等。为了更凝练地表达自己的观点,周公没有具体举例夏商,而是选用规律性的语言代替之。第三,夏商两代的政治特征就是方国林立,这与秦之后的专制君臣秩序有本质的不同。在这种政治背景下,其他方国的"君"是作为"外者"存在的,其称君称王也完全不影响夏商的大宗地位。在历史的长河中,有众多的大邦兴盛衰亡,它们都可以"外者"的身份作为周的借鉴对象。

第六节 《祭公》的"顾命"体特征——兼谈《顾命》《保训》

《祭公》是一篇典型的"顾命"体文献,简本篇名也作《祭公之顾命》,含"顾命"二字。顾命的主人公是祭公谋父,时代属穆王时期。在《尚书》《逸周书》、清华简"书"类文献中,可称作"顾命体"的文献有三篇:《尚书·顾命》、《逸周书·祭公》、清华简《保训》。本节主要任务有四:第一,以《顾命》(前半部分)为参考标准,归纳《祭公》的顾命体特征。第二,按史事年代将《保训》(文王)、《顾命》(成王)、《祭公》(穆王)排序,比较各时期顾命的异同。第三,将《祭公》与《顾命》《保训》对比,比较西周君臣顾命的差异。第四,探讨《祭公》对"顾命"体的意义。

《顾命》篇幅千余字,但重点在康王登基部分,属"成王顾命"的篇幅不长,兹列如下:

惟四月哉生魄,王不怿。甲子,王乃洮颒水,相被冕服,凭玉几。乃同召太保奭、芮伯、彤伯、毕公、卫侯、毛公、师氏、虎臣、百尹、御事。王曰："呜呼！疾大渐，惟几，病日臻，既弥留，恐不获誓言嗣，兹予审训命汝，昔君文王、武王，宣重光，奠丽陈教，则肄肄不违，用克达殷，集大命。在后之侗，敬迓天威，嗣守文武大训，无敢昏逾。今天降疾，殆弗兴弗悟，尔尚明时朕言，用敬保元子钊，弘济于艰难，柔远能迩，安劝小大庶邦，思夫人自乱于威仪，尔无以钊冒贡于非几。"兹既受命，还，出缀衣于庭。越翼日乙丑，王崩。①（《顾命》"王崩"前部分）

为方便下文参照，现将清华简《保训》全文列于下：

佳王五十年，不豫。王念日之多歷，恐坠宝训。戊子自瀆水。己丑昧[爽]□□□□□□□□□。[王]若曰："发，朕疾壹甚，恐不汝及训。昔前人传宝，必受之以詞。今朕疾允病，恐弗堪终。汝以书受之。钦哉！勿淫！昔舜旧作小人，亲耕于历丘，恐求中。自稽厥志，不违于庶万姓之多欲。厥有施于上下远迩，乃易位设稽，测阴阳之物，咸顺不逆。舜既得中，言不易实变名，身兹备，佳允。翼翼不解，用作三降之德。帝尧嘉之，用授厥绪。呜呼，祗之哉！昔微假中于河，以复有易，有易服厥罪。微无害，乃归中于河。微志弗忘，传贻子孙，至于成汤，祗服不解，用受大命。呜呼！发，敬哉！朕闻兹不久，命未有所延，今汝祗服毋解，其有所由矣，不及尔身受大命，敬哉！毋淫！日不足佳宿不详。"②（《保训》）

《逸周书·祭公》、清华简《祭公之顾命》兹不赘列全文，详见附录二。

---

① 顾颉刚、刘起釪：《尚书校释译论》第4册，北京：中华书局，2005年，第1712页。本节下文所引《顾命》皆出于此，不再出注。
② 清华大学出土文献研究与保护中心编，李学勤主编：《清华大学藏战国竹简（壹）》，上海：中西书局，2010年，第143页。本节下文所引《保训》皆出于此，不再出注。

一、《祭公》与《尚书·顾命》

《尚书》分六体,典、谟、训、诰、誓、命,《顾命》属"命"。将"命"进一步细分,以《顾命》为宗,"书"类文献中的"顾命"体还可自成一类——这是跳出"六体"之外的。《祭公》,就是《逸周书》中顾命体文献的典型。现在我们以《尚书·顾命》为参考标准,可归纳《祭公》至少三点"顾命"体特征。

第一,强烈的抒情。《尚书》本身带有明显的记言性质,君臣问答、当众演讲,占据了"六体"的大部分。"书"类文献的文本研究,重点也是人物话语研究。在人物话语中,特征最鲜明的一类当属抒情类话语。抒情类话语虽非"顾命"体特有,但在"顾命"体的人物话语中占据了相当的分量。与"诰"的煽动人心不同,"顾命"体的抒情是真情实感的爆发,而"诰"的抒情只是演讲技巧的呈现。当然,"诰"的对象和"顾命"体的对象也截然不同。狭义的"诰"面向的是众人甚至是被征服者,需要相当程度的虚伪和做作。"顾命"面对的是最亲近、最信任的人,是真正的自己人。而且,说话者"顾命"之时已是弥留之际,所谓"人之将死,其言也善",几乎已不再需要虚伪和做作。《顾命》之主人公乃成王,在四月十六日("四月哉生魄")那天,他觉得自己快不行了,便洗了脸、穿上朝服,接见了"太保奭、芮伯、彤伯、毕公、卫侯、毛公、师氏、虎臣、百尹、御事"这一班最信任的臣子。他一开口便是:"呜呼!疾大渐,惟几,病日臻,既弥留,恐不获誓言嗣。"成王见到最亲密的群臣,就立刻控制不住自己的情感了:"啊!我病得很重了,很危险了,一天比一天严重了,已经快死了,怕来不及嘱托子嗣之事了!"祭公谋父的开口第一句也是:"天子,谋父疾维不瘳!朕身尚在兹,朕魂在于天昭王之所劢!"训译过来就是:"天子啊,我的病是真的好不了啦!我身体还在这里,但是我的魂已经升天了,已经和你先考昭王在一起了!"从文学创作的角度看,这样强烈的抒情极具震撼力,它可以将读者迅速带入情境,使人不得不为之动容。《顾命》《祭公》的撰写者都是西周史官,秉着实录的精神,不应有太多夸张的描写。弥留之"呜呼"还原的应是真实的历史情境,生动、丰满,为后世读者再现了当时的画面。由于《祭公》的篇幅大于《顾命》的"顾命"部分,所以《祭公》对这种强烈的抒情做了进一步的演绎。在穆王的回应之后,祭公再一次说:

"天子,谋父疾维不瘳!"与前言重复。可见,这一处记言是史官根据真实情况的记录,绝非杜撰。如果杜撰的话,完全没有必要啰唆重复。正是因为当时弥留之际的祭公谋父多次重复"天子,谋父疾维不瘳"这句话,才有了重复的记录。① 在这句话后,祭公谋父还有四处典型的"呜呼"式抒情:"呜呼,天子、三公!""呜呼,天子!""呜呼,三公,汝念哉!""呜呼,三公!"(简本:"呜呼,天子!""呜呼,天子!""呜呼,天子、三公,汝念哉!""天子、三公!"②)如果说《顾命》的抒情还有所收敛,在开篇十几个字的极端感性之后便开始相对理性地交代后事,那么《祭公》的抒情就是无顾忌的、呼喊式的。祭公在交代后事的整个过程中,都无法保持冷静和理性。除典型的"呜呼"式抒情外,《祭公》还有"汝其皇敬哉,兹皆保之"(简本:"汝其敬哉,兹皆保胥一人!"③)这样带有命令语气的抒情,其说话对象是三公。总的来说,"顾命"体的顾命者人物话语带有强烈的抒情性。如果说《顾命》之成王话语开篇的抒情足以将读者带回情境,那么《祭公》祭公谋父的抒情则可以起到"一唱三叹"的效果。在反复的渲染下,《祭公》的悲情色彩被推到了顶峰。

第二,邦家层面的回顾性质。人之将死,会回顾往事,这是常态。成王、祭公谋父作为位高权重的政治人物,他们在临终时回顾的往往是邦家层面的往事。这样做的目的除了感慨小邦周由弱到强的不易,还在于勉励听者再接再厉地守护好前辈积下的功业。《顾命》中的成王在开篇的"呜呼"抒情之后,紧接着就是对先王功业的追念:"昔君文王、武王,宣重光,奠丽陈教,则肆肆不违,用克达殷,集大命。""嗣守文武大训,无敢昏逾。"毫无疑问,伐纣灭商是周人完成的最伟大的功业,也是周人建立大邦宗主地位的基石。成王在弥留之际再谈革命往事,是从邦家层面对周人初心的回顾。相比之下,祭公谋父是臣子,距离伐纣灭商的时期也比成王更远一些,但是祭公谋

---

① 参考简本,这两处"谋父朕疾惟不瘳"也都是有的。参见清华大学出土文献研究与保护中心编,李学勤主编:《清华大学藏战国竹简(壹)》,上海:中西书局,2010年,第174页。
② 清华大学出土文献研究与保护中心编,李学勤主编:《清华大学藏战国竹简(壹)》,上海:中西书局,2010年,第174—175页。
③ 清华大学出土文献研究与保护中心编,李学勤主编:《清华大学藏战国竹简(壹)》,上海:中西书局,2010年,第175页。

父临终时念叨的先王与成王念叨的先王无异,也是文王、武王:"维文王受之,维武王大克之。""维天贞文王之董用威。""维武王申大命。""天子自三公上下辟于文武,文武之子孙。""天之所锡,武王时疆土。""丕维文王由之。"甚至还提到后稷:"丕维后稷之受命。""维我后嗣旁建宗子。"他没有念叨自己的祖(周公)、父(第一代祭公),也没有念叨成王、康王——虽然提了一次昭王("昭王之所勖"),但也不是作为回顾对象。之所以如此,正是因为祭公谋父是元老大臣,顾命对象也是穆王、三公。在祭公谋父临终之际,他思考最多的是国家的未来,而不是个人的儿女情长。与《顾命》对比,《祭公》回顾文王、武王事业的频率要多很多。甚至可以说,祭公弥留时已三句不离文、武。既然"顾命"本身带有回顾性质,那么政治人物之顾命的回顾性质就是邦家层面的。《顾命》之成王只是敷演式地提及文王、武王的伟大功业,《祭公》之谋父却将对文王、武王的回顾演绎到了极致。可以认为,后者是对前者的引申,适用于整个西周。祭公谋父在追忆文武的问题上与他的强烈抒情是相辅相成的,一边"呜呼",一边告诫穆王"汝无以戾反罪疾,丧时二王大功",都带有一唱三叹的特征。从文学创作层面说,这是反复渲染、反复强调;从西周史官秉笔直书的角度来看,这是用自然主义笔法对真实历史场面的记录。作为弥留之际的老人,祭公谋父所发议论与感慨都应是真情流露,他临终反复强调的也是他最关心的事情。他为周邦的安定、强盛贡献了一生,对昭王、穆王和周邦有着绝对的忠诚,对文王、武王也有着发自内心的崇拜,是一位政治合格的长者。从意识形态层面看,《克殷》《世俘》确实存在与儒家正统观念不完全合拍之处,但《祭公》不应有政治瑕疵,而是可以像《尚书》西周各篇一样作为政治教化文章的典范。

第三,托孤性质。"顾命"的一大主要任务就是托孤。托孤的主人公可以是成王这样的君王,也可以是祭公谋父这样的老臣。被托的"孤"可以是新即位的年幼君王,也可以是作为晚辈的成年君王。《顾命》之康王属于前者,《祭公》之穆王属于后者。《顾命》:"尔尚明时朕言,用敬保元子钊。""尔无以钊冒贡于非几。"成王在"顾命"的后半段多次强调要求群臣好好辅弼康王钊、不要让他犯错,这是典型的托孤行为。祭公的托孤属于老臣的托孤,他一方面可以嘱咐三公好好辅佐穆王,另一方面也可以直接进谏早已成年的穆王。① 以传世本《祭公》为标准,祭公谋父的托孤可以分为四个层次:第一个层次针对穆王,从"天子,谋父疾维不瘳,敢告天子"到"丕维周之始并",回顾文、武接力完成灭商立周大业的往事,希望穆王守好祖上功业。第二个层次针对穆王和三公,从"监于夏商之既败"到"丕维文王由之",回顾夏商败亡的往事和文王的初心,希望穆王和三公能守护好周邦的基业。第三个层次针对穆王,从"我不则寅哉寅哉"到"中乂万国",列举了一系列可能会发生的不法之事,希望穆王引以为戒。第四个层次针对三公,从"汝无泯泯芬芬"到"我周有常刑",警戒三公不要行不法之事,要多向自己学习,恭恭敬敬地辅弼君王。祭公谋父的托孤是循环往复的,先是穆王,接着穆王、三公,接着又是穆王,最后又是三公。时而单向,时而多向,没有规律可言。这种顾命形式的出现应归于两个原因:第一,实录。因其实录,故而无序。当时的历史场景就是这样的,弥留的祭公不可能在说遗言时还井井有条、逻辑清晰。第二,部分内容需重点强调。之所以顾命托孤带有回环、重复的特征,正是因为有部分内容是需要反复强调的,不能一言带过,如继承文武大功、守护基业。相比于《顾命》之成王托孤的"相对简练",《祭公》之祭公谋父的托孤显得有些拖泥带水。两者的托孤本质是一致的,表达的都是对"王"和辅弼大臣的不放心,再三叮嘱他们要守好周邦。不同的是,祭公谋父的顾命托孤对象不仅是三公,还包括"孤"自己。穆王虽然早已成年,但相对于祭公而言是孙子辈,祭公对他的执政能力和自律定力并不放心,于是他一边叮嘱穆王要恭敬承继先王功德,一边又嘱咐三公用心辅佐、严于律己。可以说,祭公谋父的顾命托孤是成王托孤的细化、深化。

二、不同时期的顾命

按上文所述,"顾命"体"书"类文献有三篇:《顾命》《祭公》《保训》。其中《顾命》《祭公》是典型的西周文献,基本可确定为当时的史官实录。《保训》

---

① 周宝宏:"谋父为周公旦之孙,第二代祭公,死于穆王二十一年。""祭公乃穆王祖父辈。"可见当时穆王即位已久,绝非幼童。但从辈分上说,祭公与康王平辈,属于典型的元老级重臣。参见周宝宏:《〈逸周书〉考释》,北京:社会科学文献出版社,2001年,第281页。

一般被认为是东周补述[①],是东周史官在整理西周材料的基础上重新写定的。按史事年代排序,《保训》最早,乃文王之顾命;《顾命》其次,乃成王之顾命;《祭公》最晚,乃穆王时期的祭公谋父之顾命。不同时期的顾命,因其时代特点而有所不同。现对这三个时代"顾命"特征的异同进行比较。

同:以邦国大业为重。《保训》《顾命》《祭公》的主人公分别是文王、成王、祭公谋父,接受顾命的对象分别是武王、康王及群臣、穆王及三公。这些人物无一不是站在历史舞台中心的政治领袖,他们在面对生死时首要关心的是邦国大业,而非儿女私事。或者说,在西周史官的笔下,遗言中值得记录的部分也必以国家大事为主。《保训》:"昔舜旧作小人,亲耕于历丘,恐求中。""帝尧嘉之。""昔微假中于河。""微无害,乃归中于河。""微志弗忘,传贻子孙,至于成汤。"文王先后提到了历史人物舜、尧、微、成汤,并把天帝比作尧,把自己比作舜、微,把太子发比作成汤。文王希望太子发能够以成汤为榜样,在前辈一代又一代政治积累的基础上实现灭商立周的伟业。同时,文王陈说舜、微的事迹也不是为了自夸武功,而是希望太子发在灭商之前的这段时间保持小心谨慎,像舜一样"亲耕于历丘",假装胸无大志;同时像微一样"无害",懂得用怀柔政策笼络人心。在今天看来,文王、武王与尧、舜、微、汤都是上古圣君,将他们并列是无可厚非的,但对于当时的文王来说,他只是小邦之君,武王也只是个即将接手王位的尚无政治经验的年轻人,这时他们敢以舜、微、汤自比,显然志向不小。文王在顾命的末尾,深切表达了来不及亲眼见到武王灭商的遗憾:"朕闻兹不久,命未有所延,今汝祗服毋解,其

[①] 黄怀信:"《保训》部分文字有可能出于实录,但全文或经后人改写润饰。改写润饰的时代,应在春秋早中期。"黄怀信:《清华简〈保训〉篇的性质、时代及真伪》,《历史文献研究》总第29辑,2010年,第139—142页。杜勇:"通过对《保训》的语言特征、阴阳观念、中道思想的比勘分析,可以推定它并非商末周初史官实录的周文王遗言,而是成书于战国前期的托古言事之作。"杜勇:《关于清华简〈保训〉的著作年代问题》,《天津师范大学学报(社会科学版)》2010年第4期,第20—26页。刘丽:"从词汇和思想内涵来看,《保训》的成书时代应该是春秋战国时期。"刘丽:《〈保训〉性质、体裁与年代探析》,《简帛研究》2018年第2期,第49—81页。张瀚墨:"《保训》是一篇准确反映了西周早期历史的东周时期形成的文献。"张瀚墨:《新出文本与历史真实:王位继承语境下清华简〈保训〉篇解读及相关问题讨论》,《浙江大学学报(人文社会科学版)》2019年第49卷第2期,第129—147页。

有所由矣,不及尔身受大命!"这时他的生命也和商的生命一样行将就木,但他更多想表达的是对商命不长的喜悦,而非对自己生命将终的恐惧。显然,文王视邦家大业高于一切,高于自己的生命。成王在《顾命》中最惦念的也是邦家大业,他一边回顾着"昔君文王、武王,宣重光",一边又强调着要"嗣守文武大训,无敢昏逾"。他把先王祖训视作最高真理,并要求群臣恪守祖训,"敬保元子钊"。成王对太子钊的挂念并非因为他多么疼爱这个儿子,而是因为太子钊代表着邦家未来的希望。成王希望太子钊能够继承好自己的王位,做一个合格的王;同时他也希望群臣能用心辅弼新王,并对周邦忠心不二。成王的顾命是这三则顾命中最短的,但也无一语不涉邦家。相比较而言,祭公谋父的顾命更是把对邦家的挂念推向了极致。祭公谋父并非君王,但他作为周公之孙、穆王之祖辈①,必然要为邦家肩负起应有的责任。他和成王一样回顾着文武大勋:"维文王受之,维武王大克之。"并再三强调:"是永宅之。""至于万亿年,守序终之。""世祀无绝。"祭公谋父希望穆王和三公能守卫好邦家基业,不要辜负文武先王的创业之难。从文王到成王(文王之孙)再到祭公(周公之孙、文王之曾孙),已跨四代人,但他们对周邦的热血是一以贯之的。文王时期忧虑的是"小邦周"的生存和灭商的大业,成王、祭公时期忧虑的是如何守好"大邦周"的基业,他们的落脚点都在周邦的大业,而非儿女私事、田产钱财等个人小节方面。《保训》《顾命》《祭公》这三篇顾命体现的是中华民族精神中的集体主义精神和以天下为己任的美德。这三篇顾命②作为早期的政论经典,对后来中华民族精神的塑造起到了不可忽视的作用。

异:各时代的"忧虑度"不同。《保训》《顾命》《祭公》三篇在"顾命"部分

---

① 孔注:"祭公,周公之后,昭穆于穆王,在祖列。"《左传·僖公二十四年》:"凡、蒋、邢、茅、胙、祭,周公之胤也。"杨伯峻编著:《春秋左传注》第 2 册,北京:中华书局,2016 年,第 462 页。按:穆王称祭公谋父为"祖祭公",可知穆王乃祭公之孙辈。同时,祭公又是"周公之胤",故可知祭公谋父乃周公之孙,即第二代祭公。
② 虽然《保训》晚至 2008 年才重新出现在世人面前,但可以确定的是,至少在西周到战国中后期这个时间区间里,这篇文章还是被广为传抄的。所以说,《保训》也参与了早期中华民族精神的塑造。

的篇幅有明显的差异,其中《顾命》最短,《保训》居中,《祭公》最长,"忧虑度"也是随着篇幅的增长而递增的。弥留之际,周邦君臣最关心的总是最不放心的事情。这三篇"顾命"的话题有很大的相似性,都关注邦家大业,都回顾前辈伟业,都叮嘱晚辈完成功业或守好功业,但为什么有的"顾命"可以一句带过,有的"顾命"却需要针对同一问题反对叮嘱?这和时代背景有关。太史公曰:"成康之际,天下安宁,刑错四十余年不用。"①成王顾命的时候,周初的各种叛乱已基本平息,周朝的统治基础得到了巩固,国家安于覆盂、欣欣向荣。在大好形势下,成王只需要求太子钊和群臣"嗣守文武大训",并嘱托群臣"敬保元子钊",就不会再有其他大的顾虑。相比较之下,文王的顾虑就要大很多。文王弥留之际,正是周人革命事业发展到最关键的时期。这时候周人早已"三分天下有其二",商人大势已去,《保训》:"朕闻兹不久,命未有所延。"《程寤》:"如天降疾,旨味既用,不可药,时不远。"②结合《逸周书》其他篇目中武王的忐忑表现③,可知文王末年的周国综合实力虽已在大邦殷之上,但在军事层面依然与商国有差距,故文王作遗训时不得不叮嘱武王小心谨慎地处理与商的关系。但从总体上看,文王对灭商立周之事还是充满信心的:"今汝祇服毋解,其有所由矣,不及尔身受大命。"相比于《顾命》《保训》,《祭公》的"忧虑度"居三篇"顾命"之首。祭公去世的年份是"穆王二十一年"④,按《中国历史年代简表》是前956年,即穆王中期⑤。按《史记》记载,昭王时"王道微缺",穆王时"王道衰微""文、武之道缺""荒服者不至"⑥。据古本《竹书纪年》:"周昭王十九年,天大曀,雉兔皆震,丧六师于汉。""周昭

---

① [汉]司马迁撰,[南朝宋]裴骃集解,[唐]司马贞索隐,[唐]张守节正义:《史记》第1册,北京:中华书局,2014年,第171页。
② 清华大学出土文献研究与保护中心编,李学勤主编:《清华大学藏战国竹简(壹)》,上海:中西书局,2010年,第136页。
③ 如《寤儆》:"维四月朔,王告儆。召周公旦曰:'呜呼,谋泄哉!今朕寤,有商惊予。欲与无□则,欲攻无庸,以王不足。戒乃不兴,忧其深矣!'"
④ 周宝宏:《〈逸周书〉考释》,北京:社会科学文献出版社,2001年,第281页。
⑤ 文物出版社编:《中国历史年代简表》,北京:文物出版社,2001年,第267页。
⑥ [汉]司马迁撰,[南朝宋]裴骃集解,[唐]司马贞索隐,[唐]张守节正义:《史记》第1册,北京:中华书局,2014年,第172、174页。

王末年,夜有五色光贯紫微。其年,王南巡不反。"①另据《左传·僖公四年》管仲对楚子言:"昭王南征而不复,寡人是问。"②可见,昭王时期的周邦出现了巨大的政治危机,周军主力在汉水全军覆没,昭王本人也在御驾亲征楚国时丧命。相比于昭王时的"王道微缺",穆王时则是"王道衰微"。昭王让周邦元气大伤,穆王时元气不仅没有恢复,还进一步地衰落了。昭、穆两代,不仅国力直线下降,君王的个人品德也不能和文武先王相提并论,以至于"文、武之道缺"。在此影响下,周邦对四方的控制力有所下降,即"荒服者不至"。穆王二十一年,周的国力已连续下滑了多年,征战屡屡败绩,国家危机四伏。在这样的历史背景下,祭公谋父不得不用一个又一个"呜呼"警示穆王和三公,要求他们:"监于夏商之既败。""汝无以嬖御固庄后,汝无以小谋败大作,汝无以嬖御士疾大夫卿士,汝无以家相乱王室而莫恤其外。""汝无泯泯芬芬,厚颜忍丑。"这些不法之事很有可能是真实发生的,"夏商之既败"的警告也非杞人忧天。在这之前周人统治的任何一个时期,周人都不曾对"守序终之""世祀无绝"有如此大的渴望。当时的西周王朝已是风雨飘摇,一不小心就可能灭亡。祭公的顾命之所以被载入史册,正是因为这个时间点是一个重要的历史节点,作为元老的祭公谋父的临终叮嘱很有可能在这期间起到了力挽狂澜的作用。③ 祭公谋父以他极深的"忧虑度",反复强调,再三叮嘱,试图用尽生命最后的力气劝诫穆王和三公要好好守护周邦。其鞠躬尽瘁之态跃然纸上,令人敬佩。

三、君臣顾命的差异

相比于《保训》《顾命》,《祭公》这篇文献还有一个最大的不同,那就是顾命的主人公是臣子,而非君王。无论祭公谋父在朝中多么德高位重,都不可能与君王相提并论。更何况祭公谋父顾命时是穆王二十一年,他面对的君

---

① 方诗铭、王修龄撰:《古本竹书纪年辑证》,上海:上海古籍出版社,2005年,第46页。
② 杨伯峻编著:《春秋左传注》第2册,北京:中华书局,2016年,第317—318页。
③ 虽然共王、懿王时期周室继续衰落,但并不至于立刻灭亡。《史记》:"懿王之时,王室遂衰,诗人作刺。"[汉]司马迁撰,[南朝宋]裴骃集解,[唐]司马贞索隐,[唐]张守节正义:《史记》第1册,北京:中华书局,2014年,第178页。

王并非在襁褓之中。当他临终顾命的时候,面对的是同样位高权重的三公和一位早已成年的君王。凭借这样的角色,祭公谋父不能像文王、成王顾命时那样居高临下。

从顾命的场合来看,《保训》《顾命》《祭公》有着明显的不同。成王当时虽然已经病入膏肓并且在第二天就去世了,但他顾命时依然强撑着病体"洮颊水,相被冕服,凭玉几",然后才召见群臣。文王虽然没有"相被冕服,凭玉几",但也"自靧水"。两位王都把顾命视作隆重的仪式,尤其是成王,特别突出了顾命的居高临下性质。相比之下,祭公的顾命没有任何仪式,甚至连脸都没洗。按戏剧的要素来看,《祭公》是一出没有旁白的戏,开篇没有背景交代,直接就是"王若曰"。祭公的回话也没有太多的动作描写,只有套语"拜手稽首"。从祭公时而天子、时而三公的说话内容和"朕身尚在兹,朕魂在于天"的病重程度,我们可以推测,当时祭公应是卧病在床。穆王作为晚辈君王,恭敬地站在病榻前,虚心求教老臣遗训。三公或立或跪,也在病榻前,一同接受着祭公谋父的训导。这时的祭公谋父虽然像文王、成王一样发挥着训导的作用,但他并不是居高临下地下命令,而是谆谆教诲。在教诲的同时,还不时向穆王表忠心,并为自己的善终感到满意:"我亦维丕以我辟险于难,不失于正,我亦以免没我世。"

《保训》《顾命》《祭公》三篇"顾命"都热衷于追述前代君王的功业、美德,这是君臣顾命的相同点。但是,三种顾命的追述又有着各自的个性。文王推崇的先王并非周之先王,姑且不论。成王、祭公推崇的先王都是文王、武王,但两者之间还是有明显差异的。祭公谋父血统高贵,是周公之孙,也是文王的曾孙,但他祖、父、身已三代为臣,他很清楚自己的身份定位,虽作训导,但不能尊大。成王追述先王事迹只需要强调"昔君文王、武王,宣重光""嗣守文武大训"即可。成王不需要刻意表现自己对文王、武王的情感,而是把这种感情视作一种理所当然。相比较而言,祭公谋父具备一定的客体身份。文王、武王与祭公谋父年代相去已远,伐纣之年(前1046)至穆王二十一年(前956)已有90年。[①] 祭公谋父几乎不可能见过武王,所以他口中的

---

① 文物出版社编:《中国历史年代简表》,北京:文物出版社,2001年,第267页。

文、武不过是古人而已。再加上他祖、父、身三代为臣，就更需要强调对文、武的忠心："维文王受之，维武王大克之。""维天贞文王之董用威。""维武王申大命。""天子自三公上下辟于文武，文武之子孙。""天之所锡，武王时疆土。""丕维文王由之。"祭公谋父的顾命遗言体现了他对文王、武王极端的崇拜和对周邦至死不渝的忠心。参考一下诸葛亮的《出师表》，我们可对祭公谋父频繁念叨文王、武王的做法有更深的理解。《出师表》："先帝创业未半。""盖追先帝之殊遇。""以光先帝遗德。""是以先帝简拔以遗陛下。""先帝称之曰'能'。""先帝在时，每与臣论此事。""先帝不以臣卑鄙。""遂许先帝以驱驰。""先帝知臣谨慎。""恐付托不效，以伤先帝之明。""此臣所以报先帝，而忠陛下之职分也。""以告先帝之灵。""深追先帝遗诏。"[1]短短七百余字，竟有十三个"先帝"。《出师表》虽非为顾命而作，但诸葛亮与后主的身份关系很像祭公谋父与穆王，都是元老重臣与不成器的晚辈君王的关系。前者要想镇住后者，必须借用先王、先帝的威严。祭公谋父为了凸显自己的权威性，于是将自己作为文王、武王的代言者，而非只代表自己作训。这是臣子为君王作训的一大特征，在《祭公》之"顾命"中得到了充分的演绎。

四、《祭公》对"顾命"体的意义

"顾命"体的主题指向很明确，即长辈对晚辈的临终训诫。《文心雕龙·诏策》："汉高祖之敕太子，东方朔之戒子，亦顾命之作也。"[2]关键是，"顾命"的"命"并不能等同于"典、谟、训、诰、誓、命"之"命"，"顾命"体是游离于"书"之"六体"之外的。《祭公》也不能因其是"顾命"体，就可草率划归"六体"之"命"。《文心雕龙·诏策》："昔轩辕唐虞，同称为命。命之为义，制性之本也。其在三代，事兼诰誓。"[3]在最初的时候，"命"的涵盖面更广，以至于"事

---

[1] [晋]陈寿撰，[南朝宋]裴松之注：《三国志》第 4 册，北京：中华书局，1982 年，第 919—920 页。
[2] [南朝梁]刘勰著，黄淑琳注，李详补注，杨明照校注拾遗：《增订文心雕龙校注》上册，北京：中华书局，2012 年，第 263 页。
[3] [南朝梁]刘勰著，黄淑琳注，李详补注，杨明照校注拾遗：《增订文心雕龙校注》上册，北京：中华书局，2012 年，第 262 页。

兼诰誓",其要义在于"制性"。这里的"性",可以理解为"情性",即主观情愫。具体表现形式为,"制性"之"命"会在书写上更富有主人公的主观情愫。从文学创作的角度看,这种主观情愫正是"顾命"体文献之文学研究的切入口。上文说到,"书"类文献"顾命"体有三篇:《保训》《顾命》《祭公》。那么,在"书"类的"顾命"体文献中,《祭公》应有怎样的定位?或者说,它的存在对"顾命"体有着怎样的意义?从"制性"的角度看,《祭公》较《保训》《顾命》而言又有怎样的个性?

综合以上的比较研究,笔者认为,《祭公》对"顾命"体的意义至少有三点:第一,《祭公》的文学价值居三篇之冠。《顾命》的成王顾命部分篇幅不长,虽有"呜呼,疾大渐"的抒情,但总体内容还是典雅的,不失为庙堂文学。《保训》的文王顾命抒情性相对更强一些,有诅咒("朕闻兹不久,命未有所延"),有期待("今汝祇服毋解,其有所由矣"),画面感丰富。相比之下,《祭公》更像一篇文学作品。之所以这么说,不是因为它是虚构的,而是因为西周史官用更加"制性"的笔法将《祭公》篇中的场景活灵活现地还原了出来。《祭公》的强烈抒情只是其文学性的表现之一,还有反复渲染、反复强调的表现手法,还有多次变换的叮嘱对象,都描画了生动的顾命场景。[①]《祭公》虽然没有旁白,但仅通过人物对话,我们就可真实还原当时的顾命场景,甚至连祭公谋父脸上的表情都看得清清楚楚。我们将《祭公》定位为"书"类"顾命"体的文学巅峰,应是大致不错的。从"制性"角度而言,这也是《祭公》最主要的个性。第二,《祭公》开创了臣子顾命的先例。从成篇年代上看,《顾命》《祭公》都是西周文献,它们代表了最早的一批"顾命"体,而非仅在"书"类这个范畴。《祭公》的主人公是作为"臣"的祭公谋父,在常见的君王顾命中独具一格。祭公谋父有资格"顾命"并将自己的顾命内容载入史籍,是其个人权位的体现,也是特定时代的产物。通过《祭公》,我们可以归纳臣子顾命相对于君王顾命的差别,这也为我们研究后世各类以臣子为主角的"顾命"体文献提供了启示。第三,《祭公》放大了"顾命"体的某些特征,为我们鉴定一篇后世文献是不是"顾命"体提供了更明确的参考标准。比如"顾命"

---

① 多次歌颂文王、武王,多次强调要尽心守护周邦,并多次呼唤穆王和三公。上文已有详引。

体文献常常有强烈的抒情、邦家层面的回顾性质、托孤性质等特征。我们在读《保训》《顾命》时也能体会到这些特征，但这些特征不如《祭公》明显。也就是说，当我们不确定某种描写手法是不是"顾命"体的代名词时，只需要参考一下《祭公》文本，就可以得到明确的答案。

第三章 《逸周书》西周诸篇与"书"类文献

在前面几章中,我们已多次提到"书"类文献这个概念。本章将讨论"书"类文献视野下的《逸周书》西周诸篇,主要解决四个问题:第一,在先秦文献的类型与体系中,应把"书"类文献放在哪一个层面讨论。第二,"书"类文献的定义和鉴定标准是什么。第三,在《逸周书》西周诸篇中,哪些属于"书"类文献。第四,《逸周书》西周诸篇与"书"类文献的"记言体""六体"两大文学性有什么关系。

第一节 先秦文献的类型与体系

"书"类文献这一概念的兴起,与清华简的面世紧密相关。刘国忠:"在清华简整理工作开始之初,根据初步的编排、缀合,清华简中的《尚书》一类文献已非常丰富,至少有 20 多篇,它们中有属于古文《尚书》的篇章,有属于今文《尚书》的篇章,有属于《逸周书》的篇章,还有一些是佚《书》一类的文献,从未见于以往的记载。"[1]简言之,清华简出土了一些像《尚书》却又不见于《尚书》的文献,于是人们将其称作《尚书》类文献。考虑到《尚书》之名晚出,最早应称《书》,故又称《书》类文献。[2] 继而又考虑到"先秦的时候,到底

---

[1] 刘国忠:《走近清华简(增补版)》,北京:清华大学出版社,2020 年,第 98 页。
[2] 参见刘光胜:《清华简〈书〉类文献界定原则新探》,《简帛》2020 年第 2 期,第 63—72、296 页。刘建民,张学城:《〈书〉类文献字词研究二题》,《汉语史与汉藏语研究》2020 年第 1 期,第 178—182 页。

有没有一部《尚书》"①的问题,故而去其书名号,改用表示文献类型的"书"类文献。② 作为文献类型的"书"近些年之所以被热烈讨论,不是出于与其他类型文献的对举,而是出于清华简相关研究的需要。学者谈"书"类文献,也多立足于清华简出土的"书"篇。然而,"回溯"的做法终究是不可靠的,章宁提出:"认识'书'类文献概念,应回归先秦自有的分类体系和标准,不应采取事后归纳进而回溯的做法。"③也就是说,不能就"书"类文献谈"书"类文献,还要考虑"诗"类文献、"史"类文献、"语"类文献等。只不过,这些类型的文献是否可与"书"放在一个层面上讨论,有待考察。

程浩在《有言为之:先秦"书"类文献的源与流》一书中,有一小段将"书"与"语"对举的论述:"总体而言,被称为'书'的文献时代普遍较早,基本上属于夏、商、西周;而春秋以后的记言文献,则大多被称为'语'了。至于'书'与'语'之间的这种差别,或许与春秋战国时人对'三代'的尊隆有关。"④这样的表述只从文献时代层面谈"书"与"语"的区别,有一定合理性,但未触及文献类型更深层次的区别。夏德靠《先秦语类文献形态研究》对"语"类文献进行过深入的探讨,夏氏对"语"类文献的定义是:"所谓语类文体,是指载录具有一定教益或指导意义的人物言论(有时包含人物行为)的一种文体。"⑤并且,"语类文献与史官的记言制度有着极为密切的关联"⑥。从某种程度上,"语"类文献与记言体文献是可以等价的,只不过"语"类文献更突出其"善言"的特征罢了。由此可见,"语"和"书"是不能放在一个层面上讨论的,"语"是"体","书"是"类",把"语"类文献称作"语"体文献更合适。"语"是文学史上

---

① 李学勤:《清华简与〈尚书〉〈逸周书〉的研究》,《史学史研究》2011 年第 2 期,第 104—109 页。
② 李零:"还有'诗''书''礼''乐''易''春秋',原来都不是书名,而只是类名,不能随便加书名号,就像汉人称引《孙子》只称'兵法'一样。我们今天加了书名号的这类书其实都是选本。比如《诗》有'逸诗',《书》有'逸书',《易》有'三易',《春秋》也只是鲁国的史记,原来的范围都比这几本书要广。"李零:《从简帛发现看古书的体例和分类》,《中国典籍与文化》2001 年第 1 期,第 25—34 页。
③ 章宁:《"书"类文献刍议》,《史学史研究》2019 年第 1 期,第 93—101 页。
④ 程浩:《有言为之:先秦"书"类文献的源与流》,北京:中华书局,2021 年,第 6 页。
⑤ 夏德靠:《先秦语类文献形态研究》,北京:中华书局,2015 年,第 9 页。
⑥ 夏德靠:《先秦语类文献形态研究》,北京:中华书局,2015 年,第 21 页。

打通先秦史传散文和诸子散文的桥梁,而"书"是古之"六艺"之一,与此不在一个维度。

　　随着清华简的整理更新,有一部分"诗"也被发现。李学勤:"清华简中就包含着丰富的《尚书》类和《诗经》类的文献。"①于是"诗"类文献的概念也渐渐兴起,在清华简研究领域渐有可与"书"类文献相颉颃的趋势。与"书"类文献不同的是,"诗"类文献的主阵地在上博简,如2001年公布的《孔子诗论》②、2004年公布的《逸诗》③,都属上博简系列。相比较而言,清华简2008年才入藏清华大学,其中的"诗"类文献《耆夜》(2010)④、《周公之琴舞》(2012)⑤、《芮良夫毖》(2012)⑥的公布时间均晚于前者。可有趣的是,"诗"类文献被热烈讨论的时间似在"书"类之后——这应是基于学界对出土文献与"书""诗"文献类型关系有更深入认识之后产生的结果。2021年出版的胡宁《楚简诗类文献与诗经学要论丛考》一书对"诗"类文献有过定义:"本书所探讨的就是'诗'类的战国楚简文献,即战国时期书于简牍的,以记诗、论诗为主要内容的文献,所记、所论之诗或见于《诗经》(多有词句细节上的不同)或与《诗经》中的诗篇类似而被视为'逸诗'。"⑦"诗"与"书"同在"六艺"之列,是可以对举的两种文献类型,因此,胡宁对"诗"类文献的定义及鉴定方法,对我们定义和鉴定"书"类文献有着重要的参考意义。

　　"书"类文献、"诗"类文献这样的概念都是因出土文献的大发现而渐渐

---

① 李学勤:《清华简的文献特色与学术价值》,《文艺研究》2013年第8期,第32—34页。
② 马承源主编:《上海博物馆藏战国楚竹书(一)》,上海:上海古籍出版社,2001年,第119页。
③ 马承源主编:《上海博物馆藏战国楚竹书(四)》,上海:上海古籍出版社,2004年,第171页。
④ 清华大学出土文献研究与保护中心编,李学勤主编:《清华大学藏战国竹简(壹)》,上海:中西书局,2010年,第149页。
⑤ 清华大学出土文献研究与保护中心编,李学勤主编:《清华大学藏战国竹简(叁)》,上海:中西书局,2012年,第132页。
⑥ 清华大学出土文献研究与保护中心编,李学勤主编:《清华大学藏战国竹简(叁)》,上海:中西书局,2012年,第144页。
⑦ 胡宁:《楚简诗类文献与诗经学要论丛考》,北京:中华书局,2021年,第3页。胡宁在下文还有一句补充,关系到对"诗"的鉴定:"如果所记、所论是其他性质、形式的诗歌,如辞赋或民间歌谣,则不列入'诗'类,这与先秦时期言'诗'专指'诗三百'的常规相符,也与'诗三百'在先秦诗歌和中国传统学术文化中的特殊地位相符。"胡宁:《楚简诗类文献与诗经学要论丛考》,北京:中华书局,2021年,第3页。

成为学术热点的,它们并非原来不存在,而是在出土文献的刺激下被"激活"了。如果不把这些概念放在传统视野中固有文献类型的大框架下考察,就很难从学理层面站稳脚跟。《汉书·艺文志·六艺略》列有"易""书""诗""礼""乐""春秋"六家,虽未明确将它们称作"某类文献",但至少可为此六类文献的对举提供最可靠的文献依据。从《六艺略》列举的"各家"来看,"易",以《周易》为标准;"书",以《尚书》为标准;"诗",以《诗经》为标准;"礼",以"三礼"为标准;"春秋",以《春秋经》与"三传"为标准;"乐",可归入"礼"。①从"六艺"的角度看,将"书""诗"对举,是十分合理的。《庄子·天下》:"诗以道志,书以道事,礼以道行,乐以道和,易以道阴阳,春秋以道名分。其数散于天下而设于中国者,百家之学时或称而道之。"②此应为"六艺"最早的文献依据,可进一步说明"书""诗"对举的合理性。

因此,可与"书"类文献放在一个层面上讨论的,只有"易"类文献、"诗"类文献、"礼"类文献、"春秋"类文献。李零认为"史书从'六艺'春秋类独立,自成一类"③,即继"易"类文献、"书"类文献、"诗"类文献、"礼"类文献、"春秋"类文献之后,再添一个"史"类文献。其实,"春秋"即"史","史"类文献不过是广义的"春秋"类文献,或称泛"春秋"类文献。《孟子·离娄章句下》:"晋之乘,楚之梼杌,鲁之春秋,一也;其事则齐桓、晋文,其文则史。"④所以,提出"史"类文献的概念没有必要,能与"易""书""诗""礼"对举的也只有"春秋",而非"史"。再加上章学诚"六经皆史"⑤的说法,"史"的广狭更具有较大弹性,不应与"书"对举。

---

① 参见[汉]班固撰,[唐]颜师古注:《汉书》第 6 册,北京:中华书局,1962 年,第 1701—1715 页。
② [清]郭庆藩撰,王孝鱼点校:《庄子集释》下册,北京:中华书局,2012 年,第 1062 页。
③ 李零:《从简帛发现看古书的体例和分类》,《中国典籍与文化》2001 年第 1 期,第 25—34 页。
④ 杨伯峻译注:《孟子译注》,北京:中华书局,2010 年,第 177 页。
⑤ 章学诚:"六经皆史也。古人不著书,古人未尝离事而言理,六经皆先王之政典也。"[清]章学诚撰,叶英校注:《文史通义校注》上册,北京:中华书局,2014 年,第 1 页。

总而言之,"诗""书"是文献类型,"语"是文体类型。① 与"书"类文献相对的,只有"诗""礼""易""春秋"。所谓的"史"类文献,也不过是"春秋"类文献的延伸,本质上跳不出"春秋"类文献的范畴。李零将简帛文献中的史书都列入"春秋"类,实则是对"春秋"类概念进行了狭义与广义的细分,其实没有必要。作为学术热点的"书"类文献、"诗"类文献概念都与出土文献密不可分,因为出土了大量与《尚书》《诗经》相关却又不见于《尚书》《诗经》的文献,人们为了给这些文献分类,所以使用了"诗"类文献、"书"类文献这样的表述。目前唯一能与"书"类文献对举的只有"诗"类文献,"礼"类文献、"易"类文献、"春秋"类文献尚不具备被作为焦点讨论的成熟条件。这种"不成熟",与传世文献的学史无关,而是由出土文献的数量与体系决定的。

先秦文献的类型与体系可分多层次、多维度进行讨论,当我们明确了"书"类文献所在层面之后,接下来就可以进一步讨论它的定义与鉴定标准了。

第二节 "书"类文献的定义及鉴定标准

2008年清华简的面世是"书"学史上里程碑式的事件。在清华简中,人们发现了包括《尚书》篇目、《逸周书》篇目以及与"二书"风格相似的佚篇。在此基础上,"书"类文献这个概念渐渐进入了学术视野。程浩对"书"类文献的定义是:"君臣在行政过程中的言论记录所形成的文本。它是一种官方性质、记言体裁的文献,由史官记录并负责保存、传播。"②程氏的定义准确概括了"书"类文献的性质,但未涉及文献系统层面。笔者认为,鉴定"书"的关键应在其文献系统层面。从"书"学史上看,"书"类文献概念的直接作用就是从文献系统层面肯定了《逸周书》部分篇目的学史地位,即李学勤所说:

---

① "语"类文献,严格来说应该叫作"语"体文献,在"六艺"之外,故不应与"书"类文献、"诗"类文献放在一个层面上讨论。广义的"语"体即记言体,与叙事体相对;狭义的"语"体即善言,以《国语》《论语》为标准,与行人对答、策士辩论等相对。
② 程浩:《有言为之:先秦"书"类文献的源与流》,北京:中华书局,2021年,第5页。

"我们对《逸周书》里面若干篇的估价,还应该提高。"①《尚书》的五经地位是不可撼动的,但《逸周书》长期屈居别史、"不被重视"。② 一旦《逸周书》的部分篇目和不见于《尚书》《逸周书》的佚篇被划归"书"学范畴,对传统"书"学研究来说必然会形成巨大的冲击。

　　刘光胜认为,界定清华简"书"类文献应以"墓主人对于《书》类文献的认识"为考察中心,即考虑时代、地域、选编者等因素,而不是"用汉儒的标准来推定是非"。③ 这种界定方法虽然充分考虑了时、地、人等因素对"书"类文献定义的动态影响,但也使"书"的概念流于不可知论,不利于今"书"学的成型。章宁认为判定"书"类文献的标准应为:第一,"是否作为'书'而为先秦文献所明确称引";第二,"若无称引,则是否与既有称引存在明确成组关系";第三,"篇章内容是否见于今本二书"。同时,他认为:"除此之外的篇章,即便体裁符合典型的先秦'诰誓号令',如《封许之命》《摄命》等,在未见称引、分组未明的情况下,暂不定性为'书'类,似较妥当。"④章宁的界定方法虽有一定合理性,但较为保守,未充分考虑《逸周书》文献系统的特殊性。虽言及"今本二书",但《尚书》《逸周书》断不应同等视之。

　　按冯胜君观点,清华简中的"书"类文献包括《尹至》《尹诰》《程寤》《保训》《周武王有疾周公所自以代王之志》《皇门》《祭公之顾命》《说命上》《说命中》《说命下》《厚父》《封许之命》《命训》《摄命》。⑤ 按禄书果观点:"清华简《书》类文献主要包括《尹至》《尹诰》《程寤》《保训》《耆夜》《金縢》《皇门》《祭公之顾命》《傅说之命》《周公之琴舞》《芮良夫毖》《赤鹄之集汤之屋》《厚父》

---

① 李学勤:《清华简与〈尚书〉〈逸周书〉的研究》,《史学史研究》2011年第2期,第104—109页。
② 《逸周书》不受重视到了怎样的程度,有一个例子可以证明。陈寿祺评孙星衍之失:"以《墨子》《韩非子》《吕氏春秋》《淮南子》《史记》《汉书》《后汉书》所引《周书》尽入《尚书》佚文,不知此《周书》七十一篇之佚文。"可见当时有些学者虽熟读《尚书》,但对《逸周书》十分陌生,甚至有可能不知道《逸周书》。[清]陈寿祺撰:《左海文集》卷四,《续修四库全书》编纂委员会编:《续修四库全书》第1496册,上海:上海古籍出版社,2002年,第156页下栏。
③ 刘光胜:《清华简〈书〉类文献界定原则新探》,《简帛》2020年第2期,第63—72、296页。
④ 章宁:《"书"类文献刍议》,《史学史研究》2019年第1期,第93—101页。
⑤ 参见冯胜君:《清华简〈尚书〉类文献笺释》,上海:上海古籍出版社,2022年,目录页。

《封许之命》《命训》《汤处于汤丘》《汤在啻门》《殷高宗问于三寿》等十八篇。以时代划分，《尹至》《尹诰》《赤鹄之集汤之屋》《汤在啻门》《汤处于汤丘》《厚父》《傅说之命》《殷高宗问于三寿》属于《商书》类文献；《程寤》《保训》《耆夜》《金縢》《皇门》《祭公之顾命》《周公之琴舞》《芮良夫毖》《封许之命》《命训》属于《周书》类文献。"①按程浩观点，清华简"书"类文献包括《尹至》《尹诰》《傅说之命》（三篇）、《程寤》《厚父》《金縢》《封许之命》《皇门》《四告》（仅限前两篇）、《摄命》以及《祭公之顾命》等篇"②。遵照以上冯、禄、程三家的共同划定，本书研究对象《逸周书》西周诸篇中的《皇门》《祭公》可与清华简本《皇门》《祭公之顾命》对照，可归入"书"类文献。不过，三家对"书"的界定仅限于清华简层面，就《逸周书》西周诸篇而言，"书"类文献包括但不仅仅包括《皇门》《祭公》两篇。

程浩在定义、界定"书"类文献之外，还提到"泛'书'类文献"的概念，并认为清华简的《保训》《命训》《成人》应该归入"泛'书'类文献"。③ 程浩在谈及《逸周书》"书"类文献时认为："《克殷》《世俘》《作雒》等篇只记事而不记言，应该排除在外。我们从《逸周书》中实际得到的'书'类文献，只有《商誓》《度邑》《皇门》《尝麦》《祭公》五篇。"④同时，程浩还肯定了册命和祷辞的"书"类文献属性。程浩认为，今可见西周王室的册命金文至少有80例，其中最有代表性的当属康王时期的大盂鼎。如果大盂鼎的铭文被转写成简册并得以流传，今天的《周书》中就很有可能多一篇《盂命》。既然西周的册命金文与《封许之命》这类"书"的内容元素与格式基本一致，那它完全可能就是从册命金文转写而来的。也就是说，西周的册命金文可以与"命"体的"书"篇等而视之。⑤ 就祷辞而言，"祷辞作为当时常见的记言文体，其中内容重要者

---

① 禄书果：《清华简〈书〉类文献整理与研究》，郑州大学博士学位论文，2017年。
② 程浩：《有言为之：先秦"书"类文献的源与流》，北京：中华书局，2021年，第13页。
③ 程浩：《有言为之：先秦"书"类文献的源与流》，北京：中华书局，2021年，第13页。另外值得一提的是，裘锡圭也认可《保训》的"书"类文献性质。参见裘锡圭：《出土文献与古典学重建》；复旦大学出土文献与古文字研究中心编：《出土文献与古典学重建论集》，上海：中西书局，2018年，第21页。
④ 程浩：《有言为之：先秦"书"类文献的源与流》，北京：中华书局，2021年，第12页。
⑤ 参见程浩：《有言为之：先秦"书"类文献的源与流》，北京：中华书局，2021年，第205—206页。

也常被视作'书'类文献而收入《尚书》中。"①程浩还认为"书"类文献的鉴定与成篇年代有关:"对'书'类文献性质的辨析,应该追溯到其最早的材料来源是否在篇中声称的时代就产生了。"②按程浩观点,如果史事年代即成篇年代,那么该篇就可以被称作"书"类文献。

　　程浩鉴定"书"类文献的依据是"文献性质"。这种鉴定方式有利于将类似性质的文献归类,如"书"就是"书"、"诗"就是"诗"。然而,这样鉴定容易使"书"的范围无限扩大,如将册命和祷辞全部划为"书"类文献,那么包括大盂鼎铭文在内的 80 篇册命金文就都可被称为"书"。这样的划分明显流于宽泛。同时,以性质为导向的划分也会将一些明显的"书"类文献莫名其妙地排除在了"书"之外,如《克殷》《世俘》等篇因其只记事、不记言,就被程氏认定不属于"书"类文献。这显然是不合理的。程元敏对"《尚书》体"的定义是:"亦兼记事,但以记言为主。"③顾颉刚也对记事篇目《世俘》的价值做过充分的肯定:"《尚书》里时代最早、记载最真的,应该属于《周诰》八篇,但《周诰》重于记言,略于记事。《世俘》一篇刚好弥补了这个空白点,这是值得我们加以高度的重视的。"④《世俘》即真《武成》⑤,应是不争的事实,如果连《世

---

① 程浩:《有言为之:先秦"书"类文献的源与流》,北京:中华书局,2021年,第218页。
② 程浩:《有言为之:先秦"书"类文献的源与流》,北京:中华书局,2021年,第240页。
③ 程元敏:《尚书学史》上册,上海:华东师范大学出版社,2013年,第11页。
④ 顾颉刚:《〈逸周书·世俘篇〉校注、写定与评论》,新建设编辑部编:《文史》第2辑,北京:中华书局,1963年,第29页。
⑤ 刘起釪:《尚书学史》,北京:中华书局,2017年,第95页。《世俘》即真《武成》的主要依据见诸《汉书·律历志》引刘歆《世经》:"《周书·武成》篇:'惟一月壬辰,旁死霸,若翌日癸巳,武王乃朝步自周,于征伐纣。'""《武成》篇曰:'粤若来三月,既死霸,粤五日甲子,咸刘商王纣。'""故《武成》篇曰:'惟四月既旁生霸,粤六日庚戌,武王燎于周庙。翌日辛亥,祀于天位。粤五日乙卯,乃以庶国祀馘于周庙。'"《世经》所引《周书·武成》虽与今之《世俘》稍有文字差异,但毋庸置疑就是《世俘》。[汉]班固撰,[唐]颜师古注:《汉书》第4册,北京:中华书局,1962年,第1015—1016页。另参顾颉刚:"观篇中云'馘磿亿有七万七千七百有九',馘为段首后截耳,以记杀人之数,其多如此,非'血之流杵'而何! 故今定《世俘》即《武成》,乃一书而二名,犹《吕氏春秋》中,《功名》一作《由道》,《用众》一作《善学》,《序意》一作《廉孝》也。此篇所记,容有若干夸张成分,但其著作时代甚早,其所得周初史事之真相远过于战国而下所述,在史料中具有甚高价值。"顾颉刚:《〈逸周书·世俘篇〉校注、写定与评论》,新建设编辑部编:《文史》第2辑,北京:中华书局,1963年,第1—2页。

俘》都不是"书"类文献,恐怕"书"类文献这个概念就没有意义了。"书"类文献确实以记言为主,但不能凡见记事便排除之。

笔者认为,虽然鉴定"书"类文献可遵从多重学理依据,但最关键的点还是"文献系统"。"书"有且只有三个文献系统:《尚书》系统、《逸周书》系统、清华简系统。三个系统互有重叠。至于其他佚文,都只能往这三个系统上附会。《逸周书》虽然历来被称作"删书之余"①,但实际上《尚书》《逸周书》各成体系,在历史沿革中的交集也没有大到水乳交融的地步。清华简的面世之于"书"学史的最大意义是将《尚书》《逸周书》紧紧捆绑在了一起。《金縢》《咸有一德》《说命》《皇门》《祭公》《程寤》《秦阴》②的同时出土,证明了这些文献至少在战国中后期的楚国是属于同一个文献系统的。但麻烦的是,清华简并不是一个"书"类文献合集,清华简中还有大量明显与"书"无关的内容,如系年、筮法等。因此,清华简中一篇文献到底是不是"书",还是要以《尚书》《逸周书》为依据。

按笔者观点,今文《尚书》二十八篇应全部划入"书"类文献。《尚书》本作《书》,如果连《尚书》都不是"书",那岂不如朱子所说"倒了六经"③?《逸周书》存世六十篇(包括《程寤》)鱼龙混杂,文献质量良莠不齐。如果将六十篇全部归入"书",显然是不合适的。但是,《逸周书》既然亦有"书"名,在界定其篇目是不是"书"时应享有最宽容的待遇。我们鉴定"书"的标准是《尚

---

① 《史记·商君列传》:"《书》曰:'恃德者昌,恃力者亡。'"《索隐》曰:"此是《周书》之言,孔子所删之余。"此句虽不见于今《逸周书》,但司马贞所指《周书》应为《逸周书》。[汉]司马迁撰,[南朝宋]裴骃集解,[唐]司马贞索隐,[唐]张守节正义:《史记》第7册,北京:中华书局,2014年,第2715、2717页。
② 《保训》即《逸周书》佚篇《秦阴》。参见王文意:《〈程寤〉〈保训〉视野下的〈逸周书〉文王佚篇研究》,吴琦主编:《华大史学论坛》第7辑,武汉:湖北人民出版社,2021年,第2页。
③ 朱熹:"《书》中可疑诸篇若一齐不信,恐倒了六经。如《金縢》亦有非人情者,雨反风、禾尽起也。是差异成王如何又恰恨去启金縢之书,然当周公纳策于匮中,岂但二公知之?《盘庚》更没道理,从古相传来,如经传所引用皆此书之文,但不知何故说得都无头。且如今告谕民间一二字,做得几句如此。他晓得晓不得,只说道要迁,更不说道自家如何要迁,如何不可以不迁,万民因甚不要迁。要得人迁也,须说出利害,今更不说。《吕刑》一篇如何穆王说得散漫,直从苗民、蚩尤为始作乱说起。"[清]阎咏辑:《朱子古文书疑》,清嘉庆元年(1796)天津吴人骥刻本,南京图书馆藏,第13叶下半叶—第14叶上半叶。

书》,凡是疑似可与《尚书》沾边的《逸周书》篇目,均可纳入"书"类文献。乃如记言记事、"六体"①等因素,都可视为与《尚书》"沾边"的依据。最宽泛如《逸周书·职方》,其中有对九州的介绍,其行文方式与《尚书·禹贡》相似。虽然《职方》之九州"扬州""荆州""豫州""青州""兖州""雍州""幽州""冀州""并州"与《禹贡》之九州"冀州""兖州""青州""徐州""扬州""荆州""豫州""梁州""幽州"不尽相同,但这不妨碍它们都是基于"九州"的地理文献。按照《逸周书》从宽纳入的原则,《职方》完全可划归"书"类文献。按章宁的话说,这是一种"成组关系"②。《逸周书·武寤》乃诗歌,疑似与《尚书·五子之歌》同类。《五子之歌》今虽不存,但它的四言古诗性质还是比较明确的,伪古文《五子之歌》曰:"惟彼陶唐,有此冀方。今失厥道,乱其纪纲,乃厎灭亡。"③此见于《左传·哀公六年》引《夏书》,文字略有差异:"惟彼陶唐,帅彼天常,有此冀方。今失其行,乱其纪纲,乃灭而亡。"④相较而言,《武寤》也是四言古诗:"王赫奋烈,八方咸发,高城若地,商庶若化。约期于牧,案用师旅,商不足灭,分祷上下。王食无疆,王不食言,庶赦定宗。尹氏八士,太师三公,咸作有绩,神无不飨。王克配天,合于四海,惟乃永宁。"因此,《武寤》可归入"书"类文献。虽然从内容形式上看,《武寤》是"诗";但从文献系统上看,把《武寤》称作"书"更合理。

　　对于《逸周书》以外的文献,虽然也同样以《尚书》为参照标准,但应当从严纳入。它们必须符合三点要求,方可被称作"书"类文献:第一,被引作《书》或《商书》《周书》《周志》等,并且该文献的写成时代不能晚于刘向。最典型如清华简《厚父》"古天降下民,设万邦,作之君,作之师,惟曰其助上帝

---

① 《尚书序》伪孔传:"讨论《坟》《典》,断自唐、虞以下,讫于周。芟夷烦乱,翦截浮辞,举其宏纲,撮其机要,足以垂世立教,典、谟、训、诰、誓、命之文,凡百篇。所以恢弘至道,示人主以轨范也。帝王之制,坦然明白,可举而行。三千之徒,并受其义。"[汉]孔安国传,[唐]孔颖达正义:《尚书注疏》;[清]阮元校刻,方向东点校:《十三经注疏》第2册,北京:中华书局,2021年,第18—20页。
② 章宁:《"书"类文献刍议》,《史学史研究》2019年第1期,第93—101页。
③ [汉]孔安国传,[唐]孔颖达正义:《尚书注疏》,[清]阮元校刻,方向东点校:《十三经注疏》第2册,北京:中华书局,2021年,第290页。
④ 杨伯峻编著:《春秋左传注》第6册,北京:中华书局,2016年,第1826页。

乱下民"①,见引于《孟子·梁惠王下》:"《书》曰:'天降下民,作之君,作之师,惟曰其助上帝宠之。'"②那么,清华简《厚父》就是"书"类文献。但是,引《书》《商书》《周书》《周志》的问题是复杂的,被引内容或源于《尚书》,或源于《逸周书》,或源于佚篇。笔者认为这种情况应一律纳入"书"类文献。即使它来自《逸周书》且《逸周书》该篇被认定与《尚书》无明显关系,但正因为这一处引用的存在,也应将其视作该篇与《尚书》有明显关系的证据。不过需要强调的是,乃如《史记·周本纪》裴骃集解内容,不能算引"书":"徐广曰:'《周书·度邑》曰:"武王问太公曰,吾将因有夏之居也,南望过于三涂,北詹望于有河。"'"③这里虽然有"周书"字眼,但这次引用发生在晋宋时期,晚于刘向。当时已有成书的《周书》,所以该处引用不能被算作《度邑》内容被引作《周书》的用例。第二,有文本可直接与《尚书》篇目对照。如豳公盨铭文"天命禹敷土,堕山浚川"④,可与《尚书·禹贡》"禹敷土,随山刊木,奠高山大川"⑤、《尚书序·禹贡》"禹别九州,随山浚川,任土作贡"⑥相对照。那么,豳公盨铭文就是"书"类文献。第三,可与《尚书》篇目或已被认定为"书"的《逸周书》篇目对应。如《保训》,即为《逸周书·秦阴》。⑦若以这种论断为确,那么《保训》就是确定的"书"类文献。再如刘起釪所说"《世俘》即《武成》"⑧,所以《逸周书·世俘》是"书"类文献也是非常确定的事。

简单概括界定"书"类文献的两条原则:第一,从文献系统入手考察各篇

---

① 清华大学出土文献研究与保护中心编,李学勤主编:《清华大学藏战国竹简(伍)》,上海:中西书局,2015年,第110页。
② 杨伯峻译注:《孟子译注》,北京:中华书局,2010年,第28—29页。
③ [汉]司马迁撰,[南朝宋]裴骃集解,[唐]司马贞索隐,[唐]张守节正义:《史记》第1册,北京:中华书局,2014年,第167页。
④ 吴镇烽编著:《商周青铜器铭文暨图像集成》第12卷,上海:上海古籍出版社,2012年,第456页。
⑤ 顾颉刚、刘起釪:《尚书校释译论》第2册,北京:中华书局,2005年,第523页。
⑥ [汉]孔安国传,[唐]孔颖达正义:《尚书注疏》,[清]阮元校刻,方向东点校:《十三经注疏》第2册,北京:中华书局,2021年,第215页。
⑦ 参见王文意:《〈程寤〉〈保训〉视野下的〈逸周书〉文王佚篇研究》,吴琦主编:《华大史学论坛》第7辑,武汉:湖北人民出版社,2021年,第2页。
⑧ 刘起釪:《尚书学史》,北京:中华书局,2017年,第95页。

文献与"书"的关系;第二,以《尚书》为标准考察《逸周书》及其他文献是否为"书",《逸周书》篇目从宽,其他文献从严。

　　至于为什么要从宽考察《逸周书》篇目,这里再做一点补充陈述。《尚书》之为"书",时间下限不能晚于战国晚期。即使按伏生口授时算,二十八篇的定型也在汉初,代表的是先秦时人的"书"学认知。《逸周书》(时称《周书》)之为"书",要待到西汉晚期刘向的编定,所以它代表的是西汉时人的"书"学认知。虽然《逸周书》的绝大多数篇目成篇于先秦,但从文学批评的角度看,《逸周书》体现的是西汉乃至西汉晚期的文学批评思想。西汉前中期的武帝刘彻立五经博士,始将《尚书》列为五经之一。此时的《逸周书》尚未成"书","书"学仍处在前一个阶段。可以这么说,《尚书》《逸周书》分别代表了战国晚期、西汉晚期两个时期对"书"的权威鉴定。《尚书》各篇的"书"类文献性质是先秦儒家学者共同认定的结果,所以我们可以直接沿用,完全不需要在《尚书》中检验是否存在不属于"书"类文献的篇目。如果《尚书》有部分篇目不符合我们现在对"书"的鉴定标准,那一定是现有鉴定标准的问题,而不是《尚书》的问题。至于《逸周书》各篇的"书"类文献性质,我们需考虑到《逸周书》文献系统的权威性其实是仅次于《尚书》的。至少在刘向看来,《逸周书》各篇都是"书"。宽泛来说,我们也可以直接沿用刘向的"书"类鉴定,这是有充分学理依据的。然而这样的鉴定方法会导致"书"类文献范畴大大扩展,有损"书"这种文献类型的特殊性。我们以《尚书》为标准鉴定"书",显然比以《尚书》《逸周书》为标准鉴定"书"更加合理。但从另一方面来说,刘向的"书"依然是我们鉴定"书"类文献的重要参考标准,毕竟《逸周书》也具备较高的"书"学权威性。如果将《逸周书》篇目与不见于"二书"的篇目等量齐观,那将会是对《逸周书》极大的不公。所以,从宽对待《逸周书》篇目、从严对待不见于"二书"的其他文献是一种中间路线,既照顾了《逸周书》的特殊性、权威性,又严格遏制了"书"类文献范畴的无节制延展。

　　总之,从文献涵盖面看,"书"类文献以《尚书》的全部篇目为中心,同时包括了《逸周书》中与《尚书》相关或疑似相关的篇目,以及部分文本可与《尚书》对照(如豳公盨铭文)或曾被引作《书》(或《商书》《周书》《周志》等)的篇目(如清华简《厚父》)或明确就是"书"的佚篇的篇目(如《逸周书·秦阴》《尚书·武成》)。①

第三节　西周诸篇是否为"书"类文献

从宽考察《逸周书》各篇、从严考察不见于"二书"的其他篇目,是我们鉴定"书"类文献的基本原则。但是,如果以《逸周书》的具体篇目为主要考察对象,我们还需要再按照先严后宽的顺序进行筛选。同为可归入"书"类文献的《逸周书》篇目,哪些是更正宗的"书",哪些是勉强沾边的"书",也可排列次第。接下来,我们对本书的主要研究对象《逸周书》西周六篇的"书"类文献性质进行考察。

一、《克殷》《世俘》《皇门》《祭公》是"书"

按照最严格的筛选标准,鉴定对象最好就是《尚书》篇目,因为《尚书》每一篇都是"书"类文献。在《逸周书》西周六篇中,《世俘》符合这一要求。上文我们已说过,《世俘》即《武成》早已是学界定论。本着不迷信权威的态度,我们再简单论述一下为什么《世俘》就是《武成》。首先,《世俘》符合孟子对《武成》"血之流杵"②的描述。其次,《世俘》开篇写道:"维四月乙未日,武王成辟,四方通殷命有国。"其中"武王成辟"可缩写为"武成"。先秦文献篇名不定③、常以开篇为篇名④是常态,《武成》完全可能又名《世俘》。所以,《尚

---

① 此指真《武成》,即《世俘》篇,非伪古文《武成》。
② 杨伯峻译注:《孟子译注》,北京:中华书局,2010 年,第 301 页。
③ 如《金縢》和《周武王有疾周公所自以代王之志》,再如《祭公》和《祭公之顾命》,再如《说命》和《傅说之命》。另参顾颉刚评《武成》:"故今定《世俘》即《武成》,乃一书而二名,犹《吕氏春秋》中,《功名》一作《由道》,《用众》一作《善学》,《序意》一作《廉孝》也。"顾颉刚:《〈逸周书·世俘篇〉校注、写定与评论》,新建设编辑部编:《文史》第 2 辑,北京:中华书局,1963 年,第 1—2 页。
④ 如《尹诰》开篇:"惟尹既及汤咸有一德。"因此,《尹诰》被认定为真《咸有一德》。参见清华大学出土文献研究与保护中心编,李学勤主编:《清华大学藏战国竹简(壹)》,上海:中西书局,2010 年,第 132—133 页。再如《论语》之《学而》、《诗经》之《关雎》,皆属此类。

书·世俘》《尚书·武成》《逸周书·世俘》《逸周书·武成》这四种写法都是正确的,所指篇目都是今传世本《逸周书·世俘》。因此,即使按照最严格的标准来界定"书",《世俘》也是无可争议的"书"类文献,可与《尚书》其他篇目等量齐观。

《克殷》乃《世俘》姊妹篇,互有极强的关联性,可直接合文合校。①《克殷》《世俘》在《逸周书》中的关系相当于《度训》《命训》《常训》"三训",符合章宁所说"与既有称引存在明确成组关系"②。从学史上看,朱右曾曾将《世俘》次第改为"弟三十七"③,接在《克殷》后面,认为两篇的史事紧密关联且相接。所以,《克殷》也可凭借它与《世俘》的关联性而被纳入"书"类文献的范畴。

上文在列举冯胜君、禄书果、程浩三家之说时,已将《皇门》《祭公》划为"书"类文献。清华简《皇门》、清华简《祭公之顾命》都是与《尚书》篇目同时出土并且可与《逸周书》传世篇目《皇门》《祭公》相对照的文献,从文献系统层面上说都属于清华简系统。《皇门》《祭公》属清华简文献系统与《逸周书》系统的重合部分,同时清华简系统又有《金縢》《说命》等与《尚书》重合的部分,所以清华简相当于桥梁,将《尚书》《逸周书》两个文献系统的篇目系连在了一起。因此,《皇门》《祭公》都是无可厚非的"书"类文献。

二、《商誓》是"书"

按照《逸周书》从宽、其他文献从严的原则,记言体、"六体"等因素都可作为判定《逸周书》篇目为"书"类文献的依据。当《逸周书》某篇文献的"六体"特征较明显时,即可划入"书"类文献的范畴。譬如《商誓》,疑似属于"诰"体文献。一旦"诰"体文献的身份被认定,那么《商誓》就是"书"类文献。

---

① 参见叶正渤:《〈汲冢周书·克殷解〉〈世俘解〉合校》,《古籍整理研究学刊》2010年第4期,第45—50页。另顾颉刚在《〈逸周书·世俘篇〉校注、写定与评论》一文的最后也附有《〈逸周书〉中〈世俘〉〈克殷〉二篇纪事异同表》,可资参考。顾颉刚:《〈逸周书·世俘篇〉校注、写定与评论》,新建设编辑部编:《文史》第2辑,北京:中华书局,1963年,第39—41页。
② 章宁:《"书"类文献刍议》,《史学史研究》2019年第1期,第93—101页。
③ [清]朱右曾撰:《逸周书集训校释》,清光绪十四年(1888)南菁书院刻《皇清经解续编》本,宋志英、晁岳佩选编:《〈逸周书〉研究文献辑刊》第8册,北京:国家图书馆出版社,2015年,第92页。

我们下面分三个层次,递进评估《商誓》的"诰"体文献定性。

第一,"诰"体文献的定义和涵盖范围。

"诰",见于"六体"之说。《尚书序》伪孔传:"典、谟、训、诰、誓、命之文,凡百篇。所以恢弘至道,示人主以轨范也。"①《说文》:"诰,告也。"②《尔雅》:"命、令、禧、畛、祈、请、谒、讯、诰,告也。"③"诰、誓,谨也。"郭璞注:"皆所以约勒谨戒众。"④可见,诰、誓相似,"诰"的对象往往是大众。"诰"是"书"类文献中最常见的一种文体,乃至于孔颖达曰:"夏、商、周三代之书,虽复当时所设之教,与皇及帝坟、典之等,不相伦类,要其言皆是雅正辞诰,有深奥之义,其所归趣,与坟、典一揆。""然三王之书,惟无典、谟,以外训、诰、誓、命、歌、贡、征、范,类犹有八,独言'诰'者,以别而言之,其类有八,文从要约,一诰兼焉。"⑤可见,从某种程度上说,"诰"体文献可视为"书"类文献的代名词。

从"诰"的涵盖面上看,孔颖达最早有过论断:"《仲虺之诰》《汤诰》《大诰》《康诰》《酒诰》《召诰》《洛诰》《康王之诰》八篇,诰也。""《盘庚》亦诰也。""《西伯戡黎》云'祖伊恐,奔告于受',亦诰也。《武成》云'识其政事',亦诰也。""《金縢》自为一体,祝亦诰辞也。《梓材》《酒诰》分出,亦诰也。《多士》以王命诰,自然诰也。""《君奭》周公诰召公,亦诰也。《多方》《周官》,上诰于下,亦诰也。""《吕刑》陈刑告王,亦诰也。"⑥除去重复提及的《酒诰》,孔颖达鉴定的《尚书》中的"诰"体文献有十八篇,除去伪古文部分,还有《盘庚》《西伯戡黎》《金縢》《大诰》《康诰》《酒诰》《召诰》《洛诰》《梓材》《多士》《君奭》《多方》,《康王之诰》缀在《顾命》,故还需加上《顾命》。《武成》即《逸周书·世俘》,故还需加上《武成》。因此,孔颖达认定的"诰"体文献凡十四篇,即《盘

---

① [汉]孔安国传,[唐]孔颖达正义:《尚书注疏》,[清]阮元校刻,方向东点校:《十三经注疏》第 2 册,北京:中华书局,2021 年,第 18—20 页。
② [汉]许慎撰,[宋]徐铉等校定:《说文解字》,北京:中华书局,2013 年,第 47 页上栏。
③ [汉]佚名:《尔雅:附音序、笔画索引》,北京:中华书局,2016 年,第 4 页。
④ [汉]佚名:《尔雅:附音序、笔画索引》,北京:中华书局,2016 年,第 14 页。
⑤ [汉]孔安国传,[唐]孔颖达正义:《尚书注疏》,[清]阮元校刻,方向东点校:《十三经注疏》第 2 册,北京:中华书局,2021 年,第 14—15 页。
⑥ [汉]孔安国传,[唐]孔颖达正义:《尚书注疏》,[清]阮元校刻,方向东点校:《十三经注疏》第 2 册,北京:中华书局,2021 年,第 36 页。

庚》《西伯戡黎》《金縢》《大诰》《康诰》《酒诰》《召诰》《洛诰》《梓材》《多士》《君奭》《多方》《顾命》《武成》。这一结论未必合理,乃如《金縢》《武成》,都与一般的"诰"体文献有明显的区别。

相比较而言,杜勇《〈尚书〉周初八诰研究》、杨闯《〈尚书〉周初诸诰研究》的划分更为合理。杜勇鉴定的"八诰"指《大诰》《康诰》《酒诰》《梓材》《召诰》《洛诰》《多士》《多方》①;杨闯鉴定的"诸诰"有十一篇,较杜勇多出《无逸》《君奭》《立政》三篇。② 其中,《大诰》《酒诰》《多士》《多方》皆诰众之辞,《康诰》《梓材》《召诰》《无逸》《洛诰》《君奭》《立政》皆诰人之辞,都属典型的记言体。因此,杜勇"八诰"无法解释为什么《康诰》《梓材》《召诰》《洛诰》是"诰",而《无逸》《君奭》《立政》不是"诰"。由是观之,杨闯的"诸诰"十一篇之说更为合理。若单纯从《尔雅》郭注"戒众"之说,则《尚书·周书》中的"诰"体文献只剩《大诰》《酒诰》《多士》《多方》四篇,难免过于狭隘。因此,笔者认为"诰"的鉴定也应分狭义、广义,就《尚书·周书》论之,最狭义的"诰"指《大诰》《酒诰》《多士》《多方》四篇,广义则至少可纳入《康诰》《梓材》《召诰》《洛诰》《无逸》《君奭》《立政》七篇。《召诰》《洛诰》虽有较多叙事,但既然篇名有"诰",故应从宽纳入。《顾命》非周初作品,故不在杜、杨考虑之列。客观论之,《顾命》篇中叙事内容过多,即使单论《康王之诰》部分,也不能称"诰",尤其文末的叙事交代:"群公既皆听命,相揖趋出。王释冕,反丧服。"③就与其他诸诰格格不入。《吕刑》事在穆王,也不在杜、杨考虑之列。从文本观之,叙事较少,也有"王曰",故可归于广义一类的"诰"。如果放眼整部《尚书》,则《尚书·商书》中的《盘庚》可归于狭义一类,《西伯戡黎》可归于广义二类。清华简《尹诰》以"诰"名篇,实为《尚书》佚篇《咸有一德》,故也可归于《尚书》之

---

① 杜勇:《〈尚书〉周初八诰研究》,北京:中国社会科学出版社,2017年,目录第1页。
② 杨闯:《〈尚书〉周初诸诰研究》,南京师范大学博士学位论文,2019年。按:杨闯的十一篇"诰"实际上最早见于陈梦家所列"成王时"的十一篇"诰命",分别为:《多士》《多方》《大诰》《康诰》《酒诰》《梓材》《君奭》《无逸》《立政》《洛诰》《召诰》,此正与杨氏十一篇合。参见陈梦家:《尚书通论》,北京:中华书局,2005年,第312页。
③ 顾颉刚、刘起釪:《尚书校释译论》第4册,北京:中华书局,2005年,第1839页。

"诰"。因末句有叙事:"乃致众于亳中邑。"①故可归于广义。至此,我们可对《尚书》的"诰"体文献做个总结:狭义的"诰"指《盘庚》《大诰》《酒诰》《多士》《多方》五篇,广义的"诰"指《尹诰》(即真《咸有一德》)《盘庚》《西伯戡黎》《大诰》《酒诰》《多士》《多方》《康诰》《梓材》《召诰》《洛诰》《无逸》《君奭》《立政》《吕刑》十五篇。

第二,"诰"体文献的基本特征。

叶修成:"'王若曰'是《尚书》诸诰的一个显著性文体特征。"②此说可从。《大诰》:"王若曰:'猷大诰尔多邦越尔御事!'"《康诰》:"王若曰:'孟侯,朕其弟小子封。'"《酒诰》:"王若曰:'明大命于妹邦。'"《梓材》:"王曰:'封,以厥庶民暨厥臣达大家。'"《洛诰》:"王若曰:'公,明保予冲子。'"《多士》:"王若曰:'尔殷遗多士!'"③《多方》:"周公曰:'王若曰:"猷告尔四国多方惟尔殷侯尹民。"'"④除《召诰》外,杜勇的"八诰"都有"王若曰"或"王曰"。相比较而言,杨闯多出的三篇"诰"则无"王若曰"或"王曰"。⑤《盘庚》:"王若曰:'格汝众,予告汝训汝,猷黜乃心,无傲从康。'"《西伯戡黎》:"王曰:'呜呼!我生不有命在天?'"⑥《盘庚》《西伯戡黎》也都有"王若曰"或"王若",但《西伯戡黎》为答语,而《盘庚》上文是"王命众悉至于庭"⑦,故《盘庚》更典型。

参上文"诰人""诰众"之说以及《尔雅》郭注"戒众"之说、孔颖达《多方》《周官》上诰于下,亦诰也"之说,我们可知"诰众"高于"诰人",但两者都属于

---

① 清华大学出土文献研究与保护中心编,李学勤主编:《清华大学藏战国竹简(伍)》,上海:中西书局,2015年,第133页。
② 叶修成:《论〈尚书〉诰体的生成机制及其文化意蕴》,《海南大学学报(人文社会科学版)》2009年第27卷第5期,第566—574页。
③ 顾颉刚、刘起釪:《尚书校释译论》第3册,北京:中华书局,2005年,第1262、1299、1380、1422、1468、1512页。
④ 顾颉刚、刘起釪:《尚书校释译论》第4册,北京:中华书局,2005年,第1610页。
⑤ 杨闯"三篇"中的《立政》有"用咸戒于王曰",此他人言,非王言,故不列。顾颉刚、刘起釪:《尚书校释译论》第4册,北京:中华书局,2005年,第1662页。
⑥ 顾颉刚、刘起釪:《尚书校释译论》第2册,北京:中华书局,2005年,第935、1052页。
⑦ 顾颉刚、刘起釪:《尚书校释译论》第2册,北京:中华书局,2005年,第934页。

"诰"。孔颖达:"《吕刑》陈刑告王,亦诰也。"① 此又明显为"下诰上"。另参清华简《尹诰》以"诰"名篇,实为《尚书》佚篇《咸有一德》,乃尹诰成汤。考虑到夏商氏族之强盛,汤未必高于尹,但尹诰汤也绝非"上诰下"。② 因此,我们又可以归纳出两点结论:第一,"诰"不分"诰人""诰众",但"众"高于"人";第二,"诰"不分"上诰下"还是"下诰上",但是前者高于后者。高低之分,即狭义、广义之分。

除此之外,还有我们上文总结的"文末叙事"之说。《尹诰》《顾命》的文末都有叙事内容,《尹诰》因其篇名带"诰",故可纳入"诰"的范畴。实际上,文末叙事应视为一种非"诰"特征,这种特征在狭义"诰"体的《盘庚》《大诰》《酒诰》《多士》《多方》五篇中都是不存在的,甚至在《康诰》《梓材》《召诰》《无逸》《君奭》《立政》《吕刑》中也是不存在的。开篇叙事可视作"序"一类的东西,但文末叙事是不能容忍的。文末叙事意味着作者具备完整叙事的自觉性,可抵消"诰"的纯粹。"诰"是演讲稿,演讲前可以有主持人介绍,但演讲后不应有主持人的补充说明。③

除却语言层面,"诰"的文化层面也需考虑。过常宝:"《尚书》六体皆与宗教仪式有关。'诰'并非仅仅产生于册命仪式,它实际上是各类宗庙祭仪中主祭者假祖先之名义而发的训诫辞。"④ 叶修成:"'诰'体是由祭祀仪式中的祈告这一言说行为而生成。这种由神祇之告发展而出的生人之诰,发生在册封、赏赐、任命、朝觐和会同等礼仪之中。"⑤ 我们可以把"诰"理解为一种代言体,代天、代先王、代时王。"王若曰"本可训译为"王这样说","这样"就

---

① [汉]孔安国传,[唐]孔颖达正义:《尚书注疏》,[清]阮元校刻,方向东点校:《十三经注疏》第 2 册,北京:中华书局,2021 年,第 36 页。
② 关于先周族权之强盛,可参看本书第二章第四节。
③ 《洛诰》文末有一段叙事:"王命周公后,作册逸诰。在十有二月。惟周公诞保文武受命,惟七年。"顾颉刚、刘起釪:《尚书校释译论》第 3 册,北京:中华书局,2005 年,第 1497 页。严格来说,此应视作非"诰"的铁证,但考虑到《洛诰》篇名含"诰",文末也有"作册逸诰",应从宽纳入,故《洛诰》亦不失为广义的"诰"。
④ 过常宝:《论〈尚书〉诰体的文化背景》,《北京师范大学学报(社会科学版)》2008 年第 4 期,第 38—44 页。
⑤ 叶修成:《论〈尚书〉诰体的生成机制及其文化意蕴》,《海南大学学报(人文社会科学版)》2009 年第 27 卷第 5 期,第 566—574 页。

第三章 《逸周书》西周诸篇与"书"类文献 / 141

是代言的标志。《大诰》:"王若曰:'猷大诰尔多邦越尔御事:弗吊天降割于我家,不少延。'"《酒诰》:"王若曰:'明大命于妹邦。乃穆考文王肇国在西土。'"①《多方》:"周公曰:'王若曰:"猷告尔四国多方惟尔殷侯尹民,我惟大降尔命,尔罔不知。"'"②以上诸例,或代天,或代先王,或代时王,此即过、叶强调的宗教性、神秘性。

第三,《商誓》的"诰"体特征。

特征之一,"王若曰"或"王曰"的语言标志。《商誓》开篇即是:"王若曰:'告尔伊旧何父!'"全篇视之,还有四个"王曰",分别是:"王曰:'嗟尔众!予言若敢顾天命!'""王曰:'在昔后稷,惟上帝之言,克播百谷,登禹之绩。'""惟尔在我王曰:'百姓,我闻古商先誓王成汤。'""王曰:'霍!予天命!'"此皆王诰之辞,符合孔颖达所说"《多士》以王命诰,自然诰也"。故从特征之一看,《商誓》属于"诰"。

特征之二,广义的"诰人"与狭义的"诰众"。"诰众"之定性,开篇可知:"王若曰:'告尔伊旧何父□□□几耿肃执,乃殷之旧官人序文□□□□及太史比、小史昔,及百官里居献民□□□来尹师之敬诸戒!疾听朕言!用胥生蠲尹。'王曰:'嗟尔众!'"陈逢衡:"此灭殷后告商史氏及百官里居献民也。"③周宝宏:"记载武王克殷后,召来殷朝官吏,用天命和惩罚来威胁,用周的源远流长的历史来说服,使他们顺从周的统治。"④毫无疑问,武王作诰的对象是众人,而非一人。故从特征之二看,《商誓》属于狭义的"诰"。

特征之三,广义的"下诰上"与狭义的"上诰下"。此亦可由开篇知为"上诰下",兹不赘引。再者,武王已是"王",现实世界中没有高于"王"的人。天与先王不能言,唯有王代言。故从特征之三看,《商誓》属于狭义的"诰"。

特征之四,狭义的"诰"的文末不能有叙事。《商誓》篇末曰:"我乃其来,即刑乃,敬之哉!庶听朕言,罔胥告。"《商誓》最后部分有两个第一人称代

---

① 顾颉刚、刘起釪:《尚书校释译论》第3册,北京:中华书局,2005年,第1262、1380页。
② 顾颉刚、刘起釪:《尚书校释译论》第4册,北京:中华书局,2005年,第1610页。
③ [晋]孔晁注,[清]陈逢衡补注:《逸周书补注》,清道光五年(1825)刻本,宋志英、晁岳佩选编:《〈逸周书〉研究文献辑刊》第3册,北京:国家图书馆出版社,2015年,第389页。
④ 周宝宏:《〈逸周书〉考释》,北京:社会科学文献出版社,2001年,第128页。

词:"我"和"朕"。显然,这些内容是武王诰辞的一部分,决非文末叙事。故从特征之四看,《商誓》属于狭义的"诰"。

特征之五,代天,或代先王,或代时王言。上文在论述"特征之一"时已引四个"王曰"。细究四个"王曰",其后分别跟随"天命"(第一、四个"王曰")、"后稷""上帝"(第二个"王曰")、"后稷"(第三个"王曰")。以诰代天言、代王言,符合上引过、叶二家强调的文化层面的宗教性与神秘性。故从特征之五看,《商誓》属于"诰"。

总此五点,可知《商誓》属于典型的"诰"体文献。继而我们可进一步得出结论,《商誓》属"书"类文献。

至此,可知《逸周书》西周六篇中的《克殷》《世俘》《商誓》《皇门》《祭公》五篇可划归"书"类文献。其中《世俘》属于最狭义的"书"类文献,《克殷》次之,再次是《皇门》《祭公》,最后是《商誓》。

三、《度邑》不是"书"

我们下面从五个层面来评估《度邑》是否为"书"类文献。

第一,引《书》情况。在上文中,我们已列举《史记·周本纪》裴骃集解引徐广语。这条引用虽将《度邑》称作《周书·度邑》,但与引《书》无关。徐广是晋宋间人,晚于刘向。刘向时期《周书》已经定型,刘向之后引《周书》与今之引《逸周书》无异,仅代表西汉晚期之后的"书"学鉴定,权威性不能和先秦时期相提并论。如果以徐广之《周书》为依据,不如以刘向之《周书》为依据。我们既已不认可刘向的《周书》(《逸周书》)篇目全部归属"书"类文献,就更不可能以徐广引《周书》为是。《史记·夏本纪》张守节正义:"《周书·度邑篇》云:'武王问太公"吾将因有夏之居"。'"[1]此唐人正义,年代更晚,"周书"之引只可用于校勘文本,与鉴别"书"无关。至于刘向之前文献,似未见引《度邑》作"书"的用例。

第二,文本对照。唯一可与《度邑》形成文本对照的先秦文献是《随巢

---

[1] [汉]司马迁撰,[南朝宋]裴骃集解,[唐]司马贞索隐,[唐]张守节正义:《史记》第1册,北京:中华书局,2014年,第107页。

子》。据《史记·周本纪》裴骃集解"麋鹿在牧":"徐广曰:'此事出《周书》及《随巢子》,云"夷羊在牧"。'"司马贞索隐"蜚鸿满野":"《随巢子》作'飞拾',飞拾,虫也。"①清人马国翰《玉函山房辑佚书·子编墨家类·随巢子》:"纣之时,夷羊在牧,飞拾满野。天鬼不顾,亦不宾灭。"②《汉书·艺文志》:"《随巢子》六篇。墨翟弟子。"③《隋书·经籍志》:"《隋巢子》一卷。巢,似墨翟弟子。"④由《汉志》知《随巢子》确为先秦文献,由《隋志》知《随巢子》在徐广生活的晋宋时期尚存,故"夷羊在牧"等内容可靠。然而,《随巢子》没有被引作"书"的用例,涉及《度邑》文本的部分也无"《书》曰""《周书》曰"之类的字眼,所以《随巢子》只能证明《度邑》乃先秦作品,并不能论证其"书"的性质。

第三,篇目对照。经查,没有《尚书》或其他"书"的篇目可与《度邑》对照,也没有"三训"、《克殷》《世俘》这样的"成组"篇目可与《度邑》互为对照。《逸周书·作雒》虽在主题上与《度邑》有关,都涉及雒邑的营建,但两者的史事年代相差较大——《度邑》属武王时期,而《作雒》事在周公平管蔡后。潘振论《度邑》:"武王誓商而归,故营雒邑,于天下之中,定朝聘之度,道路均也。"⑤潘振论《作雒》:"禄父叛周,叔旦平之,于是作雒以为王都。"⑥周宝宏论《度邑》:"记载武王克殷后归宗周途中,想传位于周公和想建都洛河之阳。"⑦周宝宏论《作雒》:"记叙周公平定三监等叛乱和营建洛邑的史事,着重介绍洛邑的规模布局、宫室宗庙及建筑的具体形态。"⑧《度邑》《作雒》两篇的主体内容远不在同一叙事层面上,所以这两篇不构成《克殷》《世俘》那样的成组关系,《作雒》也不能因此作为《度邑》是"书"类文献的证据。更何况,

---

① [汉]司马迁撰,[南朝宋]裴骃集解,[唐]司马贞索隐,[唐]张守节正义:《史记》第1册,北京:中华书局,2014年,第165—166页。
② [清]马国翰辑:《玉函山房辑佚书》第4册,扬州:广陵书社,2004年,第2762页下栏。
③ [汉]班固撰,[唐]颜师古注:《汉书》第6册,北京:中华书局,1962年,第1738页。
④ [唐]魏徵、令狐德棻撰:《隋书》第4册,北京:中华书局,1973年,第1005页。
⑤ [清]潘振注:《周书解义》,清嘉庆间(1796—1820)刻本,宋志英、晁岳佩选编:《〈逸周书〉研究文献辑刊》第2册,北京:国家图书馆出版社,2015年,第56页。
⑥ [清]潘振注:《周书解义》,清嘉庆间(1796—1820)刻本,宋志英、晁岳佩选编:《〈逸周书〉研究文献辑刊》第2册,北京:国家图书馆出版社,2015年,第73页。
⑦ 周宝宏:《〈逸周书〉考释》,北京:社会科学文献出版社,2001年,第133页。
⑧ 周宝宏:《〈逸周书〉考释》,北京:社会科学文献出版社,2001年,第145页。

《作雒》自身"书"的性质也有待核验。

第四，记言、记事特征。《度邑》存在较多的叙事，不是典型的记言体，非记言部分包括："维王克殷，国君诸侯，乃厥献民征主、九牧之师，见王于殷郊。王乃升汾之阜，以望商邑。""遂命一日，维显畏弗忘。王至于周，自鹿至于丘中，具明不寝。王小子御告叔旦，叔旦亟奔即王。""叔旦泣涕于常，悲不能对。王□□传于后。""叔旦恐，泣涕共手。""其曰兹曰度邑。"因此，仅凭记言、记事来考察《度邑》，无法说明其是否属于"书"类文献。

第五，《书》之"六体"。《度邑》显然不是典、训、诰、誓、命，此一眼可辨。那么，是不是"谟"呢？《说文》："谟，议谋也。从言莫声。《虞书》曰《咎繇谟》。"①《咎繇谟》，即《皋陶谟》，可见《尚书·皋陶谟》乃"谟"体文献之典范。孔颖达论"谟"："《大禹谟》《皋陶谟》二篇，谟也。""《益稷》亦谟也，因其人称言以别之。"②可见，孔颖达鉴定的"谟"体文献只有三篇：《大禹谟》《皋陶谟》《益稷》。《大禹谟》属伪古文；《益稷》篇名属伪古文，文本内容在今文中缀于《皋陶谟》之后，属《皋陶谟》之一部分。因此，我们可参照的《尚书》"谟"体文献实际上只有《皋陶谟》一篇。现将《皋陶谟》全文引用如下：

曰若稽古皋陶曰："允迪厥德，谟明弼谐。"禹曰："俞！如何？"皋陶曰："都！慎厥身修，思永。惇叙九族，庶明励翼，迩可远在兹。"禹拜昌言曰："俞。"

皋陶曰："都！在知人，在安民。"禹曰："吁！咸若时，惟帝其难之。知人则哲，能官人；安民则惠，黎民怀之。能哲而惠，何忧乎欢兜，何迁乎有苗，何畏乎巧言令色孔壬？"

皋陶曰："都，亦行有九德。亦言其人有德。"乃言曰："载采采。"禹曰："何？"皋陶曰："宽而栗，柔而立，愿而恭，乱而敬，扰而毅，直而温，简而廉，刚而塞，强而义。彰厥有常，吉哉！日宣三德，

---

① [汉]许慎撰，[宋]徐铉等校定：《说文解字》，北京：中华书局，2013年，第46页下栏。
② [汉]孔安国传，[唐]孔颖达正义：《尚书注疏》，[清]阮元校刻，方向东点校：《十三经注疏》第2册，北京：中华书局，2021年，第35—36页。

夙夜浚明有家。日严祗敬六德,亮采有邦。翕受敷施,九德咸事,俊乂在官。百僚、师师、百工惟时,抚于五长(辰),庶绩其凝。无教逸欲有邦。兢兢业业,一日二日万几。无旷庶官,天工人其代之。天叙有典,敕我五典五惇哉;天秩有礼,自我五礼有庸哉;同寅协恭和衷哉;天命有德,五服五章哉;天讨有罪,五刑五用哉;政事懋哉懋哉!天聪明,自我民聪明;天明畏,自我民明威。达于上下,敬哉有土。"

皋陶曰:"朕言惠可厎行?"禹曰:"俞,乃言厎可绩。"皋陶曰:"予未有知,思曰赞赞襄哉。"

帝曰:"来!禹,汝亦昌言。"禹拜曰:"都!帝,予何言?予思日孜孜。"皋陶曰:"吁!如何?"禹曰:"洪水滔天,浩浩怀山襄陵,下民昏垫。予乘四载,随山刊木。暨益奏庶鲜食。予决九川距四海,浚畎浍距川。暨稷播奏庶艰食、鲜食,懋迁有无化居,烝民乃粒,万邦作乂。"皋陶曰:"俞!师汝昌言。"

禹曰:"都!帝慎在位。"帝曰:"俞!"禹曰:"安汝止,惟几惟康;其弼直(惠),惟动丕应。徯志以昭受上帝,天其申命用休。"帝曰:"吁!臣哉邻哉,邻哉臣哉!"禹曰:"俞。"

帝曰:"臣作朕股肱耳目。予欲左右有民,汝翼;予欲宣力四方,汝为;予欲观古人之象:日、月、星辰、山、龙、华虫、作会,宗彝、藻、火、粉米、黼、黻,絺绣,以五采彰施于五色作服,汝明;予欲闻六律、五声、八音、七始咏(在治忽),以出纳五言,汝听;予违,汝弼。汝无面从,退有后言。钦四邻,庶顽谗说,若不在时,侯以明之,挞以记之,书用识哉,欲并生哉,工以纳言,时而飏之,格则承之,庸之,否则威之。"

禹曰:"俞哉!帝光天之下,至于海隅苍生,万邦黎献,共惟帝臣,惟帝时举。敷纳以言,明庶以功,车服以庸,谁敢不让,敢不敬应。帝不时,敷同日奏罔功。"

帝曰:"无若丹朱傲,惟慢游是好,敖虐是作,罔昼夜頟頟,罔水行舟。朋淫于家,用殄厥世,予创若时。"

禹曰："予娶涂山,辛壬癸甲,启呱呱而泣,予弗子,惟荒度土功,弼成五服,至于五千,州十有二师。外薄四海,咸建五长,各迪有功。苗顽弗即工,帝其念哉。"

帝曰："迪朕德,时乃功惟叙。"皋陶方祗厥叙,方施象刑惟明。

夔曰："戛击鸣球,搏拊琴瑟以咏。祖考来格。虞宾在位,群后德让。下管鼗鼓,合止柷敔,笙镛以间。鸟兽跄跄。箫韶九成,凤皇来仪。"夔曰:"於!予击石拊石,百兽率舞,庶尹允谐。"

帝庸作歌曰："敕天之命,惟时惟几。"乃歌曰："股肱喜哉,元首起哉,百工熙哉!"皋陶拜手稽首飏言曰："念哉!率作兴事,慎乃宪,钦哉!屡省乃成,钦哉!"乃赓载歌曰："元首明哉!股肱良哉!庶事康哉!"又歌曰："元首丛脞哉!股肱惰哉!万事堕哉!"帝曰："俞!往钦哉!"①(《皋陶谟》)

仔细考察《皋陶谟》全文,非人物语言部分只有"曰若稽古皋陶曰""禹曰""皋陶曰""禹拜昌言曰""乃言曰""帝曰""禹拜曰""夔曰""帝庸作歌曰""乃歌曰""皋陶拜手稽首飏言曰""乃赓载歌曰""又歌曰",全部为"某某曰",仅用于交代说话者。除"拜""拜手稽首"等少数动作外,没有任何叙事,更没有任何背景介绍。相比较而言,《度邑》详细交代了人物活动的背景:"维王克殷,国君诸侯,乃厥献民征主,九牧之师见王于殷郊,王乃升汾之阜以望商邑。"以及人物的行为、动向:"遂命一日,维显畏弗忘。王至于周,自鹿至于丘中,具明不寝。王小子御告叔旦,叔旦亟奔即王。"以及人物的神情、动作:"叔旦泣涕于常,悲不能对。""叔旦恐,泣涕共手。"以及旁白叙事,作为细节描写的补充:"王□□传于后。"以及文末交代:"其曰兹曰度邑。"显然,《皋陶谟》是典型的记言体,《度邑》则是记言与记事相结合。谟,谋也,《皋陶谟》是"谋",《度邑》则是"叙""谋"结合。

再看《皋陶谟》《度邑》的人物对话内容,两篇确实都在"谋"。然而,这两种"谋"的性质有显著的区别。《皋陶谟》虽未交代君臣对话发生的场合,但

---

① 顾颉刚、刘起釪:《尚书校释译论》第1册,北京:中华书局,2005年,第393—477页。

从语言的庄严性来看,应为殿堂之上。帝舜、皋陶、大禹等君臣的对话都属于"所言公,公言之"①,属于可记录存档的君臣语录。相比较而言,《度邑》中武王、周公的对话属密室私语,武王"具明不寝""我未定天保,何寝能欲",可谓战战兢兢、如履薄冰,担心革命成果之不保。武王欲传位于周公时,周公也"泣涕于常,悲不能对",不敢接受王位。这样的描写与《逸周书》伐纣前诸篇相似,如《大开武》武王之辞:"余夙夜维商,密不显,谁和?"《小开武》:"王召周公旦曰:'呜呼!余夙夜忌商,不知道极。'"《酆谋》:"王召周公旦曰:'呜呼!商其咸辜,维日望谋建功,谋言多信,今如无何?'"《寤儆》:"王告儆,召周公旦曰:'呜呼,谋泄哉!今朕寤,有商惊予。欲与无□则,欲攻无庸,以王不足。戒乃不兴,忧其深矣!'"宽泛来说,《酆谋》带有"谋"字,又是《逸周书》篇目,故而勉强可以算作"谟"体文献,但《度邑》《酆谋》并无成组关系,我们不能仅凭武王的战战兢兢就将《度邑》和《酆谋》建立联系。要之,以《皋陶谟》为参照标准,我们并不能得出《度邑》是"谟"体文献的结论。

结合以上五点的考察,我们暂不能得出《度邑》是"书"类文献的结论。也就是说,在本书的研究对象《逸周书》西周六篇中,属于"书"类文献的只有《克殷》《世俘》《商誓》《皇门》《祭公》。

第四节　西周诸篇与"书"类文献的文学性:"记言体""六体"

从文学史的定位上看,《尚书》是"记言体散文",或者说,是以记言为主要特征的散文。其典出自《礼记·玉藻》:"动则左史书之,言则右史书之。"②另有《汉书·艺文志》:"左史记言,右史记事,事为春秋,言为尚书。"③《公羊传·隐公元年》疏:"问曰:'《春秋》据史书而为之,史有左右,据何史乎?'答

---

① [汉]班固撰,[唐]颜师古注:《汉书》第1册,北京:中华书局,1962年,第107页。
② [汉]郑玄注,[唐]孔颖达正义:《礼记注疏》,[清]阮元校刻,方向东点校:《十三经注疏》第13册,北京:中华书局,2021年,第1518页。
③ [汉]班固撰,[唐]颜师古注:《汉书》第6册,北京:中华书局,1962年,第1715页。

曰:'《六艺论》云:"《春秋》者,国史所记人君动作之事,左史所记为《春秋》,右史所记为《尚书》。"是以《玉藻》云:"动则左史书之,言则右史书之。"'①虽然《汉书·艺文志》和《礼记》在孰为左史、孰为右史的说法上有分歧,但"言"之"史"为《尚书》、"动"或"事"之"史"为《春秋》是说法一致的。检验《尚书》诸篇,我们发现《尚书》并非所有篇目都是纯粹的记言体,但说《尚书》以"记言"为主是恰如其分的。此外,《尚书》最重要的文体特征是"六体"。虽然"六体"具体到各篇还会有争议,或部分《尚书》篇目无法归入"六体",但以"六体"概括《尚书》的基本文体特征是没有问题的。因此,从文学角度说,《尚书》最重要的标签就是"记言体"和"六体"。

当我们对"书"类文献的定义、涵盖面有基本的判断之后,就可以在此概念的基础上进一步探讨"书"类文献的文学性问题了。"书"类文献以《尚书》为中心文献,故其文学性也要从"记言体"和"六体"来谈。接下来,我们从"记言体"和"六体"这两个标签入手,探讨《克殷》《世俘》《商誓》《皇门》《祭公》五篇西周文献在"书"学层面的文学性。

一、记言体

(一)《克殷》

《克殷》中的记言成分较少,只包括:"群宾佥进曰:'上天降休!'""尹逸筴曰:'殷末孙受,德迷先成汤之明,侮灭神祇不祀,昏暴商邑百姓,其章显闻于昊天上帝!'"除此之外,皆为叙事。相较于全篇三百余字而言,这两句记言实在微不足道。所以从定性上说,《克殷》乃叙事散文,非记言体。

(二)《世俘》

《世俘》的情况与《克殷》类似,记言部分只包括:"告于周庙曰:'古朕闻文考修商人典,以斩纣身。'""曰:'惟予冲子,绥文考,至于冲子!'"除此之外,皆为叙事。虽然文中有相当多的"告"字,但除"告于周庙曰"之外,其余

---

① [汉]何休注,[唐]徐彦疏:《春秋公羊传注疏》,[清]阮元校刻,方向东点校:《十三经注疏》第 20 册,北京:中华书局,2021 年,第 13 页。

"告"字之后均无"告"的内容。《世俘》全篇八百余字,此两句记言也是微不足道。因此从定性上说,《世俘》与《克殷》一样也是叙事散文,非记言体。

（三）《商誓》

《商誓》是武王的一篇诰辞,属典型的记言体,除"王若曰""王曰"之外没有任何叙事成分。全篇七百余字,皆是武王的演讲内容。参本书第一章第三节,《商誓》的底本应是刻在青铜器上的铭文,保留了西周文献的原貌。《商誓》的文本,就是武王的演讲稿。

（四）《皇门》

《皇门》开篇有一句叙事:"维正月庚午,周公格左闳门,会群门。"清华简:"惟正月庚午,公格在库门。"①除此之外,全篇约五百字皆为记言,传本《皇门》甚至连"周公若曰""周公曰""王若曰""王曰"等语言标志都没有,只有两处象征性的"曰"。《皇门》的情况与《商誓》相似,《商誓》为武王诰辞,《皇门》为周公诰辞——即周公的演讲稿。《皇门》开篇的背景交代应为后人追记,作用相当于"序",不影响全篇的诰辞性质和记言性质。

（五）《祭公》

以传本《祭公》为准,其中的非记言部分仅包括:"王若曰""祭公拜手稽首曰""王曰""公曰""曰""王拜手稽首觉言"。除此之外,全篇约六百字皆为记言。《祭公》的情况与上文所引《皋陶谟》相似,非记言部分只包括少数人物动作,除此之外更无叙事,也无史事背景介绍。与《商誓》《皇门》不同的是,《祭公》并非诰辞,而是"顾命"体的君臣对话。可见,《祭公》的记言性质也应毋庸置疑。

（六）总结

从"记言体"的角度来看,《商誓》《皇门》《祭公》属于典型的记言体散文,《克殷》《世俘》则属于叙事散文。所以,《商誓》《皇门》《祭公》具备"记言"的"书"类文献文学特征。

---

① 清华大学出土文献研究与保护中心编,李学勤主编:《清华大学藏战国竹简(壹)》,上海:中西书局,2010年,第164页。

二、"六体"

(一)《克殷》《世俘》

"六体",典、谟、训、诰、誓、命,其前提为记言。《克殷》《世俘》不是记言体散文,故不应纳入"六体"之列。①

(二)《商誓》

《商誓》乃"诰"体文献,上文已有详论,此不赘述。

(三)《皇门》

《皇门》乃"诰",几乎为默证。无论从清华简文献系统层面看,还是从与《商誓》的关系层面看,《皇门》就是"诰"体文献。谨慎起见,我们现用上文考察《商誓》"诰"体文献的方法再对《皇门》进行详细考察。

特征之一,"王若曰"或"王曰"的语言标志。《皇门》开篇为:"维正月庚午,周公格左闳门,会群门。"然后以"曰"引出讲话内容。这种开篇形式与典型的"诰"略有不同,但开篇叙事类似于"序",不影响文体特征。"曰",在简本中作"公若曰"②,其效果与传统"诰"体文献的"王若曰"同。因此,我们可以说,《皇门》是具有"王若曰"这样的语言标志的。故从特征之一看,《皇门》属于"诰"。

特征之二,广义的"诰人"与狭义的"诰众"。"诰众"之定性,开篇叙事可

---

① 孔颖达:"《武成》云'识其政事',亦诰也。"[汉]孔安国传,[唐]孔颖达正义:《尚书注疏》,[清]阮元校刻,方向东点校:《十三经注疏》第 2 册,北京:中华书局,2021 年,第 36 页。按:《武成》即《世俘》,但此《武成》非彼《武成》,孔颖达所说《武成》乃伪古文,与《世俘》无关。况且,纵使是伪古文《武成》,背景叙事也较多,还包括文末叙事。虽有"王若曰",但不应列为"诰"。参见[汉]孔安国传,[唐]孔颖达正义:《尚书注疏》,[清]阮元校刻,方向东点校:《十三经注疏》第 2 册,北京:中华书局,2021 年,第 467—479 页。梅军在讨论《逸周书》的文体时,在"六体"之外加入了"记"这一文体,并认为:"《逸周书》之西周作品中载录记事言辞的'记'文数量甚少,现存一篇,即《世俘》。"此可备一说,本书不纳。参见梅军:《殷商西周散文文体研究》,北京:科学出版社,2016 年,第 418 页。

② 清华大学出土文献研究与保护中心编,李学勤主编:《清华大学藏战国竹简(壹)》,上海:中西书局,2010 年,第 164 页。

知:"维正月庚午,周公格左闳门,会群门。"清华简:"惟正月庚午,公格在库门。"①王念孙校:"'会群门'三字义不可通,当为'会群臣'。"②"群臣"之说虽可商榷,但"群"字必指向多人。因此,周公是在"诰众",而非"诰人"。故从特征之二看,《皇门》属于狭义的"诰"。

　　特征之三,广义的"下诰上"与狭义的"上诰下"。周公"格左闳门,会群门",已足以证明其地位高于群臣。参本书第二章第五节关于《皇门》第一层次史事背景的讨论,可知此事在周公摄政的七年间。今本《竹书纪年》:"元年丁酉春正月,王即位,命冢宰周文公总百官。庚午,周公诰诸侯于皇门。"③按此说法,《皇门》事在成王元年,即周公摄政的第一年。今本《纪年》虽不能尽信,但亦可资旁证。周公摄政,自然以周公为大,高于群臣。《皇门》:"朕荩臣夫,明尔德,以助予一人忧。""予一人"用法,只适用于天子。周公作为始制礼法者,不可能不明白这一点。因此"予一人"不仅是周公摄政的证明,而且是周公称王的证明。此时的周公贵为天子,诰群臣自然是"上诰下"。故从特征之三看,《皇门》属于狭义的"诰"。

　　特征之四,狭义的"诰"的文末不能有叙事。《皇门》篇末曰:"譬若众畋,常扶予险,乃而予于济。汝无作!"按简本,"汝无作"后有阙文,简本《皇门》:"譬如主舟,辅余于险,临余于济。毋作祖考羞哉。"④这段文本显然为周公诰辞的一部分,决非篇末叙事。故从特征之四看,《皇门》属于狭义的"诰"。

　　特征之五,代天,或代先王,或代时王言之。《皇门》主题乃周公讲述大邦君之事,涉及许多对象,或为"被先王之灵光"的"先王",或为"至于厥后嗣"的"后嗣",或为"先人神祇"的"神祇",但这些都不是代言的对象,即周公并未以这些对象的代言者的身份作诰。唯一可谓代言的是开篇:"下邑小

---

① 清华大学出土文献研究与保护中心编,李学勤主编:《清华大学藏战国竹简(壹)》,上海:中西书局,2010年,第164页。
② [清]王念孙撰:《逸周书杂志》,清同治九年(1870)金陵书局刻本,宋志英、晁岳佩选编:《〈逸周书〉研究文献辑刊》第7册,北京:国家图书馆出版社,2015年,第553页。
③ 王国维撰,黄永年校点:《今本竹书纪年疏证》,沈阳:辽宁教育出版社,1997年,第81页。
按:由"周公诰诸侯于皇门"可知,今本《竹书纪年》作者亦默认《皇门》为"诰"体文献。
④ 清华大学出土文献研究与保护中心编,李学勤主编:《清华大学藏战国竹简(壹)》,上海:中西书局,2010年,第165页。

国,克有耇老,据屏位,建沈人,罔不用明刑。维其开告于予嘉德之说。"即代言"耇老"。因此,从特征之五看,《皇门》"诰"体归属待定。

总此五点特征,前四点皆将《皇门》指向"诰"体文献,且第二、三、四点皆认为《皇门》属于狭义的"诰"体文献。至此,我们可得出最终结论,《皇门》是"诰"体文献。

(四)《祭公》

在本书第二章第六节中,我们讨论了《祭公》的"顾命"体文献特征。"顾命"体是针对文本内容而言的,非"六体"之一,但"顾命"体可为我们鉴定"六体"提供重要线索。经第二章第六节鉴定,"书"类文献中的"顾命"体文献有三篇:《顾命》《祭公》《保训》。《顾命》乃《尚书》篇目,因其篇名含"命",故"命"体归属还是比较明确的。孔颖达:"《说命》三篇、《微子之命》《蔡仲之命》《顾命》《毕命》《冏命》《文侯之命》九篇,命也。"①《保训》含"训",乃《逸周书》佚篇《秦阴》之异名篇目②,应归于"训"体的"书"类文献。孔颖达:"《伊训》一篇,训也。""其《太甲》《咸有一德》,伊尹训道王,亦训之类。""《高宗肜日》与训序连文,亦训辞可知也。""《旅獒》戒王,亦训也。""《无逸》戒王,亦训也。"③除去伪古文篇目,孔颖达鉴定的"训"体文献只有《高宗肜日》《无逸》两篇。按杨闯之说,《无逸》应为"诰"。④ 杨说可从。《祭公》的文体,应为"命"或"训","命"可以《顾命》("王崩"前的部分)、《文侯之命》为参照,"训"可以《高宗肜日》《保训》为参照。

惟四月哉生魄,王不怿。甲子,王乃洮颒水,相被冕服,凭玉几。乃同召太保奭、芮伯、彤伯、毕公、卫侯、毛公、师氏、虎臣、百

---

① [汉]孔安国传,[唐]孔颖达正义:《尚书注疏》,[清]阮元校刻,方向东点校:《十三经注疏》第2册,北京:中华书局,2021年,第36页。
② 参见王文意:《〈程寤〉〈保训〉视野下的〈逸周书〉文王佚篇研究》,吴琦主编:《华大史学论坛》第7辑,武汉:湖北人民出版社,2021年,第2页。
③ [汉]孔安国传,[唐]孔颖达正义:《尚书注疏》,[清]阮元校刻,方向东点校:《十三经注疏》第2册,北京:中华书局,2021年,第36页。
④ 杨闯:《〈尚书〉周初诸诰研究》,南京师范大学博士学位论文,2019年。

尹、御事。王曰:"呜呼!疾大渐,惟几,病日臻,既弥留,恐不获誓言嗣,兹予审训命汝,昔君文王、武王,宣重光,奠丽陈教,则肄肄不违,用克达殷,集大命。在后之侗,敬迓天威,嗣守文武大训,无敢昏逾。今天降疾,殆弗兴弗悟,尔尚明时朕言,用敬保元子钊,弘济于艰难,柔远能迩,安劝小大庶邦,思夫人自乱于威仪,尔无以钊冒贡于非几。"兹既受命,还,出缀衣于庭。越翼日乙丑,王崩。①(《顾命》"王崩"前部分)

王若曰:"父义和,丕显文武,克慎明德,昭升于上,敷闻在下。惟时上帝,集厥命于文王。亦惟先正,克左右昭事厥辟,越小大谋猷罔不率从,肆先祖怀在位。呜呼!闵予小子嗣,造天丕愆,殄资泽于下民,侵戎我国家纯,即我御事,罔或耆寿俊在厥服,予则罔克。曰惟祖惟父,其伊恤朕躬。呜呼!有绩予一人永绥在位。父义和,汝克昭乃显祖,汝肇刑文武,用会绍乃辟,追孝于前文人。汝多修,扞我于艰,若汝予嘉。"王曰:"父义和,其归视尔师,宁尔邦。用赉尔秬鬯一卣,彤弓一,彤矢百,卢弓一,卢矢百,马四匹。父往哉!柔远能迩,惠康小民,无荒宁,简恤尔都,用成尔显德。"②(《文侯之命》)

《顾命》和《文侯之命》虽然都被称作"命",但实际上差别较大。《顾命》是"顾命"体的典范,记录的是成王遗训;《文侯之命》则是典型的册封之文。大盂鼎铭文:"锡汝秬鬯一卣,冕、衣、韨、舄、车、马。"③《文侯之命》:"用赉尔秬鬯一卣,彤弓一,彤矢百,卢弓一,卢矢百,马四匹。"两者文法十分相似。程浩:"我们对西周的册命金文要与'命'体的'书'篇等而视之。而像大盂鼎这样的长篇册命金文,如果有幸被转写成简册并得以流传,那么我们今天在

---

① 顾颉刚、刘起釪:《尚书校释译论》第4册,北京:中华书局,2005年,第1712页。
② 顾颉刚、刘起釪:《尚书校释译论》第4册,北京:中华书局,2005年,第2114页。
③ 吴镇烽编著:《商周青铜器铭文暨图像集成》第5卷,上海:上海古籍出版社,2012年,第443页。

《周书》中多见到一篇'《盂命》'也是一点都不奇怪的。"① 可见,一般意义上的"命",指的是册命。程浩在鉴定清华简《封许之命》时,认为它也是一篇册命。② 所以,我们在考察《祭公》是否为"命"时,只需关注《顾命》即可,册命类的"命"不具备参考价值。《顾命》体现的"命"体文献的特征是:第一,以上命下;第二,以一人命众人;第三,临终遗命。考察《祭公》文本,我们发现:首先,祭公谋父无权"命"穆王。虽然祭公谋父是元老级重臣,是穆王的长辈,但君臣秩序不容紊乱,祭公谋父做不到"以上命下"。其次,祭公谋父说话对象以穆王为主,兼及三公,但要说"以一人命众人"还是不符语境,只能说是"告诫",够不成"命"。第三,《祭公》确为祭公谋父的临终遗命,此条符合。综合三点来看,《祭公》与"命"体文献的基本特征有一定的吻合度,但从"以上命下"这一点来看,祭公谋父的身份与"命"的出入较大。因此,若将《祭公》定性为"命"体文献,难免流于牵强。

我们再看《高宗肜日》和《保训》:

> 高宗肜日,越有雊雉。祖己曰:"惟先格王,正厥事。"乃训于王曰:"惟天监下民,典厥义,降年有永有不永。非天夭民,民中绝命。民有不若德,不听罪。天既孚命正厥德,乃曰:'其如台?'呜呼,王司敬民,罔非天胤,典祀无丰于昵。"③(《高宗肜日》)

> 隹王五十年,不豫。王念日之多历,恐坠宝训。戊子自靧水。己丑昧[爽]□□□□□□□□□。[王]若曰:"发,朕疾壹甚,恐不汝及训。昔前人传宝,必受之以詷。今朕疾允病,恐弗堪终。汝以书受之。钦哉! 勿淫! 昔舜旧作小人,亲耕于历丘,恐求中。自稽厥志,不违于庶万姓之多欲。厥有施于上下远迩,乃易位设稽,测阴阳之物,咸顺不逆。舜既得中,言不易实变名,身兹备,隹允。翼翼不解,用作三降之德。帝尧嘉之,用授厥绪。呜呼,祗之哉! 昔

---

① 程浩:《有言为之:先秦"书"类文献的源与流》,北京:中华书局,2021年,第206页。
② 参见程浩:《有言为之:先秦"书"类文献的源与流》,北京:中华书局,2021年,第206页。
③ 顾颉刚、刘起釪:《尚书校释译论》第2册,北京:中华书局,2005年,第992—1011页。

微假中于河,以复有易,有易服厥罪。微无害,乃归中于河。微志弗忘,传贻子孙,至于成汤,祗服不解,用受大命。呜呼!发,敬哉!朕闻兹不久,命未有所延,今汝祗服毋解,其有所由矣,不及尔身受大命,敬哉!毋淫!日不足隹宿不详。"①(《保训》)

《高宗肜日》和《保训》具有较高的相似度,显然属于同一类文献。在《高宗肜日》中,作训者是王族成员祖己②,且从谆谆教诲的内容上看,只能是商王祖庚的长辈。《保训》的作训者和被训者就比较明确了,分别为文王和武王(太子发)。由此我们可归纳"训"的第一个特征:"训"是年长者训年幼者,君训臣或臣训君皆可,但须都是王族成员。《高宗肜日》有"乃训于王曰"几个字,因而被孔颖达定性为"训"。孔颖达认为《太甲》《咸有一德》也是"训",理由也在于"伊尹训道王"③。至于《旅獒》《无逸》,则是因为"戒":"《旅獒》戒王,亦训也。""《无逸》戒王,亦训也。"④因此,孔颖达理解的"训"体文献的基本特征是"训诫",此说合理。观《高宗肜日》《保训》,确实带有明显的训诫之意。《高宗肜日》:"王司敬民,罔非天胤,典祀无丰于昵。"⑤《保训》:"朕闻兹不久,命未有所延,今汝祗服毋解,其有所由矣,不及尔身受大命,敬哉!毋淫!"⑥接下来,我们考察《祭公》的情况。在《祭公》篇中,作训者是祭公谋父,受训者是穆王。第一,符合年长者训年幼者。第二,以臣训君,与《高宗肜

---

① 清华大学出土文献研究与保护中心编,李学勤主编:《清华大学藏战国竹简(壹)》,上海:中西书局,2010年,第143页。本节下文所引《保训》皆出于此,不再出注。
② 朱骏声引汉人注:"祖己,王之宗族也。"[清]朱骏声撰:《尚书古注便读》卷三,民国二十四年(1935)华西国学丛书活字本,第19叶上半叶。
③ [汉]孔安国传,[唐]孔颖达正义:《尚书注疏》,[清]阮元校刻,方向东点校:《十三经注疏》第2册,北京:中华书局,2021年,第36页。按:训道,训导也。
④ [汉]孔安国传,[唐]孔颖达正义:《尚书注疏》,[清]阮元校刻,方向东点校:《十三经注疏》第2册,北京:中华书局,2021年,第36页。
⑤ 顾颉刚、刘起釪:《尚书校释译论》第2册,北京:中华书局,2005年,第992—1011页。
⑥ 清华大学出土文献研究与保护中心编,李学勤主编:《清华大学藏战国竹简(壹)》,上海:中西书局,2010年,第143页。

日》祖己训祖庚同。第三,祭公谋父是周公的孙子[①],属于王族成员。第四,祭公谋父对穆王说的临终遗言有明显的训诫之意,如:"汝无以戾反罪疾,丧时二王大功;汝无以嬖御固庄后;汝无以小谋败大作;汝无以嬖御士疾大夫、卿士;汝无以家相乱王室而莫恤其外。"[②]三个"汝无以",是典型的训诫。此外,还有第五点,与"命"相比,"训诫"更符合《祭公》的总体语境。虽然《祭公》对应的简本篇名为《祭公之顾命》,但此顾命非彼顾命,"命"指命令,只能自上而下。祭公的顾命,只是一种训诫、劝导,与祖己诫祖庚同,并不构成命令。《文侯之命》及大盂鼎这种被称作"册命"的西周金文,也无不以上"册"下、以上"命"下。以上述五点标准来衡量,将《祭公》定性为"训"体文献是合情合理的。除此之外,还有一则文献可旁证将《祭公》视为"训"比视为"命"更合理,见《文心雕龙·诏策》:"昔轩辕唐虞,同称为命。命之为义,制性之本也。其在三代,事兼诰誓。誓以训戎,诰以敷政,命喻自天,故授官锡胤。"[③]虽然《祭公》是"顾命"体,但是"顾命"体的"命"的涵盖面比"典谟训诰誓命"的"命"的涵盖面更广,它可以"事兼诰誓"。这个"事兼诰誓"的"命"的特点在于"自天",是可以涵盖"训戎"和"敷政"的。对比之下,《祭公》的重心在于祭公谋父对穆王和三公等晚辈的训诫,与"训戎"无关,感性的抒情也大于理性的"敷政"。虽然《祭公》的文本符合"命"之"制性",但"制性"非"命"之独有,"制性"只能佐证《祭公》的"顾命"体特征,无益于"命"。相反,《祭公》的"制性"特征是由其训诫之辞造就的,祭公谋父不是在"命"穆王,而是在"训"穆王。因此仅从"制性"之"训"来看,将《祭公》划归"训"体文献也更合理。

---

① 周宝宏:"谋父为周公旦之孙,第二代祭公,死于穆王二十一年。"周宝宏:《〈逸周书〉考释》,北京:社会科学文献出版社,2001 年,第 281 页。
② 简本《祭公之顾命》:"汝毋以戾兹皋辜无时远大邦,汝毋以嬖御塞尔庄后,汝毋以小谋败大作,汝毋以嬖士塞大夫、卿士,汝毋各家相乃室然莫恤其外。"清华大学出土文献研究与保护中心编,李学勤主编:《清华大学藏战国竹简(壹)》,上海:中西书局,2010 年,第 174—175 页。
③ [南朝梁]刘勰著,黄淑琳注,李详补注,杨明照校注拾遗:《增订文心雕龙校注》上册,北京:中华书局,2012 年,第 262 页。

(五) 总结

从"六体"的角度看,《商誓》《皇门》是"诰"体文献,而且都属于狭义层面的"诰"。《祭公》具有一定的"命"体特征,但定性为"训"体文献更为合适。《克殷》《世俘》以叙事为主,故而不能归入"六体"。所以说,若从"书"类文献之文学特征的视角入手谈《逸周书》西周诸篇,重点需讨论的是"诰"体的《商誓》《皇门》和"训"体的《祭公》。

第四章 《逸周书》西周诸篇的
　　　　君臣群像及其文学特征

西周没有后世意义上的纯文学，本书的主要研究对象《逸周书》西周六篇也没有一篇可以称作纯文学。但是，前辈学者在撰写文学史时，并没有以夏、商、西周为禁区，如殷商文学就以"卜辞文学"为代表，这一学术概念早在民国时期就已成体系。① 我们虽不敢断言当时作者已具备多么高的文学自觉，但他们的作品具备后世意义上的某些文学特征是可以确定的。

那么，什么是"文学特征"呢？古之"文学"定义有过流变，《论语·先进》："文学：子游，子夏。"②此时的文学是"孔门四科"之一，"指古代文献"（杨伯峻说）。③《史记·儒林列传》："文章尔雅，训辞深厚。"④汉之"文章"指文辞，倒更接近现在说的"文学"。我们要讨论的"文学"，只能以现代学科分类上说的"文学"为准，即"审美意识形态"。⑤ 具体来说，文学具有审美价值，并且是一种意识形态。这样的审美意识形态不一定要附着在纯粹的文学作品上，如南朝小赋、唐宋诗词、明清演义小说；也可以附着在经史典籍上，如《左传》《史记》。这些经史典籍在创作之初不一定有文学自觉，但以后世理论衡

---

① 参见唐兰：《卜辞时代的文学和卜辞文学》，《清华大学学报（自然科学版）》1936年第3期，第657—702页。
② 杨伯峻译注：《论语译注》，北京：中华书局，2009年，第109页。
③ 杨伯峻译注：《论语译注》，北京：中华书局，2009年，第109页。
④ ［汉］司马迁撰，［南朝宋］裴骃集解，［唐］司马贞索隐，［唐］张守节正义：《史记》第10册，北京：中华书局，2014年，第3789—3790页。
⑤ 童庆炳认为把文学表述为"审美意识形态"是"最好的一种观点"。童庆炳：《怎样理解文学是"审美意识形态"？——〈文学理论教程〉编著手札》，《中国大学教学》2004年第1期，第59—61页。

量之,它们中存在相当数量的"文学特征"。我们对这些典籍文献进行文学研究时,真正的研究对象也不是通篇的文献,而是其中的"文学特征"。

人物形象研究是文学研究的一个大类,赵奉蓉《〈逸周书〉文学研究》也设大章《〈逸周书〉的人物形象》。① 故当我们从文学角度谈论《逸周书》西周诸篇时,也应将其中的人物形象研究作为一个重点。只不过,西周诸篇人物形象的"文学特征"不是文学家创造出来的,而是当时的史官在进行历史文献写作时有意识或无意识地衍生出来的。在本章中,我们先从武王、周公、祭公等具体的人物形象入手,然后再集中讨论相关文本的"文学特征"。

第一节 王权独尊的武王

王权独尊的武王形象主要出现在《克殷》《世俘》两篇,具体表现可概括为三点:第一,以武王一人为典礼的核心;第二,由武王一人垄断通天祭祀的渠道;第三,以武王一人代表周人、周军。这三个"一人"凸显的是周初以王权为尊的"予一人"政治特征,从文学角度来说展现的是武王王权独尊、意气风发的胜利者形象。

一、武王是典礼的核心

伐纣战争胜利后,武王带领周人完成了一系列的典礼,包括虐尸、献俘等。《克殷》:"武王乃手太白以麾诸侯,诸侯毕拜,遂揖之。"孔注:"太白,旗名。"由前文商辛"自燔"知,此处是入城典礼的开端。武王手挥太白旗,诸侯毕拜,此处帝王风范已与后世皇帝无二。孔注释"揖"为"召",实不确,"揖"即还礼。诸侯拜后,武王还礼,这也符合西周君臣互相"拜手稽首"的礼节。"商庶百姓咸俟于郊",等的是武王;"群宾佥进",迎的是武王;"再拜稽首",拜的也是武王,由下文"武王答拜"知。"武王答拜"之后,"先入,适王所,乃克射之三发,而后下车,而击之以轻吕,斩之以黄钺。折,县诸太白。乃适二

---

① 赵奉蓉:《〈逸周书〉文学研究》,北京:中国社会科学出版社,2013 年,目录第 2 页。

女之所,既缢。王又射之三发,乃右击之以轻吕,斩之以玄钺,县诸小白。乃出场于厥军。"第一个"王"指帝辛,第二个"王"指武王。"人""适""射""下车""击""斩""县(悬)",这一系列的操作都由武王一人完成,并且对纣王和纣之二妃重复进行。

关于"克射之三发"的"克",需着重解释。《史记·周本纪》:"武王自射之,三发而后下车。"①《艺文类聚》卷十二引《帝王世纪》:"王亦答拜,以兵入,造纣及妲己尸,王亲射之,三发。"②《金楼子·兴王》:"武王身射之,三发而后下车。"③刘师培:"'克'疑'身'讹,或即'亲'之坏字。"④金文"克"作 ⑤、"身"作 ⑥、"亲"作 ⑦。刘说可从。由此可见,"克射之三发"即武王亲自射了三箭。"克"字说明《克殷》篇的作者在写作时并非单纯的客观叙事,而是掺入了主观情感。他有意识地强调了武王亲力亲为的特性,其目的在于突出武王的个人主义,彰显其开国帝王的伟岸形象——这也符合人文主义觉醒时期以"人"为核心而不是以"神"为核心的时代特征。对周人、周邦、周军而言,他们需要一个高大的"人"作为代表,那么显然武王是最合适的人选。甚至,我们可基于此做大胆猜想,既然"克射之三发"的"克"应解作"亲",那么《克殷》的"克"也有可能解作"亲"。作者以《亲殷》为篇名,意在强调伐纣灭商的大业是武王亲力亲为完成的,甚至说,是他一个人完成的。虽然这样的说法不合实际也不符合唯物史观,但《世俘》作者确实通过这种方式将武王

---

① [汉]司马迁撰,[南朝宋]裴骃集解,[唐]司马贞索隐,[唐]张守节正义:《史记》第1册,北京:中华书局,2014年,第161页。
② [唐]欧阳询撰,汪绍楹校:《艺文类聚》,上海:上海古籍出版社,1982年,第224页。
③ [南朝梁]萧绎撰,陈志平、熊清元疏证校注:《金楼子疏证校注》,上海:上海古籍出版社,2014年,第104页。
④ 刘师培撰:《周书补正》,民国间宁武南式铅印本,宋志英、晁岳佩选编:《〈逸周书〉研究文献辑刊》第9册,北京:国家图书馆出版社,2015年,第410页。
⑤ 见于西周早期的小臣唐簋。参见吴镇烽编著:《商周青铜器铭文暨图像集成续编》第2卷,上海:上海古籍出版社,2016年,第8页。
⑥ 见于西周中期的霸姬盘。参见吴镇烽编著:《商周青铜器铭文暨图像集成三编》第3卷,上海:上海古籍出版社,2020年,第374页。
⑦ 见于西周晚期的中伯壶。参见吴镇烽编著:《商周青铜器铭文暨图像集成》第22卷,上海:上海古籍出版社,2012年,第262页。

的形象推向了顶峰,凸显了这位领袖的伟大。

《克殷》:"周公把大钺,召公把小钺,以夹王。泰颠、闳夭皆执轻吕以奏王。王入,即位于社。太卒之左,群臣毕从。"周公、召公、泰颠、闳夭都是周邦栋梁,并非小卒,以周公、召公为左右夹辅武王,又以泰颠、闳夭奏请武王,意在突出武王地位的至高无上。当然,我们还是应该把客观记录和文学描写分开。周公、召公、泰颠、闳夭确实都参与了这场典礼,并且各司其职,这是客观记录;"皆""毕"这样的字眼带有强烈的主观情感,这是文学描写。"皆""毕"强调的是,即使是位高权重如周公、召公,在武王身边依然是夹辅左右的配角,远不及武王形象的光辉伟大。武王之于群臣,享有绝对的领导核心的地位。

二、武王独祀

相比于后世的"淫祀",殷商时期有着更为严格的祭祀制度,或者说,有着更为严格的沟通天人的渠道。《高宗肜日》:"典祀无丰于昵。"[1]《牧誓》:"昏弃厥肆祀弗答。"[2]《克殷》:"殷末孙受,德迷先成汤之明,侮灭神祇不祀。"祭祀或沟通天人的渠道实际上是被大贵族垄断的,小民不能私自祭祀。这些材料都说明祭祀是殷商君王的责任,如果不按规矩实施,就会受到谴责。在伐纣之前,武王只是小邦之君,地位远低于商纣王。一旦伐纣胜利,武王就立刻从小邦之君跃升为天子。从《世俘》文本看,我们看到的表象是武王在祭祀,深层内容则是武王通过祭祀"成辟"(见《世俘》开篇),即荣登天子大位。如果此时祭祀可与群臣共之,则既坏了殷礼,又不能突出武王地位的独尊,故细梳《世俘》中所有关于祭祀或沟通天人的文段,无一不以武王为主语:"武王乃翼,矢珪矢宪,告天宗上帝。"孰可"告天宗上帝",是唯武王。"王烈祖自太王、太伯、王季、虞公、文王、邑考以列升,维告殷罪。"孰可祭祀先王,亦唯武王。祭祀原因历来有天神崇拜和祖先崇拜两种,这里皆已覆盖。"武王朝至,燎于周。"指武王在周的宗庙祭祀。"武王在祀,太师负商王纣,

---

[1] 顾颉刚、刘起釪:《尚书校释译论》第2册,北京:中华书局,2005年,第1011页。
[2] 顾颉刚、刘起釪:《尚书校释译论》第3册,北京:中华书局,2005年,第1098页。

县首白旂、妻二首赤旂,乃以先馘入,燎于周庙。"武王祭祀时,姜太公将纣王等人的头颅背了过来。武王将纣王的头颅挂在白旗上,将纣之二妃的头颅挂在红旗上,率先走进宗庙,并举行燎祭仪式。武王烧毁纣及二妃头颅在烧毁俘虏耳朵之前,可见燎祭采用的是先尊后卑的顺序。能够与纣王地位对等并亲自燎祭的周人代表,也只能是武王。"(武王)祀于位,用籥于天位。"武王荣登大位,管弦齐鸣。"武王乃以庶祀馘于国周庙:'翼予冲子!'断牛六,断羊二。""(武王)告于周庙曰:'古朕闻文考修商人典,以斩纣身。'告于天于稷。""(武王)用小牲羊犬豕于百神水土于誓社曰:'惟予冲子,绥文考,至于冲子。'用牛于天、于稷五百有四。"这一系列需要"告"的仪式,都以武王个人为主语。在整个流程中,武王是唯一向宗庙"作报告"的领导人,其他人全部噤声。我们由此可以认为,武王是唯一能够合法沟通天人的周邦代理人,是"独祀"者,也是绝对的"独尊"者。虽然相对于后代的君主集权而言武王的独尊地位不值一提,但相对于他之前的时代而言却是前无古人。

三、武王即周邦

"武王伐纣"这四个字是用来形容商周易代的最常见说法,相比较而言,"周人伐纣""周军伐纣""周人伐商""周军伐商"等说法则较为少见。实际上,按唯物史观,"周人伐商""周军伐商"才更确切。商周易代的战争是大邦殷和小邦周之间的战争,而不是武王和纣王的单打独斗。尤其将武王个人作为征伐动作的发出者,是极具个人英雄主义精神的笔法。对毫无历史常识的人而言,如果只看《世俘》文本,很可能会得出这样的结论:这场战争是武王一个人打的。《世俘》:"王乃步自于周,征伐商王纣。"字面:武王独自一人从周邦走来,和商王纣约架。实际:武王率领周国的军队从周邦出发,来讨伐商王纣领导下的商国。《世俘》:"武王狩,禽虎二十有二、猫二、麋五千二百三十五、犀十有二、氂七百二十有一、熊百五十有一、罴百一十有八、豕三百五十有二、貉十有八、麈十有六、麝五十、麋三十、鹿三千五百有八。"字面:武王猎获了二十二只老虎、两只猫等十三种动物。实际:伐商战争胜利后统计战果,武王的军队猎获了二十二只老虎、两只猫等十三种动物。① 《世俘》:"武王遂征四方,凡憝国九十有九国,馘磿亿有十万七千七百七十有九,俘人三亿万有二百三十,凡服国六百五十有二。"字面:武王他独自一人征伐四方,一共灭了九十九个国家,杀敌亿有十万七千七百七十有九人,俘虏三亿万有二百三十人,归化六百五十有二国。实际:武王领导下的周军征伐四方,一共灭了九十九个国家,杀敌亿有十万七千七百七十有九人,俘虏三亿万有二百三十人,归化六百五十有二国。《世俘》:"武王乃废于纣矢恶臣人百人。"字面:武王"废"②了商纣王的恶臣百人。实际:周人集团在灭商后,举行了隆重的献俘仪式,在仪式上"废"了商纣王的恶臣百人。《世俘》:"凡武王俘商旧玉亿有百万。"字面:武王独自缴获了商王室的玉器亿有百万件。实际:武王领导下的周军缴获了商王室的玉器亿有百万件。

出于"武王伐纣"的思维习惯,我们很难从宏观层面发现《世俘》文本有何不妥,但仔细梳理每句话的字面意思,我们发现武王个人发挥的作用被过分夸大了。武王不可能凭一己之力灭商,不可能凭一己之力猎获几十万只动物,不可能凭一己之力征服数百个邦国并杀、俘几十万敌军,不可能凭一己之力虐残一百名商俘战犯,不可能凭一己之力缴获上百万件商廷玉器。所有这些伟大的成就都是由周人、周军、周国政治军事集团取得的,而不是武王一人。将武王的名字系于这一系列伟大成就之前,作为动作发出的主语,体现的正是"武王即周邦"的写作精神。《世俘》篇的作者在记录这段史事时,不可避免地加入了主观的文学元素——或出于史官本人,或出于周国统治阶级的要求。这种文学笔法将武王与周邦等价起来,认为武王是周邦独一无二的代言人,是周邦最为至高无上的统治权威。这种写法虽然没有

---

① 这些动物很可能是在征伐途中猎获的,这里记录动物数量之庞大,意在彰显周军征伐邦国之多、征伐地域之广。
② 潘振:"废者,废其人也。"[清]潘振注:《周书解义》,清嘉庆间(1796—1820)刻本,宋志英、晁岳佩选编:《〈逸周书〉研究文献辑刊》第 2 册,北京:国家图书馆出版社,2015 年,第 42 页。黄怀信:"废,谓残其肢体。"黄怀信:《逸周书校补注译》,西安:三秦出版社,2006 年,第 202 页。按:"废"指的是使人残废,而非杀死。周军虐待商俘,用斧钺割去其身体部分组织或器官,使之失去自主行为能力,并且在短时间内确保其不至于伤重而死。黄怀信谓"残其肢体",应接近事实。

客观反映史实，但属于不以篡改为目的的虚构。《世俘》作者塑造了文学形象的武王，又没有因此误导后人对历史上伐商战争的认知。自此以后，"武王伐纣"成为了一种叙事常态，在后世史书中亦屡见不鲜，如《史记·高祖本纪》："项羽已破走彭越。"①《汉书·高帝纪》："彭越渡睢，与项声、薛公战下邳，破杀薛公。羽使终公守成皋，而自东击彭越。"②《后汉书·光武帝纪》："时更始使大司马朱鲔、舞阴王李轶等屯洛阳，光武亦令冯异守孟津以拒之。"③《三国志·魏书·武帝纪》："遣曹仁讨之。"④以上涉及的项羽、彭越、项声、薛公、终公、朱鲔、李轶、冯异、曹仁等都不是一个人，而是"某某的军队"或"某某率领军队"。以一个人代表一支军队，或为突出个人，或为简写，与"武王伐纣"的性质相同。

第二节　走马灯般的群臣

走马灯般的群臣形象主要出现在《克殷》篇，原文："武王使尚父与伯夫致师。"尚父，即姜太公。原文："叔振奏拜假。"孔注："曹叔振奏行也。"卢文弨校："谢云：'《史记》"叔振"下有"铎"字。'"原文："周公把大钺，召公把小钺，以夹王。"原文："泰颠、闳夭皆执轻吕以奏王。"原文："毛叔郑奉明水，卫叔傅礼。"原文："召公奭赞采，师尚父牵牲。"孔注："赞，佐；采，事也。倅王也。"原文："尹逸筴曰：'殷末孙受，德迷先成汤之明，侮灭神祇不祀，昏暴商邑百姓，其章显闻于昊天上帝。'"原文："立王子武庚，命管叔相。"原文："乃命召公释箕子之囚，命毕公、卫叔出百姓之囚，乃命南宫忽振鹿台之财、巨桥之粟，乃命南宫百达、史佚迁九鼎三巫，乃命闳夭封比干之墓，乃命宗祝崇宾飨。"其中涉及的群臣包括姜太公、叔振铎、周公、召公、泰颠、闳夭、毛叔郑、

---

① ［汉］司马迁撰，［南朝宋］裴骃集解，［唐］司马贞索隐，［唐］张守节正义：《史记》第2册，北京：中华书局，2014年，第472页。
② ［汉］班固撰，［唐］颜师古注：《汉书》第1册，北京：中华书局，1962年，第41页。
③ ［南朝宋］范晔撰，［唐］李贤等注：《后汉书》第1册，北京：中华书局，1965年，第18页。
④ ［晋］陈寿撰，［南朝宋］裴松之注：《三国志》第1册，北京：中华书局，1982年，第34页。

卫叔、尹逸、管叔、毕公、南宫忽、南宫百达、史佚、闳夭,凡十五位。

以《克殷》三百多字之篇幅,出现十五位臣子的名字,不可谓不密集。这些都不是小臣,而是周人政治军事集团的骨干,都是武王的股肱之臣。然而,《克殷》虽有群臣,却没有群臣饱满的形象。群臣的外貌、语言、性格,都没有涉及。我们只能从《克殷》中知其名,却不能了解其人。周公、召公、毛叔郑、卫叔等人各司其职,要么"把大钺",要么"把小钺",要么"奉明水",要么"傅礼"。唯一有语言的是尹逸,说话内容也只是宣读官方文件,代表的是整个周人集团的意志,并不能体现个人形象。《克殷》作者记录这些臣子时似乎只是在"签到",并不是为了描写他们的喜怒哀乐,乃至于每一位臣子都是典礼的"零部件",都是武王驱使的"工具"。这样的场合不需要他们发言,也不需要凸显他们的个性,只需要他们出场亮相并且各自坚守好自己的岗位就可以了。可以说,在以武王为绝对核心的入城典礼上,所有的臣子都只是陪衬。

记录人物时没有具体形象的描写,本身就是一种人物描写。只不过《克殷》篇的作者想要突出的不是每一位臣子的形象,而是多位臣子组成的群像,以及这个"群像"背后所要反映的东西。这些臣子就像走马灯一样,短暂地出现,而后又不再提及。即使像太公、召公这样多次出现的人物,也只是比别人多一个出场镜头,并没有更多的形象刻画。《克殷》篇作者熟练运用了蒙太奇的手法,将三百多字的《克殷》分解为多个镜头,并在涉及十五位臣子时运用了至少十四次镜头切换。当镜头转向周公时,我们看见他举着大钺;当镜头转向召公时,我们看见他举着小钺;当镜头转向泰颠、闳夭时,我们看见他们两位正手执轻吕;等到镜头转回召公的时候,我们发现他已不再举着小钺,而是开始"赞采",即助王主事。接下来,召公被命令"释箕子之囚",毕公、卫叔被命令"出百姓之囚",南宫忽被命令"振鹿台之财、巨桥之粟",南宫百达、史佚被命令"迁九鼎三巫",闳夭被命令"封比干之墓"。每一位臣子都承担了至少一项重要任务。"乃命"的前面是没有主语的,我们只能看到"乃命"的后面是一条条不容违背的命令,即使如周公、召公这样的重臣也必须无条件服从。毋庸置疑,"乃命"的主语就是武王,《克殷》篇的作者之所以不写"武王"二字,是为突出王者的权威。作者想传达的思想是,即使不写主语,所有读者也应当清楚主语是谁。这个主语就像一个不可违背的高高在上的天神、上帝,用"乃命"的话语形式向臣下传达必须服从的命令。从表面上看,每一条"乃命"的主人公是接受命令的臣子,实际上真正的主人公是被省略的武王。十五位臣子走马灯式的描写、反反复复蒙太奇镜头的切换,其根本目的并不是为了刻画这些臣子的人物形象,而是为了突出典礼的盛大、记录当时的出席人员,以及突出"乃命"前面那个至高无上的领袖。与此相似的是《尚书·尧典》:"流共工于幽洲,放驩兜于崇山,窜三苗于三危,殛鲧于羽山,四罪而天下咸服。"①"流""放""窜""殛"四个动作都没有主语,作者也不需要强调主语,因为这时期的帝尧享有至高无上的地位,最高命令只能是帝尧发出的。②

  至此,我们可以说,走马灯式的群臣形象描写虽然未能丰满周人群臣的自身形象,却间接塑造了一位至尊周王的形象。《克殷》篇本就对武王的王权独尊形象做了足够浓墨重彩的塑造,但直接描写终究是不足以尽显这位王者的高大伟岸的,还需要群臣走马灯式的间接描写来衬托。从史学角度看十五位臣子,《克殷》篇详细记录了典礼出席人员及所司何事,对我们研究这一系列臣子的历史地位有一定的参考价值;但从文学角度看,这十五位臣子的人物形象是为武王一人的独尊形象服务的,至少相对于武王和典礼而言,走马灯的群臣都只是配角。相比于史学层面的简略记录,作者在文学层面已将直接、间接描写及蒙太奇手法纯熟运用,所以《克殷》"十五位臣子"的文学价值更胜一筹。

---

① 顾颉刚、刘起釪:《尚书校释译论》第 1 册,北京:中华书局,2005 年,第 163 页。按:刘起釪版本确实作"幽洲",而非我们常见的"幽州"。
② 帝尧时期的帝尧不可能享有西周时期王者那样至高无上的地位,我们也可因此判断《尧典》并非尧时实录。

第三节 政治老成的武王

政治老成的武王形象主要出现在《商誓》篇。以人物为线索,《商誓》这篇文献在"书"学史上有着特殊的地位,是研究武王这一历史人物最重要的文献之一。牛鸿恩:"《商誓》是武王克殷后对殷人的训诰,是武王流传下来唯一可信的长篇训诰。"[1]此说可从。篇中"肆予小子发,弗敢忘天命"之句即该篇作诰者为武王的铁证。相比较而言,《牧誓》中的武王只有寥寥数语,一度被认为是武王诰辞的《康诰》后来也被证明为周公之诰。屈万里:"本篇既名《康诰》,时王又称康叔为弟,故知此乃康叔封于康时,武王诰之之辞。"[2]刘光胜:"清华简《系年》的面世,为考察康叔封卫问题提供了难得的契机。康叔受封不是在周武王时期,而是在周成王时期。"[3]故《商誓》确为"武王流传下来唯一可信的长篇训诰",极为珍贵。

因《商誓》为武王诰辞,故《商誓》中的武王形象实际是通过其本人的话语呈现的——这有别于《克殷》《世俘》中的武王,其大致可概括为两点:第一,不以商民为敌,故其人恩怨分明;第二,强调天命在周,故其人知势借势。

一、不以商民为敌:恩怨分明

《商誓》武王话语的第一个特征是不以商民为敌,体现的是恩怨分明。

---

[1] 牛鸿恩:《论〈逸周书〉写作的时代与地域——兼与刘起釪、李学勤先生商榷》,《励耘学刊(文学卷)》2012年第1期,第172—199页。
[2] 屈万里:《尚书今注今译》,上海:上海辞书出版社,2015年,第127页。按:屈万里《康诰》"武王说"的基础是"周公未称王"。实际上,周公不仅称王,而且《康诰》作于周公称王摄政时期。《尚书序》:"成王既伐管叔、蔡叔,以殷余民封康叔,作《康诰》《酒诰》《梓材》。"《尚书序》把《康诰》系于成王时期,较屈万里说更符合史实。[汉]孔安国传,[唐]孔颖达正义:《尚书注疏》,[清]阮元校刻,方向东点校:《十三经注疏》第2册,北京:中华书局,2021年,第579页。
[3] 刘光胜:《"康丘之封"与西周封建方式的转进——以清华简〈系年〉为中心的考察》,《史学月刊》2019年第2期,第5—16页。

武王很明白谁是敌人、谁是朋友,无论商周有怎样深的世仇,武王都始终不会与商的人民为敌。"王若曰:'告尔伊旧何父□□□□几耿肃执,乃殷之旧官人序文□□□□及太史比、小史昔,及百官里居献民□□□来尹师之敬诸戒,疾听朕言!用胥生蠲尹。'"开篇的"伊旧何父"相当于"父老乡亲"。"旧"对应下文的"旧官人";"父"即尊称,相当于"父老",故"伊旧何父"带有敬意。"王曰:'在昔后稷,惟上帝之言,克播百谷,登禹之绩,凡在天下之庶民,罔不维后稷之元谷用蒸享。"武王祖述前后,与商民拉近距离。"罔不维后稷之元谷用蒸享。"意在强调周人和商人的祖先曾经共同享受后稷的福泽。"在商先誓王,明祀上帝□□□□亦维我后稷之元谷用告和用胥饮食。"武王充分肯定商先哲王祭祀上帝的行为,并强调周的先祖后稷也曾因谷神身份享受商代先王的祭祀。"肆商先誓王,维厥故,斯用显我西土。"武王在此表达了对商先哲王的感谢。赖后稷之功,周人得到了商先哲王的封赏,在西方繁衍壮大。"今在商纣,昏忧天下,弗显上帝,昏虐百姓。"武王接下来开始批判商纣,将过错归于其一人。同时,武王将商纣放在了百姓(即贵族)的对立面。意在表明,商纣王不仅是周的敌人,也是全体商民的敌人。"昔在我西土,我其有言,胥告商之百无罪,其维一夫。"这是再次强调,我武王不与你们商民为敌,只与纣王为敌,无论纣王犯下多大的罪行,我武王都不会迁怒于商民。武王这是在让商人安心,以免部分商人因担心受责罚而反抗周的统治。"若朕言在周曰,商百姓无罪,朕命在周。"同样的内容,武王又重复说了一遍,几近啰唆。在这里不仅体现了《商誓》现场实录的特点,也反映了武王对"商百姓无罪"的着重强调。

在《商誓》武王诰辞中,"百姓"或"百"一共出现了十二次:"昏虐百姓""胥告商之百无罪""尔百姓里居君子""百姓献民其有缀艿""不令尔百姓无告""尔百姓其亦有安处在彼""商百姓无罪""予惟以先王之道御复正尔百姓""百姓,我闻古商先誓王成汤""肆予明命汝百姓""商庶百姓,予则□刘灭之""予尔拜,拜□百姓",除最后两处带有软硬兼施的威胁语气外,其余的百姓形象都是偏正面的或至少是被同情的对象。相比较而言,"纣"一共出现了六次:"今在商纣,昏忧天下""殪商之多罪纣""□帝之来革纣之□""予既殛纣,承天命""予其往追□纣""今纣弃成汤之典"。除"予其往追□纣"的

"□"指向不明外①,其余所有涉及纣的文本形象都是负面的,或是暴行的发出者,或是被"殪"、被"殂"的对象。尤其"今纣弃成汤之典"一句,更是将纣王描述为背祖弃宗的不肖子孙。商民出于对成汤的敬仰,也会因此不自觉地厌恨纣王。武王将纣王推到成汤的对立面,实则就是将纣王推到了商之百姓的对立面。武王将自己描述为商民的拯救者,描述为"商—周"反纣同盟的代理人,而不是侵略商国的侵略者。商民也会因此将仇恨转移到纣王身上,而不会迁怒武王。

在《商誓》武王诰辞中,"百姓"的正面形象和纣王的负面形象形成了鲜明的对比。纣王被武王描述为十恶不赦的灾难之源,商的百姓则被武王描述为良善无辜的商先哲王后代。可见,武王恩怨分明,统一战线的工作做得极其到位。他能够克制内心感性的仇恨,即使反感商的一切,也不会或至少表面上不会与"大多数"为敌。

二、强调天命在周:知势借势

《商誓》武王话语的第二个特征是强调天命在周,体现了他知势、借势。

我们不能简单将"天命"理解为古人的客观唯心主义迷信思想,天命实则是一种"势"。经过周人一代又一代的经营,周国逐渐发展壮大,商周矛盾也逐渐激化,到了武王这一代时,就不得不进行商周大决战。在商周矛盾激化的背景下,武王已无法选择和平,与其等商人派兵清剿,不如自己主动进攻。在商落周升的背景下,武王的军队战胜纣王的军队并取得政权,也是必然发生的事。对于这种必然会发生且不以君王意志为转移的事情,周人谓之"天命"。归根到底,就是一种"势"。武王看清了"势"、抓住了"势",因此

---

① 庄述祖本:"□"补"辠"。辠,罪也,有惩戒之意。此说可参据。笔者认为"□"应也是"殂",与上文"予既殂纣"相呼应。唐大沛本:"□"补"若"。朱骏声本:"□"补"商"。这两种补法皆属中性,无责纪之意,但也无正面表述。[清]庄述祖:《尚书记》卷二,《云自在龛丛书》本,光绪二十五年(1899)菊月江阴缪氏校刊本,第 12 叶上半叶。[清]唐大沛撰:《逸周书分编句释》,清道光十六年(1836)著者手定底稿本,宋志英、晁岳佩选编:《〈逸周书〉研究文献辑刊》第 7 册,北京:国家图书馆出版社,2015 年,第 50 页。[清]朱骏声:《周书集训校释增校》,邓实、黄节主编:《国粹学报》第 15 册,扬州:广陵书社,2006 年,第 9598 - 1 页。

能够伐纣成功。武王在《商誓》中反复向商之百姓强调的"天命",指的就是"势":"予言若敢顾天命,予来致上帝之威命明罚""肆予小子发,弗敢忘天命""予既殛纣,承天命""夫自敬其有斯天命""予保奭其介,有斯勿用天命""霍予天命,维既咸汝克承天休于我有周"。《商誓》的这六处"天命",无一不是在说"势"。武王将自己描述为天命的执行者,而不是天命的制定者。至于制定者,则是"上帝之威命明罚"的"上帝",是一股以人的意志无法左右的强大力量,普天之下的人都必须要敬畏这股力量。武王深知自己的声望远不足以使商民心甘情愿地臣服,于是他搬出"天命"和"商先哲王",将自己描述为他们的代言人和执行者。当他自己"势"不够的时候,便以此借"势"。

除了"天命在周"这一层"势"之外,武王还深知另一个"势",那就是伐纣战争造成的商民对武王及周人的仇恨。这个"势"与"天命在周"同时出现,要想承认周人是夺取了政权的新统治者,就必须要让商人接受失败。武王为了打消商人的仇恨,反复强调"天命",意在告诉商民,自己也不愿意发动战争,自己也不过是被迫执行天命而已。当天命得到执行之后,商人、周人可以共同受益。结合上文所说的恩怨分明、不与商民为敌,武王的"天命"更是进一步渲染了"商—周"反纣同盟的气氛,此时的武王仿佛不再是侵略者,而是拯救商民的伟人。

《商誓》虽然全篇都是武王诰辞而非第三者记录,但武王恩怨分明、知势借势的形象已通过其个人话语跃然纸上。《商誓》中的武王是一位老成的政治家,他慷慨作诰的形象颇似《尚书》中作诰的周公。

第四节 战战兢兢的武王

战战兢兢的武王形象主要出现在《度邑》篇,具体表现可概括为两点:第一,畏于殷鉴,武王因亲眼见到殷商政治的黑暗而触目惊心;第二,畏周邦之不保,武王担心周邦有朝一日也会像殷商一样走向覆亡。《度邑》中有大量的抒情和生动形象的细节描写,从文学角度来说展现的是武王战战兢兢、如履薄冰的形象。

一、畏于殷鉴

殷商从强盛到衰落到覆亡,教训极其惨痛。武王是历史的亲历者,殷亡的惨烈景象历历在目,令他十分恐惧。虽然武王是殷亡的推动者和最大受益者,但当他亲历殷亡之事时,依然会因政治的败坏、血腥的杀戮而惊心动魄。

《度邑》:"呜呼,不淑,兑天对!遂命一日,维显畏弗忘!"此处"呜呼"应理解为强烈的抒情,而非礼节性的语气词。朱右曾:"言纣不善承天意,坠天命于一日,明显可畏之至也。"①周宝宏:"不淑,兑天对:将商邑作为祭天地以祖先配享的地方,是不好的,即不在商都故地重建周都。"②此二说皆有可取之处。商纣王不能承担天子大任,故失去了"天命",即失去了政权。武王认为如果继续在殷商故地建都,将是不吉利的。他厌弃殷商统治集团,耻于在旧的城址上建都,这一方面是因为殷商政治的极度败坏,另一方面也是因为战争给武王带来的心理创伤。此时的武王精神衰弱,一想到鲜血淋漓的殷商文明和伐纣战争的惨烈就胆战心惊。在亲自主持了血腥的献俘礼(见《克殷》《世俘》)之后,武王很可能已患上某类精神疾病,故不能容忍在给他造成过巨大心理阴影的殷地建都。《度邑》:"志我共恶,专从殷王纣。""共""专"都带有较强烈的感情色彩,武王咬牙切齿的形象跃然纸上。此时纣王已死,但武王对纣王的恐惧并未停止,他依然会因纣王的暴戾往事而胆战心惊。

《度邑》:"呜呼,旦,惟天不享于殷!发之未生至于今六十年,夷羊在牧,飞鸿满野。"这是武王继"呜呼,不淑,兑天对"之后的又一次"呜呼"抒情。"惟天不享于殷"表达的是对殷亡的唏嘘。虽然武王是殷亡的最大受益者,但此处的唏嘘并非政治作秀,而是在深刻反思殷亡的教训,并带有痛定思痛的性质。武王反思过去的六十年,用"夷羊在牧,飞鸿满野"八个字概括了这段时期的政治环境,认为这段时期的政治环境极为黑暗。这段描写使用了

---

① [清]朱右曾撰:《逸周书集训校释》,清光绪十四年(1888)南菁书院刻《皇清经解续编》本,宋志英、晁岳佩选编:《〈逸周书〉研究文献辑刊》第8册,北京:国家图书馆出版社,2015年,第117页。
② 周宝宏:《〈逸周书〉考释》,北京:社会科学文献出版社,2001年,第134页。

隐喻和留白的双重手法：隐喻即"夷羊在牧，飞鸿满野"，通过自然异象表现政治的黑暗。留白则是对"六十年"的若有所思。武王谈到"六十年"时，内心想到的绝不仅是夷羊和飞鸿，而是六十年间目睹的各种黑暗以及自己在成长道路上因殷商政治黑暗而承受的种种苦难。此时的武王并没有沉浸在胜利的喜悦里，而是一幕幕回顾黑暗的过往，并陷入了无限的感慨与反思。这时的武王与《克殷》《世俘》中意气风发的武王截然不同，此时表现出的是他心事重重、战战兢兢的一面——此时的他非常担心那样暗无天日的日子会卷土重来。

二、畏周邦之不保

畏周邦之不保，是《度邑》篇作者在刻画武王战战兢兢人物形象时的第二个层次。《度邑》刻画武王形象，主要从语言和心理两个方面。语言描写不待多言，心理描写则以上文所说的留白为代表。武王的语言主要分为两个层次，第一个层次是畏于殷鉴，第二个层次则是畏周邦之不保。武王在"惟天不享于殷，发之未生至于今六十年，夷羊在牧，飞鸿满野"的反思之后，就进入了"天不享于殷，乃今有成"阶段。虽然殷文明给武王造成了极大的精神伤害，但武王并非活在幻想里，他也清醒认识到那个血腥的商王朝已经被自己推翻了。"乃今有成"，即是对灭商立周功业的肯定。但在肯定"乃今有成"之后，武王又立刻开始担心周邦之不保："维天建殷，厥征天民名三百六十夫。弗顾，亦不宾威，用戾于今。"这段表面上是在写商朝故事，实际上是在思考如何守护周邦。武王在思考：殷商文明那么黑暗，为什么却持续了那么多年？武王对这个问题是有答案的，即殷商三百六十个大氏族的守护。于是武王继续抒情："呜呼，于忧！兹难近饱于恤，辰是不室，我未定天保，何寝能欲？"这是对上文叔旦"害不寝"的回答。因为周人缺乏像殷商那样强盛的氏族，也没有殷都朝歌那样稳固又发达的政治经济中心，武王找不到守护周邦的有效手段，所以非常焦虑，以至于整夜睡不着觉。《度邑》篇作者在描写武王的焦虑时毫不掩饰，将他的恐惧、担忧描写得非常细腻。我们能清晰地感受到，武王并不是高高在上的神，而是和我们一样有血有肉的凡人，他的恐惧也是实实在在的恐惧，读者可以感同身受。可以说，《度邑》篇作者在描画武王的战战兢兢时,实现了作者与读者的心灵共鸣。

《度邑》:"王曰:'旦,汝维朕达弟!予有使汝,汝播食不遑暇食,矧其有乃室。今维天使子,惟二神授朕灵期。予未致,予休,予近怀子。朕室汝,维幼子大有知。昔皇祖于今,勖厥遗,得显义,告期付于朕身。肆若农服田,饥以望获。予有不显,朕卑皇祖不得高位于上帝。汝幼子庚厥心,庶乃来班,朕大环兹于有虞。意乃怀厥妻子,德不可追于上民,亦不可答于朕,下不宾在高祖,维天不嘉于降来省。汝其可瘳于兹,乃今我兄弟相后,我筮龟其何所即,今用建庶建。'"武王对周公说的这段话非常诚恳,不仅没有王者威严,反而带有恳求的语气。"汝维朕达弟",相当于"你是我最信任也最优秀的弟弟"。"汝播食不遑暇食"表达的是对周公辛勤付出的肯定。"今维天使子,惟二神授朕灵期",这是武王在交代后事,并强调天命在叔旦。"予未致,予休,予近怀子。朕室汝,维幼子大有知",武王认为自己的才能不及周公,周公虽年轻,但有更强的能力。"昔皇祖于今"至"朕卑皇祖不得高位于上帝",表达的是武王对周公昔日劝导、教导的感谢和肯定。"汝幼子庚厥心,庶乃来班,朕大环兹于有虞",武王向周公坦白,只有你继承了我的事业,我才能安心。"意乃怀厥妻子"至"维天不嘉于降来省",从另一角度劝说周公,如果你不继承我的事业,你的德行将无法彰显,百姓不能受益,我也得不到后代的祭祀(即周王室面临断祀)。"汝其可瘳于兹"至"今用建庶建",要想阻止覆灭,就必须传位于周公,这样的事情不需要求神问卜,而应该立刻确定下来。武王之所以如此苦口婆心地劝说周公继承自己的王位,并非他大公无私不想传给自己的儿子,也并非他多么喜爱这个弟弟,而是出于他内心对周邦之不保的深深恐惧。武王放下君王的威严、放弃儿子的继承权,为的就是换取周邦的世代永固。我们作为后人,无法直观感受当时周邦面临的内忧外患,但从武王的极度恐惧和面对周公时几近哀求的语气中,我们能感受到武王的战战兢兢、如履薄冰。《度邑》篇作者在记述这段史事时,注入了大量的文学抒情,将武王的恐惧描写得淋漓尽致。

第五节　拳拳忠心的周公

拳拳忠心的周公形象主要出现在《度邑》篇，与该篇中战战兢兢的武王形象互为呼应。《度邑》篇作者在刻画周公拳拳忠心的形象时，采用了直接描写和间接描写相结合的手法。具体来说，直接描写就是对周公的某些动作描写，间接描写指的则是武王语言中对周公的肯定。周公在《度邑》中除"久忧劳""害不寝"之外没有任何的语言，其人物形象完全是通过周公动作、武王语言两方面来呈现的。

在《度邑》中，作者对周公的两处动作描写堪称点睛之笔，而这两处点睛之笔又是立足于武王的语言的。①

第一处，"叔旦泣涕于常，悲不能对。"这一处的上文是："王曰：'呜呼，旦，惟天不享于殷！发之未生至于今六十年，夷羊在牧，飞鸿满野。天不享于殷，乃今有成。维天建殷，厥征天民名三百六十夫，弗顾，亦不宾威，用戾于今。呜呼，于忧！兹难近饱于恤，辰是不室，我未定天保，何寝能欲？'王曰：'旦，予克致天之明命。定天保，依天室，志我共恶，专从殷王纣。日夜劳来，定我于西土。我维显服，及德之方明。'"周公听罢，"悲不能对"。武王这段话可以分为两个层次，第一是反思殷商，第二是因为周邦难保而忧虑。周公之所以"悲不能对"，是因为他的心境和武王是相同的。武王和周公年龄相差不大，几乎是在相同的环境中长大，所以武王对殷商暴政的反思使周公产生了强烈的同理心。同时，周公也明白国际形势的严峻和新生政权的弱小。武王说的话完全合乎周公的内心，周公没有需要补充或反驳的内容，因此他只能默默哭泣，说不出一句话来。武王、周公在此刻实现了完全的兄弟同心，故周公对武王是真正的拳拳忠心。

第二处，"叔旦恐，泣涕共手。"这一处的上文是："王□□传于后。王曰：

---

① 可见《度邑》篇的作者在谋篇布局上已非常成熟，既会将直接描写、间接描写结合起来，又会对比衬托、渲染铺垫。

'旦,汝维朕达弟!予有使汝,汝播食不遑暇食,矧其有乃室。今维天使子,惟二神授朕灵期。予未致,予休,予近怀子。朕室汝,维幼子大有知。昔皇祖于今,勖厥遗,得显义,告期付于朕身。肆若农服田,饥以望获。予有不显,朕卑皇祖不得高位于上帝。汝幼子庚厥心,庶乃来班,朕大环兹于有虞。意乃怀厥妻子,德不可追于上民,亦不可答于朕,下不宾在高祖,维天不嘉于降来省。汝其可瘳于兹,乃今我兄弟相后,我筮龟其何所即,今用建庶建。'"这段话上文已有详析,现从周公的角度来看,可分为四个层次:第一是对周公能力的肯定,第二是对周公辛勤付出和往日教导的感谢,第三是劝周公要以大局为重,第四是明确要求周公继承王位。周公听罢,"恐,泣涕共手"。周公的举动正如《三国演义》刘备托孤时欲使诸葛亮"君可自为成都之主"[1],诸葛亮的反应是"汗流遍体,手足失措,泣拜于地"[2]。周公的"恐""泣涕共手"与此性质完全相同。"恐"对应"汗流遍体","泣涕共手"对应"泣拜于地"。《三国演义》作为后世演义小说,很有可能在创作时参考了《度邑》。周公是中国古代忠臣的代表,这是毋庸置疑的。虽然周公确曾摄政称王,但还位于成王之事已足以抵消他"不利于孺子"[3]的流言。周公的拳拳忠心在《度邑》中表现得淋漓尽致,不仅是出于两个经典动作,也是出于武王话语的衬托。因此,我们说《度邑》是通过直接和间接两种手法结合的方式刻画拳拳忠心的周公形象的。

第六节　鉴史知今的周公

　　鉴史知今的周公形象主要出现在《皇门》篇。与一般述古题材的散文不同,《皇门》周公诰辞总结了历史周期律。周公没有针对某一国或某一君进

---

[1] [明]罗贯中著,[清]毛宗岗评点:《毛宗岗批评本三国演义》下册,长沙:岳麓书社,2015年,第666页。
[2] [明]罗贯中著,[清]毛宗岗评点:《毛宗岗批评本三国演义》下册,长沙:岳麓书社,2015年,第666页。
[3] 顾颉刚、刘起釪:《尚书校释译论》第3册,北京:中华书局,2005年,第1235页。

行歌颂或批判,而是对以往成千上万邦国的兴衰荣辱做了总结,并希望以此警示周人"前事不忘,后事之师"。

传本(卢本):"我闻在昔,有国誓王之不绥于恤,乃维其有<u>大门宗子势臣</u>,罔不茂扬肃德。讫亦有孚,以助厥辟,勤王国王家。乃方求论择<u>元圣武夫</u>,羞于王所。"孔注:"大门宗子,适长。势臣,显仕。"按:"适"应作"嫡"。潘振注:"大圣武夫。"① 朱右曾注:"武夫,爪牙之士。"② 简本:"我闻昔在二有国之哲王,则不恐于恤。乃惟<u>大门宗子迩臣</u>,懋扬嘉德,迄有宝,以助厥辟,勤恤王邦王家。乃旁求选择<u>元武圣夫</u>,羞于王所。"③ 迩臣,即近臣。周公这段诰辞突出的是"王佐"的作用。从前的宗室王族、权臣近臣、贤良爪牙尽心尽责地辅弼君王,对巩固邦家起到了至关重要的作用。传本:"其善臣以至于有分私子,苟克有常,罔不允通,<u>咸献言在于王所</u>。"简本:"自蠻臣至于有分私子,苟克有谅,无不懔达,<u>献言在王所</u>。"④ 各级的臣子、各类的言论,都能够上达天听,不用受拘束。传本:"人斯是助,王恭明祀、敷明刑。"简本:"是人斯助王恭明祀,敷明刑。"⑤ 在贤人的辅佐下,君王能够妥善处理好祭祀、刑罚两件事。《左传·成公十三年》:"国之大事,在祀与戎。"⑥ 周公之时,国之大事在祀与刑。周公认为祀、刑之"明"是国家政治清明的标志。传本:"百姓兆民用,罔不茂在王庭"简本:"百姓万民用无不扰比在王廷。"政治清明的结果就是万民拥戴,并且民众积极参与建言。传本:"王国用宁,小人用格,□能稼穑,咸祀天神。戎兵克慎,军用克多。王用奄有四邻,远土丕承,万子孙

---

① [清]潘振注:《周书解义》,清嘉庆间(1796—1820)刻本,宋志英、晁岳佩选编:《〈逸周书〉研究文献辑刊》第 2 册,北京:国家图书馆出版社,2015 年,第 82 页。
② [清]朱右曾撰:《逸周书集训校释》,清光绪十四年(1888)南菁书院刻《皇清经解续编》本,宋志英、晁岳佩选编:《〈逸周书〉研究文献辑刊》第 8 册,北京:国家图书馆出版社,2015 年,第 132 页。
③ 清华大学出土文献研究与保护中心编,李学勤主编:《清华大学藏战国竹简(壹)》,上海:中西书局,2010 年,第 164 页。
④ 清华大学出土文献研究与保护中心编,李学勤主编:《清华大学藏战国竹简(壹)》,上海:中西书局,2010 年,第 164 页。
⑤ 清华大学出土文献研究与保护中心编,李学勤主编:《清华大学藏战国竹简(壹)》,上海:中西书局,2010 年,第 164 页。
⑥ 杨伯峻编著:《春秋左传注》第 3 册,北京:中华书局,2016 年,第 941 页。

用末,被先王之灵光。"简本:"王邦用宁,小民用假能稼穑,并祀天神,戎兵以能兴,军用多实。王用能奄有四邻,远土丕承,子孙用末被先王之耿光。"①在理想的政治环境下,王、国安宁,人口增加,农业发达,祭祀兴盛,战争减少,军队强大。于是,君王能够称王称霸,万子孙仰赖其福泽。说到这里,周公已总结完他对清明政治的认知,这样的认知基本符合当时的时代背景,尤其就"罔不允通,咸献言在于王所"而言,打破了各阶级参与政治程度的束缚,带有一定的超前意识。

接下来周公话锋一转,开始总结昏庸政治的特征。传本:"至于厥后嗣,<u>弗见先王之明刑</u>,维时及胥学于非夷。以家相厥室,弗恤王国王家,<u>维德是用</u>。"按:非夷,非法也,指争相从事非法之事。简本:"至于厥后嗣立王,乃<u>弗肯用先王之明刑</u>,乃维急急胥驱胥教于非彝。以家相厥室,弗恤王邦王家,<u>维媮德用</u>。"②周公在此总结了昏庸政治的两点特征:第一,弃用先王制定的刑罚,开始随意赏罚;第二,自以为是,唯私德是用。也就是说,在这样的政治环境下,是非是不明的,法治也不复存在。传本:"以昏求臣,作威不详,<u>不屑惠听无辜之乱辞</u>,是羞于王。王阜良,乃惟不顺之言,于是人斯乃非维直以应,维作诬以对,俾无依无助。"按:乱,良也,乱辞即良言。《论语》:"予有乱臣十人。"马融:"乱,治也。"③简本:"以问求于王臣,弗畏不祥,<u>不肯惠听无皋之辞</u>,乃惟不顺是治。我王访良言于是人,斯乃非休德以应,乃维诈诟以答,俾王之无依无助。"④这时,选拔人才的制度也愈加不合理。当言路被佞臣垄断的时候,君王就不再能听到良言、善言。良言、善言不进,谗言充斥左右,君王就成了被蒙蔽的孤家寡人。传本:"命用迷乱,狱用无成,小民率穑,保用无用。寿亡以嗣,天用弗保。媢夫先受殄罚,国亦不宁。"孔注:"殄,绝

---

① 清华大学出土文献研究与保护中心编,李学勤主编:《清华大学藏战国竹简(壹)》,上海:中西书局,2010年,第164页。
② 清华大学出土文献研究与保护中心编,李学勤主编:《清华大学藏战国竹简(壹)》,上海:中西书局,2010年,第164页。
③ [魏]何晏注,[宋]邢昺疏:《论语注疏》,[清]阮元校刻,方向东点校:《十三经注疏》第23册,北京:中华书局,2021年,第202页。
④ 清华大学出土文献研究与保护中心编,李学勤主编:《清华大学藏战国竹简(壹)》,上海:中西书局,2010年,第164页。

其世。罚,及其人也。"简本:"政用迷乱,狱用无成。小民用祷无用祀,天用弗保。媚夫先受殄罚,邦亦不宁。"①此时的君王已经主动背弃了"天命"(即先王打下的政治基础),胡乱刑罚。即使民众努力从事农业生产,也无法保全国家。君王早夭,断子绝孙。即使佞臣最后受到了惩罚,国家的衰颓之势也无法得到遏止。以上是周公对昏庸政治特征的总结。

在《皇门》诰辞中,通篇未见具体的歌颂或批判对象,周公不言尧舜禹汤,也不言夏桀商纣。因作诰对象是周之群臣,所以周公不需要像武王在《商誓》诰辞中那样将纣王描述为万恶之源。周公此时最关心的是如何保全周邦、巩固周邦,并使之千秋万代。如果强调具体的歌颂或批判对象,只会使群臣误以为说的是"他家"之事,而非"周家(王家)"之事。周公凭借他丰富的历史知识,尤其是对夏商时期大邦兴衰的充分了解,总结了一套历史周期律。他在《皇门》诰辞中将这套历史周期律完整地表述了出来,分别具体阐述了清明政治的特征、昏庸政治的特征,前者令人向往,后者发人深省。在表述两种政治环境时,又句句都以"王家""王臣"为中心。虽然昏庸政治当时未现于周邦,但从周公总结的历史周期律来看,"后嗣"之"非夷"的出现是迟早的事。周公作诰警示群臣,希望群臣以史为戒,尽心尽责辅弼好王家,不要使常见于"他家"的昏庸政治在"周家(王家)"复现。

《皇门》在人物形象塑造方面与《商誓》类似,通篇只有作诰者的语言描写,并无第三者的客观描述。我们了解周公的形象,也是通过他慷慨激昂的诰辞。周公在《皇门》中的形象是博学的、鉴史知今的,他不仅是优秀的政治家,也是杰出的历史学家。他在《皇门》中总结了一套史学理论,并将他认知中的历史周期律与当时的政治诉求相结合,为周邦群臣接下来的工作内容指明了方向。在这样的政治引领下,凡是忠心王室的群臣,都可以找到自己的工作重心,并实实在在为王室出力。周公博学、伟岸的政治领袖形象,因《皇门》诰辞而活灵活现。《皇门》也和《尚书》周公之诰一样,都是周公留给后世的宝贵政治遗产。

---

① 清华大学出土文献研究与保护中心编,李学勤主编:《清华大学藏战国竹简(壹)》,上海:中西书局,2010年,第164页。

第七节　鞠躬尽瘁的祭公

鞠躬尽瘁的祭公形象主要出现在《祭公》篇，与《商誓》《皇门》相似，《祭公》中的祭公形象也是通过人物语言来呈现的。不同的是，《商誓》《皇门》是武王、周公的诰辞，而《祭公》是祭公与穆王的对话，故而祭公的人物形象是通过两方面来呈现的，其一是穆王的话语，其二是祭公本人的话语。

一、王室第一重臣

祭公谋父乃周公之孙、文王之曾孙[①]，血统高贵。由"祖祭公"知，穆王是祭公的孙辈。结合周人的敬老传统，可知祭公谋父在朝中之地位非同寻常。从《祭公》文本中，我们也能读出这一层信息。

首先，是祭公与三公的身份对比。沈建华："祭公临终前与穆王对话时，诏请了毕桓、井利、毛班三公旨意辅佐穆王。"[②]此可概括《祭公》主旨。三公乃一人之下，万人之上的国家栋梁，皆在朝之重臣。细观祭公与三公之对话，可见祭公之地位更在三公之上。传本："公曰：'天子，谋父疾维不瘳。'"简本："曰：'三公，谋父朕疾惟不瘳。'"[③]此处传本作"天子"、简本作"三公"。毕桓、井利、毛班辈分小于祭公谋父，故呼之为"父"亦妥帖。从语境看，此处应是祭公同时呼"天子、三公"。传本："公曰：'天子自三公上下辟于文武，文武之子孙，大开方封于下土。'"简本："公曰：天子、三公，我亦上下譬于文武之受命，皇尣方邦。"[④]此处异文应以简本为准，祭公谋父同时呼天子、三公。传

---

① 详见本书第二章第六节脚注。
② 沈建华：《清华楚简〈祭公之顾命〉中的三公与西周世卿制度》，《中华文史论丛》2010 年第 4 期，第 379—389、404 页。
③ 清华大学出土文献研究与保护中心编，李学勤主编：《清华大学藏战国竹简（壹）》，上海：中西书局，2010 年，第 174 页。
④ 清华大学出土文献研究与保护中心编，李学勤主编：《清华大学藏战国竹简（壹）》，上海：中西书局，2010 年，第 174 页。

本:"呜呼,天子、三公,监于夏商之既败,丕则无遗后难,至于万亿年,守序终之。"简本:"呜呼,天子,监于夏商之既败,丕则无遗后,至于万亿年,参叙之。"①此处传本有"三公",简本无"三公"。万亿年之守邦非天子一人之事,故有"三公"更合适,从传本。传本:"呜呼,三公,汝念哉!汝无泯泯芬芬,厚颜忍丑,时维大不吊哉!"简本:"公曰:呜呼,天子、三公,汝念哉。汝毋□,唐唐厚颜忍耻,时惟大不淑哉。曰:三公,事,求先王之恭明德;刑,四方克中尔罚。"②此处异文差异较大。前句传本作"呜呼,三公"、简本作"呜呼,天子、三公",简本比传本多一"天子"。后句传本直接脱去,简本作"三公"。传本:"呜呼,三公,予维不起!朕疾,汝其皇敬哉,兹皆保之。"简本:"公曰:天子、三公,余惟弗起朕疾,汝其敬哉。兹皆保胥一人。"③此处简本又比传本多一"天子"。从"兹皆保之""兹皆保胥一人"来看,此处应是祭公谋父要求三公尽心辅弼穆王,故对话方不应有"天子"。

有一种观点认为,《祭公》篇"无法证明祭公与三公之间为上下级关系",并谓"祭公对三公的训导,乃是出于长辈对晚辈的关心"。④ 其实,祭公与三公是否为上下级关系并不影响祭公作为王室第一重臣的身份。我们通过对《祭公》文本的剖析,已知"三公"往往是与"天子"并列而称的。祭公地位虽高,不应高于天子;三公与天子并称,故三公地位与祭公孰高孰低未可知——这应是"非上下级论"的依据。实际上,《祭公》以祭公谋父为核心人物是毋庸置疑的,即使尊如穆王,在《祭公》篇中也不过是配角。论"顾命"体书篇,唯《保训》《顾命》《祭公》:前两篇乃文王、成王之顾命,《祭公》乃臣子之顾命。即使尊如周、召,亦无周公之顾命、召公之顾命,由此可见祭公谋父身份之尊贵。从《祭公》文本内容来看,穆王一直处于相对较低的姿态,三公更

---

① 清华大学出土文献研究与保护中心编,李学勤主编:《清华大学藏战国竹简(壹)》,上海:中西书局,2010年,第174页。
② 清华大学出土文献研究与保护中心编,李学勤主编:《清华大学藏战国竹简(壹)》,上海:中西书局,2010年,第175页。
③ 清华大学出土文献研究与保护中心编,李学勤主编:《清华大学藏战国竹简(壹)》,上海:中西书局,2010年,第175页。
④ 刘梦扬:《〈祭公之顾命〉中的人物关系》,《中国社会科学报》2018年06月25日。

是连发言的机会都没有。祭公虽语带谦逊,如"我亦维丕以我辟险于难,不失于正,我亦以免没我世"(传本)、"我亦不以我辟陷于难,弗失于政,我亦惟以没我世"①(简本)——因自己无过善终而庆幸,但从总体基调来看,祭公谋父作为穆王、三公之长者的高姿态是不言而喻的。

其次,是穆王对祭公谋父的极大尊重。敬老是周人的传统,《史记·周本纪》:"西伯曰文王,遵后稷、公刘之业,则古公、公季之法,笃仁,敬老,慈少。礼下贤者,日中不暇食以待士,士以此多归之。伯夷、叔齐在孤竹,闻西伯善养老,盍往归之。"②祭公乃穆王之祖辈,又逢临终之际,故穆王对祭公表现出极高的敬意是完全在情理之中。但是,祭公作为唯一"顾命"入"书"篇的臣子,又同时以天子、三公作为顾命对象,不可谓不难得。《祭公》一开篇就是:"王若曰:'祖祭公,次予小子虔虔在位'"(传本)、"王若曰:'祖祭公,哀余小子,昧其在位'"(简本)③。潘振注:"次,通佽,助也。"④可从。穆王乃祭公谋父之孙辈,故称其为"祖祭公"。"祖祭公"带有敬意,祭公虽为祖辈,但穆王本没有义务以"祖"称之。"次予小子虔虔在位""哀余小子,昧其在位"语义相近,指的都是穆王恳求祭公指教如何做好一个王、如何守好一个邦。对比武王求教周公之辞,如《大开武》:"余夙夜维商,密不显,谁和?"《小开武》:"王召周公旦曰:'呜呼!余夙夜忌商,不知道极。'"语气与《祭公》之穆王如出一辙。可见,穆王时之祭公与武王时之周公的地位是等同的,都是毫无疑问的首席大臣。《祭公》穆王话语中更有大量直接突出祭公无上地位的内容,传本:"我亦维有若祖祭公之执和周国,保乂王家。"简本:"我亦惟有

---

① 清华大学出土文献研究与保护中心编,李学勤主编:《清华大学藏战国竹简(壹)》,上海:中西书局,2010年,第175页。
② [汉]司马迁撰,[南朝宋]裴骃集解,[唐]司马贞索隐,[唐]张守节正义:《史记》第1册,北京:中华书局,2014年,第151页。
③ 清华大学出土文献研究与保护中心编,李学勤主编:《清华大学藏战国竹简(壹)》,上海:中西书局,2010年,第174页。
④ [清]潘振注:《周书解义》,清嘉庆间(1796—1820)刻本,宋志英、晁岳佩选编:《〈逸周书〉研究文献辑刊》第2册,北京:国家图书馆出版社,2015年,第300页。

若祖祭公,修和周邦,保乂王家。"①穆王将"执和周国,保乂王家"的希望寄托在祭公谋父身上,其言不可谓不重。传本:"公无困我哉!俾百僚,乃心率辅弼予一人。"简本:"呜呼,公,汝念哉!逊措乃心,尽付畀余一人。"②此处异文差异较大,传本作"俾百僚",简本作"逊措乃心"。若以简本为准,则不能尽显重臣之重;但若以传本为准,则祭公为"俾百僚"的众臣之长,是重臣中的重臣,其地位可见一斑。因此,以祭公为穆王时期的王室第一重臣,是无可厚非的。

二、临终不忘在王家

与《保训》《顾命》之文王顾命、成王顾命相似,祭公顾命的主题也是邦国大事,而非儿女情长。《祭公》作为"书"篇的政治散文,具备这样的特征也在情理之中。只不过,祭公以臣子身份,其身或其后固无继承王位的资格,却拳拳忠心、鞠躬尽瘁,时刻不忘在王家,诚为难能可贵。祭公谋父一开口便言昭王,传本:"天子,谋父疾维不瘳。朕身尚在兹,朕魂在于天昭王之所,勖宅天命。"简本:"天子,谋父朕疾惟不瘳。朕身尚在兹,朕魂在朕辟昭王之所,无图不知命。"③祭公谋父乃周公之孙,昭王乃武王之曾孙,故祭公之父与成王是堂兄弟,祭公与康王是从祖兄弟,祭公与昭王则是从祖叔侄的关系。祭公临终之时,说"朕身尚在兹,朕魂在于天昭王之所"(传本)、"朕身尚在兹,朕魂在朕辟昭王之所"(简本),可见此时的"臣子之忠"是高于"宗室之忠"的。祭公没有说"文王之所""周公之所"——毕竟文王、周公是祭公谋父的直系祖先,而是说"昭王之所",说明他此时更看重的是自己的臣子身份,而非宗室身份。昭王是祭公谋父的旁系亲属,血缘已疏,甚至还是他的子侄辈,但即使这样,祭公临终前最念念不忘的还是昭王。祭公早年曾侍奉过昭

---

① 清华大学出土文献研究与保护中心编,李学勤主编:《清华大学藏战国竹简(壹)》,上海:中西书局,2010年,第174页。
② 清华大学出土文献研究与保护中心编,李学勤主编:《清华大学藏战国竹简(壹)》,上海:中西书局,2010年,第174页。
③ 清华大学出土文献研究与保护中心编,李学勤主编:《清华大学藏战国竹简(壹)》,上海:中西书局,2010年,第174页。

王,属元老级大臣。相对于文王而言,昭王是曾经与他共处同一时空的周王,故祭公临终面对穆王时要说"朕辟昭王之所",即"我的君王昭王在的地方",简言之,就是说"我要去天上和我的君王昭王团圆了"。接下来,连续两段追述文、武故事,传本:"皇天改大殷之命,维文王受之,维武王大克之,咸茂厥功。维天贞文王之董用威,亦尚宽壮厥心,康受义之式用休。亦先王茂绥厥心,敬恭承之,维武王申大命,戡厥敌。"简本:"皇天改大邦殷之命,惟周文王受之,惟武王大败之,成厥功。惟天奠我文王之志,董之用威,亦尚宽臧厥心,康受亦式用休。亦美懋绥心,敬恭之。惟文、武中大命,戡厥敌。"①接下来第二段继续谈文、武故事,甚至谈到了后稷,传本:"天子自三公上下辟于文、武,文、武之子孙大开方封于下土。天之所锡武王时疆土,丕维周之基,丕维后稷之受命,是永宅之。"简本:"天子、三公,我亦上下譬于文、武之受命,皇歝方邦。丕惟周之旁,丕惟后稷之受命是永厚。"②祭公之祖父是周公,故成王并非祭公的直系亲属。祭公不宣扬文王、周公之功德,而是追述文王、武王之功业,可见他是把王家放在第一位的,并无半点私心。祭公继而又说,传本:"维我后嗣旁建宗子,丕维周之始并。"简本:"惟我后嗣方建宗子,丕惟周之厚屏。"③更是完全以王家为第一位,而不再考虑私家。此时的"维我后嗣"除祭国之外,都已与祭公无关,乃周王之后嗣,而非祭公之后嗣。至于"旁建宗子"更是周王之宗子,与祭公无关——因为祭公从其祖那一代起就已经不是宗子。祭公谋父之血缘已远王家,但他临终之牵挂犹在王家。从祭公话语中,我们看出的是他拳拳忠心、愿为周王室鞠躬尽瘁的形象。

---

[1] 清华大学出土文献研究与保护中心编,李学勤主编:《清华大学藏战国竹简(壹)》,上海:中西书局,2010年,第174页。
[2] 清华大学出土文献研究与保护中心编,李学勤主编:《清华大学藏战国竹简(壹)》,上海:中西书局,2010年,第174页。
[3] 清华大学出土文献研究与保护中心编,李学勤主编:《清华大学藏战国竹简(壹)》,上海:中西书局,2010年,第174页。

第八节　论君臣群像的"文学特征"

一、人物形象的文献视阈

我们谈"西周诸篇的君臣群像",应确保一切结论都从西周诸篇中得出。这就涉及一个"文献视阈"的问题,我们只能在《逸周书》西周诸篇这个范围内寻找我们需要的东西,不能越界。其他文献中的武王形象无论如何血肉饱满,都与我们的研究主题无关。或曰:以其他文献的武王形象来对比衬托《逸周书》西周诸篇的武王形象,可乎？可,但那是史学研究。史学研究讲究的是"二重证据法"[①]"三重证据法"[②],即通过多个视阈、多个维度的文献或文物来溯源某个历史真相。从"文献视阈"的角度看,每一个"文献视阈"都是其中某条"证据"的封闭一环。我们从文学角度研究人物形象时,不需要从"二重证据""三重证据"来考察历史上真实的武王是怎样的,只需要尽可能精确地诠释指定文献中的武王形象是怎样的。

本章以上七节,我们从文献视阈的角度归纳了武王、周公、祭公、群臣在《逸周书》西周六篇中的形象。从《克殷》《世俘》篇中,我们发现武王是进城、献俘典礼的核心,是祭祀上帝和先祖的唯一代理人,是周邦的代名词。因此,我们得出结论,《克殷》《世俘》中的武王是王权独尊的形象。从《克殷》篇中,我们发现群臣的形象是走马灯式的,作者对十五位重臣形象的镜头切换起到了间接衬托武王高大伟岸形象的作用。在《商誓》篇中,武王的形象是

[①] 王国维:"吾辈生于今日,幸于纸上之材料外,更得地下之新材料。由此种材料,我辈固得据以补正纸上之材料,亦得证明古书之某部分全为实录,即百家不雅驯之言亦不无表示一面之事实。此二重证据法,惟在今日始得为之。虽古书之未得证明者,不能加以否定,而其已得证明者,不能不加以肯定:可断言也。"王国维:《古史新证》,长沙:湖南人民出版社,2010 年,第 2 页。
[②] 饶宗颐:"余所以提倡三重史料,较王静安增加一种者,因文物之器物本身,与文物之文字记录,宜分别处理。"饶宗颐:《古史重建与地域扩张问题》,沈建华编:《饶宗颐新出土文献论证》,上海:上海古籍出版社,2005 年,第 67—68 页。

老成的政治家。他恩怨分明,不以商民为敌;他知势、借势,强调天命在周。在《度邑》篇中,武王又是一位战战兢兢、如履薄冰甚至有些可怜的君王。他一方面畏于殷鉴,对刚刚终结的血腥恐怖的殷商统治心有余悸;他另一方面又担心周邦之不保,怕周邦也像殷商一样走向覆灭,甚至比殷商的结局更惨烈。同样在《度邑》篇中,周公是一位拳拳忠心的忠臣形象。面对武王的忧虑,他感同身受;面对武王的逊位,他坚决推辞。在《皇门》篇中,周公是一位鉴史知今的长者形象。他十分博学,乃至总结出了自己的史学理论。他不仅是政治家,也是当之无愧的历史学家。在《祭公》篇中,祭公是王室第一重臣,具备训导穆王、三公的资历,即使临终也依然不忘在王家。祭公尽心竭力侍奉昭、穆二王,保乂王家,至死方休,可谓鞠躬尽瘁。以上关于人物形象的所有结论都是从指定文献中得出的,我们没有一丁点的篇幅是在研究其他文献中的武王、周公、祭公、群臣形象,也没有试图通过其他文献中这些人物的形象来发挥对比、衬托《逸周书》西周诸篇中相关形象的效用。

或曰:本章为什么把"王权独尊的武王""政治老成的武王""战战兢兢的武王"分为三节,而不是单设一节"王权独尊、政治老成、战战兢兢的武王"?按常理,人物形象研究应该"一个人是一个整体"。其实,这样分节是有考量的。本章有一个非常重要的方法论指导,即"文献视阈"。本章研究人物形象,非常讲究"文献视阈"。具体说,"王权独尊的武王"是在《克殷》《世俘》的视阈下解读出的武王形象;"政治老成的武王"是在《商誓》视阈下解读出的武王形象;"战战兢兢的武王"是在《度邑》视阈下解读出的武王形象。从"文献视阈"的角度看,《商誓》视阈下的武王和《度邑》视阈下的武王是两个不同的武王。结合多篇文献、多种考古器物解读武王,这是史学的武王;划清文献视阈的界限解读不同视阈下的武王,这是文学的武王。本章旨在从文学角度研究不同文献视阈下的武王,故而分节论之。同样的道理,"拳拳忠心的忠臣"是我们从《度邑》中解读出的周公,"鉴史知今的长者"是我们从《皇门》中解读出的周公。我们同样不需要把这两节合并为"拳拳忠心、鉴史知今的周公",因为"拳拳忠心"和"鉴史知今"是两种文献视阈下的两种周公形象。我们求取结论的范围仅在特定的文献视阈内,当我们求取《皇门》视阈下的周公形象时,《度邑》中的周公就需要被完全屏蔽。

那么,在"文献视阈"内考察人物形象,是不是意味着只需读"一篇文献"或"一部典籍"?显然不是。读通"一篇文献"需要依赖极尽详细的训诂、字词考据,这些不得不需要求助于"汇校"与"集释"。本章第六、七节在归纳周公、祭公形象时,将传本《皇门》与简本《皇门》、传本《祭公》与简本《祭公之顾命》的文本同时列出,就是在对差异较大的文献版本进行"汇校"工作。与此同时,我们在分析文本之前充分参考了《论语》文本、《逸周书》非西周篇目的文本以及潘振、朱右曾、庄述祖、唐大沛、周宝宏、黄怀信等学者的注解、补字,可谓"注""校"兼行。此外,我们还在外围研究时征引了《左传》《史记》《汉书》《后汉书》《三国志》等典籍的内容以及刘光胜、屈万里、牛鸿恩、沈建华、刘梦扬等学者的观点,这些都为进一步的文学研究打下了文献学的基础。所以,"文献视阈"下的文学研究不是孤立的研究,而是紧紧围绕指定文献这个中心点进行剖析与归纳,然后用一种今人可以接受的方式将文献中的内容重新诠释出来。通俗来说,即:读者能从这篇文献中读出怎样的人物形象?

二、文学特征:作者塑造人物形象时的主观意识

在文学自觉尚未真正形成的西周时期,《逸周书》西周诸篇不能算作真正意义上的文学作品,但其中客观存在某些文学元素或文学特征。从文学研究的角度说,这些元素或特征就是我们研究的主要对象。那么,这些文学特征是如何"发生"的呢?

所有的文献都是"人"写的,只要作者是"人",就不可能做到绝对的客观。尤其西周诸篇这样的文献,不仅代表着史官个人的意志,也常代表某种官方意识形态。可以说,文献不仅是客观史事的载体,也是主观意识的载体,甚至后者会在一定程度上压倒前者。客观史事可能会经修改加工,我们不能仅凭单一文献视阈就得出某个史学结论。然而,某篇文献是某种主观意识的唯一载体,所见即结论,无需他求。当这种主观意识带有一定的审美属性,它就属于被"衍生"的文学特征。宽泛来说,几乎一切带有主观色彩的记录、描写、塑造都可以被称作"审美"。只要文本不是纯粹客观的记录,如《克殷》"周车三百五十乘,陈于牧野"、《世俘》"吕他命伐越戏方,壬申,荒新

至,告以馘俘"、《度邑》"王乃升汾之阜以望商邑"、《皇门》"维正月庚午,周公格左闳门,会群门",几乎处处有"审美"。即使如《世俘》看似冷冰冰的数字"馘磨亿有十万七千七百七十有九",亦包含着极言武王俘馘之多的主观情感,带有赞美炫耀之意。至于人物话语部分,几乎字字"审美"、字字"主观",像《商誓》《祭公》这样以人物话语为主的作品,几乎找不到一句纯粹的客观陈述。《皇门》除开篇的背景介绍外,亦几乎找不到客观陈述。所有客观之外的内容,无一不包含着执笔者或执笔者背后统治阶级的主观精神。从宏观层面看,主观精神似乎只是零星存在的文本陪衬;但从微观解剖,主观精神无处不在。这些无处不在的主观精神,都可以纳入"文学特征"的范畴。

我们现从"群臣群像"的角度剖析西周六篇的"文学特征"。

(一)《克殷》

1."商辛奔内。"

此处的文学特征在"奔"。作者用"奔",而不是"之"(即"商辛之内"),凸显的是纣王战败后仓皇逃窜的狼狈形象。《说文》:"奔,走也。"[1]《尔雅》:"奔,走也。"[2]"大路谓之奔。"[3]按:奔,即快跑。《西伯戡黎》:"西伯既戡黎,祖伊恐,奔告于王。"[4]"奔"与"恐"相对,可见"奔"突出的是祖伊的惶恐,用法与"商辛奔内"的"奔"完全相同。《左传》中的"奔"或"出奔"更是尤为常见,如《隐公元年》:"京叛大叔段。段入于鄢。公伐诸鄢。五月辛丑,大叔出奔共。"《桓公十年》:"詹父有辞,以王师伐虢。夏,虢公出奔虞。"《庄公十年》:"冬十月,齐师灭谭,谭子奔莒。"[5]谭子等人出逃,与纣王之狼狈相似。这一系列的"奔"都带有强烈的感情色彩,多用于形容败亡者的仓皇狼狈。乃如《战国策·秦二》"楚王使陈轸之秦"[6]的"之"、《战国策·秦四》"楚王使景鲤

---

[1] [汉]许慎撰,[宋]徐铉等校定:《说文解字》,北京:中华书局,2013年,第213页下栏。
[2] [汉]佚名:《尔雅:附音序、笔画索引》,北京:中华书局,2016年,第18页。
[3] [汉]佚名:《尔雅:附音序、笔画索引》,北京:中华书局,2016年,第40页。
[4] 顾颉刚、刘起釪:《尚书校释译论》第2册,北京:中华书局,2005年,第1047页。
[5] 杨伯峻编著:《春秋左传注》第1册,北京:中华书局,2016年,第14、138、197—198页。
[6] 诸祖耿编撰:《战国策集注汇考》上册,南京:凤凰出版社,2008年,第218页。

如秦"①的"如",则是客观叙事,不带感情色彩。

2."屏遮而自燔于火。"

此处的文学特征在"自"。"自"带贬义,凸显的是纣王自作自受的恶人形象。"自"为某事,往往是坏事,"自作孽"的用法就是典型。《孟子·公孙丑上》引《太甲》:"天作孽,犹可违;自作孽,不可活。"②纣王自焚而死,也是自作自受。如果不自焚,武王或许不至于立刻置纣王于死地。③ 与"自作孽"相似的用法在《尚书》里非常常见,如《盘庚》:"非予自荒兹德。""惰农自安,不昏作劳,不服田亩。"《西伯戡黎》:"惟王淫戏用自绝。"④《康诰》:"人有小罪,非眚,乃惟终,自作不典。""凡民自得罪,寇攘奸宄,杀越人于货。"《酒诰》:"天非虐,惟民自速辜!"⑤《多方》:"非我有周秉德不康宁,乃惟尔自速辜。"《顾命》:"思夫人自乱于威仪。"⑥凡带"自"者,主人公一般都是负面形象,含自作自受之意。

3."诸侯毕拜。"

此处是"诸侯毕拜",而不是"诸侯拜",文学特征在"毕"。"毕"即"全,都,皆",是比较明确的。此处强调所有的诸侯都给武王行拜礼,突出了武王天下共主的形象。《康诰》:"若有疾,惟民其毕弃咎。"《顾命》:"惟新陟王,毕协赏罚。"⑦《左传·隐公元年》:"天子七月而葬,同轨毕至。"⑧"毕"都可释为"全,都,皆"。

4."商庶百姓咸俟于郊。"

此处文学特征在"咸"。"咸",即"都",强调殷商所有的贵族、平民都等

---

① 诸祖耿编撰:《战国策集注汇考》上册,南京:凤凰出版社,2008年,第371页。
② 杨伯峻译注:《孟子译注》,北京:中华书局,2010年,第68页。
③ 《史记·夏本纪》:"桀走鸣条,遂放而死。"按:可见夏桀死于流放途中,而非被成汤杀死。仿夏桀故事,武王也不一定会在战争胜利之初立即杀死纣王。[汉]司马迁撰,[南朝宋]裴骃集解,[唐]司马贞索隐,[唐]张守节正义:《史记》第1册,北京:中华书局,2014年,第108页。
④ 顾颉刚、刘起釪:《尚书校释译论》第2册,北京:中华书局,2005年,第938、939、1049页。
⑤ 顾颉刚、刘起釪:《尚书校释译论》第3册,北京:中华书局,2005年,第1319、1331、1408页。
⑥ 顾颉刚、刘起釪:《尚书校释译论》第4册,北京:中华书局,2005年,第1633、1712页。
⑦ 顾颉刚、刘起釪:《尚书校释译论》第4册,北京:中华书局,2005年,第1839页。
⑧ 杨伯峻编著:《春秋左传注》第1册,北京:中华书局,2016年,第17页。

候在了城郊,而非少数人。此处凸显了武王天下归心的形象。武王伐纣,乃民心所归。《说文》:"咸,皆也,悉也。"①《尔雅》:"佥、咸、胥,皆也。"②"咸"常见于《尚书》,用法一般可释为"皆"。《尧典》:"流共工于幽洲,放驩兜于崇山,窜三苗于三危,殛鲧于羽山,四罪而天下咸服。"③《洛诰》:"其自时中乂,万邦咸休,惟王有成绩。"《君奭》:"后暨武王诞将天威,咸刘厥敌。"④《顾命》:"太保暨芮伯咸进相揖。"⑤

5. "群宾佥进。"

此处文学特征在"佥"。"佥",即"都"。宾,即上文的"商庶百姓"。这部分也在塑造武王众望所归的形象。《说文》:"佥,皆也。"⑥《尔雅》:"佥、咸、胥,皆也。"⑦上文已引。可见"佥""咸"皆"皆",义同。《尧典》:"佥曰:'於!鲧哉。'""佥曰:'益哉!'""佥曰:'伯夷。'"⑧刘起釪:"'佥曰',《史记》译作'皆曰'。"⑨可见,"佥曰"即"皆曰"。

6. "群臣毕从。"

此处用法与上文的"诸侯毕拜"同,以"毕"为文学特征。武王进入宗庙祭祀,群臣都追随并参加仪式:"毛叔郑奉明水,卫叔傅礼,召公奭赞采,师尚父牵牲。"突出了武王王权独尊的形象。

7. "尹逸筴曰:'殷末孙受,德迷先成汤之明,侮灭神祇不祀,昏暴商邑百姓,其章显闻于昊天上帝!'"

这是一段强烈的抒情,抒情主人公是武王,并由尹逸筴代为陈词。武王

---

① [汉]许慎撰,[宋]徐铉等校定:《说文解字》,北京:中华书局,2013年,第26页下栏。
② [汉]佚名:《尔雅:附音序、笔画索引》,北京:中华书局,2016年,第11页。
③ 顾颉刚、刘起釪:《尚书校释译论》第1册,北京:中华书局,2005年,第163页。
④ 顾颉刚、刘起釪:《尚书校释译论》第3册,北京:中华书局,2005年,第1492—1493、1574页。
⑤ 顾颉刚、刘起釪:《尚书校释译论》第4册,北京:中华书局,2005年,第1839页。
⑥ [汉]许慎撰,[宋]徐铉等校定:《说文解字》,北京:中华书局,2013年,第103页下栏。
⑦ [汉]佚名:《尔雅:附音序、笔画索引》,北京:中华书局,2016年,第11页。
⑧ 顾颉刚、刘起釪:《尚书校释译论》第1册,北京:中华书局,2005年,第76—77、192页。
⑨ 顾颉刚、刘起釪:《尚书校释译论》第1册,北京:中华书局,2005年,第81页。

称纣王为"末孙",相当于骂他是"不肖子孙"。① "德迷""侮灭""昏暴"皆强烈批评之辞,"章显"更突出了纣王罪大恶极的形象。尹逸筴的宣言不仅塑造了罪大恶极的纣王形象,也塑造了一位慷慨作誓、正义凛然的武王形象。武王在这里虽未出场,但通过尹逸筴之代言,其形象已血肉丰满。这些都属于文学特征。

(二)《世俘》

1. "则咸刘商王纣。"

"咸刘商王纣"实际上是"咸刘商王纣之党羽"的简写。"咸"字用法与上文《克殷》同,也属于文学特征。"咸刘"指的是杀光,体现的是武王及周军的雷霆手段,凸显了武王杀伐决断、嫉恶如仇的强势君王形象。

2. "执矢恶臣百人。"

元至正本等八个版本作"天恶臣"。② 赵标本等八个版本作"夫恶臣"。③ 至正本、赵标本下文皆作:"武王乃废于纣矢恶臣人百人。"④若为"夫",则为客观叙事;若为"天",则为"罪恶滔天的臣",属文学特征,带有对"臣"的厌恶。从异文校勘来看,"矢恶臣"应为原貌。矢恶,即始恶,矢、始音同。据郭锡良拟音,"矢"的上古音作[ɕiei]⑤、"始"的上古音作[ɕiə]⑥。始恶,元恶也。

---

① "末孙"并无断子绝孙之意,因为纣王死后尚有王子武庚在世。武王在世时不仅未杀武庚,还命他"续殷祀"。《克殷》:"武王再拜稽首,乃出。立王子武庚,命管叔相。"《史记·殷本纪》:"封纣子武庚禄父,以续殷祀,令修行盘庚之政。殷民大说。"甚至直到武庚叛乱后,周公和成王依然没有绝殷祀,见《史记·殷本纪》:"周武王崩,武庚与管叔、蔡叔作乱,成王命周公诛之,而立微子于宋,以续殷后焉。"[汉]司马迁撰,[南朝宋]裴骃集解,[唐]司马贞索隐,[唐]张守节正义:《史记》第1册,北京:中华书局,2014年,第139、140页。
② [晋]孔晁注:《元本汲冢周书》,元至正十四年(1354)嘉兴路儒学刻本,杜泽逊审定:《国学基本典籍丛刊》,北京:国家图书馆出版社,2017年,第84页。其余七个版本不再逐个出注,详见附录二。
③ [明]赵标:《汲冢周书》卷四,《汇刻三代遗书》本,明万历二十二年(1594)刻本,第55叶下半叶。其余七个版本不再逐个出注,详见附录二。
④ [晋]孔晁注:《元本汲冢周书》,元至正十四年(1354)嘉兴路儒学刻本,杜泽逊审定:《国学基本典籍丛刊》,北京:国家图书馆出版社,2017年,第87页。[明]赵标:《汲冢周书》卷四,《汇刻三代遗书》本,明万历二十二年(1594)刻本,第58叶上半叶。
⑤ 郭锡良编著:《汉字古音手册》,北京:商务印书馆,2010年,第90页。
⑥ 郭锡良编著:《汉字古音手册》,北京:商务印书馆,2010年,第89页。

"恶臣百人"被废,因其乃助纣为虐的元恶之臣。这也与"商之百无罪,其维一夫"(《商誓》)的思想吻合。此处强调百名商臣并非无辜,而是个个都罪大恶极。

3. "武王朝至,燎于周:'维予冲子绥文……'"

俞樾本补"绥文"作"绥文考"①,可从。武王作为周邦的代表,去周庙祭祀文王。此即本章第一节所说"武王独祀",体现的是武王王权独尊的形象。人物语言中的深情作祀,属文学特征。

4. "武王乃废于纣矢恶臣人百人。"

此处展现的恶臣形象与上文"执矢恶臣百人"同,"矢"即文学特征,皆指向罪大恶极之臣。除此之外,该句以武王为主语,无论是事实上由武王亲手"废"百人还是以武王为代言人的周军"废"百人,都体现了武王高大伟岸、王权独尊的形象。

5. "武王乃以庶祀馘于国周庙:'翼予冲子!'""告于周庙曰:'古朕闻文考修商人典,以斩纣身。'告于天于稷。""曰:'惟予冲子,绥文考,至于冲子。'"

这三处记述的都是武王告宗庙之辞,塑造的武王形象与上文"武王朝至,燎于周:'维予冲子绥文……'"同,即王权独尊的形象,以人物语言为文学特征之载体。

(三)《商誓》

自《商誓》以下,《度邑》《皇门》《祭公》皆以记言为主。人物话语,几乎处处有主观情感。现择其要而论之。

1. "王若曰:'告尔伊旧何父□□□□几耿肃执,乃殷之旧官人序文□□□□及太史比、小史昔,及百官里居献民□□□,来尹师之敬诸戒,疾听朕言!用胥生蠲尹。'"

本章第三节说到,"伊旧何父"相当于"父老乡亲",故"伊旧何父"带有敬意。"疾听朕言"带有强烈的命令口吻,相当于"快过来听我训话"。"伊旧何父""疾听朕言"带有明显的主观情感,属于文学特征。黄怀信将"疾听朕言"

---

① [清]俞樾撰:《周书平议》,清光绪二十五年(1899)德清俞氏增修本,宋志英、晁岳佩选编:《〈逸周书〉研究文献辑刊》第8册,北京:国家图书馆出版社,2015年,第309—310页。

解作"赶快听我的话"，①可参据。武王一面称呼殷之旧人为"父"，一边又用命令语气要求他们来听训话，可谓软硬兼施。这里体现的是政治手腕老成的武王形象。

2. "今在商纣，昏忧天下，弗显上帝，昏虐百姓，奉天之命。上帝弗显，乃命朕文考曰：'殪商之多罪纣！'"

丁宗洛本："弗显上帝"作"弗顾上帝"，"奉天之命"作"弃天之命"。② 刘师培本："奉天之命"作"韦（违）天之命"。这里的"奉"字不需要改成"弃"（丁宗洛说）或"违"（刘师培说）。"奉天之命"应按《尚书·西伯戡黎》"我生不有命在天"③的反问语气理解。"奉天之命"，就是贪天之命，以为天命在己而胡作非为。"弗显上帝"与"弗顾上帝"无本质区别。《尔雅》："显，昭。"④"弗显上帝"即不能昭显上帝之明德，有负于商之所承天命。丁宗洛"弗顾"即有负天命之意。俞樾本"昏忧"作"昏扰"。⑤ 此亦无需改字。"忧"，可作"见忧"解。故卢本文本无一字需改。这句话的性质与武王讨商纣之誓词同，只是陈述于战后而已。在这句话中，武王痛斥了纣王令全天下忧愤、有负上帝给予商国的天命、虐待殷商贵族与万民、自贪天命等罪行，并认为这些罪行是"上帝弗显"⑥的原因，然后发出振聋发聩的一句"殪商之多罪纣"，令纣之拥护者胆寒，也为反纣之士壮胆。是时商纣虽死，但周人立足未稳，殷商残余势力犹在，并随时准备反扑。武王作《商誓》诰辞，对象是商遗民，就自然要对商遗民中相当数量的纣之拥护者进行威慑。在此，分别展现了武王的嫉恶如仇和纣王的罪孽深重。其中所有的强烈抒情，都是典型的文学特征。

3. "弗敢忘天命！""予亦无敢违大命！""上帝曰：'必伐之！'""肆上帝命

---

① 黄怀信：《逸周书校补注译》，西安：三秦出版社，2006年，第208页。
② ［晋］孔晁注，［清］丁宗洛笺：《逸周书管笺》，清道光十年（1830）济宁海康丁宗洛迂园刻本，宋志英、晁岳佩选编：《〈逸周书〉研究文献辑刊》第6册，北京：国家图书馆出版社，2015年，第124页。
③ 顾颉刚、刘起釪：《尚书校释译论》第2册，北京：中华书局，2005年，第1052页。
④ ［汉］佚名：《尔雅：附音序、笔画索引》，北京：中华书局，2016年，第8页。
⑤ ［清］俞樾撰：《周书平议》，清光绪二十五年（1899）德清俞氏增修本，宋志英、晁岳佩选编：《〈逸周书〉研究文献辑刊》第8册，北京：国家图书馆出版社，2015年，第312页。
⑥ 显，昭也，上帝弗见昭。

我小国曰：'革商国！'"

以上四句都短促有力，带有强烈抒情，具备文学特征。武王在此反复强调伐纣战争不是自己主观上想发动的，而是在上帝和天命的指使下不得不发动的。武王希望商民不要把商政权的覆灭及战争带来的破坏和伤亡归罪于自己，而应归罪于得罪了上帝、自违了天命的纣王。武王这番抒情的实质是推卸发动战争的责任，并希望以此降低殷民对自己的敌意。站在武王的立场上说，这些抒情都是武王作为成熟政治家对敌国民众实施思想教育时的言说技巧。

4."胥告商之百无罪，其维一夫！""商百姓无罪！"

武王诰辞之意在于强调自己没有站在殷商民众的对立面，而是和殷商民众一起站在纣王的对立面。武王将自己包装成殷商民众解放者的形象，可以降低民众的敌意。这两段以强烈抒情口吻强调"百姓无罪"的诰辞展现的也是武王成熟政治家的形象。强烈抒情即文学特征，自不待言。

（四）《度邑》

1."维王克殷，国君诸侯乃厥献民征主、九牧之师见王于殷郊。王乃升汾之阜以望商邑。"

《商誓》："百官里居献民。""百姓献民其有绶芳。"周宝宏："献民：指入仕于周的殷代王大夫。"①黄怀信："名民，犹献民。"黄译写作："殷朝初建立的时候，也征用了三百六十名贤民。"②即以"献民"为"贤民"。此二说并不矛盾。殷之大夫入仕于周，亦为贤民。周宝宏："征主：应征的殷代在位士大夫，大夫曰主。"③故"献民征主"可训译为殷之贤人、贵族。"九牧"卢注："九牧，九州之牧也。"《天理》B519 可释作："惟九牧告。"④故"九牧之师"即九州之

---

① 周宝宏：《〈逸周书〉考释》，北京：社会科学文献出版社，2001年，第133页。
② 黄怀信：《逸周书校补注译》，西安：三秦出版社，2006年，第217页。
③ 周宝宏：《〈逸周书〉考释》，北京：社会科学文献出版社，2001年，第134页。
④ 天理大学、天理教道友社编：《天理大学附属天理参考馆藏品·甲骨文字》，奈良：天理教道友社，1986年，第153页。

长。① 由此，我们就可以还原这段文本描写的画面了。武王伐纣胜利后，命令各个邦国的国君②、殷之贤民贵族、九州之长等各级官员、贵族在殷郊集合，并接受自己的接见。然后，武王坐舟来到汾水的中央，登上了汾水中央的小岛，向着殷郊的人群眺望，并进一步眺望整个商邑故城。这一段场面描写非常宏大，前面的接见就是在为下文的登山做铺垫。此时的武王就像从天而降的天神，以上帝视角俯视着殷民和商邑。"国君诸侯乃厥献民征主、九牧之师"极言受武王接见的人数之多、地位之重，以此水涨船高地托起武王至高无上的天下共主地位。用"升汾之阜"，而非"登汾之阜"，更是将武王比拟作可以飞升的仙人，让读者误以为他是以飞升的方式来到山顶的。武王的视角之大超乎常人，乃至于大到可以容纳整个商国故土。这一系列的夸张、比拟都属于文学特征。《度邑》篇的作者在开篇处注入了极大的主观情感，将场面描写推向至大，将武王形象推向至伟。这样的描写也是为中和下文武王战战兢兢、如履薄冰的形象。欲言其阴弱，先极言其阳刚，既是一种衬托描写，又是对作者政治立场的自证清白——虽言其不堪，但无诋毁心。

2."维显畏弗忘，王至于周，自鹿至于丘中，具明不寝。王小子御告叔旦，叔旦亟奔即王曰：'久忧劳！'问：'害不寝？'"

这段话塑造了两个人物形象："具明不寝"的武王和"亟奔即王"的周公。武王因担忧周室之不保，故整夜忧虑不能入眠；周公因担忧武王不眠伤身，故在武王车夫的通报后火速前去见武王。武王忧国，跃然纸上；周公爱兄心切，亦跃然纸上。人物描写生动形象，抒情短促有力，皆属文学特征。《说文》："具，共置也。"③《吕刑》："无简不听，具严天威。"④《周本纪》"具严天威"

---

① 此"九州"应为确数，《周书序》："武王率六州之兵车三百五十乘以灭殷，作《克殷》。"黄怀信：《逸周书校补注译》，西安：三秦出版社，2006年，第415页。《程典》："维三月既生魄，文王合六州之侯，奉勤于商。"孔注："三分天下有其二，以伏事殷也。"《论语》作"服"。故知"六州"合"三分天下有其二"之说。可见，《度邑》之"九州"亦为确数。杨伯峻译注：《论语译注》，北京：中华书局，2009年，第83页。
② 这其中包括"八百诸侯"，也包括"服国六百五十有二"（见《世俘》）。
③ [汉]许慎撰，[宋]徐铉等校定：《说文解字》，北京：中华书局，2013年，第54页上栏。
④ 顾颉刚、刘起釪：《尚书校释译论》第4册，北京：中华书局，2005年，第1994页。

作"共严天威",①乃知"具"即"共","具明不寝"即"共明不寝",即"天大亮也不寝",极言武王不寝时间之长。《说文》:"亟,敏疾也。"②《尔雅》:"亟……疾也。""亟……速也。"③《左传·隐公十一年》:"我死,乃亟去之!"杨伯峻:"亟,急也。"④由此可知"亟奔即王"即"速奔于王",极言周公奔赴速度之快。"具""亟"都带有强烈的主观情感,属于典型的文学特征,将忧国的武王、忧兄的周公这一对兄弟、君臣的形象描写得生动细致。

3."叔旦泣涕于常,悲不能对。"

庄述祖本:"泣涕于常"作"泣涕在裳"。⑤周宝宏:"常:裳。"⑥此说可从。"泣涕""悲"都是典型的文学特征。"泣涕",动作描写,乃周公之"悲"的外化。武王在上文忧"未定天保"、感慨"日夜劳来",周公作为历史的亲历者,对武王之忧感同身受,故而"泣涕"且"悲"。周公忧心王室、与武王兄弟情深的形象因其"泣涕""悲"而尽显。

4."叔旦恐,泣涕共手。"

刘师培:"共"作"拱"⑦,即以"共"通假"拱",可从。这句话基本可视作一句完整的文学描写,"恐""泣涕""拱手"都是文学元素,属文学特征。"恐"属神态描写,描写的是听到武王"乃今我兄弟相后"的决定后的惊慌失措。"泣涕"和"拱手"都是"恐"的外化。这一处描写与上句"叔旦泣涕于常,悲不能对"相似,只不过上句是先"泣涕",然后用"悲"总结"泣涕"的原因;后句是先"恐",继而用"泣涕""拱手"呈现"恐"。后句"恐"的原因与前句"悲"有本质区别,周公此时因武王"兄弟相后"的决定而惊恐,故而此处表现的周公形象

---

① [汉]司马迁撰,[南朝宋]裴骃集解,[唐]司马贞索隐,[唐]张守节正义:《史记》第1册,北京:中华书局,2014年,第176页。
② [汉]许慎撰,[宋]徐铉等校定:《说文解字》,北京:中华书局,2013年,第287页下栏。
③ [汉]佚名:《尔雅:附音序、笔画索引》,北京:中华书局,2016年,第6页。
④ 杨伯峻编著:《春秋左传注》第1册,北京:中华书局,2016年,第81页。
⑤ [清]庄述祖:《尚书记》卷三,《云自在龛丛书》本,光绪二十五年(1899)菊月江阴缪氏校刊本,第17叶下半叶。
⑥ 周宝宏:《〈逸周书〉考释》,北京:社会科学文献出版社,2001年,第135页。
⑦ 刘师培撰《周书补正》,民国间宁武南式铅印本,宋志英、晁岳佩选编:《〈逸周书〉研究文献辑刊》第9册,北京:国家图书馆出版社,2015年,第430页。

更显忠心耿耿、克己守礼,并胜过其对王室的忧心。

(五)《皇门》

1. 传本:"乃维其有大门宗子势臣,罔不茂扬肃德。"简本:"乃惟大门宗子迩臣,懋扬嘉德。"①

简本与传本最大的区别在于传本的双重否定"罔不",是为文学特征。简本客观,传本感情浓郁,显然前者应更接近原始版本。传本"罔不"带有明显的主观情感,指向"大门宗子势臣"。孔注:"大门宗子,适长。势臣,显仕。"年代稍晚的修订者在正文中添入"罔不"二字,意在突出"茂扬肃德"的"大门宗子势臣"形象。黄怀信:"茂扬,勤勉奋发。"②茂扬,即勤勉地发扬。《说文》:"肃,持事振敬也。"③肃德,应即嘉德,即一种恭恭敬敬为王室效力的美德。"罔不"突出的是宗室王族、权臣近臣、贤良爪牙勤勉恭敬地发扬美德、尽心尽力地为王家效力的形象,同时又间接塑造了君王广纳善言、兼听则明的清明形象。

2. 传本:"其善臣以至于有分私子,苟克有常,罔不允通,咸献言在于王所。"简本:"自釐臣至于有分私子,苟克有谅,无不懔达,献言在王所。"④

此处的文学特征主要体现在"罔不""咸"两处带有主观情感的用词,其中"罔不"在简本中作"无不","咸"则不见于简本。"罔不"或"无不"就是"没有不""无人不","咸"就是"都",两者都是在强调所有的人都能"献言在于王所"。孔注:"私子,庶孼也。"黄怀信:"私子,庶子。"⑤《说文》:"釐,家福也。"⑥故"善臣""釐臣"都可释为"良臣"。"其善臣以至于有分私子"字面是说从良臣到庶子,但实际上是虚指,指的是"所有的人"。良臣、庶子是"罔

---

① 清华大学出土文献研究与保护中心编,李学勤主编:《清华大学藏战国竹简(壹)》,上海:中西书局,2010年,第164页。
② 黄怀信:《逸周书校补注译》,西安:三秦出版社,2006年,第240页。
③ [汉]许慎撰,[宋]徐铉等校定:《说文解字》,北京:中华书局,2013年,第59页下栏。
④ 清华大学出土文献研究与保护中心编,李学勤主编:《清华大学藏战国竹简(壹)》,上海:中西书局,2010年,第164页。
⑤ 黄怀信:《逸周书校补注译》,西安:三秦出版社,2006年,第240页。
⑥ [汉]许慎撰,[宋]徐铉等校定:《说文解字》,北京:中华书局,2013年,第292页上栏。

不""咸"塑造的人物群像中的两个特写镜头,代表着"所有的人"。这段话总体上描写的是政治清明、言无不达的景象,从人物形象塑造的角度说,塑造了良臣、庶子这两类带有随机性的人物形象,以他们的积极进言彰显了当时言论的畅通、政治的清明。

3. 传本:"百姓兆民用,罔不茂在王庭。"简本:"百姓万民用,无不扰比在王廷。"①

"罔不""无不"都指"都",用法与前文同,属文学特征。百姓,即贵族;兆民等价于万民,即所有的平民。相比于"善臣"("鳌臣")和"私子"的镜头特写而言,"百姓""兆民"("万民")则是远景,将所有能涵盖的人全都涵盖了进来。这段话的描写效果与前文相似,也是总体上描写政治清明、言无不达的景象,并且从人物形象塑造的角度说,塑造了一幅看不见人脸细节但是可以看见嘈杂喧嚣远景的人物群像。这些人热情积极地在王庭进言,将所有的忠言、谏言都送到了君王的耳中。

4. 传本:"王国用宁,小人用格,□能稼穑,咸祀天神。"简本:"王邦用宁,小民用假能稼穑,并祀天神。"②

唐大沛本:"□"补"用"字。③ 朱骏声本:"□"补"爰"字。④ 据简本,应补"假"字,朱说近。此句以"咸"为文学特征,用法也与前文同。"咸"指向"小人",即平民,意在塑造全民力耕、全民祭祀的盛景。《左传·成公十三年》:"国之大事,在祀与戎。"⑤祭祀是当时一切活动的重中之重。同时,农耕也是固国之本。作者塑造耕、祀之盛景,意在凸显邦国之繁盛。"小人"是"王国"下的人物群像,也是模糊的远景,而非特写镜头。此句已富有民本思想,将

---

① 清华大学出土文献研究与保护中心编,李学勤主编:《清华大学藏战国竹简(壹)》,上海:中西书局,2010 年,第 164 页。
② 清华大学出土文献研究与保护中心编,李学勤主编:《清华大学藏战国竹简(壹)》,上海:中西书局,2010 年,第 164 页。
③ [清]唐大沛撰:《逸周书分编句释》,清道光十六年(1836)著者手定底稿本,宋志英、晁岳佩选编:《〈逸周书〉研究文献辑刊》第 7 册,北京:国家图书馆出版社,2015 年,第 74 页。
④ [清]朱骏声:《周书集训校释增校》,邓实、黄节主编:《国粹学报》第 15 册,扬州:广陵书社,2006 年,第 9598-1 页。
⑤ 杨伯峻编著:《春秋左传注》第 3 册,北京:中华书局,2016 年,第 941 页。

"小人"抽象成了一个可以作为国家支柱的集体概念。

5. 传本:"王用奄有四邻,远士丕承,万子孙用末,被先王之灵光。"简本:"王用能奄有四邻,远士丕承,子孙用末被先王之耿光。"①

此处文学特征在"万""末",属夸张手法。孔注:"末,终。"末,实际上指的就是"极小比例"。子子孙孙只要能达到先王圣德的万分之一,就足以守卫邦土了。"末",极言子孙继承部分之少;"万",极言子孙之多。"万""末"的作用都在于极力塑造先王形象的光辉伟大。先王的圣德覆盖四海、无边无垠,即使子孙继承万分之一,也足以治理国家。这样的描写将先王的伟岸形象进行了无限的放大。

6. 传本:"王阜良,乃惟不顺之言。于是人斯乃非维直以应,维作诬以对,俾无依无助。"简本:"我王访良言于是人,斯乃非休德以应,乃维诈诉以答,俾王之无依无助。"②

孔注:"阜,大。良,善也。"故"阜良"即"大善"。若以传本为准,则此处包含对君王的赞美与惋惜之辞。君王生性纯良,却遭小人蒙蔽,以致无依无助,凸显的是君王良善且受蒙蔽的形象。若以简本为准,则无"大善"之说。这段话的文学特征主要在"非维直以应,维作诬以对"("非休德以应,乃维诈诉以答")和"无依无助"。前者充满了对佞臣的厌恨,塑造了佞臣进谗的邪恶形象;后者充满了对君王的怜悯——君王被佞臣蒙蔽的无依无助形象。不直接将恶政的罪责指向君王,也是一种较为委婉的描写方式。屈原《惜往日》:"谅聪不明而蔽壅兮,使谗谀而日得。"③殆与此同。④

7. 传本:"是人斯乃谗贼媢嫉,以不利于厥家国。"简本:"是人斯乃谗贼□□,以不利厥辟厥邦。"⑤

---

① 清华大学出土文献研究与保护中心编,李学勤主编:《清华大学藏战国竹简(壹)》,上海:中西书局,2010年,第164页。
② 清华大学出土文献研究与保护中心编,李学勤主编:《清华大学藏战国竹简(壹)》,上海:中西书局,2010年,第164页。
③ [宋]洪兴祖撰,白化文等点校:《楚辞补注》,北京:中华书局,1983年,第152页。
④ 本书第一章第五节有过详细论述。
⑤ 清华大学出土文献研究与保护中心编,李学勤主编:《清华大学藏战国竹简(壹)》,上海:中西书局,2010年,第164页。

此处文学特征在于"是人斯乃谗贼媢嫉",简本缺字,据传本补可使两本同。"谗""贼""媢""嫉"指的是四种恶行。《说文》:"谗,譖也。"①即进言诋毁良善。《说文》:"贼,败也。"②败,可理解为"使败"。或按《左传·闵公二年》:"秋八月辛丑,共仲使卜齮贼公于武闱。"③贼,指的是杀害。《说文》:"媢,夫妒妇也。"④这里指妒忌贤良。《说文》:"㤈,妎也。从人,疾声。一曰毒也。嫉,㤈,或从女。"⑤由此可见,"嫉"同"㤈"。庄述祖认为"嫉"作"㤈",可从。⑥因此,"疾"("嫉")可作"毒害"解,也可作"妎"解。《路史》:"太古之民,穴居而野处,搏生而咀华,与物相友,人无妎物之心,而物亦无伤人之意。"⑦妎,即嫉妒。所以说,"谗""贼""媢""嫉"就是诋毁贤良、残害贤良(或使贤良落败)、嫉妒贤良、毒害贤良(或也是嫉妒贤良)。作者将四种大恶之行聚焦在"是人"身上,可谓塑造了极恶的佞臣形象。

(六)《祭公》

1. 传本:"王若曰:祖祭公,次予小子虔虔在位!"简本:"王若曰:祖祭公,哀余小子,昧其在位。"⑧

黄怀信:"次,读为'佽',助也。"⑨《诗经·唐风·杕杜》:"人无兄弟,胡不佽焉?"方玉润:"佽,助也。"⑩因此,"次予"可释为"助予",也最符合语境。传本的语气不如简本强烈,"次"的力度也不如"哀"。"次"之意,仅在于恳求帮助,而"哀"带哀怜乞求之意。简本在"哀"的基础上更有"昧"字之助。《史

---

① [汉]许慎撰,[宋]徐铉等校定:《说文解字》,北京:中华书局,2013年,第51页上栏。
② [汉]许慎撰,[宋]徐铉等校定:《说文解字》,北京:中华书局,2013年,第266页下栏。
③ 杨伯峻编著:《春秋左传注》第1册,北京:中华书局,2016年,第287页。
④ [汉]许慎撰,[宋]徐铉等校定:《说文解字》,北京:中华书局,2013年,第263页下栏。
⑤ [汉]许慎撰,[宋]徐铉等校定:《说文解字》,北京:中华书局,2013年,第164页上栏。
⑥ [清]庄述祖:《尚书记》卷四,《云自在龛丛书》本,光绪二十五年(1899)菊月江阴缪氏校刊本,第26叶上半叶。
⑦ [宋]罗泌撰:《路史》,[清]永瑢、纪昀等:《景印文渊阁四库全书》第383册,台北:商务印书馆,1986年,第31页下栏。
⑧ 清华大学出土文献研究与保护中心编,李学勤主编:《清华大学藏战国竹简(壹)》,上海:中西书局,2010年,第174页。
⑨ 黄怀信:《逸周书校补注译》,西安:三秦出版社,2006年,第337页。
⑩ [清]方玉润撰,李先耕点校:《诗经原始》上册,北京:中华书局,1986年,第258页。

记·秦始皇本纪》:"丞相臣斯昧死言。"①故"昧"带冒犯意,属谦辞。"昧其在位"相当于"忝在其位","其在"倒文。穆王谦逊恭敬地说自己忝居王位,希望祭公哀怜自己的不易并给予指导。简本的"哀""昧"都带有强烈的主观情感,属于文学特征。相比之下,传本仅有抒情,且不十分强烈。简本"哀""昧"一方面通过人物语言直接塑造了谦逊恭敬的穆王形象,一方面也间接塑造了祭公谋父元老重臣的形象。

2. 传本:"予畏天威,公其告予懿德!"简本:"余畏天之作威,公其告我懿德!"②

此处的"其"是语气强烈的证明,属典型的文学特征。若去"其",则"公告予(我)懿德"的情感烈度将大打折扣。《左传·昭公二十年》:"父不可弃,名不可废,尔其勉之! 相从为愈。"③《多方》:"乃有不用我降尔命,我乃其大罚殛之。"④所以"其"可释为"一定"。"公其告予懿德",即"您一定要把美德传授给我"。"其"字凸显了穆王虚心求教、急于寻求保国方略的君王形象。同时,也衬托了祭公谋父的德高望重,是典型的"帝王师"。

3. 传本:"祭公拜手稽首曰:'天子,谋父疾维不瘳!朕身尚在兹,朕魂在于天昭王之所,勋宅天命。'"简本:"祭公拜手稽首,曰:'天子,谋父朕疾惟不瘳!朕身尚在兹,朕魂在朕辟昭王之所,无图不知命!'"⑤

这段话有两处文学特征。第一处是"谋父疾维不瘳"("谋父朕疾惟不瘳"),属于强烈抒情。祭公谋父知晓自己的身体状况,于是他发出了"疾惟不瘳"的悲痛绝望之辞。此处表现的是祭公谋父病重畏死的人之常情。祭公形象有血有肉,也是凡人。第二处是"朕身尚在兹,朕魂在于天昭王之所"("朕身尚在兹,朕魂在朕辟昭王之所"),属于对比手法的运用。我身虽在

---

① [汉]司马迁撰,[南朝宋]裴骃集解,[唐]司马贞索隐,[唐]张守节正义:《史记》第1册,北京:中华书局,2014年,第255页。
② 清华大学出土文献研究与保护中心编,李学勤主编:《清华大学藏战国竹简(壹)》,上海:中西书局,2010年,第174页。
③ 杨伯峻编著:《春秋左传注》第5册,北京:中华书局,2016年,第1564页。
④ 顾颉刚、刘起釪:《尚书校释译论》第4册,北京:中华书局,2005年,第1633页。
⑤ 清华大学出土文献研究与保护中心编,李学勤主编:《清华大学藏战国竹简(壹)》,上海:中西书局,2010年,第174页。

此,但我魂已在天。天之所,即昭王之所。祭公谋父的语言传达了两层意思:第一层是极言其病之重,第二层是向穆王和已故的昭王表忠心。世间、天堂之遥,生、死之近,凸显了祭公的临终忠心。简本的"朕辟"二字即"我的君王",更显其忠心耿耿,视昭王为主人。这里的祭公谋父形象除人之常情的畏死之外,还饱含了对昭、穆二王至死不渝的忠诚。

4. 传本:"公曰:'天子自三公上下辟于文武,文武之子孙,大开方封于下土。天之所锡武王时疆土,丕维周之基,丕维后稷之受命,是永宅之。维我后嗣旁建宗子,丕维周之始并。'"简本:"公曰:'天子、三公,我亦上下譬于文武之受命,皇猷方邦。丕惟周之旁,丕惟后稷之受命是永厚。惟我后嗣方建宗子,丕惟周之厚屏。'"①

这段话首先表达了强烈的祖先崇拜,将文王、武王以及更早的祖先后稷放在了非常崇高的位置上。"文武之子孙"带有强烈的自豪感,代指周人。这种用法相当于今人自称"炎黄子孙"。"武王时疆土"为"天之所锡",源自"周之基",源自"后稷之受命",并且周人因此拥有了"永宅之"的权利。"我后嗣旁建宗子"是对"文武之子孙"的重复,也带有强烈自豪感。"宗子"与"庶子"相对,是"嫡子"。祭公说"宗子",意在强调在座所有王公贵族都是后稷嫡系的子孙。"并",即"屏",据简本可知。祭公意在强调,我们这些嫡系的后嗣子孙都是守卫周邦的坚强屏障。简本与传本差别较大,但也强调了"文武之受命""后稷之受命"及后嗣宗子守卫周邦的责任。祭公谋父这段话的感情非常丰富,可分为三个层次:第一层次,是对文、武、后稷的崇拜,塑造了他们几为天神的形象。第二层次,是对自身血统的自豪。祭公谋父一遍遍强调"文武之子孙""我后嗣旁建宗子",就是为了增进在座各位的血统认同。这里的祭公谋父是一位重血统、重宗法的贵族老臣形象,也是其祖父周公、从叔成王封建宗子制度的坚定捍卫者。第三层次,是对责任的强调。"维我后嗣旁建宗子,丕维周之始并"("惟我后嗣方建宗子,丕惟周之厚屏")强调的是今之守卫周邦的责任在于各位。这里体现的是有责任感、有担当

---

① 清华大学出土文献研究与保护中心编,李学勤主编:《清华大学藏战国竹简(壹)》,上海:中西书局,2010年,第174页。

意识的祭公谋父形象。陈辞感情之丰富,古今人物形象之丰满,皆属文学特征。

5. 传本:"呜呼,天子、三公,监于夏商之既败,丕则无遗后难,至于万亿年,守序终之。"简本:"呜呼,天子,监于夏商之既败,丕则无遗后,至于万亿年,参叙之。"①

除显而易见的"呜呼"抒情之外,这段话主要的文学特征在于"至于万亿年",属夸张手法的运用。《洛诰》:"公其以予万亿年敬天之休!"②"万亿年"极言时间之无穷,祭公谋父希望周之后嗣能够吸取夏商败亡的教训,永久守卫好周邦,以使之万世永存。祭公谋父命在旦夕,犹不忘周邦,并许以美好祝愿,可见其忠心耿耿之余对周邦的未来秉持乐观态度。身死之后万事皆空,祭公谋父犹祝福后人,可见他在穆王、三公面前也是一位善良、慈爱的老人。

6. 传本:"汝无以戾反罪疾,丧时二王大功;汝无以嬖御固庄后;汝无以小谋败大作;汝无以嬖御士疾大夫卿士;汝无以家相乱王室而莫恤其外。"简本:"汝毋以戾兹皋辜无时远大邦,汝毋以嬖御塞尔庄后,汝毋以小谋败大作,汝毋以嬖士塞大夫、卿士,汝毋各家相乃室然莫恤其外。"③

这段话的文学特征在于排比手法的运用和祭公谋父嫉恶如仇的叙述。关于排比手法,我们会在第五章第二节中详细论述,这里重点谈祭公谋父的嫉恶如仇。祭公谋父的嫉恶如仇分五个层次展开:第一层次,孔注:"戾反罪疾,谓己所行。""戾反罪疾",简本作"戾兹皋辜"。"罪""皋"同。《尔雅》:"辜、辟、戾、皋(罪)也。"注曰:"皆刑罪。"④《说文》:"戾,曲也。"⑤由此可知,"戾"是一种歪曲的刑罪,可理解为冤案。《说文》:"辜,皋也。""皋,犯法

---

① 清华大学出土文献研究与保护中心编,李学勤主编:《清华大学藏战国竹简(壹)》,上海:中西书局,2010年,第174页。
② 顾颉刚、刘起釪:《尚书校释译论》第3册,北京:中华书局,2005年,第1457页。
③ 清华大学出土文献研究与保护中心编,李学勤主编:《清华大学藏战国竹简(壹)》,上海:中西书局,2010年,第174—175页。
④ [汉]佚名:《尔雅:附音序、笔画索引》,北京:中华书局,2016年,第3页。
⑤ [汉]许慎撰,[宋]徐铉等校定:《说文解字》,北京:中华书局,2013年,第204页上栏。

也。"①"辜",可与"皋""罪"等价。《说文》:"反,覆也。"②"疾"的用法应与《皇门》的"嫉(佚)"相同,释为嫉妒或毒害。按语境,释为"毒害"或"残害"更合理。兹,应作"滋"之通假。《说文》:"滋,益也。"③由此可知"戾反罪疾"指的是不能公正刑罚,并制造冤假错案,乃至颠倒黑白、责罚、残害了忠良;"戾兹皋辜"指的是不能公正刑罚,并制造冤假错案,乃至滋生了很多不必要的罪罚。传本、简本前半部分一致,后半部分略有差异。祭公谋父这段话是针对穆王说的,希望他能够公正刑罚。"丧时二王大功"指的是毁弃文、武先王执法公正的传统。"无时远大邦"应有缺字,大意指执法不公有损大邦风范。此句版本系统与传本不同。第二层次,孔注:"嬖御,宠妾也。庄,正也。"故"汝无以嬖御固庄后"("汝毋以嬖御塞尔庄后")指的是祭公谋父劝说穆王不要因为宠溺嬖妾而冷落了品性端庄的王后。第三层次,孔注:"大作,大事也。""汝无(毋)以小谋败大作",指的是不要因小失大,不要为了小利益败了大局。第四,孔注:"言无亲小人、疾君子。""汝无以嬖御士疾大夫卿士"("汝毋以嬖士塞大夫、卿士")用法与"汝毋以嬖御塞尔庄后"相同,指的是祭公谋父劝说穆王不要因为宠信佞臣而疏远、憎恶正直的官员。"疾"与前文说的"嫉""佚"不同,应理解为"憎恶",同"嫉恶如仇"。第五,孔注:"言陪臣执国命。"这里将"家相"释作"陪臣",可从。"汝无以家相乱王室而莫恤其外"指的是祭公谋父劝说穆王不要因为宠信陪臣而不顾外臣的建议、感受。"汝毋各家相乃室,然莫恤其外"指的是祭公谋父劝说宗亲各家不要只顾自己的家室,不要不顾外臣的建议、感受。参上文,传本:"公曰:'呜呼,天子!我不则寅哉寅哉!'"简本:"公曰:'呜呼,天子,丕则寅言哉!'"④可见祭公谋父的说话对象只有穆王、并无三公。"各家相乃室"的说法不符合穆王身份,若以阙文理解,"莫恤其外"又只能指向穆王,故简本有误,应以传本为准。综上,祭公谋父从五个层面展现了他对五类恶政的嫉恶如仇,在嫉恶如仇之外,他的谆

---

① [汉]许慎撰,[宋]徐铉等校定:《说文解字》,北京:中华书局,2013年,第310页下栏。
② [汉]许慎撰,[宋]徐铉等校定:《说文解字》,北京:中华书局,2013年,第59页上栏。
③ [汉]许慎撰,[宋]徐铉等校定:《说文解字》,北京:中华书局,2013年,第231页上栏。
④ 清华大学出土文献研究与保护中心编,李学勤主编:《清华大学藏战国竹简(壹)》,上海:中西书局,2010年,第175页。

谆教诲也凸显了他睿智多谋、经验丰富的政治家形象。

7. 传本:"康子之攸保勖教诲之,世祀无绝。不,我周有常刑。"简本:"康□之,蠠服之,然毋夕,□维我周有常刑。"①

这段话的传本、简本都有明显的残缺,综合考察可知原文应作"丕维我周有常刑",详见本书附录三的《祭公》篇。这段话的文学特征主要在此末句的威胁语气。需强调的是,这段话的上文是对三公说的,而非穆王。传本:"呜呼,三公! 予维不起,朕疾,汝其皇敬哉! 兹皆保之!"简本:"公曰:'天子、三公,余惟弗起朕疾,汝其敬哉! 兹皆保胥一人!'"②虽然简本有"天子",但从"兹皆保之""兹皆保胥一人"来看,说话对象只能是三公,不可以包括穆王。在此基础上,我们可知"丕维我周有常刑"是对三公的威胁,即若保胥之事略有差池,我周的刑罚是会惩罚你们的。这样的说话语气十分强烈,属典型的威胁语。如果说话对象是穆王,则"丕维我周有常刑"指的是在面对不称职的官员时,祭公谋父劝穆王拿起周之刑罚来惩罚这些官员——这种释读下的语气就会弱很多。因此,在明确说话对象是三公后,我们就可以将"丕维我周有常刑"定性为语气强烈的威胁语,并由此得出作者在此处塑造的是祭公谋父恩威并用、软硬兼施、铁面无私的元老级政治家形象。

除以上所列,西周诸篇还有大量的强烈抒情,多以"呜呼"为语言标志,此类皆属于文学特征。这些文学特征对说话者的人物形象塑造起到了一定的作用。且列之如下。

《克殷》:"群宾佥进曰:'上天降休!'"人物:群宾。

《度邑》:"永叹曰:'呜呼,不淑,兑天对!'"人物:武王。

《度邑》:"王曰:'呜呼,旦,惟天不享于殷!'"人物:武王。

《度邑》:"呜呼,于忧兹难,近饱于恤!"人物:武王。

《度邑》:"王曰:'呜呼,旦! 我图夷兹殷。'"人物:武王。

---

① 清华大学出土文献研究与保护中心编,李学勤主编:《清华大学藏战国竹简(壹)》,上海:中西书局,2010年,第175页。
② 清华大学出土文献研究与保护中心编,李学勤主编:《清华大学藏战国竹简(壹)》,上海:中西书局,2010年,第175页。

《皇门》传本:"曰:'呜呼,下邑小国!'"简本:"公若曰:'呜呼！朕寡邑小邦。'"①人物:周公。

《皇门》传本:"呜呼,敬哉！监于兹,朕维其及!"简本:"呜呼！敬哉,监于兹。"②人物:周公。

《祭公》传本:"王曰:'呜呼,公！朕皇祖文王……'"简本:"王曰:呜呼,公,朕之皇祖周文王……"③人物:穆王。

《祭公》传本:"王曰:'公无困我哉!'"简本:"王曰:'呜呼,公,汝念哉!'"④人物:穆王、祭公。

《祭公》传本:"呜呼！天子,三公,监于夏商之既败……"简本:"呜呼,天子,监于夏商之既败……"⑤人物:祭公。

《祭公》传本:"公曰:'呜呼,天子,我不则寅哉寅哉!'"简本:"公曰:'呜呼,天子,丕则寅言哉!'"⑥人物:祭公。

《祭公》传本:"呜呼,三公,汝念哉!"简本:"公曰:呜呼,天子、三公,汝念哉!"⑦人物:祭公。

《祭公》传本:"呜呼,三公,予维不起!"简本:"公曰:'天子、三公,余惟弗起!'"⑧人物:祭公。

---

① 清华大学出土文献研究与保护中心编,李学勤主编:《清华大学藏战国竹简(壹)》,上海:中西书局,2010年,第164页。
② 清华大学出土文献研究与保护中心编,李学勤主编:《清华大学藏战国竹简(壹)》,上海:中西书局,2010年,第164页。
③ 清华大学出土文献研究与保护中心编,李学勤主编:《清华大学藏战国竹简(壹)》,上海:中西书局,2010年,第174页。
④ 清华大学出土文献研究与保护中心编,李学勤主编:《清华大学藏战国竹简(壹)》,上海:中西书局,2010年,第174页。
⑤ 清华大学出土文献研究与保护中心编,李学勤主编:《清华大学藏战国竹简(壹)》,上海:中西书局,2010年,第174页。
⑥ 清华大学出土文献研究与保护中心编,李学勤主编:《清华大学藏战国竹简(壹)》,上海:中西书局,2010年,第174页。
⑦ 清华大学出土文献研究与保护中心编,李学勤主编:《清华大学藏战国竹简(壹)》,上海:中西书局,2010年,第175页。
⑧ 清华大学出土文献研究与保护中心编,李学勤主编:《清华大学藏战国竹简(壹)》,上海:中西书局,2010年,第175页。

第五章 《逸周书》西周诸篇的文学修辞

本章主要讨论《逸周书》西周诸篇中的文学修辞。白春仁:"研究语言,要把它摆到社会交际过程中去观察。研究文学修辞,同样需要把它放到艺术交际过程中去审度。这样,我们的研究角度,起码要兼顾三个方面:语言、文学、艺术交际。"①所以,相比于一般的修辞学研究,文学修辞研究还要多一个"艺术"的维度。具体来说,就是文学的基本属性抒情性及其自身的审美意识形态。接下来,我们从铺陈、排比、比喻、夸张、夸饰、节缩六种修辞手法入手,结合各篇作者的主观感情与写作目的,讨论西周诸篇文学修辞的运用。本章共设五节,每种修辞手法一节,其中夸张、夸饰并为一节。

第一节 平铺直叙的铺陈

《诗经·大雅·烝民》:"天子是若,明命使赋。"②《国语·周语》:"故天子听政,使公卿至于列士献诗,瞽献曲,史献书,师箴,瞍赋,矇诵,百工谏。"③《周礼·春官·大师》:"教六诗:曰风,曰赋,曰比,曰兴,曰雅,曰颂。"郑玄

---

① 白春仁:《文学修辞学》,长春:吉林教育出版社,1993年,第3页。
② [清]方玉润撰,李先耕点校:《诗经原始》下册,北京:中华书局,1986年,第555页。
③ 徐元诰撰,王树民、沈长云点校:《国语集解》,北京:中华书局,2002年,第11页。

第五章 《逸周书》西周诸篇的文学修辞 / 207

注:"赋之言铺,直铺陈今之政教善恶。"①《汉书·艺文志》:"不歌而诵谓之赋。"②此时的赋指话语形式,其特征在于"不歌",其作用在于陈政教之善恶。

《文心雕龙·诠赋》:"赋者,铺也;铺采摛文,体物写志也。"③刘勰始以赋为铺,并强调"铺采摛文"之艺术属性与"体物写志"之实用属性。

朱熹《诗集传》:"赋者,敷陈其事而直言之者也。"④此诠"六义"之经典,关键词在"直言",有平铺直叙之意。

徐芹庭《修辞学发微》:"赋者敷陈其事也,即直接之叙事法也。凡诗文中直接叙述人事地物之感怀或状态者皆属之。"⑤敷陈即铺陈⑥,徐氏之说立足于朱子,可概括铺陈之特征。

周凤五:"所谓'赋者,铺也'的增饰铺张的表现手法,是汉人继承'赋《诗》言志'与屈原《离骚》的写作技巧而来的,尤其后者,增强了赋的抒情性,使'赋《诗》'由实用层次提升至艺术层次。"⑦周氏之说强调,赋不仅有其实用功能,还有其艺术功能,可谓《文心》之承继。艺术功能是一种审美意识形态,即文学,其基本属性是抒情性。

至此,何谓敷陈(铺陈)的问题就比较明晰了,即在徐芹庭的定义上再加一层"艺术功能"。这层艺术功能的有无是区分一般修辞和文学修辞的依据,其主要表现形式为作者倾注在文本中的主观感情。徐芹庭《修辞学发微》收录"敷陈"并将其划归《积极修辞与意境之修辞法》⑧,可见将敷陈(铺陈)划归修辞学研究范畴是其说有自的。然而,敷陈(铺陈)因其"平铺直叙"的基本特征,也与叙事学有交集,故在"文学修辞"的定性上我们也应兼顾其

---

① [汉]郑玄注,[唐]贾公彦疏:《周礼注疏》,[清]阮元校刻,方向东点校:《十三经注疏》第8册,北京:中华书局,2021年,第997页。
② [汉]班固撰,[唐]颜师古注:《汉书》第6册,北京:中华书局,1962年,第1755页。
③ [南朝梁]刘勰著,黄淑琳注,李详补注,杨明照校注拾遗:《增订文心雕龙校注》上册,北京:中华书局,2012年,第95页。
④ [宋]朱熹集撰,赵长征点校:《诗集传》,北京:中华书局,2017年,第4页。
⑤ 徐芹庭:《修辞学发微》,台北:中华书局,2015年,第81页。
⑥ 古无轻唇音,轻唇音改双唇音,故敷[f]、铺[p]音同。
⑦ 周凤五:《由文心辨骚、诠赋、谐隐论赋的起源》,中国古典文学研究会主编:《文心雕龙综论》,台北:台湾学生书局,1988年,第405页。
⑧ 徐芹庭:《修辞学发微》,台北:中华书局,2015年,第81页。

叙事学属性。西周六篇中,只有《克殷》《世俘》两篇以叙事为主,其余四篇皆为典型的记言体,因此我们在讨论铺陈问题时,只从《克殷》《世俘》入手,不涉及人物语言部分。

且列《克殷》《世俘》敷陈(铺陈)之例如下。

一、《克殷》:"周车三百五十乘,陈于牧野,帝辛从。武王使尚父与伯夫致师。王既誓,以虎贲戎车驰商师,商师大崩。商辛奔内,登于鹿台之上,屏遮而自燔于火。"

《克殷》开篇即有一段典型的铺陈,并呈现出递进式的特征,大致可分为五个层次:第一层次:"周车三百五十乘,陈于牧野,帝辛从。"这是开战前的准备。当时周军集结了三百五十辆战车,在牧野列阵。作为回应,商纣王也出兵迎战,在周军对面列阵。第二层次:"武王使尚父与伯夫致师。"这是战前的致师礼,即以勇士冲击敌阵。[1] 第三层次:"王既誓,以虎贲戎车驰商师。"致师礼之后,武王也已作誓完毕,于是便率主力部队向商军发起进攻。这是战争的高潮部分。第四层次:"商师大崩。"这是战争的结果。作者交代了商军的战败,并且是惨败。第五层次:"商辛奔内,登于鹿台之上,屏遮而自燔于火。"这是战争的后续,作者在此交代了商纣王自焚而死的结局。

这段递进式的铺陈可概括为列阵、致师、开战、分出胜负、纣王自焚,平铺直叙,交代了历史事件的经过。徐芹庭在诠释敷陈时,尝举例《离骚》:"帝高阳之苗裔兮,朕皇考曰伯庸。摄提贞于孟陬兮,惟庚寅吾以降。皇览揆余初度兮,肇锡余以嘉名。名余曰正则兮,字余曰灵均。"[2]《离骚》的开篇也是典型的递进式铺陈,凡八句,每两句为一个层次。第一层次讲自己的出身,第二层次讲自己降生的时间,第三层次讲自己的得名,第四层次诠释自己的名字。这样的递进结构比《克殷》开篇更加简洁,但铺陈修辞的使用是一贯

---

[1] 关于"致师",详见第二章第一节。
[2] [宋]洪兴祖撰,白化文等点校:《楚辞补注》,北京:中华书局,1983年,第3—4页。另参见徐芹庭:《修辞学发微》,台北:中华书局,2015年,第82页。

的。以此我们可映证《克殷》开篇的铺陈属性。

从艺术属性的角度来说,《克殷》开篇的艺术属性主要体现在第一、四、五层次。第一层次的"周车三百五十乘,陈于牧野,帝辛从"详略得当,以周为详,以商为略,既写出了周军的威严雄壮,又以"从"字表现了商军的仓皇应战。第四层次"商师大崩"的"大"字带有强烈的感情色彩,极言商军战败之惨,表明了作者的立场在周军一边。第五层次"屏遮而自燔于火"的"自"也带有强烈的感情色彩,意在指责商纣王的咎由自取。因此,从艺术属性来看,《克殷》开篇的铺陈不仅属于修辞,也属于文学修辞。

二、《克殷》:"武王答拜,先入,适王所,乃克射之三发,而后下车,而击之以轻吕,斩之以黄钺,折,县诸太白。乃适二女之所,既缢,王又射之三发,乃右击之以轻吕,斩之以玄钺,县诸小白。乃出场于厥军。"

这一处铺陈属并列与递进并存,并且以并列为主体。按并列铺陈来看,此处可分两个层次:第一层次是"适王所,乃克射之三发,而后下车,而击之以轻吕,斩之以黄钺,折,县诸太白",即残虐纣王之尸;第二层次是"乃适二女之所,既缢,王又射之三发,乃右击之以轻吕,斩之以玄钺,县诸小白",即残虐纣王二妃之尸。这两处虐尸的并列属性非常明显,前后呈现出较高的一致性,首先是"适某所",即到某人所在的地方;接着是"射之三发",即对着尸体连射三箭;接着是"击之以轻吕",即用骨剑刺进尸体[①];接着是"斩之以黄(玄)钺",即用斧子砍下纣王或二妃的头;最后是"县诸太(小)白",即把纣王或二妃的头颅挂在太(大)白旗或小白旗上。如果按递进铺陈来看,此处分三个层次:第一层次是"武王答拜";第二层次是并列部分的虐尸;第三层次是"乃出场于厥军",即用旗子挑着纣及二妃的头颅示众。

概括来说,并列式铺陈分虐纣尸、虐纣二妃尸两个层次,递进式铺陈可分答拜、虐尸、示众三个层次。徐芹庭在诠释敷陈时,尝举例贾谊《过秦论》,现参原书完整引之如下:"秦孝公据崤函之固,拥雍州之地,君臣固守以窥周

---

① 关于轻吕"骨剑"说,详见第一章第一节。

室,有席卷天下,包举宇内,囊括四海之意,并吞八荒之心。"①"据崤函之固"与"拥雍州之地"是典型的并列,下文的"君臣固守""以窥周室"则是递进的结果,一为被动结果,一为主动结果。"席卷天下""包举宇内""囊括四海""并吞八荒"又属于并列式铺陈,气势恢宏。因此,《过秦论》的并列式铺陈特征可与《克殷》旗鼓相当。

  从艺术属性的角度来说,这段文字的艺术属性主要体现在"克""折"二字。从两处虐尸的并列铺陈来看,"克""折"二字也正是纣王有、二妃没有的。刘师培:"'克'疑'身'讹,或即'亲'之坏字。"②"克"即"亲",本书第四章第一节已有详论。所以,"克射之三发"就是武王亲自射了三箭。作者强调"亲自",意在以武王帝王之尊亲自虐辱纣尸,以此表现纣王的罪孽深重。"折"的作用与"亲"相似,"斩之以黄钺"或"斩之以玄钺"指的都是用斧子砍下纣王或二妃的头。不同的是,在砍头与挂旗之间,纣王比二妃多了一个"折"的过程。可见,武王砍纣王头颅时,并未一次性砍断。可以想象,当时武王一斧子砍向纣王的头颅之后,纣王的头颅虽已断了大半,但依然有一丝皮肉粘在一起。于是,武王徒手扯断了皮肉,并将纣首与纣尸彻底剥离了开来。这个剥离的过程,就是"折"。周宝宏:"折:指断纣头。"③武王在砍二妃头颅时没有"折"的动作,或是因为一次性砍断,或是因为作者认为没必要记述。作者将武王"斩""折"的动作记录得如此清晰,就是为了以极尽残忍的方式表达对纣王的仇恨。因此,我们可以说"折"字蕴含了作者非常强烈的主观情感,与"亲"一道,使这段铺陈得以归属于文学修辞。

  三、《克殷》:"百夫荷素质之旗于王前,叔振奏拜假,又陈常车。周公把大钺,召公把小钺,以夹王。泰颠、闳夭皆执轻吕以奏王。王入,即位于社。太卒之左,群臣毕从。毛叔郑奉明水,

---

① [汉]贾谊撰,阎振益、钟夏校注:《新书校注》,北京:中华书局,2000年,第1页。另参见徐芹庭:《修辞学发微》,台北:中华书局,2015年,第83页。按:徐芹庭《修辞学发微》引用至"以窥周室"即止。
② 刘师培撰:《周书补正》,民国间宁武南式铅印本,宋志英、晁岳佩选编:《〈逸周书〉研究文献辑刊》第9册,北京:国家图书馆出版社,2015年,第410页。
③ 周宝宏:《〈逸周书〉考释》,北京:社会科学文献出版社,2001年,第107页。

卫叔傅礼,召公奭赞采,师尚父牵牲。"

　　第四章第二节我们在讨论走马灯般的群臣形象时,剖析过这段文本。这段文本塑造群臣形象的方式就是平铺直叙,属于典型的铺陈。蒙太奇的镜头切换带有散点透视的特征,《克殷》以历史事件为透视对象,以铺陈为表现形式。《克殷》这段文本铺陈了九个镜头画面,每个镜头画面都以出场人物为核心:第一,"百夫荷素质之旗于王前",即一百名士兵肩扛着白色的旗子,走在武王的前面;第二,"叔振奏拜假,又陈常车",叔振铎拜贺武王承继天命,并进呈设有长矛的仪仗车[①];第三,"周公把大钺,召公把小钺,以夹王",周公手持大钺,召公手持小钺,一左一右,夹辅武王;第四,"泰颠、闳夭皆执轻吕以奏王",泰颠、闳夭手持骨剑,拜贺武王承继天命;第五,"王入,即位于社",武王走进宗庙,继承大位;第六,"太卒之左,群臣毕从",仪仗兵、群臣跟随着武王一同进入了宗庙;第七,"毛叔郑奉明水",毛叔郑捧着祭祀用的圣水[②];第八,"卫叔傅礼,召公奭赞采",卫叔布置丰席[③],召公奭辅助他;第九,"师尚父牵牲",姜太公牵着将用于祭祀的牲畜。凡此九个镜头,迅速

[①] 孔注:"常车,威仪车也。"黄怀信:"假,用同'嘏',大福。""常车,设有车戟的车子。《考工记》:'车戟常。'《小尔雅》:'倍寻谓之常。'则周尺丈六尺为'常'。"黄怀信:《逸周书校补注译》,西安:三秦出版社,2006年,第168页。周宝宏:"奏:奏请。假:通嘉,嘉命,天命。""常车:仪仗车。"周宝宏:《〈逸周书〉考释》,北京:社会科学文献出版社,2001年,第107页。按:《皇门》:"王用有监,明宪朕命,用克有成,用能承天嘏命。"故《克殷》"叔振奏拜假"应作"叔振奏拜嘏命",其中"嘏命"应解作大命、天命。"常车"应是设有长矛的仪仗车。戟这种兵器直到战国时期才广泛应用,西周初年车载兵器不应为戟,只能是戈、矛一类的东西。《周礼·考工记》写成年代较晚,不能准确反映西周初年的实际情况。

[②] 《周礼·秋官·司烜氏》:"以鉴取明水于月。孙诒让《周礼正义》:"窃意取明水,止是用鉴承露。湿润烝腾,遇冷成露,月夜澄朗,更无风云,露下尤多,因谓取水于月,以配明火。"[清]孙诒让撰,王文锦、陈玉霞点校:《周礼正义》第6册,《十三经清人注疏》,北京:中华书局,2013年,第2910—2911页。黄怀信:"明水:月夜于高处所得的露水。"黄怀信:《逸周书校补注译》,西安:三秦出版社,2006年,第169页。周宝宏:"明水:在月下接的露水。"周宝宏:《〈逸周书〉考释》,北京:社会科学文献出版社,2001年,第108页。

[③] 陈逢衡:"傅、布,一声之转。傅礼,即布兹兹席也,言布席以成礼,故傅礼亦谓之布兹。"[晋]孔晁注,[清]陈逢衡补注:《逸周书补注》,清道光五年(1825)刻本,宋志英、晁岳佩选编:《〈逸周书〉研究文献辑刊》第3册,北京:国家图书馆出版社,2015年,第276页。刘师培:"此指敷席。言'礼',疑'丰'讹。"刘师培:《周书补正》,民国间宁武南氏铅印本,宋志英、晁岳佩选编:《〈逸周书〉研究文献辑刊》第9册,北京:国家图书馆出版社,2015年,第411页。

切换，散布铺陈。九个镜头出场的主人公分别为：士兵、武王；叔振铎、武王；周公、召公、武王；泰颠、闳夭、武王；武王；士兵、群臣；毛叔郑；卫叔、召公奭；姜太公。武王在其中占据着绝对的核心地位。

类似的铺陈用法在其他早期文献中也十分常见，尤其《左传》常有"某某御戎，某某为右"的句式，如《闵公二年》："渠孔御戎，子伯为右；黄夷前驱，孔婴齐殿。"① 再如《史记·项羽本纪》："项王即日因留沛公与饮。项王、项伯东乡坐，亚父南乡坐。亚父者，范增也。沛公北乡坐，张良西乡侍。"②《左传》《史记》这两处文本的修辞手法与《克殷》相同，都以人物为铺陈的线索——渠孔、子伯、黄夷、孔婴齐、项王、项伯、亚父、沛公、张良都是历史事件中出场的人物。这种铺叙的手法与《克殷》中呈现叔振铎、周公、召公、泰颠、闳夭、毛叔郑、卫叔、姜太公一系列历史人物的方式完全一致，作者在记录历史场景的同时，将这些人物一一摆放在了应有的位置上。另外，《克殷》"皆""毕"都旨在凸显武王众望所归、王权独尊的形象，属作者抒情之笔，故此二字带有明显的艺术属性，属文学修辞铺陈。

四、《世俘》："惟一月丙午旁生魄，若翼日丁未，王乃步自于周，征伐商王纣。越若来二月既死魄，越五日甲子朝，至，接于商。则咸刘商王纣，执矢恶臣百人。"

《世俘》的这段文本属于典型的递进式铺陈，前两个层次的分界也十分明确，即以时间为节点。第一层次："惟一月丙午旁生魄，若翼日丁未，王乃步自于周，征伐商王纣。"在这一天，武王率军从周国出征，去征伐商王纣。第二层次："越若来二月既死魄，越五日甲子朝，至，接于商。"在这一天的早上，武王的军队到达了指定地点，开始与商军交战。第三层次："则咸刘商王纣，执矢恶臣百人。"交代战争的结果：商王纣的党羽全部被歼，并且有一百名首恶之臣被周军俘虏。概括来说，这三个层次分别是出兵、交战、战胜。

---

① 杨伯峻编著：《春秋左传注》第1册，北京：中华书局，2016年，第290页。
② ［汉］司马迁撰，［南朝宋］裴骃集解，［唐］司马贞索隐，［唐］张守节正义：《史记》第1册，北京：中华书局，2014年，第399页。

作者记事流畅，平铺直叙。

　　《世俘》该段文本所用铺陈手法的标志性特征是以时间为纪。最可兹参照的早期文献毫无疑问是《春秋经》，如《隐公十年》："十年春王二月，公会齐侯、郑伯于中丘。夏，翚帅师会齐人、郑人伐宋。六月壬戌，公败宋师于菅。辛未，取郜。辛巳，取防。秋，宋人、卫人入郑。宋人、蔡人、卫人伐戴。郑伯伐取之。冬十月壬午，齐人、郑人入郕。"[1]用递进式铺陈的眼光来看，《春秋》的这段文本也可以时间"二月""夏""六月""辛未""辛巳""秋""冬十月壬午"分为七个层次。不过需强调的是，虽然《春秋》每年的经文部分都是以时间为纪，但不等于每年都属递进式铺陈，递进式铺陈应具备前后因果关系。《隐公十年》具备一定的因果关系，故举例于此。《世俘》以时间为纪的同时，前后具备明确的因果关系，故我们称之为递进式铺陈。

　　从具体的文本来看，《世俘》该处有"咸刘"之辞，指"全杀"，不仅阐述了"全杀"的客观事实，还意在表达作者对商王纣之党羽的深重仇恨。"矢恶臣"则是元恶之臣，亦在于表达作者对商王纣党羽的仇恨。此二处蕴含的情感丰沛，作者主观倾向明确，故我们可称此递进式铺陈为文学修辞。

　　五、《世俘》："武王狩，禽虎二十有二、猫二、糜五千二百三十五、犀十有二、氂七百二十有一、熊百五十有一、罴百一十有八、豕三百五十有二、貉十有八、麈十有六、麝五十、麇三十、鹿三千五百有八。武王遂征四方，凡憝国九十有九国，馘磿亿有十万七千七百七十有九，俘人三亿万有二百三十，凡服国六百五十有二。"

　　《世俘》这段文本实可分为两部分，一部分由"武王狩"引起，一部分由"武王遂征四方"引起，但从修辞的角度说，这两部分完全相同，都属于并列式铺陈。"武王狩"部分的层次非常分明，凡十三个层次，分别为：一，"禽虎二十有二"；二，"猫二"；三，"糜五千二百三十五"；四，"犀十有二"；五，"氂七

---

[1] 杨伯峻编著：《春秋左传注》第1册，北京：中华书局，2016年，第72—73页。

百二十有一";六,"熊百五十有一";七,"羆百一十有八";八,"豕三百五十有二";九,"貉十有八";十,"麈十有六";十一,"麝五十";十二,"麋三十";十三,"鹿三千五百有八"。"武王遂征四方"部分的层次也非常分明,凡四个层次,分别为:一,"凡憝国九十有九国";二,"馘磨亿有十万七千七百七十有九";三,"俘人三亿万有二百三十";四,"凡服国六百五十有二"。概括来说,"武王狩"部分以动物为线索,并列铺陈的主体即猎获的十三种动物;"武王遂征四方"部分以战果为线索,并列铺陈的主体即憝国(隳灭的国家)、馘磨(歼灭的敌人)、俘人(俘虏的敌人)、服国(归化的国家)。两部分的作用都在于记录成果,并炫耀武功。

类似用法见诸西周金文,如《集成》02839B 小盂鼎(康王时期):"获馘四千八百又二馘,俘人万三千八十一人,俘马□□匹,俘车卅两,俘牛三百五十五牛,羊卅八羊。"[1]此处以割下的敌耳、俘虏的敌人、俘获的马匹、俘获的牛、俘获的羊为线索,分五个层次并详记具体数字,也属并列式铺陈。

数字本身并无抒情性,但《世俘》作者用铺陈手法详列猎获成果和战争斩获成果的方式本身就带有强烈的炫耀武功的意味。本书第四章第一节在讨论王权独尊的武王形象时,曾以《世俘》的这段文本为基础,提出了"武王即周邦"的概念。具体来说,就是"武王狩""武王遂征四方"都不是武王一个人的事,而是武王领导下的周人政治军事集团的作为。这两段铺陈以"武王"个人为主语,亦有对君王的"独尊"之意,故可称文学修辞。

第二节 排比作用下的文势

铺陈、排比有相似之处,有时可统称为"铺排",其实两者有着本质区别。铺陈重在铺叙、陈述,而排比更注重句式结构层面的一致性。

李曰刚《文心雕龙斠诠》:"言标举情感务求高远,排比音韵则力谋习近。

---

[1] 中国社会科学院考古研究所编:《殷周金文集成(修订增补本)》第 2 册,北京:中华书局,2007 年,第 1523 页。

此承篇首'音律所始本于人声'立说。谓吟咏性情,必重音律。"①排比,与"音律"有关,旨在注重句子的节奏。排比成势,则铿锵有力。

陈望道:"同范围同性质的事象用了结构相似的句法逐一表出的,名叫排比。"②陈望道还认为,排比与对偶有相似之处,但排比不拘字数、不避同字。③可见,排比的要求相较对偶宽松,其鉴定标准也更简单,仅在事象性质、句法结构等方面。

徐芹庭:"性质范围皆同之事象,以相似之结构表现出者曰排比。此种句法,在引人注意、增加文势。"④徐芹庭也强调了结构层面的一致性问题,除此之外,他还特别强调了"文势"这一概念。排比的作用,或者说排比这种修辞手法的文学价值,往往在于增加文势,以及通过文势体现作者的主观感情。

至此可知,相比于铺陈而言,排比的界定更容易、更明晰,我们只需抓住"结构相似"这一基本特征即可。尤其是反复出现的某个、某类关键词,往往可作为判定排比的依据。铺陈更强调其叙事属性,人物语言部分的铺陈鉴定须慎之又慎;排比则无所谓旁白叙事还是人物语言,只要句子结构达到一定要求即可。铺陈与叙事学有一定的交集,排比则属纯粹的修辞学研究范畴。在艺术属性的探讨方面,排比更注重由"文势"体现的作者主观情感。

西周诸篇排比之例见于《克殷》《世俘》《祭公》三篇,且列之如下。同时,我们也藉此探讨排比之于文势的作用。

一、《克殷》:"乃命召公释箕子之囚,命毕公、卫叔出百姓之囚,乃命南宫忽振鹿台之财、巨桥之粟,乃命南宫百达、史佚迁九鼎三巫,乃命闳夭封比干之墓,乃命宗祝、崇宾飨。祷之于军,乃班。"

《克殷》这段文本一共有五个"乃命"、一个"命"、一个"乃",可分为五个

---

① 李曰刚:《文心雕龙斠诠》,台北:南天书局,2018年,第1585页。
② 陈望道:《修辞学发凡》,上海:复旦大学出版社,2011年,第163页。
③ 参见陈望道:《修辞学发凡》,上海:复旦大学出版社,2011年,第163页。
④ 徐芹庭:《修辞学发微》,台北:中华书局,2015年,第124页。

层次。第一层次:"乃命召公释箕子之囚,命毕公、卫叔出百姓之囚。"同为"释囚",故第二个用"命",而非"乃命"。两次释囚为并列关系,所以划归同一层次。"乃命"和"命"的细微区别,说明作者已有意识地辨别并列与非并列的差异。这一层次"乃命"的对象是召公、毕公、卫叔,作用对象是箕子、百姓。第二层次:"乃命南宫忽振鹿台之财、巨桥之粟。"这一层次"乃命"的对象是南宫忽,作用对象是财、粟。第三层次:"乃命南宫百达、史佚迁九鼎三巫。"这一层次"乃命"的对象是南宫百达、史佚,作用对象是鼎、巫。第四层次:"乃命闳夭封比干之墓。"这一层次"乃命"的对象是闳夭,作用对象是墓。第五层次:"乃命宗祝、崇宾飨。"这一层次"乃命"的对象是宗祝、崇宾,作用对象是"神"。"神"应在"飨"后,被省略。卢注:"飨,祭前所祷之神。"至于"乃班",虽也有"乃"字,但与前文结构不同,不能单独构成一个层次,因此不在排比之列。

综合以上五个层次,"乃命"的对象包括召公、毕公、卫叔、南宫忽、南宫百达、史佚、闳夭、宗祝、崇宾,都是"人"。召公等前面七位都是具体的"人",都是朝中重臣;宗祝、崇宾都是泛指的"人",虽不具体,但也是在周人政治军事集团中有一定身份地位的人,故得以参与"飨神"的仪式。这七个"人"符合陈望道所说"同范围同性质的事象"、徐芹庭所说"性质范围皆同之事象",五个"乃命"也符合陈望道所说"结构相似的句法"、徐芹庭所说"相似之结构",所以《克殷》这段文本使用的修辞手法属典型的排比。再看"乃命"的作用对象,包括箕子、百姓、财、粟、鼎、巫、墓、神。这些对象虽然人、物不一,但都是名词,也都属于商人政治集团,是被解救、被解放、被分发、被迁移、被修缮、被祭祀的对象——即使是"宗祝、崇宾飨",也是在商人旧地"飨"。所以,这一系列作用对象也呈现出"同范围同性质的事象"(陈望道)、"性质范围皆同之事象"(徐芹庭)的特征,完全符合排比的要求,可视为排比的典范。

在《克殷》这段文本中,作者需记录交代的事情包括释囚、散财、散粟、迁鼎、迁巫、封墓、飨神等,如果不用"乃命"这一语言标志,或各组对象的词性结构有较大偏差,那么这样的文本就会显得更加客观,也更加索然无味,即所谓流水账式的记事。"乃命"的加入、句子各部分结构的统一,使这段文本的文势获得了陡然的提升。由此可以看出,作者的用意不在于简单的记述,还倾注了具有鲜明政治立场的主观感情。作者将"乃命"对象和作用对象列为两组,用排比的手法呈现,体现的政治立场及主观感情至少可归纳为三点:第一,武王及其领导下的周人政治军事集团对商政权发动的军事行动是解放行为,而非侵略行为。武王伐纣的讨伐对象不包括普通民众、商之贤良贵族,反之他们是伐纣的受益者。第二,战后交接的过程如行云流水,武王的权威性和执行力都很强,各方都十分配合。第三,周人在处置大鼎、神器等具有重要象征意义的物品时操作规范,井井有条。

下面我们从排比的角度来审视"九鼎三巫"。关于"九鼎三巫"的解读,历来说法不一。孔注:"鼎,王者所传宝。三巫,地名。"刘师培本:"迁九鼎三巫"作"迁九鼎宝玉于夹"。① 于鬯本:"巫"作"革"。② 黄怀信:"三巫,当是'于夹'之误。夹,同'郏',地名,即郏鄏。《汉书·地理志》'河南'注:'故郏鄏地,周武王迁九鼎。'"③"于夹"说虽占据主流,但笔者以为不可尽信。"三巫"与"于夹"在字形上并不相似。在西周金文中,"三"作 三(《集成》02704 旗鼎,西周早期)④、"于"作 于(《集成》00146 士父钟,西周晚期)⑤、"巫"作 巫(《集成》03893 齐巫姜毁,西周晚期)⑥。遍检《集成》《汇编》《铭图》《铭续》《铭三》⑦《尔雅》,未见"夹""郏"。"夹"不见于《说文》。"郏"见于《说文》,写作 郏⑧,与"巫"的金文写法也差异较大。"于夹"二字同时讹误成字形差异较

---

① 刘师培撰:《周书补正》,民国间宁武南氏铅印本,宋志英、晁岳佩选编:《〈逸周书〉研究文献辑刊》第 9 册,北京:国家图书馆出版社,2015 年,第 413 页。
② [清]于鬯:《香草校书》上册,北京:中华书局,1984 年,第 182 页。
③ 黄怀信:《逸周书校补注译》,西安:三秦出版社,2006 年,第 170 页。
④ 中国社会科学院考古研究所编:《殷周金文集成(修订增补本)》第 2 册,北京:中华书局,2007 年,第 1385 页。
⑤ 中国社会科学院考古研究所编:《殷周金文集成(修订增补本)》第 1 册,北京:中华书局,2007 年,第 154 页。
⑥ 中国社会科学院考古研究所编:《殷周金文集成(修订增补本)》第 3 册,北京:中华书局,2007 年,第 2091 页。
⑦ 《新收殷周青铜器铭文暨器影汇编》简称《汇编》,《商周青铜器铭文暨图像集成》简称《铭图》,《商周青铜器铭文暨图像集成续编》简称《铭续》,《商周青铜器铭文暨图像集成三编》简称《铭三》。下文同,不再出注。
⑧ [汉]许慎撰,[宋]徐铉等校定:《说文解字》,北京:中华书局,2013 年,第 130 页上栏。

大的"三巫",可能性不大。从排比的"结构相似"要求来看,"九鼎三巫"应和"箕子之囚""百姓之囚""鹿台之财""巨桥之粟""比干之墓"以及"飨"后被省略的"神"在一个维度上。"箕子之囚"实指被囚禁的箕子、"百姓之囚"实指被囚禁的贤良贵族,都是名词。财、粟、墓、神也属名词,此更毋庸置疑。如果将"九鼎三巫"理解为"九鼎于夹",那么"于夹"二字就会显得十分突兀。"于夹"属介宾结构,在句中作状语,这样的用法是和"箕子之囚"等六个名词格格不入的。武王派人释放箕子、百姓,未说释放到哪里去;武王派人分发财、粟,也未说分发给谁。因此,作者此处只需说"迁九鼎"即可,没有必要强调"九鼎"被迁到了哪里。要想实现排比句的结构一致,"九鼎三巫"就只能是名词,且"九""三"并列——"九"个鼎、"三"个巫。《说文》:"巫,祝也。女能事无形,以舞降神者也。"《说文》:"觋,能斋肃事神明也。在男曰觋,在女曰巫。"①在敬天思想极为浓厚的殷周时期,巫觋作为沟通天人的桥梁,其社会地位是非常高的。"鼎"乃国家之重器,鼎迁,则政权迁;"巫"乃敬天事鬼之桥梁,巫迁,则通天的渠道迁。因此,"三巫"应理解为巫觋沟通天人时使用的神器——具体来说是一种玉器②,其重要性可与大鼎相提并论。以上,是从排比视角得出的结论,可与"于夹"说商榷。

二、《世俘》:"太公望命御方来,丁卯,望至,告以馘俘。戊辰,王遂御循追祀文王。时日,王立政。吕他命伐越戏方,壬申,荒新至,告以馘俘。侯来命伐靡集于陈,辛巳,至,告以馘俘。甲申,百弇以虎贲誓,命伐卫,告以馘俘。"(前例)附:"禽御八百有三百两,告以馘俘;百韦至,告以禽宣方,禽御三十两,告以馘俘;百韦命伐厉,告以馘俘。"(后例)

《世俘》这段前例文本有三处"至,告以馘俘"和一处"告以馘俘"。笔者

---

① [汉]许慎撰,[宋]徐铉等校定:《说文解字》,北京:中华书局,2013年,第95页上栏。
② 《史记·周本纪》作"九鼎宝玉"。[汉]司马迁撰,[南朝宋]裴骃集解,[唐]司马贞索隐,[唐]张守节正义:《史记》第1册,北京:中华书局,2014年,第163页。

认为最后一处应为阙文,故应有四处"至,告以馘俘"。陈逢衡:"截耳曰馘。"①周宝宏:"馘,割取被杀的敌人的左耳,用以计数报功。"②黄怀信:"所杀敌之左耳,用以计杀敌之数。"③《左传·宣公二年》:"二月壬子,战于大棘。宋师败绩。囚华元,获乐吕,及甲车四百六十乘,俘二百五十人,馘百。"④由此可见,"告以馘俘"指的是汇报杀敌、俘虏的情况,统计杀敌数的具体方式则是清点割下的敌人左耳的数量。这段文本按"至,告以馘俘"分为四个层次:第一层次:"太公望命御方来,丁卯,望至,告以馘俘。"这一层次的主人公是姜太公,讨伐的对象是来方⑤,汇报"馘俘"的时间是"丁卯"。第二层次:"吕他命伐越戏方,壬申,荒新至,告以馘俘。"这一层次的主人公是吕他,讨伐的对象是戏方,汇报"馘俘"的时间是"壬申"。第三层次:"侯来命伐靡集于陈,辛巳,至,告以馘俘。"这一层次的主人公是侯来,讨伐的对象是靡、陈二邑⑥,汇报"馘俘"的时间是"辛巳"。第四层次:"甲申,百弇以虎贲誓,命伐卫,告以馘俘。"这一层次的主人公是百弇(伯弇),讨伐的对象是卫国,汇报"馘俘"的时间是"甲申"。在第一、二层次之间,还有:"戊辰,王遂御循追祀文王。时日,王立政。"这句话置于此,不与其他四个层次构成排比,只因恰在时间线上而已,以显其实录特性。构成排比的四个层次皆以"至,告以馘俘"为语言标志,即结构相同。同时,各层次包括讨伐动作的发出者(武王的将领)、讨伐对象(纣党的方国)、汇报的时间(以天干地支为纪)三个事象,即"同范围同性质的事象"(陈望道)、"性质范围皆同之事象"(徐芹庭)。因此,我们说这段文本完全符合排比修辞的基本特征。

---

① [晋]孔晁注,[清]陈逢衡补注:《逸周书补注》,清道光五年(1825)刻本,宋志英、晁岳佩选编:《〈逸周书〉研究文献辑刊》第3册,北京:国家图书馆出版社,2015年,第357页。
② 周宝宏:《〈逸周书〉考释》,北京:社会科学文献出版社,2001年,第122页。
③ 黄怀信:《逸周书校补注译》,西安:三秦出版社,2006年,第196页。
④ 杨伯峻编著:《春秋左传注》第3册,北京:中华书局,2016年,第711—712页。
⑤ 以"方来"为倒文"来方"。黄怀信:"方来,即来方,东方小国,纣党。"黄怀信:《逸周书校补注译》,西安:三秦出版社,2006年,第196页。
⑥ 《路史·国名纪》:"靡,《周书·世俘》云:'武王伐靡及陈者。'"[宋]罗泌撰:《路史》卷二十九,[清]永瑢、纪昀等:《景印文渊阁四库全书》第383册,台北:台湾商务印书馆,1986年,第384页上栏。

这四处"至,告以馘俘"的排列使整段文本呈现出新闻报道的特征:丁卯,某人伐某国,至,告以馘俘;壬申,某人伐某国,至,告以馘俘;辛巳,某人伐某国,至,告以馘俘;甲申,某人伐某国,至,告以馘俘。如果没有"至,告以馘俘",前面的部分也已构成排比,"至,告以馘俘"存在的作用只是使排比结构和各层次的分界更加明确。《世俘》的这种排比实际可视作公文写作的源头,开《春秋经》"新闻标题"之先河。下一章谈西周诸篇的文学史地位时,我们会详论这个问题。从文势上说,"告以馘俘"也是作者在用主观感情制造文势。"告以馘俘"表面上看是在客观记述周军的斩获情况,实际上蕴含了强烈的自豪感。不同的将领从不同的方国赶回,向武王汇报周军又攻克了多少方国、又斩获了多少敌众。这一连串的报捷不仅是客观战果的统计,也昭示着周国正式成为了天下第一大邦,武王也正式成为了天下共主周天子。"告以馘俘"与"告以馘俘"的层层叠加,使整段文本的文气激情昂扬,文势也直冲霄汉。

《世俘》中还有一段文本也涉及了"告以馘俘":"禽御八百有三百两,告以馘俘;百韦至,告以禽宣方,禽御三十两,告以馘俘;百韦命伐厉,告以馘俘。"这段文本也可算作排比句,但是特征不如前例明晰。这段文本也可分为三个层次,以三个"告以馘俘"为分界。从结构上看,第一、二层次谈到"禽御",即俘敌情况,但第一层次没有主语,第二层次有主语百韦(伯韦)。第三层次又和前例很像,有讨伐动作的发出者、讨伐对象,但没有时间,也没有"至"。从文势上看,这一则排比比前例稍弱,句子结构也不如前例齐整,但标志性语言"告以馘俘"连续三次的使用也使其亦不失为排比句。

三、传本《祭公》:"汝无以戾反罪疾,丧时二王大功;汝无以嬖御固庄后;汝无以小谋败大作;汝无以嬖御士疾大夫、卿士;汝无以家相乱王室而莫恤其外。"简本《祭公之顾命》:"汝毋以戾兹皋辜无时远大邦,汝毋以嬖御塞尔庄后,汝毋以小谋败大作,汝毋以嬖士塞大夫、卿士,汝毋各家相乃室然莫恤其外。"①

这段文本以"汝无以"(传本)、"汝毋以"(简本)为语言标志,分为五个层次,五个层次均为"汝无以+反+正"的结构:第一层次:"汝无以戾反罪疾,丧时二王大功。""戾反罪疾"为反,"二王大功"为正。第二层次:"汝无以嬖御固庄后。""嬖御"为反,"庄后"为正。第三层次:"汝无以小谋败大作。""小谋"为反,"大作"为正。第四层次:"汝无以嬖御士疾大夫、卿士。""嬖御士"为反,"大夫、卿士"为正。第五层次:"汝无以家相乱王室而莫恤其外。""家相"为反,"王室""外"为正。若以简本为准,则第一层次"戾兹皋辜"为反,"大邦"为正;第二层次"嬖御"为反,"庄后"为正;第三层次"小谋"为反,"大作"为正;第四层次"嬖士"为反,"大夫、卿士"为正;第五层次"各家"为反,"乃室""外"为正。"反"的部分是用于否定、批判的对象,"正"的部分是被"反"的部分损害的对象。祭公谋父希望穆王不要偏信、沉迷"反",要预防"反"侵蚀、破坏"正"。《祭公》这部分文本几可用"五正五反"概括,传本、简本从语言标志到句子结构的差异都不大。"汝无以"符合"结构相似","汝无以"之后的部分符合"同范围同性质的事象"(陈望道)、"性质范围皆同之事象"(徐芹庭)的要求,故该段文本可视为运用了典型的排比修辞。徐芹庭在诠释排比时,尝举例《大戴礼记·武王践阼》:"王闻书之言,惕若恐惧,退而为戒书。于席之四端为铭焉,于机为铭焉,于鉴为铭焉,于盥盘为铭焉,于楹为铭焉,于杖为铭焉,于带为铭焉,于履屦为铭焉,于觞豆为铭焉,于户为铭焉,于牖为铭焉,于剑为铭焉,于弓为铭焉,于矛为铭焉。"②"于某为铭焉"即其语言标志,对应《祭公》的"汝无以";"席之四端""机""鉴""盥盘""楹""杖""带""履屦""觞豆""户""牖""剑""弓""矛"这一系列具体物品,属"性质范围皆同之事象"(徐芹庭),对应《祭公》所有的"反"与"正"。

《祭公》的这段文本带有训诫、命令的语气。黄怀信将"汝无以"解作"你

---

① 清华大学出土文献研究与保护中心编,李学勤主编:《清华大学藏战国竹简(壹)》,上海:中西书局,2010年,第174—175页。
② [清]王聘珍撰,王文锦点校:《大戴礼记解诂》,《十三经清人注疏》,北京:中华书局,1983年,第104—105页。另参见徐芹庭:《修辞学发微》,台北:中华书局,2015年,第124页。

不要"①。以笔者之见,把"汝无以"解作"你不要"还不足以凸显其语气,而应解作"你千万不要"。"汝无以嬖御固庄后"说的就是:"你千万不要因为过分宠溺嬖妾而疏远了品性正直的王后。"五个"汝无以"的连用就是五个"你千万不要"的连用,这样的写法大大增强了命令的语气,也大大增加了整段文本的文势。如果祭公谋父的规劝将五个"汝无以"以非排比形式分割开来,或只用"勿"取代"汝无以",都会显著地削弱文势。可见,《祭公》篇的作者在写这段文字时倾注了非常强烈的主观情感,他不仅是在客观记录祭公谋父的遗言,也是想借祭公谋父之口传达自己对君王的谏言,以警醒君王,使知恶行之恶。作者对祭公之言持"非常赞同"的态度,并通过连续的五个"汝无以"排比句式来起到突出强调的作用,以引起时人、后人的警醒。

第三节　因事设譬:比喻的纯熟运用

刘勰将"比兴"合议,对"比"有多条论述。《文心雕龙·比兴》:"'比'显而'兴'隐。""比者,附也。""附理者切类以指事。""附理故比例以生。""比则畜愤以斥言。""夫比之为义,取类不常:或喻于声,或方于貌,或拟于心,或譬于事。""故比类虽繁,以切至为贵,若刻鹄类鹜,则无所取焉。"②

陈骙《文则》将比喻分为十种,分别为直喻、隐喻、类喻、诘喻、对喻、博喻、简喻、详喻、引喻、虚喻。③ 此十种中,特征最明显也最无争议者当属直喻,陈骙:"一曰'直喻'。或言'犹',或言'若',或言'如',或言'似',灼然可见。《孟子》曰:'犹缘木而求鱼也。'"④

---

① 黄怀信:《逸周书校补注译》,西安:三秦出版社,2006年,第342页。
② [南朝梁]刘勰著,黄淑琳注、李详补注、杨明照校注拾遗:《增订文心雕龙校注》中册,北京:中华书局,2012年,第452—453页。
③ [宋]陈骙撰:《文则》卷上,王云五主编:《丛书集成初编》,上海:商务印书馆,1937年,第7—8页。
④ [宋]陈骙撰:《文则》卷上,王云五主编:《丛书集成初编》,上海:商务印书馆,1937年,第7页。

陈望道论"譬喻":"思想的对象同另外的事物有了类似点,文章上就用那另外的事物来比拟这思想的对象的,名叫譬喻。"①陈望道论"比拟":"将人拟物(就是以物比人)和将物拟人(就是以人比物)都是比拟。"②譬喻和比拟可合称比喻,差异在于比拟更强调"人—物"之譬。

西周诸篇中有一处明显的比喻,《皇门》:"譬若畋,犬骄用逐禽,其犹不克有获。是人斯乃谗贼媢嫉,以不利于厥家国。譬若匹夫之有婚妻,曰:'予独服在寝。'以自露厥家。"这段文本由两个"譬若"分为两个层次:第一层次:"譬若畋,犬骄用逐禽,其犹不克有获。是人斯乃谗贼媢嫉,以不利于厥家国。"孔注:"骄,谓不习也。言□人之无得,犹骄犬逐禽,不能获。"孔注:"言贼仁贤忌媢嫉妒,以不利其君。""谗贼媢嫉"指佞臣的四种恶行,即诋毁贤良、残害贤良、嫉妒贤良、毒害贤良。③陈逢衡:"畋犬用以逐禽,必驯扰而后有获。若听其狂噬,必至丧家而不恤此。譬之用人,当谨御下之道,否则败乃公事矣。"④这一层次说的是,治理国家就好比打猎,如果猎犬十分骄纵,它追逐禽兽时就不能够有收获。这样的人对贤良极尽诋毁、残害、嫉妒、毒害之事,会有害于国家。这里的本体、喻体有两组:以治理国家为本体,则以打猎为喻体;以佞臣为本体,则以骄纵的猎犬为喻体。第二层次:"譬若匹夫之有婚妻,曰:'予独服在寝。'以自露厥家。"孔注:"寝,室也。言自露于家,言谓美好,喻昏臣也。"陈逢衡:"婚,通作昏,暗也。昏妻无益于厥夫,犹昏臣无益于王国,故独服在寝,亦若王之无依助而自露厥家矣。露,败也。李兆洛曰:'独服在寝,言专妒也。'即下文'食盖善夫,莫通于王'之比。"⑤这一层次说的是,君王之有佞臣,好比男人有一个好嫉妒的妻子。妻子要求丈夫只可以宠幸自己一个人,并因此导致整个家庭的落败。这里的本体、喻体有三

---

① 陈望道:《修辞学发凡》,上海:复旦大学出版社,2011年,第59页。
② 陈望道:《修辞学发凡》,上海:复旦大学出版社,2011年,第96页。
③ 参见第四章第八节《皇门》部分对"谗贼媢嫉"的释读。
④ [晋]孔晁注,[清]陈逢衡补注:《逸周书补注》,清道光五年(1825)刻本,宋志英、晁岳佩选编:《〈逸周书〉研究文献辑刊》第3册,北京:国家图书馆出版社,2015年,第514—515页。
⑤ [晋]孔晁注,[清]陈逢衡补注:《逸周书补注》,清道光五年(1825)刻本,宋志英、晁岳佩选编:《〈逸周书〉研究文献辑刊》第3册,北京:国家图书馆出版社,2015年,第516页。

组：以国家为本体，则以匹夫的小家为喻体；以君王为本体，则以匹夫为喻体；以佞臣为本体，则以妒妻为喻体。按古之贵族的思想观念，一个家族要想兴旺，就要多子嗣，而多子嗣的基础就是多纳嬖妾。如果正妻不允许丈夫纳妾，欲独占其一人，则必然会大大限制子嗣的数量。佞臣的做法与妒妻相似，欲独享君王的宠信，于是极力阻挠君王与其他众臣接触。从国家治理的层面看，一旦个别佞臣垄断了众臣接触君王的渠道，则必然导致蒙蔽，即陈逢衡所说："即下文'食盖善夫，莫通于王'之比。"①亦即屈原《惜往日》："谅聪不明而蔽壅兮，使谗谀而日得。"②

再看简本《皇门》："譬如戎夫，骄用从禽，其犹克有获？是人斯乃谗贼□□，以不利厥辟厥邦。譬如梏夫之有媢妻，曰'余独服在寝'，以自落厥家。"③简本《皇门》的第一层次第二部分和第二层次都与传本无本质区别，此不赘述。主要差别在简本之"戎夫"与传本之"犬"。清华简整理者认为此处应以简本为准，并训"禽"为"擒"④。笔者认为，简本之"禽"应为传本之"犬"。若以简本为准，则戎夫喻君王，禽喻佞臣，"譬如戎夫，骄用从禽"则指君王（猎人）纵容佞臣（猎犬）骄纵。此说略逊于传本，但亦可通。

《皇门》这段文本中的比喻词"譬若"（传本）或"譬如"（简本）出现了两次，故此处的修辞为比喻中的直喻，即如陈骙所说："一曰'直喻'。或言'犹'，或言'若'，或言'如'，或言'似'，灼然可见。"⑤"譬若"（"譬如"）还将文本分为了两个层次：第一层次的本体、喻体有两组，分别对应治国、打猎，佞臣、骄犬；第二层次的本体、喻体有三组，分别对应国家、匹夫的小家，君王、

---

① ［晋］孔晁注，［清］陈逢衡补注：《逸周书补注》，清道光五年（1825）刻本，宋志英、晁岳佩选编：《〈逸周书〉研究文献辑刊》第3册，北京：国家图书馆出版社，2015年，第516页。
② ［宋］洪兴祖撰，白化文等点校：《楚辞补注》，北京：中华书局，1983年，第152页。
③ 清华大学出土文献研究与保护中心编，李学勤主编：《清华大学藏战国竹简（壹）》，上海：中西书局，2010年，第164页。
④ 参见清华大学出土文献研究与保护中心编，李学勤主编：《清华大学藏战国竹简（壹）》，上海：中西书局，2010年，第169页。
⑤ ［宋］陈骙撰：《文则》卷上；王云五主编：《丛书集成初编》，上海：商务印书馆，1937年，第7页。

匹夫、佞臣、妒妻。符合刘勰所说"附理者切类以指事"①，即所谓因事设譬。亦如陈望道所论"譬喻"与"比拟"之合称："思想的对象同另外的事物有了类似点。""将人拟物(就是以物比人)和将物拟人(就是以人比物)。"②治国、打猎、佞臣、骄犬、国家、匹夫的小家、君王、匹夫、佞臣、妒妻，皆存在类似点，可用于"切类"；佞臣、骄犬，存在"人—物"之辨，故可用于相"拟"。断言之，《皇门》因事设譬，其直喻用法已十分纯熟。

  《皇门》篇作者记录的这段文本为周公诰辞。在假定这段话为诰辞实录的前提下，我们来揣测一下周公或记录者的用意。《皇门》的史事背景已十分明确，即称"外"以喻"内"。③周公借鉴外邦之经验教训，希望以此鞭策周人克勤克谨地守护好邦家。周公预设了两种奸佞当道的情况，一种是骄纵，另一种是独擅。为使群臣印象深刻，周公把骄纵的佞臣比作骄纵的猎犬，把独擅的佞臣比作嫉妒的妻子。猎犬因骄纵而不能获禽、妻子因嫉妒而限制子嗣数量的现象在当时属生活常识，骄犬、妒妻也都是时人理所应当要批判的对象，周公以此二者为喻，就是为了让群臣理解奸佞当道的危害性，十分生动形象。"譬若"或"譬如"的连用，是通过直喻的方式向众人直观呈现佞臣的的负面形象，发人警醒。骄犬、妒妻作为喻体，在这里已成为典型的文学形象，这些文学形象是周公或《皇门》篇的作者虚构出来的。作为抽象概念的犬、妻，客观现实中当然存在；但从具象概念来看，并不存在那样一个具体的骄犬、具体的妒妻，骄犬、妒妻造成的危害也是周公或作者拟构出来的。《皇门》这段文本将比喻手法尤其是直喻手法运用到了纯熟的境地，比喻词、本体、喻体乃至运用比喻时的思想深度、拟构方式都已达到了较高的水准。如果这两个"譬若"的原创者是周公本人，那么说明时人已具备理解比喻修辞的认知能力；如果"譬若"是《皇门》作者修改加工的结果，那么它不仅是对历史客观记录的极大润饰，还体现出了相当高程度的文学创作精神。

---

① ［南朝梁］刘勰著，黄淑琳注，李详补注，杨明照校注拾遗：《增订文心雕龙校注》中册，北京：中华书局，2012年，第452页。
② 陈望道：《修辞学发凡》，上海：复旦大学出版社，2011年，第59、96页。
③ 详见本书第二章第五节。

按刘起釪说法,《牧誓》属西周文献。①《牧誓》中有一段非常经典的比喻:"王曰:'古人有言曰:"牝鸡无晨;牝鸡之晨,惟家之索。"今商王受惟妇言是用,昏弃厥肆祀弗答,昏弃厥遗王父母弟不迪。'"②据《史记·殷本纪》:"好酒淫乐,嬖于妇人。爱妲己,妲己之言是从。"③乃知此"妇"即妲己。这段话将妲己比作司晨的母鸡,十分生动形象,可与《皇门》中的骄犬、妒妻相提并论。

如定要寻直喻之例,可见诸成篇年代稍晚的《诗经·卫风·硕人》:"手如柔荑,肤如凝脂,领如蝤蛴,齿如瓠犀。"《小序》:"颂卫庄姜美而贤也。"④乃知事在春秋早期。"如"是典型的比喻词,因此《硕人》此四句之修辞属直喻。手、肤、领、齿皆本体,柔荑、凝脂、蝤蛴、瓠犀皆喻体,一目了然。《硕人》的四组本体、喻体及比喻词"如"皆可与《皇门》的五组本体、喻体及比喻词"譬若"(传本)或"譬如"(简本)互为参照。

第四节　极致的夸张与溢美的夸饰

汪中《述学·释三九中》:"《礼器杂记》'晏平仲祀其先人,豚肩不掩豆',豚实于俎,不实于豆,豆径尺,并豚两肩,无容不掩,此言乎其俭也。《乐记》'武王克商,未及下车,而封黄帝尧舜之后',大封必于庙,因祭策命不可于车上行之,此言乎以是为先务也。《诗》'嵩高维岳,峻极于天',此言乎其高也,此辞之形容者也。"⑤形容,即今之所谓夸张。陈望道称汪中的这段论述是"古来论夸张辞最周到的"⑥。如《乐记》欲表现武王分封之快,但"快"是一个

---

① 参见陈高华、陈智超等著:《中国古代史史料学》,北京:中华书局,2016年,第50页。
② 顾颉刚、刘起釪:《尚书校释译论》第3册,北京:中华书局,2005年,第1098页。
③ [汉]司马迁撰,[南朝宋]裴骃集解,[唐]司马贞索隐,[唐]张守节正义:《史记》第1册,北京:中华书局,2014年,第135页。
④ [清]方玉润撰,李先耕点校:《诗经原始》上册,北京:中华书局,1986年,第176页。
⑤ [清]汪中撰,戴庆钰、涂小马校点:《述学》,沈阳:辽宁教育出版社,2000年,第4页。另参见陈望道:《修辞学发凡》,上海:复旦大学出版社,2011年,第107页。
⑥ 陈望道:《修辞学发凡》,上海:复旦大学出版社,2011年,第107页。

抽象的概念，只有将它附着在"未及下车"这个具体的载体上，才能使读者体会其"快"。

陈望道："说话上张皇夸大过于客观的事实处，名叫夸张辞。说话上之所以有这种夸张辞，大抵由于说者当时，重在主观情意的畅发，不重在客观事实的记录。我们主观的情意，每当感动深切时，往往以一当十，不能适合客观的事实。"[1]陈望道之说可概括夸张修辞手法的基本特征。夸张本身就是一种极致化的抒情，是强烈主观情感倾注的结果。作者为了突出某个点，又担心读者注意不到这个点，于是就将这个点放大千倍万倍后再呈现在读者眼前，令读者无法无视作者的主观情愫。因此，夸张修辞的本质就属于文学修辞。

刘勰不称"夸张"，称"夸饰"。《文心雕龙·夸饰》："是以言峻则嵩高极天，论狭则河不容舠，说多则子孙千亿，称少则民靡孑遗；襄陵举滔天之目，倒戈立漂杵之论，辞虽已甚，其义无害也。"[2]仅看此段文本，夸张与夸饰完全相同。但刘勰接下来还说："此欲夸其威而饰其事，义睽剌也。"[3]"莫不因夸以成状，沿饰而得奇也。"[4]可见，"夸饰"等于"夸张+增饰"。其本质同，但夸饰多一层。沈谦："从'夸饰'一词的字面意义而言，夸为夸张虚诞，饰为增饰华美。"[5]梁祖萍："黄侃引用《庄子·秋水》篇语，言道德高尚者烈焰不能灼伤、洪水不能沉溺、寒暑不能侵扰、禽兽不能伤害，对有道德修养的人能'察乎安危，宁于祸福'的这类语言都属于夸张赞美，但不以辞害意。在修辞学

---

[1] 陈望道：《修辞学发凡》，上海：复旦大学出版社，2011年，第104页。
[2] [南朝梁]刘勰著，黄淑琳注，李详补注，杨明照校注拾遗：《增订文心雕龙校注》中册，北京：中华书局，2012年，第462页。
[3] 睽剌，乖违也。
[4] [南朝梁]刘勰著，黄淑琳注，李详补注，杨明照校注拾遗：《增订文心雕龙校注》中册，北京：中华书局，2012年，第462页。
[5] 沈谦：《从〈文心雕龙〉论修辞之"夸饰"》；中国古典文学研究会主编：《文心雕龙综论》，台北：台湾学生书局，1988年，第10页。

中,这类夸张一般称之为放大的夸饰。"①王静蓉:"从修辞效果上讲,'夸饰'更注重于将事物内在的本质展现出来,通过修辞让读者产生'美'的享受,是触及内心深处的情感依托。"②归纳来说,夸饰首先是夸张,但内涵高于夸张:从修辞鉴定的角度说,夸饰必为夸张,但夸张不必为夸饰;从修辞特征的角度说,夸饰具备夸张的一切特征,但夸张不必具备夸饰的特征。夸饰与夸张的根本区别在于,夸饰在夸张的基础上多了一层"增饰华美"(沈谦语),即溢美的作者主观感情。

接下来,我们将西周诸篇中运用了"夸张"修辞的文本分为两类:一类侧重于涵盖面的绝对化,即把未及百分百的数据夸张为百分百;一类侧重于对极限时空与数量的追求,即把有限的时空、数量夸张成无限的时空、数量——这两种"夸张"都具备"极致"的特点。在此基础上,我们再分析哪些"夸张"可归属于"夸饰"。

一、涵盖面的绝对化

关键字眼:毕、咸、佥、凡、罔不、满、非敢不、无不、并。

(一)《克殷》:"武王乃手太白以麾诸侯,诸侯<u>毕</u>拜,遂揖之。商庶百姓<u>咸</u>俟于郊。群宾<u>佥</u>进曰:'上天降休!'再拜稽首。"

第四章我们在讨论"文学特征"时,曾对"毕""咸""佥"等表示"全""都"的字眼做过重点讨论,并认为这些字眼都是作者主观感情的呈现点。夸张本是一种富有主观感情的文学修辞,所以"毕""咸""佥"等也同样是讨论夸张修辞的关键,或者说,作者就是通过"毕""咸""佥"使用了夸张的手法。

"武王乃手太白以麾诸侯,诸侯毕拜,遂揖之",说的是武王手持太白旗向诸侯示意后,所有的诸侯都向武王行拜礼,然后武王以揖礼回应。"商庶

---

① 梁祖萍:《文辞所被,夸饰恒存——〈文心雕龙〉"夸饰"论探析》,《宁夏大学学报(人文社会科学版)》2017 年第 39 卷第 4 期,第 32—37 页。另参《庄子·秋水》原文:"至德者,火弗能热,水弗能溺,寒暑弗能害,禽兽弗能贼。非谓其薄之也,言察乎安危,宁于祸福,谨于去就,莫之能害也。"[清]郭庆藩撰,王孝渔点校:《庄子集释》中册,北京:中华书局,2012 年,第 587 页。
② 王静蓉:《〈文心雕龙〉"夸饰"篇美学研究》,西北大学硕士学位论文,2021 年。

百姓咸俟于郊",说的是商王朝所有的贵族、平民都等候在城郊,迎接武王进城。"群宾佥进曰:'上天降休!'再拜稽首",孔注"诸侯贺武王也",说的是诸侯全都进贺武王:"上天降下大吉!"然后诸侯两次行拜手稽首大礼。

　　以上场景虽无超自然描写,但要想是完全的实录也并非易事,至少需满足三个条件:第一,所有的诸侯都在武王的示意后向武王行拜礼。也就是说,只要有一个诸侯没有行拜礼,都不能称作"所有"。据《牧誓》:"我有邦冢君、御事、司徒、司马、司空、亚旅、师氏,千夫长、百夫长,及庸,蜀、羌、髳、微、卢、彭、濮人。"[1]武王的八百诸侯里有相当一部分是周边少数民族,这些"蜀、羌、髳、微、卢、彭、濮人"是否会行周人之礼令人怀疑。此外,即使武王声威显赫,同样被称为"君"的"友邦冢君"们是否会自愿像后世中央集权王朝的臣子跪拜皇帝一样向武王行拜礼?这其中只要有一个不拜,就不能称作"所有"。第二,武王伐纣胜利后,商王朝所有的贵族和平民都要在城外等候武王,并迎接武王进城。这是不可能的事。参考《世俘》的"执矢恶臣百人"可知,至少这一百个恶臣不在等候之列;参考《克殷》的"乃命召公释箕子之囚,命毕公卫叔出百姓之囚"可知,至少箕子等被囚禁的贵族不在等候之列。即使作者所谓的"所有"自动排除了这些客观上无法到场的贵族、平民,也无法保证每一个可到场的商人都在等候之列。只要有一个商人没有到场,都不能算"所有"。第三,所有的诸侯都要向武王进贺"上天降休"。追随武王的诸侯首领就有至少八百人,再加上其核心族众,人数更是达到数千甚至上万。且不论各邦诸侯语言之差异,在没有提前排练的情况下,数千人异口同声进贺"上天降休"是极为困难的。只要有一个人没有张口,就不能算"所有"。综上,"毕""咸""佥"这三个"所有"都只能代表部分或大部分,远不能及"百分百"。《克殷》作者将不是百分百的事情说成百分百,是在有意识地使用夸张的修辞手法。作者为了突出武王天下共主、众望所归的形象,就对"支持者"的涵盖面进行了绝对化处理。这给读者带来的直观感受是,当时包括周人、商人在内的所有在场者都坚决拥护武王,无一例外。这就正如陈望道谈"夸张"时所说:"我们主观的情意,每当感动深切时,往往以一当十,

---

[1] 顾颉刚、刘起釪:《尚书校释译论》第 3 册,北京:中华书局,2005 年,第 1095 页。

不能适合客观的事实。"①《诗经·卫风·河广》:"谁谓河广? 曾不容刀。"方玉润注:"刀,小船也。"②《河广》以夸张手法形容黄河最窄处的极窄,便说连一艘刀形小船都无法通过。《克殷》以"毕""咸""佥"覆盖所有的人,也是"不容刀(舠)"的表现,只不过"舠"在这里指武王的反对者。

(二)《克殷》:"王入,即位于社。太卒之左,群臣毕从。"

这段话是在记述武王举行登基即位仪式时的群臣参与情况。武王在"社"(宗庙)即位之后,"太卒之左,群臣毕从",仪仗兵和群臣都跟随着武王进入了宗庙。需注意的是,"群臣毕从"的"毕"强调的是"所有"臣子都跟随着武王进入了宗庙。试问宗庙之容量、群臣之数量,是否能相容? 即使将"群臣毕从"理解为"所有"群臣跟随着等候在宗庙门口,也是不切实际的。当时群臣各司其职:"毛叔郑奉明水,卫叔傅礼,召公奭赞采,师尚父牵牲。"乃如"卫叔傅礼,召公奭赞采",指的是卫叔布置丰席③,召公奭辅助他。试问卫叔、召公奭安能一边布置丰席一边跟随武王进宗庙? 因此,"群臣毕从"的实际情况只能是部分臣子跟随武王走进了宗庙或等候在宗庙门口,其他大部分臣子并没有"从"的动作,而是各司其职。《克殷》篇作者写"群臣毕从"而不是"群臣从",就是在运用夸张的手法凸显武王的权威性和群臣在"即位于社"这件事上的参与度。"群臣毕从"的夸张用法与上文的"毕""咸""佥"相似,都在于对"从武王者"的涵盖面进行绝对化处理。

(三)《世俘》:"朝至,接于商,则咸刘商王纣,执矢恶臣百人。"

"则咸刘商王纣"乃省略句,补全后应为"则咸刘商王纣(的党羽)"。《盘庚》:"重我民,无尽刘。"④《尔雅》:"刘、狄、斩、刺,杀也。"⑤《方言》:"秦晋宋卫之间谓'杀'曰'刘',晋之北鄙亦曰'刘'。"⑥故"则咸刘商王纣"指的是把商

---

① 陈望道:《修辞学发凡》,上海:复旦大学出版社,2011年,第104页。
② [清]方玉润撰,李先耕点校:《诗经原始》上册,北京:中华书局,1986年,第184—185页。
③ 参见本章第一节。
④ 顾颉刚、刘起釪:《尚书校释译论》第2册,北京:中华书局,2005年,第930页。
⑤ [汉]佚名:《尔雅:附音序、笔画索引》,北京:中华书局,2016年,第4页。
⑥ [汉]扬雄撰:《宋本方言》,宋庆元六年(1200)浔阳郡斋刻本,杜泽逊审定:《国学基本典籍丛刊》,北京:国家图书馆出版社,2017年,第21页。

纣王的党羽全部杀光。也就是说，只要有一个纣党没有被杀，都不能称作"咸"。然而，作者接下来写道："执矢恶臣百人。"即俘虏了百名元恶之臣。虽然这百名元恶之臣在后来被"废""用"(见《世俘》)，但至少在此刻还是活着的，并没有立刻被杀——与"咸刘"之说相矛盾。因此，"咸刘商王纣"的真实情况是周军杀光了在战斗中负隅顽抗的纣党，而非所有的纣党。《克殷》篇作者之所以用"咸刘商王纣"而非"刘商王纣"，就是为了突出周人革命的彻底性。作者一边痛恨纣党，一边又要突出武王的杀伐决断和周军强大的战斗力，故而使用"咸"字以夸张之。《君奭》："后暨武王诞将天威，咸刘厥敌。"[1]"咸刘厥敌"与《克殷》"咸刘商王纣"的用法相同，也是作者以夸张手法表达周人对纣党的深恶痛绝以及周人军事行动的彻底性，而非实际上要对商民族实施种族灭绝。清华简《尹至》："夏播民入于水曰战，帝曰：'一勿遗。'"[2]成汤伐桀的情况也是如此，"一勿遗"仅在通过绝对化的夸张表达彻底革命的决心，并非要族灭夏人。

(四)《商誓》："凡在天下之庶民，罔不维后稷之元谷用蒸享。"

《商誓》的这句话以"凡""罔不"为语言标志，属于典型的夸张。意在强调，全天下的人都在享受农神后稷传授的耕种技术，赖之以祭祀与食用。全天下的人包括古人、时人、商人、周人，只要有一人未享受后稷的福泽，都不能算作"凡""罔不"。武王《商誓》作诰，言"凡""罔不"，意在告诉商民，商的先祖与时人之所以能吃饱饭，都要感谢周的先祖后稷发明的耕种技术。武王或《商誓》作者在这里运用了夸张的修辞手法，将人民群众集体智慧发明的耕种技术归功于后稷个人。这种客观唯心主义与个人英雄主义的史观，本质上是一种夸张的史观，言者并非不知道耕种技术是集体智慧的结晶，但为突出个别领袖的地位而刻意如此言之。从客观事实来看，后稷只是一位早期的农学专家，在耕种技术的改进和推广方面有一定的历史贡献，但远不至于是后稷一人养活了从古到今每一个"天下之庶民"。作者对后稷福泽的

---

[1] 顾颉刚、刘起釪：《尚书校释译论》第3册，北京：中华书局，2005年，第1574页。
[2] 清华大学出土文献研究与保护中心编，李学勤主编：《清华大学藏战国竹简(壹)》，上海：中西书局，2010年，第128页。

涵盖面进行了绝对化处理,极致突出了其个人的历史功绩,正切合陈望道谈"夸张"时所说:"我们主观的情意,每当感动深切时,往往以一当十,不能适合客观的事实。"①成汤伐桀、武王伐纣,以成汤、武王个人为主语,其夸张的出发点与达到的效果亦如是。

(五)《商誓》:"胥告商之百无罪,其维一夫。""商百姓无罪。"

《商誓》的这两段武王诰辞都旨在强调,战争的责任方仅在已自焚而死的商纣王一人,不在其他商人,更不在发动战争的周人。百姓,指贵族,这里可泛指纣王之外的所有商人。以纣代商,在《商誓》中多见,如《商誓》:"王乃步自于周,征伐商王纣。"作者不言伐商,而言"征伐商王纣"。《商誓》:"殪商之多罪纣。"作者不言"殪商",而言"殪纣"。似乎这场战争不是周人与商人之间的战争,而是周人与纣王之间的战争,甚至是武王与纣王之间的战争。武王或《商誓》作者将万恶汇集到商纣王一人身上,就像"凡在天下之庶民,罔不维后稷之元谷用蒸享"这句话把所有的功劳都汇集到后稷一人身上一样,都属于"每当感动深切时,往往以一当十"(陈望道语),是典型的夸张手法的运用。武王为了安抚商人,便再三强调这场战争只针对纣王一人,不针对商民族;战争造成的伤亡与破坏也应该归咎于纣王一人,而不应怪罪周军。实际上,周军对商政权发动的军事行动绝非是只针对纣王的斩首计划,而是商周两个民族之间轰轰烈烈的大决战。《史记·殷本纪》:"周武王于是遂率诸侯伐纣。纣亦发兵距之牧野。"②《史记·周本纪》:"帝纣闻武王来,亦发兵七十万人距武王。"③因此,伐纣战争只针对纣王个人的说法是不符合客观事实的。再看《世俘》:"执矢恶臣百人。""荐殷俘王士百人。""武王乃废于纣矢恶臣人百人。"这一百名纣党元恶之臣相当于被判处极刑的战犯,也是武王欲杀之而后快的对象。如果当真"商之百无罪,其维一夫",那么这些恶臣也应在被赦免之列。显然,事实上武王并未赦免他们。综上可知,战争只

---

① 陈望道:《修辞学发凡》,上海:复旦大学出版社,2011年,第104页。
② [汉]司马迁撰,[南朝宋]裴骃集解,[唐]司马贞索隐,[唐]张守节正义:《史记》第1册,北京:中华书局,2014年,第139页。
③ [汉]司马迁撰,[南朝宋]裴骃集解,[唐]司马贞索隐,[唐]张守节正义:《史记》第1册,北京:中华书局,2014年,第160页。

针对纣王一人、纣王之外皆无罪的说法都是不符合客观事实的。武王或《商誓》作者之所以作如是说，正是因其运用了夸张的修辞手法，将万恶全部归于纣王。这样既可以凸显武王及周人对纣王个人的血海深仇，也可以起到削弱商民对周军的敌视的作用。这种夸张手法的运用也是在对敌对方的涵盖面进行绝对化处理，由原来的整个商民族缩减到部分元恶纣党，再由纣党缩减到纣王"一夫"。绝对化处理的过程也是矛盾转移的过程，故《商誓》之夸张不仅在于文学修辞，也在于政治功用。

（六）《度邑》："发之未生至于今六十年，夷羊在牧，飞鸿满野。"

这句话运用夸张修辞的语言标志在"满"字。元至正本等十四个版本："飞鸿满野"作"飞鸿过野"。① 如果作"飞鸿过野"，则无所谓夸张修辞。但是，此处还是应以卢文弨本"飞鸿满野"为准。② 当时的客观事实是，一大群蝗虫飞掠过田野，造成了严重的蝗灾。③ 然而，飞蝗的数量无论如何庞大，都不至于到"满"的地步。《说文》："满，盈溢也。"④"满"本义应用于形容液体或气体，指对象空间的每一个角落都被这种液体或气体填满。蝗虫作为固体的生物，面对广袤无垠的田野，无论如何都做不到"满"。因此，"飞鸿满野"是典型的夸张修辞，起到了"以一当十"（陈望道语）的作用。"满野"的写法对蝗虫的涵盖面进行了绝对化处理，原本蝗虫只遮蔽了田野上方的一部分天空，经过"满野"的渲染，似乎这方天地的每一寸空间都被蝗虫充填了。武王或《度邑》的作者使用"满野"的用意在于极言蝗虫之多，而极言蝗虫之多

---

① ［晋］孔晁注：《元本汲冢周书》，元至正十四年（1354）嘉兴路儒学刻本，杜泽逊审定：《国学基本典籍丛刊》，北京：国家图书馆出版社，2017年，第96页。其余十三个版本不再逐个出注，详见附录二。
② 虽然"过野"之说见于元明主流版本，至卢文弨始改"满野"，但"满野"之说见于《淮南子》和《史记》。《淮南子》："夷羊在牧，飞蛩满野。"刘文典撰，冯逸、乔华点校：《淮南鸿烈集解》上册，北京：中华书局，1989年，第248页。《史记·周本纪》："麋鹿在牧，蜚鸿满野。"［汉］司马迁撰，［南朝宋］裴骃集解，［唐］司马贞索隐，［唐］张守节正义：《史记》第1册，北京：中华书局，2014年，第165页。其说应有所自，至少先秦必有"满野"版本，故此处还是应以"满野"为准。
③ 本书第一章第四节已对"飞鸿"做过详细的考证，飞鸿即蝗虫。此处不再赘述。
④ ［汉］许慎撰，［宋］徐铉等校定：《说文解字》，北京：中华书局，2013年，第231页上栏。

的用意又在于隐喻商政之恶。刘芳亮引泷川资言手稿《史记正义佚存》:"飞鸿满野,喻忠贤君子见放弃也。言纣父帝乙立后,殷国益衰,至伐纣六十年间,谄佞小人在于朝位,忠贤君子放迁于野。"①在这样的政治隐喻下,蝗虫越多,则商政越恶。恶到极限,则无处不"满"。六十年间,商政权经历帝乙、帝辛(纣)两代,不间断地制造"恶",故商之灭亡是理所应当的。武王极言商政之恶,实则是在为自己的政权寻求合法性,以解决"未定天保"的问题。因此"飞鸿满野"夸张修辞的运用也非单纯的文学拟构,而是基于一定的政治功用。

(七)传本《皇门》:"下邑小国克有耇老,据屏位,建沈人,罔不用明刑。""乃维其有大门宗子势臣,罔不茂扬肃德。""其善臣以至于有分私子,苟克有常,罔不允通,咸献言在于王所。""百姓兆民用,罔不茂在王庭。""王国用宁,小人用格,□能稼穑,咸祀天神。"简本《皇门》:"朕寡邑小邦,蔑有耆耇虑事屏朕位,肆朕冲人非敢不用明刑。""乃惟大门宗子迩臣,懋扬嘉德。""自釐臣至于有分私子,苟克有谅,无不懔达,献言在王所。""百姓万民用,无不扰比在王廷。""王邦用宁,小民用假能稼穑,并祀天神。"②

《皇门》这一系列"罔不""无不""非敢""咸""并"的用法与上文所说《克殷》之"毕""咸""佥"相似,都对非百分百之事做了百分百的夸张。"罔不用明刑",指所有的刑罚都能公平正义③;"罔不茂扬肃德",指所有的贵族、近臣、权臣都恭敬地发扬美德;"罔不允通,咸献言在于王所",指从良臣到庶子所有的人都能上达天听,都能够在君王面前进言献策;"百姓兆民用,罔不茂在王庭",指所有的贵族、平民都能够有渠道在君王面前发声、进谏;"咸祀天神",指每一个平民都能够自发地祭祀天神。反过来说,只要有一次刑罚不够公平正义,都不能算"罔不用明刑";只要有一位大臣没有恭敬地发扬美

---

① 刘芳亮:《袁传璋〈《唐张守节史记正义佚存》手稿之文献价值〉补正》,《域外汉籍研究集刊》2021年第1期,第503—525页。
② 清华大学出土文献研究与保护中心编,李学勤主编:《清华大学藏战国竹简(壹)》,上海:中西书局,2010年,第164页。
③ 周宝宏:"明刑:公正完善的刑法。"周宝宏:《〈逸周书〉考释》,北京:社会科学文献出版社,2001年,第150页。

德,都不能算"罔不茂扬肃德";只要有一位平民未能面呈君王、上达天听,都不能算"罔不允通,咸献言在于王所""百姓兆民用,罔不茂在王庭";只要有一位平民不自发地祭祀天神,都不能算"咸(并)祀天神"。"明刑""肃德"在政治极为清明的前提下有可能会达到较大的概率,但并无可能实现百分百。至于全体平民有渠道面呈君王或无一平民不自发祭祀天神之事,则完全是政治理想,在现实中不可能存在。《皇门》的这一系列"罔不""无不""非敢""咸"夸张修辞的作用都在于极言"善政之善"。周公或《皇门》作者对"善政之善"的涵盖面进行了百分百的绝对化处理,"政"原本虽"善",但不至于"善"到毫无瑕疵,而夸张修辞的运用正是将为数不多的瑕疵全都抹平了。《尚书》的《多士》《君奭》两篇"罔不"用法与《皇门》相似。《多士》:"自成汤至于帝乙,罔不明德恤祀。"①从成汤到帝乙,不可能完全没有道德瑕疵。周公或《多士》作者之所以用"罔不",也是为了夸大纣之恶并抹平成汤至帝乙之不善,以达到削弱殷遗民对新生周王朝敌视情绪的目的。《君奭》:"天惟纯佑命,则商实百姓、王人,罔不秉德明恤。"②《君奭》将商之贵族、王族全部划入"罔不秉德明恤"的行列,显然与《皇门》"百姓兆民用,罔不茂在王庭"的用法完全一致,都是对"罔不"的涵盖面做了夸张处理。

最后需强调的是,并非所有带"咸"字的都属夸张,如《祭公》:"维文王受之,维武王大克之,咸茂厥功。"此"咸"指文王、武王二人,并无夸张之意。再如《商誓》:"维既咸汝克承天休于我有周,斯小国于有命不易。"黄怀信以此"咸"字为衍。③ 黄说可从。同时,也并非所有带"凡"字的都属夸张,如《世俘》:"武王遂征四方,凡憝国九十有九国。""凡服国六百五十有二。"此"凡"用于统计灭国、服国之总数,与夸张修辞无关。"凡厥有庶""凡天智玉""凡武王俘商旧玉亿有百万"也在此类,无关乎夸张。

二、对极限时空与数量的追求

关键字眼:兆民、万民、四邻、远士(土)、万子孙、万亿年、万国(邦)。

---

① 顾颉刚、刘起釪:《尚书校释译论》第3册,北京:中华书局,2005年,第1512页。
② 顾颉刚、刘起釪:《尚书校释译论》第3册,北京:中华书局,2005年,第1560页。
③ 黄怀信:《逸周书校补注译》,西安:三秦出版社,2006年,第213页。

（一）传本《皇门》："百姓兆民用，罔不茂在王庭。先用有劝，永有□于上下。"简本《皇门》："百姓万民用，无不扰比在王廷。先王用有劝，以宾佑于上。"①

"兆民""万民"之辨，属典型的夸张修辞。"兆""万"极言数量之多，皆非确指。"百姓兆（万）民"，指的是数量无限多的贵族和平民。"百姓兆民用，罔不茂在王庭"，表现的是政治清明、政通人和的景象。这句话连用两个夸张修辞，一个是"兆（万）民"，一个是"罔不"："罔不"指所有，即涵盖面被绝对化地增加到百分百；"兆（万）民"的用法与"罔不"殊途同归，但侧重点有所不同。"兆（万）民"极言"民"的数量之多，但没有排除有个别的"民"不在涵盖范围内，故而作者在"兆民"之后再加"罔不"，以起到绝对化的作用，属双重保险。可见，"兆民"的夸张力度略逊于"罔不"，它允许了漏网之鱼的存在。但是，"兆民"作为夸张修辞，也具备"罔不"没有的优势。"罔不"缺乏对数字的说明：数十数百皆参与，亦可称"罔不"，如此则不显其多；但如果以"万""兆"称之，则数量之多明矣。"兆民"或"万民"对"民"的数量进行了极限化处理，以达到夸大善政之善的作用。"万民"用法在《尚书》中十分常见，《盘庚》："汝万民乃不生生，暨予一人猷同心。""尔谓朕：'曷震动万民以迁？'"②《无逸》："自朝至于日中昃，不遑暇食，用咸和万民。""继自今嗣王则其无淫于观，于逸，于游，于田，以万民惟正之供。"③"万民"之外，还有"万姓"，《立政》："帝钦罚之，乃伻我有夏，式商受命，奄甸万姓。"④"姓"前冠"百"，大抵殷周之时贵族族数以百记；"民"前冠"万"，大抵殷周之时平民人数以万记。"百姓""万民"的用法与"罔不"异曲同工，都是用夸张手法表示"所有"。《皇门》传本、简本"万民""兆民"之辨，应可作为版本早晚的证据——简本"万

---

① 清华大学出土文献研究与保护中心编，李学勤主编：《清华大学藏战国竹简（壹）》，上海：中西书局，2010 年，第 164 页。
② 顾颉刚、刘起釪：《尚书校释译论》第 2 册，北京：中华书局，2005 年，第 912、923 页。
③ 顾颉刚、刘起釪：《尚书校释译论》第 3 册，北京：中华书局，2005 年，第 1538、1539 页。
④ 顾颉刚、刘起釪：《尚书校释译论》第 4 册，北京：中华书局，2005 年，第 1666 页。

民"的写作时代不晚于传本"兆民"。① 当一国之民的总数可以万计时,"万民"可涵盖所有;但当一国之民的总数需以十万计时,"万"便不足用,需以更夸张的"兆"替代之。《数术计遗》:"若言十万曰亿,十亿曰兆,十兆曰京。"② 故"兆民"之数量可达"万民"之百倍。依今之计数方式,"兆民"就是"百万民"。"万民""兆民""百万民"之辨,正是陈望道论"夸张"的"以一当十"之说的经典呈现。传本《皇门》以"兆民"代"万民",将本已夸张的民众数量进行了进一步的夸大,唯恐"万"不足言其多,或唯恐读者误以"万"为确数。

（二）传本《皇门》:"王用奄有四邻,远土丕承,万子孙用末,被先王之灵光。"简本《皇门》:"王用能奄有四邻,远土丕承,子孙用末,被先王之耿光。"③

卢文弨本之"远士",元至正等二十个版本皆作"远土"④,且简本也作"远土"⑤。故卢本"远士"修订证据不足,应以"远土"为准。传本《皇门》比简本"子孙"多一"万"字,应是较晚版本增订的结果⑥,较早版本无"万"——此论证思路与上文"万民""兆民"同。按"远土""万子孙",《皇门》此句使用夸张修辞的语言标志应为三个:"四邻""远土""万子孙"。先看"四邻"。"四邻"属较隐晦的夸张修辞。《左传·襄公四年》:"戎狄事晋,四邻振动,诸侯威怀,三也。"《左传·襄公二十四年》:"子为晋国,四邻诸侯不闻令德,而闻重币,侨也惑之。"⑦《左传·昭公二十三年》:"古者,天子守在四夷;天子卑,

---

① 较晚版本"兆民"的写成虽有可能晚于西周,但至晚不应晚于战国。《左传·昭公二十四年》引《大誓》曰:"纣有亿兆夷人,亦有离德;余有乱臣十人,同心同德。"杨伯峻注:"'夷'为语中助词,无义。"可见,在早期文献中也有类似"兆民"的用法,故"兆民"不需于汉代晚出。杨伯峻编著:《春秋左传注》第5册,北京:中华书局,2016年,第1612页。
② [汉]徐岳撰,[北周]甄鸾注:《数术记遗》,王云五主编:《丛书集成初编》,上海:商务印书馆,1939年,第13页。
③ 清华大学出土文献研究与保护中心编,李学勤主编:《清华大学藏战国竹简(壹)》,上海:中西书局,2010年,第164页。
④ [晋]孔晁注:《元本汲冢周书》,元至正十四年(1354)嘉兴路儒学刻本,杜泽逊审定:《国学基本典籍丛刊》,北京:国家图书馆出版社,2017年,第107页。其余十九个版本不再逐个出注,详见附录二。
⑤ 清华大学出土文献研究与保护中心编,李学勤主编:《清华大学藏战国竹简(壹)》,上海:中西书局,2010年,第164页。
⑥ "较晚版本"虽有可能晚于西周,但至晚不应晚于战国。
⑦ 杨伯峻编著:《春秋左传注》第4册,北京:中华书局,2016年,第1030、1200页。

守在诸侯。诸侯守在四邻;诸侯卑,守在四竟。"①"四邻"与"四夷""四竟(境)"对举,其用意十分明确,不是指四个邻国,而是指各个邻国或所有邻国。"四"这个数字看似不大,但实则包含了一切。《尚书》中有大量带"四"的词②,如《尧典》:"允恭克让,光被四表。"③《禹贡》:"九泽既陂,四海会同。"④《洛诰》:"公称丕显德,以予小子扬文武烈,奉答天命,和恒四方民居师。"《多士》:"乃命尔先祖成汤革夏,俊民甸四方。"⑤"四海"刘起釪注:"'四海'只是一个较空的地理概念,而不是具体的四个海。"⑥"四方"无需多论,古今义同,泛指整个周边,非仅东西南北。"四表"孔颖达疏:"圣德美名,充满被溢于四方之外,又至于上天下地。"⑦可见,"四表"基于"四方"且高于"四方",它是立体的,横则溢出四方,纵则穿透天地。综上可知,"四"本身就带有夸张属性,其用法与"兆""亿""万"相同。再看"远土"。按字面意,"远土"即远方之土、极远之土。黄怀信释"远土丕承"作"远方就会臣服","远方"之说可从。"远土丕承"即"远土大承",指无论多远的土地都归周王统治。《诗经·小雅·北山》:"溥天之下,莫非王土;率土之滨,莫非王臣。"⑧《君奭》:"海隅出日,罔不率俾。"⑨《后汉书·南匈奴列传》:"汉秉威信,总率万国,日月所照,皆为臣妾。"⑩这三则文献表达的意思与"远土丕承"属同类,其各自作者皆用夸张修辞表达了对极限空间的追求。"远土""溥天之下""海隅出日""日月所照"都涵盖了作者想象中的至远土地,用以体现天子天下共主的

---

① 杨伯峻编著:《春秋左传注》第5册,北京:中华书局,2016年,第1609—1610页。
② 《皋陶谟》"钦四邻"指"四辅臣",与夸张无关,故不列于此。顾颉刚、刘起釪:《尚书校释译论》第1册,北京:中华书局,2005年,第441、453—454页。
③ 顾颉刚、刘起釪:《尚书校释译论》第1册,北京:中华书局,2005年,第2页。
④ 顾颉刚、刘起釪:《尚书校释译论》第2册,北京:中华书局,2005年,第807页。
⑤ 顾颉刚、刘起釪:《尚书校释译论》第3册,北京:中华书局,2005年,第1468、1512页。
⑥ 顾颉刚、刘起釪:《尚书校释译论》第2册,北京:中华书局,2005年,第811页。
⑦ [汉]孔安国传,[唐]孔颖达正义:《尚书注疏》,[清]阮元校刻,方向东点校:《十三经注疏》第2册,北京:中华书局,2021年,第46页。
⑧ [清]方玉润撰,李先耕点校:《诗经原始》下册,北京:中华书局,1986年,第425页。
⑨ 顾颉刚、刘起釪:《尚书校释译论》第3册,北京:中华书局,2005年,第1586页。
⑩ [南朝宋]范晔撰,[唐]李贤等注:《后汉书》第10册,北京:中华书局,1965年,第2947页。

独尊地位和华夏上国俯视万邦的威严。"四邻"作为各个邻国或所有邻国的代称,与"远土"在对极限空间的追求方面是一致的,都属空间层面的夸张。相比较而言,"万子孙"则兼有时间、空间、数量三个层面的夸张。周王欲有"万子孙",则周人统治时间必须足够长、统治的地域必须足够大。只有在无限的时间、空间里,才能繁衍出无限数量的子孙。因此,"万子孙"体现了作者对极限时、空、数量三个层面的追求和祈愿。汪中《述学·释三九中》:"《诗》'嵩高维岳,峻极于天',此言乎其高也。"①汪中所举"夸张"用例正应此"极限"追求。陈望道论"夸张"时所谓"说话上张皇夸大过于客观的事实处"②亦即如此。

（三）传本《祭公》:"监于夏商之既败,丕则无遗后难,至于万亿年,守序终之。""尚皆以时中乂万国。"简本《祭公之顾命》:"监于夏商之既败,丕则无遗后,至于万亿年,参叙之。""其皆自时中乂万邦。"③

"万亿年"和"万国（邦）"的夸张修辞用法都具有典型性,"万亿年"是对极限时间的追求,而"万国（邦）"则是对极限空间的追求。两者表达的祈愿也具有典型性:"至于万亿年,守序终之"（传本）、"至于万亿年,参叙之"（简本）。周宝宏:"守序:依次,不断。终:长久。"④周说可从。这句话的用意相当于金文中常见的"子子孙孙永宝用"⑤,旨在希望周王朝不要步夏商的后尘,能够千秋万代地传递下去。"万亿年"的作用在于极大地拉长时间,以至于拉到无限,并以此表达祭公对周王朝永世不绝的期盼和祝愿。"尚皆以时中乂万国"（传本）、"其皆自时中乂万邦"（简本）。时,是也。乂,治也。中,相当于《保训》"中"⑥,是治理万国的标杆和准则。这句话的上文是"汝无以

---

① ［清］汪中撰、戴庆钰、涂小马校点:《述学》,沈阳:辽宁教育出版社,2000年,第4页。
② 陈望道:《修辞学发凡》,上海:复旦大学出版社,2011年,第104页。
③ 清华大学出土文献研究与保护中心编,李学勤主编:《清华大学藏战国竹简（壹）》,上海:中西书局,2010年,第174—175页。
④ 周宝宏:《〈逸周书〉考释》,北京:社会科学文献出版社,2001年,第205页。
⑤ 如西周中期的乙公鼎、西周晚期的庙屠鼎、西周晚期的仲宫父鼎。参见吴镇烽编著:《商周青铜器铭文暨图像集成》第4卷,上海:上海古籍出版社,2012年,第93、121、124页。
⑥ 参见清华大学出土文献研究与保护中心编,李学勤主编:《清华大学藏战国竹简（壹）》,上海:中西书局,2010年,第143页。

戾反罪疾,丧时二王大功;汝无以嬖御固庄后;汝无以小谋败大作;汝无以嬖御士疾大夫、卿士;汝无以家相乱王室而莫恤其外"(传本)、"汝毋以戾兹皋睾无时远大邦,汝毋以嬖御塞尔庄后,汝毋以小谋败大作,汝毋以嬖士塞大夫、卿士,汝毋各家相乃室然莫恤其外"①(简本)。因此,"尚皆以时中乂万国"(传本)的"时(是)"指代的就是这五个"汝无以"。祭公以这五个个人道德与为政风格方面的"汝无以"为穆王得以"中乂万国"的凭据,可见其重视程度之深。"万国"作为夸张修辞的语言标志,也可以起到凸显这五个"汝无以"重要性的作用。祭公未说"中乂周国",而是说"中乂万国",可见五个"汝无以"的效用之大。"万国"的用法,极大地扩张了五个"汝无以"能够"中乂"的空间。从客观事实上看,吸取夏商败亡的教训确实可以起到警醒周王、延长周王朝气数的作用,但不至于"万亿年";穆王在个人道德和为政风格方面做到五个"汝无以"也确实可以起到为附属小邦做表率的作用,但不至于"中乂万国"。祭公或《祭公》作者对延长的时间进行了极限化处理,延长到了"万亿年";对五个"汝无以"影响的地域范围也做了极限化处理,扩展到了"万国"。这都属于典型的"以一当十"(陈望道)的夸张手法。因此,我们说"万亿年"和"万国(邦)"作为夸张修辞都非常具有典型性,分别代表了对极限时间和极限空间的追求。

除以上所举诸例外,西周诸篇还有一些文本也可勉强划归"对极限时空与数量的追求"这一范畴内。最典型的如"永""无绝",如《商誓》:"尔多子其人,自敬助天,永休于我西土!"再如传本《祭公》:"天之所锡武王时疆土,丕维周之基,丕维后稷之受命,是永宅之。""曰:'康子之攸保,勖教诲之,世祀无绝。'"简本《祭公之顾命》:"丕惟周之旁,丕惟后稷之受命是永厚。""康□之,蠡服之,然毋夕。"②"永""无绝"宽泛来说也属于夸张修辞中对极限时间的追求,是"万亿年"的另一种表达方式。只不过,"永""无绝"带有程式化的特征,抒情性略逊一些。如果见"永"即"夸张",那么夸张修辞的鉴定恐流于

---

① 清华大学出土文献研究与保护中心编,李学勤主编:《清华大学藏战国竹简(壹)》,上海:中西书局,2010年,第174—175页。
② 清华大学出土文献研究与保护中心编,李学勤主编:《清华大学藏战国竹简(壹)》,上海:中西书局,2010年,第174—175页。

过分宽泛。因此,笔者暂列"永""无绝"于后,不视其为真正意义上的夸张修辞。

最后需强调的是,并非所有带"万"字的都属夸张,如《世俘》:"王入,进《万献》《明明》,三终。""万"乃乐曲名,与夸张修辞无关。也并非所有带"永"字的都可以和《商誓》"永休于我西土"的"永"归于一类,如《度邑》:"永叹曰:'呜呼,不淑,兑天对!'"此"永"应与"咏"通假,即"咏叹",与"永远"无关,因此也与夸张修辞无关。

三、基于夸张的溢美夸饰

现对以上列举的十条运用了夸张修辞的文本进行逐个辨析,探讨其中哪些夸张只是纯粹的夸张,哪些则可归入夸饰的范畴。

(一) 涵盖面的绝对化:毕、咸、佥、凡、罔不、满、非敢不、无不、并

1.《克殷》:"武王乃手太白以麾诸侯,诸侯毕拜,遂揖之。商庶百姓咸俟于郊。群宾佥进曰:'上天降休!'再拜稽首。"

"毕""咸""佥"只代表大部分,不及"百分百"。《克殷》作者对"支持者"的涵盖面进行了绝对化处理,以突出武王天下共主、众望所归的形象。这种夸张修辞的目的在于"饰美"武王,符合夸饰的基本特征。但从描写角度看,"毕""咸""佥"的描写对象都是"诸侯""百姓""群宾",武王的形象是间接呈现的,因此我们还不能急于下结论。如果不从武王的角度谈"毕""咸""佥",而是从"诸侯""百姓""群宾"的角度谈,他们表现出的依然是恭敬咸服,同时不可避免会再次转回褒美武王的角度。如果不谈人物,只谈场面描写,我们也可认为"毕""咸""佥"体现的是周军进城时场面的盛大。"盛大",也属"饰美",故"毕""咸""佥"依然洗不去夸饰的特征。至此,我们基本可下结论,"毕""咸""佥"属于夸饰。

2.《克殷》:"王入,即位于社。太卒之左,群臣毕从。"

"群臣毕从"的用法与"毕""咸""佥"相似,但力度不足。"群臣毕从"的"毕"也对"群臣"的涵盖面做了绝对化的处理。"毕",体现的是群臣的恭敬、武王的威严与场面的盛大,另外还可加上"即位于社"这一典礼的威严。相

比于上文的"毕""咸""佥"连用,这里的"毕"单独出现,褒美之情需再逊一些。故从本质属性上说,"毕"可属夸饰,但格调轻于前例。

3.《世俘》:"朝至,接于商,则咸刘商王纣,执矢恶臣百人。"

"咸"的夸张作用有二:其一,表达周人对纣党的仇恨之深;其二,体现周人军事行动的彻底性。虽然"咸"也间接体现了周军的强大战斗力,但"咸"的作用对象是"刘",而"刘"的对象是"商王纣(的党羽)",而非周军。若将"咸"释为褒美之辞,未免牵强,因此"咸"不算作夸饰。

4.《商誓》:"凡在天下之庶民,罔不维后稷之元谷用蒸享。"

作者对后稷造福时人、后人的涵盖面进行了绝对化处理,目的在于突出其历史功绩。这属于对后稷的正面描写,增饰褒美之辞跃然纸上,属于典型的夸饰。

5.《商誓》:"胥告商之百无罪,其维一夫。""商百姓无罪。"

作者使用夸张手法对"敌"的涵盖面进行了绝对化处理,由原来的所有商人缩减到纣党乃至纣王"一夫",以实现转移矛盾的政治功用。这属于缩小的夸张,与"曾不容刀"(《河广》)①同类。"百无罪""维一夫"的针对对象是商民与纣王,此处谄辞虽不以商民为敌,但并无饰美商民之意。由言辞彰显作谄者武王之爱民,未免流于牵强。因此,此处文本无夸饰。

6.《度邑》:"发之未生至于今六十年,夷羊在牧,飞鸿满野。"

"满野"在于极言蝗虫之多,以隐喻商政之恶。恶至"满",则可实现对原本非百分百的覆盖面进行百分百的覆盖。引申来看,极言商政之恶的政治目的在于提升周政权的合法性,以解决"未定天保"的问题。"飞鸿满野"本身是一个比喻,"飞鸿"即"恶","野"即"政"。"满"作为夸张修辞,针对对象是"政",即帝乙、帝辛两代商王之政。此处固然不可能有饰美之意,故"满"非夸饰。

7. 传本《皇门》:"下邑小国克有耆老,据屏位,建沈人,罔不用明刑。""乃维其有大门宗子势臣,罔不茂扬肃德。""其善臣以至于有分私子,苟克有常,罔不允通,咸献言在于王所。""百姓兆民用,罔不茂在王庭。""王国用宁,

---

① [清]方玉润撰,李先耕点校:《诗经原始》上册,北京:中华书局,1986年,第184页。

小人用格,□能稼穑,咸祀天神。"简本《皇门》:"朕寡邑小邦,蔑有耆耇虑事屏朕位,肆朕冲人非敢不用明刑。""乃惟大门宗子迩臣,懋扬嘉德。""自釐臣至于有分私子,苟克有谅,无不懔达,献言在王所。""百姓万民用,无不扰比在王廷。""王邦用宁,小民用假能稼穑,并祀天神。"①

《皇门》"罔不""无不""非敢""咸"都在于极言"善政之善",其"善"的涵盖面被作者做了绝对化处理。"罔不""无不""非敢""咸"的针对对象是"政",而被极言或突出强调的"政"的特征是"善",属于典型的增饰褒美之辞,故这一系列夸张修辞都可归于夸饰。

(二)对极限时空与数量的追求:兆民、万民、四邻、远士(土)、万子孙、万亿年、万国(邦)

1. 传本《皇门》:"百姓兆民用,罔不茂在王庭。先用有劝,永有□于上下。"简本《皇门》:"百姓万民用,无不扰比在王廷。先王用有劝,以宾佑于上。"②

"兆民""万民"对"民"的数量进行了极限化的描述,以达到夸大"善政之善"的作用。"兆""万"的针对对象是"民",而"民"数量之多的反映对象是"善政之善"。相比于上文的"罔不""无不""非敢""咸"等直接饰美,"兆""万"属于间接饰美,也不失为饰美,故"兆""万"可归于夸饰,但其格调略轻。

2. 传本《皇门》:"王用奄有四邻,远士丕承,万子孙用末,被先王之灵光。"简本《皇门》:"王用能奄有四邻,远土丕承,子孙用末,被先王之耿光。"③

作者运用夸张修辞"四邻""远土",在于表达对空间的极限追求;用"万子孙",在于表达对时间、空间、数量三个层面的极限追求,且"万"字本身带有溢美属性,作用相当于"万岁"。以王为对象,则"四邻"为王之四邻,"远土"为王可控之远土,"万子孙"为王可育之万子孙;以周国为对象,则"四邻"

---

① 清华大学出土文献研究与保护中心编,李学勤主编:《清华大学藏战国竹简(壹)》,上海:中西书局,2010年,第164页。
② 清华大学出土文献研究与保护中心编,李学勤主编:《清华大学藏战国竹简(壹)》,上海:中西书局,2010年,第164页。
③ 清华大学出土文献研究与保护中心编,李学勤主编:《清华大学藏战国竹简(壹)》,上海:中西书局,2010年,第164页。

为周国之四邻,"远土"为周国可臣之远土,"万子孙"为周家之万子孙。从感情色彩看,"四邻""远土"都在于歌颂周国统治区域之广,"万子孙"在于盛赞周王朝千秋万代。从《皇门》全篇的格调来看,"王用奄有四邻,远土丕承,万子孙用末,被先王之灵光"是全篇格调之巅峰。在此句之后,"至于厥后嗣",格调陡然下降。因此,可以说"王用奄有四邻"句是《皇门》赞歌之高潮,其"增饰华美"之意不言而喻。

3. 传本《祭公》:"监于夏商之既败,丕则无遗后难,至于万亿年,守序终之。""尚皆以时中乂万国。"简本《祭公之顾命》:"监于夏商之既败,丕则无遗后,至于万亿年,参叙之。""其皆自时中乂万邦。"①

"万亿年"和"万国(邦)"在于分别表达对极限时间和极限空间的追求。"万亿年",在于祈愿周国之千秋万代;"万国(邦)",在于彰显周国对他国的表率作用。周国是正面的、被祈愿的对象,同时也被视作诸邦之长、永生之国,再加上"万"字本身的溢美属性,可知"万亿年""万国(邦)"都属夸饰。

综上,西周诸篇之"夸张"有:

《克殷》:"武王乃手太白以麾诸侯,诸侯坐拜,遂揖之。商庶百姓咸俟于郊。群宾金进曰:'上天降休!'再拜稽首。""王入,即位于社。太卒之左,群臣坐从。"《世俘》:"朝至,接于商,则咸刘商王纣,执矢恶臣百人。"《商誓》:"凡在天下之庶民,罔不维后稷之元谷用蒸享。""胥告商之百无罪,其维一夫。""商百姓无罪。"《度邑》:"发之未生至于今六十年,夷羊在牧,飞鸿满野。"《皇门》:"下邑小国克有耇老,据屏位,建沈人,罔不用明刑。""乃维其有大门宗子势臣,罔不茂扬肃德。""其善臣以至于有分私子,苟克有常,罔不允通,咸献言于王所。""百姓兆民用,罔不茂在王庭。""王国用宁,小人用格,□能稼穑,咸祀天神。""王用奄有四邻,远土丕承,万子孙用末,被先王之灵光。"《祭公》:"监于夏商之既败,丕则无遗后难,至于万亿年,守序终之。""尚皆以时中乂万国。"②

---

① 清华大学出土文献研究与保护中心编,李学勤主编:《清华大学藏战国竹简(壹)》,上海:中西书局,2010 年,第 174—175 页。
② 为免赘余,此处只列传本,不列简本。

其中属于"夸饰"的有：

《克殷》："武王乃手太白以麾诸侯,诸侯坒拜,遂揖之。商庶百姓咸俟于郊。群宾佥进曰：'上天降休！'再拜稽首。""王入,即位于社。太卒之左,群臣坒从。"《商誓》："凡在天下之庶民,罔不维后稷之元谷用蒸享。"《皇门》："下邑小国克有耆老,据屏位,建沈人,罔不用明刑。""乃维其有大门宗子势臣,罔不茂扬肃德。""其善臣以至于有分私子,苟克有常,罔不允通,咸献言在于王所。""百姓兆民用,罔不茂在王庭。""王国用宁,小人用格,□能稼穑,咸祀天神。""王用奄有四邻,远土丕承,万子孙用末,被先王之灵光。"《祭公》："监于夏商之既败,丕则无遗后难,至于万亿年,守序终之。""尚皆以时中乂万国。"

最后需补充强调的是,《世俘》的"离谱"数字并非夸张或夸饰,而是确数。关于这一点,本书第一章第二节已有详细论述,此处不再赘言。

第五节　节缩、脱文之辨

西周诸篇中有一些明显成分不全的句子,如果一概以缺字、脱文视之,则难免流于武断。笔者认为,部分"脱文"实为作者故意"脱"之,其本质是在运用节缩的修辞手法,并为作者的某种主观情感服务。

陈望道："节短语言文字,叫做节；缩合语言文字,叫做缩。节缩都是音形上的方便手段,于意义并没有什么增减。"[1]陈望道举例《文心雕龙·序志》："仲治《流别》,弘范《翰林》,各照隅隙,鲜观衢路。"[2]这种节短、缩合书名的做法在今天也十分常见,如我们将《说文解字》节短为《说文》、将《汉书·

---

[1] 陈望道：《修辞学发凡》,上海：复旦大学出版社,2011年,第142—143页。
[2] ［南朝梁］刘勰著,黄淑琳注,李详补注,杨明照校注拾遗：《增订文心雕龙校注》中册,北京：中华书局,2012年,第607页。另参陈望道：《修辞学发凡》,上海：复旦大学出版社,2011年,第144页。

艺文志》缩合为《汉志》。再如《史通·六家》:"马迁撰《史记》,终于今上。"①《滕王阁序》:"杨意不逢,抚凌云而自惜;钟期既遇,奏流水以何惭?"②都属于节短人名。显然,与缩合相比,节短更容易被误判为脱文、缺字。读者只有具备一定的文史知识,才能判断出它实际上是一种修辞。

徐芹庭将"节缩"称作"节称",其实是同一种修辞:"节称亦称节短,为语文之整齐美,或简捷③化,而将姓名、书名、字号、官名、谥号等名词节短其称呼者谓之节称。"④徐芹庭举例费凤别碑:"司马慕蔺相,南容复白圭。"⑤此属于典型的人名节短,与陈望道所举"马迁"同。

以下诸例,乃西周诸篇运用节缩修辞之文本。更具体说,它们使用的皆是节缩中的节短。从文学角度看,每一次节缩的运用都能体现作者的情感所指。

一、《克殷》:"乃命宗祝、崇宾飨[神],祷之于军。"

元至正本等十五个版本:"祝"作"祀"。⑥ 丁宗洛本、周光霁本:"崇宾"作"宗宾"。⑦ 丁宗洛本:"飨祷"作"祷飨"。⑧ 孔注:"飨祭前所祷之神。"卢注:

---

① [唐]刘知几著,[清]浦起龙通释,王煦华整理:《史通通释》,上海:上海古籍出版社,2009年,第20页。另参陈望道:《修辞学发凡》,上海:复旦大学出版社,2011年,第146页。
② [清]吴楚材、吴调侯编选:《古文观止》,长沙:岳麓书社,1982年,第363页。另参陈望道:《修辞学发凡》,上海:复旦大学出版社,2011年,第146页。
③ 此处原文确为"简捷"。
④ 徐芹庭:《修辞学发微》,台北:中华书局,2015年,第214页。
⑤ 徐芹庭:《修辞学发微》,台北:中华书局,2015年,第214页。
⑥ [晋]孔晁注:《元本汲冢周书》,元至正十四年(1354)嘉兴路儒学刻本,杜泽逊审定:《国学基本典籍丛刊》,北京:国家图书馆出版社,2017年,第73页。其余十四个版本不再逐个出注,详见附录二。
⑦ [晋]孔晁注,[清]丁宗洛笺:《逸周书管笺》,清道光十年(1830)济宁海康丁宗洛迁园刻本,宋志英、晁岳佩选编:《〈逸周书〉研究文献辑刊》第6册,北京:国家图书馆出版社,2015年,第84页。[清]周光霁:《汲冢周书》卷四,《袖珍廿一种秘书》,清嘉庆十四年(1809)刻本,第3叶上半叶。
⑧ [晋]孔晁注,[清]丁宗洛笺:《逸周书管笺》,清道光十年(1830)济宁海康丁宗洛迁园刻本,宋志英、晁岳佩选编:《〈逸周书〉研究文献辑刊》第6册,北京:国家图书馆出版社,2015年,第84页。

"飨,祭前所祷之神。"潘振:"所过名山大川,皆所祷之神。"[1]刘师培:"'之'字衍。"[2]黄怀信"祀"从元本,"宾"后断句,并以"祷"为衍,即"乃命宗祀崇宾,飨(祷)之于军"。[3] 笔者认为,"宗宾"之校改可从,"飨""祷"则无需倒换,"之"亦非衍,即原文应作:"乃命宗祝、宗宾飨,祷之于军。"从句子成分上看,"宗祝、宗宾飨"是一个句子单元,作"乃命"的宾语。"宗祝、宗宾"和"飨"之间是主谓关系,"飨"后缺宾语。《说文》:"飨,乡人饮酒也。"[4]《左传·昭公十一年》:"楚子伏甲而飨蔡侯于申,醉而执之。"《左传·昭公二十年》:"是以鬼神用飨,国受其福,祝、史与焉。"[5]可见,"飨"可用于人,也可用于鬼神。参孔注、卢注与昭十一年之"祝、史"[6],可知《克殷》此处所"飨"者为"神",即"宗祝、宗宾飨"后应补一"神"字,写作:"乃命宗祝、崇宾飨神,祷之于军。"这段文本说的是,武王乃命令宗族中的太祝及群宾飨祭天神,并当着军队的面向天神祷告。"祷之于军"的"之"不仅不是衍文,而且代指被飨祭的"神"。

笔者认为,此处"神"字之缺失不应理解为脱文,而应理解为节缩修辞手法的运用,理由至少有两点:第一,"飨""祷"二字并用时,"飨"的对象只能是"神"。"之"代指的是"飨"后被省略的对象,而"之"作为"祷"的对象,只能是天神。"飨""祷"的对象是同一事物,因此"飨"的也只能是天神。作者默认"祷"的是天神,故而不再在"飨"后添"神"字,以避繁琐。第二,《克殷》上文有:"群宾佥进曰:'上天降休!'"此处飨、祷"神",是对"上天降休"的呼应。武王伐纣的胜利,被认为是"上天降休"的结果,因此武王及周人在庆祝胜利时理所应当感激"上天",因之而飨祭天神。"祷",以求保佑。飨祭之后祷之,正合祭祀求福之常理。因此,作者认为没有必要在"飨"后再加"神"字。

---

[1] [清]潘振注:《周书解义》,清嘉庆间(1796—1820)刻本,宋志英、晁岳佩选编:《〈逸周书〉研究文献辑刊》第 2 册,北京:国家图书馆出版社,2015 年,第 9 页。
[2] 刘师培撰:《周书补正》,民国间宁武南式铅印本,宋志英、晁岳佩选编:《〈逸周书〉研究文献辑刊》第 9 册,北京:国家图书馆出版社,2015 年,第 414 页。
[3] 黄怀信:《逸周书校补注译》,西安:三秦出版社,2006 年,第 170 页。
[4] [汉]许慎撰,[宋]徐铉等校定:《说文解字》,北京:中华书局,2013 年,第 102 页下栏。
[5] 杨伯峻编著:《春秋左传注》第 5 册,北京:中华书局,2016 年,第 1467、1573 页。
[6] 潘振:"祝,太祝。"[清]潘振注:《周书解义》,清嘉庆间(1796—1820)刻本,宋志英、晁岳佩选编:《〈逸周书〉研究文献辑刊》第 2 册,北京:国家图书馆出版社,2015 年,第 9 页。

乃如《左传·成公十三年》："国之大事，在祀与戎。"①此处的"祀"没必要写作"祀神"。因为"祀"的对象只能是"神"，即上帝或先祖。

从作者的情感动机来看，节缩"神"字除了避免繁琐之外，还带有武王"天命所归"的政治情愫。周军在牧野彻底击败商军之后，商国的贵族、平民一致对武王及周军表现出了臣服的姿态。武王入城举行一系列仪式的目的在于，宣告商王朝的天命此时此刻已正式移交给了周王朝。"上天降休"，就是对天命转移的认定。一旦天命在周，那么飨祭鬼神的渠道也就从商人转移到了周人。在"毛叔郑奉明水，卫叔傅礼，召公奭赞采，师尚父牵牲"等一系列仪式及释囚、散财、迁鼎、封墓等一系列工作完成之后，周人理所应当向天神汇报工作进度——既为感谢其"降休"，也为求得天神进一步的庇佑。《克殷》作者之所以节"神"字而略之，就是为了强调伐纣胜利后"天命在周"是一件理所应当的事，以间接表达对灭商盛事及武王英武的歌颂。

二、《世俘》："则咸刘商王纣[之党]，执矢恶臣百人。"

潘振："'商王纣'下当有'于商郊'三字。"②潘振也意识到"咸刘商王纣"这个句子不完整，故以脱文视之。陈逢衡："咸刘，灭绝之名。夫，犹彼也。执彼恶臣，绝纣党也。"③陈逢衡将"绝纣党"对应"咸刘"，可见他也认为"商王纣"句子不完整，补全应为"商王纣之党"。牛鸿恩认为，"咸"的本义也是"杀"，"咸刘商王纣"即"杀商王纣"④。牛说不合事实，纣王自焚而死，非被杀。"咸刘商王纣"的"咸"应作常见的"全，都"解，即如《克殷》"商庶百姓咸俟于郊"。"咸刘商王纣"即"把商王纣全都杀掉"。杀一人不可谓"全都"，商王纣亦非被杀，故"商王纣"后必有略去的成分。潘振补"于商郊"，未能解决"杀一人不可谓'咸'"的问题，也未能解决纣王被杀与自焚相矛盾的问题。

---

① 杨伯峻编著：《春秋左传注》第 3 册，北京：中华书局，2016 年，第 941 页。
② [清]潘振注：《周书解义》，清嘉庆间（1796—1820）刻本，宋志英、晁岳佩选编：《〈逸周书〉研究文献辑刊》第 2 册，北京：国家图书馆出版社，2015 年，第 35 页。
③ [晋]孔晁注，[清]陈逢衡补注：《逸周书补注》，清道光五年（1825）刻本，宋志英、晁岳佩选编：《〈逸周书〉研究文献辑刊》第 3 册，北京：国家图书馆出版社，2015 年，第 356 页。
④ 参见牛鸿恩注译：《新译逸周书》，台北：三民书局，2015 年，第 278 页。

相较而言,陈逢衡之说最切实际。商王纣之党,指誓死效忠纣王并负隅顽抗的商军、商臣。随着这些人被全部消灭,伐纣战争也就结束了,接下来就是汇报俘敌情况,即"执矢恶臣百人"。商王纣之党必非一人,符合"咸"的用法;商王纣之党不包括纣王本人,所以和自焚之说也不冲突。因此,陈说可取。

"之党"的缺失,非为脱文,应作节缩修辞解。理由有四点:第一,从"咸""自焚"这两个矛盾点入手,"咸刘"的对象无论如何不可能是商纣王本人。作者默认读者不会误会,故避其繁琐。《左传·昭公十六年》:"事毕,富子谏曰:'夫大国之人,不可不慎也,几为之笑,而不陵我?我皆有礼,夫犹鄙我。国而无礼,何以求荣?孔张失位,吾子之耻也。'"①此处"我皆有礼"的"我"不是指富子本人,而是指"我们国家的人"。《左传》此处之所以不用"我国之人皆有礼",而是"我皆有礼",就是因为主语部分不可能是一个人,"我"不会引发误会,因此作者就简用"我"。《克殷》"咸刘"的情况与此同。第二,"咸刘商王纣"的下文紧跟"执矢恶臣百人","矢恶臣"也在纣党之列。为免给人重复之嫌,前句节短宾语"党"字。第三,如果补全句子成分,原文则作"则咸刘商王纣之党,执矢恶臣百人"或"则咸刘纣党,执矢恶臣百人"。遍检《尚书》《逸周书》《集成》《汇编》《铭图》《铭续》《铭三》,未见"某人+党"这样的用法。以此推之,西周时未必有如此用法。第四,以一人代表一国、一军的表达方式在西周文献中十分常见。即使以西周诸篇内证,亦俯拾皆是,如《克殷》:"周车三百五十乘陈于牧野,帝辛从。""帝辛"指商纣王的军队,而非商纣王一人。《世俘》:"武王狩,禽虎二十有二……鹿三千五百有八。武王遂征四方,凡憝国九十有九国……凡服国六百五十有二。"此处"狩"和"征四方"的动作发出者都是周军,而非武王一人,然而《世俘》文本皆以武王一人当之。以此类推,《世俘》"咸刘商王纣"以纣王一人指代整个纣王集团,也在情理之中。

从作者的主观情感与写作目的来看,节缩"之党"二字还可起到两点作用:第一,强调"只伐纣,不伐商"的政治宣言。《商誓》中有多次声明,武王及

---

① 杨伯峻编著:《春秋左传注》第 5 册,北京:中华书局,2016 年,第 1528 页。

周人只以纣王一人为敌,不以整个商族为敌。《商誓》:"昔在我西土,我其有言,胥告商之百无罪,其维一夫。""若朕言在周曰,商百姓无罪,朕命在周。"《世俘》把"商王纣"作为"咸刘"的对象,而非把"商人"作为"咸刘"的对象,也是在呼应"只伐纣,不伐商"的政治宣言。《克殷》和《商誓》的作者都努力在淡化伐纣战争给商人造成的群体伤害,并把矛盾全集中在纣王一人。第二,把"纣党"和"纣"融为一体。须知,无论武王如何强调"商之百无罪,其维一夫",都无法抹杀大量商人在战争中伤亡的事实。于是,武王将"纣党"和"商人"分割开来,再将"纣党"和"纣"融为一体,就解决了这个问题。无论有多少商人在战争中丧生,他们都属于"纣党",即"纣"的一份子,而非"商之百"。《世俘》作者节缩"咸刘商王纣"之后的"之党"二字,正是在呼应《商誓》"商之百无罪,其维一夫"的政治口号,以彰显"只伐纣,不伐商"的政治宣言。

三、《世俘》:"凡厥有庶[玉],告焚玉四千。"

孔注:"众人告武王焚玉四千也。"依孔注,"庶"应作"众庶",然未必确。俞樾本:"凡厥有庶玉,四千告焚。"[1]牛鸿恩本:"凡厥有庶玉四千,告焚。"[2]黄怀信:"'庶'下脱'玉'字。"[3]综合来看,凡执二说:一说认为"有庶"是"众庶",即众人向武王汇报"焚玉四千";一说认为"有庶"下脱"玉"字。结合语境看,上下文本作:"时甲子夕,商王纣取天智玉琰五环身,厚以自焚。凡厥有庶,告焚玉四千。五日,武王乃俾于千人求之。四千庶玉则销,天智玉五在火中不销。"孔注:"缝,环其身以自厚也。"甲子日傍晚,商纣王将五块天智玉环绕着绑在身上,而后自焚。<u>凡厥有庶,告焚玉四千</u>。第五天,武王派一千名士兵在灰烬中搜寻烧剩的玉。四千块庶玉被焚毁了,五块天智玉得以独存。需注意的是,这里有两个时间节点,分别为"甲子夕"和"五日"。"凡厥有庶,告焚玉四千"事在前一个时间节点,即"甲子夕"。如果按照"众庶"理解,众人先在甲子日这一天向武王汇报"焚玉四千",而后在第五日再开始

---

[1] [清]俞樾撰:《周书平议》,清光绪二十五年(1899)德清俞氏增修本,宋志英、晁岳佩选编:《〈逸周书〉研究文献辑刊》第8册,北京:国家图书馆出版社,2015年,第310页。
[2] 牛鸿恩注译:《新译逸周书》,台北:三民书局,2015年,第298页。
[3] 黄怀信:《逸周书校补注译》,西安:三秦出版社,2006年,第204页。

搜寻烧剩的玉——这显然不合情理。如果按"庶玉"理解，则"凡厥有庶，告焚玉四千"仅为客观介绍，并无汇报之意。也就是说，在纣王自焚之后，作者继续交代：与纣王、天智玉一同被焚的还有庶玉，庶玉的数量有四千块。接下来，作者进入第二个时间节点"五日"的叙事，并以"四千庶玉则销"呼应前文的"告焚玉四千"，再次确认庶玉有四千块且全部被焚毁。这样解释就明显通顺了。因此，"庶"应指"庶玉"，而非"众庶"，孔注误。

那么，作者将"庶玉"写作"庶"，一如黄怀信所说为脱文吗？笔者以为未必。"庶玉"之无"玉"，应作节缩修辞理解。"凡厥有庶，告焚玉四千"实为互文式节缩，补全应作"凡厥有庶[玉]，告焚[庶]玉四千"。如果补全，则该句明显繁冗。作者为避其繁冗，故前后各缩一字，用法如《韩非子·五蠹》："禹之王天下也，身执耒臿以为民先，股无胈，胫不生毛。"①股，大腿；胈，肉；胫，小腿。故"股无胈，胫不生毛"字面意是"大腿不长肉，小腿不长毛"。实际上，《五蠹》作者想表达的是"大腿小腿不长肉，大腿小腿不长毛"，即"股胫无胈，股胫不生毛"。为避繁琐，前句"股胫"节缩为"股"，后句"股胫"节缩为"胫"。因此，互文本身就是一种节缩。《世俘》"凡厥有庶，告焚玉四千"亦为前后各缩一字：后句将"庶玉"简写为"玉"，属常见节缩，读者未必察觉其修辞；然将前句"庶玉"简写为"庶"，则节缩明显。实际上，前后修辞是一致的。从修辞手法不改变文本内容的角度看，作者也只能将前句缩为"庶"，因为"凡厥有"的宾语不能包括天智玉，若作"凡厥有玉"，则指向不明。后句节缩为"玉"，则可上承"庶"，不至于使读者误会天智玉也在被焚毁之列。

从作者的主观情感和写作目的看，将"庶玉"节缩为"庶"可起到衬托天智玉的作用。孔注："天智，玉之上美者也。"相比较而言，"庶玉"则指普通的玉。《世俘》"凡厥有庶，告焚玉四千"上句文本为"商王纣取天智玉琰五环身，厚以自焚"，即已出现"玉"字。作者写至"庶玉"时不再写"玉"，属承前省略。同时，作者想通过故意省"玉"字来表达对庶玉的轻蔑——相对于天智玉之"宝"而言不值一提。"四千"相对于"五"，数量上已可突出天智玉之"宝"；"天智玉"端端正正三个字相对于"庶"一个字，在表述方式上更可起到

---

① 《韩非子》校注组编写，周勋初修订：《韩非子校注》，南京：凤凰出版社，2009 年，第 549 页。

一压一捧的效果。因此,"庶"的节缩实际上是作者对庶玉地位的压低,以实现捧高天智玉的作用。为何要捧高天智玉呢? 因为,"凡天智玉,武王则宝与同"。孔注:"言王者所宝不销也。"孔注可谓一针见血。销者,寓商王纣也;不销者,寓武王也。商王纣虽众"四千",因其"庶",犹销;武王虽只有"五",因其"天智",故不销。《左传·昭公二十四年》引《大誓》曰:"纣有亿兆夷人,亦有离德;余有乱臣十人,同心同德。"①正是此理。天智玉是武王和周政权的象征,作者为极力歌颂之,故将其对立面的"庶玉"节缩为"庶",以达到抑此扬彼的效用。

四、《商誓》:"朕话言自一[话]言至于十话言。"

朱骏声:"十,故书作千。当从之。"②除朱本外,其余各本均未校改此句。朱本以"十"作"千",皆虚指其"话言"之多,于句意没有影响。潘振:"话言,善言也。一者,数之始;十者,数之终。"③潘振默认"言"即"话言"。唐大沛:"举凡我所言者。"④朱右曾:"话言,善言也。"⑤黄怀信:"话言,即话。"⑥《诗经·大雅·抑》:"其维哲人,告之话言,顺德之行。"⑦孔颖达:"话言,古之善言也。"⑧《左传·文公十八年》:"颛顼氏有不才子,不可教训,不知话言。"杨伯峻:"话言谓善言。"⑨本书第二章第三节对"话言"的语义进行过详细的考

---

① 杨伯峻编著:《春秋左传注》第 5 册,北京:中华书局,2016 年,第 1612 页。
② [清]朱骏声:《周书集训校释增校》,邓实、黄节主编:《国粹学报》第 15 册,扬州:广陵书社,2006 年,第 9592 页。
③ [清]潘振注:《周书解义》,清嘉庆间(1796—1820)刻本,宋志英、晁岳佩选编:《〈逸周书〉研究文献辑刊》第 2 册,北京:国家图书馆出版社,2015 年,第 49 页。
④ [清]唐大沛撰:《逸周书分编句释》,清道光十六年(1836)著者手定底稿本,宋志英、晁岳佩选编:《〈逸周书〉研究文献辑刊》第 7 册,北京:国家图书馆出版社,2015 年,第 47 页。
⑤ [清]朱右曾撰:《逸周书集训校释》,清光绪十四年(1888)南菁书院刻《皇清经解续编》本,宋志英、晁岳佩选编:《〈逸周书〉研究文献辑刊》第 8 册,北京:国家图书馆出版社,2015 年,第 113 页。
⑥ 黄怀信:《逸周书校补注译》,西安:三秦出版社,2006 年,第 208 页。
⑦ [清]方玉润撰,李先耕点校:《诗经原始》下册,北京:中华书局,1986 年,第 535 页。
⑧ [汉]毛亨传,[汉]郑玄笺,[唐]孔颖达正义:《毛诗注疏》,[清]阮元校刻,方向东点校:《十三经注疏》第 5 册,北京:中华书局,2021 年,第 2003 页。
⑨ 杨伯峻编著:《春秋左传注》第 2 册,北京:中华书局,2016 年,第 699 页。

证,并认为西周初期的"话言"即"话",西周晚期及之后的"话言"开始带有褒义,并以"善言"这种解释为主流。通过文本从"一"到"十"可确定的是,《商誓》作者是将"言"与"话言"完全等同的。然而奇怪的是,各家在校勘《商誓》时,均未补"话"字或将后一个"话言"的"话"删去。从前文"朕话言"看,只能是"言"补"话",不能是"话言"去"话"。如此看来,"一[话]言"的"话"为脱文,几为定论。

然而,依笔者之见,"话"字之缺不应被草率定性为脱文,而应是作者故意为之,理由有二:第一,若补"话"字,则原文作:"朕话言自一话言至于十话言。"短短十二字之内,一个词反复出现三遍,实在是啰嗦。作者在不改变句意的情况下欲避其啰嗦,最便捷的做法就是在这个词第二次出现时对其进行节缩。虽然黄说"话言即话",但从节缩的角度看,其实作者更倾向于略去前一个字并保留后一个字,以维持句子的节奏。因此,《商誓》这句话三个"[话]言"的用法完全符合节缩的基本特征。第二,《商誓》中除"朕话言自一言至于十话言"之外还有六处"言":"疾听朕言""予言若敢顾天命""惟上帝之言""我其有言""若朕言在周曰""庶听朕言"。如果按"话言"即"话"理解,那么这六处都可写作"话言";如果按"话言"即"善言"理解,那么至少"疾听朕言""惟上帝之言""我其有言""若朕言在周曰""庶听朕言"这五处都可解诠作"善言"。故而仅从内证角度看,"自一言至于十话言"的"一言"省去"话"字属于《商誓》的常规做法。因此,此处完全没有必要用脱文解释,略去"话"乃作者主观所为,即采用了节缩的修辞手法。

从作者的主观情感和写作目的看,"一[话]言"缩为"一言"的做法与《商誓》文本中的另外六处"言"基本相同,尤其和其中五处可释作"善言"的"言"相同。以《商誓》作者之政治立场,武王之"言"当如"惟上帝之言"的"言",代表着权威和绝对的正确,因此言出必"善",无所争议。当然,如果纯粹按西周初期"话言"即"话"的解释,那么作者节缩"话"字仅在于满足行文需要,与主观上的尊崇武王话语殆无直接联系。

五、《商誓》："胥告商之百[姓]无罪，其维一夫。"

潘振："'百'下当有'姓'字。"①黄怀信："'百'下脱'姓'字。"②丁宗洛本、唐大沛本、牛鸿恩本皆径改"百"作"百姓"③。各家共识，皆认为"百"应作"百姓"。问题的关键是，"姓"是脱文还是《商誓》作者故意节缩？笔者认为应是脱文，不需作引申解读，理由有三：第一，《商誓》下文有几乎一模一样的表达："若朕言在周曰，商百姓无罪。"此可作为内证与"胥告商之百无罪"对校。上文我们在讨论"庶玉"时，说到"一句三庶玉"，故第二个"庶玉"节缩为"庶"，《商誓》的"百姓"有没有可能也是这种情况呢？笔者认为可能性很小。"百姓无罪"这个概念在《商誓》中虽然出现了两次，但第一次写作"商之百无罪"、第二次写作"商百姓无罪"。如果节缩其一，也只能是第二个"百姓"承前节缩，而不应在第一次出现这一提法时即节缩。第二，《商誓》中有大量的"百姓"："昏虐百姓""尔百姓里居君子""百姓献民其有缀芳""不令尔百姓无告""尔百姓其亦有安处在彼""予惟以先王之道御复正尔百姓""百姓，我闻古商先誓王成汤克辟上帝""肆予明命汝百姓""商庶百姓""予尔拜，拜□百姓"。如此多的"百姓"，皆未节缩为"百"，唯有"商之百无罪"被节缩"姓"字，实为可疑。第三，《商誓》乃至西周诸篇中除"百姓"外所有涉"百"的字眼无一可视作"百姓"的节缩，也无一"百"后不接宾语，如《商誓》"及百官里居献民""克播百谷""亦辨百度□□美左右予"，如《克殷》"百夫荷素质之旗于王前"，如《世俘》"用小牲羊犬豕于百神水土于誓社"，如《度邑》"名三百六十夫"，如《祭公》"俾百僚，乃心率辅弼予一人"等。因此，《商誓》"胥告商之百[姓]无罪，其维一夫"的"姓"是脱文，不应视作节缩修辞。

---

① [清]潘振注：《周书解义》，清嘉庆间(1796—1820)刻本，宋志英、晁岳佩选编：《〈逸周书〉研究文献辑刊》第2册，北京：国家图书馆出版社，2015年，第51页。
② 黄怀信：《逸周书校补注译》，西安：三秦出版社，2006年，第210页。
③ [晋]孔晁注，[清]丁宗洛笺：《逸周书管笺》，清道光十年(1830)济宁海康丁宗洛迂园刻本，宋志英、晁岳佩选编：《〈逸周书〉研究文献辑刊》第6册，北京：国家图书馆出版社，2015年，第124页。[清]唐大沛撰：《逸周书分编句释》，清道光十六年(1836)著者手定底稿本，宋志英、晁岳佩选编：《〈逸周书〉研究文献辑刊》第7册，北京：国家图书馆出版社，2015年，第49页。牛鸿恩注译：《新译逸周书》，台北：三民书局，2015年，第314页。

六、传本《祭公》:"丕则无遗后难。"简本《祭公之顾命》:"丕则无遗后[难]。"①

传世各版本均作"后难",唯有清华简本无"难"字。孔注:"言当以夏商为戒,大无后难之道,守其序而终也。"潘振:"大无留后患。"②唐大沛:"难,患难也。"③朱右曾:"无后难之遗。"④按此,以"后难"为一词,即"后患","无遗后难"即"不要留下后患"。陈逢衡:"监前辙则后嗣昌也。"⑤陈逢衡将"后"解为"后嗣","无遗后难"即"无遗难于后",表意也是"不要留下后患"。因此,"无遗后难"指的是不留下后患,可谓共识。李学勤主编《清华大学藏战国竹简(壹)》未对简本"难"的缺失做出解释。⑥ 参原简,《祭公之顾命》虽字迹较淡,但"丕则无遗后,至于万亿年"处并无损毁,甚至"后""至"交界处后还有明显的句读。可见,作为战国本的简本《祭公之顾命》在传抄时已无"难"字,传本《祭公》的"难"字或为汉人补全,或据自另一有"难"字的早期传本。

在不排除脱文的前提下,简本无"难"是否有可能是节缩修辞的运用?笔者认为存在这样的可能性,理由有三:第一,"难"字之有无,不会产生歧义。参上下文:"监于夏商之既败,丕则无遗后[难],至于万亿年。"这段文本的传本(卢本)、简本除"难"字之有无外完全相同,句意顺畅,说的是祭公希望天子、三公深刻吸取夏商败亡的前车之鉴,绝对不要留下后患,以使周之国祚延续万亿年。"无遗后"之后的宾语只能是一个负面的东西,否则祭公

---

① 清华大学出土文献研究与保护中心编,李学勤主编:《清华大学藏战国竹简(壹)》,上海:中西书局,2010 年,第 174 页。
② [清]潘振注:《周书解义》,清嘉庆间(1796—1820)刻本,宋志英、晁岳佩选编:《〈逸周书〉研究文献辑刊》第 2 册,北京:国家图书馆出版社,2015 年,第 305 页。
③ [清]唐大沛撰:《逸周书分编句释》,清道光十六年(1836)著者手定底稿本,宋志英、晁岳佩选编:《〈逸周书〉研究文献辑刊》第 7 册,北京:国家图书馆出版社,2015 年,第 110 页。
④ [清]朱右曾撰:《逸周书集训校释》,清光绪十四年(1888)南菁书院刻《皇清经解续编》本,宋志英、晁岳佩选编:《〈逸周书〉研究文献辑刊》第 8 册,北京:国家图书馆出版社,2015 年,第 203 页。
⑤ [晋]孔晁注,[清]陈逢衡补注:《逸周书补注》,清道光五年(1825)刻本,宋志英、晁岳佩选编:《〈逸周书〉研究文献辑刊》第 3 册,北京:国家图书馆出版社,2015 年,第 514 页。
⑥ 参见清华大学出土文献研究与保护中心编,李学勤主编:《清华大学藏战国竹简(壹)》,上海:中西书局,2010 年,第 177 页。

不会愿其"无遗"。不要留下"后什么",只能是后难、后患,更无其他可能的解释,总不会是"不要留下后代"。第二,"难"字可能因忌讳而节缩。"丕则"本身就有"绝对""完全"之意,作者欲强调"绝对没有后难",就干脆连"难"字都省去了。作者不仅希望现实中不要有"难",甚至连文本中都不要出现"难"字。第三,《尚书》有文本可资佐证。《多士》:"朕不敢有后。"这句话的上下文是:"王曰:'猷告尔多士!予惟时其迁居西尔,非我一人奉德不康宁,时惟天命,无违!朕不敢有后,无我怨!'"①刘起釪"今译":"向后拖。"②伪孔传:"汝无违命,我亦不敢有后,诛汝无怨我。"③此处"不敢有后"应指不敢留后患。为不留后患,故对于"违命"者只能"诛汝无怨我"了。"后"后节缩"难"或"患"字,与《祭公之顾命》用法同。总之,若将简本之无"难"视作节缩修辞,也是解得通的。从作者主观情感角度看,即上述第二点,因忌讳"难"字而不愿其在文本中出现,以达到更好的祈福效果。

总之,节缩是一种较为特殊的修辞手法。它没有类似于比喻之"譬若"这样典型的语言标志,也没有排比之"同范围同性质的事象"(陈望道)。节缩就像是中国画中的"留白",因其"无",所以成为修辞。在甲金竹帛时代,文献存在脱文的现象司空见怪,导致节缩修辞常常被误判为脱文。这就要求读者有更敏锐的判断力,将节缩修辞从数量众多的脱文中剥离出来。不过,节缩与脱文也存在模糊的中间地带,有些缺字现象可解释为节缩,也可解释为脱文。作为三千年后的读者,我们不敢主观揣测古人的用心,只能说,对于明显节缩、明显脱文的部分,可给出大致的定性。此外,节缩修辞的使用常常伴随着较为强烈的主观情感,如《祭公》免"难",带有祈福之意。所以,从修辞的性质来说,节缩修辞也是一种文学修辞。

---

① 顾颉刚、刘起釪:《尚书校释译论》第 3 册,北京:中华书局,2005 年,第 1517 页。
② 顾颉刚、刘起釪:《尚书校释译论》第 3 册,北京:中华书局,2005 年,第 1525 页。
③ [汉]孔安国传、[唐]孔颖达正义:《尚书注疏》,[清]阮元校刻,方向东点校:《十三经注疏》第 2 册,北京:中华书局,2021 年,第 691 页。按:原文点校为:"汝无违命,我亦不敢有后诛,汝无怨我。"笔者以为不妥,应在"诛"前停顿,兹改之。

第六章 《逸周书》西周诸篇的文学史地位

《逸周书》西周诸篇的文学史地位,不等同于《逸周书》的文学史地位。《逸周书》是一个"杂集",文献鱼龙混杂。再考虑到先秦时期文献单篇流传的特点,我们将西周诸篇单独作为一个单元来论证其文学史地位比将《逸周书》作为一个整体来论证其文学史地位更加合理。欲判定西周诸篇的文学史地位,我们需解决的问题主要有两个:第一,从文学成熟度看,西周诸篇达到了怎样的水平;第二,西周诸篇在先秦文学中处于怎样的位置。

第一节 西周诸篇的文学成熟度

本节的第一、二小节将对本书第四、五章进行总结,以简要概括相关视角的文学成熟度。西周诸篇其他关于文学的话题虽不足成章,但为论证西周诸篇之文学成熟度,我们亦不可不提,故于本节第三、四、五小节就前几章未尽之事宜略作补充。由于文学成熟度是通过比较才得出的,因此本节不会仅就西周诸篇谈西周诸篇,而是各小节再各分两部分,第一部分谈西周诸篇,第二部分谈其他文献,然后通过比较对西周诸篇的文学成熟度进行定性。

一、人物形象的塑造

(一)西周诸篇

本书第四章《西周诸篇的君臣群像及其文学特征》重点讨论了西周诸篇

在人物形象塑造方面的文学价值，接下来，我们从"中心人物"理念、人物语言、场景切换三个方面谈西周诸篇在人物形象塑造方面表现出的文学成熟度。

第一，"中心人物"理念。西周诸篇在塑造人物形象时，会有意识地突出"中心人物"，其中最典型的代表就是武王。细考《克殷》《世俘》两篇，我们发现所有文本都是围绕着中心人物武王展开的。首先，是对武王形象的正面塑造，相关段落如《克殷》："武王乃手太白以麾诸侯。""（武王）先入，适王所，乃克射之三发，而后下车，而击之以轻吕，斩之以黄钺。（武王）折，县诸太白。（武王）乃适二女之所，既缢。（武）王又射之三发，乃右击之以轻吕，斩之以玄钺，县诸小白。（武王）乃出场于厥军。"《世俘》："（武）王乃步自于周，征伐商王纣。""武王乃翼，矢珪矢宪，告天宗上帝。""武王狩。""武王遂征四方。""武王朝至，燎于周。""武王在祀，太师负商王纣，县首白旂、妻二首赤旂，乃以先馘入，燎于周庙。""武王乃废于纣矢恶臣人百人。""（武王）祀于位，用籥于天位。""武王乃以庶祀馘于国周庙。""（武王）告于周庙。""（武王）告于天于稷。""（武王）用小牲羊犬豕于百神水土于誓社。""（武王）用牛于天，于稷五百有四。""凡武王俘商旧玉亿有百万。"其次，是通过对其他人物形象的塑造来衬托武王形象，相关段落如《克殷》："周公把大钺，召公把小钺，以夹王。泰颠、闳夭皆执轻吕以奏王。""（武王）乃命召公释箕子之囚，（武王）命毕公、卫叔出百姓之囚，（武王）乃命南宫忽振鹿台之财、巨桥之粟，（武王）乃命南宫百达、史佚迁九鼎三巫，（武王）乃命闳夭封比干之墓，（武王）乃命宗祝崇宾飨。"再其次，是通过"毕""咸""金"等字眼来衬托武王形象，相关段落如《克殷》："武王乃手太白以麾诸侯，诸侯<u>毕</u>拜，遂揖之。商庶百姓<u>咸</u>俟于郊。群宾<u>金</u>进曰：'上天降休！'再拜稽首。""太卒之左，群臣<u>毕</u>从。"

以事件为中心，《克殷》记叙的是进城、虐尸、即位、释囚、散财等仪式；《世俘》记叙的是献俘、告祖、燎祭等仪式，并统计战果。战火初熄的朝歌是周军、周盟联军活动的广阔舞台，他们是趾高气扬的胜利者，在殷商故土上收割胜利果实。从人物塑造的角度看，进城、虐尸、即位、释囚、散财、献俘、告祖、燎祭以及统计战果等一系列事件都是围绕一个中心人物展开的，那就是周军的领袖武王。乃如虐尸仪式:"(武王)射之三发。""(武王)击之以轻吕,斩之以黄钺。""(武王)折,县诸太白。""(武王)又射之三发。""(武王)右击之以轻吕,斩之以玄钺。"告祖仪式:"(武王)祀于位。""武王乃以庶祀馘于国周庙。""(武王)告于周庙。""(武王)告于天于稷。"发布释囚、散财等命令:"(武王)乃命召公释箕子之囚。""(武王)乃命南宫忽振鹿台之财、巨桥之粟。"皆是武王亲力亲为。武王既是具体仪式的执行者,也是命令的唯一发出者。更有甚者,《世俘》多以武王代周军,如"(武)王乃步自于周,征伐商王纣。""武王狩。""武王遂征四方。"按此说法,伐纣、狩猎、征四方皆武王一人之事,显然不合实际,只可解释为以武王一人代表周军。除了对武王的正面塑造之外,作者还以重臣为侧面衬托,乃如周公、召公、泰颠、闳夭、毕公等人,皆社稷之臣,作者却故意将他们塑造成武王的小跟班,在武王的绝对威权面前只能甘当陪衬与被驱使者,毫无个性可言。甚至连宣告"殷末孙受,德迷先成汤之明,侮灭神祇不祀"的尹逸筴也只是代王宣言,性质与《甘誓》"有扈氏威侮五行,怠弃三正,天用剿绝其命"①、《汤誓》"非台小子敢行称乱,有夏多罪,天命殛之"②相同。除此之外,作者还善用关键字眼如"毕""咸""金"等,将涵盖面绝对化,以突出武王的绝对威权。这些字眼虽不属于直接的人物塑造,但可辅助衬托武王的中心地位。从以上几点可知,《克殷》《世俘》作者并非纯粹客观记事,而是掺入了相当丰富的主观感情。为了满足周政权个人英雄主义崇拜的政治诉求,作者有意识地突出了武王的形象,将他放在了整个历史事件的绝对中心位置。

第二,人物语言是塑造人物形象的关键。相比于《克殷》《世俘》而言,《商誓》《度邑》《皇门》《祭公》是典型的记言体,这四篇主要通过人物语言塑造人物形象。具体途径可分为三种:首先,语气。相关段落如《商誓》:"予来致上帝之威命明罚!""殪商之多罪纣!""克致天之大罚!""予肆刘殷之命!"《度邑》:"呜呼,不淑,兑天对!""呜呼,旦!"《皇门》:"呜呼,下邑小国!"③"万

---

① 顾颉刚、刘起釪:《尚书校释译论》第 2 册,北京:中华书局,2005 年,第 854 页。
② 顾颉刚、刘起釪:《尚书校释译论》第 2 册,北京:中华书局,2005 年,第 878 页。
③ 简本《皇门》:"呜呼,朕寡邑小邦!"清华大学出土文献研究与保护中心编,李学勤主编:《清华大学藏战国竹简(壹)》,上海:中西书局,2010 年,第 164 页。

子孙用末,被先王之灵光!"①"呜呼,敬哉!"②《祭公》:"呜呼,公!""呜呼,天子、三公!"③"呜呼,天子!"其次,语势。相关段落如《祭公》:"汝无以庚反罪疾,丧时二王大功;汝无以嬖御固庄后;汝无以小谋败大作;汝无以嬖御士疾大夫、卿士;汝无以家相乱王室而莫恤其外。"④最后,重词。相关段落如《商誓》:"胥告商之百无罪,其维一夫。""商百姓无罪。""肆予明命汝百姓,其斯弗用朕命,其斯尔冢邦君、商庶百姓,予则□刘灭之。"⑤"我乃其来,即刑乃。"《祭公》:"朕身尚在兹,朕魂在于天。"⑥"丕,我周有常刑。"⑦《度邑》还有两处非人物语言,也对周公形象做了生动细致的刻画,可作为语言之补充:"叔旦泣涕于常,悲不能对。""叔旦恐,泣涕共手。"

"语气"的特点在于抒情,作者并非实质上要做某事或认同某事,但为了宣泄某种情绪,故意使用加强的语气,乃如《商誓》"上帝之威命明罚""殪商之多罪纣""天之大罚""刘殷之命",都是虚指:天不能行罚,命也不能被刘杀,已自焚而死的商王纣更不会再次被殪杀。武王作此抒情,只是为了向商遗民强调立周灭商是天命所归,希望商遗民不要再对自己及新生的周政权有敌对心理。至于《度邑》《皇门》《祭公》的多处"呜呼",则是典型的抒情标

---

① 简本《皇门》:"子孙用末,被先王之耿光!"清华大学出土文献研究与保护中心编,李学勤主编:《清华大学藏战国竹简(壹)》,上海:中西书局,2010 年,第 164 页。
② 《皇门》《祭公》未标"简本"者则传本与简本同,下同。
③ 简本《祭公之顾命》:"呜呼,天子!"清华大学出土文献研究与保护中心编,李学勤主编:《清华大学藏战国竹简(壹)》,上海:中西书局,2010 年,第 174 页。
④ 简本《祭公之顾命》:"汝毋以庚兹皋辜无时远大邦,汝毋以嬖御塞尔庄后,汝毋以小谋败大作,汝毋以嬖士塞大夫、卿士,汝毋各家相乱室然莫恤其外。"清华大学出土文献研究与保护中心编,李学勤主编:《清华大学藏战国竹简(壹)》,上海:中西书局,2010 年,第 174—175 页。
⑤ 陈逢衡本:"□"补"咸"字,可从。原文应作:"予则咸刘灭之!"[晋]孔晁注,[清]陈逢衡补注:《逸周书补注》,清道光五年(1825)刻本,宋志英、晁岳佩选编:《〈逸周书〉研究文献辑刊》第 3 册,北京:国家图书馆出版社,2015 年,第 400 页。
⑥ 简本《祭公之顾命》:"朕身尚在兹,朕魂在朕辟昭王之所。"清华大学出土文献研究与保护中心编,李学勤主编:《清华大学藏战国竹简(壹)》,上海:中西书局,2010 年,第 174 页。
⑦ 简本《祭公之顾命》:"□维我周有常刑。"清华大学出土文献研究与保护中心编,李学勤主编:《清华大学藏战国竹简(壹)》,上海:中西书局,2010 年,第 175 页。按:"□"应从传本补"不",即"丕"。因此,原文应作:"丕维我周有常刑。"参见附录三的自行点校本。

志,专为增强语气而设。"语势"的特点在于排比,用一连串"同范围同性质的事象"(陈望道语)①表达某种连贯的情感或需求。西周诸篇中最有代表性的就是上文所举《祭公》的五个"汝无以"。五个"汝无以"是典型的祈使句,是长辈对晚辈的谆谆教诲,因此它在体现命令语气的同时还增加了一层不可违抗的语势。"汝无以"这样连续重复出现的字眼就是作者为增强人物语言的语势而刻意增加的语言标志。"重词"的特点在于夸张,将非绝对化之事转化为绝对化之事,并伴有威胁。通俗来说,重词就是"言重",其中有一部分可理解为"说狠话",如"予则□刘灭之""我乃其来,即刑乃""不,我周有常刑",都是对不配合者的刑罚威胁。再如"商之百无罪,其维一夫"体现武王不与商民为敌,"朕身尚在兹,朕魂在于天"体现祭公谋父鞠躬尽瘁、忠心耿耿,也是在夸张的基础上对人物语言的分量进行了"加重"处理,以达到凸显说话者某种个性的作用。

通过语言反映人物形象属于间接刻画,但又往往能对凸显人物个性起到关键的作用。《商誓》《皇门》《祭公》作者无一言从第三人称视角介绍人物,却通过富有个性的人物语言充分呈现了对应人物的精神风貌。即使如《度邑》"叔旦泣涕于常,悲不能对""叔旦恐,泣涕共手"这样的非人物语言描写,也无法孤立于人物语言而单独讨论。若无上文武王所说"乃今我兄弟相后",安有下文周公"恐,泣涕共手"? 结合《尚书》常见的语气、语势、重词可知②,《商誓》《度邑》《皇门》《祭公》的作者和《尚书》相应篇目的作者同样具备以人物语言间接呈现人物形象的主观意识,这属于一种极富主观情感并带有鲜明政治立场的文学创作。

第三,通过场景切换展现人物形象。本书第四章第二节在讨论"走马灯

---

① 陈望道:《修辞学发凡》,上海:复旦大学出版社,2011年,第163页。
② 《尚书》之"语气":"呜呼! 封,汝念哉!""呜呼! 小子封,恫瘝乃身,敬哉!"(《康诰》)。顾颉刚、刘起釪:《尚书校释译论》第3册,北京:中华书局,2005年,第1309、1313页。《尚书》之"语势":"称尔戈,比尔干,立尔矛,予其誓。"(《牧誓》);"宅乃事,宅乃牧,宅乃准,兹惟后矣。"(《立政》)。顾颉刚、刘起釪:《尚书校释译论》第3、4册,北京:中华书局,2005年,第1095、1666页。《尚书》之"重词":"用命,赏于祖;不用命,戮于社。予则孥戮汝。"(《甘誓》)。顾颉刚、刘起釪:《尚书校释译论》第2册,北京:中华书局,2005年,第854页。

般的群臣"形象时重点讨论过这个问题；本书第五章第一节在讨论文学修辞中的"铺陈"时，也进一步阐释了这个问题。通过场景切换展现人物形象的具体文本段落为《克殷》："武王使<u>尚父</u>与伯夫致师。""百夫荷素质之旗于王前，<u>叔振</u>奏拜假，又陈常车。<u>周公</u>把大钺，<u>召公</u>把小钺，以夹王。<u>泰颠</u>、<u>闳夭</u>皆执轻吕以奏王。王入，即位于社。太卒之左，群臣毕从。<u>毛叔郑</u>奉明水，<u>卫叔</u>傅礼，<u>召公</u>奭赞采，<u>师尚父</u>牵牲。""<u>尹逸</u>筴曰。""立<u>王子武庚</u>，命<u>管叔</u>相。""乃命<u>召公</u>释箕子之囚，命<u>毕公</u>、<u>卫叔</u>出百姓之囚，乃命<u>南宫忽</u>振鹿台之财，巨桥之粟，乃命<u>南宫百达</u>、<u>史佚</u>迁九鼎三巫，乃命<u>闳夭</u>封<u>比干</u>之墓，乃命宗祝崇宾飨。"其中涉及的人物包括姜太公、叔振铎、周公、召公、泰颠、闳夭、毛叔郑、卫叔、尹逸、王子武庚、管叔、箕子、毕公、南宫忽、南宫百达、史佚、闳夭、比干，凡十八位。其中箕子、比干为殷之贤臣，王子武庚为暂时顺服周人的商人代表，其余十五位皆为周臣。《克殷》作者用镜头切换的方式和散点透视的蒙太奇手法将群贤一一列出，一方面可体现史事阵容之豪华，另一方面也可衬托武王形象之崛伟。作者并非纯粹客观的现场记录者，而是具有一定文学自觉意识的创作者，他对各个人物的出场顺序和所司之事进行了精心的布局。由于本书第四章、第五章均详细讨论过上述文本，故此处不再过多展开。

总之，《逸周书》西周诸篇在塑造人物形象时已具备"中心人物"意识，知人物之主次，并重点突出主要人物。其次，通过人物语言的语气、语势、重词来展现人物形象。此外，在塑造人物形象时，作者会进行有意识地进行场景切换、镜头切换。

（二）其他文献比较

首先，中心人物方面。最早能够凸显中心人物的表述当属常见于甲骨卜辞的"王占曰"，如《合集》00585 反甲 1："王占曰：有祟。"[1]占卜行为虽然在商代社会十分常见，但实际上所有卜骨都是商王问卜，以至于关于占卜的描

---

[1] 胡厚宣主编：《甲骨文合集释文》第 1 册 00585 反甲 1，北京：中国社会科学出版社，1999年，第 44 页。

述一般局限在宫廷内。① 参与占卜的人也非商王一人，还包括贞人、卜人、占人、史等。② 然而，这些信息都不能从卜辞内容本身得出。仅看卜辞内容，"王占曰"的主语只有"王"。但从占卜的实际情况看，直接动手操作制造龟甲裂纹的应为卜人，解释裂纹含义的应为占人，都不是商王本人。商王只是一个发布命令者，然后只需静等结果即可，不需要亲手做什么。卜辞文本使用"王占曰"而非"卜人占曰""占人占曰"，正是为突出"王"的中心地位。这样的记述带有文学虚构属性，但不会有人因此误会商王是以一人之力完成了占卜的所有流程。《世俘》的情况与此相同："（武）王乃步自于周，征伐商王纣。""武王狩。""武王遂征四方。"征伐、狩猎，皆非武王一人所能完成，但作者将主语系于武王一人，就是为突出武王的中心人物地位。从文学成熟度的角度说，殷商甲骨卜辞已会有意识地将商王放在中心位置，但这种对"中心人物"的突出是形式化的，并不至于达到"文学自觉"的高度。《世俘》的表述性质与卜辞同，但明显带有一定程度的文学拟构意识，带有个人英雄主义的浪漫色彩，而非简单的形式化记录。类似用法见于西周晚期③的《诗经·小雅·出车》："赫赫南仲，薄伐西戎。"④南仲是宣王时名将，但"伐西戎"并非他一人去"伐"，而是率兵去"伐"，所以《出车》以"南仲"为"伐西戎"的主语，也是意在突出中心人物。相比较《世俘》的"武王狩"，南仲之"伐"与之同类。从文学成熟度看，此两者几乎可以对等。到了东周，诸如《左传》曹刿论战⑤，有将战争简单化的倾向，战争的成败似乎只取决于一个中心人物。这是在"以一人代一军"基础上的进一步发展，更具文学成熟度。从现有文献看，以中心人物指代一个团体、一支军队的文学自觉意识，应自《世俘》始。甲骨卜辞的"王占曰"在这方面还不够成熟，只能算作滥觞。

---

① 参见张光直：《商文明》，北京：三联书店，2019年，第35页。
② 参见张光直：《商文明》，北京：三联书店，2019年，第35页。
③ 按刘起釪观点，《小雅》《国风》的"大部分"属于西周文献。参见陈高华、陈智超等著：《中国古代史史料学》，北京：中华书局，2016年，第51页。《小雅·出车》史事年代系于宣王时期，则可归于当时文献。
④ ［清］方玉润撰，李先耕点校：《诗经原始》下册，北京：中华书局，1986年，第343页。
⑤ 参见杨伯峻编著：《春秋左传注》第1册，北京：中华书局，2016年，第198—200页。

其次，人物语言方面。这一部分，我们主要从"重词"中的"说狠话"来谈。说狠话，是一种威胁语。《商誓》："予则□刘灭之。""我乃其来，即刑乃。""不，我周有常刑。"皆属威胁语。通过威胁语，我们可窥见一位正义凛然的武王形象，拥有着至高无上的威严。威胁语在《尚书》中十分常见，如《甘誓》："用命，赏于祖；不用命，戮于社。予则孥戮汝。"《汤誓》："尔不从誓言，予则孥戮汝，罔有攸赦。"《盘庚》："汝有戕则在乃心，我先后绥乃祖乃父；乃祖乃父乃断弃汝，不救乃死！"①《牧誓》："尔所弗勖，其于尔躬有戮！"②从写作年代上看，《牧誓》约与《商誓》同时③，《甘誓》《汤誓》乃后世述古之作，《盘庚》乃经春秋宋人修改的商代作品。相比较而言，《盘庚》的威胁语更为口语化，"乃祖乃父"就是"你爷你爹"，"不救乃死"就是"不管你，让你去死"。从这几句威胁语看，盘庚虽贵为商王，但说话方式与乡野村夫无异。《牧誓》《商誓》《甘誓》《汤誓》威胁语的重心在"刑"与"戮"。"刑"，是法律的象征，意在强调所有杀戮都是按规矩办事，君王不会滥杀无辜；"戮"，一边体现"刑"之重，一边又对"孥戮汝"（灭族）和"尔躬有戮"（杀本人）进行了严格且理性的分类。《商誓》："予则□刘灭之。"陈逢衡本、唐大沛本、徐芹庭本："□"补"咸"字。④ 可从。这句话可视作商代《盘庚》向东周《甘誓》《汤誓》的过度。"予则咸刘灭之"只强调杀戮，与"刑"无关。"咸刘灭"不具备可操作性，只是一种震慑。从口语情况看，"予则咸刘灭之"就是"我要把你们全杀光"，也有失武王作为君王应有的体面。通过不同的人物语言，我们看到的盘庚、武王、成汤形象是不一样的，盘庚毫无贵族气质，成汤刑戮有理有据，武王则介于两人之间。因此，从"重词"之"威胁语"的角度看，《商誓》威胁语所体现出

---

① 顾颉刚、刘起釪：《尚书校释译论》第 2 册，北京：中华书局，2005 年，第 854、884、914 页。
② 顾颉刚、刘起釪：《尚书校释译论》第 3 册，北京：中华书局，2005 年，第 1102 页。
③ 此据刘起釪观点。参见陈高华、陈智超等著：《中国古代史史料学》，北京：中华书局，2016 年，第 50 页。
④ ［晋］孔晁注、［清］陈逢衡补注：《逸周书补注》，清道光五年（1825）刻本，宋志英、晁岳佩选编：《〈逸周书〉研究文献辑刊》第 3 册，北京：国家图书馆出版社，2015 年，第 400 页。［清］唐大沛撰：《逸周书分编句释》，清道光十六年（1836）著者手定底稿本，宋志英、晁岳佩选编：《〈逸周书〉研究文献辑刊》第 7 册，北京：国家图书馆出版社，2015 年，第 53 页。徐芹庭编著：《细说逸周书》，徐耀环主编：《细说廿四经》第 12 册，新北：圣环图书，2017 年，第 196 页。

的文学成熟度应介于殷商《盘庚》与东周《甘誓》《汤誓》之间。从大的体系上分类,《盘庚》一类,《牧誓》《商誓》《甘誓》《汤誓》一类;但考究细节,《商誓》的表述方式略质朴,还未达到《甘誓》《汤誓》等文献写作时期的文学成熟度。可以说,从《盘庚》到《汤誓》,《商誓》起到了承上启下的作用。

第三,场景切换与镜头切换。《克殷》:"周公把大钺,召公把小钺,以夹王。泰颠、闳夭皆执轻吕以奏王。王入,即位于社。太卒之左,群臣毕从。毛叔郑奉明水,卫叔傅礼,召公奭赞采,师尚父牵牲。"《克殷》通过镜头切换来展现人物群像,几乎一人一镜头。与此最为相似的后世文献是《史记·项羽本纪》:"项王即日因留沛公与饮。项王、项伯东乡坐,亚父南乡坐。亚父者,范增也。沛公北乡坐,张良西乡侍。"①《项羽本纪》也是一人一镜头:当镜头转向东面时,读者看到项羽、项伯,坐着;当镜头转向南面时,读者看到范增,坐着;当镜头转向北面时,读者看到刘邦,坐着;当镜头转向西面时,读者看到张良,站在侧位。每一个人所在的方位以及是站是坐,太史公都有详细的交代。《克殷》除东南西北方位不如《项羽本纪》明确之外,其余皆与之一致。考察《克殷》之前文献,也有与镜头切换有关的描写,但不涉及人物形象。《卜辞通纂·天象》第三七五片:"癸卯卜,今日雨。其自西来雨? 其自东来雨? 其自北来雨? 其自南来雨?"②这一则著名的甲骨卜辞可视作镜头切换的滥觞。占卜者望向东南西北四个方位,问求是否会下雨。读者的视线随之移动,也望向四个方位。写作时代稍晚于《克殷》的《尚书·顾命》也有能够体现镜头切换的方位描写:"狄设黼扆缀衣,牖间南向,敷重篾席、黼纯,华玉仍几。西序东向,敷重厎席、缀纯,文贝仍几。东序西向,敷重丰席、画纯,雕玉仍几。西夹南向,敷重笋席、玄纷纯,漆仍几。"③《顾命》的方位涉及东南西北,与《项羽本纪》类似。只不过,也与人物形象无关。从文学成熟度看,方位之有无不能说明问题,因为早至殷商已有"四面问雨"。我们只能

---

① [汉]司马迁撰,[南朝宋]裴骃集解,[唐]司马贞索隐,[唐]张守节正义:《史记》第1册,北京:中华书局,2014年,第399页。
② 郭沫若:《卜辞通纂》;郭沫若著作编辑出版委员会编:《郭沫若全集·考古编》第2卷,北京:科学出版社,2002年,第368—369页。
③ 顾颉刚、刘起釪:《尚书校释译论》第4册,北京:中华书局,2005年,第1737页。

说,相较于卜辞而言,《克殷》《顾命》《项羽本纪》对每一个镜头内容的描写更加详细具体,画面感也更强。如果只讨论人物形象,我们可以说《克殷》《项羽本纪》通过镜头切换展现的人物形象更加栩栩如生。至于此二者孰更"栩栩如生",应难分高下。所以说,《克殷》《项羽本纪》在人物形象镜头切换方面的文学成熟度是不分伯仲的,后者的产生可能,对前者有一定的借鉴。

至此,可归纳三点结论:第一,以中心人物指代其所在团体的思维意识起源于殷商卜辞,但真正的成熟应自《世俘》始;第二,从《盘庚》到稍晚文献,《商誓》的"威胁语"对展现人物形象应起到承上启下的作用;第三,《克殷》在人物形象镜头切换方面应对《项羽本纪》等后世文献的写法有所影响。

二、文学修辞的运用

(一) 西周诸篇

本书第五章《西周诸篇的文学修辞》重点讨论了西周诸篇运用的铺陈、排比、比喻、夸张、夸饰、节缩六种修辞手法及其文学价值,接下来,我们从不明显修辞、明显修辞、修辞的文学性三个层次谈西周诸篇在文学修辞方面表现出的文学成熟度。

第一,不明显修辞:铺陈、节缩。本书第五章第一节和第五节分别结合相关文本详细讨论了铺陈、节缩这两种修辞手法在西周诸篇中的运用。然而,不可否认的是,这两种修辞手法仍然留下了较大的阐释空间。也就是说,如果一定要预设"不是修辞"的结论并阐释之,也不是完全无理。"不是修辞"又分为两种情况,一种是按照现代修辞学理论应当鉴定为修辞,但是当时的作者不一定主观上知道他使用了修辞;另一种是按照现代修辞学理论可以鉴定为修辞,但也可以不鉴定为修辞。"铺陈"多为第一种情况,乃如《克殷》:"周车三百五十乘,陈于牧野,帝辛从。武王使尚父与伯夫致师。王既誓,以虎贲戎车驰商师,商师大崩。商辛奔内,登于鹿台之上,屏遮而自燔于火。""武王答拜,先入,适王所,乃克射之三发,而后下车,而击之以轻吕,斩之以黄钺,折,县诸太白。乃适二女之所,既缢,王又射之三发,乃右击之以轻吕,斩之以玄钺,县诸小白。乃出场于厥军。""百夫荷素质之旗于王前,叔振奏拜假,又陈常车。周公把大钺,召公把小钺,以夹王。泰颠、闳夭皆执轻吕以奏王。王入,即位于社。太卒之左,群臣毕从。毛叔郑奉明水,卫叔傅礼,召公奭赞采,师尚父牵牲。"《世俘》:"惟一月丙午旁生魄,若翼日丁未,王乃步自于周,征伐商王纣。越若来二月既死魄,越五日甲子朝,至,接于商。则咸刘商王纣,执矢恶臣百人。""武王狩,禽虎二十有二,猫二,麋五千二百三十五,犀十有二,氂七百二十有一,熊百五十有一,罴百一十有八,豕三百五十有二,貉十有八,麈十有六,麋五十,麇三十,鹿三千五百有八。武王遂征四方,凡憝国九十有九国,馘磿亿有十万七千七百七十有九,俘人三亿万有二百三十,凡服国六百五十有二。"本书第五章第一节已对这些文本进行过详细鉴定,它们都满足现代修辞学意义上的铺陈修辞手法,基本特征是平铺直叙,即如徐芹庭所说:"赋者敷陈其事也,即直接之叙事法也。凡诗文中直接叙述人事地物之感怀或状态者皆属之。"①然而,铺陈修辞手法有明显的缺陷,那就是语言标志不够突出,乃如比喻之"像""如""似",乃如排比之"同范围同性质的事象"(陈望道语)②,在铺陈修辞中都是不存在的。而且,铺陈兼有叙事学的特征,从叙事学角度看,只要是平铺直叙,就都可归入铺陈。朱熹:"赋者,敷陈其事而直言之者也。"③因此,铺陈的概念很宽泛,只要是直言平铺,就可以纳入广义的铺陈;如果叙事本身再带有并列、递进等特征,那就更是狭义的典型的铺陈。以上所举诸例,都可归于狭义,所以在鉴定上不应有太大争议。然而,《克殷》《世俘》的作者主观上是否知道他们在使用铺陈,笔者认为这很难甄别,如《克殷》:"毛叔郑奉明水,卫叔傅礼,召公奭赞采,师尚父牵牲。"这样的叙述完全符合并列式铺陈的基本特征。再如《克殷》:"乃克射之三发,而后下车,而击之以轻吕,斩之以黄钺,折,县诸太白。"这样的叙述又完全符合递进式铺陈的基本特征。然而,从史官实录的角度看,当时毛叔郑、卫叔、召公奭、师尚父确实在典礼上各司其职,武王也确实亲自执行了虐尸仪式。即使作者毫无铺陈意识,仅对眼前场景作客

---

① 徐芹庭:《修辞学发微》,台北:中华书局,2015年,第81页。
② 陈望道:《修辞学发凡》,上海:复旦大学出版社,2011年,第163页。
③ [宋]朱熹集撰,赵长征点校:《诗集传》,北京:中华书局,2017年,第4页。

观记录，记录内容也不会与我们今日看到的《克殷》文本有太大差别。更典型的例子是《世俘》对武王狩猎成果和征伐成果的详细数字记录："武王狩，禽虎二十有二……武王遂征四方，凡憝国九十有九国……"这样的记录方式属于典型的平铺直叙，数字与数字之间的关系也构成明显的并列式铺陈。然而，数字记录本身具有很强的客观性，即使毫无文字功底的记录者也完全可以胜任这样的工作。因此我们也无法判断作者主观上是否具有使用铺陈的意识。相较于"铺陈"而言，"节缩"属于第二种情况，即按照现代修辞学理论，不一定要鉴定为修辞，乃如《克殷》："乃命宗祝、崇宾飨[神]，祷之于军。"《世俘》："则咸刘商王纣[之党]，执矢恶臣百人。""凡厥有庶[玉]，告焚玉四千。"《商誓》："朕话言自一[话]言至于十话言。""胥告商之百[姓]无罪，其维一夫。"简本《祭公之顾命》："丕则无遗后[难]。"[1]根据本书第五章第五节的论述，"神""之党""玉""话"之缺应属节缩修辞，"姓"之缺应属脱文，简本"难"之缺则既可视为节缩亦可视为脱文。但考虑到文本流传过程的复杂性，即使是被界定为节缩修辞的"神""之党""玉""话"，也不能完全排除节缩之外的其他可能性。因此，从作者主观使用节缩修辞的角度来看，这种"主观性"相较于铺陈修辞而言更加薄弱。总之，铺陈、节缩都是"不明显修辞"。我们可以按今之理论将其鉴定、解读为修辞，但不能凭此下结论认定当时的作者具备使用铺陈、节缩这两种修辞手法的主观意识。

　　第二，明显修辞：夸张、夸饰、排比、比喻。与铺陈、节缩不同的是，这四种修辞手法不仅按照现代修辞学理论应当鉴定为修辞，并且可确定当时的作者主观上知其使用了修辞。西周诸篇涉及夸张夸饰的文本已在本书第五章第四节结尾处做过归纳整理，此不赘引。排比修辞如《克殷》："乃命召公释箕子之囚，命毕公、卫叔出百姓之囚，乃命南宫忽振鹿台之财、巨桥之粟，乃命南宫百达、史佚迁九鼎三巫，乃命闳夭封比干之墓，乃命宗祝、崇宾飨。祷之于军，乃班。"《世俘》："太公望命御方来，丁卯，望至，告以馘俘。戊辰，王遂御循追祀文王。时日，王立政。吕他命伐越戏方，壬申，荒新至，告以馘

---

[1] 清华大学出土文献研究与保护中心编，李学勤主编：《清华大学藏战国竹简（壹）》，上海：中西书局，2010年，第174页。

俘。侯来命伐靡集于陈,辛巳,至,告以馘俘。甲申,百弇以虎贲誓,命伐卫,告以馘俘。""禽御八百有三百两,告以馘俘;百韦至,告以禽宣方,禽御三十两,告以馘俘;百韦命伐厉,告以馘俘。《祭公》:"汝无以戾反罪疾,丧时二王大功;汝无以嬖御固庄后;汝无以小谋败大作;汝无以嬖御士疾大夫、卿士;汝无以家相乱王室而莫恤其外。"① 比喻修辞如《皇门》:"譬若畋,犬骄用逐禽,其犹不克有获。是人斯乃谗贼媚嫉,以不利于厥家国。譬若匹夫之有婚妻,曰:'予独服在寝。'以自露厥家。"② "明显修辞"与"不明显修辞"的根本区别在于,"明显修辞"有能够体现这种修辞手法基本特征的语言标志,"不明显修辞"则没有。在西周诸篇涉及这四种"明显修辞"的文本中,夸张夸饰的语言标志包括"毕""咸""佥""凡""罔不""满""非敢不""无不""并""兆民""万民""四邻""远士(土)""万子孙""万亿年""万国(邦)"③;排比的语言标志包括"乃命""命""至,告以馘俘""告以馘俘""汝无以""汝毋以""汝毋";比喻的语言标志包括"譬若""譬如"。通过这些语言标志,我们可认定相关篇目的作者在写作时有意识地使用了夸张、夸饰、排比、比喻,乃如《皇门》之"譬若""譬如",属比喻中的直喻,其修辞之使用毫无争议。乃如《克殷》之"乃命""命"、《世俘》之"至,告以馘俘""告以馘俘"、《祭公》(《祭公之顾命》)之"汝无以""汝毋以""汝毋",特定语言标志多次在句子特定位置重复出现,属典型的排比,其修辞之使用也不应有争议。至于夸张、夸饰相关的语言标志如"毕""咸""佥""凡""罔不""满""非敢不""无不""并""兆民""万民""四邻"

---

① 简本《祭公之顾命》:"汝毋以戾兹皋辜无时远大邦,汝毋以嬖御塞尔庄后,汝毋以小谋败大作,汝毋以嬖士塞大夫、卿士,汝毋各家相乃室然莫恤其外。"清华大学出土文献研究与保护中心编,李学勤主编:《清华大学藏战国竹简(壹)》,上海:中西书局,2010年,第174—175页。
② 简本《皇门》:"譬如戎夫,骄用从禽,其犹克有获?是人斯乃谗贼□□,以不利厥辟厥邦。譬如桔夫之有婚妻,曰'余独服在寝',以自落厥家。"清华大学出土文献研究与保护中心编,李学勤主编:《清华大学藏战国竹简(壹)》,上海:中西书局,2010年,第164页。
③ 《商誓》:"胥告商之百无罪,其维一夫。""商百姓无辜。"按:在运用了夸张修辞的文本中,这两句文本无明语言标志,但不妨碍其确实使用了夸张。因为"无罪""一夫"之说明显违背了客观事实,属于典型的"说话上张皇夸大过于客观的事实处""重在主观情意的畅发,不重在客观事实的记录"。陈望道:《修辞学发凡》,上海:复旦大学出版社,2011年,第104页。

"远士(土)""万子孙""万亿年""万国(邦)",虽没有排比之重复,也没有比喻之直接明确,但它们都具备绝对化、极限化的特征,因此我们在认定夸张、夸饰修辞时也不应有大的争议。西周诸篇的作者在使用夸张、夸饰、排比、比喻四种修辞手法时,若无主观使用修辞的意识,就不会出现这一系列的语言标志。因此,通过这四种修辞,我们可认定当时已存在修辞的自觉性。

　　第三,修辞的文学性。第五章开篇我们已引白春仁之言:"研究文学修辞,同样需要把它放到艺术交际过程中去审度。"①也就是说,文学修辞与一般修辞的本质区别在于"艺术"维度,即抒情性与审美意识形态。从作者的主观情感与写作目的看,六种修辞皆致力于表达作者之爱憎。现以第五章各节的论述结论为基础,对六种修辞的文学性进行逐一总结。② 一,铺陈。《克殷》:"周车三百五十乘,陈于牧野,帝辛丛。""商师大崩。""屏遮而自燔于火。"以显周军之雄壮,商军应战之仓促;耻笑商军败绩之惨;以示纣王咎由自取。《克殷》连用"克""折",极言虐尸之残忍,凸显对纣王的仇恨。《克殷》走马灯般的群臣,凸显武王的独尊地位与众望所归。《世俘》详细的数字,表达对武王武功的炫耀。二,排比。《克殷》"乃命""命",增强文势,彰显伐纣战争之正义性,赞扬武王之权威与执行力,肯定周军之井井有条。《世俘》"至,告以馘俘""告以馘俘",记录斩获,炫耀武功,洋溢自豪感。《祭公》"汝无以""汝毋以""汝毋",增强语气、文势,赞祭公之诤言,彰恶行之恶,以警示君王。三,比喻。《皇门》:"譬若畋。""譬若匹夫之有婚妻。"极言佞臣之恶。四,夸张与夸饰。《克殷》:"诸侯坐拜。""商庶百姓咸俟于郊。""群宾佥进。""群臣坐从。"凸显武王众望所归、无人不服。《世俘》:"咸刘商王纣。"表达对纣党之痛恨。《商誓》:"凡""罔不",歌颂后稷之伟大。《商誓》:"其维一夫。""百姓无罪。"万恶归纣王。《度邑》:"飞鸿满野。"以示商政恶贯满盈。《皇门》"罔不""咸""非敢不""无不""并""兆民""万民",极言政治之清明。《皇门》"四邻""远士(土)""万子孙"与《祭公》"万亿年""万国(邦)",极言期许中的周国统治时间之长、统治范围之广。五,节缩。《克殷》:"乃命宗祝、崇宾

---

① 白春仁:《文学修辞学》,长春:吉林教育出版社,1993年,第3页。
② 具体文本不再展开,详参第五章。

飨[神]。"以示天命在周是理所应当的。《世俘》:"则咸刘商王纣[之党]。"极言纣之恶,以示只敌纣、不敌商。《世俘》:"凡厥有庶[玉]。"衬托天智玉,以歌颂武王及周邦。《商誓》:"[话]言。"以示武王言出必善,彰显其权威。简本《祭公之顾命》:"丕则无遗后[难]。"①忌讳"难"字,祈福周邦。抒情之"情",在喜、怒、哀、惧、爱、恶、欲,此所谓"七情"。然而从修辞角度看西周诸篇这样的政治文章,抒情之"情"基本被限定在"爱恶"之内,即要么歌颂,要么批判。②纵使像《祭公》这样悲慨的临终遗训,也志在颂祈周邦、彰恶行之恶。西周诸篇爱憎分明,情真意切,感性高于理性,决非程式化的公文之作。作者在篇中倾注了相当多的主观情愫,表明了拥周反商的鲜明政治立场。可以说,六种修辞手法的文学性都是建立在作者的大爱与大恨之上的。

总之,《逸周书》西周诸篇的作者具备使用"明显修辞"(有典型语言标志)的主观意识,"明显修辞"包括:夸张、夸饰、排比、比喻。同时,西周诸篇还存在铺陈、节缩等"不明显修辞"(没有典型语言标志)。在"文学修辞"方面,各种修辞手法的文学性主要体现在作者的爱、憎两种主观情愫。

(二)其他文献比较

由于"不明显修辞"有太大的阐释空间,因此我们这里只讨论其他文献中的"明显修辞"。

第一,夸张与夸饰。殷商甲骨文的字形本就具有夸张的特性,如"目",在甲骨文中写作▱③。从字形看,"目"的长度和眼珠尺寸都被夸大了。再如"羊",在甲骨文中写作▱④。从字形看,"羊"的羊身被省略,羊角的尺寸被夸大了。可见,仅在造字方面,殷商时人就已有夸张的思维方式了。《逸周

---

① 清华大学出土文献研究与保护中心编,李学勤主编:《清华大学藏战国竹简(壹)》,上海:中西书局,2010年,第174页。
② 如果不考虑"修辞角度",西周诸篇之一的《度邑》中还有明显的"惧"的主观情愫。只不过,此处不在讨论范畴内。
③ 见于商代晚期的目爵。参见吴镇烽编著:《商周青铜器铭文暨图像集成》第14卷,上海:上海古籍出版社,2012年,第7页。
④ 见于商代晚期的羊鼎。参见吴镇烽编著:《商周青铜器铭文暨图像集成》第1卷,上海:上海古籍出版社,2012年,第14页。

书》西周诸篇中的夸张常与绝对化与极限化有关,语言标志包括"毕""咸""佥""凡""罔不""万子孙""万亿年""万国(邦)"等。写作年代与之相近的《尚书·君奭》中有"罔不"夸张:"海隅出日,罔不率俾。"①较晚作品《诗经·小雅·北山》:"溥天之下,莫非王土;率土之滨,莫非王臣。"②《诗经·鲁颂·閟宫》:"至于海邦,淮夷蛮貊,及彼南夷,莫不率从。"③皆与之同类。更晚者,如《后汉书·南匈奴列传》:"汉秉威信,总率万国,日月所照,皆为臣妾。"④本书第五章对此做过列举,"皆"字也是典型的夸张的语言标志,用意与"罔不"同,都是对极限化的追求。从作者的感情色彩看,以上夸张皆有"增饰华美"之意,带正面情愫,因此也都可归于夸饰。考察西周诸篇使用夸张、夸饰修辞所体现出的文学成熟度,我们可以认为运用这两种修辞的思维方式源于殷商,但从文本书写的层面说,西周诸篇是带有开创性质的。"罔不"等极限化、绝对化的表述方式,对东周乃至后世的夸张、夸饰文本书写都有一定的影响。

  第二,排比。论及排比之最早文献,还需搬出上文已引过的《卜辞通纂·天象》第三七五片:"癸卯卜,今日雨。其自西来雨?其自东来雨?其自北来雨?其自南来雨?"⑤这段甲骨卜辞完全符合"同范围同性质的事象"(陈望道语)⑥的排比基本特征。《祭公》:"汝无以戾反罪疾,丧时二王大功;汝无以嬖御固庄后;汝无以小谋败大作;汝无以嬖御士疾大夫、卿士;汝无以家相乱王室而莫恤其外。"⑦相比于《祭公》的五个"汝无以",甲骨卜辞的表述十分

---

① 顾颉刚、刘起釪:《尚书校释译论》第3册,北京:中华书局,2005年,第1586页。
② [清]方玉润撰,李先耕点校:《诗经原始》下册,北京:中华书局,1986年,第425页。
③ [清]方玉润撰,李先耕点校:《诗经原始》下册,北京:中华书局,1986年,第638页。
④ [南朝宋]范晔撰,[唐]李贤等注:《后汉书》第10册,北京:中华书局,1965年,第2947页。
⑤ 郭沫若:《卜辞通纂》,郭沫若著作编辑出版委员会编:《郭沫若全集·考古编》第2卷,北京:科学出版社,2002年,第368—369页。
⑥ 陈望道:《修辞学发凡》,上海:复旦大学出版社,2011年,第163页。
⑦ 简本《祭公之顾命》:"汝毋以戾兹皋辠无时远大邦,汝毋以嬖御塞尔庄后,汝毋以小谋败大作,汝毋以嬖士塞大夫、卿士,汝毋各家相乃室然莫恤其外。"清华大学出土文献研究与保护中心编,李学勤主编:《清华大学藏战国竹简(壹)》,上海:中西书局,2010年,第174—175页。

质朴，并且读者难以判断当时作者是否具备使用排比修辞的主观意识。然而，这样的主观意识在《祭公》中是十分明确的。在更晚的《荀子·劝学》中，可见主观意识更加鲜明的排比："吾尝终日而思矣，不如须臾之所学也。吾尝跂而望矣，不如登高之博见也。登高而招，臂非加长也，而见者远；顺风而呼，声非加疾也，而闻者彰。"①这段文字的前半部分，以"不如"为语言标志；后半部分，以"登高而招""顺风而呼"相对、"臂非加长""声非加疾"相对、"见者远""闻者彰"相对，十分工整。显然，《劝学》的排比已属于主观性极强的文学创作，《祭公》远不能与之同日而语。从使用修辞的源流上看，《祭公》《劝学》都以排比增强了语势，也都有明确的语言标志。可以说，《祭公》"汝无以"的文学成熟度上承卜辞之朴素，下接《劝学》之工整。

第三，比喻。在各类修辞中，比喻的语言标志是最明显的。《皇门》："譬若畋。""譬若匹夫之有婚妻。""譬若"就是典型的语言标志，不仅能明确相关文本的比喻定性，还能确保作者在写作这段文字时具备使用比喻修辞的主观意识。《尚书·盘庚》："若颠木之有由蘖。""若网在纲，有条而不紊。若农服田力穑，乃亦有秋。"②《盘庚》乃经春秋宋人修改的殷商作品，以上两句带有格言性质，写成年代更是只早不晚。《盘庚》的"若"，属典型的比喻语言标志。相比较而言，《盘庚》的"若"因其格言性质而略显质朴，比喻句的长度也十分有限。《皇门》则连续设譬，将比喻使用得更加纯熟。更晚时期的比喻见诸《论语·颜渊》："君子之德风，小人之德草。"③此句已省去了语言标志，将比喻运用得更加炉火纯青。从文学成熟度看，《皇门》与《颜渊》同类，已摆脱了早期格言的色彩，但在表述上依然不及后者精炼、老练。

由此可归纳三点：第一，西周诸篇夸张、夸饰的思维方式源于殷商，并在文本写作层面具有开创性质；第二，《祭公》的排比已脱离早期卜辞文献的朴素，但不及后世文献排比之工整；第三，《皇门》的比喻具备明确的语言标志和作者主观意识，胜过殷商格言，但表述上依然较后世生硬。

---

① 梁启雄：《荀子简释》，北京：中华书局，1983年，第2页。
② 顾颉刚、刘起釪：《尚书校释译论》第2册，北京：中华书局，2005年，第931、939页。
③ 杨伯峻译注：《论语译注》，北京：中华书局，2009年，第127页。

三、倒叙手法的运用

（一）西周诸篇

《世俘》存在错简，几为学界定论。顾颉刚："所可惜的，这是一篇断烂的文章，错简、脱字、误字不知凡几。"[1]李学勤："明白了这一点，即可确定'辛亥，荐俘殷王鼎'到'乙卯，籥人奏《崇禹生开》'一段确系错简。"[2]张怀通："由于该段是内史所记，而且其中'谒戎殷于牧野'一句话给人以该史实发生在商郊的感觉，所以当《世俘》在西周后期成篇时便被编者误置于武王派兵遣将征伐商人属国一段文字的中间，从而成为错简。"[3]叶正渤："由于简册错乱，事件和时间顺序时有颠倒，遂至难以通读。"[4]然而，从微观层面细梳《世俘》文本及历代各家注解，我们发现造成《世俘》文本"错乱"的原因决不止错简一种。

《世俘》："谒戎殷于牧野。"陈逢衡："谓设奠于牧野之馆室，以告行主也。"[5]赵光贤："按'谒戎殷于牧野'句原在后，今提前。武王既灭纣，即与殷人相见。'戎殷'指殷民。"[6]按陈说，此句"错乱"的原因在于它是"设奠""告行主"，而非字面"戎殷"之事，因此不是错简。按赵说，则此为错简无疑。《世俘》："乙卯，籥人奏《崇禹生开》，三终，王定。"朱右曾："自'辛亥，荐俘殷王鼎'以下至此，若移后至于'冲子'之下，则顺矣。"[7]按朱说，此处文本顺序

---

[1] 顾颉刚：《〈逸周书·世俘篇〉校注、写定与评论》，新建设编辑部编：《文史》第 2 辑，北京：中华书局，1963 年，第 29 页。
[2] 李学勤：《〈世俘〉篇研究》，《史学月刊》1988 年第 2 期，第 3—8 页。
[3] 张怀通：《〈世俘〉错简续证》，《中国史研究》2013 年第 1 期，第 5—14 页。
[4] 叶正渤：《〈汲冢周书·克殷解〉〈世俘解〉合校》，《古籍整理研究学刊》2010 年第 4 期，第 45—50 页。
[5] [晋]孔晁注，[清]陈逢衡补注：《逸周书补注》，清道光五年（1825）刻本，宋志英、晁岳佩选编：《〈逸周书〉研究文献辑刊》第 3 册，北京：国家图书馆出版社，2015 年，第 368—369 页。
[6] 赵光贤：《说〈逸周书·世俘〉篇并拟武王伐纣日程表》，《历史研究》1986 年第 6 期，第 92—101 页。
[7] [清]朱右曾撰：《逸周书集训校释》，清光绪十四年（1888）南菁书院刻《皇清经解续编》本，宋志英、晁岳佩选编：《〈逸周书〉研究文献辑刊》第 8 册，北京：国家图书馆出版社，2015 年，第 96 页。

需调换后方能通顺,故为错简。《世俘》:"乙巳,陈本命新荒。蜀磨至,告禽霍侯艾侯,俘佚侯。小臣四十有六。禽御八百有三百两,告以馘俘。"孔注:"此复说克纣所命伐也。"卢注、丁注从孔注。①因此,孔、卢、丁皆认为此非错简,而应为"复说",即今之所谓插叙。陈逢衡注:"卢氏未曾看出错简,故依孔注为言不知。此七十九字当紧接'甲申'一条,在'辛亥,荐俘殷王鼎'之上,非惟文气顺下,而支干排算毫无疑义。"②陈逢衡又注:"此五十三字,与下文'百韦至'二十六字旧本俱在'乙卯,籥人奏崇禹生开,三终,王定'下。"③唐大沛从陈说。④陈、唐持错简之说。《世俘》:"商王纣于商郊。"孔注:"更说始伐纣时。"孔晁认为此处是倒叙,即"更说"。卢注:"谢⑤云:自'商王纣于商郊'始,其文皆当在前。'甲子朝至,接于商'下句则'咸刘商王纣于商郊',此处'商王纣'三字衍文也。'俘商玉亿有百万'下乃接'武王在祀'至'燎于周庙'而止,则时日亦符而文义无舛矣。"潘振:"'商王纣'三字衍。'于商郊'三字,移在上文'则咸刘商王纣'句下。下五节追叙伐纣时也。"⑥谢、潘持错简之说。陈逢衡:"'商王纣于商郊'六字定有脱文,盖以上言俘人,自此以下则另纪俘玉也。当分别看。谢说似未明晰。"⑦周宝宏:"此句有脱。"⑧陈、周未

---

① [晋]孔晁注,[清]丁宗洛笺:《逸周书管笺》,清道光十年(1830)济宁海康丁宗洛迁园刻本,宋志英、晁岳佩选编:《〈逸周书〉研究文献辑刊》第6册,北京:国家图书馆出版社,2015年,第104页。
② [晋]孔晁注,[清]陈逢衡补注:《逸周书补注》,清道光五年(1825)刻本,宋志英、晁岳佩选编:《〈逸周书〉研究文献辑刊》第3册,北京:国家图书馆出版社,2015年,第361页。
③ [晋]孔晁注,[清]陈逢衡补注:《逸周书补注》,清道光五年(1825)刻本,宋志英、晁岳佩选编:《〈逸周书〉研究文献辑刊》第3册,北京:国家图书馆出版社,2015年,第361页。
④ [清]唐大沛撰:《逸周书分编句释》,清道光十六年(1836)著者手定底稿本,宋志英、晁岳佩选编:《〈逸周书〉研究文献辑刊》第7册,北京:国家图书馆出版社,2015年,第197页。
⑤ 谢,谢墉也。参陈逢衡本可知。参见[晋]孔晁注,[清]陈逢衡补注:《逸周书补注》,清道光五年(1825)刻本,宋志英、晁岳佩选编:《〈逸周书〉研究文献辑刊》第3册,北京:国家图书馆出版社,2015年,第383页。
⑥ [清]潘振注:《周书解义》,清嘉庆间(1796—1820)刻本,宋志英、晁岳佩选编:《〈逸周书〉研究文献辑刊》第2册,北京:国家图书馆出版社,2015年,第45页。
⑦ [晋]孔晁注,[清]陈逢衡补注:《逸周书补注》,清道光五年(1825)刻本,宋志英、晁岳佩选编:《〈逸周书〉研究文献辑刊》第3册,北京:国家图书馆出版社,2015年,第383页。
⑧ 周宝宏:《〈逸周书〉考释》,北京:社会科学文献出版社,2001年,第127页。

言错简,但认定有脱文。唐大沛注:"自此至末,皆后人附益之,不足深信。"①唐大沛以删节求通顺。黄怀信:"'商王纣'上疑脱'克'或'败'字。"黄怀信译:"在商郊打败了商王纣。时间是甲子那天傍晚。"②黄怀信拟出了所脱之字,并间接否认了此处存在错简。由是观之,传统认定的《世俘》错简部分还需逐一复盘考察。

参本书附录一,《世俘》正文部分只有一处阙文,原文作:"越五日乙卯,武王乃以庶祀馘于国周庙。翼予冲子,断牛六,断羊二。"丁宗洛在"翼予冲子"后加"□□□□"③。丁说可从,补全后应作:"越五日乙卯,武王乃以庶祀馘于国周庙,曰:'翼予冲子恭明祀!'断牛六,断羊二。"除此之外,《世俘》更无明显阙文。相比较而言,《商誓》阙文有九组,卢本缺五十二字,加上其余版本,凡缺五十六字。阙文如此之多的《商誓》尚无明显错简,仅有一处阙文的《世俘》却被认为存在严重错简,实为蹊跷。若将《世俘》的所有不通顺之处归咎于错简,显然是不负责任的。笔者不否认《世俘》有一定数量的错简,但同时也坚信《世俘》存在其他不通顺原因被误判为错简的情况——其中包括倒叙。

现对以下三处文本进行考察,以判断其是否为错简,若非错简,则进一步判断其是否为倒叙。

第一处:"遏戎殷于牧野。"有些学者校"戎"为"伐"或"我",如丁宗洛(伐)、黄怀信(我)等④,其实没有必要。《说文》:"戎,兵也。"⑤此作动词解,即"用兵",即发动军事行动,符合"戎殷"语境。参伪古文《武成》:"一戎衣,

---

① [清]唐大沛撰:《逸周书分编句释》,清道光十六年(1836)著者手定底稿本,宋志英、晁岳佩选编:《〈逸周书〉研究文献辑刊》第7册,北京:国家图书馆出版社,2015年,第206页。
② 黄怀信:《逸周书校补注译》,西安:三秦出版社,2006年,第204页。
③ [晋]孔晁注,[清]丁宗洛笺:《逸周书管笺》,清道光十年(1830)济宁海康丁宗洛迁园刻本,宋志英、晁岳佩选编:《〈逸周书〉研究文献辑刊》第6册,北京:国家图书馆出版社,2015年,第117页。
④ [晋]孔晁注,[清]丁宗洛笺:《逸周书管笺》,清道光十年(1830)济宁海康丁宗洛迁园刻本,宋志英、晁岳佩选编:《〈逸周书〉研究文献辑刊》第6册,北京:国家图书馆出版社,2015年,第114页。黄怀信:《逸周书校补注译》,西安:三秦出版社,2006年,第197页。
⑤ [汉]许慎撰,[宋]徐铉等校定:《说文解字》,北京:中华书局,2013年,第266页下栏。

天下大定。"伪孔传:"衣,服也。一著戎服而灭纣。"①"衣"字之解虽有偏差,但指出了灭纣之迅速。《世俘》"遏戎殷"应与《武成》"一戎衣"同,"遏""一"一音之转,"殷""衣"一音之转,即"一戎殷",即一战克殷。"遏戎殷"的上下文是:"篮人造,王矢琰,秉黄钺执戈。王奏《庸》《大享》,一终。王拜手稽首,王定,奏《庸》《大享》,三终。甲寅,遏戎殷于牧野,王佩赤白旂,篮人奏《武》。王入,进《万献》《明明》,三终。乙卯,篮人奏《崇禹生开》,三终,王定。""遏戎殷于牧野"的上文在奏乐,下文也在奏乐,因此"遏戎殷于牧野"也只能是表演的节目。"王佩赤白旂",《说文》:"佩必有巾,巾谓之饰。"②"佩"与今义差别不大,"王佩赤白旂"即武王身上插着红旗和白旗。至此,"遏戎殷于牧野"就句意明确了,即武王在前后两次奏乐的间隙亲自上台表演了一个节目,节目的内容就是"遏戎殷于牧野",即还原伐纣克殷的经过,以炫耀武功。"王佩赤白旂"正好可与《克殷》的"太(大)白""小白"相呼应,是真实历史场景的还原。故而可下结论:"遏戎殷于牧野"不是错简,也不是倒叙。

第二处:"乙巳,陈本命新荒。蜀磨至,告禽霍侯艾侯,俘佚侯。小臣四十有六。禽御八百有三百两,告以馘俘。"参上文,孔晁、卢文弨、丁宗洛皆持"复说"之说,即今之所谓插叙。代入《世俘》原文:"太公望命御方来,丁1卯,望至,告以馘俘。戊2辰,王遂御循追祀文王。时日,王立政。吕他命伐越戏方,壬3申,荒新至,告以馘俘。侯来命伐靡集于陈,辛4巳,至,告以馘俘。甲5申,百弇以虎贲誓,命伐卫,告以馘俘。辛6亥,荐俘殷王鼎。武王乃翼,矢珪矢宪,告天宗上帝。王不革服,格于庙,秉语治庶国,篮人九终。王烈祖自太王、太伯、王季、虞公、文王、邑考以列升,维告殷罪。篮人造,王秉黄钺,正国伯,壬7子,王服衮衣,矢琰格庙。篮人造,王秉黄钺,正邦君,癸8丑,荐殷俘王士百人。篮人造,王矢琰,秉黄钺执戈。王奏《庸》《大享》,一终。王拜手稽首,王定,奏《庸》《大享》,三终。甲9寅,

---

① [汉]孔安国传,[唐]孔颖达正义:《尚书注疏》,[清]阮元校刻,方向东点校:《十三经注疏》第2册,北京:中华书局,2021年,第476页。
② [汉]许慎撰,[宋]徐铉等校定:《说文解字》,北京:中华书局,2013年,第159页上栏。

谒戎殷于牧野,王佩赤白旂,籥人奏《武》。王入,进《万献》《明明》,三终。乙10卯,籥人奏《崇禹生开》,三终,王定。庚11子,陈本命伐磨。百韦命伐宣方,新荒命伐蜀。乙12巳,陈本命新荒,蜀磨至,告禽霍侯、艾侯,俘佚侯,小臣四十有六。禽御八百有三百两,告以馘俘。百韦至,告以禽宣方,禽御三十两,告以馘俘;百韦命伐厉,告以馘俘。"这段文本可分为三个层次:第一层次从"太公望命御方来"到"命伐卫,告以馘俘";第二层次从"辛亥,荐俘殷王鼎"到"籥人奏《崇禹生开》,三终,王定";第三层次从"庚子,陈本命伐磨"到"百韦命伐厉,告以馘俘"。历日的天干地支一共出现了十一次:丁卯、戊辰、壬申、辛巳、甲申、辛亥、壬子、甲寅、乙卯、庚子、乙巳,现按文本出现顺序,进行1—11排序。考虑到"历日舛错"的可能性,现将十一个历日以表格形式列于下:

序号				1	2				3						4
天干	甲	乙	丙	丁	戊	己	庚	辛	壬	癸	甲	乙	丙	丁	戊	己	庚	辛
地支	子	丑	寅	卯	辰	巳	午	未	申	酉	戌	亥	子	丑	寅	卯	辰	巳
序号					5										
天干	壬	癸	甲	乙	丙	丁	戊	己	庚	辛	壬	癸	甲	乙	丙	丁	戊	己
地支	午	未	申	酉	戌	亥	子	丑	寅	卯	辰	巳	午	未	申	酉	戌	亥
序号	11				12					6	7	8	9	10	
天干	庚	辛	壬	癸	甲	乙	丙	丁	戊	己	庚	辛	壬	癸	甲	乙	丙	丁
地支	子	丑	寅	卯	辰	巳	午	未	申	酉	戌	亥	子	丑	寅	卯	辰	巳

由表格知,这十一处历日的天干地支并无舛错。然而,在文本顺序上,第11—12处并未在最后,而是介于1—5和6—10之间。带回原文,11—12处对应的文本正是第三层次的从"庚子,陈本命伐磨"到"百韦命伐厉,告以馘俘"。也就是说,按历日顺序,文本应为第一层次、第三层次、第二层次。从内容看,第一层次和第三层次都是献俘,即"告以馘俘";而第二层次是荐俘,即"荐俘殷王鼎",然后奏乐。从历日上看,不存在先献俘、再荐俘、继而献俘的情况;从内容上看,也不存在先叙述荐俘之事,然后补叙之前未交代

完的献俘之事的情况。因此,这段文本就是错简,不需过度引申。

第三处:"商王纣于商郊。"参上文:"曰:'惟予冲子,绥文考,至于冲子!'用牛于天、于稷五百有四。用小牲羊豕于百神水土社二千七百有一。"这段文字描述的是武王克商之后告庙祭祀的场景,事在战争结束之后,与"商王纣于商郊"无关。参下文:"时甲子夕,商王纣取天智玉琰五环身,厚以自焚。"这句话由"商王纣于商郊"引领,至少可证明"商王纣于商郊"六个字不是衍文。章宁:"至于'武王俘玉'段,不论是事件本身还是俘玉数量,夸诞色彩甚为浓厚,加之前文已论及本段可能为一篇独立的题为《商王纣于南郊》的文献,未必是《世俘》编纂时即有的组成部分,而可能是传抄过程中窜入。"①可见,不存在"商王纣于商郊"单片断简的可能,要断也是连同下文一起断。然而,章氏"窜入"之说也存疑。《尚书》《逸周书》的篇名,一般不用"于商郊"这样的介宾短语。至于将"商郊"校改为"南郊",更是没有必要。假使《商王纣于南郊》确为引领下文俘玉之事的独立篇名,"商郊"或"南郊"这样的自焚地点也与鹿台自焚相矛盾。笔者认为,"商王纣于商郊"应为节缩修辞,相当于"商王纣[之战]于商郊[也]",即"回想当时与商王纣在商郊作战的时候"。只不过西周时没有"之""也"这样丰富的虚词表达,故以"商王纣于商郊"引领下文,以示此时要开始倒叙之前的事了。"商王纣于商郊"起引领作用,毫无疑问;但若以其为独立篇目之开篇句,又显得不合时宜,如《世俘》开篇"维四月乙未日"、《度邑》开篇"维王克殷"、《商誓》《祭公》开篇"王若曰"、《皇门》开篇"维正月庚午",或以时间交代背景,或指明记言对象。《克殷》开篇"周车三百五十乘,陈于牧野,帝辛从"与"商王纣于商郊"相似,但指向清晰,逻辑完整。"商王纣于商郊"只能是记事者的补充提要,用于声明从此处开始要倒叙前事了。从历日上看,"时甲子夕"只能是倒叙之前之事。参上列表格,"甲子"也在最前。《世俘》:"越五日甲子朝,至,接于商。"《商誓》:"予惟甲子,克致天之大罚。"《牧誓》:"时甲子昧爽,王朝至于商郊牧野,乃誓。"②伐纣战争在甲子日早上爆发,是不争的事实。商王纣在甲子日

---

① 章宁:《〈世俘〉编纂考》,《经学文献研究集刊》2020年第1期,第58—69页。
② 顾颉刚、刘起釪:《尚书校释译论》第3册,北京:中华书局,2005年,第1091页。

的晚上自焚而死,合乎逻辑,所以《世俘》主体部分记述之事皆在纣王自焚之后。再看其点睛之笔的"时甲子夕",如果按基本用法以"时"为"是",则为"是甲子夕","是"起强调作用,强调事在"甲子夕"这个时间点。若非倒叙,何需强调? 如果按"当时"解释,即"当时是甲子日的晚上",则更符合倒叙的语境。《祭公》:"汝无以戾反罪疾,丧时二王大功。"二王,即文王、武王。《祭公》的"时"只能训释为"当时"。因此"时甲子夕"的"时"完全可以训释为"当时"。综上可知,"商王纣于商郊"句所引俘玉段落应视为倒叙。

现对以上三处文本的性质做总结:第一处,不是错简,也不是倒叙;第二处,是错简;第三处,不是错简,是倒叙。

现在我们分析作者在第三处文本使用倒叙手法的写作动机,可能性应有四点:第一,俘玉之事存在时间跨度:"五日,武王乃俾于千人求之。"参上文表格,以甲子日为第一日,那么第五日是戊辰日;以甲子日之后的五日为准,那么第六日是己巳日。献俘的第一日是丁卯日:"太公望命御方来,丁卯,望至,告以馘俘。"因此无论"五日"按"第五日"还是"之后五日"计算,丁卯日都在"五日"之前。为确保记叙时历日的连贯性,作者先记录俘馘之事、再记叙俘玉之事,就十分合乎情理了。这种以事件为中心的写作方法,也符合纪事本末体的特征。第二,俘玉不如献俘、荐俘重要,但从时间轴上看,是先俘玉、后俘馘。为先记录大事、重要之事,作者将俘玉之事列在了最后。[1]第三,作者要突出武王的主角地位,对商纣王不屑一顾,于是先在前文交代武王的杀伐果断:"则咸刘商王纣。"然后再在最后详细记录纣王的死因和死状:"商王纣取天智玉琰五环身,厚以自焚。"以免使读者对纣王的死因产生误会。第四,天智玉是武王、周臣的象征,庶玉是纣王、纣党的象征,与《大誓》"纣有亿兆夷人,亦有离德;余有乱臣十人,同心同德"[2]相呼应,以示顺天命、得人心者可以小敌大、以寡胜众。作者将武王俘获天智玉之事缀于文

---

[1] 顾颉刚:"按以俘人与俘玉较,则俘人之重要性远过于俘玉,故俘玉之时间虽前,而其事则记于献俘之后。"顾颉刚:《〈逸周书·世俘篇〉校注、写定与评论》,新建设编辑部编:《文史》第 2 辑,北京:中华书局,1963 年,第 21 页。

[2] 见引《左传·昭公二十四年》。杨伯峻编著:《春秋左传注》第 5 册,北京:中华书局,2016 年,第 1612 页。

末,通过"武王则宝与同"起到再次升华武王伟岸形象的作用,以作为压轴。

总之,《逸周书》西周诸篇的作者已具备运用倒叙手法记录史事的主观意识。当我们遇到文本不通顺之处时,不仅应从文献学角度考虑是否有错简、脱文,还要从文学角度考虑是否为作者刻意为之的倒叙。

(二) 其他文献比较

甄别文本中的不通顺之处是错简还是倒叙,并非易事。早期文献普遍存在篇幅较短、舛错较多等情况,因此更难判断其中是否存在倒叙。不过,也有部分早期文献存在较为明显的倒叙特征,如《左传·文公十六年》:"冬十一月甲寅,宋昭公将田孟诸,未至,夫人王姬使帅甸攻而杀之。荡意诸死之。书曰:'宋人弑其君杵臼。'君无道也。"①《左传·宣公元年》:"六月,齐人取济西之田,为立公故,以赂齐也。宋人之弑昭公也,晋荀林父以诸侯之师伐宋,宋及晋平,宋文公受盟于晋。又会诸侯于扈,将为鲁讨齐,皆取赂而还。郑穆公曰:'晋不足与也。'遂受盟于楚。陈共公之卒,楚人不礼焉。陈灵公受盟于晋。"②宋昭公死于文公十六年(公元前611),宣公元年(公元前608)再提此事,属于典型的倒叙。"宋人之弑昭公也",即"宋人弑杀昭公的时候",带有回忆语气。如果没有文公十六年(公元前611)的文献证据,仅凭宣公元年(公元前608)的"宋人之弑昭公也",我们也可大致推出此处是倒叙。除语气外,下文"晋荀林父以诸侯之师伐宋,宋及晋平,宋文公受盟于晋"等一长串的事件也不太可能在一个月内完成。《世俘》的"商王纣于商郊"的用法相当于《左传》的"宋人之弑昭公也",都是对先前之事的回忆。不同之处在于,《左传》有虚词"之""也",以突出回忆性质。如若去掉"之""也",则为"宋人弑昭公",与"商王纣于商郊"无异。反过来说,若将"商王纣于商郊"扩充为"商王纣[之战]于商郊[也]",则与"宋人之弑昭公也"无异,在倒叙修辞的使用方面亦不会有争议。两相比较,我们可以看出《左传》倒叙手法的文学成熟度是高于《世俘》的,其主要体现在两点:第一,《左传》"宋人之弑昭公也"虚词的使用更加成熟;《世俘》"商王纣于商郊"则只有虚词

---

① 杨伯峻编著:《春秋左传注》第2册,北京:中华书局,2016年,第679—680页。
② 杨伯峻编著:《春秋左传注》第3册,北京:中华书局,2016年,第708—709页。

"于",指向不够明朗。第二,《左传》有《文公十六年》与《宣公元年》两处文本相对照,可证明此确为倒叙;《世俘》是单篇文章,只能从逻辑去推理"商王纣于商郊"是倒叙。将"宋人之弑昭公也"与"商王纣[之战]于商郊[也]"对举,我们可知《左传》虽较《世俘》成熟,但两者使用倒叙时的叙事模式是一脉相承的,并无本质区别。考察《世俘》之前文献,因其短小或错讹难定,故而难见明确的倒叙。《世俘》之后文献,以《左传·宣公元年》为例,我们可见倒叙手法逐渐成熟的过程。

总之,《世俘》的倒叙带有开创性质,较晚文献《左传·宣公元年》的倒叙与之一脉相承,但后者的虚词使倒叙修辞呈现出了更成熟的形态。

四、远景与近景的结合

(一)西周诸篇

远景与近景的结合,是相对于传统记言体"书"类文献而言的。传统记言体"书"类文献的基本格式以"王若曰""王曰""周公若曰"引领,然后以对人物话语的记录为主体部分,如《尚书》周初八诰。在《逸周书》西周诸篇中,《商誓》属典型的"王若曰"体,《皇门》《祭公》也属"王若曰"体,但稍稍有一些背景介绍和人物动作描写,如《皇门》之类似于序的开篇,以及《祭公》文末的"党言"。相较而言,《克殷》《世俘》《度邑》三篇显得"非传统",《克殷》《世俘》以叙事为主,虽间有人物语言如"尹逸筴曰""告于周庙曰",但不属于记言体。《度邑》虽可属记言体,但客观叙事部分较多且对全篇主题而言分量较重,《皇门》《祭公》远不能与之相提并论。《克殷》《世俘》《度邑》这三篇"非传统"的"书"类文献都有一个共同特征,那就是作者十分擅长将远景描写与近景描写结合起来。远景可称作宏大场面描写,近景可称作细节描写。

于《克殷》《度邑》而言,一篇之中,既有远景也有近景。

《克殷》:"周车三百五十乘,陈于牧野,帝辛从。"在苍茫的中原大地、牧野战场,周军三百五十辆战车浩浩荡荡地排开,列出了阵势。商纣王毫不示弱,也率领商军主力迎战。① 这一处极远景描写以俯视视角,对牧野之战的全景进行了实况转播。镜头涵盖了所有的参战人员及武器装备,密密麻麻,气势恢宏,给读者带来了巨大的视觉震撼。接下来,"武王使尚父与伯夫致师"。镜头突然拉近,镜头由全景一下子切换为只剩两位主人公:武王、姜太公。在姜太公的身后,站着一百名虎贲之士。在武王的指令下,姜太公率领着一百名战士开始冲击敌阵,执行了"致师礼"。"王既誓,以虎贲戎车驰商师,商师大崩。"镜头开始拉远。此时镜头中的主人公只剩武王一人,但同时也涵盖了大量的周军士兵。武王慷慨作誓,周军将士群情激奋。随着武王一声令下,周军主力步车协同,向商军阵营发起了猛攻。然后,镜头继续拉远,"商师大崩"。商军的阵营被冲散了,商军开始溃败。在远景镜头中,我们看见黑压压的商军士兵成建制地逃跑,甚至倒戈。周军猛追猛打,一时"血之流杵"。从"周车三百五十乘"到"商师大崩",仅仅三十九个字,作者已对镜头进行了四次远近切换:极远景、近景、半远景、远景。

《度邑》:"维王克殷,国君诸侯,乃厥献民征主,九牧之师见王于殷郊。"武王克殷之后,所有的人都来参见武王,这其中包括八百诸侯国的国君、殷商归顺的贵族、九州之长官等。这些人个个地位尊贵,却如蝼蚁一般密密麻麻地拜服在殷都朝歌的郊外,等候着武王的指令,随时准备进京参见天颜。这是一个远景镜头,涵盖殷郊的一大片区域,八百诸侯等庞大的人群都在镜头内。"王乃升汾之阜以望商邑。"这句话的主人公虽然只有武王一人,但这也是一个远景镜头。一个小小的人影登上了汾水中央的小洲,这个人就是武王。他眺望着远方,将苍茫辽阔的商国疆域尽收眼底。这句话将镜头拉到了极广极远,"商邑"非仅指朝歌,而是指地图上所有曾经被殷商统治的区域。短短一句之内,镜头已进一步拉远。"王乃升汾之阜"时,我们还能看到

---

① 《史记·周本纪》:"誓已,诸侯兵会者车四千乘,陈师牧野。帝纣闻武王来,亦发兵七十万人距武王。"除周军外,还有诸侯军的战车四千辆,与周军并肩作战。对面的商军则有七十万人。《诗经·大雅·大明》:"殷商之旅,其会如林。"可见商军声势之浩大。[汉]司马迁撰,[南朝宋]裴骃集解,[唐]司马贞索隐,[唐]张守节正义:《史记》第 1 册,北京:中华书局,2014 年,第 159—160 页。[清]方玉润撰,李先耕点校:《诗经原始》下册,北京:中华书局,1986 年,第 477 页。

一个人影;到了"以望商邑",出现在读者面前的只剩苍茫的中原大地以及那一座座曾经属于商政权的城池。接下来,镜头突然拉近,武王开始说话:"永叹曰:'呜呼,不淑,兑天对!遂命一日,维显畏弗忘!'"这是一个特写镜头,武王的皱眉状、忧思状尽收读者眼底。"王至于周,自鹿至于丘中,具明不寝。"镜头又开始拉远,武王又变成了一个小小的人影,他从宗周风尘仆仆地出发,在地图上留下了一道轨迹。"王小子御告叔旦,叔旦亟奔即王曰:'久忧劳!'问:'害不寝?'曰:'安,予告汝。'"此处又是近景镜头,武王的车夫气喘吁吁地跑来向叔旦汇报武王的到来,周公又立刻急匆匆去参见武王,并问他为何不睡觉。武王淡定地说"安",然后引出"我未定天保"的主题对话。从"维王克殷"到"予告汝",仅仅九十二个字,已出现了五次镜头切换:远景、极远景、特写、远景、近景。

于《克殷》《世俘》而言,同一件事也分远景近景,如纣王自焚。

《克殷》:"商辛奔内,登于鹿台之上,屏遮而自燔于火。"《世俘》:"时甲子夕,商王纣取天智玉琰五环身,厚以自焚。"《克殷》《世俘》同时记录了纣王自焚之事,但取景有明显的远近之分。先看《克殷》。"商辛奔内"紧接"商师大崩"之后。"商师大崩"是一个远景镜头,当时商军正在大溃败,黑压压的商军往城内逃。商纣王的逃跑方向当然与商军败兵一致,于是称作"奔内"。"商辛奔内"的镜头虽然不如"商师大崩"之远,但也属于远景镜头,至少需将整个鹿台包含在内。读者远远看见一个狼狈的身影随着商军败兵一同逃进了城内,他逃到了鹿台之上,用什么东西遮住了身体,然后自焚。由《世俘》知,这个东西是玉。由于《克殷》是远景,作者看不清什么东西,所以说"屏遮而自燔于火",而不是明确说"屏遮[以玉]而自燔于火"。通过《克殷》,我们能看到纣王自焚的远景,但看不见细节。再看《世俘》。《世俘》强调"天智玉琰五环身",即用五块天智玉环绕着绑在身上,然后"厚以自焚"。"厚",有沉甸甸之感,强调天智玉之重。《克殷》看不清纣王用什么遮身,《世俘》不仅能看清那是玉,而且能看清那是五块天智玉,甚至,连天智玉绑在身上沉甸甸的感觉也写出来了。所以,《世俘》这段文本是典型的近景描写,与《克殷》正好形成一远一近的对比,从远近多角度记录了纣王自焚这件事。

从作者的写作动机看,远景与近景的结合一定程度上可认为是出于审美意识形态的需要。传统的记言体"书"类文献不具备这样的文学自觉意识,作者记言仅在于实录。无论记言内容如何生动有趣,还是超不出人物语言这个范畴。然而,《克殷》《世俘》《度邑》这样远景与近景相结合、叙事与记言相结合的写作方法是可以体现文学自觉意识的。比如经由《克殷》:"周车三百五十乘,陈于牧野,帝辛从。武王使尚父与伯夫致师。王既誓,以虎贲戎车驰商师,商师大崩。"我们能真真切切感受到中原大地的苍茫、战争规模的浩大、武王及周军的威武以及商军溃败时的狼狈。比如经由《世俘》:"商王纣取天智玉琰五环身,厚以自焚。"我们能看清商纣王身上绑着的每一块玉的样式,并且能直观感受到玉是沉甸甸的。这一系列的描写完全可以定性为"审美",能直接给予读者美的享受,具有较高的文学价值。

总之,《逸周书》西周诸篇的作者在非记言文本中会有意识地使用远景与近景相结合的写作手法,并以此给予读者文学审美的享受,具有一定的文学自觉性。

(二) 其他文献比较

《克殷》《世俘》《度邑》远景与近景的结合,既包括一篇之内的结合,也包括同一件事在不同篇目间的结合。在与其他文献比较时,我们主要从一篇之内远近景结合的考察入手。

在《史记·项羽本纪》中,项羽乌江自刎前的一段战斗描写堪称经典:"(项王)乃分其骑以为四队,四乡。汉军围之数重。项王谓其骑曰:'吾为公取彼一将。'令四面骑驰下,期山东为三处。于是项王大呼驰下,汉军皆披靡,遂斩汉一将。是时,赤泉侯为骑将,追项王,项王瞋目而叱之,赤泉侯人马俱惊,辟易数里。"[①]这段描写实现了远景与近景的完美结合。第一个镜头:"(项王)乃分其骑以为四队,四乡。"这是一个近景镜头。项羽把骑兵分为四队,面向四个方向。由此,读者能清晰地看到骑兵的分组和马头的朝向。第二个镜头:"汉军围之数重。"镜头拉远,交代楚军二十八骑的处境。当时数千汉军已将二十八骑团团包围。第三个镜头:"项王谓其骑曰:'吾为

---

① [汉]司马迁撰,[南朝宋]裴骃集解,[唐]司马贞索隐,[唐]张守节正义:《史记》第 1 册,北京:中华书局,2014 年,第 423 页。

公取彼一将。'"这是一个特写,将镜头给了说话的项羽。第四个镜头:"令四面骑驰下,期山东为三处。"此时镜头拉远,读者看到四队楚军骑兵向着四个方向疾驰而下。第五个镜头:"于是项王大呼驰下,汉军皆披靡,遂斩汉一将。"这又是特写镜头,项羽"大呼"的神情跃然纸上。读者仿佛能听到项羽的呼喊,能看到他脸上的褶皱和汗珠。第六个镜头:"是时,赤泉侯为骑将,追项王。"这又是一个特写,镜头给赤泉侯杨喜。杨喜策马追击项羽。第七个镜头:"项王瞋目而叱之。"这又是一个特写,镜头给项羽。项羽瞪大眼睛,大喝一声。极有画面感。第八个镜头:"赤泉侯人马俱惊。"这依然是特写,镜头给杨喜。杨喜连人带马都受到了惊吓。读者由此仿佛能看见杨喜惊恐的表情和战马受惊后的嘶鸣。第九个镜头:"辟易数里。"此时镜头拉远,杨喜连人带马被吓跑了,乃至于跑出了数里地。此为夸张手法,当时杨喜不可能真的跑那么远,此处描写仅在于凸显项羽"瞋目而叱之"给人带来的震撼之大。太史公的这段描写仅八十八个字,却有九个镜头,分别为:近景、远景、特写、远景、特写、特写、特写、特写、半远景。篇幅之短,镜头之多,堪称经典。参上文,《克殷》的描写三十九个字,包含了四个镜头:极远景、近景、半远景、远景。《度邑》的描写九十二个字,包含了五个镜头:远景、极远景、特写、远景、近景。《项羽本纪》与《克殷》《度邑》的相同点包括:第一,镜头切换都较为频繁,而非一镜到底的长镜头;第二,远近景切换自如,且远景与远景之间还可再分远近,近景与近景之间也可再分远近,而非简单的"远—近"二分;第三,《项羽本纪》《度邑》都有人物说话的特写镜头。《项羽本纪》与《克殷》《度邑》的不同点包括:第一,《项羽本纪》的镜头更短,体现出的节奏更快;第二,《项羽本纪》有多处特写镜头的来回切换;第三,《克殷》《度邑》有极远景,镜头更加开阔,《项羽本纪》则无。从文学成熟度看,《克殷》《度邑》虽已达到了同时代的最高高度,但相比于《项羽本纪》而言,其文学审美属性依然略输一等。

总之,《克殷》《度邑》的作者具有进行镜头远近切换的主观意识,并且善于描写极远景,但在镜头切换方面尚不具备后世文献《项羽本纪》镜头短、节奏快、连续特写等特点。

五、神秘描写

(一) 西周诸篇

神秘描写,或称超自然描写,指的是文本中有违唯物主义与今人基本科学认知的描写。对古人来说,这类描写未必违背他们的认知,即如鲁迅所说:"盖当时以为幽明虽殊途,而人鬼乃皆实有,故其叙述异事,与记载人间常事,自视固无诚妄之别矣。"[1]从成文效果看,神秘描写的部分往往具有较高的文学审美价值。

西周诸篇中最有代表性的神秘描写是《度邑》:"夷羊在牧,飞鸿满野。"在本书第一章第四节中,我们已对这句经典的神秘描写进行了详细的析论,现再从文学成熟度的角度做三点总结:第一,营造了广阔的意境。按镜头之远近,"夷羊在牧,飞鸿满野"毫无疑问属于远景镜头。作者描绘了一幅图景:夷羊出现在郊外,蝗虫漫天满野。第二,"夷羊""飞鸿"两种动物的叠加。夷羊这种动物十分稀有,常被古人以神怪视之。蝗虫虽常见,但遮天蔽日的蝗虫也百年难遇。通过两种自带稀见属性的动物叠加,可平添文本的神秘色彩。第三,政治隐喻手法的纯熟运用。"夷羊在牧,飞鸿满野"是生态遭到破坏、自然灾害频发的标志,六十年的"天不享于殷"客观上加速了商王朝的衰亡。在作者看来,天降妖祥可隐喻商政之恶。同时,"牧""野",合称"牧野",即周军击败商军之所,此隐喻天降异象之地即为天命更替之地。

除"夷羊在牧,飞鸿满野"外,西周诸篇还有一些超现实的富有艺术美[2]的描写,也可纳入神秘描写的范畴。

《世俘》:"王烈祖自太王、太伯、王季、虞公、文王、邑考以列升,维告殷罪。"孔注:"虞公,虞仲。邑考,文王子也。皆升王于帝。"太伯、虞仲、伯邑考皆未尝为王,此时武王因克殷胜利而向天帝申请"升王",故曰"列升"。太

---

[1] 鲁迅:《中国小说史略》,南昌:江西教育出版社,2017年,第21页。
[2] 郑春元在谈"《聊斋志异》中的神秘描写"时说道:"《聊斋志异》中处处充满神秘,这些神秘性描写使作品产生无穷的艺术魅力,产生多方面的艺术美,主要有厚蕴美、悬念美、神奇美、奇幻美、张力美。"郑春元:《〈聊斋志异〉中的神秘描写》,《蒲松龄研究》2010年第4期,第14—23页。按:这一系列的"美"也同样可用于形容《逸周书》西周诸篇中的神秘描写。

王、王季、文王虽谓"三王",然只是自封,是时未承天命,故此时也需"升王"。潘振:"以告天之服临之,既,王其号,而王其享者附焉,似天已命之,故即以天事之也。"①武王欲追封列祖为王,故假天意以封之。丁宗洛:"盖言升其主于祭帝之所,而以王礼祀之耳。"②黄怀信:"升,谓悬其神主。"③周宝宏:"以列:按次序。升:指升到被祭的地方。"④至此,我们可大致还原当时的情景:在武王的主持下,太王、太伯、王季、虞公、文王、邑考六位前辈的神主在祭祀上帝的宗庙里按顺序升起,在庄严的仪式中,武王正式宣告追封六位前辈为"王",并享受王礼祭祀。神主升起,武王告封,都具有浓郁的神秘色彩。在周人的思想观念中,武王克殷之后沟通天人的渠道也实现了殷周转换。当天命在商时,周人只能自封;一旦天命在周,周人就可以直接告天封王——这种"王"被认为是官方授予的王、正式的王。升神主、告天帝等行为在今天看来显然是有违唯物主义的,故可归于神秘描写。这类神秘描写散溢出的超现实色彩,具有一定的文学审美价值。

《世俘》:"告于周庙曰:'古朕闻文考修商人典,以斩纣身。'告于天于稷。"孔注:"言诸侯竟杀牲告周庙天稷也。"潘振:"此武王告文庙之辞。"⑤陈逢衡:"言昔朕闻文考之训,故修商家伐夏救民之典,以斩纣身,而上告于天于稷也。"⑥唐大沛:"以诛纣事告于天神、稷神也。"⑦朱右曾:"已将斩纣身事

---

① [清]潘振注:《周书解义》,清嘉庆间(1796—1820)刻本,宋志英、晁岳佩选编:《〈逸周书〉研究文献辑刊》第2册,北京:国家图书馆出版社,2015年,第38页。
② [晋]孔晁注,[清]丁宗洛笺:《逸周书管笺》,清道光十年(1830)济宁海康丁宗洛迁园刻本,宋志英、晁岳佩选编:《〈逸周书〉研究文献辑刊》第6册,北京:国家图书馆出版社,2015年,第113页。
③ 黄怀信:《逸周书校补注译》,西安:三秦出版社,2006年,第197页。
④ 周宝宏:《〈逸周书〉考释》,北京:社会科学文献出版社,2001年,第123页。
⑤ [清]潘振注:《周书解义》,清嘉庆间(1796—1820)刻本,宋志英、晁岳佩选编:《〈逸周书〉研究文献辑刊》第2册,北京:国家图书馆出版社,2015年,第45页。
⑥ [晋]孔晁注,[清]陈逢衡补注:《逸周书补注》,清道光五年(1825)刻本,宋志英、晁岳佩选编:《〈逸周书〉研究文献辑刊》第3册,北京:国家图书馆出版社,2015年,第381页。
⑦ [清]唐大沛撰:《逸周书分编句释》,清道光十六年(1836)著者手定底稿本,宋志英、晁岳佩选编:《〈逸周书〉研究文献辑刊》第7册,北京:国家图书馆出版社,2015年,第205页。

告之天与稷矣。"①黄怀信:"稷,谓始祖后稷。"②周宝宏:"稷:后稷。"③各家之说分歧不大。"告于天于稷",指的是武王在周庙向上天和后稷汇报斩纣之事,此正符合周人敬天、敬祖的传统。按今之唯物观,天、祖皆不可告。武王告之,因而神异。告天告祖之地点,在周庙,更添其神秘。读者可以想象当时气氛之肃穆,武王在取得沟通天人的渠道之后,在周庙慎重其事地向上天和始祖后稷汇报了灭纣克殷之大业的完成。结合上文"断牛六、断羊二"和下文"用小牲羊犬豕于百神水土于誓社"的血祭,告庙环节的整体画风更显奇幻。这一系列文本的记录仿佛将读者带入了一个神话世界,使人顺其自然地相信与天沟通、与祖沟通是真实可操作的。从文学的角度看,这样的叙事极富艺术美感。

《商誓》:"凡在天下之庶民,罔不维后稷之元谷用蒸享。在商先誓王,明祀上帝□□□亦维我后稷之元谷用告和,用胥饮食。"潘振:"后稷惟帝之命,能种百谷,成禹治水之功,天下无不维元谷以蒸享。在商先哲王,明洁祀上帝,亦维元谷,以告民和,以相饮食。故商先哲王维明祀之故,为此元谷,以明西土后稷之德。"④潘注可从。这段文字的精华在"蒸享"和"用胥饮食"。陈逢衡:"用胥饮食,万民养也。"⑤"蒸享",是人为神服务;"用胥饮食",是神为人服务。黄怀信训译:"凡是天下的民众,没有不用我们后稷的嘉谷去祭祀,没有不享食我们后稷嘉谷的。"⑥人祭祀神时,神不必为后稷;但是神造福人时,神特指后稷。从"蒸享"到"用胥饮食",完成了从人到神、再从神到人的循环互动。"蒸享"二字非常生动传神,仿佛有一碗热气腾腾的美食,被祭

---

① [清]朱右曾撰:《逸周书集训校释》,清光绪十四年(1888)南菁书院刻《皇清经解续编》本,宋志英、晁岳佩选编:《〈逸周书〉研究文献辑刊》第8册,北京:国家图书馆出版社,2015年,第99页。
② 黄怀信:《逸周书校补注译》,西安:三秦出版社,2006年,第203页。
③ 周宝宏:《〈逸周书〉考释》,北京:社会科学文献出版社,2001年,第126页。
④ [清]潘振注:《周书解义》,清嘉庆间(1796—1820)刻本,宋志英、晁岳佩选编:《〈逸周书〉研究文献辑刊》第2册,北京:国家图书馆出版社,2015年,第50页。
⑤ [晋]孔晁注,[清]陈逢衡补注:《逸周书补注》,清道光五年(1825)刻本,宋志英、晁岳佩选编:《〈逸周书〉研究文献辑刊》第3册,北京:国家图书馆出版社,2015年,第392页。
⑥ 黄怀信:《逸周书校补注译》,西安:三秦出版社,2006年,第209页。

祀者放在了神的面前。"用胥饮食"的主语在后稷,后稷在天,专职喂养万民。《商誓》这段文本的"人—神"互动具有现实性,世间的人实实在在有祭祀行为,也实实在在能吃到谷物粮食。祭祀品热气腾腾,是真实的,因此被祭祀者仿佛也是真实的;民众能够吃饱饭,也是真实的,因此仿佛也存在那样一个负责喂饱民众的神灵。"蒸享""用胥饮食"的作用在于,说服人们相信神秘现象的真实性。作者将神秘叙事寓于真实场景中,给人以亦真亦假的模糊感。对迷信的古人来说,这样的"人—神"互动难免使其深信不疑。今之读者从情景带入感受这种"人—神"互动时,也能从文学审美层面领略其艺术美。

《祭公》:"朕身尚在兹,朕魂在于天昭王之所。"简本《祭公之顾命》:"朕身尚在兹,朕魂在朕辟昭王之所。"①潘振:"魂,人阳神也……言谋父疾维不愈,我身尚在于此,虽魂已在天。"②陈逢衡:"朕身尚在,谓当此弥留之际,尚奄奄在世。兹朕魂在于天,则精气已散,不能久矣。"③唐大沛:"魂升在天。"④朱右曾:"魂在先王左右,言必死也。"⑤李学勤:"祭公自知病重,认为魂已升天,侍于曾经服事的昭王,可见当时观念,先王在天,而人死后魂与躯体分离。"⑥此说祭公弥留之际,魂已先于肉体升天。今之习语言人之将死,亦说魂先在天,其实属神秘叙事。魂,按潘说"阳神",本超乎现实。祭公谋父弥留之际,身尚在人间,阳神已流转于天,以至先王昭王身边,实为离奇。这句话富有浪漫主义色彩,言忠臣至死不渝效力王室,虽弥留之际,亦不忘

---

① 清华大学出土文献研究与保护中心编,李学勤主编:《清华大学藏战国竹简(壹)》,上海:中西书局,2010年,第174页。
② [清]潘振注:《周书解义》,清嘉庆间(1796—1820)刻本,宋志英、晁岳佩选编:《〈逸周书〉研究文献辑刊》第2册,北京:国家图书馆出版社,2015年,第300—301页。
③ [晋]孔晁注,[清]陈逢衡补注:《逸周书补注》,清道光五年(1825)刻本,宋志英、晁岳佩选编:《〈逸周书〉研究文献辑刊》第4册,北京:国家图书馆出版社,2015年,第504页。
④ [清]唐大沛撰:《逸周书分编句释》,清道光十六年(1836)著者手定底稿本,宋志英、晁岳佩选编:《〈逸周书〉研究文献辑刊》第7册,北京:国家图书馆出版社,2015年,第104页。
⑤ [清]朱右曾撰:《逸周书集训校释》,清光绪十四年(1888)南菁书院刻《皇清经解续编》本,宋志英、晁岳佩选编:《〈逸周书〉研究文献辑刊》第8册,北京:国家图书馆出版社,2015年,第201页。
⑥ 李学勤:《祭公谋父及其德论》,《齐鲁学刊》1988年第3期,第8—10、7页。

在王家。生则侍时王,死则侍先王,忠贞如一。这样的超现实笔法属神秘抒情,尽言"人死后魂与躯体分离"之状,使人身临其境,为其忠诚所感。

从作者写作动机看,作者未必以神秘描写为拟构,或以为实录,即如上引鲁迅之言:"其叙述异事,与记载人间常事,自视固无诚妄之别。"然神秘描写并非仅是客观呈现效果,作者的主观能动性亦不能忽略,其主要可概括为四点:第一,借上天之力,增益人间之权威,如《世俘》一例;第二,沟通天人,以示得天命者可垄断天人沟通之渠道,如《世俘》一、二例;第三,天人互动,彰显祖先之伟大,如《商誓》例;第四,天人合一,明臣子之忠心,如《祭公》例。

总之,《逸周书》西周诸篇中存在一些富有文学审美价值的神秘描写,但从作者的主观动机看,其写作目的主要在于"天—人"联系,以为政治情愫服务,而非单纯的文学创作。

(二)其他文献比较

神秘描写往往与灾异描写联系在一起,甚至有时可划等号。如"山崩河竭",属于较为广义的神秘描写,常见于各类文献,此不赘述。现举隅三处最可与《度邑》"夷羊在牧,飞鸿满野"相参照的神秘描写:一为"高宗肜日",一为"反风禾尽起",一为"六鹢退飞"。

《尚书·高宗肜日》:"高宗肜日,越有雊雉。祖己曰:'惟先格王,正厥事。'乃训于王曰:'惟天监下民,典厥义,降年有永有不永。非天夭民,民中绝命。民有不若德,不听罪。天既孚命正厥德,乃曰:"其如台?"呜呼,王司敬民,罔非天胤,典祀无丰于昵。'"[1]《高宗肜日》营造了一个神秘的意境,祭祀时野鸡的突然鸣叫被赋予了一层神秘的色彩。这一处神秘描写不是通过一句话完成的,而是有前后的照应。如果没有祖己"惟先格王,正厥事"这样的反应与"典祀无丰于昵"这样的劝导,仅凭"越有雊雉"是难见其神秘的。《尚书·金縢》的情况与之类似:"秋,大熟,未获,天大雷电以风,禾尽偃,大木斯拔,邦人大恐,王与大夫尽弁,以启金縢之书,乃得周公所自以为功代武

---

[1] 顾颉刚、刘起釪:《尚书校释译论》第 2 册,北京:中华书局,2005 年,第 992—1011 页。

王之说。二公及王乃问诸史与百执事。对曰：'信。噫公命，我勿敢言。'王执书以泣曰：'其勿穆卜！昔公勤劳王家，惟予冲人弗及知。今天动威以彰周公之德，惟朕小子其新逆，我国家礼亦宜之。'王出郊，天乃雨，反风，禾则尽起。二公命邦人，凡大木所偃，尽起而筑之，岁则大熟。"①《金縢》的神秘描写也是一个完整的故事，说的是雷暴天气将成熟的庄稼全都吹倒了，成王放下对周公的猜忌后，风突然向反方向吹，使得原本倒下的庄稼又重新站了起来。如果作者仅交代"禾尽偃"或"禾则尽起"，则难称神秘。只有将事情的来龙去脉与天人联系交代清楚，这一处神秘描写才有意义。相比较而言，"六鹢退飞"的神秘描写只有一句话，《春秋·僖公十六年》："是月，六鹢退飞，过宋都。"②同样，《度邑》的神秘描写也只有一句话："夷羊在牧，飞鸿满野。"从文学成熟度上看，《度邑》《春秋·僖公十六年》一类，《高宗肜日》《金縢》一类，后者较前者更为成熟，神秘描写已具备较为连贯的情节。

从写作年代看，《春秋·僖公十六年》是确定的东周作品，《高宗肜日》《金縢》则有一定争议。按刘起釪鉴定，《金縢》是西周作品③，但此决非定论。屈万里："疑本篇之著成，盖当战国时也。"④笔者认为，《金縢》"册祝"部分应有西周祖本，其余部分乃东周作品，甚至是战国作品。上引神秘描写部分，不属于册祝内容。《高宗肜日》不在刘起釪鉴定的西周文献之列⑤，屈万里也认为"以文辞之浅易觇之，本篇作成时代，似当在战国之世"⑥，可从。可见，《度邑》的写成时代早于《春秋》，《春秋》的写成时代早于《高宗肜日》《金縢》。参上文所说文学成熟度，《尚书》二篇确实是高于《度邑》《春秋·僖公十六年》的。

由此我们可以推演，早期的神秘描写只是对某一神秘现象的一笔带过，而较晚的神秘描写可以将神秘现象与人事更紧密地结合，使其具备一定的

---

① 顾颉刚、刘起釪：《尚书校释译论》第3册，北京：中华书局，2005年，第1240页。
② 杨伯峻编著：《春秋左传注》第2册，北京：中华书局，2016年，第402页。
③ 参见陈高华、陈智超等著：《中国古代史史料学》，北京：中华书局，2016年，第50页。
④ 屈万里著，李伟泰、周凤五校：《尚书集释》，上海：中西书局，2014年，第128页。
⑤ 参见陈高华、陈智超等著：《中国古代史史料学》，北京：中华书局，2016年，第50页。
⑥ 屈万里著，李伟泰、周凤五校：《尚书集释》，上海：中西书局，2014年，第99页。

故事性、情节性。《度邑》《春秋》《高宗肜日》三篇神秘描写的共同之处在于，都以动物为线索。只不过，《度邑》中的动物是怪兽"夷羊"；《春秋》中的动物是常见的"鹢"，但"鹢"有"倒飞"这样的反常动作；《高宗肜日》中的"雉"既常见又无反常动作，但因为出现在"高宗肜日"这样一个特殊的祭祀典礼上，因此具备了神秘属性。从动物稀有性、反常性的角度说，《度邑》《春秋》《高宗肜日》是层层递减的；但从神秘属性的角度说，《度邑》《春秋》《高宗肜日》反而是层层递增的。《度邑》如果不言"夷羊"，换成一种常见动物，那么其是否是神秘描写就需再做考证了；《高宗肜日》不需要"雉"有什么反常的举动，仅通过完整的故事情节叙述，读者就可以直观感受其神秘。因此，论及文学之成熟度，《度邑》应高于《春秋》，《春秋》应高于《高宗肜日》。《金縢》的"禾"是植物，但可起到与动物同样的效果。《金縢》中的"禾"是常见植物，但有"反风，禾则尽起"这样的反常举动，所以《金縢》神秘描写的文学成熟度应介于《春秋》与《高宗肜日》之间。

总之，《度邑》中的"夷羊在牧，飞鸿满野"属于一笔带过的神秘描写，在天人结合与故事情节方面尚不如《高宗肜日》《金縢》等后世文献完善，同时也需要"夷羊"这样的稀见怪兽来证明其神秘属性。从《度邑》到《春秋》到《金縢》再到《高宗肜日》，我们可以看到神秘描写逐渐成熟的过程。

综合以上论述，我们现对西周诸篇的文学成熟度做五点总结：第一，西周诸篇的作者已具备塑造人物形象的主观能动性。他们善于在场景叙事中反复加深对某一特定人物形象的打磨，以达到突出中心政治人物的作用；他们善于把握人物语言的个性，通过这种个性直接或间接反映目标人物的形象；他们擅长使用场景切换，次第展现人物群像，并以群像为中心人物服务。以中心人物代表团体的思维起源于殷商卜辞，但成熟于《世俘》；《商誓》的"威胁语"上承《盘庚》，并影响后世；《克殷》的镜头切换对《史记·项羽本纪》等后世文献刻画人物形象的方法有深远影响。第二，西周诸篇的作者已能熟练使用包括铺陈、排比、比喻、夸张、夸饰、节缩在内的至少六种修辞手法。其中，夸张、夸饰、排比、比喻四种属明显修辞，可定性为作者自觉使用。这些修辞的使用建立在大爱大恨的政治抒情之上。夸张、夸饰的思维方式起源于殷商，西周诸篇将其付诸文本实践；《祭公》的排比成熟度介于殷商甲骨卜辞的朴素与后世《荀子》的工整之间;《皇门》的比喻已具备明确的语言标志和作者主观意识,较殷商格言成熟,但不如后世精炼。第三,错简之余,偶见倒叙。或为确保记叙时历日的连贯,或为优先记录重要的内容,或为对前文可能存在歧义的内容进行补充说明,或为突出中心人物的形象,作者会主动选择将早些时候发生的史事移到后面叙述,以此形成了倒叙的叙事方式。《世俘》的倒叙有开创之功,后世文献《左传·宣公元年》的倒叙与之一脉相承,但在虚词使用方面较《世俘》更成熟。第四,作者能够自觉地进行远景和近景的频繁切换,实现宏大场面描写与细节描写的有机结合。这样远近镜头切换的写作方式适用于非纯记言的篇目,可给予读者一定的艺术审美享受。不过,在镜头短、节奏快、连续特写等方面,《度邑》还略逊于后世文献《项羽本纪》。第五。作者在客观叙事的同时会掺入部分唯心的神秘描写,其侧重点在"天—人"或"人—神"之间的关系,以为某种政治功用服务。这些神秘描写虽多非作者刻意拟构,但客观上具有一定的文学价值。从具体呈现方式看,《度邑》的神秘描写只是一笔带过,不如后世《高宗肜日》《金縢》等文献的神秘描写更兼具故事性和情节性。

第二节　西周诸篇在先秦文学中的位置

一、西周诸篇与《尚书》的文学联系

谈及基于"书"类文献的文学特征,落脚点主要在《尚书》最重要的两个文学标签:"记言体散文"和"六体"。既然"书"以《尚书》为中心,那么"书"之文学也理所应当以《尚书》之文学为中心。故而欲知西周诸篇在先秦文学中的位置,首先应知其与《尚书》的文学联系。

《汉书·艺文志》颜师古注引刘向言:"周时诰誓号令也,盖孔子所论百

篇之余也。"①刘向的这句论断历来被视作对《逸周书》的定性，是"《逸周书》学"的精髓。然而，严格来说，这句话是不能概括《逸周书》全书的。我们不需要细梳《逸周书》中哪些篇目可对应"诰""誓""号令"，只需知刘向用意在于强调《逸周书》是与《尚书》同一类型的文献即可。可事实上《尚书》只与《逸周书》中的部分篇目属同类文献，即所谓"诰""誓""号令"，亦即"书"类"六体"。实际上《逸周书》各篇的文献类型很复杂：兵书如《武顺》，内容接近《司马法》《六韬》；礼书如《周月》《时训》《月令》，其中《月令》为存目，见于《礼记》；《武寤》四字一句，铿锵押韵，属于"诗"；《殷祝》言夏桀主动禅位商汤，荒诞不经，属小说家之言。这些文献与《尚书》显然不属于同一类型，至少无法纳入狭义的"书"类文献。相比较而言，《克殷》《世俘》《商誓》《度邑》《皇门》《祭公》西周六篇是较为接近《尚书》的，其中《世俘》即《武成》，刘起釪早有定论。②《克殷》属《世俘》姊妹篇。《商誓》《皇门》属"诰"体，与《尚书》周初八诰同类。《祭公》属"顾命"体，与《顾命》、清华简《保训》同类。本书第三章在鉴定"书"类文献时，将《克殷》《世俘》《商誓》《皇门》《祭公》五篇鉴定为"书"类文献。《度邑》虽不属"书"类文献，但它也与《尚书》"谟"体文献有一定的联系。按刘向"周时诰誓号令"之说，西周六篇的契合度是明显高于《逸周书》其他篇目的。因此，我们在讨论西周诸篇与《尚书》的关系时，也应把它们与《逸周书》其他篇目区别开。

既然要将西周诸篇与《逸周书》其他篇目区别开，那么《逸周书》西周诸篇与《尚书》的关系就不能等同于《逸周书》与《尚书》的关系。下面我们从散文类型、"六体"两个角度谈西周诸篇与《尚书》的文学联系。

《尚书》作为先秦散文之典范，以记言体散文为主。今文二十八篇中，除《禹贡》不属于记言体外，其余二十七篇皆可归于记言体。二十七篇记言体

---

① [汉]班固撰，[唐]颜师古注：《汉书》第 6 册，北京：中华书局，1962 年，第 1705 页。对于"百篇之余"，程元敏有不同的理解："刘向谓孔子所论为百篇，据孔壁百篇《书序》为说也；而《周书》七十一篇乃孔子讨论《书》篇以为不合，弃置弗取者，其意谓孔子删去此七十一篇，故云'百篇之余'也。"程元敏：《尚书学史》上册，上海：华东师范大学出版社，2013 年，第 55—56 页。

② 刘起釪：《尚书学史》，北京：中华书局，2017 年，第 95 页。

内部的主要差异是,部分篇目只有"王若曰"、人物动作、背景交代不属于记言体,其余皆是对人物语言的记录,如《皋陶谟》《甘誓》《汤誓》《高宗肜日》《西伯戡黎》《微子》《牧誓》《洪范》《大诰》《康诰》《酒诰》《梓材》《多士》《无逸》《君奭》《多方》《立政》《吕刑》《文侯之命》《费誓》《秦誓》,几乎通篇都在记言,或只有少量非记言。相比之下,《盘庚》有一定篇幅的非记言:"盘庚作,惟涉河以民迁,乃话民之弗率,诞告用亶。其有众咸造,勿亵在王庭。盘庚乃登进厥民。""盘庚既迁,奠厥攸居,乃正厥位,绥爰有众。""盘庚迁于殷,民不适有居。率吁众慼出矢言曰。""盘庚斅于民由乃在位,以常旧服正法度。""王命众悉至于庭。"①考虑到这些叙事内容虽占据了一定的篇幅,但都构不成"大段叙事",尤其相对于千余字的《盘庚》而言,这些小段叙事只堪陪衬。因此,《盘庚》可位列只有少量叙事的记言体散文。《洛诰》在篇末也有一段较长的叙事:"戊辰,王在新邑,烝祭岁,文王骍牛一,武王骍牛一。王命作册逸祝册,惟告周公其后。王宾,杀禋,咸格。王入太室祼。王命周公后,作册逸诰。在十有二月。惟周公诞保文武受命,惟七年。"②但《洛诰》除篇末叙事外只剩"拜手稽首",没有其他叙事,故而《洛诰》也可归于只有少量叙事的记言体散文。

另一些篇目有大段的记叙或说明部分,但从宏观来看,依然属于记言体的范畴,这些篇目包括《尧典》《金縢》《召诰》《顾命》。《尧典》开篇:

> 曰若稽古帝尧,曰放勋,钦、明、文、思安安,允恭克让,光被四表,格于上下。克明俊德,以亲九族;九族既睦,平章百姓,百姓昭明,协和万邦;黎民于变时雍。乃命羲和,钦若昊天历象——日月星辰,敬授民时。分命羲仲宅嵎夷曰旸谷,寅宾出日,平秩东作。日中、星鸟,以殷仲春。厥民析,鸟兽孳尾。申命羲叔宅南交,平秩

---

① 顾颉刚、刘起釪:《尚书校释译论》第 2 册,北京:中华书局,2005 年,第 901、919、930、934 页。按刘起釪观点:"以原中篇为第一篇,原下篇为第二篇,原上篇为第三篇。"此处引用亦沿袭此顺序。顾颉刚、刘起釪:《尚书校释译论》第 2 册,北京:中华书局,2005 年,第 901 页。
② 顾颉刚、刘起釪:《尚书校释译论》第 3 册,北京:中华书局,2005 年,第 1496—1497 页。

南为,敬致。日永星火,以正仲夏。厥民因,鸟兽希革。分命和仲宅西曰昧谷,寅饯纳日,平秩西成。宵中、星虚,以殷仲秋。厥民夷,鸟兽毛毨。申命和叔宅朔方曰幽都,平在朔易。日短、星昴,以正仲冬。厥民隩,鸟兽氄毛。①(《尧典》)

《召诰》开篇:

惟二月既望,越六日乙未,王朝步自周,则至于丰。惟太保先周公相宅。越若来三月,惟丙午朏,越三日戊申,太保朝至于洛,卜宅;厥既得卜,则经营。越三日庚戌,太保乃以庶殷攻位于洛汭。越五日甲寅,位成。若翼日乙卯,周公朝至于洛,则达观于新邑营。越三日丁巳,用牲于郊,牛二。越翼日戊午,乃社于新邑,牛一,羊一,豕一。越七日甲子,周公乃朝用书,命庶殷侯、甸、男邦伯。厥既命殷庶,庶殷丕作。太保乃以庶邦冢君出取币,乃复入锡周公。②(《召诰》)

此皆属于典型的大段叙事,《洛诰》的篇末叙事远不能与之相提并论。《金縢》的叙事则穿插篇中:

既克商二年,王有疾,弗豫⋯⋯公乃自以为功:为三坛,同墠;为坛于南方,北面,周公立焉,植璧秉珪,乃告太王、王季、文王。史乃册祝曰⋯⋯乃卜三龟,一习吉。启籥见书,乃并是吉⋯⋯公归,乃纳册于金縢之匮中,王翌日乃瘳。武王既丧,管叔及其群弟乃流言于国曰⋯⋯周公乃告二公曰⋯⋯周公居东二年,则罪人斯得。于后,公乃为诗以贻王,名之曰《鸱鸮》。王亦未敢诮公。秋,大熟,未获,天大雷电以风,禾尽偃,大木斯拔,邦人大恐,王与大夫尽弁,

---

① 顾颉刚、刘起釪:《尚书校释译论》第1册,北京:中华书局,2005年,第2—32页。
② 顾颉刚、刘起釪:《尚书校释译论》第3册,北京:中华书局,2005年,第1432—1434页。

以启金滕之书,乃得周公所自以为功代武王之说。二公及王乃问诸史与百执事……王执书以泣曰……王出郊,天乃雨,反风,禾则尽起。二公命邦人,凡大木所偃,尽起而筑之,岁则大熟。①(《金滕》)

《金滕》的叙事情况与《度邑》相似,皆将大段叙事穿插于人物语言之中。至于《顾命》,则叙事的篇幅几与记言对等。该篇主要记言内容分为两部分,前一部分乃成王顾命之辞,后一部分乃康王与群臣的君臣对答。非记言部分衔接其中,并占据了半数以上的篇幅。为避繁琐,此处只选择性引用中间位置最完整的一段叙事:

兹既受命,还,出缀衣于庭。越翼日乙丑,王崩。太保命仲桓、南宫毛,俾爰齐侯吕伋,以二干戈虎贲百人,逆子钊于南门之外,延入翼室,恤宅宗。丁卯,命作册度。越七日癸酉,伯相命士须材。狄设黼扆缀衣,牖间南向,敷重篾席、黼纯,华玉仍几。西序东向,敷重厎席、缀纯,文贝仍几。东序西向,敷重丰席、画纯,雕玉仍几。西夹南向,敷重笋席、玄纷纯,漆仍几。越玉五重、陈宝、赤刀、大训、弘璧、琬琰,在西序。大玉、夷玉、天球、河图,在东序。胤之舞衣、大贝、鼖鼓,在西房。兑之戈、和之弓、垂之竹矢,在东房。大辂在宾阶面,缀辂在阼阶面,先辂在左塾之前,次辂在右塾之前。二人雀弁,执惠,立于毕门之内;四人綦弁,执戈上刃,夹两阶戺;一人冕,执刘,立于东堂;一人冕,执钺,立于西堂;一人冕,执戣,立于东垂;一人冕,执瞿,立于西垂;一人冕,执锐,立于侧阶。王麻冕黼裳,由宾阶隮。卿士、邦君,麻冕蚁裳,入即位。太保、太史、太宗,皆麻冕彤裳。太保承介圭,上宗奉同瑁,由阼阶隮。太史秉书,由宾阶隮,御王册命。②(《顾命》)

---

① 顾颉刚、刘起釪:《尚书校释译论》第 3 册,北京:中华书局,2005 年,第 1223—1240 页。
② 顾颉刚、刘起釪:《尚书校释译论》第 4 册,北京:中华书局,2005 年,第 1712—1803 页。

考虑到成王顾命之辞与康王君臣对答是全篇的主体部分,故我们依然将《顾命》归于记言体。

至于《禹贡》,则是典型的非记言体散文,属于地理文献。从文献特征上看,更接近于"礼",可与《逸周书·职方》构成"明确成组关系"①。

我们现将今文《尚书》二十八篇的记言、非记言情况列诸表格,以与西周诸篇形成对照:

	今文《尚书》	《逸周书》西周诸篇②
记言,或有少量非记言	《皋陶谟》《甘誓》《汤誓》《盘庚》《高宗肜日》《西伯戡黎》《微子》《牧誓》《洪范》《大诰》《康诰》《酒诰》《梓材》《洛诰》《多士》《无逸》《君奭》《多方》《立政》《吕刑》《文侯之命》《费誓》《秦誓》	《商誓》《皇门》《祭公》
记言,但有较多非记言	《尧典》《金縢》《召诰》《顾命》	《度邑》
非记言,或有少量记言	《禹贡》	《克殷》《世俘》

在《尚书》"六体"分类方面,我们还是以孔颖达之说为最主要的参照标准:

《尧典》《舜典》二篇,典也;《大禹谟》《皋陶谟》二篇,谟也;《禹贡》一篇,贡也;《五子之歌》一篇,歌也;《甘誓》《泰誓》三篇、《汤誓》《牧誓》《费誓》《秦誓》八篇③,誓也;《仲虺之诰》《汤诰》《大诰》《康诰》《酒诰》《召诰》《洛诰》《康王之诰》八篇,诰也;《伊训》一篇,训也;《说命》三篇、《微子之命》《蔡仲之命》《顾命》《毕命》《冏命》《文侯之命》九篇,命也;《胤征》一篇,征也;《洪范》一篇,范也。此各随

---

① 章宁:《"书"类文献刍议》,《史学史研究》2019年第1期,第93—101页。
② 《逸周书》西周诸篇的记言、非记言情况,直接采用文本第三章的鉴定结论。
③ 点校本《十三经注疏》此处有明显错误,据影印本改,参见[汉]孔安国传、[唐]孔颖达正义:《尚书正义》,[清]阮元校刻:《十三经注疏(清嘉庆刊本)》第1册,北京:中华书局,2009年,第247页上栏。

事而言。《益稷》亦谟也,因其人称言以别之。其《太甲》《咸有一德》,伊尹训道王,亦训之类。《盘庚》亦诰也,故王肃云:"不言诰,何也?取其徒而立功,非但录其诰。"《高宗肜日》,与训序连文,亦训辞可知也。《西伯戡黎》云"祖伊恐,奔告于受",亦诰也。《武成》云"识其政事",亦诰也。《旅獒》戒王,亦训也。《金縢》自为一体,祝亦诰辞也。《梓材》《酒诰》分出,亦诰也。《多士》以王命诰,自然诰也。《无逸》戒王,亦训也。《君奭》周公诰召公,亦诰也。《多方》《周官》上诰于下,亦诰也。《君陈》《君牙》与《毕命》之类,亦命也。《吕刑》陈刑告王,亦诰也。①(孔颖达《尚书正义》)

按孔说,"典"包括《尧典》《舜典》;"谟"包括《大禹谟》《皋陶谟》《益稷》;"训"包括《伊训》《太甲》《咸有一德》《高宗肜日》《旅獒》《无逸》;"诰"包括《仲虺之诰》《汤诰》《盘庚》《西伯戡黎》《武成》《金縢》《大诰》《康诰》《酒诰》《梓材》《召诰》《洛诰》《多士》《君奭》《多方》《周官》《康王之诰》《吕刑》;"誓"包括《甘誓》《泰誓》三篇、《汤誓》《牧誓》《费誓》《秦誓》;"命"包括《说命》三篇、《微子之命》《蔡仲之命》《君陈》《顾命》《毕命》《君牙》《冏命》《文侯之命》。

去除伪古文部分,则"典"包括《尧典》;"谟"包括《皋陶谟》;"训"包括《高宗肜日》《无逸》;"诰"包括《盘庚》《西伯戡黎》《金縢》《大诰》《康诰》《酒诰》《召诰》《洛诰》《君奭》《梓材》《多士》《多方》《吕刑》;"誓"包括《甘誓》《汤誓》《牧誓》《费誓》《秦誓》;"命"包括《顾命》《文侯之命》。参第三章杨闯之说,《无逸》应修正为"诰",《立政》也需归入"诰"。②《金縢》不在杜勇"八诰"、杨闯"十一诰"之列,需踢出"诰"的范畴。

现对《尚书》"六体"进行整理,与《逸周书》西周诸篇形成参照:

---

① [汉]孔安国传,[唐]孔颖达正义:《尚书注疏》,[清]阮元校刻,方向东点校:《十三经注疏》第2册,北京:中华书局,2021年,第35—36页。
② 杨闯:《〈尚书〉周初诸诰研究》,南京师范大学博士学位论文,2019年。

	今文《尚书》	《逸周书》西周诸篇①
典	《尧典》	——
谟	《皋陶谟》	——
训	《高宗肜日》	《祭公》
诰	《盘庚》《西伯戡黎》《大诰》《康诰》《酒诰》《召诰》《洛诰》《君奭》《无逸》《梓材》《多士》《立政》《多方》《吕刑》	《商誓》《皇门》
誓	《甘誓》《汤誓》《牧誓》《费誓》《秦誓》	
命	《顾命》《文侯之命》	

从记言、非记言的角度看，《尚书》的记言体散文对非记言体散文可形成碾压的优势。程元敏论《尚书》："亦兼记事，但以记言为主。"②程说旨在强调《尚书》并非纯粹的记言，毕竟有《禹贡》这样的纯粹非记言的篇目，还有《尧典》《金縢》《召诰》《顾命》这样存在大量叙事的篇目，其叙事部分不容忽视。但是，从宏观层面看，今文《尚书》就是一部记言体散文集，《禹贡》等仅属个别现象。对《逸周书》西周诸篇来说，叙事散文占了相当大的比重。西周诸篇只有六篇，其中《克殷》《世俘》两篇重量级篇目都是叙事体，乃至于与《尚书》的总体面貌迥异。程浩在鉴定《逸周书》"书"类文献时甚至认为："《克殷》《世俘》《作雒》等篇只记事而不记言，应该排除在外。"③这是对"书"之"记言体"标签的刻板误读。顾颉刚："《尚书》里时代最早、记载最真的，应该属于《周诰》八篇，但《周诰》重于记言，略于记事。《世俘》一篇刚好弥补了这个空白点，这是值得我们加以高度的重视的。"④顾说可取。《世俘》不仅是典型的"书"，而且正好可以弥补《尚书》在"记事"方面的缺失。《克殷》乃《世俘》姊妹篇，其价值与《世俘》颉颃。实际上，《克殷》《世俘》这一类文献在《尚书》中并非不存在，最典型的例子就是上引《顾命》的叙事部分："二人雀弁，执

---

① 《逸周书》西周诸篇的"六体"情况，直接采用文本第三章的鉴定结论。
② 程元敏：《尚书学史》上册，上海：华东师范大学出版社，2013年，第11页。
③ 程浩：《有言为之：先秦"书"类文献的源与流》，北京：中华书局，2021年，第12页。
④ 顾颉刚：《〈逸周书·世俘篇〉校注、写定与评论》，新建设编辑部编：《文史》第2辑，北京：中华书局，1963年，第29页。

惠,立于毕门之内;四人綦弁,执戈上刃,夹两阶戺;一人冕,执刘,立于东堂;一人冕,执钺,立于西堂;一人冕,执戣,立于东垂;一人冕,执瞿,立于西垂;一人冕,执锐,立于侧阶。"①此属于细节描写,采用了场景切换的描写手法。"王麻冕黼裳,由宾阶隮。卿士、邦君,麻冕蚁裳,入即位。太保、太史、太宗,皆麻冕彤裳。太保承介圭,上宗奉同瑁,由阼阶隮。太史秉书,由宾阶隮,御王册命。"②此段详细交代了康王、卿士、邦君、太保、太史、太宗各自所司之事,也属于场景切换。《克殷》可与之对应的段落是:"百夫荷素质之旗于王前,叔振奏拜假,又陈常车。周公把大钺,召公把小钺,以夹王。泰颠、闳夭皆执轻吕以奏王。王入,即位于社。太卒之左,群臣毕从。毛叔郑奉明水,卫叔傅礼,召公奭赞采,师尚父牵牲。"假使以上引《顾命》叙事段落为单独一篇,亦不失为《尚书》记事体散文之代表,可与《克殷》《世俘》相提并论。

《商誓》《皇门》《祭公》属典型的记言体,可以和占据《尚书》大多数的记言体散文相提并论。《商誓》除"王若曰""王曰"之外,所有文本皆为武王诰辞——这种情况可见于诸诰之首的《大诰》。③《皇门》开篇有叙事交代:"维正月庚午,周公格左闳门,会群门。"除此之外也无叙事。《皇门》开篇交代的手法与《多士》相似:"惟三月,周公初于新邑洛,用告商王士。"④《多士》除开篇叙事外,也只有"王若曰""王曰",更无其他非记言成分。《祭公》有少量"拜手稽首"穿插其中,篇末还有一句叙事:"王拜手稽首党言。"《尚书》与之相似的篇目有《洛诰》,除"王若曰""周公曰""王曰""公曰"和篇末的一段较完整的叙事外(见上引),篇中非记言成分也只有"拜手稽首"。⑤

《度邑》也是记言体散文,但存在相当篇幅的叙事:"维王克殷,国君诸侯,乃厥献民征主、九牧之师,见王于殷郊。王乃升汾之阜,以望商邑。""遂

---

① 顾颉刚、刘起釪:《尚书校释译论》第4册,北京:中华书局,2005年,第1737—1738页。
② 顾颉刚、刘起釪:《尚书校释译论》第4册,北京:中华书局,2005年,第1803页。
③ 杜勇"八诰"、杨闰"十一诰",皆将《大诰》列于诸诰之首。参见杜勇:《〈尚书〉周初八诰研究》,北京:中国社会科学出版社,2017年,目录第1页。杨闰:《〈尚书〉周初诸诰研究》,南京师范大学博士学位论文,2019年。
④ 顾颉刚、刘起釪:《尚书校释译论》第3册,北京:中华书局,2005年,第1512—1521页。
⑤ 参见顾颉刚、刘起釪:《尚书校释译论》第3册,北京:中华书局,2005年,第1456—1493页。

命一日，维显畏弗忘。王至于周，自鹿至于丘中，具明不寝。王小子御告叔旦，叔旦亟奔即王。""叔旦泣涕于常，悲不能对。王□□传于后。""叔旦恐，泣涕共手。""其曰兹曰度邑。"《度邑》叙事看似少于《尚书》中与之情况相似的《金縢》，但《度邑》篇幅短小，这些叙事已占其总篇幅的五分之一强。在《尚书》中，存在《尧典》《金縢》《召诰》《顾命》这样具有大段叙事的记言体散文，《度邑》可与之归于同类。

从"六体"的角度看，《尚书》中占绝对优势的是"诰"体文献，乃至于有"其类有八，文从要约，一诰兼焉"①的说法，即以"诰"代"书"。经上文鉴定，在今文二十八篇中，有十四篇都可归于"诰"体文献，占今文之半。在《逸周书》西周六篇中，《克殷》《世俘》无法纳入"六体"，《度邑》不是狭义的"书"类文献，故可与《尚书》"六体"相参照的只有《商誓》《皇门》《祭公》，其中《商誓》《皇门》皆为典型的狭义"诰"体，这也是和《尚书》中"诰"占优势地位的情况相符合的。《祭公》不属于"诰"，属于"训"，并具有一定的"命"的特征。② 从题材上看，《祭公》与《顾命》《保训》同属"顾命"体，此亦可作为"六体"之补充。

至此，我们再回顾本书绪论部分所引唐大沛"与今文《尚书》二十八篇悉同轨辙"③之说、朱右曾"大姒今文《尚书》，非伪古文所能仿佛"④之说，应有更深刻的体悟。《逸周书》西周诸篇与今文《尚书》二十八篇的文学联系主要就在"记言体散文"和"六体"两个层面，这也是我们讨论"书"类文献之文学特征的重中之重。

---

① ［汉］孔安国传，［唐］孔颖达正义：《尚书注疏》，［清］阮元校刻，方向东点校：《十三经注疏》第 2 册，北京：中华书局，2021 年，第 15 页。
② 参见第三章关于《祭公》的"六体"鉴定及第二章第六节关于《祭公》"顾命"体的讨论。
③ ［清］唐大沛撰：《逸周书分编句释》，清道光十六年(1836)著者手定底稿本，宋志英、晁岳佩选编：《〈逸周书〉研究文献辑刊》第 7 册，北京：国家图书馆出版社，2015 年，第 4 页。
④ ［清］朱右曾撰：《逸周书集训校释》，清光绪十四年(1888)南菁书院刻《皇清经解续编》本，宋志英、晁岳佩选编：《〈逸周书〉研究文献辑刊》第 8 册，北京：国家图书馆出版社，2015 年，第 10 页。

二、西周诸篇与其他先秦文献的文学联系

(一) 先秦文献的征引与文学加工

黄怀信《〈逸周书〉源流考辨》有《书名及宋以前人之征引》一章,整理了宋之前人引用《逸周书》的情况,其中涉及西周篇目《度邑》。[①] 刘起釪《尚书学史》、马士远《周秦〈尚书〉学研究》也在考察引《尚书》时涉及到先秦时人对《逸周书》西周诸篇的征引情况,涉及篇目有《世俘》《祭公》。[②] 相比于《逸周书》其他篇目而言,西周诸篇在先秦文献中见引不多。我们现将上述提到三篇的相关内容分列于下,以考察西周诸篇在先秦时的征引情况。

1.《世俘》——刘起釪

《墨子·名鬼下》:"且《禽艾》之道之曰:'得玑无小,灭宗无大。'则此言鬼神之所赏,无小必赏之;鬼神之所罚,无大必罚之。"[③]孙诒让:"翟灏云:'《逸周书·世俘解》有"禽艾侯"之语,当即此《禽艾》。'"[④]《吕氏春秋·报更》:"此《书》之所谓'德几无小'者也。"[⑤]

《世俘》原文:"乙巳,陈本命新荒,蜀磨至,告禽霍侯艾侯、俘佚侯、小臣四十有六,禽御八百有三百两,告以馘俘。"

墨子在引用《禽艾》时,未谈到《禽艾》所在文献系统。按清人孙诒让的解释,将《禽艾》与《世俘》联系在了一起。参《世俘》原文,确有"告禽霍侯艾侯"之句,缩该句为篇名《禽艾》,符合"书"类文献名篇的一般规律。乃如《世俘》开篇:"维四月乙未日,武王成辟。"故《世俘》又名《武成》,无可厚非。刘起釪更举《吕氏春秋》之例,以证《禽艾》确出"书"篇。然而仔细考量,我们会发现此说牵强,理由有五:第一,"禽艾"虽为"告禽霍侯艾侯"之缩句,但"告禽霍侯艾侯"并非如"成王成辟"一样在句首。艾侯只是武王俘馘的众多纣

---

① 参见黄怀信:《〈逸周书〉源流考辨》,西安:西北大学出版社,1992年,第9页。
② 参见刘起釪:《尚书学史》,北京:中华书局,2017年,第33—34页。参见马士远:《周秦〈尚书〉学研究》,北京:中华书局,2008年,第39、55、303页。
③ [清]孙诒让撰,孙启治点校:《墨子闲诂》上册,北京:中华书局,2001年,第247页。
④ [清]孙诒让撰,孙启治点校:《墨子闲诂》上册,北京:中华书局,2001年,第247页。
⑤ 许维遹撰:《吕氏春秋集释》下册,北京:中华书局,2009年,第375页。

党中的一员,无特殊地位。"禽艾"不在篇首,又不能概括全篇主题,作者却以之为篇名,未免蹊跷。第二,仅凭"禽艾"二字就断定"得玑无小,灭宗无大"之句出自《世俘》,并且以《禽艾》为《世俘》异名,难免有孤证的嫌疑。倘若"禽艾"二字的写法稍有偏差,那就和《世俘》完全不沾边了。吴承志《横阳札记》:"此文'禽艾'当作'禽父','父''艾'草书相似而误,禽父即《伯禽》之篇。"①此说虽也牵强,但至少可以说明"禽艾"二字并非没有错讹的可能。第三,"得玑无小,灭宗无大"这八个字不见于今之《世俘》。从今本《世俘》的主题看,欲将"得玑无小,灭宗无大"八个字作为阙文插进去,也非易事。在《世俘》中,周人虽俘馘、灭国无数,但对商遗民并未斩尽杀绝,甚至还保留了武庚这样身份显贵的王室成员——这显然不符合"灭宗无大"。第四,墨子在引用《禽艾》之后,做了一句解读:"则此言鬼神之所赏,无小必赏之;鬼神之所罚,无大必罚之。"②墨子作为去古未远之人,这句解读应最接近《禽艾》的本意。若以墨子解读为准,那就更与《世俘》主题毫不相干了。第五,《史记·殷本纪》:"巫咸治王家有成,作《咸艾》、作《太戊》。"裴骃集解:"马融曰:'艾,治也。'"③如果以《禽艾》为《咸艾》,那就可以符合《吕氏春秋》对"德几无小"四个字出自"书"的定性。而且,巫咸乃商王太戊时期的人。依墨子"鬼神赏罚"论,此时正是商人尚鬼氛围浓厚的时候,"得玑无小,灭宗无大"谈鬼神之事也就不足为奇了。综上,《墨子》所引《禽艾》与今之《逸周书》的西周篇目《世俘》无关,不应视作先秦征引之例。

2.《度邑》——黄怀信

《随巢子》:"纣之时,夷羊在牧,飞拾满野。天鬼不顾,亦不宾灭。"④

《度邑》原文:"夷羊在牧,飞鸿满野。""弗顾,亦不宾咸。"

《随巢子》虽佚,但这段文本是可靠的先秦文献,本书第三章第二节已有

---

① [清]吴承志撰,罗凌校注:《横阳札记》卷十,上海:华东师范大学出版社,2012年,第352页。
② [清]孙诒让撰,孙启治点校:《墨子闲诂》上册,北京:中华书局,2001年,第247页。
③ [汉]司马迁撰,[南朝宋]裴骃集解,[唐]司马贞索隐,[唐]张守节正义:《史记》第1册,北京:中华书局,2014年,第130页。
④ [清]马国翰辑:《玉函山房辑佚书》第4册,扬州:广陵书社,2004年,第2762页下栏。

详证,此处不再赘述。《汉书·艺文志》:"《随巢子》六篇。墨翟弟子。"①《随巢子》这段文本若确为墨翟弟子随巢子所写,那么写成时间应在战国中期。比较两段文本,我们能明显发现,《随巢子》对《度邑》做了一定的文学加工。第一,裁剪。《度邑》原文写作:"夷羊在牧,飞鸿满野。天不享于殷,乃今有成。维天建殷,厥征天民,名三百六十夫,弗顾,亦不宾威。"《随巢子》对原文进行了裁剪概括,只取用了一头一尾。第二,《随巢子》在"弗顾"前添"天鬼"二字。参《度邑》上文"惟天不享于殷"可知,如果"弗顾"前加主语,也只能是"天",或至多引申为"天帝",绝无可能引至"天鬼"。随巢子添"天鬼",显然是为突出"鬼"的重要性,这也符合墨家的"明鬼"思想。将《度邑》"弗顾"增益为"天鬼弗顾",既是一种校勘行为,也是一种文学创作。第三,《随巢子》在"夷羊在牧"之前添"纣之时"三字,其实是对《度邑》内容的讹传。参《度邑》上文:"惟天不享于殷,发之未生至于今六十年。"显然"六十年"这个跨度已经超越了商纣王帝辛的统治时期,应指帝乙、帝辛两代君王的统治时期。然而,对于崇尚拿来主义的战国诸子来说,"夷羊在牧"的具体时间段是不需要详考的,他们只需借古代文献传递自己的思想即可。综上,战国中期的《随巢子》对《度邑》的文学加工痕迹是十分明显的,改动点主要有三:一,精炼裁剪长句,去除于己用处不大的文本;二,添加更符合自己思想主张的字眼;三,模糊处理无关紧要的细节,不在意历史真相。这三点也是符合先秦诸子一贯做法的。与此同时,《随巢子》这段文本也可进一步证明《度邑》成篇之早,决非后世拟作。

3.《祭公》——刘起釪、马士远

《礼记·缁衣》:"《叶公之顾命》曰:'毋以小谋败大作,毋以嬖御人疾庄后,毋以嬖御士疾庄士、大夫、卿士。'"②上博简《缁衣》:"《叶公之寡命》云:

---

① [汉]班固撰,[唐]颜师古注:《汉书》第 6 册,北京:中华书局,1962 年,第 1738 页。
② [汉]郑玄注,[唐]孔颖达正义:《礼记注疏》,[清]阮元校刻,方向东点校:《十三经注疏》第 13 册,北京:中华书局,2021 年,第 2569 页。

'毋以小谋败大惷,毋以嬖御謩妆后,毋以嬖士謩大夫、卿士。'"①郭店简《缁衣》:"《叶公之顾命》云:'毋以小谋败大作,毋以嬖御塞庄后,毋以嬖士塞大夫、卿士。'"②清华简《祭公之顾命》:"汝毋以戾兹皋辜无时远大邦,汝毋以嬖御塞尔庄后,汝毋以小谋败大作,汝毋以嬖士塞大夫、卿士,汝毋各家相乃室然莫恤其外。"③

《祭公》原文:"汝无以嬖御固庄后,汝无以小谋败大作,汝无以嬖御士疾大夫卿士,汝无以家相乱王室而莫恤其外。"

《祭公》的这段文本是西周诸篇中见引次数最多的,可分为两组:第一组出自《祭公》,包括《逸周书》、清华简两个版本;第二组出自《缁衣》,包括《礼记》、上博简、清华简三个版本。由《缁衣》组的"《叶公之顾命》云"④可知,《缁衣》晚于《祭公》,前者是在对后者修改加工的基础上形成的。五个版本虽各有差异,但两组组内的差异较小,组间差异较大,具体来说,《祭公》可概括为"庄后＋小谋大作＋大夫卿士＋王室",清华简《祭公之顾命》可概括为"大邦＋庄后＋小谋大作＋大夫卿士＋乃(王)室",《礼记·缁衣》、上博简《缁衣》、郭店简《缁衣》皆可概括为"小谋大作＋庄后＋大夫卿士"。可见,《逸周书》有四个要素,清华简有五个要素,后者比前者多一"大邦";《礼记》、上博简、郭店简皆为三个要素,较《逸周书》少一"王室"。从位置上看,《缁衣》组皆将"小谋大作"要素提前。至此,我们可对改写的形成做出三点解释:第一,《缁衣》将"小谋大作"提前,是因为该组要素适用面最广,也最容易记诵。古人征引,往往是凭记忆,很少严格核对原文。相对于《祭公》的其他几组要素而言,"小谋大作"组显然是最容易记诵的。观此五个版本,也只有这一组的文

---

① 马承源主编:《上海博物馆藏战国楚竹书(一)》,上海:上海古籍出版社,2001年,第187页。按:上博简释文原文写作"叶公之《寡命》",为使各版本篇名协调,现径改为"《叶公之寡命》",下文郭店简同。
② 荆门市博物馆编:《郭店楚墓竹简》,北京:文物出版社,2002年,第22—23页。
③ 清华大学出土文献研究与保护中心编,李学勤主编:《清华大学藏战国竹简(壹)》,上海:中西书局,2010年,第174—175页。
④ "寡""顾"同,上博简"寡"写作䉍、郭店简"顾"写作䉎。故下文一律写作"顾命",不再做区分。参见马承源主编:《上海博物馆藏战国楚竹书(一)》,上海:上海古籍出版社,2001年,第187页。荆门市博物馆编:《郭店楚墓竹简》,北京:文物出版社,2002年,第22页。

本差异是最小的,仅在"汝"的有无和"无""毋"之异。第二,《缁衣》去"王室"组,是由时代差异造成的。春秋时期"礼崩乐坏",周天子地位下降,诸侯国崛起。《缁衣》为迎合春秋时期目标读者的需要,故不称"王室"。凭此一点,我们也可证明《缁衣》的出现在春秋,而非战国。战国时期诸侯纷纷称王,王室遍地,不需要去"王室"组。此又可反过来证明《祭公》的西周属性。第三,对于《逸周书》和清华简"大邦"组的差异,则应以清华简本为较早版本。清华简"汝毋以庚兹皋辜无时远大邦"①立足外交关系,可能只适用于穆王时期的国际形势,到西周晚期时,邦交已与穆王时截然不同,故《逸周书》版本省略之。到了《缁衣》形成的春秋时期,这种"大邦"论调就更过时了,故《缁衣》组皆避而不提。总之,《缁衣》征引《祭公》时出现的文本差异与文本取舍都是迎合时代需要的产物。

　　针对以上涉及《世俘》《度邑》《祭公》三篇的征引,我们可得出三点结论:第一,征引与未征引,是存在争议的,需谨慎对待,不能偏信孤证;第二,战国诸子在征引前代文献时具有较强的主观性,这种主观改写可视作文学加工;第三,征引时的改写,往往是为迎合时代变迁的需要。这三点结论虽由《世俘》《度邑》《祭公》而发,但对诸子"轴心时代"之前的文献来说具有一定的普适性。

(二)《商誓》《皇门》与先秦的"诰"

　　《说文》:"诰,告也。"②翻检先秦文献,我们发现"诰"作"告诉"解的用例十分常见,最典型如清华简《尹诰》,以一人"诰"一人,以下"诰"上。③ 这与我们常规认知中的以一人"诰"众人、以上"诰"下截然相反。上、下不分,一人、众人不分,那么"诰"就可以等价于"告诉"。再如《西伯戡黎》:"祖伊恐,奔告于王。"④此亦以一人"诰"一人,以下"诰"上,与《尹诰》同。孔颖达以《西伯戡

---

① 清华大学出土文献研究与保护中心编,李学勤主编:《清华大学藏战国竹简(壹)》,上海:中西书局,2010年,第174页。
② [汉]许慎撰,[宋]徐铉等校定:《说文解字》,北京:中华书局,2013年,第47页上栏。
③ 参见清华大学出土文献研究与保护中心编,李学勤主编:《清华大学藏战国竹简(壹)》,上海:中西书局,2010年,第133页。
④ 顾颉刚、刘起釪:《尚书校释译论》第2册,北京:中华书局,2005年,第1047页。

黎》为"诰"①，依据来源正是以"诰"为"告"。按本书第三章对"诰"体文献的鉴定，《尹诰》之"诰"属广义的"诰"，《商誓》《皇门》之"诰"属狭义的"诰"。以广义之"诰"去搜检先秦文献，最早可至殷商卜辞，《合集》6347："□□[卜]，殻，贞舌方还率伐不，王告于祖乙，其征甸又。七月。"②"王告于祖乙"，与《西伯戡黎》用法同，且为上"告（诰）"下。再如《合集》6131 正："壬午卜，亘，贞告舌方于上甲。"③《合集》6385："癸巳卜，争，贞告土方于上甲。四月。"④这种用法与《世俘》"告以馘俘"同，属于碎片化的"告"，若以"诰"为"告"，则也可算作短篇的"诰"。

欲求《商誓》《皇门》与先秦之"诰"的联系，还是应从最狭义的"诰"入手。本书第三章在鉴定《商誓》《皇门》为狭义的"诰"时，列出过五点特征：第一，有"王若曰"或"王曰"；第二，一人"诰"众；第三，上"诰"下；第四，文末不能有叙事；第五，代天或代王言之。

1. 商代的"诰"

《合集》24135："辛未，王卜曰：'余告多君曰："朕卜有祟。"'"⑤李学勤："殷墟卜辞里的'多君'（多尹）也应即商的朝臣。"⑥这则"诰"虽然短小，但以狭义之"诰"的五个特征衡量之，可谓五脏俱全。首先，"王卜曰"体现的是殷商的时代特征，可与西周的"王若曰"或"王曰"相提并论。其次，王"诰"多君，符合以一"诰"众、以上"诰"下。第三，文末无叙事。第四，"有祟"乃占卜

---

① 参见［汉］孔安国传，［唐］孔颖达正义：《尚书注疏》，［清］阮元校刻，方向东点校：《十三经注疏》第 2 册，北京：中华书局，2021 年，第 36 页。
② 胡厚宣主编：《甲骨文合集释文》第 1 册 6347，北京：中国社会科学出版社，1999 年，第 348 页。
③ 胡厚宣主编：《甲骨文合集释文》第 1 册 6131，北京：中国社会科学出版社，1999 年，第 336 页。
④ 胡厚宣主编：《甲骨文合集释文》第 1 册 6385，北京：中国社会科学出版社，1999 年，第 349 页。
⑤ 胡厚宣主编：《甲骨文合集释文》第 3 册 24135，北京：中国社会科学出版社，1999 年，第 1206 页。
⑥ 李学勤：《释多君、多子》；胡厚宣主编：《甲骨文与殷商史》，上海：上海古籍出版社，1983 年，第 15 页。按李学勤说法，"多君"类似于《尚书》之"多士"，《多士》本就是"书"中最经典的"诰"篇之一。

结果,非王主观意志所能决定,属代天言之。由此可见,商代即有狭义的"诰"。这一则"商诰"可视作"周诰"之源头,亦即《商誓》《皇门》"诰"体文献的源头,其中"余告多君曰"一句,可与《商誓》"告尔伊旧何父"、《皇门》"维其开告"同类视之。

2. 西周早期的"诰"

西周金文中的"诰",当以西周早期的何尊为代表。无论是史事年代,还是写作年代,何尊都与《皇门》几乎同时,并且略晚于《商誓》。何尊铭文曰:"唯王初迁宅于成周,复禀武王礼,祼自天,在四月丙戌,王诰宗小子于京室曰:昔在尔考公氏,克来文王,肆文王受兹大命,唯武王既克大邑商,则廷告于天,曰:余其宅兹中国,自兹辥民,乌呼,尔有虽小子亡识,视于公氏,有庸功于天,彻命,敬享哉,唯王恭德裕天,训我不敏,王咸诰,何锡贝卅朋,用作庾公宝尊彝,唯王五祀。"①相较于上引殷墟卜辞而言,何尊是一篇成熟的"周诰",作诰者是摄政称王的周公。"王诰宗小子于京室曰"符合"王若曰""王曰"的体例,并且以一"诰"众、以上"诰"下,文末也无叙事。周公言及文王、武王与天,也符合代先王、代天之辞。如果何尊铭文被收录在《尚书》或《逸周书》中,也毫无疑问是一篇可与"八诰"、《商誓》《皇门》相颉颃的"诰"体"书"类文献。

3. 春秋的"诰"

东周以降,"诰"体文献分化演进,愈来愈多的"诰"可与"告"等而视之。《左传·宣公十年》:"凡诸侯之大夫违,告于诸侯曰:'某氏之守臣某,失守宗庙,敢告。'所有玉帛之使者则告;不然,则否。"《左传·宣公十四年》:"十四年春,孔达缢而死,卫人以说于晋而免。遂告于诸侯曰:'寡君有不令之臣达,构我敝邑于大国,既伏其罪矣。敢告。'"②《左传·昭公二十六年》:"成大夫公孙朝谓平子曰:'有都,以卫国也,请我受师。'许之。请纳质,弗许,曰:'信女,足矣。'告于齐师曰:'孟氏,鲁之敝室也。用成已甚,弗能忍也,请息

---

① 吴镇烽编著:《商周青铜器铭文暨图像集成》第 21 卷,上海:上海古籍出版社,2012 年,第 311 页。
② 杨伯峻编著:《春秋左传注》第 3 册,北京:中华书局,2016 年,第 771—772、823 页。

肩于齐。'齐师围成。"①《左传》的这一系列"告"都具备"诰"体文献的部分特征，符合"诰=告"的时代主流。这一类"诰"可视为西周之《商誓》《皇门》演进的结果，他们不需要强调"王曰""王若曰"，乃如宣十"告于诸侯曰"、宣十四"遂告于诸侯曰"、昭二十六"告于齐师曰"，皆无主语，但都代表"王"及国家层面作诰，并以"众"为作诰对象。

《左传》中还有一则典型的"诰"，《左传·昭公二十六年》：

十二月癸未，王入于庄宫。王子朝使告于诸侯曰："昔武王克殷，成王靖四方，康王息民，并建母弟，以蕃屏周，亦曰：'吾无专享文、武之功，且为后人之迷败倾覆而溺入于难，则振救之。'至于夷王，王愆于厥身，诸侯莫不并走其望，以祈王身。至于厉王，王心戾虐，万民弗忍，居王于彘。诸侯释位，以间王政。宣王有志，而后效官。至于幽王，天不吊周，王昏不若，用愆厥位。携王奸命，诸侯替之，而建王嗣，用迁郏鄏——则是兄弟之能用力于王室也。至于惠王，天不靖周，生颓祸心，施于叔带。惠、襄辟难，越去王都。则有晋、郑咸黜不端，以绥定王家。则是兄弟之能率先王之命也。在定王六年，秦人降妖，曰：'周其有髭王，亦克能修其职，诸侯服享，二世共职。王室其有间王位，诸侯不图，而受其乱灾。'至于灵王，生而有髭。王甚神圣，无恶于诸侯。灵王、景王克终其世。今王室乱，单旗、刘狄剥乱天下，一行不若，谓：'先王何常之有，唯余心所命，其谁敢讨之？'帅群不吊之人，以行乱于王室。侵欲无厌，规求无度，贯渎鬼神，慢弃刑法，倍奸齐盟，傲很威仪，矫诬先王。晋为不道，是摄是赞，思肆其罔极。兹不穀震荡播越，窜在荆蛮，未有攸底。若我一二兄弟甥舅奖顺天法，无助狡猾，以从先王之命，毋速天罚，赦图不穀，则所愿也。敢尽布其腹心及先王之经，而诸侯实深图之。昔先王之命曰：'王后无适，则择立长。年钧以德，德钧以卜。'王不立爱，公卿无私，古之制也。穆后及大子寿早夭即世，单、

---

① 杨伯峻编著：《春秋左传注》第 5 册，北京：中华书局，2016 年，第 1636 页。

刘赞私立少,以间先王。亦唯伯仲叔季图之!"①(《左传·昭公二十六年》)

这一则"诰"篇幅较长,与《皇门》篇幅相当,略短于《商誓》,完全可以独立成文。开篇的"十二月癸未,王入于庄宫。王子朝使告于诸侯曰"属背景交代,可对应《皇门》开篇的"维正月庚午,周公格左闳门,会群门曰"。该篇的作诰者是王子朝,作诰对象是诸侯,这也符合《商誓》《皇门》作诰者是武王、周公,作诰对象是殷遗民、周群臣,即以一"诰"众、以上"诰"下。王子朝言及多位先王,带有回顾历史的性质,希望诸侯拥立自己。篇末之下文为:"闵马父闻子朝之辞,曰:'文辞以行礼也。子朝干景之命,远晋之大,以专其志,无礼甚矣,文辞何为?'"②属于听者对诰辞的评价,非文末叙事。更者,杨伯峻《春秋左传注》在收录该"诰"时,也以之独立成文,排版时前后皆有空格。可见,若以《王子朝之诰》为名将该篇收入《尚书》或《逸周书》之中,该篇当可视作"诰"体"书"类文献之典型。从时代看,《王子朝之诰》在春秋悼王世③,晚于《商誓》《皇门》五百年左右。此时尚有如周初之完整长"诰",当可视作复古的标志。从王子朝的身份看,这种文体在春秋时的存在确实带有尚古、复古意味,可与周初"周诰"如《商誓》《皇门》者一脉相承。

4. 战国的"诰"

《周易》姤卦第四十四曰:"《象》曰:天下有风,姤。后以施命诰四方。"④刘起釪:"彖辞、象辞晚于《左传》,可能是战国时资料。"⑤在东周文献中,"告"字常见,而"诰"字不常见。《周易》言"诰",并谓"诰四方",可谓使用的是

---

① 杨伯峻编著:《春秋左传注》第 5 册,北京:中华书局,2016 年,第 1641—1645 页。
② 杨伯峻编著:《春秋左传注》第 5 册,北京:中华书局,2016 年,第 1645 页。
③ 王子朝作诰的史事背景见诸《史记·周本纪》:"二十年,景王爱子朝,欲立之,会崩,子丐之党与争立,国人立长子猛为王,子朝攻杀猛。猛为悼王。晋人攻子朝而立丐,是为敬王。"[汉]司马迁撰,[南朝宋]裴骃集解,[唐]司马贞索隐,[唐]张守节正义:《史记》第 1 册,北京:中华书局,2014 年,第 196 页。
④ [魏]王弼,[晋]韩康伯注,[唐]孔颖达正义:《周易注疏》,[清]阮元校刻,方向东点校:《十三经注疏》第 1 册,北京:中华书局,2021 年,第 336 页。
⑤ 陈高华、陈智超等著:《中国古代史史料学》,北京:中华书局,2016 年,第 51 页。

"诰"之本意。"四方"之说,突出的是狭义的"诰"体文献本身带有的"诰众"特征,而这样的特征正是以《商誓》《皇门》等西周早期的"诰"为模板的。

至战国晚期,"诰"已完全转变为"告",但依然保留部分早期"诰"的特征,较典型的见诸《战国策·燕二》:

> 秦之行暴于天下,正告楚曰:"蜀地之甲,轻舟浮于汶,乘夏水而下江,五日而至郢;汉中之甲,乘舟出于巴,乘夏水而下汉,四日而至五渚;寡人积甲宛东下随,知者不及谋,勇者不及怒,寡人如射隼矣!王乃待天下之攻函谷,不亦远乎?"楚王为是之故,十七年事秦。
>
> 秦正告韩曰:"我起乎少曲,一日而断太行;我起乎宜阳而触平阳,二日而莫不尽繇;我离两周而触郑,五日而国举。"韩氏以为然,故事秦。
>
> 秦正告魏曰:"我举安邑,塞女戟,韩氏、太原卷;我下枳道南阳,封、冀包两周;乘夏水,浮轻舟,强弩在前,铦戈在后,决荥口,魏无大梁;决白马之口,魏无济阳;决宿胥之口,魏无虚、顿丘。陆攻则击河内,水攻则灭大梁。"魏氏以为然,故事秦。①(《战国策·燕二》)

"告楚""告韩""告魏"皆符合以一"诰"众、以上"诰"下的特征,"秦正告"也即"秦王正诰"。因此,此"三告"实为"诰楚""诰韩""诰魏"。《战国策》作者以"告"代之,正说明当时"诰""告"已全无差别。纯粹从文体层面看,这三段文字可分别名篇为《楚诰》《韩诰》《魏诰》,并且全部收录在《秦书》里,代表的是秦国的政治立场,宣扬的是秦国及秦王的威严,这一点可谓上承《商誓》,后者体现的是周国及周王的威严。秦王之严厉与威吓,与武王在《商誓》中的"予来致上帝之威命明罚""我乃其来,即刑乃,敬之哉"如出一辙。与《商誓》《皇门》不同的是,《楚诰》文末有:"楚王为是之故,十七年事秦。"

---

① 诸祖耿编撰:《战国策集注汇考》下册,南京:凤凰出版社,2008年,第1573—1574页。

《韩诰》文末有："韩氏以为然,故事秦。"《魏诰》文末有："魏氏以为然,故事秦。"此皆属于典型的文末叙事,是对秦王诰辞产生效果的补充说明。在假设《战国策》是实录的前提下,这样的补充说明虽在一定程度上破坏了"诰"体文献的纯粹性,但也反映了从周初到周末史官记"诰"时写作模式的变革。

从以上所举殷商、西周、春秋、战国之"诰"可以看出,"诰"体"书"类文献在先秦诸"诰"中起到承上启下的作用,而《商誓》《皇门》又是"诰"体"书"类文献中的狭义代表者。在殷商的"诰"中,就已存在以"告"为"诰"的现象,只不过那时的"诰"普遍短小,诰辞内容也不够丰富完善。到了西周初年,"诰"体大盛,以《商誓》《皇门》、"八诰"为代表的"书"篇横空出世,为"诰"的鉴定提供了标准。同为西周初年的何尊也反映了这一时期"诰"体的兴盛,并因其"诰"体特征而作为泛"书"类文献存在。春秋之诰有复古者,也有创新者,创新者虽有"告于诸侯曰"之句,但主语减省,不再追求"周诰"之规范。到了战国时期,"诰""告"完全合一,并在诰辞之末添设明显的补充说明。此时作诰的政治立场也出现了偏移,不再以周为宗。可以说,以《商誓》《皇门》为代表的"周诰"是先秦诸"诰"中最巅峰、最典范的部分,它们发展了"商诰",并为"秦诰"打下了基础。

(三) 武王形象的塑造

虽说先秦时人进行文学创作的主观意识不可避免会受到时代的限制,但这种限制不影响在相关文献人物形象塑造方面存在一定的文学拟构。这些文学拟构的出现往往与作者的政治主张、思想主张或认知偏倚有关,虽不一定刻意为之,但客观上起到了塑造人物文学形象的效用。于《逸周书》西周诸篇中的人物形象而言,武王毫无疑问是重中之重。我们现将《逸周书》西周诸篇中的武王与东周文献中的武王进行比较。

按本书第四章结论,武王形象可概括为:王权独尊、政治老成、战战兢兢。进一步概括,武王具有多面性:与周公密室私语时,武王战战兢兢、畏于时局,常恐周邦之不保;在公开场合,武王意气风发、威严无限,并且具有老成政治家的素养。接下来,我们看东周文献中的武王。

东周文献中的武王形象大致可分为三类:

第一,克商制胜的开国贤君形象。《战国策·魏一》:"殷纣之国,左孟门而右漳、釜,前带河,后被山,有此险也,然为政不善,而武王伐之。"①商纣王依地利之险,然为政不善,故武王代表正义以伐之。《战国策·秦一》:"苏秦曰:'臣固疑大王之不能用也。昔者神农伐补遂,黄帝伐涿鹿而禽蚩尤,尧伐驩兜,舜伐三苗,禹伐共工,汤伐有夏,文王伐崇,武王伐纣,齐桓任战而伯天下。由此观之,恶有不战者乎?'"②在纵横家苏秦口中,武王与神农、黄帝、尧、舜、禹、汤、文王、齐桓公齐名,是以武制胜的圣君代表。《韩非子·初见秦》:"且臣闻之曰:'战战栗栗,日慎一日,苟慎其道,天下可有。'何以知其然也? 昔者纣为天子,将率天下甲兵百万,左饮于淇溪,右饮于洹溪,淇水竭而洹水不流,以与周武王为难。武王将素甲三千,战一日,而破纣之国,禽其身,据其地而有其民,天下莫伤。'"③伤,怜悯也,参周勋初说。④ 此说与孟子"以至仁伐至不仁,而何其血之流杵也""威天下不以兵革之利,得道者多助,失道者寡助"⑤相似,意在凸显武王的正义形象。《商君书·赏刑》:"汤与桀战于鸣条之野,武王与纣战于牧野之中,大破九军。"⑥《墨子·非命上》:"古者桀之所乱,汤受而治之;纣之所乱,武王受而治之。"⑦《吕氏春秋·古乐》:"武王即位,以六师伐殷。六师未至,以锐兵克之于牧野。"⑧此皆凸显武王克纣之英武。在《逸周书》西周诸篇中,类似文字见于《克殷》:"武王使尚父与伯夫致师,王既誓,以虎贲戎车驰商师。""周公把大钺,召公把小钺,以夹王。"《世俘》:"武王遂征四方。"《商誓》:"王曰:'嗟尔众!予言若敢顾天命,予来致上帝之威命明罚。'"此皆在于表现武王英明神武的开国之君形象,是周人政治集团的领导核心。

---

① 诸祖耿编撰:《战国策集注汇考》中册,南京:凤凰出版社,2008年,第1143页。
② 诸祖耿编撰:《战国策集注汇考》上册,南京:凤凰出版社,2008年,第118页。
③ 《韩非子》校注组编写,周勋初修订:《韩非子校注》,南京:凤凰出版社,2009年,第8页。
④ 参见《韩非子》校注组编写,周勋初修订:《韩非子校注》,南京:凤凰出版社,2009年,第8页。
⑤ 杨伯峻译注:《孟子译注》,北京:中华书局,2010年,第301、78页。
⑥ 蒋礼鸿撰:《商君书锥指》,北京:中华书局,1986年,第98页。
⑦ [清]孙诒让撰,孙启治点校:《墨子闲诂》上册,北京:中华书局,2001年,第266页。
⑧ 许维遹撰:《吕氏春秋集释》上册,北京:中华书局,2009年,第127页。

第二，爱贤形象。《论语·泰伯》："武王曰：'予有乱臣十人。'"①"乱臣十人"之说，意在凸显武王用贤得当。《左传·僖公六年》："楚子问诸逢伯。对曰：'昔武王克殷，微子启如是。武王亲释其缚，受其璧而祓之，焚其榇，礼而命之，使复其所。'楚子从之。"②"武王亲释其缚"之说应为东周人杜撰，《克殷》有"乃命召公释箕子之囚"，但与"亲释其缚"之说相去甚远。《史记》作"已而命召公释箕子之囚"③，亦不言"亲释"。然此类说法皆足以明武王爱贤之心。《左传·哀公十七年》："子谷曰：'观丁父，鄀俘也，武王以为军率，是以克州、蓼，服随、唐，大启群蛮。彭仲爽，申俘也，文王以为令尹，实县申、息，朝陈、蔡，封畛于汝。唯其任也，何贱之有？'"④举贤不避出身，此与"傅说举于版筑之间，胶鬲举于鱼盐之中"⑤同类。《吕氏春秋·当染》："舜染于许由、伯阳，禹染于皋陶、伯益，汤染于伊尹、仲虺，武王染于太公望、周公旦。此四王者所染当，故王天下，立为天子，功名蔽天地，举天下之仁义显人必称此四王者。"《吕氏春秋·尊师》："神农师悉诸，黄帝师大挠，帝颛顼师伯夷父，帝喾师伯招，帝尧师子州支父，帝舜师许由，禹师大成贽，汤师小臣，文王、武王师吕望、周公旦，齐桓公师管夷吾，晋文公师咎犯、随会，秦穆公师百里奚、公孙枝，楚庄王师孙叔敖，沈尹巫，吴王阖闾师伍子胥、文之仪，越王句践师范蠡、大夫种。此十圣人、六贤者，未有不尊师者也。"⑥《吕氏春秋》二例，皆强调武王是师贤之典范。西周诸篇之《度邑》篇虽未直言武王爱贤，但他向其弟周公旦诚心让位之举，亦足以明其爱贤之心："乃今我兄弟相后，我筮龟其何所即，今用建庶建。"

第三，被质疑的对象。《孟子·梁惠王章句下》："齐宣王问曰：'汤放桀，武王伐纣，有诸？'孟子对曰：'于传有之。'曰：'臣弑其君，可乎？'曰：'贼仁者

---

① 杨伯峻译注：《论语译注》，北京：中华书局，2009年，第83页。
② 杨伯峻编著：《春秋左传注》第2册，北京：中华书局，2016年，第343—344页。
③ ［汉］司马迁撰，［南朝宋］裴骃集解，［唐］司马贞索隐，［唐］张守节正义：《史记》第1册，北京：中华书局，2014年，第163页。
④ 杨伯峻编著：《春秋左传注》第6册，北京：中华书局，2016年，第1908页。
⑤ 杨伯峻译注：《孟子译注》，北京：中华书局，2010年，第276页。
⑥ 许维遹撰：《吕氏春秋集释》上册，北京：中华书局，2009年，第47—48、91—92页。

谓之贼，贼义者谓之残。残贼之人谓之一夫。闻诛一夫纣矣，未闻弑君也。'"①齐宣王质疑武王伐纣的正义性，孟子为之解围。《管子·白心》："故子而代其父曰义也，臣而代其君曰篡也。篡何能歌？武王是也。"②此为肯定武王伐纣之事，以明其名义上虽为"篡"，但实际上是正义之举。《逸周书》中多以武王第一人称质疑伐纣的正义性，如《小开武》："王召周公旦曰：'呜呼！余夙夜忌商，不知道极。'"《寤儆》："王告儆，召周公旦曰：'呜呼，谋泄哉！今朕寤，有商惊予。欲与无□则，欲攻无庸，以王不足。戒乃不兴，忧其深矣！'"在西周诸篇中，武王在战后依然担心周邦之不保："呜呼，于忧兹难，近饱于恤，辰是不室。我未定天保，何寝能欲？"此间接反映武王对伐纣事业正义性的自我怀疑。

除以上三点外，东周也有部分文献仅以武王为标签，借武王事迹劝谏君王或传达自己的思想主张，如《墨子·明鬼下》："昔者，武王之攻殷诛纣也，使诸侯分其祭，曰：'使亲者受内祀，疏者受外祀。'故武王必以鬼神为有，是故攻殷伐纣，使诸侯分其祭。若鬼神无有，则武王何祭分哉？"③此为典型的墨子借武王之名传达自己的明鬼思想。《管子·小问》："公曰：'昔者大王贤，王季贤，文王贤，武王贤。武王伐殷，克之，七年而崩。周公旦辅成王而治天下，仅能制于四海之内矣。今寡人之子不若寡人，寡人不若二三子。以此观之，则吾不王必矣。'"④齐桓公此句重点不在于赞美武王之贤，而在于忧心自己及子孙之不贤。《晏子春秋·景公登路寝台望国而叹晏子谏》："《诗》云：'武王岂不事，贻厥孙谋，以燕翼子。'今君处佚怠，逆政害民有日矣，而犹出若言，不亦甚乎！"⑤晏子将武王的深谋远虑与齐景公的懈怠相对比，以警醒齐景公。此皆借武王之名，述当时之事。武王形象未必符合历史真实，但符合东周作者心目中所需的真实，其结果必然使文学凌驾于史学之上。此东周史传之通病，但亦文学研究之福音。此类记述或与实录龃龉，但不失为

---

① 杨伯峻译注：《孟子译注》，北京：中华书局，2010年，第39页。
② 黎翔凤撰，梁运华整理：《管子校注》中册，北京：中华书局，2004年，第807页。
③ [清]孙诒让撰，孙启治点校：《墨子闲诂》上册，北京：中华书局，2001年，第233页。
④ 黎翔凤撰，梁运华整理：《管子校注》中册，北京：中华书局，2004年，第964页。
⑤ 吴则虞撰：《晏子春秋集释》上册，北京：中华书局，1988年，第145页。

对实录的文学加工。《逸周书》之《克殷》《世俘》诸篇实录,较易成为被加工的对象。此处有一则东汉文献可资旁证,《吴越春秋·阖闾内传第四》:"子胥曰:'臣不忠无行,而与大王图王僚于私室之中,今复欲讨其子,恐非皇天之意。'阖闾曰:'昔武王讨纣而后杀武庚,周人无怨色。今若斯议,何乃天子?'"①阖闾将自己杀庆忌比作武王杀武庚,重点在时事,而非武王事。实际上,武王未杀武庚,《克殷》:"立王子武庚,命管叔相。""杀武庚"为拟构,即对《克殷》的文学加工。

笔者认为,东周文献中的武王与《逸周书》西周诸篇中的武王的最大区别在于距离感。东周文献中屡见将武王与神农、黄帝、尧、舜、禹、汤等圣王相提并论的情况。于东周而言,武王去古未远,远不及尧、舜,更不及神农、黄帝,但以古帝视之,则是"古人",距离感显著。此外,武王还经常被当作标签使用:武王克商,被当做历史常识来讲述;武王爱贤,也被视作经典的爱贤案例。更有文学拟构者,如《吴越春秋》"杀武庚"之说,更是产生于时人对武王事迹的生疏。《吕氏春秋·先识览》:"殷内史向挚见纣之愈乱迷惑也,于是载其图法,出亡之周。武王大说,以告诸侯曰:'商王大乱,沈于酒德,辟远箕子,爱近姑与息,妲己为政,赏罚无方,不用法式,杀三不辜,民大不服,守法之臣,出奔周国。'"②此虽记武王之诰,但从四字一句的句式看,显非武王时记录,乃东周转述或拟构,诰辞内容也似照本宣科,缺少抒情性。总体而言,武王在东周文献中较为平面,多标签化、符号化,虽未被异口同声称作圣王——如《孟子》中齐宣王质疑武王伐纣的正义性,但在"生动形象"方面较为欠缺。相比较而言,《逸周书》西周诸篇中的武王有血有肉,非常"生动形象"。作为读者,我们能明显感受到《克殷》《世俘》《商誓》《度邑》的作者亲眼见过武王,他们的文字中流淌着对武王的个人感情;而《墨子》《吕氏春秋》等

---

① [汉]赵晔撰:《吴越春秋》卷二;王云五主编:《丛书集成初编》,上海:商务印书馆,1937年,第48页。李宗邺认为,《吴越春秋》"属于'钞撮古史'的著作","把古史上有关吴越的事,钞集起来,加以系统的叙述,以补《国语》《左传》《史记》的不足。"李宗邺:《中国历史要籍介绍》,上海:上海古籍出版社,1982年,第192页。因此,《吴越春秋》并非东汉赵晔凭空虚构,而是有其春秋祖本,其史料价值不容忽视。故本节列之于此。
② 许维遹撰:《吕氏春秋集释》下册,北京:中华书局,2009年,第396页。

相关篇目的作者更像是旁观者,他们对武王的印象来源于书本与他人之口,他们没有把武王奉为"自己的王"。按苏俄文化符号学家洛特曼的话说,从《逸周书》的武王到《墨子》《吕氏春秋》的武王,已实现了文本的"意义再生"(meaning-generating)①。武王在战国时人眼里,只是文化符号,是借以传达思想的工具。在东周作者的文学加工下,武王形象逐渐平面化,而不再饱满立体。就这一点而言,作为当时文献的《逸周书》西周诸篇远胜东周文献。不过,东周文献也有进步之处,其进步之处在于东周的武王逐渐被历史定型,他的圣君形象、爱贤形象都得到了充分的认可,他纠结终生的关于伐纣事业正义性的问题也得到了孟子等东周诸贤的合理解答。若武王泉下闻知孟子"闻诛一夫纣矣,未闻弑君"之说,当可告慰《度邑》"具明不寝"之苦。

(四) 史书体例与文学样式

从史书体例与文学样式的角度看《逸周书》西周诸篇,《克殷》属纪事本末体,《世俘》属编年体,且《克殷》《世俘》都可归于纪实文学。

张怀通提出:"《克殷》是纪事本末体史书的源头,成篇于西周后期,据以改编的原始档案记录于西周早期,是研究商周鼎革之际历史的宝贵材料,史料价值重大。"②此说确实大胆。我们一般认为,最早的纪事本末体史书是袁枢的《通鉴纪事本末》,成书于南宋。③《克殷》篇作者有意识地使用"纪事本末体"这一概念,几乎是不可能的;但《克殷》在客观上具备某些纪事本末体的特征,是可以确定的。张怀通对此已有详论,可从,兹不赘述。笔者想进一步阐述的是,《克殷》不仅是纪事本末体,而且是一篇纪实文学。谭家健早就对《克殷》做过"纪实文学"的定性:"从文章看,《克殷》已是娴熟的记事文,语言简洁清晰,叙述步骤井然,重点突出,称得上一篇成功的纪实文学。"④笔

---

① Lotman, Yuri M. *Universe of the Mind: A Semiotic Theory of Culture.* translated by Ann Shukman. London. New York: I. B. TAURIS & CO. LTD, 1990, p. 9.
② 张怀通:《〈尚书〉新研》,北京:中华书局,2021年,第64页。
③ 张怀通:"纪事本末体是以历史事件为叙述对象,与编年体、纪传体相对独立的史学体裁,创始于南宋袁枢的《通鉴纪事本末》,但其源头则可以追溯到商周之际。"张怀通:《〈尚书〉新研》,北京:中华书局,2021年,第60页。
④ 谭家健:《先秦散文艺术新探》,济南:齐鲁书社,2007年,第211页。

者认为,要想强化这一结论,还需把《克殷》放进其他先秦文献中去考察。在考察《克殷》的同时,我们还能进一步得出《世俘》是编年体纪实文学的结论。

1.《克殷》《世俘》都是纪实文学

《合集》00585 反甲 1:"王占曰:有祟。八日庚子戈拳羌口人,仅有执二人。"①此曰商王占卜,得知有战事。八日庚子这一天,商人与羌人发生冲突,杀死了口名羌人,并俘虏了两名羌人。《合集》00585 反甲 5:"壬辰亦有来自西,甹乎告曰:舌方征我奠,戈四邑。"②此亦占卜结果:壬辰这一天,有侵略者自西边进犯。甹乎来报告:舌方进犯商国的边境,波及了四座城邑。《合集》00585 反甲 1、反甲 5 的这两则甲骨卜辞都属于典型的纪实性文字。至于是否能上升到纪实文学的高度,则取决于读者对占卜之事神秘性的阐释。宽泛来说,这两则甲骨卜辞可归为早期的纪实文学。对比《世俘》,有部分文本与之高度相似:"越若来二月,既死魄,越五日甲子,朝至,接于商。"此句前段交代发生战争的时间,后段交代战争的内容,与以上两则甲骨卜辞记事方式相似。再如《世俘》:"丁卯,望至,告以馘俘。""壬申,荒新至,告以馘俘。""辛巳,至,告以馘俘。"这些战报短小精炼,极似甲骨记事。《世俘》此类纪实性文字具有较固定的结构,一旦形成句群,则可上升为纪实文学。相比较而言,《克殷》未见与上引两则甲骨卜辞高度吻合的纪实性文字。

何尊铭文开篇叙事:"唯王初迁宅于成周,复禀武王礼,祼自天,在四月丙戌,王诰宗小子于京室。"③第一步,交代写作背景;第二步,交代具体日期;第三步,交代详细事件。此类纪实性文字,如行云流水,一气呵成。何尊铭文作为原汁原味的出土文献,可证西周初年的纪实性书写已较为成熟。这种流畅记事的写法,已可满足后世记叙文的基本要求。对比之下,《克殷》《世俘》有与之相似的文本。《克殷》:"周车三百五十乘,陈于牧野,帝辛从。

---

① 胡厚宣主编:《甲骨文合集释文》第 1 册 00585 反甲 1,北京:中国社会科学出版社,1999 年,第 44 页。
② 胡厚宣主编:《甲骨文合集释文》第 1 册 00585 反甲 5,北京:中国社会科学出版社,1999 年,第 44 页。
③ 吴镇烽编著:《商周青铜器铭文暨图像集成》第 21 卷,上海:上海古籍出版社,2012 年,第 311 页。

武王使尚父与伯夫致师,王既誓,以虎贲戎车驰商师,商师大崩。商辛奔内,登于鹿台之上,屏遮而自燔于火。"《克殷》的此段铺陈亦可谓一气呵成:第一步,交代战争开局;第二步,交代战争过程及结果;第三步,交代战后纣王的结局。《世俘》:"维四月乙未日,武王成辟,四方通殷命有国。"《世俘》的记事更为简练:第一步,交代时间;第二步,交代事件(武王登基);第三步,交代事件的影响(四方来朝①)。从甲骨卜辞到何尊铭文,我们能看到纪实性写作的发展,在卜辞阶段,只有《世俘》文本可与之对应;但到了何尊阶段,《克殷》《世俘》皆有文本可与之对应。可见,《克殷》《世俘》都可归于纪实文学的范畴,只不过《世俘》兼有早期与成熟期的特征,而《克殷》已是较成熟期的纪实文学。

除与卜辞、何尊的对照外,《克殷》《世俘》还有更成熟的纪实段落。《克殷》:"武王答拜,先入,适王所,乃克射之三发,而后下车,而击之以轻吕,斩之以黄钺。折,县诸太白。"这段文字详细记录了武王的一系列动作,文字简练,记录完整,乃纪实之典范。《克殷》:"叔振奏拜假,又陈常车。周公把大钺,召公把小钺,以夹王。泰颠、闳夭皆执轻吕以奏王。"这样的叙事已具体到每一个人手上的每一个物品,非常细致,可谓纪实的极致。也难怪朱右曾说:"《克殷》篇所叙,非亲见者不能。"②《世俘》:"时甲子夕,商王纣取天智玉琰五环身,厚以自焚。"《世俘》的这段记录不仅交代了纣王自焚的具体时间,还交代了纣王自焚时身上捆绑的玉的数量和种类,也非常细致,充分体现了纪实性。如此细致纪实的文本可参见《尚书·顾命》:"惟四月哉生魄,王不怿。甲子,王乃洮颒水,相被冕服,凭玉几。乃同召太保奭、芮伯、彤伯、毕公、卫侯、毛公、师氏、虎臣、百尹、御事。"③《顾命》之所叙,亦如朱说"非亲见

---

① 潘振:"四方通道而来朝。"[清]潘振注:《周书解义》,清嘉庆间(1796—1820)刻本,宋志英、晁岳佩选编:《〈逸周书〉研究文献辑刊》第2册,北京:国家图书馆出版社,2015年,第35页。
② [清]朱右曾撰:《逸周书集训校释》,清光绪十四年(1888)南菁书院刻《皇清经解续编》本,宋志英、晁岳佩选编:《〈逸周书〉研究文献辑刊》第8册,北京:国家图书馆出版社,2015年,第10页。
③ 顾颉刚、刘起釪:《尚书校释译论》第4册,北京:中华书局,2005年,第1712页。

者不能",也将纪实性演绎到了极致。

由此看来,《克殷》《世俘》在先秦纪实性写作的发展脉络中已处于较成熟的阶段,且《克殷》略成熟于《世俘》。从文本连贯性、句群结构、细节描写等要素来看,将其二篇定性为纪实文学更是无可厚非。

2.《世俘》开编年体之先河

以时间为纪,是《世俘》的基本特征。虽然《世俘》之历日常为学者诟病[①],但不能否认历日对串联《世俘》文本起到了至关重要的作用。现将《世俘》开篇部分按历日分割为单句:

(1)维四月乙未日,武王成辟,四方通殷命有国。(2)惟一月丙午,旁生魄,若翼日丁未,王乃步自于周,征伐商王纣。(3)越若来二月,既死魄,越五日甲子,朝至,接于商,则咸刘商王纣,执矢恶臣百人。(4)太公望命御方来,丁卯,望至,告以馘俘。(5)戊辰,王遂御循追祀文王。时日,王立政。(6)吕他命伐越戏方,壬申,荒新至,告以馘俘。(7)侯来命伐,靡集于陈,辛巳,至,告以馘俘。(8)甲申,百弇以虎贲誓,命伐卫,告以馘俘。(9)辛亥,荐俘殷王鼎。(《世俘》)

与其说这是一段完整的文本,不如说是九个新闻标题的缀合。每一则新闻标题以时间为串联,在串联中实现了完整的叙事。这种"时间—事件"一一对应的叙事方式,在后代演变成了一种常见的史书体例,即编年体。东周编年体史书的代表,当属《春秋》和《竹书纪年》。《春秋·隐公元年》:"三月,公及邾仪父盟于蔑。夏五月,郑伯克段于鄢。秋七月,天王使宰咺来归惠公、仲子之赗。九月,及宋人盟于宿。冬十有二月,祭伯来。公子益师

---

① 顾颉刚:"这是一篇断烂的文章,错简、脱字、误字不知凡几。"顾颉刚:《〈逸周书·世俘篇〉校注、写定与评论》,新建设编辑部编:《文史》第 2 辑,北京:中华书局,1963 年,第 29 页。叶正渤:"由于简册错乱,事件和时间顺序时有颠倒,遂至难以通读。"叶正渤:《〈汲冢周书·克殷解〉〈世俘解〉合校》,《古籍整理研究学刊》2010 年第 4 期,第 45—50 页。

卒。"①若按《世俘》同样的方法将《春秋》这段文本分割,则"三月""夏五月""秋七月""九月""冬十有二月"皆可作为句首,各引领一句,以为新闻标题。《竹书纪年·夏纪》:"(帝相)元年,征淮夷。二年,征风夷及黄夷。(后相)七年,于夷来宾。"②同样的道理,若按《世俘》的方法将《竹书纪年》这段文本分割,则"元年""二年""七年"各可独领一句新闻标题。虽然《世俘》《春秋》《竹书纪年》的"年月日"计时单位不同,《竹书纪年》以年纪,《春秋》以月纪,而《世俘》以日纪,但是三者"纪"的方式("时间—事件")是完全一致的。至此,我们足可断言,《世俘》就是一篇西周的编年体文献,并且对东周编年体史书的形成起到了重要的引领和借鉴作用。

至此我们可得出结论,《克殷》是纪事本末体的纪实文学,《世俘》是编年体的纪实文学。作为纪实文学,《克殷》《世俘》都已处于较为成熟的阶段;作为编年体文献,《世俘》可雄踞开山始祖的地位。

综合以上论述,我们现对《逸周书》西周诸篇在先秦文学中所处的位置做五点总结:第一,在先秦文学中,与西周诸篇联系最紧密的是《尚书》,且两者最紧密的关联点在于"记言体散文"和"六体"。西周诸篇与今文《尚书》"二十八篇"相辅相成、颉颃并进,对探讨"书"类文献的文学特征有重要作用。第二,东周时人视《逸周书》西周诸篇为古之经典,引用时多文学加工,以迎合当时需要。西周诸篇与东周文献在文本与思想层面都存在源与流的关系,后者以前者为源头。第三,西周诸篇中的《商誓》《皇门》两篇是"诰"的典范之作,上承"商诰",下启"秦诰"。第四,西周诸篇中的武王有血有肉、亲切立体,胜于东周平面化、标签化的武王。从人物定型角度看,东周文献又可消弭西周诸篇中武王形象的不确定性。第五,《克殷》《世俘》是成熟的纪实文学,上承商代卜辞;《世俘》是编年体的开创者,下启《春秋》等经典编年体史书。

最后,我们可对《逸周书》西周诸篇的文学史地位做一总结:西周诸篇的作者具有一定的文学自觉性,能够运用多种修辞,懂得场景切换,善于通过

---

① 杨伯峻编著:《春秋左传注》第1册,北京:中华书局,2016年,第7—9页。
② 方诗铭、王修龄撰:《古本竹书纪年辑证》,上海:上海古籍出版社,2005年,第6—7页。

神秘描写为政治服务,并偶有倒叙。这些文学书写,部分有首创之功,部分能在殷商卜辞等更早文献中找到思维方式的源头。西周诸篇的文学史叙事与《尚书》紧密相关:内容层面,是东周征引加工的源泉;文体层面,以"诰"为核心,承上启下;写作体例层面,以"编年体"为主要贡献;文学样式层面,以"纪实"承上启下。一言以概之,西周诸篇是先秦文学中的重要一环,是"书"学体系不可分割的部分,在先秦文学史的不同层面居于开创或承接地位。

结　语

　　西周诸篇是《逸周书》中最有价值的部分，也是最容易被鉴定的部分。本书以《逸周书》西周诸篇为主要研究对象，按照先文献、后文学的基本顺序展开研究。在绪论中，我们先确定研究对象的范围，通过综述各家之说，达成一个"西周共识"，即归纳总结当今学界认定的《逸周书》西周篇目具体是哪几篇。经详考各家之说，鉴定出共识性的西周篇目指《克殷》《世俘》《商誓》《度邑》《皇门》《祭公》六篇。在第一章中，我们重新审视"西周共识"，每篇找一个质疑点，然后化解质疑。针对《克殷》，从"轻吕"一词入手，质疑其西周属性；针对《世俘》，从离谱的数字入手，质疑其西周属性；针对《商誓》，从"几耿肃执"这几个族名入手，质疑其西周属性；针对《度邑》，从超自然描写入手，质疑其西周属性；针对《皇门》，从"天下"与"隐君之恶"这两种思维意识入手，质疑其西周属性；针对《祭公》，从"拜手稽首"这一动作入手，质疑其西周属性。经详细考证，这六则质疑均被化解，再次证明该六篇是可靠的西周文献。在第二章中，我们以单篇为单位，针对每一个西周篇目提出一个问题，并解决它。针对《克殷》，讨论了其中涉及的"致师"礼，并认定"致师"就是师尚父和伯夫突袭敌阵、震慑敌军的一次战斗行为，是史载最早的阵前挑战。针对《世俘》，讨论了其中的动物，裁定文本中涉及的两种鹿科动物分别为"麇"和"麇"。至于所谓的"猫"，应是一种远古遗存的稀见大型猫科动物。针对《商誓》，讨论了其中"话言"的语义含义，并认为各时期"话言"的含义有流变。西周早期的"话言"就是"话"，不带褒贬。针对《度邑》，考释了"名三百六十夫"，结合氏族封建制下族权强盛的历史背景，认定"三百六十夫"应指"三百六十位氏族的首领"。针对《皇门》，考证了《皇门》中周公所论"王"的史事背景，并认为"王"指西周之前的一切大邦之君，他们都是周邦的效法借鉴对象。针对《祭公》，结合《顾命》《保训》讨论了它的"顾命"体特征，并认为"顾命"体都具有强烈的抒情、邦家层面的回顾性质、托孤性质。各时期"顾命"有差别，君臣"顾命"也各有侧重，《祭公》篇的存在对"顾命"体概念的生成有重要意义。在第三章中，我们立足"书"类文献概念，谈西周诸篇与"书"类文献的关系，并讨论"书"类文献的文学特征。我们认为，"书"类文献应包括《尚书》的全部篇目、《逸周书》的部分篇目及其他与之相关的文献。在《逸周书》西周六篇中，除《度邑》外，其余五篇皆可归入狭义的"书"类文献。讨论"书"类文献的文学特征，主要从"记言体散文"和"六体"这两处入手，西周诸篇中尤其需重点讨论的篇目是"诰"体的《商誓》《皇门》和"训"体的《祭公》。在第四章中，我们从人物形象入手，谈西周诸篇的君臣群像，总结出王权独尊、政治老成、战战兢兢的武王形象，拳拳忠心、鉴史知今的周公形象，鞠躬尽瘁的祭公形象以及走马灯般的群臣形象。在此基础上，我们可以讨论历史文献的文学特征。在文学"未自觉"的时代，"文学特征"是文学研究的重要着手点。对人物形象而言，文学特征主要体现在作者塑造人物形象时的主观意识。在第五章中，我们讨论了西周诸篇中客观存在的六种文学修辞：铺陈、排比、比喻、夸张、夸饰、节缩。在讨论每一种文学修辞之前，先对这种修辞的概念进行确认，然后结合西周诸篇的文本进行微观剖析，映证对应修辞手法在相关篇目中的运用及其"艺术"维度，并藉此谈论西周诸篇的文学自觉性。在第六章中，我们对前几章的文学研究进行了复盘和总结，考订了西周诸篇的文学成熟度及西周诸篇在先秦文学中的位置，并为西周诸篇寻求了一个相对合理的文学史定位。概括来说，西周诸篇存在一定程度的文学自觉性，是"书"学的重要组成部分，在先秦文学史中居于开创或承接的地位。

当下先秦文献尤其西周文献的文学研究尚不充分，本书对《逸周书》西周诸篇的研究或可为未来的西周文学研究提供思路。笔者认为，西周文学研究可从四个角度入手：第一，关注史学文献中的文学元素。按后世鉴定标准在西周寻找纯文学作品，是徒劳无功的，但这并不意味着西周史籍中不存在文学元素。我们要以微观的文学元素为讨论单元，将它们剥离出来。第二，要坚持文献视阈下的文学视野。我们习惯用史学思维去审视西周文献，即从多重证据入手考察一个历史真相。其实,文学研究应当完全是另一种思维,即以文献为中心。具体来说,就是在特定的文献视阈下,我们能读出什么?这种思维颇似中学生做阅读理解,只不过我们拥有训诂、校勘、版本等更专业的文献学手段,但这与"阅读理解"的目的是一致的,那就是尽可能深入地解剖文本,以实现一定程度上的"达诂"。第三,文学研究是一个阐释学问题。孔子曰:"必也正名乎!"文学研究的许多"名",是可以自定义的,而非必须遵从某一权威定义。文学本身是一种审美意识形态,什么是"美",是可以协商决定的。只要找到了学理依据,就可以立足于此并展开研究。第四,文学研究需同时考虑学术层面与世俗层面。文学是为大众服务的,应充分接地气。我们将佶屈聱牙的西周文献考释出来之后,不能将学术成果束之高阁,而应将其推广于民间,鼓励民间对历史文献进行文学再创造,让历史文献为现实服务。最后需强调的是,所有的文学研究都应以文献学研究为基础,没有西周文献基础的所谓西周文学本质上都不是西周文学。

附录一　《逸周书》西周诸篇
　　　　　　阙文整理与讨论

　　《逸周书》西周诸篇普遍存在阙文，尤以《商誓》为最。本附录将对西周诸篇的阙文情况进行专门的整理与讨论，为正文部分的研究提供文献支持。

　　现对以下表格做一些说明：阙文数即缺字数，以各篇"□"的数量为准。"卢本正文"和"卢本孔注"后列数字指的是卢文弨本正文和孔注在各篇的缺字数量。"他本正文"和"他本孔注"后列数字指的是卢文弨本之外的其他版本正文和孔注在各篇的缺字数量。由于版本众多，所以不再一一单列，凡是卢本之外皆称他本。由于各版本缺字情况不同，所以"他本"按最大值填入，比如某篇正文卢本缺3个字、至正本缺4个字、章檗本缺5个字，那么"卢本正文"就是3，"他本正文"就是5，"他本"取最大值。只要有一个"他本"和卢本不一样，就取不一样的数字填入"他本"。如果实在没有，则填入和卢本一样的数字。至于他本缺失整句孔注的，则不算在阙文之列。具体每一篇每一条每一个版本的缺字情况，我们会在下文逐个列出并详细分析，表格只呈现宏观情况。为节约空间，篇目皆不标书名号。

	克殷	世俘	商誓	度邑	皇门	祭公
卢本正文	0	0	52	2	2	0
卢本孔注	1	2	——	——	3	0
他本正文	0	0	4	2	2	5
他本孔注	0	5	——	——	2	0
简本	——	——	——	——	2	3

第一节 《克殷》阙文

一、正文:"武王再拜稽首,乃出。"孔注:"受天大命,以改殷天明命。王,天□也。"以下简称"武王"句。

丁宗洛本孔注、朱右曾本孔注:"□"补"下"字。①

"王,天□也"这则缺字出现在孔注里。孔注乃晋人注,时代晚近,所以我们不用考虑先秦时期字词用法的问题。丁宗洛、朱右曾在"□"处补"下"字,显然是以"王天□也"四字不断句,即:"受天大命,以改殷天明命。王天下也。"其实,这处缺字可供补入的字的选择范围并不大,只有"下"和"子"两种。按丁宗洛、朱右曾说法,以"王天□也"四字不断句,则补入"下"。如断句,"王,天子也",则补入"子"。

这句话的正文和孔注联系不紧密。正文"武王再拜稽首,乃出"只是在叙述一个动作,孔注却在大谈武王受命之事。考虑到错简的问题,有必要考察上下句。"武王"句上句是:"昏暴商邑百姓,其章显闻于昊天上帝。"孔注:"言上天五帝皆知纣恶也。""武王"句下句是:"立王子武庚,命管叔相。"孔注:"为三监,监殷人。"从这两句看,正文和孔注的对应关系都十分紧密,不应有上下错简的情况。唯一有可能与"武王"句孔注对应的是上句正文的"其章显闻于昊天上帝"。"章显"二字存在讹误,然后"闻于昊天上帝"与武王受大命之事相对应。然若如此,上句孔注的"言上天五帝"就又无正文可对应了,所以这种错简的可能性不大。既然基本确定"武王"句的正文和孔注存在对应关系,那就只好把孔注当作延伸说明看待了。如果补"子"入

---

① [晋]孔晁注,[清]丁宗洛笺:《逸周书管笺》,清道光十年(1830)济宁海康丁宗洛迂园刻本,宋志英、晁岳佩选编:《〈逸周书〉研究文献辑刊》第 6 册,北京:国家图书馆出版社,2015 年,第 83 页。[清]朱右曾撰:《逸周书集训校释》,清光绪十四年(1888)南菁书院刻《皇清经解续编》本,宋志英、晁岳佩选编:《〈逸周书〉研究文献辑刊》第 8 册,北京:国家图书馆出版社,2015 年,第 91 页。

"□",那就是"王,天子也",强调的是"武王再拜稽首"的这一刻终于受天命而成天子。如果补"下"入"□",那就是"王天下也",连上句受命之事。"再拜稽首"可视为正式受命的仪节,也可视为被授权执掌天下的开始。两种解读均存在合理性。如果从"天下"观和"天子"观两个层面去分析,晋时这两种观点都已非常成熟,无法取舍。若按周人观念分析,则孔注出自西晋,无参考价值。至于"天下"还是"天子",笔者认为可以取两可态度,不应强下论断。

除孔注外,该句正文亦有脱文。《文选》王元长《三月三日曲水诗序》之李善注引《周书》:"武王曰:'膺受大命,革殷,受天明命。'"[1]《史记》:"于是武王再拜稽首,曰:'膺受大命,革殷,受天明命。'武王又再拜稽首,乃出。"[2]由此可知,应有两个"再拜稽首"。

第二节 《世俘》阙文

一、正文:"凡服国六百五十有二。"孔注:"此属纣也□□。"

各版本均未试图填补这两个缺字。

笔者认为这里的缺字存在两种可能:第一种,本无缺字。这两个"□"是因为原稿空出的字位较大,无故添上去的。第二种,该处不止缺两个字,

---

[1] [南朝梁]萧统编,[唐]李善等注:《六臣注文选》,北京:中华书局,2012年,第868页下栏。
[2] [汉]司马迁撰,[南朝宋]裴骃集解,[唐]司马贞索隐,[唐]张守节正义:《史记》第1册,北京:中华书局,2014年,第162页。按:中华书局1982年版《史记》从宋本作"膺更大命"。参见[汉]司马迁撰:《史记》第1册,北京:中华书局,1982年,第126页。[汉]司马迁撰,[南朝宋]裴骃集解,[唐]司马贞索隐,[唐]张守节正义:《宋本史记》第2册,日本国立历史民俗博物馆藏本,杜泽逊审定:《国学基本典籍丛刊》,北京:国家图书馆出版社,2018年,第120页。按:孙诒让本引《史记》亦作"膺受大命"。参见[清]孙诒让撰:《周书斠补》,清光绪二十六年(1900)里安孙氏刻本,宋志英、晁岳佩选编:《〈逸周书〉研究文献辑刊》第8册,北京:国家图书馆出版社,2015年,第386页。按:此处应以"膺受大命"为准。

"□□"是简略写法。阙文处应是对"服国"的注解,约缺五个字左右。相比较而言,还是第一种的可能性更大一些。

二、正文:"越五日乙卯,武王乃以庶祀馘于国周庙。翼予冲子,断牛六,断羊二。"孔注:"于辛亥五日,以诸侯祭其有断煞者。"

该句卢本正文、孔注皆无缺字,但丁宗洛本在"翼予冲子"后加"□□□□"①。

"予冲子"是第一人称,指的是"我这个年轻人",说话者是武王。但是下文"断牛六,断羊二"又是对祭祀典礼的叙述,并非人物语言。对于这处文句不通的情况,最简单的做法就是直接将"翼予冲子"四个字视作衍文,径直删去。这样的话,"武王乃以庶祀馘于国周庙,断牛六,断羊二"就文通句顺了。"断牛六,断羊二"都是祭祀的流程。如果不删"翼予冲子"四个字,那么这四个字后面就应该加下半句话,正如丁宗洛加的四个"□"。"□"部分的内容是"行祭祀之事",换《皇门》用法,可以直接在"□□□□"内填入"恭明祀",并在前面加上"曰"。原句改为:"越五日乙卯,武王乃以庶祀馘于国周庙,曰:'翼予冲子恭明祀!'断牛六,断羊二。"这样也可以文通字顺。

笔者认为"翼予冲子"不应凭空出现,应有所指。如果直接以衍文删去,则难免武断。故第二种改法可能更接近真相。

---

① [晋]孔晁注,[清]丁宗洛笺:《逸周书管笺》,清道光十年(1830)济宁海康丁宗洛迂园刻本,宋志英、晁岳佩选编:《〈逸周书〉研究文献辑刊》第6册,北京:国家图书馆出版社,2015年,第117页。

第三节 《商誓》阙文

一、正文："王若曰：'告尔伊旧何父□□□□几耿肃执，乃殷之旧官人序文□□□□及太史比、小史昔，及百官里居献民□□□，来尹师之敬诸戒，疾听朕言！用胥生蠲尹。'"

（一）第一组：□□□□。

朱骏声本："□□□□"补"殷侯尹氏"。[①] 刘师培："所缺四字不可考。"[②] 其实，解读这四个"□"的关键在于上下文。我们即使无法还原这四个字的具体内容，也至少可以推算它们的大致性质。

先看"伊旧何父"。"伊旧何父"是"告尔"的对象，"告尔"用法在"书"类文献中十分常见，如《盘庚》："历告尔百姓：于朕志……"[③]《多士》："王曰：'猷告尔多士！予惟时其迁居西尔。'"[④]《多方》："王若曰：'猷告尔四国多方惟尔殷侯尹民。'"[⑤]"告尔"后接的往往是集体概念，而非具体族名。丁宗洛："伊旧何父"作"伯舅伯父"[⑥]。这种解释在大方向上是正确的。"伊旧何父"的

[①] ［清］朱骏声：《周书集训校释增校》，邓实、黄节主编：《国粹学报》第 15 册，扬州：广陵书社，2006 年，第 9598—1 页。
[②] 刘师培撰：《周书补正》，民国间（1912—1949）宁武南氏铅印本，宋志英、晁岳佩选编：《〈逸周书〉研究文献辑刊》第 9 册，北京：国家图书馆出版社，2015 年，第 426 页。
[③] 顾颉刚、刘起釪：《尚书校释译论》第 2 册，北京：中华书局，2005 年，第 919 页。
[④] 顾颉刚、刘起釪：《尚书校释译论》第 3 册，北京：中华书局，2005 年，第 1517 页。
[⑤] 顾颉刚、刘起釪：《尚书校释译论》第 4 册，北京：中华书局，2005 年，第 1610 页。
[⑥] ［晋］孔晁注，［清］丁宗洛笺：《逸周书管笺》，清道光十年（1830）济宁海康丁宗洛迂园刻本，宋志英、晁岳佩选编：《〈逸周书〉研究文献辑刊》第 6 册，北京：国家图书馆出版社，2015 年，第 123 页。

"父"没必然往人名上靠①,其作用相当于"父老乡亲"。"旧"也有旧人的意思,正好对应下文的"殷之旧官人"。再看"几耿肃执"。朱右曾:"皆殷之世家大族也。"②这种解释在大方向上也是正确的。本书第一章在再论《商誓》的成篇年代时,已对朱右曾的观点进行了充分核实,"几耿肃执"就是殷之大氏族"饥邢萧挚",此处不再赘述。所以,四个"□"的上下文性质是比较明确的,上文是集体概念,下文是具体族名。既然有殷六族、七族之说,那么这四个"□"应当也是族名,与"几耿肃执"并列。朱骏声所补"殷侯尹氏"③并非并列的族名,不可取。

(二)第二组:□□□□。

刘师培本:"□□□□"有两字为"庶刑"④。朱骏声本:"□□□□"补"庶士御事"⑤。四个"□"后面的"及太史比、小史昔"带"及"字,不影响"□"的释读,所以只需要考虑前面的"乃殷之旧官人序文"即可。"乃殷之旧官人"明白晓畅,重点在"序文"。庄述祖:"序文"作"庶位"⑥。在金文中,"位"写作"立"是常态,"立""文"形近易讹。至于"序""庶",则略为牵强。"序"在金文

---

① 刘师培:"朱(按:指朱右曾)释以'几耿肃执'为殷之世家大族,其说至谛。窃以'伊旧何父'亦然。伊,即尹。后'旧''昚'古通。如周平王宜咎或作宜臼,其旁证也。盖咎单之裔。何,疑向譌。纣有内史向挚。父,或傅说之傅也。"刘师培撰:《周书补正》,民国间(1912—1949)宁武南氏铅印本,宋志英、晁岳佩选编:《〈逸周书〉研究文献辑刊》第9册,北京:国家图书馆出版社,2015年,第426页。
② [清]朱右曾撰:《逸周书集训校释》,清光绪十四年(1888)南菁书院刻《皇清经解续编》本,宋志英、晁岳佩选编:《〈逸周书〉研究文献辑刊》第8册,北京:国家图书馆出版社,2015年,第113页。
③ [清]朱骏声:《周书集训校释增校》,邓实、黄节主编:《国粹学报》第15册,扬州:广陵书社,2006年,第9598—1页。
④ 刘师培撰:《周书补正》,民国间(1912—1949)宁武南氏铅印本,宋志英、晁岳佩选编:《〈逸周书〉研究文献辑刊》第9册,北京:国家图书馆出版社,2015年,第426页。
⑤ [清]朱骏声:《周书集训校释增校》,邓实、黄节主编:《国粹学报》第15册,扬州:广陵书社,2006年,第9598—1页。
⑥ [清]庄述祖:《尚书记》卷二,《云自在龛丛书》本,光绪二十五年(1899)菊月江阴缪氏校刊本,第4叶上半叶。

334　/ 《逸周书》西周诸篇研究

中写作□①、□②，"庶"在金文中写作□③、□④。由此可见，西周时期"序"几近全包结构，"庶"则为半包，写法相对稳定，互讹的可能性并不大。这一组的"庶"如被讹成"序"，也应是东周以后的事，而非西周初稿所有。刘师培凭借《商誓》下文"越尔庶义庶刑，予维及西土"内证，即得出"□□□□"当有两字补"庶刑"，未免草率。"庶刑"既已与下文的"庶义"并列，那它和"庶位"也并列的可能性就不大了。朱骏声"□□□□"补"庶士御事"，是以"序文"即"庶位"为前提的。从文意层面看，"庶位庶士御事"的"庶"后字都是名词，明白晓畅，符合上下文的语境和语义要求，并与同为西周"书"类文献的《酒诰》"厥诰毖庶邦庶士越少正御事"⑤的句式、用法完全一致。虽然我们无法找到证据证明这四个字必补"庶士御事"，但这四个字代表了一种最合理的可能性。

（三）第三组：□□□。

庄述祖本："□□□来尹师之敬诸戒"作"及邦君师尹敬诸"⑥。朱骏声本："□□□"补"今予其"。⑦ "□□□"要么接上文"里居献民"，要么连下文"来尹师之敬诸戒"。庄述祖的补字几乎没有参考价值，我们因其有补而暂列于此。朱骏声的补字属于接下文的补法。如果接上文，"□□□"则是与"里居献民"并列的一种"人"。《召诰》："兹殷多先哲王在天，越厥后王后

---

① 见于西周早期的执卣。参见吴镇烽编著：《商周青铜器铭文暨图像集成》第24卷，上海：上海古籍出版社，2012年，第226页。
② 见于西周早期后段的荣仲鼎甲。参见吴镇烽编著：《商周青铜器铭文暨图像集成》第5卷，上海：上海古籍出版社，2012年，第225页。
③ 见于西周中期的牧簋。参见吴镇烽编著：《商周青铜器铭文暨图像集成》第12卷，上海：上海古籍出版社，2012年，第215页。
④ 见于西周早期康王时期的大盂鼎。参见吴镇烽编著：《商周青铜器铭文暨图像集成》第5卷，上海：上海古籍出版社，2012年，第443页。
⑤ 顾颉刚、刘起釪：《尚书校释译论》第3册，北京：中华书局，2005年，第1380页。
⑥ [清]庄述祖：《尚书记》卷二，《云自在龛丛书》本，光绪二十五年（1899）菊月江阴缪氏校刊本，第4叶上半叶。
⑦ [清]朱骏声：《周书集训校释增校》，邓实、黄节主编：《国粹学报》第15册，扬州：广陵书社，2006年，第9598—1页。

民。"①《多方》:"猷告尔四国多方惟尔殷侯尹民。"②参考其他"书"类文献,当"民"与其他身份的人并称时,"民"往往排在最后。按先尊后卑的一般常识,"民"肯定也是排在王侯后面的,所以"□□□"接上文的可能性不大,应接下文。《盘庚》:"今予其敷心腹肾肠,历告尔百姓。"③《盘庚》有"今予其+动词"的用法,朱补合理,可资一说。

二、正文:"在商先誓王,明祀上帝□□□□亦维我后稷之元谷用告和用胥饮食。"

朱骏声本:"□□□□"补"克集于享"。④ 徐芹庭本:"□□□□"补"社稷宗庙"⑤。"□□□□"下文有"亦维"二字,"亦维"的作用相当于"越厥",所以"上帝""□□□□""后稷"三者应当是并列关系。后稷是周之先祖,与上帝并列作为被祭祀的对象,并且上帝在前、后稷在后,这样的顺序是非常合理的。"□□□□"介于"上帝"和"后稷"之间,徐芹庭补"社稷宗庙"的猜想是符合逻辑的,朱骏声说则有待商榷。"社稷宗庙"作为被祭祀的对象,顺序放在上帝和祖先之间是比较合适的。"社稷宗庙"的用法见于伪古文《太甲上》:"社稷宗庙,罔不祇肃。"⑥可作为伪"书"类文献之旁证。"社稷宗庙"的用法也见于其他非"书"类先秦文献,如《逸周书·武纪》:"凡有事君民,守社稷宗庙。"《左传·襄公七年》:"君若不来,群臣不忍社稷宗庙,惧有二图。"⑦故徐氏之补可备一说。

---

① 顾颉刚、刘起釪:《尚书校释译论》第 3 册,北京:中华书局,2005 年,第 1434 页。
② 顾颉刚、刘起釪:《尚书校释译论》第 4 册,北京:中华书局,2005 年,第 1610 页。
③ 顾颉刚、刘起釪:《尚书校释译论》第 2 册,北京:中华书局,2005 年,第 919 页。
④ [清]朱骏声:《周书集训校释增校》,邓实、黄节主编:《国粹学报》第 15 册,扬州:广陵书社,2006 年,第 9598—1 页。
⑤ 徐芹庭编著:《细说逸周书》,徐耀环主编:《细说廿四经》第 12 册,新北:圣环图书,2017 年,第 191 页。
⑥ [汉]孔安国传,[唐]孔颖达正义:《尚书注疏》,[清]阮元校刻,方向东点校:《十三经注疏》第 2 册,北京:中华书局,2021 年,第 337 页。
⑦ 杨伯峻编著:《春秋左传注》第 4 册,北京:中华书局,2016 年,第 1047 页。

三、正文:"肆予小子发,弗敢忘天命,朕考胥翕稷政,肆上帝曰:'必伐之!'予惟甲子,克致天之大罚,□帝之来革纣之□,予亦无敢违大命。"

王谟本:"纣之□"三字阙如。① 这处阙字是王谟本自身残损造成的。唐大沛本、徐芹庭:第一个"□"作"上",第二个"□"作"命"②。庄述祖本:"□帝之来革纣之□"作"敬帝之赍革纣之命"③。孙诒让本:第一个"□"作"成",第二个"□"作"政"④。朱骏声本:第一个"□"作"恭",第二个"□"作"命"。⑤ 牛鸿恩本:第一个"□"作"成"⑥。综合以上各家之说,第一个"□"可补"上""敬""恭""成",第二个"□"可补"命""政"。于是就有了"上帝之来革纣之命""敬帝之来革纣之命""恭帝之来革纣之命""成帝之来革纣之命""上帝之来革纣之政""敬帝之来革纣之政""恭帝之来革纣之政""成帝之来革纣之政"八种组合,基本覆盖了所有可能性。《克殷》:"其章显闻于昊天上帝。"《世俘》:"武王乃翼,矢珪矢宪,告天宗上帝。"《商誓》:"予来致上帝之威命明罚。"《商誓》:"弗显上帝,昏虐百姓,奉天之命,上帝弗显。"《商誓》:"敢逸僭予,则上帝之明命。"《祭公》:"维皇皇上帝,度其心。"且不需放眼所有"书"类文献,仅在《逸周书》西周六篇之内,"上帝"就已比比皆是。其中更以《商誓》的"上帝"数量为多。相比之下,《尚书》《逸周书》都不见"敬帝""恭帝""成帝"的用法。所以,"上帝"较其他补字而言具有碾压式的优势。因此,《商

---

① [清]王谟:《汲冢周书》卷五,《增订汉魏丛书》本,清乾隆五十六年(1791)刻本,第1叶下半叶。
② [清]唐大沛:《逸周书分编句释》,清道光十六年(1836)著者手定底稿本,宋志英、晁岳佩选编:《〈逸周书〉研究文献辑刊》第7册,北京:国家图书馆出版社,2015年,第49页。徐芹庭编著:《细说逸周书》,徐耀环主编:《细说廿四经》第12册,新北:圣环图书,2017年,第192页。
③ [清]庄述祖:《尚书记》卷二,《云自在龛丛书》本,光绪二十五年(1899)菊月江阴缪氏校刊本,第12叶下半叶。
④ [清]孙诒让撰:《周书斠补》,清光绪二十六年(1900)里安孙氏刻本,宋志英、晁岳佩选编:《〈逸周书〉研究文献辑刊》第8册,北京:国家图书馆出版社,2015年,第403页。
⑤ [清]朱骏声:《周书集训校释增校》,邓实、黄节主编:《国粹学报》第15册,扬州:广陵书社,2006年,第9598—1页。
⑥ 牛鸿恩注译:《新译逸周书》,台北:三民书局,2015年,第312页。

誓》此处的补字要么是"上帝"要"革命",要么是"上帝"要"革政"。《多士》:"惟殷先人有册有典,殷革夏命。"①其他非"书"类先秦文献还可举证,如《逸周书·周月》:"其在商汤,用师于夏,除民之灾,顺天革命。""革命"是较为固定的搭配,而"革政"显然阻拒一些。伪古文《咸有一德》:"以有九有之师,爰革夏正。"②可谓"革政"之例。但伪古文性质决定其文献地位不能与《多士》《周月》颉颃。所以,笔者认为此处阙文补字还是以"上帝之来革纣之命"之说为佳,从唐大沛、徐芹庭。

四、正文:"予既殛纣,承天命,予亦来休命。尔百姓里居君子,其周即命□□□□□□□□□□□□□□□□□□□□□□□□□□□□□尔冢邦君无敢其有不告见于我有周。其比冢邦君,我无攸爱,上帝曰:'必伐之!'"

卢文弨本等绝大多数古今版本的这一处阙文都是二十九个"□"。朱右曾本:少一个"□"。③ 张闻玉本:只有二十个"□"。④ 在大段的阙文下,"□"多一个少一个不能说明问题。朱骏声本:"□□□□□□□□□□□□□□□□□□□□□□□□□□□□"补"亦惟纣敷虐于尔庶邦,淫酗无度,罔顾于商先哲王,天大降威,畀我有周",凡二十八个字。⑤ 徐芹庭本"惟"作"维"、"酗"作"酣"、"畀"作"俾",其他与朱骏声本同。徐氏亦自注"从朱骏声说"填入。⑥ 朱骏声这样补字虽然可以使文本文通字顺,但毕竟只是一种推测,无法真实还原文献原貌。如果一定要补全这段阙文,除了"酗"改作

---

① 顾颉刚、刘起釪:《尚书校释译论》第3册,北京:中华书局,2005年,第1517页。
② [汉]孔安国传、[唐]孔颖达正义:《尚书注疏》,[清]阮元校刻,方向东点校:《十三经注疏》第2册,北京:中华书局,2021年,第350页。
③ [清]朱右曾撰:《逸周书集训校释》,清光绪十四年(1888)南菁书院刻《皇清经解续编》本,宋志英、晁岳佩选编:《〈逸周书〉研究文献辑刊》第8册,北京:国家图书馆出版社,2015年,第114页。
④ 张闻玉译注:《逸周书全译》,贵阳:贵州人民出版社,2000年,第172页。
⑤ [清]朱骏声:《周书集训校释增校》,邓实、黄节主编:《国粹学报》第15册,扬州:广陵书社,2006年,第9598—1页。
⑥ 徐芹庭编著:《细说逸周书》,徐耀环主编:《细说廿四经》第12册,新北:圣环图书,2017年,第193页。

"酗"(从徐芹庭说)之外①,其余部分应以朱骏声的补法为最优解,即:"亦惟纣敷虐于尔庶邦,淫酗无度,罔顾于商先哲王,天大降威,畀我有周。"

五、正文:"今予惟明告尔,予其往追□纣,遂臻集之于上帝。"

唐大沛本:"□"补"若"②。庄述祖本:"□"补"皋"③。按:皋,罪也。朱骏声本、徐芹庭本:"□"补"商"④。"□"处补字的词性很明确,是形容词,并作为"纣"的定语。以上说法"若""皋""商"皆属此类。"商(殷)+纣(辛)"或"商(殷)王+纣(受)"的用法在"书"类文献中并不罕见。《牧誓》:"今商王受惟妇言是用。"《无逸》:"无若殷王受之迷乱。"⑤《克殷》:"商辛奔内,登于鹿台之上。"《世俘》:"王乃步自于周,征伐商王纣。"《商誓》:"今在商纣,昏忧天下。"《度邑》:"志我共恶,专从殷王纣。"用《商誓》内证,还有一则"罪纣",《商誓》:"曰殪商之多罪纣。"除此之外,"若纣""皋纣""若受""皋受""罪受"皆不见于《尚书》《逸周书》。因此,这则"□"可补"商(殷)"或"罪"。《商誓》之"罪纣"实为"多罪纣",与"罪纣"的单独用法不同,且"商纣"亦见于《商誓》内证,可靠性不逊于"罪纣"。所以"□"补"商"或"殷"更善。再参考以上用例情况,"商"字最合理。

---

① 《酒诰》有"酗"字可与之对照:"在今后嗣王酗身厥命,罔显于民祗,保越怨不易。"参见顾颉刚、刘起釪:《尚书校释译论》第3册,北京:中华书局,2005年,第1407页。
② [清]唐大沛撰:《逸周书分编句释》,清道光十六年(1836)著者手定底稿本,宋志英、晁岳佩选编:《〈逸周书〉研究文献辑刊》第7册,北京:国家图书馆出版社,2015年,第50页。
③ [清]庄述祖:《尚书记》卷二,《云自在龛丛书》本,光绪二十五年(1899)菊月江阴缪氏校刊本,第12叶下半叶。
④ [清]朱骏声:《周书集训校释增校》,邓实、黄节主编:《国粹学报》第15册,扬州:广陵书社,2006年,第9598—1页。徐芹庭编著:《细说逸周书》,徐耀环主编:《细说廿四经》第12册,新北:圣环图书,2017年,第194页。
⑤ 顾颉刚、刘起釪:《尚书校释译论》第3册,北京:中华书局,2005年,第1098、1539页。

六、正文:"尔百姓其亦有安处在彼,宜在天命,□及恻兴乱。"

丁宗洛本①、朱右曾本②、张闻玉本③、牛鸿恩本④、徐芹庭本⑤:"□及恻兴乱"作"弗反侧兴乱"。唐大沛本:"□及恻兴乱"作"乃反侧兴乱"⑥。该句文意明确,意在劝诫商民要安于天命,不要"反复兴乱"。"兴乱"前面必须要有否定词,如"弗""勿"等。"及"乃"反"之讹。《商誓》:"其斯弗用朕命。"《度邑》:"遂命一日,维显畏弗忘。""弗"字用法很常见。因此,"□"补"弗"合理,众说可从。

七、正文:"肆予明命汝百姓,其斯弗用朕命,其斯尔冢邦君商庶百姓,予则□刘灭之。"

陈逢衡本⑦、唐大沛本⑧、徐芹庭本⑨:"□"补"咸"字。庄述祖本:"□"补

---

① [晋]孔晁注,[清]丁宗洛笺:《逸周书管笺》,清道光十年(1830)济宁海康丁宗洛迂园刻本,宋志英、晁岳佩选编:《〈逸周书〉研究文献辑刊》第6册,北京:国家图书馆出版社,2015年,第126页。
② [清]朱右曾撰:《逸周书集训校释》,清光绪十四年(1888)南菁书院刻《皇清经解续编》本,宋志英、晁岳佩选编:《〈逸周书〉研究文献辑刊》第8册,北京:国家图书馆出版社,2015年,第115页。
③ 张闻玉译注:《逸周书全译》,贵阳:贵州人民出版社,2000年,第172页。
④ 牛鸿恩注译:《新译逸周书》,台北:三民书局,2015年,第315页。
⑤ 徐芹庭编著:《细说逸周书》,徐耀环主编:《细说廿四经》第12册,新北:圣环图书,2017年,第194页。
⑥ [清]唐大沛撰:《逸周书分编句释》,清道光十六年(1836)著者手定底稿本,宋志英、晁岳佩选编:《〈逸周书〉研究文献辑刊》第7册,北京:国家图书馆出版社,2015年,第51页。
⑦ [晋]孔晁注,[清]陈逢衡补注:《逸周书补注》,清道光五年(1825)刻本,宋志英、晁岳佩选编:《〈逸周书〉研究文献辑刊》第2册,北京:国家图书馆出版社,2015年,第400页。
⑧ [清]唐大沛撰:《逸周书分编句释》,清道光十六年(1836)著者手定底稿本,宋志英、晁岳佩选编:《〈逸周书〉研究文献辑刊》第7册,北京:国家图书馆出版社,2015年,第53页。
⑨ 徐芹庭编著:《细说逸周书》,徐耀环主编:《细说廿四经》第12册,新北:圣环图书,2017年,第196页。

"乃"字①。孙诒让本②、牛鸿恩本③："□"补"肆"字。朱骏声本："□"补"虔"。④ 该句句意明确，张闻玉："如果不听从我的命令，我就要全部杀掉你们。"⑤黄怀信："如果不听从我的命令，我将把你们全部杀死。"⑥可从。"□"部分应补"全部"之意。《君奭》："后暨武王诞将天威，咸刘厥敌。"⑦《君奭》的这一处"咸+刘"的用法与《商誓》完全相同，故《商誓》可补"咸"字。另有《盘庚》："我乃劓殄灭之，无遗育，无俾易种于兹新邑。"⑧《盘庚》的这处用法和《商誓》同，表达的都是"全部杀死"的意思。只是《盘庚》威胁语气更强一些，用两个"无"反复强调，而《商誓》以一"咸"概括之。所以，这种"全部杀死"的说法在"书"类文献中并不罕见。

八、正文："命予小子肆我殷戎，亦辨百度□□美左右予，予肆刘殷之命。"

丁宗洛本："□□"作"集众"。唐大沛本、徐芹庭本："□□"补"之休"。庄述祖本："亦辨百度□□美左右予"作"亦辨百度奭美，越尔庶义庶刑，勤我西土，其左右予"。孙诒让本、牛鸿恩本："亦辨百度□□美左右予"作"亦辨百姓庶刑庶义左右予"。朱骏声本："□□"补"厥材"。⑨ 各家补字较为混乱，有两个字位补一个字的，如庄述祖；也有两个字位补四个字并把下文吞并的，如孙诒让、牛鸿恩。各说似无可取者。"□□"的上下文都令人费解，什

---

① ［清］庄述祖：《尚书记》卷二，《云自在龛丛书》本，光绪二十五年（1899）菊月江阴缪氏校刊本，第10叶下半叶。
② ［清］孙诒让撰：《周书斠补》，清光绪二十六年（1900）里安孙氏刻本，宋志英、晁岳佩选编：《〈逸周书〉研究文献辑刊》第8册，北京：国家图书馆出版社，2015年，第405页。
③ 牛鸿恩注译：《新译逸周书》，台北：三民书局，2015年，第318页。
④ ［清］朱骏声：《周书集训校释增校》，邓实、黄节主编：《国粹学报》第15册，扬州：广陵书社，2006年，第9598—1页。
⑤ 张闻玉译注：《逸周书全译》，贵阳：贵州人民出版社，2000年，第175页。
⑥ 黄怀信：《逸周书校补注译》，西安：三秦出版社，2006年，第212页。
⑦ 顾颉刚、刘起釪：《尚书校释译论》第3册，北京：中华书局，2005年，第1574页。
⑧ 顾颉刚、刘起釪：《尚书校释译论》第2册，北京：中华书局，2005年，第916页。
⑨ ［清］朱骏声：《周书集训校释增校》，邓实、黄节主编：《国粹学报》第15册，扬州：广陵书社，2006年，第9598—1页。

么是"百度",又以何接单字"美"?《逸周书·籴匡》:"大馴锺绝,服美义淫。"伪古文《毕命》:"怙侈灭义,服美于人。"孔颖达正义:"服饰过制,美于其民。言僭上。"①《籴匡》可证先秦文献有"服美"用法,伪古文《毕命》也增加了"书"类文献有"服美"用法的可能性。但是,从文义上看,这里谈论的主题不应是服饰制度。辨,应作"辡"。《说文》:"辡,交也。"②因此,"亦辨百度□□美左右予"句的意思是,"结交了某某某并使他们在左右辅佐我"。百,应作"伯","伯度"指的是某位辅弼大臣。笔者猜测,"伯度"可能是"伯旦"之音讹,"美"则是"奭"之形讹。"百度□□美"应作"伯旦伯奭",指的是周公和召公这两位武王身边最重量级的大臣。"左右",正好对应两人。《克殷》:"周公把大钺,召公把小钺,以夹王。"《史记·乐书》:"周公左,召公右,六成复缀,以崇天子。"③如此以周、召左右辅弼之例,在早期文献中亦有征。

九、正文:"予尔拜,拜□百姓,越尔庶义庶刑,予维及西土。"

赵标本:"□"作"口"④。此版本特色,未补字。丁宗洛本⑤、朱右曾本⑥、张闻玉本⑦、徐芹庭本⑧:"予尔拜拜□百姓"作"予尔屏屏尔百姓",即以"尔"补入"□"。唐大沛本:"予尔拜拜□百姓"作"予尔邦君及百姓"。牛鸿恩本:

---

① [汉]孔安国传,[唐]孔颖达正义:《尚书注疏》,[清]阮元校刻,方向东点校:《十三经注疏》第2册,北京:中华书局,2021年,第847页。
② [汉]许慎撰,[宋]徐铉等校定:《说文解字》,北京:中华书局,2013年,第273页下栏。
③ [汉]司马迁撰,[南朝宋]裴骃集解,[唐]司马贞索隐,[唐]张守节正义:《史记》第4册,北京:中华书局,2014年,第1459页。
④ [明]赵标:《汲冢周书》卷五,《汇刻三代遗书》本,明万历二十二年(1594)刻本,第63叶上半叶。
⑤ [晋]孔晁注,[清]丁宗洛笺:《逸周书管笺》,清道光十年(1830)济宁海康丁宗洛迁园刻本,宋志英、晁岳佩选编:《〈逸周书〉研究文献辑刊》第6册,北京:国家图书馆出版社,2015年,第127页。
⑥ [清]朱右曾撰:《逸周书集训校释》,清光绪十四年(1888)南菁书院刻《皇清经解续编》本,宋志英、晁岳佩选编:《〈逸周书〉研究文献辑刊》第8册,北京:国家图书馆出版社,2015年,第117页。
⑦ 张闻玉译注:《逸周书全译》,贵阳:贵州人民出版社,2000年,第174页。
⑧ 徐芹庭编著:《细说逸周书》,徐耀环主编:《细说廿四经》第12册,新北:圣环图书,2017年,第196页。

"予尔拜，拜□百姓"作"予尔辨，辨商百姓"。《商誓》有内证："商百姓无罪。"《商誓》同篇还有类似用法："胥告商之百无罪，其维一夫。"因此，"□"补"商"是合理的。

第四节 《度邑》阙文

一、正文："遂命一日，维显畏弗忘。王至于周，自鹿至于丘中。"

元至正本等十四个版本："鹿"作"□"。① 何本卢校："□"作"鹿"②。元明诸本"鹿"字皆缺，清至当代版本亦多有从之者。最早补"□"为"鹿"的是卢文弨，他在校何允中本时已补入"鹿"，并在后来的抱经堂本中保持了一致。补"□"为"鹿"看似无理，实则有据。王融《王元长曲水诗序》："度邑静鹿丘之叹，迁鼎息大坰之惭。"③该诗将"鹿""丘"并列，一目了然。可见，在南朝时王融应见过未缺字的《度邑》版本，故能作"度邑静鹿丘之叹"之句。

二、正文："叔旦泣涕于常，悲不能对。王□□传于后。"

唐大沛本④、孙诒让本⑤、黄怀信本⑥、徐芹庭本⑦："□□"作"命旦"。朱

---

① [晋]孔晁注：《元本汲冢周书》，元至正十四年(1354)嘉兴路儒学刻本，杜泽逊审定：《国学基本典籍丛刊》，北京：国家图书馆出版社，2017年，第95页。其余十三个版本不再逐个出注，详见附录二。
② [明]何允中：《逸周书》卷五，《广汉魏丛书》本，明万历间(1573—1620)刻本，第3叶上半叶。
③ [南朝梁]萧统编，[唐]李善等注：《六臣注文选》，北京：中华书局，2012年，第868页下栏。
④ [清]唐大沛撰：《逸周书分编句释》，清道光十六年(1836)著者手定底稿本，宋志英、晁岳佩选编：《〈逸周书〉研究文献辑刊》第7册，北京：国家图书馆出版社，2015年，第63页。
⑤ [清]孙诒让撰：《周书斠补》，清光绪二十六年(1900)里安孙氏刻本，宋志英、晁岳佩选编：《〈逸周书〉研究文献辑刊》第8册，北京：国家图书馆出版社，2015年，第407页。
⑥ 黄怀信：《逸周书校补注译》，西安：三秦出版社，2006年，第218页。
⑦ 徐芹庭编著：《细说逸周书》，徐耀环主编：《细说廿四经》第12册，新北：圣环图书，2017年，第201页。

右曾:"□□"作"欲旦"。① 庄述祖本:"王□□传于后"作"王命叔旦传于后"②。朱骏声本:"□□"补"乃命"。③ 这一处阙文缺的位置很独特,正好挖去了武王"传于后"的对象,显然是人为因素的结果。按照儒家意识形态,周公摄政辅成王,是绝对不可以自己即位称王的。"王□□传于后"明显说的是武王欲传位于周公。"泣涕于常,悲不能对"句正能说明这个问题。该句有错简,"王□□传于后"应放在"叔旦泣涕于常,悲不能对"前面。庄述祖徒增一字位,朱骏声未补出"旦"字。综上,"□□"可依唐大沛等填入"命旦",此说合理。

三、正文:"今维天使子,惟二神授朕灵期。予未致,予休,予近怀子。朕室汝,维幼子大有知。"

元至正本等六个版本:"予近怀子"的"予"脱。④ 赵标本:"予近怀子"的"近"脱。⑤ 这几句话的版本异文情况非常严重⑥,以至于各"于""予""子"混淆不清。元本缺"予"字的缺损原因是十分明确的,就是自然残损所致。后代各本因为承袭元本,故都缺"予"字。赵标本较为另类,"予近怀子"写作"于□怀子"⑦。赵标的"□"处也并无"□",而是空了一个字位,应是印刷错误所致。至于"予"字如何补出,赵标也未作说明。按现有各家之说,可补全

---

① [清]朱右曾撰:《逸周书集训校释》,清光绪十四年(1888)南菁书院刻《皇清经解续编》本,宋志英、晁岳佩选编:《〈逸周书〉研究文献辑刊》第8册,北京:国家图书馆出版社,2015年,第119页。
② [清]庄述祖:《尚书记》卷三,《云自在龛丛书》本,光绪二十五年(1899)菊月江阴缪氏校刊本,第18叶上半叶。
③ [清]朱骏声:《周书集训校释增校》,邓实、黄节主编:《国粹学报》第15册,扬州:广陵书社,2006年,第9598—1页。
④ [晋]孔晁注:《元本汲冢周书》,元至正十四年(1354)嘉兴路儒学刻本,杜泽逊审定:《国学基本典籍丛刊》,北京:国家图书馆出版社,2017年,第96页。其余五个版本不再逐个出注,详见附录二。
⑤ [明]赵标:《汲冢周书》卷五,《汇刻三代遗书》本,明万历二十二年(1594)刻本,第64叶上半叶。
⑥ 详见附录二。
⑦ [明]赵标:《汲冢周书》卷五,《汇刻三代遗书》本,明万历二十二年(1594)刻本,第64叶上半叶。

成"予近怀子",即如卢文弨所补。

第五节 《皇门》阙文

一、正文:"先用有劝,永有□于上下。"孔注:"上谓天,下谓地也。"清华简:"先王用有劝,以宾佑于上。"①

丁宗洛本等五个版本:"□"补"孚"字②。唐大沛本:"□"补"格"字③。庄述祖本:"□"补"答"字④。朱骏声本:"□"补"享"字。⑤

清华简原简 的"上"下有句读,且下一句话的第一个字"是"和"上"在同一片简上。我们因此可以判断"下"为传世本之衍,而非简本之脱。参清华简《皇门》字形,"佑"作 ⑥、"有"作 ⑦,存在形讹的可能性。所以,传本有可能写作"永佑□于上"。丁宗洛最早补"孚"字,他未说明理由,只说"'孚'旧阙,今按文义补"⑧。实际上,"孚佑"并列有征。伪古文《汤诰》:"上

---

① 清华大学出土文献研究与保护中心编,李学勤主编:《清华大学藏战国竹简(壹)》,上海:中西书局,2010年,第164页。
② [晋]孔晁注,[清]丁宗洛笺:《逸周书管笺》,清道光十年(1830)济宁海康丁宗洛迂园刻本,宋志英、晁岳佩选编:《〈逸周书〉研究文献辑刊》第6册,北京:国家图书馆出版社,2015年,第150页。其余四个版本不再逐个出注,详见附录二。
③ [清]唐大沛撰:《逸周书分编句释》,清道光十六年(1836)著者手定底稿本,宋志英、晁岳佩选编:《〈逸周书〉研究文献辑刊》第7册,北京:国家图书馆出版社,2015年,第74页。
④ [清]庄述祖:《尚书记》卷四,《云自在龛丛书》本,光绪二十五年(1899)菊月江阴缪氏校刊本,第24叶下半叶。
⑤ [清]朱骏声:《周书集训校释增校》,邓实、黄节主编:《国粹学报》第15册,扬州:广陵书社,2006年,第9598—1页。
⑥ 清华大学出土文献研究与保护中心编,李学勤主编:《清华大学藏战国竹简(壹)》,上海:中西书局,2010年,第89页。
⑦ 清华大学出土文献研究与保护中心编,李学勤主编:《清华大学藏战国竹简(壹)》,上海:中西书局,2010年,第89页。
⑧ [晋]孔晁注,[清]丁宗洛笺:《逸周书管笺》,清道光十年(1830)济宁海康丁宗洛迂园刻本,宋志英、晁岳佩选编:《〈逸周书〉研究文献辑刊》第6册,北京:国家图书馆出版社,2015年,第150页。

天孚佑下民。"①虽然伪古文只能作为旁证,但"孚"声母古音为双唇音,"孚佑"即"敷佑",即"保佑"。因此"孚佑"连用是合理的。"佑孚"按倒文理解,即是"孚佑"。因此丁宗洛补字在大方向上是正确的,传本可以补作"永佑孚于上",并可进一步释读为"永孚佑于上"。至于简本的"宾",放在句中也可解。《洛诰》:"王宾,杀禋,咸格。"②刘起釪综合各家之说,认为"王宾"的对象是先王③。此说正好可以和简本"先王用有劝"对应。由此,我们可以说简本是文通字顺的,不需改字。传本如果与简本是同一流传体系,也应改作"先王用有劝,永佑宾于上"。如非同一体系,"□"补"孚"字亦可通。如果非要择其一,笔者认为传世本还是补"孚"字更通顺。

二、正文:"王国用宁,小人用格,□能稼穑,咸祀天神,戎兵克慎,军用克多。"孔注:"神祐之故。"清华简:"王邦用宁,小民用假能稼穑,并祀天神,戎兵以能兴,军用多实。"④

赵标本:"□"作"口"。⑤ 唐大沛本:"□"补"用"字。⑥ 庄述祖本:"□"补"家"字。⑦ 朱骏声本⑧、徐芹庭本⑨:"□"补"爱"字。简本"民"在传本作"人",应是唐写本避讳改动的结果,本应作"民"。传本"格□"两个字位,简

---

① [汉]孔安国传,[唐]孔颖达正义:《尚书正义》,[清]阮元校刻,方向东点校:《十三经注疏》第 2 册,北京:中华书局,2021 年,第 325 页。
② 顾颉刚、刘起釪:《尚书校释译论》第 3 册,北京:中华书局,2005 年,第 1497 页。
③ 参见顾颉刚、刘起釪:《尚书校释译论》第 3 册,北京:中华书局,2005 年,第 1499 页。
④ 清华大学出土文献研究与保护中心编,李学勤主编:《清华大学藏战国竹简(壹)》,上海:中西书局,2010 年,第 164 页。
⑤ [明]赵标:《汲冢周书》卷五,《汇刻三代遗书》本,明万历二十二年(1594)刻本,第 71 叶下半叶。
⑥ [清]唐大沛撰:《逸周书分编句释》,清道光十六年(1836)著者手定底稿本,宋志英、晁岳佩选编:《〈逸周书〉研究文献辑刊》第 7 册,北京:国家图书馆出版社,2015 年,第 74 页。
⑦ [清]庄述祖:《尚书记》卷四,《云自在龛丛书》本,光绪二十五年(1899)菊月江阴缪氏校刊本,第 25 叶上半叶。
⑧ [清]朱骏声:《周书集训校释增校》,邓实、黄节主编:《国粹学报》第 15 册,扬州:广陵书社,2006 年,第 9598—1 页。
⑨ 徐芹庭编著:《细说逸周书》,徐耀环主编:《细说廿四经》第 12 册,新北:圣环图书,2017 年,第 225 页。

本"假"只有一个字位。从文字的通顺情况看,"假"后应有一个字:"王邦用宁,小民用假,□能稼穑。"或者也有可能是:"王邦用宁,小民用□,假能稼穑。"如果传本、简本是同一流传体系,"□"直接补入"假"即可,即"小人用格,假能稼穑"。"格"可解释为"来","假"可解释为"凭借",说的是邦国安宁之后四方民众就会来投奔,然后统治阶级就可以凭借人口的增长大力发展农业生产。

三、正文:"譬若畋,犬骄用逐禽,其犹不克有获。"孔注:"骄,谓不习也。言□人之无得,犹骄犬逐禽,不能获。"清华简:"譬如戎夫,骄用从禽,其犹克有获?"①

元至正本孔注:"人"字无法辨认。② 元至正本孔注等六个版本:"□"处缺字。元本的"□"处留空,应是故意所为,而非自然残损,其后各本承袭之。③ 杨慎本孔注:无"□","言人"相连。④ 赵标本孔注:"□"作"■"。⑤ 王谟本孔注:"□"补"是"字。⑥ 丁宗洛本孔注⑦、周光霁本孔注⑧:"□"补"于"

---

① 清华大学出土文献研究与保护中心编,李学勤主编:《清华大学藏战国竹简(壹)》,上海:中西书局,2010年,第164页。
② [晋]孔晁注:《元本汲冢周书》,元至正十四年(1354)嘉兴路儒学刻本,杜泽逊审定:《国学基本典籍丛刊》,北京:国家图书馆出版社,2017年,第108页。
③ [晋]孔晁注:《元本汲冢周书》,元至正十四年(1354)嘉兴路儒学刻本,杜泽逊审定:《国学基本典籍丛刊》,北京:国家图书馆出版社,2017年,第108页。其余五个版本不再逐个出注,详见附录二。
④ [明]杨慎:《汲冢周书》卷五,明嘉靖元年(1522)刻本,第11叶下半叶。
⑤ [明]赵标:《汲冢周书》卷五,《汇刻三代遗书》本,明万历二十二年(1594)刻本,第72叶上半叶。
⑥ [清]王谟:《汲冢周书》卷五,《增订汉魏丛书》本,清乾隆五十六年(1791)刻本,第10叶下半叶。
⑦ [晋]孔晁注,[清]丁宗洛笺:《逸周书管笺》,清道光十年(1830)济宁海康丁宗洛迂园刻本,宋志英、晁岳佩选编:《〈逸周书〉研究文献辑刊》第6册,北京:国家图书馆出版社,2015年,第152页。
⑧ [清]周光霁:《汲冢周书》卷五,《袖珍廿一种秘书》,清嘉庆十四年(1809)刻本,第9叶下半叶。

字。唐大沛本孔注:"□"补"用"字。① 孔注缺字,只能从理证层面去补。元至正本"□"处故意留空,之后各家承袭元本,故也缺此字。笔者认为,王谟补"是"、丁宗洛和周光霁补"于"、唐大沛补"用"皆是权宜补法,并非最佳。"□"处既然至迟从元至正本就开始缺字,那只有两种可能:第一,"□"这个字位本来就没有字,是排版时空出来了。杨慎本孔注无"□",直接将"言人"相连。这种做法显然是认为原本无"□",故不再承袭留空。元本留空,说明它承袭的更早版本很有可能是写本。第二,"□"处有某个需要避讳的字,被避讳留白了。笔者认为这第二种可能性更大一些。既然"□"在孔注中,我们只需考虑晋以后的避讳情况即可。《左传·隐公十一年》:"礼,经国家,定社稷,序民人,利后嗣者也。"②《左传·襄公九年》:"使其鬼神不获歆其禋祀,其民人不获享其土利。"③《左传·昭公十三年》:"吾未抚民人,未事鬼神。"④"民人"用法在先秦时期尚且常见,更不必说出现在晋人注中了。因此,笔者认为"□"应补"民",即"言民人之无得"。"民"字在唐写本时被留空,以避唐讳。放在原句中理解,"民人之无得"指的是治理国家者不能来远人、不能吸引四方之民来投奔。

四、正文:"是人斯乃谗贼媢嫉,以不利于厥家国。"孔注:"言贼仁贤忌媢嫉妒,以不利其君。"清华简:"是人斯乃谗贼□□,以不利厥辟厥邦。"⑤

简本阙文"□□"按传本补入,即"媢嫉"。无疑义。

---

① [清]唐大沛撰:《逸周书分编句释》,清道光十六年(1836)著者手定底稿本,宋志英、晁岳佩选编:《〈逸周书〉研究文献辑刊》第 7 册,北京:国家图书馆出版社,2015 年,第 77 页。
② 杨伯峻编著:《春秋左传注》第 1 册,北京:中华书局,2016 年,第 82 页。
③ 杨伯峻编著:《春秋左传注》第 4 册,北京:中华书局,2016 年,第 1064 页。
④ 杨伯峻编著:《春秋左传注》第 5 册,北京:中华书局,2016 年,第 1510 页。
⑤ 清华大学出土文献研究与保护中心编,李学勤主编:《清华大学藏战国竹简(壹)》,上海:中西书局,2010 年,第 164 页。

五、正文:"媚夫有迩无远,乃食盖善夫,俾莫通在于王所。"孔注:"食为野□,媚夫见近利而无远虑,利为掩盖,善夫使莫通。"清华简:"媚夫有迩无远,乃弇盖善夫,善夫莫达在王所。"①

元至正本孔注等九个版本:"□"处缺字。② 元本此处缺字明显是自身自然残损所致,赵本、汪本承袭之。杨慎本孔注:"野媚"相连。③ 依此,各家均未补字入"□"。显然,"食为野□"四字为一句,"媚夫"为下句。"食"出现在正文"乃食盖善夫"中,故"为野□"应是对"食"的解释。据简本,"乃食盖善夫"实为"乃弇盖善夫",简本更文通字顺。既然"食"是讹字,那么孔晁对"食"的解读也就无关紧要了。如果须补一字,可补"食"。东汉班固《西都赋》有"野食"之例:"腾酒车以斟酌,割鲜野食,举烽命爵。"④时代与孔晁相近。"食为野食"用来解"食"字也符合语境,意在谴责"媚夫"食禄实为浪费邦家钱粮,犹如"野食"。

六、正文:"乃维有奉狂夫,是阳是绳,是以为上,是授司事于正长。"孔注:"言阳举狂夫以为上,人□为官长,正主其事也。"清华简:"乃惟有奉疑夫,是扬是绳,是以为上,是授司事师长。"⑤

(一)"是以为上"的"是"。

何允中本等七个版本:"是以为上"的"是"字阙如⑥。何本卢校:"□以为

---

① 清华大学出土文献研究与保护中心编,李学勤主编:《清华大学藏战国竹简(壹)》,上海:中西书局,2010年,第164页。
② [晋]孔晁注:《元本汲冢周书》,元至正十四年(1354)嘉兴路儒学刻本,杜泽逊审定:《国学基本典籍丛刊》,北京:国家图书馆出版社,2017年,第108页。其余八个版本不再逐个出注,详见附录二。
③ [明]杨慎:《汲冢周书》卷五,明嘉靖元年(1522)刻本,第12叶上半叶。
④ [汉]班固:《西都赋》,[南朝梁]萧统编,[唐]李善等注:《六臣注文选》,北京:中华书局,2012年,第33页下栏。
⑤ 清华大学出土文献研究与保护中心编,李学勤主编:《清华大学藏战国竹简(壹)》,上海:中西书局,2010年,第164页。
⑥ [明]何允中:《逸周书》卷五,《广汉魏丛书》本,明万历间(1573—1620)刻本,第10叶下半叶。

上"作"是以为上"①。据简本"是以为上"可知,卢文弨补"是"字是正确的。

(二)"人□为官长"的"□"。

丁宗洛本孔注:"□"作"授"。② 程荣本孔注:"□"作"曰"③。唐大沛本孔注:"□"补"以"字。④ 从语境来看,丁宗洛补"授"、唐大沛补"以"都是合理的。相比较而言,"以为"连用的情况更常见一些。《牧誓》:"是以为大夫卿士。"《洪范》:"天子作民父母,以为天下王。"《金縢》:"公乃自以为功。"⑤

七、正文:"保用无用,寿亡以嗣,天用弗保。"孔注:"安民之用无所宣施,是故民失其性,天所不安,用非其人故也。"清华简:"小民用祷无用祀,天用弗保。"⑥

何允中本孔注等七个版本:"安"字阙如。⑦ 何本卢校:"□"作"安"。⑧《皋陶谟》:"安民则惠,黎民怀之。"⑨"书"类文献有"安民"用例,可补"安"字。从语境来看,"安民之用"和下文"天所不安"相照应,故补字合理。

---

① [明]何允中:《逸周书》卷五,《广汉魏丛书》本,明万历间(1573—1620)刻本,第10叶下半叶。
② [晋]孔晁注,[清]丁宗洛笺:《逸周书管笺》,清道光十年(1830)济宁海康丁宗洛迁园刻本,宋志英、晁岳佩选编:《〈逸周书〉研究文献辑刊》第6册,北京:国家图书馆出版社,2015年,第153页。
③ [明]程荣:《逸周书》卷五,《汉魏丛书》本,明万历二十年(1592)刻本,第10叶下半叶。
④ [清]唐大沛撰:《逸周书分编句释》,清道光十六年(1836)著者手定底稿本,宋志英、晁岳佩选编:《〈逸周书〉研究文献辑刊》第7册,北京:国家图书馆出版社,2015年,第79页。
⑤ 顾颉刚、刘起釪:《尚书校释译论》第3册,北京:中华书局,2005年,第1098、1163、1223页。
⑥ 清华大学出土文献研究与保护中心编,李学勤主编:《清华大学藏战国竹简(壹)》,上海:中西书局,2010年,第164页。
⑦ [明]何允中:《逸周书》卷五,《广汉魏丛书》本,明万历间(1573—1620)刻本,第10叶下半叶。其余六个版本不再逐个出注,详见附录二。
⑧ [明]何允中:《逸周书》卷五,《广汉魏丛书》本,明万历间(1573—1620)刻本,第10叶下半叶。
⑨ 顾颉刚、刘起釪:《尚书校释译论》第1册,北京:中华书局,2005年,第397页。

第六节 《祭公》阙文

一、正文："天之所锡武王时疆土，丕维周之基，丕维后稷之受命，是永宅之。"孔注："锡，与。言天予武王是疆，所受是大，维周之开基大，维后稷所受命，是长居此也。"清华简："丕惟周之旁，丕惟后稷之受命是永厚。"①

元至正本等十三个版本："基丕维"作"□□□"。② "丕维周之基，丕维后稷之受命"在补字前是"丕维周之□，□□后稷之受命"。后两个"□"的补字还是比较明确的，即"丕维"，与上文句式同。"基"字用法在《尚书》中还是较为常见的，如《大诰》："天明畏，弼我丕丕基。"《君奭》："我不敢知曰厥基永孚于休。"③《立政》："率惟谋从容德，以并受此丕丕基。"④在这些句子中，"基"都被用作宾语，带有"国之根基"的意思，与《祭公》同。可见，这个"□"可以填"基"。

另外，赵标本"天之所锡"的"天"字阙如。⑤ 赵标本故意留空，非自然缺损。既然更早的元本有"天"，则直接补入"天"即可，无异议。赵标本在刊刻时疑似另有所本，且其根据的底本缺"天"，故承袭之。

---

① 清华大学出土文献研究与保护中心编，李学勤主编：《清华大学藏战国竹简(壹)》，上海：中西书局，2010年，第174页。
② [晋]孔晁注：《元本汲冢周书》，元至正十四年(1354)嘉兴路儒学刻本，杜泽逊审定：《国学基本典籍丛刊》，北京：国家图书馆出版社，2017年，第159页。其余十二个版本不再逐一出注，详见附录二。
③ 顾颉刚、刘起釪：《尚书校释译论》第3册，北京：中华书局，2005年，第1274、1553页。
④ 顾颉刚、刘起釪：《尚书校释译论》第4册，北京：中华书局，2005年，第1675页。
⑤ [明]赵标：《汲冢周书》卷八，《汇刻三代遗书》本，明万历二十二年(1594)刻本，第108叶上半叶。

二、正文:"维我后嗣旁建宗子,丕维周之始并。"孔注:"旁建宗子,立为诸侯。言皆始并,天子之故也。"清华简:"惟我后嗣,方建宗子,丕惟周之厚屏。"①

钟惺本:"并"作"□"。② 此唯钟惺本作"□",据各本补"并"即可。"并"即简本之"屏",故补"屏"亦可。

三、正文:"汝无以庚反罪疾,丧时二王大功。"孔注:"庚反罪疾,谓己所行。时,是。二王,文武。"清华简:"汝毋以庚兹皋辠无时远大邦。"③

元至正本等十二个版本:"反"作"□"。④ 吴琯本⑤、郝懿行本⑥:"反"作"囗",应是"□"之讹。元至正本孔注⑦、何允中本孔注⑧等十一个版本:"行"下有"也",无"时"字。何本卢校:"也"作"时"。⑨ 首先,"行""也"之事无需过多争论,印刷排版时"也"字占据了"时"的字位而已,原本应是:"谓己所行也。时,是。""也"字之有无,无伤大雅,故卢文弨径删之。关键是,元明各本之"□"是否可补入"反"字。传本"罪",同简本"辠",因此传本"庚反罪"对应简本"庚兹罪","□"可补"兹"。然而,该句的传本、简本差异较大,简本也不

---

① 清华大学出土文献研究与保护中心编,李学勤主编:《清华大学藏战国竹简(壹)》,上海:中西书局,2010年,第174页。
② [明]钟惺:《汲冢周书》卷五,《秘书九种》本,明万历间(1573—1620)刻本,第11叶上半叶。
③ 清华大学出土文献研究与保护中心编,李学勤主编:《清华大学藏战国竹简(壹)》,上海:中西书局,2010年,第174页。
④ [晋]孔晁注:《元本汲冢周书》,元至正十四年(1354)嘉兴路儒学刻本,杜泽逊审定:《国学基本典籍丛刊》,北京:国家图书馆出版社,2017年,第160页。
⑤ [明]吴琯:《汲冢周书》卷八,《古今逸史》本,明万历间(1573—1620)刻本,第2叶下半叶。
⑥ [清]郝懿行:《汲冢周书辑要》,清光绪八年(1882)东路厅署开雕本,第31叶下半叶。
⑦ [晋]孔晁注:《元本汲冢周书》,元至正十四年(1354)嘉兴路儒学刻本,杜泽逊审定:《国学基本典籍丛刊》,北京:国家图书馆出版社,2017年,第160页。
⑧ [明]何允中:《逸周书》卷八,《广汉魏丛书》本,明万历间(1573—1620)刻本,第2叶下半叶。
⑨ [明]何允中:《逸周书》卷八,《广汉魏丛书》本,明万历间(1573—1620)刻本,第2叶下半叶。

能算作十分文通字顺。该句在战国及更早时期很有可能属于另一个版本流传系统。"戾"在《尚书》中用例多为名词,如《大诰》:"矧今天降戾于周邦。"《洛诰》:"被裕我民,无远用戾。"①但也有与"戾兹罪"相似的用法,如《康诰》:"今惟民不静,未戾厥心。"②它们都属于"戾+代词+名词对象"的结构。"戾"在此处作动词,刘起釪解"戾"为"定"③。所以,"戾兹罪"就是"定兹罪"。既然"兹"有文献佐证,那么显然"□"补"兹"比补"反"更合理。

四、正文:"呜呼,三公,汝念哉! 汝无泯泯芬芬,厚颜忍丑,时维大不吊哉!"孔注:"戒三公使念我与王也。泯芬,乱也。忍,行乱则厚颜忍丑也。如是则大不善之也。"清华简:"公曰:呜呼! 天子、三公,汝念哉! 汝毋□孥,唐唐厚颜忍耻,时惟大不淑哉。曰:三公,事,求先王之恭明德;刑,四方克中尔罚。"④

该句传本无阙文,简本缺一字。传本"汝无泯泯芬芬,厚颜忍丑"对应简本"汝毋□孥,唐唐厚颜忍耻",即传本"泯泯芬芬"四个字位对应简本"□孥唐唐"四个字位。从叠词的特性来看,显然"□"应补"孥",即"孥孥唐唐"。唐大沛:"泯芬,乱也。"⑤丁宗洛:"泯芬,乱也。"⑥黄怀信:"泯泯芬芬,昏乱的

---

① 顾颉刚、刘起釪:《尚书校释译论》第3册,北京:中华书局,2005年,第1279、1468页。
② 顾颉刚、刘起釪:《尚书校释译论》第3册,北京:中华书局,2005年,第1350页。
③ 顾颉刚、刘起釪:《尚书校释译论》第3册,北京:中华书局,2005年,第1350页。
④ 清华大学出土文献研究与保护中心编,李学勤主编:《清华大学藏战国竹简(壹)》,上海:中西书局,2010年,第175页。
⑤ [清]唐大沛撰:《逸周书分编句释》,清道光十六年(1836)著者手定底稿本,宋志英、晁岳佩选编:《〈逸周书〉研究文献辑刊》第7册,北京:国家图书馆出版社,2015年,第113页。
⑥ [晋]孔晁注,[清]丁宗洛笺:《逸周书管笺》,清道光十年(1830)济宁海康丁宗洛迂园刻本,宋志英、晁岳佩选编:《〈逸周书〉研究文献辑刊》第6册,北京:国家图书馆出版社,2015年,第268页。

样子。"①周宝宏:"泯泯芬芬,纷乱貌。"②简本释"呶"为"惑"③、释"唐"为"空虚"④。显然,纷乱、昏乱与迷惑、空虚并不矛盾,表达的都是手足无措、无所适从的情态。所以"泯泯芬芬"与"呶呶唐唐"是相似语意的不同表达形式,是两种文献流传系统差异造成的结果。

五、正文:"曰康子之攸保,勖教诲之,世祀无绝。不,我周有常刑。"孔注:"康,安也。子之所宜,安以善道勉教之,则子孙有福。不然,则犯常刑也。"清华简:"康□之,蠽服之,然毋夕□,维我周有常刑。"⑤

牛鸿恩本:删"保"。⑥ 该句传本无阙文,简本却缺了两个字。传本"康子之"对应简本"康□之",故简本"□"似可补"子"字。然而,看简本语境"康□之,蠽服之","□"又似应补入一个动词。笔者认为,"服"应是该句的突破口。古无轻唇音,轻唇音作双唇音,所以"服"的声母应为 b 或 p,与"保"的声母相同或属同一音位。因此,"服""保"音近。故"康子之攸保"即"康□之蠽服"。蠽,即"孽"。孽,忧也。《楚辞·天问》:"帝降夷羿,革孽夏民。"王逸注:"孽,忧也。"⑦故"孽"就是"忧","忧""攸"音近。既如此,传本、简本可对应,"□"可按传本补"子"字。再看第二个"□"。"无绝"就是"毋夕"。"不"同"丕"。所以传本"不"字后应缺一"维"字,即"丕维我周有常刑"。简本有"维",前缺"丕"字,所以简本第二个"□"应补入"丕"字。该句简本舛误较为严重,难以通读,但据传本亦可勉强将缺字补全。同时,传本"不"字后应有

---

① 黄怀信:《逸周书校补注译》,西安:三秦出版社,2006 年,第 342 页。
② 周宝宏:《〈逸周书〉考释》,北京:社会科学文献出版社,2001 年,第 206 页。
③ 清华大学出土文献研究与保护中心编,李学勤主编:《清华大学藏战国竹简(壹)》,上海:中西书局,2010 年,第 178 页。
④ 清华大学出土文献研究与保护中心编,李学勤主编:《清华大学藏战国竹简(壹)》,上海:中西书局,2010 年,第 178 页。
⑤ 清华大学出土文献研究与保护中心编,李学勤主编:《清华大学藏战国竹简(壹)》,上海:中西书局,2010 年,第 175 页。
⑥ 牛鸿恩注译:《新译逸周书》,台北:三民书局,2015 年,第 609 页。
⑦ [宋]洪兴祖撰,白化文等点校:《楚辞补注》,北京:中华书局,1983 年,第 99 页。

"维"字,也是据简本补出。在传世各版本未注明缺字的情况下,若无简本对照,我们将无法得知传本"不"字后应添"维"字。"丕维我周有常刑"明显比"不,我周有常刑"通顺且合理很多。

第七节　西周诸篇阙文形成原因

按夏含夷观点,《逸周书》分为两个系统,有孔注的属于传世本《逸周书》,没有孔注的属于汲冢系统。[①]《商誓》《度邑》无孔注,依夏氏说法则应属汲冢系统。在《逸周书》西周六篇中,《商誓》阙文最多,可能与其所属文献系统有一定关系——这一点需纳入考虑。

古代文献出现阙文的情况非常复杂,除文献系统造成的阙文外,还存在无数种可能性。今所见无阙文的篇目,很有可能在早期的某个版本是有阙文的。比如卢文弨本就是典型的例子,相当多元明版本的阙文被卢文弨本补上了。假如我们现在能看到的最早版本是卢文弨本,那么很有可能会误以为这些完整的文本在一开始就是没有阙文的。同样的道理,今日所见最早版本元至正本的部分完整文本很有可能也是后世补充的结果,并非在一开始就是完整的。所以说,我们现在能看到的完整文本不一定是——甚至一定不是——在西周时期就是完整的。我们现在看到有阙文的篇目,最晚到元至正时期是有阙文的,但也不敢保证元至正之前的版本就一定没有阙文。我们很难推断这些阙文是在什么时期以何种原因丢失的,从时间层面说,只能知道缺失的下限并就大致区间提出一些猜想;从原因层面说,只能就常见原因做一些推论。[②]

既然各篇文字可能得而复失、失而复得,那我们就要具体问题具体分

[①] 参见[美]夏含夷:《孔子之前:中国经典诞生的研究》,上海:中西书局,2019年,第74页。
[②] 《逸周书》的《程寤》《秦阴》《九政》《九开》《刘法》《文开》《保开》《八繁》八篇亡于南宋前后,亡佚原因与儒家意识形态及南宋理学的兴盛有关。参见王文意:《〈程寤〉〈保训〉视野下的〈逸周书〉文王佚篇研究》,吴琦主编:《华大史学论坛》第7辑,武汉:湖北人民出版社,2021年,第12页。

析,不仅要考虑缺损的原因,还要考虑后人的填补。我们现以不同佚失原因为主线,对本章所列卢本正文阙文进行归类。

一、后代学者识读古文字困难

出土文献的出土,要经历整理和隶定的过程,然后才能成为可识、可用的文献。从文物到文献的转换,需要考验当时掌握这批文物的学者的识字能力。《商誓》有一处阙文就极有可能是当时学者识字能力受限的结果。《商誓》开篇:"王若曰:告尔伊旧何父□□□□几耿肃执。"这一处阙文的位置较为特殊。据本书第一章结论,"几耿肃执"就是殷之大氏族"饥邢萧挚";据本附录第三节结论,"□□□□"是与"几耿肃执"并列的殷之大氏族,相当于殷六族、殷七族。根据我们释读金文的经验,族名、人名、地名等专有名词是最难识读的部分,所以"□□□□几耿肃执"阙文的出现很有可能也是这个原因。试想《商誓》出土于汲冢,由战国文字写成,晋人识读战国文字十分困难,于是便将部分无法识读的文字用"□"代替了。族名作为古文字识读时最难识别的部分之一,被用"□"处理显然在情理之中。因此,这部分阙文的佚失很可能不是自然损毁所致,也不是人为的故意挖除,而是因为晋代学者识读古文字的能力有限,未能将这几个族名的古文字识读出来。随着原始出土文物的丢失,流传于世间的《商誓》只剩晋人隶定后的版本,于是"□□□□"就永远空缺了。时至今日,我们只能知道这里有四个与"几耿肃执"并列的族名,却无法还原具体是哪四族。

二、人为挖除

与《商誓》缺52字相较,卢本《度邑》的正文阙文只有2个字,即:"叔旦泣涕于常,悲不能对。王□□传于后。"如果正如夏含夷所说,《商誓》《度邑》都是出土于汲冢的同一批文献,那么显然这两篇的缺损程度有着很大的不同。即使后世补字功夫有所差异,也不至于《商誓》残破不堪,《度邑》基本完整。唯一解释就是,当这批文献重见天日呈现于世人面前时,《商誓》就已经缺损严重,而《度邑》依然基本完整。①对于基本完整的《度邑》来说,为何其他字不缺,唯独缺了这两个字,这是一个不可忽视的问题。笔者认为,应考虑人为挖除的可能性,理由如下:第一,《度邑》独缺此二字,颇为蹊跷,如前所述;第二,"王□□传于后"处在《度邑》全篇的中间位置,并非首尾,且"□□"也非所在句的首尾,因此"□□"是断简造成的可能性极小;第三,"□□"位置极为特殊,关系到武王、周公兄终弟及的关键信息。

这就涉及两个被较多讨论的话题:第一,周公是否曾称王?第二,武王是否曾有意向将王位传给周公?传统儒家一般认为,周公只是摄政,不曾称王,至于后者,更是无从谈起。伪孔传:"周公以成王命诰康叔,顺其事而言之。"②孔颖达正义:"周公虽摄王政,其号令大事,则假成王为辞。"③蔡沈:"周公明保成王,举大明德,使其上之不忝于文武,仰不愧天、俯不怍人也。"蔡沈:"周公留佐成王,食邑于圻内。"④当代学者各执一端,颇有认为周公确曾称王的,其中最有代表性的当属郭伟川。郭伟川认为,《度邑》就是"武王付讬周公的政治遗嘱:他要周公在其身后兄终弟及,践阼称王"⑤,并认为"《皇门解》是周公践阼称王的一篇公告"⑥。

回归《度邑》文本,虽然"□□"的关键信息被挖除,但前后语境也在指向兄终弟及之事。武王所说"乃今我兄弟相后,我筮龟其何所即"一句,应是欲传位于周公的铁证。接下来的"叔旦恐,泣涕共手"正与《三国演义》第八十

---

① 同一批出土文献,有的缺损严重,有的保存完整,这是完全有可能的。比如清华简第一批被整理出来的"九篇",属典型的同一批文献。然而,《尹诰》《尹至》缺损严重,《皇门》《祭公之顾命》等篇则保存得十分完整。
② [汉]孔安国传,[唐]孔颖达正义:《尚书注疏》,[清]阮元校刻,方向东点校:《十三经注疏》第2册,北京:中华书局,2021年,第605页。
③ [汉]孔安国传,[唐]孔颖达正义:《尚书注疏》,[清]阮元校刻,方向东点校:《十三经注疏》第2册,北京:中华书局,2021年,第555页。
④ [宋]蔡沈撰,王丰先点校:《书集传》,北京:中华书局,2018年,第218、241页。
⑤ 郭伟川:《略论两周典籍对周公史事之记述——兼论若干出土铜器铭文对周公史事之印证》,《两周史论》,北京:北京图书馆出版社,2006年,第111页。
⑥ 郭伟川:《周公称王考——〈尚书·周书〉与〈逸周书〉新探》,《两周史论》,北京:北京图书馆出版社,2006年,第73页。

五回刘备托孤"若嗣子可辅则辅之,如其不才,君可自为成都之主"①之后诸葛亮的反应"汗流遍体,手足失措,泣拜于地"②如出一辙。如果"乃今我兄弟相后"说的不是传王位于周公,显然没有第二种可能。这也就是为什么我们要以"命旦"或"欲旦"填充这两个"□"。"王□□传于后"谈"传于后"之事,必点名周公。因为后世传统儒家不能接受武王曾钦点传位周公之事,故在传承《度邑》这篇文献时故意将"□□"这处关键信息挖去,使兄终弟及之事变得模糊不清。其实,只要细心稍加研读,就会发现"乃今我兄弟相后"句亦是铁证,亦可证武王欲传位周公之事。

综上,笔者判断"王□□传于后"的"□□"就是人为挖除所致,并非自然缺损或其他原因。

三、自然缺损

《商誓》:"尔百姓里居君子,其周即命□□□□□□□□□□□□□□□□□□□□□□□□□□□□□尔冢邦君无敢其有不告见于我有周。"大多数版本的《商誓》此处皆缺29个字。若说人为挖除或学者识字困难,显然是说不通的。从阙文的上下文来看,29个"□"所处位置属于"王"作诰的开端部分,不具备文本位置上的特殊性。这29个"□"存在《度邑》"命旦"那样至关重要信息的可能性也不大。因此,人为挖除29字的可能性极小。若以识字困难论,连续29字无一字可识认,这样的可能性更是微乎其微。

最有可能的是,《商誓》出土时存在较多的断简。我们现在无法断定当时每只简有多少个字,但可以确定两点:第一,不只有一根断简;第二,"其周即命"不是一支简的最末,或"尔冢邦君"不是一支简的开端,这两种情况兼有或至少有其一。与此同时,各简字数是相对确定的。不然的话,整理者不会将"□"的数量精确到29个。既然今所见多数版本皆承袭29之说,则其来必有据。因此。29个"□"应是整理者在发现自然形成的断简后填充字

---

① [明]罗贯中著,[清]毛宗岗评点:《毛宗岗批评本三国演义》下册,长沙:岳麓书社,2015年,第666页。
② [明]罗贯中著,[清]毛宗岗评点:《毛宗岗批评本三国演义》下册,长沙:岳麓书社,2015年,第666页。

位的结果。

四、疑似自然缺损

除以上三种外,还有一些不便分类的阙文。从这些阙文的缺损情况看,我们无法找到明显的人为痕迹,也不能完全确定就是自然缺损的结果。我们将这些阙文统一归为"疑似自然缺损"部分。这些阙文包括:《商誓》:"乃殷之旧官人序文□□□□及太史比、小史昔,及百官里居献民□□□,来尹师之敬诸戒。"《商誓》:"在商先誓王,明祀上帝□□□□亦维我后稷之元谷用告和用胥饮食。"《商誓》:"□帝之来革纣之□"《商誓》:"予其往追□纣。"《商誓》:"□及侧兴乱。"《商誓》:"予则□刘灭之。"《商誓》:"亦辨百度□□美左右予。"《商誓》:"予尔拜,拜□百姓。"《皇门》:"先用有劝,永有□于上下。"《皇门》:"王国用宁,小人用格,□能稼穑。"

五、从阙文形成原因看夏氏观点

现在,我们回归本节开头所引夏含夷观点,即《商誓》《度邑》等没有孔注的篇目属于汲冢系统,而有孔注的篇目属于传世系统。从时间节点上看,夏说的可能性是完全存在的。既然孔晁没有为这批文献作注,那就说明孔晁极有可能没有见过这批文献,或者说,孔晁手头的《逸周书》版本不包含这些篇目——故而这些篇目很有可能出土于年代稍晚于孔晁的汲冢。《晋书·束皙传》:"初,太康二年,汲郡人不准盗发魏襄王墓,或言安釐王冢,得竹书数十车。其《纪年》十三篇,记夏以来至周幽王为犬戎所灭,以事接之,三家分,仍述魏事至安釐王之二十年。盖魏国之史书,大略与《春秋》皆多相应。"《晋书·傅玄传》:"(武)帝下诏曰:'……近者孔晁、綦毋龢皆案以轻慢之罪,所以皆原,欲使四海知区区之朝无讳言之忌也。'"[1]汲冢时代晚于西晋初年的孔晁,孔晁乃武帝时人。

但是,从阙文形成原因的角度来看,夏氏说法的可能性不大,理由至少有如下两点:第一,从今人识读古文字的情况来看,甲骨文、金文的人名、地

---

[1] [唐]房玄龄等撰:《晋书》第5册,北京:中华书局,1974年,第1432、1320页。

名、族名确实难认,但一旦到了战国文字系统,辨认的困难程度就会大大降低。清华简第一辑"九篇"的《楚居》就属于这种情况,存在大量的人名、地名,如"侸叔""酓只""酓樊"[1]等。虽然《楚居》中的人名、地名增加了识读的难度,但也基本可认,不至于像《商誓》这样连续四个族名无法辨识。更何况汲冢事在西晋,晋人去古未远,其识字能力应远优于当代学者。第二,《度邑》"王□□传于后"的缺字更似汉人手笔。两汉时期是整理先秦文献的黄金时期,我们现在所见绝大多数先秦文献都曾经汉代学者之手。《祭公》多处改"邦"为"国",就是汉人整理《逸周书》的明证。至于怪力乱神的文献,早就被汉人删汰掉了。汲冢能接受《竹书纪年》这样严重反儒反正统的文献和《穆天子传》这样荒诞不经的小说,就更没有必要在《度邑》的文字、思想细节上做文章。从"几耿肃执"的独体字写法来看,《商誓》的原始文本很有可能是青铜铭文,汉代学者将其抄下并隶定,仅此而已。至于识读困难的问题,也应发生在汉代。虽然汉代亦去古未远,但汉人识别西周金文的难度应与晋人识别战国文字的难度相当。因此,夏氏之说只是在时间轴上存在可能性,实则经不起细细推敲。

---

[1] 清华大学出土文献研究与保护中心编,李学勤主编:《清华大学藏战国竹简(壹)》,上海:中西书局,2010年,第181页。

附录二　《逸周书》西周诸篇版本汇校

在西周诸篇版本汇校中，我们选取三十四个版本的古籍、七个版本的今人点校本，再加上清华简《皇门》《祭公之顾命》，凡四十二个版本。版本汇校的正文部分使用卢文弨抱经堂本《逸周书》，之所以选用这个版本，理由有如下两点：第一，当今《逸周书》各点校本中，没有公认的"非常精善本"，即使像黄怀信这样的"《逸周书》学"权威，其《汇校集注》与《校补注译》也有一些明显需修正之处；第二，卢文弨的《逸周书》在《逸周书》学史上是绝对的里程碑式的存在。虽然卢本时间较晚，但属典型的后出转精之本。黄怀信对卢文弨本有过系统的评价：

> 卢氏几乎校用了所有传世元明名刊，而且又广泛吸收了各家成果。无疑，其本应该比较精善。卢氏本人，又以校勘见长，在清代首推校勘大家，故其本自然高出众本之上，世推"最善"。
>
> 自卢本出，各旧本渐转式微，除非校勘，世人几不读旧本。后之新刊新印，亦多采用卢校，如光绪间顺德龙氏《知服斋丛书》，即用卢本重刊；《四部备要》，用卢本排印；《丛书集成初编》，直接影印卢氏抱经堂刊本；嘉庆间重刊何氏《广汉魏丛书》，竟用卢本取代了其旧"汲冢周书"；就连日天保本，亦据卢本排字。又清人各家作注，基本上全是以卢校作底本，或在卢校基础上重加校勘。[1]（黄怀信《〈逸周书〉源流考辨》）

---

[1] 黄怀信：《〈逸周书〉源流考辨》，西安：西北大学出版社，1992年，第138页。

既然"清人各家作注,基本上全是以卢校作底本",在如今没有非常理想的点校本的情况下,我们选用卢本作为文本释读的底本,应是最佳选择。以下编号的分句长短的截取,《克殷》《世俘》《皇门》《祭公》四篇以卢文弨本为准;《商誓》《度邑》多无注长句,则自行截取。

我们在使用卢本时不考虑繁简字、异体字的问题,所有的繁体字、异体字原则上直接转用通行简体字,如"韋"径写作"韦"、"禦"径写作"御"、"旁"径写作"旁"、"尅"径写作"克"。如果是特殊名词或非常用繁简字、异体字,为防止一般读者不能一眼认出其对应关系,则留用本字,如"氂(牦)""羆(罴)""籥(钥)""旂(旗)"等。"玄"写作"㣺"或缺末笔、"琰"写作"琰"或缺末笔、"宁"缺末笔等经典的避讳情况,不再校出,径直写本字。但如"玄"写作"元"、"弘"写作"宏",因涉及换字,所以还是校出。其他部分如需涉及对文本内容的理解,会特别强调,具体问题具体分析。本附录所据卢文弨、潘振、陈逢衡、丁宗洛、唐大沛、王念孙、朱右曾、俞樾、孙诒让、陈汉章、刘师培版本,一律引自《辑刊》,不再一一出注。孔注以卢文弨本为准,如其他版本的孔注有异文,则会在下面列出。本附录所据元至正本,据 2017 年国家图书馆出版社影印出版《国学基本典籍丛刊》系列的《元本汲冢周书》。本附录所据杨慎本,据东京大学东洋文化研究所藏本。① 本附录所据章檗本,据民国上海涵芬楼影印江阴缪氏艺风堂藏明嘉靖癸卯(1543)刊本,即《四部丛刊》本。本附录所据程荣本,据建湖东方书店影印明万历中新安程荣辑刊本,即《汉魏丛书》本。本附录所据何允中本,据南京图书馆藏卢文弨批校《广汉魏丛书》本。本附录所据吴琯本,据凡集书房影印《景印元明善本丛书十种》所收《古今逸史》本。本附录所据赵标本,据哈佛大学汉和图书馆藏《汇刻三代遗书》本。本附录所据钟惺本,据湖南图书馆藏《秘书九种》本。本附录所据汪士汉本,据哈佛大学藏《秘书廿一种》本。本附录所据四库本,据 1986 年台湾商务印书馆影印《景印文渊阁四库全书》本。本附录所据王谟本,据《增

---

① 这个版本乃杨慎序、赵泗儒点阅,但时间上只知杨慎作序于嘉靖元年(1522),不知赵泗儒点阅之年。章宁称其为"明嘉靖元年(1522)跋刊本"。黄怀信称其为"杨慎校本"。今笔者定其为"杨慎本"。章宁考证,晁福林审订:《逸周书疏证》,西安:三秦出版社,2023 年,凡例第 1 页。黄怀信:《〈逸周书〉源流考辨》,西安:西北大学出版社,1992 年,第 131、139 页。

订汉魏丛书》本。本附录所据王昶本,据《经余必读》本。本附录所据周光霁本,据笔者家藏本。本附录所据天保本,据日本国立国会图书馆藏本。本附录所据郝懿行本,据《汲冢周书辑要》本。本附录所据龙凤镳本,据《知服斋丛书》本。本附录所据高时显本,据《四部备要》本。本附录所据王云五本,据《丛书集成初编》本。本附录所据翁曾源抄本、无名氏抄本,据南京图书馆藏本。以上,皆不再一一出注。

潘振本、龙凤镳本的正文部分完全承袭卢文弨本,除个别字不一样外,几乎完全相同。潘振本无孔注,自增潘注。天保本的正文、孔注、卢校、卢注皆与卢文弨本同,是典型的原版翻刻本,但依然有极个别字不一样,如卢文弨本《世俘》的"缝",天保本作"璀"。

陈逢衡本、丁宗洛本、唐大沛本的《世俘》篇有文本顺序调整,我们在做版本校对时暂不涉及这部分内容,只将对应的文本各自校对。丁宗洛多发明,但也多臆断、擅改,其中很多值得商榷。虽其改动偶尔也有可取之处,但选本时切不能以丁宗洛本为底本。观今诸点校本,也确无一个版本以丁宗洛本为底本。

王昶本只有《克殷》是完整的,《世俘》为节选,其余四篇则无。王昶本孔注多删减。

周光霁本、龙凤镳本存在"日""曰"不分的现象,陈逢衡本存在"予""子"不分的现象,我们对其中特别明显者出校,不明显者则默认与卢文弨本同。

庄述祖本无孔注、无《克殷》《世俘》。庄述祖《商誓》与卢文弨本等常规版本差异极大,严格来说,庄述祖本《商誓》不能算是《商誓》的一个版本,而是对《商誓》的打乱重组、删字增句。要想将庄述祖本《商誓》与卢文弨本的异文一一标出,几乎是不可能的。我们只能尽可能将能对应的异文标出,然后将庄述祖本《世俘》篇全文附在最后,以资参考。庄述祖本的《度邑》《皇门》《祭公》三篇虽可句句对校,但也有许多臆解,乃如多处改"国"为"邦"。虽然《逸周书》在编纂过程中有避汉讳的可能,但遇"国"辄改"邦"未免武断。还有改"呜呼"为"乌呼"、改"汝"为"女"、改"罪"为异体字"皋",可谓刻意求古,并无实际意义。《祭公》第 30 句,第二个"汝"改作"女",第一个"汝"却未改作"汝",疑因遗漏。如此画蛇添足的臆改还有很多。庄述祖本的异文总体来说虽可资参考,但价值不大。

我们在校勘王念孙本时,不再区分"念孙案""引之曰",均作"王念孙本"(不再单设"王引之本"),除非径直引用其人观点。王念孙本、郝懿行本、俞樾本、孙诒让本皆无全文,所以只校对节选的部分,未涉及的部分不再标"无"。朱右曾本只有少数句子有孔注。

孙诒让本、于鬯本、刘师培本、陈汉章本非以该本所选原文径校,而是以其校改观点校之。孙诒让本无《祭公》篇。于鬯本无《商誓》《度邑》两篇。

高时显本(《四部备要》本)除《皇门》篇第 6 条的"其"写作"共"之外,其余部分和卢文弨本完全相同(包括避讳)。可见,《四部备要》本是完全翻刻抱经堂本而来的。"其""共"之别应是刻书时的错误,非有意为之。王云五本(《丛书集成初编》本)的情况与《四部备要》本类似,除"几""凡"与"刑"的异体字外,也与卢文弨本完全相同。

翁曾源本无孔注,其《克殷》是全篇,《世俘》是节选,无《商誓》《皇门》《祭公》三篇。翁曾源本是抄本,书上未标注具体抄写年代。翁曾源乃同光间人,卒于光绪十三年,即 1887 年,所以该书抄写年代不晚于 1887 年。考虑到翁曾源是同治二年(1863)进士,所以该本上限约在此年。从版本情况看,翁曾源本与朱右曾本显然具备源流关系。朱右曾本刊刻于 1888 年,但朱右曾卒于咸丰八年(1858)。从生卒年看,也只能朱右曾本在前、翁曾源本在后。此外,孙诒让本(1900)在《世俘》篇名处有注:"朱本改三七,误。"查验翁曾源本和朱右曾本,《世俘》篇标题皆为"世俘弟三十七",甚至连"弟"都一模一样,可见两者必互相有所借鉴。孙诒让称"朱本",不称"翁本",可见"弟三十七"之说是朱右曾首创。这进一步证明,朱本是源、翁本是流。所以我们在汇校时将翁本(1863—1887)放在朱本(1888)后面。

南京图书馆藏无名氏抄本不知作者、不知年月,书名为《逸周书不分卷附国语不分卷 白虎通一卷》,一册,作者题孔晁,索书号 GJ/EB/2004983。从版式上看,与翁曾源本十分相似,年代归属疑似也在同光间(1862—1908)。在汇校时,我们权且将其放在清本之末。该本有孔注,《克殷》《世俘》《皇门》《祭公》皆为节选,《克殷》《皇门》只节选数句,《世俘》《祭公》则主体入选。《商誓》《度邑》只有篇名、没有内容。另外,无名氏抄本《世俘》也存在调换文本顺序的情况。从版本异文源流看,无名氏本源于卢文弨本。

以下为各版本汇校顺序,大致按版本年代先后排列:元至正本(1354)、杨慎本(1522)、章檗本(1543)、程荣本(1592)、吴琯本(1573—1620)、赵标本(1594)、何允中本(1573—1620)、钟惺本(1573—1620)、汪士汉本(1669)、四库本(1779)、王谟本(1791)、王昶本(1803)、周光霁本(1809)、潘振本(1796—1820)、陈逢衡本(1825)、丁宗洛本(1830)、天保本(1831)、唐大沛本(1836)、王念孙本(1870)、郝懿行本(1882)、朱右曾本(1888)、翁曾源本(1863—1887)、龙凤镳本(1896)、俞樾本(1899)、庄述祖本(1899)、孙诒让本(1900)、于鬯本(1903)、南图藏无名氏抄本(1862—1908)、朱骏声本(1911)、刘师培本(1912—1919)、高时显本(1920—1936)、王云五本(1937)、陈汉章本(1936)。凡三十三个古籍版本。加上正文底本卢文弨本(1786),凡三十四个古籍版本。

今人点校本使用张闻玉《逸周书全译》(贵州人民出版社 2000 年版)、周宝宏《逸周书考释》(社会科学文献出版社 2001 年版)、黄怀信《逸周书汇校集注》(上海古籍出版社 2007 年版)、牛鸿恩《新译逸周书》(三民书局 2015 年版)、姚蓉《逸周书文系年注析》(广西师范大学出版社 2015 年版)、徐芹庭《细说逸周书》(圣环图书 2017 年版)、章宁《逸周书疏证》(三秦出版社 2023 年版)七种,亦不再一一出注。今人点校本只关注正文,基本不涉孔注。《逸周书汇校集注》和《逸周书校补注译》都是黄怀信的著作,所以选其一即可,即以《集注》为黄怀信本。

张闻玉本与朱右曾本之间存在明显的源流关系。张闻玉本、牛鸿恩本的《世俘》篇存在顺序调整的情况,我们只校异文。周宝宏本则几乎完全承袭卢文弨本,只有个别字不一样。

除古籍和今人点校本之外,出土文献也不容忽视。清华简《皇门》《祭公之顾命》两篇,亦参与汇校。关于古籍结构的演变,李零做过形象的比喻:"战国秦汉的古书好像气体,种类和篇卷构成同后世差距很大;隋唐古书好像液体,虽然还不太稳定,但种类和构成渐趋统一;宋以来的古书则是固体,一切定形，变化多属誊写或翻刻之误。"[①]以上三十四个版本的古籍和七个版本的今人点校本都属于"固体"时段的，而清华简是属于"气体"时段的。将气体时段的古籍和固体时段的古籍或今人点校本（凡四十二个版本）放在一起对校，属不同体系、不同流传系统间的碰撞，会出现一些"亦可亦不可"的结论。附录二只做汇校，不下论断。在附录三中，我们将对附录二的汇校成果做一定的取舍，力求成一家之言。

　　相较于元本、明本、清本、民国本、今人点校本而言，清华简《皇门》《祭公之顾命》的本质就是"战国本"，即我们能见到的《逸周书》的最早版本。从版本学上说，"战国本"应是善本中的善本。然而，直接将简本当作绝对标准并弃用传世本是万万不可的。理由至少有四：第一，从古书成书的规律来看，清华简写成年代的古籍还处于李零所说的"气体"阶段，还远远没有定型。我们不排除在同一时期存在与今传世本更接近的版本，只是目前还没有发现。第二，传世本凝聚了两千多年来无数学者的心血。我们今天看到的每一个传世版本，都是当年整理校勘的学者本人心目中的善本。相比之下，简本的出现是随机的，在当时往往不被珍视。这就好比今日之青少版《唐诗三百首》流传到了后世，后世的人们安能以儿童读物为唐诗之善本？第三，简本呈现在我们面前，是当代学者努力的结果。当代学者无论学识多么渊博、态度多么认真，其古文素养都不足以与刘向等汉儒相提并论。汉儒面对的"战国本"与我们所见的清华简是同一类东西，我们凭什么认为今儒比汉儒更可靠呢？第四，今人在解读简本时，依然在认真参考传本。简本的难解之字、空缺之字往往依传本而补充。以斯为准又否定斯，岂不谬哉？然而，即便如此，简本依然是我们最重要的参考版本之一，它生成的时代决定了它特殊的地位。简本不能撼动传世本，但在争议之处可直接补正传本，乃如《祭公》"毕桓于黎民般"句便是典型的例子。本附录选取的清华简以清华大学出土文献研究与保护中心编、李学勤主编《清华大学藏战国竹简（壹）》（中西书局2010年版）为准，不再一一出注。

[①] 李零：《简帛古书与学术源流》，北京：三联书店，2020年，第194页。

克　殷

【1】克殷解第三十六

何允中本："殷"作"阴"。何本卢校："阴"作"殷"。王昶本："克殷解第三十六"作"克殷解"。郝懿行本："克殷解第三十六"作"克殷"。朱右曾本、翁曾源本："克殷解第三十六"作"克殷弟三十六"。张闻玉本、牛鸿恩本、徐芹庭本、章宁本："克殷解第三十六"作"克殷第三十六"。周宝宏本："克殷解第三十六"作"克殷三十六"。

【2】周车三百五十乘　陈于牧野　帝辛从

孔注："十三年正月，牧野商郊。纣出朝歌二十里而迎战也。戎车三百五十乘，则士卒三万六千三百五十人，有虎贲三千五百人也。"

程荣本、何允中本、四库本、王谟本："陈"作"阵"。何本卢校："阵"作"陈"。周光霁本孔注、丁宗洛本孔注："十三年"作"十二年"。孙诒让本孔注："三万六千三百五十人"作"三万一千五百人"。王昶本孔注："迎战也。"

【3】武王使尚父与伯夫致师

孔注："挑战也。"

唐大沛本、孙诒让本："尚父"作"师尚父"。孙诒让本："伯夫"作"百夫"。

【4】王既誓　以虎贲戎车驰商师　商师大崩

元至正本、杨慎本、章檗本、程荣本、吴琯本、赵标本、何允中本、钟惺本、汪士汉本、四库本、王谟本、王昶本、周光霁本、丁宗洛本、郝懿行本、黄怀信本、姚蓉本、章宁本：无"誓"字，"崩"作"败"。何本卢校：添"誓"字，"败"作"崩"。陈逢衡本：无"誓"字。

【5】商辛奔内　登于鹿台之上

元至正本、杨慎本、程荣本、吴琯本、赵标本、汪士汉本、孙诒让本、陈汉章本："鹿"作"廪"。章檗本、何允中本、钟惺本、四库本、王谟本、王昶本、周光霽本、陈逢衡本、丁宗洛本、郝懿行本、黄怀信本、姚蓉本、章宁本:"鹿"作"廪"。何本卢校:"於""于"分,改"於"作"于"。校"廪"作"鹿"。翁曾源本:"商辛登鹿台。"

【6】屏遮而自燔于火

孔注:"屏遮,自障。"

元至正本孔注、杨慎本孔注、章檗本孔注、钟惺本孔注、章宁本孔注:"自障"作"目障"。翁曾源本:"而自燔于火。"

【7】武王乃手太白以麾诸侯 诸侯毕拜 遂揖之

孔注:"太白,旗名。揖,召也。揖诸侯共追纣也。"

丁宗洛本、朱右曾本、张闻玉本、徐芹庭本:"太白"作"大白"。王昶本孔注:"召"作"名",王本手校:"召"。丁宗洛本孔注、朱右曾本孔注:"太白"作"大白"。翁曾源本无该句。

【8】商庶百姓咸俟于郊

孔注:"待武王于郭外也。"

元至正本孔注、程荣本孔注、吴琯本孔注、赵标本孔注、何允中本孔注、汪士汉本孔注、章宁本孔注:"待文王于郭外也。"杨慎本孔注、章檗本孔注、钟惺本孔注:"待文王于廓外也。"何本卢校:"文王"作"武王"。陈逢衡本孔注、唐大沛本孔注:"待武王于郊外也。"翁曾源本无该句。龙凤镶本、龙凤镶本孔注:"于"作"干"。

【9】群宾佥进曰 上天降休 再拜稽首

孔注:"诸侯贺武王也。"

丁宗洛本:"佥"作"咸"。刘师培本:"佥"作"签"。翁曾源本无该句。

【10】武王答拜 先入 适王所 乃克射之三发 而后下车 而击之以轻吕 斩之以黄钺

孔注:"轻吕,剑名。"

赵标本:"斩"作"■"。丁宗洛本:"乃克射之三发"作"乃就射之三发"。王昶本:"轻吕,剑名"作"剑名"。唐大沛本:"适王所"作"适商王所","乃克射之三发"作"乃左射之三发","而后下车"作"乃右下车"。刘师培:"克"作"身",或即"亲"之坏字。翁曾源本:删"答拜"。

【11】折县诸太白

孔注:"折,绝其首。"

元至正本、杨慎本、章檗本、程荣本、吴琯本、赵标本、何允中本、钟惺本、汪士汉本、四库本、王谟本、周光霁本、陈逢衡本、郝懿行本、张闻玉本、黄怀信本、姚蓉本、章宁本:"县"作"悬"。章檗本、钟惺本、姚蓉本:"折"作"拆"。元至正本孔注、杨慎本孔注、章檗本孔注、程荣本孔注、吴琯本孔注、赵标本孔注、钟惺本孔注、汪士汉本孔注、四库本孔注、王谟本孔注、王昶本孔注、周光霁本孔注:"折"作"斩"。何本卢校:"斩"作"折"。丁宗洛本、朱右曾本、翁曾源本、徐芹庭本:"太白"作"大白"。丁宗洛本该条无孔注。

【12】乃适二女之所　既缢

孔注:"二女,妲己及嬖妾。缢,自缢也。"

元至正本、杨慎本、章檗本、程荣本、吴琯本、赵标本、何允中本、钟惺本、汪士汉本、四库本、王谟本、王昶本、周光霁本、陈逢衡本、郝懿行本、张闻玉本、黄怀信本、姚蓉本、章宁本:"适二女之所,乃既缢。"吴琯本孔注:"妲己"作"姐己"。何本卢校:"适二女之所,乃既缢"作"乃适二女之所,既缢"。王昶本孔注:"妲己及嬖妾。"唐大沛本孔注:"自缢"作"自杀"。孙诒让本孔注:"缢,自缢也"作"经,自缢也"。龙凤镳本孔注:"妲己"作"妲已"。

【13】王又射之三发　乃右击之以轻吕　斩之以玄钺　县诸小白

孔注:"玄钺,黑斧。小白,旗名也。"

元至正本、杨慎本、章檗本、程荣本、吴琯本、赵标本、何允中本、钟惺本、汪士汉本、四库本、王谟本、周光霁本、郝懿行本、张闻玉本、黄怀信本、姚蓉本、章宁本:"县"作"悬"。王谟本、王昶本、郝懿行本:"玄钺"作"元钺",避讳。王谟本孔注:"玄钺"作"元钺",避讳;"小白"作"小曰"。王昶本孔注:"旗名。"周光霁本孔注:"旗"作"旂"。陈逢衡本孔注:"黑斧"作"墨斧"。丁宗洛本:"玄"作"玄",避讳。丁宗洛本孔注:"玄"作"玄",避讳;"旗名也"作"亦旗名也"。唐大沛本:"王又射之三发"作"王左射之三发","县诸小白"作

"折县诸小白"。王念孙本、张闻玉本、牛鸿恩本:"右击之"作"击之",以"右"为衍。翁曾源本:"又"作"之"。

【14】乃出场于厥军

孔注:"场,平治社以及宫彻。宜去者,宜居者。居,迁也。"

杨慎本孔注、程荣本孔注、何允中本孔注、四库本孔注、王谟本孔注:"宫"作"官"。何本卢校:"官"作"宫"。丁宗洛本孔注:"平治社以及宫室。宜去者,宜居者居之也。"唐大沛:孔注"社以及宫彻,宜去者,宜居者"移到正文,放在"厥军"后面。王念孙:"此下当有明日修社及宫之事,而今本脱之。"朱右曾本孔注:无"场","居,迁也"作"迁,居焉"。朱右曾本、牛鸿恩本、徐芹庭本句下据《史记》补:"翼日,除道修社及商纣宫。"《史记》原文:"其明日,除道,修社及商纣宫。"①孙诒让本:"场"作"复"。翁曾源本无该句。

【15】及期 百夫荷素质之旗于王前

孔注:"素质,白旗。前为王道也。一作以前于王。"

杨慎本孔注、章檗本孔注、钟惺本孔注:"一作以前于王"下有"也"。龙凤镳本:"于"作"干"。王昶本孔注无"一作以前于王"句。

【16】叔振奏拜假

孔注:"群臣诸侯应拜假者,则曹叔振奏行也。"

元至正本孔注、杨慎本孔注、章檗本孔注、程荣本孔注、吴琯本孔注、赵标本孔注、何允中本孔注、钟惺本孔注、汪士汉本孔注、四库本孔注、王谟本孔注、周光霁本孔注、章宁本孔注:"者"下有"也"。何本卢校:去"也"。唐大沛本孔注:"曹叔振"作"曹叔"。徐芹庭本:"假"作"嘏"。

【17】又陈常车 周公把大钺 召公把小钺 以夹王

孔注:"常车,威仪车也。三公夹卫王也。"

四库本孔注、陈逢衡本孔注、唐大沛本孔注、孙诒让本孔注:"三公"作"二公"。王昶本孔注:"威仪车也。夹卫王也。"

---

① [汉]司马迁撰,[南朝宋]裴骃集解,[唐]司马贞索隐,[唐]张守节正义:《史记》第1册,北京:中华书局,2014年,第162页。

【18】泰颠 闳夭 皆执轻吕以奏王 王入 即位于社太卒之左

孔注:"执王轻吕,当门奏太卒,屯兵以卫也。"

杨慎本、程荣本:"太卒"作"大卒",但孔注部分是"太卒"。赵标本:"太卒之左"作"太卒之佐"。王念孙本:"奏王"作"卫王"。朱右曾本、翁曾源本、牛鸿恩本、徐芹庭本:句前有"散宜生"。俞樾本:"泰颠、闳夭皆执轻吕以奏王,大卒正入,即位于社之左。"孙诒让本:"太卒之左"作"太卒之左右"。孙诒让本孔注:"执轻吕当门奏王,太卒屯兵以卫也。"刘师培本、牛鸿恩本:"皆执轻吕以奏王"作"皆执轻吕以夹王"。刘师培本、于鬯本:"社"作"社南"。王昶本孔注:"太卒,屯兵以卫也。"刘师培本原引孔注:"太卒"作"大卒",但正文部分是"太卒"。刘师培本孔注:"执轻吕夹王,当门屯兵以卫也。大……(有脱文)"。牛鸿恩本:"王入,即位于社,太卒之左"作"王既入,位于社南,太卒之左右"。

【19】群臣毕从 毛叔郑奉明水 卫叔傅礼

孔注:"群臣尽从王而康叔相礼。"

程荣本、吴琯本、赵标本、何允中本、汪士汉本、四库本、王谟本、周光霁本、郝懿行本:"毛叔郑"作"毛伯郑"。吴琯本孔注、赵标本孔注:"群臣"作"群吕"。何本卢校:"伯"作"叔"。王昶本孔注:"康叔相礼。"唐大沛本孔注:"康叔相礼"作"康叔傅礼"。朱右曾本、牛鸿恩本、徐芹庭本:"卫叔"作"卫叔封"。

【20】召公奭赞采 师尚父牵牲

孔注:"赞,佐。采,事也。倅,王也。"

赵标本:"父"作"■"。王谟本孔注:"倅,王也"作"牲,羊也"。王昶本孔注:无"倅,王也"。孙诒让本:"赞,佐;采,事也"作"赞,左也;采,币也"。

【21】尹逸筴曰 殷末孙受 德迷先成汤之明 侮灭神祇不祀

孔注:"纣,字受德也。神祇,天地也。举天地则宗庙已下废可知也。"

杨慎本、章檗本、程荣本、吴琯本、赵标本、何允中本、钟惺本、汪士汉本、四库本、王谟本、王昶本、周光霁本、潘振本、陈逢衡本、丁宗洛本、唐大沛本、周宝宏本:"祇"作"祗"。杨慎本孔注、章檗本孔注、程荣本孔注、吴琯本孔注、赵标本孔注、何允中本孔注、钟惺本孔注、汪士汉本孔注、四库本孔注、王谟本孔注、周光霁本孔注、陈逢衡本孔注、丁宗洛本孔注、唐大沛本孔注："衹"作"祇"。杨慎本孔注、章檗本孔注、钟惺本孔注、陈逢衡本孔注、唐大沛本孔注、朱右曾本孔注、章宁本孔注："已"作"以"。王昶本孔注："纣,字受德也。"陈逢衡本孔注、唐大沛本孔注："可知也"作"可知矣"。唐大沛本孔注："纣,字受德也"作"纣字受德,非也"。孙诒让本："尹逸"作"尹佚"。张闻玉本、周宝宏本、姚蓉本："筴"作"策"。周宝宏本："先"作"先王"。

【22】昏暴商邑百姓　其章显闻于昊天上帝

孔注："言上天五帝皆知纣恶也。"

元至正本、杨慎本、章檗本、程荣本、吴琯本、赵标本、何允中本、钟惺本、汪士汉本、四库本、王谟本、周光霁本、郝懿行本、黄怀信本、姚蓉本、徐芹庭本、章宁本："章"作"彰"。程荣本、吴琯本、赵标本、四库本："昏"作"明"。吴琯本孔注、赵标本孔注："上天"作"土天"。刘师培本："昊天"作"皇天"。王昶本无孔注。

【23】武王再拜稽首　乃出

孔注："受天大命,以改殷天明命。王,天□也。"

元至正本、杨慎本、章檗本、程荣本、吴琯本、赵标本、何允中本、钟惺本、汪士汉本、四库本、王谟本、周光霁本、郝懿行本、黄怀信本、姚蓉本、章宁本："武王"作"周公"。吴琯本孔注："大命"作"人命"。赵标本孔注："改"作"乃"。王昶本无孔注。丁宗洛本："武王再拜稽首乃出"作"武王再拜稽首,膺夏大命革殷,受天明命"。丁宗洛本孔注、朱右曾本孔注："□"补"下"字。唐大沛本："武王再拜稽首,乃出"作"武王再拜稽首,膺更大命革殷,受天明命。武王又再拜稽首,乃出"。唐大沛本孔注："受天大命,以改殷之明命。"朱右曾本、翁曾源本、牛鸿恩本："武王再拜稽首,乃出"作"武王再拜稽首,膺受大命革殷,受天明命。武王又再拜稽首,乃出"。唐大沛本"更",朱右曾本作"受"。孙诒让本："武王再拜稽首,乃出"作"武王再拜稽首曰:'膺受大命革殷,受天明命。'武王又再拜稽首,乃出"。孙比朱多一"曰"字。《史记》原文:"于是武王再拜稽首,曰:'膺受大命,革殷,受天明命。'武王又再拜稽首,乃出。"①徐芹庭本："武王再拜稽首,乃出"作"武王再拜稽首,膺受大命革殷,受天明命。王又再拜稽首,乃出"。徐本比朱本少一"武"字。

【24】立王子武庚　命管叔相

孔注："为三监,监殷人。"

周光霁本："管叔"作"管羽"。刘师培本："命管叔相"作"命管叔蔡叔相"。王昶本孔注："监殷人也。"

【25】乃命召公释箕子之囚　命毕公卫叔出百姓之囚

孔注："纣所拘囚者也。"

章檗本孔注："囚"作"因"。王昶本无孔注。朱右曾本、翁曾源本、牛鸿恩本、徐芹庭本句下据《史记》补："表商容之闾。"《史记》原文："已而命召公释箕子之囚。命毕公释百姓之囚,表商容之闾。"②

【26】乃命南宫忽振鹿台之财　巨桥之粟

孔注："忽,即括。振,散之以施惠也。"

元至正本孔注、程荣本孔注、吴琯本孔注、赵标本孔注、汪士汉本孔注：无"振"字。杨慎本孔注、章檗本孔注、钟惺本孔注、四库本孔注：无"括"字。杨慎本、章檗本、赵标本、钟惺本："南宫忽"作"南官忽"。赵标本："振"作"赈"。何允中本孔注："忽振,即散以施惠也。"何本卢校："忽,即括。振,散之以施惠也。"王谟本孔注："忽振,即散以施惠也。"周光霁本孔注："忽,即括。散之以施惠也。"陈逢衡本："巨桥之粟"作"发巨桥之粟"。唐大沛本、陈汉章本、牛鸿恩本："巨桥之粟"作"散巨桥之粟"。唐大沛本孔注："括"作"适"。王念孙本、朱右曾本、徐芹庭本："振鹿台之财,巨桥之粟"作"振鹿台之钱,散巨桥之粟"。刘师培本孔注："南宫忽"作"南宫括"。翁曾源本："振鹿台之财,巨桥之粟"作"振鹿台之钱,散钜桥之粟"。章宁本孔注：无"振"。

---

① [汉]司马迁撰,[南朝宋]裴骃集解,[唐]司马贞索隐,[唐]张守节正义:《史记》第1册,北京:中华书局,2014年,第162页。
② [汉]司马迁撰,[南朝宋]裴骃集解,[唐]司马贞索隐,[唐]张守节正义:《史记》第1册,北京:中华书局,2014年,第163页。

【27】乃命南宫百达　史佚迁九鼎三巫

　　孔注："鼎，王者所传宝。三巫，地名。"

　　杨慎本、章檗本、钟惺本、黄怀信本："南宫百达"作"南官百达"。钟惺本孔注："三巫"作"王巫"。陈逢衡本、唐大沛本：无"乃"字，"百"作"伯"。无名氏本、周宝宏本："百"作"伯"。刘师培本："迁九鼎三巫"作"迁九鼎宝玉于夹"。刘师培本孔注："鼎，王者所传。宝玉……（有脱文）。夹，地名。"张闻玉本："南宫百达"作"南高百达"。于鬯本："巫"作"革"。王昶本孔注："地名。"

【28】乃命闳夭封比干之墓

　　孔注："益其塚也。"

　　元至正本孔注、杨慎本孔注、章檗本孔注、吴琯本孔注、赵标本孔注、钟惺本孔注、汪士汉本孔注："塚"作"缘"。程荣本孔注、四库本孔注、周光霁本孔注："益其缘也。"赵标本："闳夭"作"闲夭"。王昶本无孔注。章宁本孔注："塚"作"缘"。按：卢文弨本孔注的"塚"字在其他多个版本皆写作"缘"，"缘"的左边是"纟"，右边则令人费解。其实，参考章檗本《世俘》篇"俘人三亿万有二百三十"句下孔注"武王以不杀为仁，无缘馘亿也"的"缘"字（写作"缘"）便可知，此处的"缘"就是"缘"。程荣本此处的"缘"也较为明确，可供参读。章宁说也可从。

【29】乃命宗祝崇宾飨　祷之于军

　　孔注："宗祝，主祀。宾，敬也。飨祭前所祷之神。"

　　元至正本、杨慎本、章檗本、程荣本、吴琯本、赵标本、何允中本、钟惺本、汪士汉本、四库本、王谟本、周光霁本、郝懿行本、黄怀信本、姚蓉本、章宁本："祝"作"祀"。王昶本："宾"作"祝"。元至正本孔注、杨慎本孔注、章檗本孔注、程荣本孔注、吴琯本孔注、赵标本孔注、何允中本孔注、钟惺本孔注、汪士汉本孔注、四库本孔注、王谟本孔注、周光霁本孔注："宗祝"作"宗祀"。何本卢校：两"宗祀"改为"宗祝"。丁宗洛本、周光霁本："崇宾"作"宗宾"。周光霁本孔注："主祀"作"主视"。丁宗洛本："飨祷"作"祷飨"。唐大沛本孔注："宗祝，主祀。祭前所祷之神，告成事也。"孙诒让本孔注："主祀"作"主祠"。

刘师培本:删"之"字。牛鸿恩本:"祷之于军"作"祠于军"。

【30】乃班

孔注:"还鄗京也。"

世　俘

【1】世俘解第四十

郝懿行本:"世俘解第四十"作"世俘"。朱右曾本、翁曾源本:"世俘解第四十"作"世俘弟三十七"。按:朱右曾按史事顺序将《世俘》移至《克殷》后。孙诒让认为这种更改"误"。王昶本:"世俘解第四十"作"世俘解"。张闻玉本:"世俘解第四十"作"世俘第三十七"。周宝宏本:"世俘解第四十"作"世俘四十"。牛鸿恩本、徐芹庭本、章宁本:"世俘解第四十"作"世俘第四十"。

【2】维四月乙未日　武王成辟　四方通殷命　有国

孔注:"言成者,执殷俘通之以为国也。此克纣还归而作也。"

唐大沛本孔注:句末无"也"。孙诒让本:"乙未日"作"六日乙未"。

【3】惟一月丙午　旁生魄　若翼日丁未

孔注:"旁,广大,月大时也。"

元至正本、杨慎本、章檗本、程荣本、吴琯本、赵标本、何允中本、钟惺本、汪士汉本、四库本、王谟本、周光霁本、刘师培本、黄怀信本、姚蓉本、章宁本:"丙午"作"丙辰","丁未"作"丁巳"。何本卢校:"丙辰"作"丙午","丁巳"作"丁未"。陈逢衡本、唐大沛本、牛鸿恩本:"丙午"作"壬辰","旁生魄"作"旁死魄","丁未"作"癸巳"。唐大沛本:"翼日"作"翌日"。朱右曾本、张闻玉本:"惟"作"维"。孙诒让本:"丙午,旁生魄"作"壬辰,旁死霸","丁未"作"癸巳"。

【4】王乃步自于周　征伐商王纣

孔注:"此本纪始伐纣,师度孟津也。"

杨慎本孔注:"本"作"木"。唐大沛本该句无孔注。

【5】越若来二月　既死魄　越五日甲子　朝至　接于商

孔注："越,于也。朔后为死魄。"

丁宗洛本孔注:"朔后"作"朔日"。唐大沛本该句无孔注。朱右曾本孔注:"朔后为死魄"作"朔为死魄"。

【6】则咸刘商王纣　执矢恶臣百人

孔注："刘,克也。矢恶臣,崇侯之党。"

元至正本、杨慎本、章檗本、程荣本、吴琯本、钟惺本、黄怀信本、姚蓉本、章宁本:"矢恶臣"作"天恶臣"。赵标本、汪士汉本、四库本、王谟本、周光霁本、陈逢衡本、丁宗洛本、唐大沛本:"矢恶臣"作"夫恶臣"。王昶本:"则"作"甲子"。元至正本孔注、章宁本孔注:"矢"作"天"。杨慎本孔注、章檗本孔注、钟惺本孔注:"矢恶臣,崇侯之党"作"天恶臣,崇侯之崇"。程荣本孔注、吴琯本孔注、何允中本孔注、赵标本孔注、汪士汉本孔注、四库本孔注、王谟本孔注、周光霁本孔注、陈逢衡本孔注、丁宗洛本孔注:"矢恶臣"作"夫恶臣"。刘师培本、刘师培本孔注、牛鸿恩本:"矢恶臣"作"共恶臣"。

【7】太公望命御方来　丁卯　望至　告以馘俘

孔注："太公受命追御纣党方来。"

钟惺本:"太公望"作"大公望"。朱右曾本孔注:"太公"作"大公"。

【8】戊辰　王遂御循追祀文王　时日　王立政

孔注："御循追祀,以克纣告祖考,坛帷而祭。是日,立王政,布天下。"

元至正本、杨慎本、章檗本、何允中本、钟惺本、汪士汉本、王谟本、周光霁本、陈逢衡本、黄怀信本、姚蓉本、章宁本:"追"作"自"。程荣本、吴琯本、赵标本、四库本:"追"作"目"。王昶本:"王遂追祀文王。"元至正本孔注:"御循追祀"作"御追循亦祀","帷"作"惟","下"作"不"。杨慎本孔注、章檗本孔注、何允中本孔注、钟惺本孔注、汪士汉本孔注、四库本孔注、王谟本孔注、周光霁本孔注:"御循追祀"作"御追循亦祀","坛帷"作"坛埠"。程荣本孔注、吴琯本孔注、赵标本孔注、章宁本孔注:"御循追祀"作"御追循亦祀","帷"作"惟"。章宁本孔注:"是日"作"时日"。何本卢校:"目"作"追"。"日"作"曰"。去"亦"。"坛埠"作"坛帷"。"是日"作"是曰"。王谟本孔注:"立王政"作"王立政",其中"立"字漫漶不清。丁宗洛本:"追祀"作"以祀"。丁宗洛本孔注:"御循追祀"作"御追循以祀","坛帷"作"坛墠"。牛鸿恩本、于鬯本:"御"作"祡"。

【9】吕他命伐越戏方　壬申　荒新至　告以馘俘

孔注:"吕他,将也。越戏方,纣三邑也。"

元至正本孔注、杨慎本孔注、章檗本孔注、程荣本孔注、吴琯本孔注、何允中本孔注、赵标本孔注、钟惺本孔注、汪士汉本孔注、四库本孔注、王谟本孔注、周光霁本孔注、章宁本孔注:无"越"字。何本卢校:添"越"字。王谟本孔注:"纣三邑也"作"纣之邑也"。周光霁本:"伐"作"我"。孙诒让本:删"荒新"。龙凤镳本、龙凤镳本孔注:"吕他"作"吕它"。牛鸿恩本:"荒新"作"新荒"。于鬯本:"吕他"作"南宫他"。

【10】侯来命伐　靡集于陈　辛巳　至　告以馘俘

孔注:"侯来,亦将也。靡陈,纣二邑也。"

章檗本、钟惺本:"于"作"干"。周光霁本孔注:"靡"字漫漶不清。刘师培本:"伐靡集于陈"作"伐靡及陈"。

【11】甲申　百弇以虎贲誓　命伐卫　告以馘俘

孔注:"百弇,亦将。"

【12】辛亥　荐俘殷王鼎

孔注:"殷国之鼎。"

张闻玉:"荐俘"作"荐殷俘"。按:张闻玉认为错简出现在此处。

【13】武王乃翼　矢珪矢宪　告天宗上帝

孔注:"矢,陈也。禝太牢别于天也。"

王昶本:无"武"。杨慎本孔注、钟惺本孔注:"禝太牢别于天也"作"禝木牢引于天也"。章檗本孔注、钟惺本孔注:"禝太牢别于天也"作"禝木牢引于天也"。赵标本孔注、丁宗洛本孔注:"太牢"作"大牢"。丁宗洛本:"矢珪矢宪"作"矢珪大牢"。唐大沛本孔注无"禝太牢别于天也"句。孙诒让本孔注:"太牢"作"不告"。

【14】王不革服　格于庙　秉语治庶国　篇人九终

孔注："不改祭天之服以告祖考,急于语治也。庙,无别人也。"

杨慎本、章檗本、钟惺本、黄怀信本、姚蓉本："王不革服"作"王不格服"。杨慎本孔注、章檗本孔注、钟惺本孔注："祭天"作"终天"。王昶本孔注："不改祭天服,以告祖宗,急于语治也。"周光霁本孔注："祖考"作"不考"。唐大沛本该句无孔注。朱右曾本、张闻玉本、牛鸿恩本、徐芹庭本："秉语治庶国"作"秉黄钺语治庶国"。孙诒让本孔注："庙无别人也"作"庙有舞别于天也"。

【15】王烈祖自太王　太伯　王季　虞公　文王　邑考以列升　维告殷罪

孔注："虞公,虞仲。邑考,文王子也。皆升王于帝。"

程荣本孔注、吴琯本孔注："升王于帝"作"升工于帝"。钟惺本孔注："升王于帝"作"升王松帝"。陈逢衡本、唐大沛本："虞公"和"王季"互换位置。朱右曾本、张闻玉本、徐芹庭本："太王"作"大王","太伯"作"大伯"。

【16】篇人造　王秉黄钺　正国伯

孔注："于篇人进,则王进。正伯之位也。"

元至正本孔注、杨慎本孔注、章檗本孔注、程荣本孔注、吴琯本孔注、赵标本孔注、钟惺本孔注、汪士汉本孔注、章宁本孔注："篇"作"萧","正伯之位也"作"王伯之仕也"。何允中本孔注、王谟本孔注："篇"作"萧","正伯"作"王伯"。何本卢校:去"萧","王伯"作"正伯"。四库本孔注、周光霁本孔注："正伯"作"王伯"。

【17】壬子　王服衮衣　矢琰格庙　篇人造　王秉黄钺　正邦君

孔注："正诸侯之位也。"

王昶本："琰"作"玡"。周光霁本："壬子"作"王子"。

【18】癸丑　荐殷俘王士百人

孔注："王士,纣之士所囚俘者。"

元至正本、杨慎本、章檗本、程荣本、吴琯本、赵标本、钟惺本、汪士汉本、四库本、王谟本、周光霁本、黄怀信本、姚蓉本："癸丑"作"癸酉"。程荣本孔注、吴琯本孔注、汪士汉本孔注："王士之士而因俘者。"何允中本孔注、赵标本孔注、四库本孔注、丁宗洛本孔注:"王士,纣之士而囚俘者。"王谟本孔注:"王士,纣之士而因俘者。"王昶本孔注:"纣之士而囚俘者。"周光霁本孔注、朱右曾本孔注:"王士,王之士而囚俘者。"牛鸿恩本:"殷俘"作"俘殷"。

【19】籥人造　王矢琰　秉黄钺执戈　王奏庸大享　一终　王拜手稽首　王定　奏庸大享　三终

孔注:"大享,献爵。奏庸,击钟。"

元至正本、程荣本、吴琯本、何允中本、赵标本、汪士汉本、四库本、王谟本、周光霁本:"拜手稽首"作"拜首稽首"。元至正本、杨慎本、章檗本、程荣本、吴琯本、何允中本、赵标本、钟惺本、汪士汉本、四库本、王谟本、周光霁本、黄怀信本、姚蓉本、章宁本:"奏庸大享三终"作"奏其大享三终"。何本卢校:"拜首稽首"作"拜手稽首"。王昶本:"王奏庸大享,一终"作"王奏庸大享,三终"。四库本孔注:"献爵"作"钺爵"。朱右曾本、翁曾源本、张闻玉本、牛鸿恩本、徐芹庭本:"王奏庸大享,一终"作"王入,奏庸大享,一终"。

【20】甲寅　谒戎殷于牧野　王佩赤白旂　籥人奏武　王入　进万献明明　三终

孔注:"谒,告也。明明,诗篇名。武以干羽为万舞也。"

元至正本、杨慎本、章檗本、程荣本、吴琯本、何允中本、赵标本、钟惺本、汪士汉本、四库本、王谟本、周光霁本、黄怀信本、姚蓉本、章宁本:"戎"作"我"。王昶本无"谒戎殷于牧野"。唐大沛本:"王佩赤白旂"作"王佩赤白旗"。牛鸿恩本:"戎"作"伐"。吴琯本孔注、赵标本孔注、汪士汉本孔注、周光霁本孔注:"谒,告也"作"谒,若也"。赵标本孔注、四库本孔注:"干羽"作"千羽"。王昶本孔注无"谒,告也"。周光霁本孔注:"干羽"作"于羽"。陈逢衡本:"旂"作"旗"。唐大沛本孔注:"武以干羽为万舞也"作"进万,进万舞也"。

【21】乙卯　籥人奏崇禹生开　三终　王定

孔注:"崇禹生开,皆篇名。告非一故,连日有事也。"

元至正本、杨慎本、章檗本、程荣本、吴琯本、何允中本、赵标本、钟惺本、汪士汉本、四库本、王谟本、周光霁本、黄怀信本、姚蓉本、章宁本:"三终"作"三钟终"。何本卢校:去"钟"。何允中本孔注、赵标本孔注、钟惺本孔注、汪士汉本孔注、四库本孔注、王谟本孔注、章宁本孔注:"日"作"曰"。何本卢校:"曰"作"日"。徐芹庭本:"三终"作"钟三终"。

【22】庚子　陈本命伐磨　百韦命伐宣方　新荒命伐蜀

陈逢衡本:"本命"作"木命"。孙诒让本:"百韦"作"百达"。刘师培本:"百韦"作"百夆"。牛鸿恩本:"磨"作"厤"。

【23】乙巳　陈本命新荒　蜀磨至　告禽霍侯艾侯　俘佚侯　小臣四十有六　禽御八百有三百两　告以馘俘

孔注:"此复说克纣所命伐也。庚子,闰二月十一日,御大臣也。"

元至正本、章檗本、程荣本、吴琯本、何允中本、钟惺本、汪士汉本、四库本、王谟本、周光霁本、黄怀信本、姚蓉本、章宁本:"告禽霍侯艾侯俘佚侯"作"告禽霍侯俘艾佚侯"。杨慎本:"告禽霍侯艾侯俘佚侯"作"告禽震侯俘艾佚侯"。元至正本孔注、杨慎本孔注、章檗本孔注、程荣本孔注、吴琯本孔注、何允中本孔注、赵标本孔注、钟惺本孔注、汪士汉本孔注、四库本孔注、王谟本孔注、周光霁本孔注、章宁本孔注:"闰二月十一日"作"三十六月"。何本卢校:"告禽霍侯俘艾佚侯"作"告禽霍侯艾侯俘佚侯"。何本卢校:"三十六月"作"闰二月十一日"。赵标本:"告禽霍侯艾侯俘佚侯"作"告禽霍侯俘艾佚侯",且"俘""佚"之间有空缺。陈逢衡本、朱右曾本、徐芹庭本:"陈本命新荒"作"陈本新荒"。丁宗洛本:无"命"字,"蜀"前有"禽","告"作"并"。丁宗洛本孔注:"复说"作"详说"。唐大沛本:"八百有三百两"作"八百有三两"。唐大沛本孔注只有"御大臣也"四个字。朱右曾本、张闻玉本、牛鸿恩本、徐芹庭本、于邑本:"八百有三百两"作"八百有三十两"。刘师培本:"告禽霍侯艾侯,俘佚侯"作"告禽霍侯,俘艾侯佚侯"。龙凤镳本:"艾侯"作"文侯"。张闻玉本:"陈本命新荒"作"陈本、荒新"。牛鸿恩本:"陈本命新荒,蜀磨至,告禽霍侯艾侯,俘佚侯"作"陈本、新荒蜀、厤至,告禽霍侯,俘艾侯、佚侯"。

【24】百韦至　告以禽宣方　禽御三十两　告以馘俘　百韦命伐厉　告以馘俘

　　孔注："言两隅之言也。"

　　程荣本、何允中本、四库本、王谟本："宣方"作"宣力"。何本卢校："宣力"作"宣方"。丁宗洛本："御言两众之词也。"唐大沛本该句无孔注。孙诒让本孔注："隅"作"偶"。

【25】武王狩　禽虎二十有二　猫二　麋五千二百三十五　犀十有二

　　何允中本、四库本、王谟本、朱右曾本："麋"作"麋"。何本卢校："麋"作"麋"。"犀十有二"作"犀十有三"。

【26】氂七百二十有一　熊百五十有一　羆百一十有八　豕三百五十有二　貉十有八　麈十有六

　　元至正本、杨慎本、章檗本、吴琯本、赵标本、钟惺本、汪士汉本、周光霁本、章宁本："麈"作"麈"。何本卢校："豕三百五十有二"作"豕二百五十有二"。

【27】麝五十　麇三十　鹿三千五百有八

　　孔注："武王克纣，遂揔其囿所获禽兽。"

　　元至正本孔注、杨慎本孔注、程荣本孔注、吴琯本孔注、何允中本孔注、赵标本孔注、汪士汉本孔注、四库本孔注、王谟本孔注、周光霁本孔注、章宁本孔注："揔"作"掩"。章檗本孔注、钟惺本孔注："揔"作"㧘"。杨慎本孔注、章檗本孔注、钟惺本孔注："囿"作"国"。陈逢衡本孔注、唐大沛本孔注、朱右曾本孔注："揔"作"总"。朱右曾本、牛鸿恩本、徐芹庭本："麇"作"麋"。龙凤镳本孔注："揔"作"捴"。

【28】武王遂征四方　凡憝国九十有九国

　　孔注："憝，恶也。"

　　王云五本："凡"作"几"。

【29】馘䐑亿有十万七千七百七十有九

　　元至正本、杨慎本、章檗本、程荣本、吴琯本、何允中本、赵标本、钟惺本、汪士汉本、四库本、王谟本、周光霈本、黄怀信本、姚蓉本、章宁本:"曆"作"魇"。何本卢校:"魇"作"曆"。陈逢衡本、丁宗洛本、唐大沛本:"曆"作"磨"。牛鸿恩本:"十万"作"七万"。

【30】俘人三亿万有二百三十

孔注:"武王以不杀为仁,无缘馘亿也。俘馘之多,此大言之也。"

杨慎本孔注、章檗本孔注、钟惺本孔注:"此大言之也"作"此六言史也"。赵标本孔注:"仁"作"■"。

【31】凡服国六百五十有二

孔注:"此属纣也□□。"

王谟本孔注、丁宗洛本孔注:"此属纣之国也。"唐大沛本该句无孔注。

【32】时四月　既旁生魄　越六日庚戌　武王朝至　燎于周　维予冲子绥文

孔注:"此于甲乙十六日也。先庙后天者,言功业已成故也。"

丁宗洛本:"维予冲子绥文"前加"曰"。唐大沛本孔注无"此于甲乙十六日也"句。俞樾本、孙诒让本:"绥文"作"绥文考"。孙诒让本、牛鸿恩本:"燎于周"作"燎于周庙"。孙诒让本孔注:"甲乙十六日"作"乙巳六日"。牛鸿恩本:"时"作"维"。牛鸿恩本:删"维予冲子绥文"。

【33】武王降自车　乃俾史佚繇书于天号

孔注:"使史佚用书重荐俘于天也。"

杨慎本:"于"作"干",但孔注部分是"于"。陈逢衡本"车"作"军"。朱右曾本孔注:"重荐俘于天也"作"荐俘于天"。张闻玉本:"车"作"东"。

【34】武王乃废于纣矢恶臣人百人

何本卢校:"人百人"作"百人"。王谟本:"人百人"作"八百人"。陈逢衡本、朱右曾本、张闻玉本:"人百人"作"百人"。唐大沛本:"人百人"作"人"。牛鸿恩本:"矢恶臣人百人"作"共恶臣百人"。

【35】伐右厥甲小子鼎大师

　　孔注："废其恶人,伐其小子,乃鼎之众也。"

　　何允中本："伐右厥甲子小鼎大师。"赵标本孔注："伐"作"代"。周光霁本孔注：无"小"字。丁宗洛本：去"厥"字。唐大沛本：句前有"百夫"。唐大沛本该句无孔注。

【36】伐厥四十夫家君鼎帅　　司徒　司马　初厥于郊号

　　孔注："言初克纣于商郊,号令所伐也。"

　　杨慎本、章檗本、钟惺本、周光霁本、黄怀信本、牛鸿恩本、姚蓉本、徐芹庭本："帅"作"师"。周光霁本："伐"前有"明"字。丁宗洛本："伐厥四十夫家君鼎帅"作"伐厥四十夫家鼎师"。

【37】武王乃夹于南门　用俘　皆施佩衣　衣先馘入

　　孔注："言陈列俘馘于宗庙南门,夹道以示众也。取乃衣之,施之以耻也。"

　　杨慎本："入"作"人"。程荣本、吴琯本、赵标本、汪士汉本、四库本、王谟本、周光霁本："馘"作"或"。元至正本孔注、程荣本孔注、吴琯本孔注、赵标本孔注、汪士汉本孔注、四库本孔注、周光霁本孔注、章宁本孔注："衣之"作"表乏"。杨慎本孔注、章檗本孔注、何允中本孔注、钟惺本孔注、王谟本孔注："衣之"作"表之"。何本卢校："表之"作"衣之"。钟惺本孔注："宗庙"作"宗朝"。周光霁本孔注："以耻"二字漫漶不清。朱右曾本孔注："言陈列俘馘于宗庙南门,夹道以示众也"作"陈列俘馘于南门,内夹道以示众也"。牛鸿恩本：删"武王",删一个"衣"。

【38】武王在祀　太师负商王纣　县首白旂　妻二首赤旂　乃以先馘入燎于周庙

　　孔注："王在祀主,使乐师以纣首及妻首所馘入庙燎也。"

　　元至正本、杨慎本、章檗本、程荣本、吴琯本、何允中本、赵标本、钟惺本、汪士汉本、四库本、王谟本、周光霁本、张闻玉本、黄怀信本、姚蓉本、章宁本："县"作"悬"。王谟本、丁宗洛本、朱右曾本、徐芹庭本："太师"作"大师"。杨慎本、章檗本、钟惺本、姚蓉本、徐芹庭本："赤旂"作"赤斾"。钟惺本："周庙"

作"周朝",但孔注部分是"庙(廟)"。陈逢衡本:两个"旂"均作"旗"。丁宗洛本:两个"首"均作"自"。丁宗洛本孔注:"大师,乐师。"丁宗洛本该句孔注仅此四字。唐大沛本:"妻二首赤旂"作"妻二首赤旗"。张闻玉本:"太师"作"大师"。

【39】若翼日辛亥　祀于位　用籥于天位

孔注:"此详说庚戌明日,郊天祭祊所用籥衣事也。"

元至正本孔注、杨慎本孔注、章檗本孔注、程荣本孔注、吴琯本孔注、何允中本孔注、赵标本孔注、钟惺本孔注、汪士汉本孔注、四库本孔注、王谟本孔注、周光霁本孔注、章宁本孔注:"详说"作"说详"。陈逢衡本:"翼日"作"翌日"。唐大沛本孔注:"籥衣事"作"籥人事"。

【40】越五日乙卯　武王乃以庶祀馘于国周庙　翼予冲子　断牛六　断羊二

孔注:"于辛亥五日,以诸侯祭其有断煞者。"

元至正本孔注、程荣本孔注、吴琯本孔注、何允中本孔注、赵标本孔注、汪士汉本孔注、四库本孔注、王谟本孔注、周光霁本孔注、章宁本孔注:"于辛亥五,以诸侯祭日其有断煞者。"杨慎本孔注、章檗本孔注、钟惺本孔注:"于辛亥五,以诸侯祭日其有断然者。"丁宗洛本:"祀馘"作"馘祀","周庙"后加"修商人典,以斩纣身","翼予冲子"后加"□□□□"。唐大沛本孔注无"于辛亥五日"句。朱右曾本、牛鸿恩本、徐芹庭本:"武王乃以庶祀馘于国周庙"作"武王乃以庶国祀馘于周庙"。孙诒让本孔注:"断煞者"作"断煞作"。

【41】庶国乃竟　告于周庙曰　古朕闻文考修商人典　以斩纣身　告于天于稷

孔注:"言诸侯竟杀牲告周庙天稷也。"

元至正本孔注、杨慎本孔注、章檗本孔注、程荣本孔注、吴琯本孔注、何允中本孔注、赵标本孔注、钟惺本孔注、汪士汉本孔注、四库本孔注、王谟本孔注、周光霁本孔注、章宁本孔注:"告"作"自"。何本卢校:"自"作"告"。赵标本:"文考"作"之考"。丁宗洛本:删去"曰古朕闻文考","告于天于稷"作"用牛于天于稷"。唐大沛本该句无孔注。朱右曾本:"告于天于稷"作"告于天子稷"。牛鸿恩本:"告于天于稷"作"不告于天于稷"。

【42】用小牲羊犬豕于百神水土于誓社

孔注:"百神,天宗。水土,山川。誓,告也。"

唐大沛本该句无孔注。朱右曾本孔注:"誓,告也"作"告,誓也"。按:原文无"告"有"誓",此处显然是朱右曾本误。孙诒让本:"于誓"作"乙"。牛鸿恩本:"于誓社"作"誓于社"。

【43】曰　惟予冲子　绥文考　至于冲子　用牛于天　于稷　五百有四

孔注:"及宗庙山川也。"

元至正本孔注、杨慎本孔注、章檗本孔注、程荣本孔注、吴琯本孔注、何允中本孔注、赵标本孔注、钟惺本孔注、汪士汉本孔注、四库本孔注、王谟本孔注、周光霁本孔注、章宁本孔注:"及"作"乃"。吴琯本、汪士汉本、周光霁本:两个"冲子"均作"冲予","于稷"作"子稷"。何本卢校:"乃"作"及"。丁宗洛本:删去"曰惟予冲子绥文考"。唐大沛本该句无孔注。朱右曾本、徐芹庭本:"惟"作"维"。周宝宏本、牛鸿恩本:"至于冲子……(下有脱文)。"

【44】用小牲羊豕于百神水土社二千七百有一

孔注:"所用甚多,似皆益之。"

杨慎本孔注、章檗本孔注、钟惺本孔注:"似皆益之"作"以皆盐之。"程荣本、赵标本:"社"作"祍"。丁宗洛本、孙诒让本:"羊豕"作"羊犬豕"。

【45】商王纣于商郊

孔注:"更说始伐纣时。"

丁宗洛本:"祀商王纣于商郊。"丁宗洛本该句无孔注。周宝宏本:"商郊"作"南郊"。牛鸿恩本:"商王纣于商郊……(下有脱文)。"

【46】时甲子夕　商王纣取天智玉琰五环身　厚以自焚

孔注:"天智,玉之上美者也。缝,环其身以自厚也。"

元至正本、杨慎本、章檗本、程荣本、吴琯本、何允中本、赵标本、钟惺本、汪士汉本、四库本、王谟本、周光霁本、丁宗洛本、郝懿行本、黄怀信本、姚蓉本、章宁本:"五环"作"璲"。元至正本孔注、杨慎本孔注、章檗本孔注、何允中本孔注、钟惺本孔注、四库本孔注、王谟本孔注、章宁本孔注:"天智,玉之上天美者也。璲,环以自厚也。"程荣本孔注:"缝"作"璜",与程荣本正文"璲"不合。吴琯本孔注:"天智,玉之上美者也"作"天智,王之上天芙者也"。"缝"处缺字。"环其身以自厚也"作"环以自厚也"。何本卢校:"璲"作"五环","璲,环以自厚也"作"璲,环其身以自厚也"。赵标本:"商王纣"的"商"字漫漶不清,无法辨认。赵标本孔注:"天智,王之上美者也。璲,环以自厚也。"汪士汉本孔注、周光霁本孔注:"天智,玉之上天美者也。琪,环以自厚也。"按:汪士汉本的"琪"和程荣本的"璜"应是同一个字,互为异体字。陈逢衡本孔注、天保本孔注:"缝"作"璲"。丁宗洛本孔注:"天智,玉之上美者也。璲,环以自厚也。"郝懿行本孔注:"缝,环其身以自厚也"作"璲,环以自厚也"。朱右曾本孔注:"上美者"下无"也"。刘师培本:"琰"作"璜","五"作"玉","环"作"璲","天智"后脱"及庶"二字,删"厚",即"商王纣取天智及庶玉璜、玉璲,身以自焚"。牛鸿恩本:"商王纣取天智玉琰五环身,厚以自焚"作"商王纣取天智玉琰及庶玉环身以自焚"。

【47】凡厥有庶　告焚玉四千

孔注:"众人告武王焚玉四千也。"

元至正本孔注:"告"作"吾"。程荣本孔注、吴琯本孔注、赵标本孔注、汪士汉本孔注、四库本孔注:"告"作"百",但正文作"告"。何允中本孔注:"众人告武王焚玉三千也。"何本卢校:"三千"作"四千"。俞樾本:"凡厥有庶玉,四千告焚。"牛鸿恩本:"凡厥有庶玉四千,告焚。"章宁本孔注:"告"作"吉"。

【48】五日　武王乃俾于千人求之　四千庶玉则销　天智玉五在火中不销

孔注:"纣身不尽,玉亦不销。"

元至正本、杨慎本、章檗本、程荣本、吴琯本、何允中本、赵标本、钟惺本、汪士汉本、四库本、王谟本、周光霁本、郝懿行本、黄怀信本、姚蓉本、章宁本:"四千庶玉则销"作"四千庶则销"。何本卢校:添"玉"字。杨慎本、章檗本、钟惺本、姚蓉本:"俾"作"神"。吴琯本、赵标本、汪士汉本:"千人"作"于人"。赵标本孔注:"纣身不尽,王亦不销。"王谟本:"天智玉五"作"天智玉玉"。丁宗洛本、朱右曾本、翁曾源本、俞樾本、张闻玉本、牛鸿恩本、徐芹庭本:删

"于"字。刘师培本:"五"作"珥"或"琰"或"瑱"。

【49】凡天智玉　武王则宝与同

　　孔注:"言王者所宝不销也。"

　　吴琯本、赵标本、汪士汉本、周光霁本:"武王"作"武玉"。丁宗洛本:"武王"作"王"。龙凤镳:"凡"作"几"。于鬯本:"宝与"作"宝典"。

【50】凡武王俘商旧玉亿有百万

　　吴琯本、赵标本:"武王"作"武玉"。丁宗洛本:"武王凡俘商旧玉亿有百万。"唐大沛本:"凡武王俘商得旧玉万四千,佩玉亿有八万。"王念孙本:"凡武王俘商得旧宝玉万四千,佩玉亿有八万。"朱右曾本、牛鸿恩本:"凡武王俘商旧宝玉万四千,佩玉亿有八万。"王念孙本比唐大沛本多一"宝"字,朱右曾本比王念孙本少一"得"字。这三个版本据《艺文类聚》《太平御览》《初学记》补。《艺文类聚》原文:"武王俘商,得宝玉万四千,佩有八万。"①《太平御览》原文:"武王俘商,得旧宝玉万四千,珮玉亿有八万石。"②《初学记》原文:"武王俘商,得珮玉亿有八万。"③张闻玉本:"凡武王俘商宝玉万四千,佩玉亿又八万。"张闻玉本比朱右曾本少一"旧"字,"有"作"又"。徐芹庭本:"凡武王浮商旧宝玉万四千,佩玉亿有八万。"朱本、徐本在"俘""浮"之异。

商　誓

【1】商誓解第四十三

　　郝懿行本:"商誓解第四十三"作"商誓"。朱右曾本:"商誓解第四十三"作"商誓弟四十三"。张闻玉本:"商誓解第四十三"作"商誓四十三"。牛鸿恩本、徐芹庭本、章宁本:"商誓解第四十三"作"商誓第四十三"。

---

① [唐]欧阳询撰,汪绍楹校:《艺文类聚》卷八三,上海:上海古籍出版社,1982年,第1426页。
② [宋]李昉撰:《太平御览》第3册,北京:中华书局,1960年,第3087页下栏。
③ [唐]徐坚等著:《初学记》下册,北京:中华书局,2004年,第628页。

【2】王若曰　告尔伊旧何父□□□几耿肃执　乃殷之旧官人序文□□□□　及太史比　小史昔　及百官里居献民□□□来尹师之敬诸戒　疾听朕言　用胥生蠲尹

　　赵标本："尹师"作"户师"。陈逢衡本："敬诸戒"作"戒敬诸"。丁宗洛本、徐芹庭本："伊旧何父"作"伯舅伯父"。丁宗洛本："戒"作"咸"。唐大沛本无"乃殷之旧官人序文"句，"尹师"作"伊师"。庄述祖本："告尔伊旧何父□□□□几耿肃执"作"告尔伊旧何父耿几肃执"，"序文□□□□"作"庶位"，"太史比、小史昔"作"太史友、小史友"，"百官"作"百姓"，"□□□来尹师之敬诸戒,疾听朕言,用胥生蠲尹"作"及邦君师尹敬诸,疾听朕言,用胥生蠲烝"。孙诒让本："乃殷之旧官人序文"作"及殷之旧官人庶位"，"太史比、小史昔"作"太史友、小史友"。朱骏声本："□□□□"补"殷侯尹氏"。刘师培本："伊旧何父"作"尹咎何父"。刘师培本：第二个"□□□□"有两字为"庶刑"。牛鸿恩本："太史比、小史昔"作"太史友、小史友"，"里居"作"里君"。朱骏声本、徐芹庭本：第二个"□□□□"补"庶士御事"，"□□□"补"今予其"。

【3】王曰　嗟尔众　予言　若敢顾天命　予来致上帝之威命明罚

　　元至正本、杨慎本、章檗本、钟惺本、黄怀信本、姚蓉本、章宁本："若敢顾天命"作"非敢顾天命"。赵标本："予言"作"子言"，"予来致"作"子来致"。周光霁本："威"字漫漶不清。丁宗洛本："予言若敢顾天命"作"予昔惟敬顾天命"。庄述祖本："嗟尔众"作"嗟来尔众"，"予言,若敢顾天命"作"予小国敢顾天命"。孙诒让本："予言"作"听予言"。

【4】今惟新诰　命尔敬诸朕话言　自一言至于十话言　其惟明命尔

　　庄述祖本："惟"作"维"，无"朕话言,自一言至于十话言,其惟明命尔"。朱骏声本："自一言至于十话言"作"自一言至于千话言"。

【5】王曰　在昔后稷　惟上帝之言　克播百谷　登禹之绩　凡在天下之庶民　罔不维后稷之元谷用蒸享

　　杨慎本："罔不维"作"罔不为"。丁宗洛本："上帝之言"作"上帝之命"。郝懿行本、朱右曾本、徐芹庭本："罔不维"作"罔不惟"。庄述祖本："在昔后稷"作"我在昔后稷","惟上帝之言"作"维上帝之歆","蒸享"作"胥饮食"。孙诒让本:"上帝之言"作"上帝之享"。

【6】在商先誓王　明祀上帝□□□□亦维我后稷之元谷用告和用胥饮食

杨慎本、章檗本、钟惺本、庄述祖本、黄怀信本、姚蓉本、徐芹庭本:"先誓王"作"先哲王"。程荣本、吴琯本、何允中本、赵标本、汪士汉本、四库本、王谟本、周光霁本:"先誓王"作"先誓正"。何本卢校:"誓正"作"哲王"。丁宗洛本、朱右曾本、徐芹庭本:"维"作"惟"。庄述祖本:"胥饮食"作"烝享"。朱骏声本:"□□□□"补"克集于享"。徐芹庭本:"□□□□"补"社稷宗庙"。

【7】肆商先誓王　维厥故　斯用显我西土

杨慎本、章檗本、钟惺本、庄述祖本、黄怀信本、姚蓉本:"先誓王"作"先哲王"。庄述祖本:句下补"胥翕稷政,奉天之命"。

【8】今在商纣　昏忧天下　弗显上帝　昏虐百姓　奉天之命　上帝弗显　乃命朕文考　曰殪商之多罪纣

丁宗洛本:"弗显上帝"作"弗顾上帝","奉天之命"作"弃天之命"。朱右曾本、张闻玉本、徐芹庭本:"奉天之命"作"弃天之命"。俞樾本:"昏忧"作"昏扰"。庄述祖本:"昏忧天下"作"昏虐百姓","弗显上帝"作"上帝弗显",无"昏虐百姓,奉天之命,上帝弗显"句,"罪"作"皋"。孙诒让本:"昏忧"作"泯扰"。刘师培本:"奉"作"韦(违)"。牛鸿恩本:"奉"作"违"。

【9】肆予小子发　弗敢忘天命　朕考胥翕稷政　肆上帝曰　必伐之　予惟甲子　克致天之大罚　□帝之来革纣之□　予亦无敢违大命

元至正本、杨慎本、章檗本、钟惺本、陈逢衡本、黄怀信本、姚蓉本、章宁本:"予亦无敢违大命"作"予亦无敢违天命"。杨慎本:"肆予小子发"作"肆于小子发"。杨慎本、章檗本、钟惺本、黄怀信本、姚蓉本:"弗敢忘天命"作"不敢忘天命"。赵标本:"予惟甲子"作"子惟甲子","予亦无敢违大命"作"子亦无敢违大命"。王谟本:"上"字漫漶不清,"帝曰"二字阙如。"纣之□"三字阙如。这几处阙字都是王谟本自身残损造成的。朱骏声本:第二个"□"作"命"。唐大沛本、徐芹庭本:第一个"□"作"上",第二个"□"作"命"。

庄述祖本:无"胥翕稷政,肆上帝曰:必伐之"句,"□帝之来革纣之□"作"敬帝之赉革纣之命","必伐之"作"毕伐之"。孙诒让本:第一个"□"作"成",第二个"□"作"政","来"作"赉"。朱骏声本:第一个"□"作"恭",第二个"□"作"命"。牛鸿恩本:第一个"□"作"成"。

【10】敬诸　昔在我西土　我其有言　胥告商之百无罪　其维一夫

元至正本、杨慎本、章檗本、何允中本、钟惺本、王谟本、黄怀信本、姚蓉本、章宁本:"我其有言"作"我其齐言"。何本卢校:"我其齐言"作"我其有言"。四库本、陈逢衡本、唐大沛本、周宝宏本:"维"作"惟"。王谟本:"胥"字涣漫不清,"告"字阙如,自身残损所致。丁宗洛本、唐大沛本、孙诒让本、牛鸿恩本、徐芹庭本:"百"作"百姓"。朱右曾本、徐芹庭本:"昔在我西土"作"昔在西土"。庄述祖本:"敬诸"作"敬诸,朕其明命","昔在我西土"作"昔我在西土","我其有言"作"我其齐信","胥告商之百无罪"作"胥告商之百姓无辜"。张闻玉本:"昔在我西土"作"昔在西上"。

【11】予既殄纣　承天命　予亦来休命　尔百姓里居君子　其周即命
□□□□□□□□□□□□□□□□□□□□□□□尔冢邦君无敢其有不告见于我有周　其比冢邦君　我无攸爱　上帝曰　必伐之

赵标本:"其比冢邦君"作"其比家邦君"。丁宗洛本:"告"作"先"。朱右曾本:少一个"□"。庄述祖本:"予亦来休命"作"予亦赉休命尔","尔冢邦君无敢其有不告见于我有周,其比冢邦君,我无攸爱,上帝曰:必伐之"作"尔冢邦君我无攸爱,上帝曰:必伐之。"孙诒让本:"告"作"造","尔冢邦君"作"尔邦冢君","其比冢邦君"作"其友邦冢君"。陈汉章本、牛鸿恩本:两个"冢邦君"均作"邦冢君"。张闻玉本:只有二十个"□"。朱骏声本:"□□□□□□□□□□□□□□□□□□□□□□□"补"亦惟纣敷虐于尔庶邦,淫酗无度,罔顾于商先哲王,天大降威,畀我有周"。徐芹庭本"惟"作"维","酗"作"酣","畀"作"俾",其他与朱骏声本同。

【12】今予惟明告尔　予其往追□纣　遂臻集之于上帝

元至正本、杨慎本、章檗本、程荣本、吴琯本、何允中本、赵标本、钟惺本、四库本、王谟本、章宁本:"遂"作"达"。程荣本、吴琯本、赵标本:"今予惟明告尔"作"今之惟明告尔"。陈逢衡本:"惟"作"维"。唐大沛本:"□"补"若"。庄述祖本:"□"补"皋"。周宝宏本:删"之"字。黄怀信本、姚蓉本:"遂"作"达"。朱骏声本、徐芹庭本:"□"补"商"。

【13】天王其有命尔　百姓献民其有缀芳

程荣本、吴琯本、赵标本:"天王其有命尔"作"天王子有命尔"。唐大沛本:无"王"字。

【14】夫自敬其有斯天命　不令尔百姓无告　西土疾勤　其斯有何重天　维用重勤　兴起我　罪勤我　无克乃一心

程荣本、吴琯本、何允中本、赵标本:"夫自敬"作"夫目敬"。周光霁本:"西土"作"西工"。丁宗洛本、唐大沛本:"维"作"惟"。

【15】尔多子其人　自敬助天　永休于我西土

丁宗洛本:"多子"作"多士"。

【16】尔百姓其亦有安处在彼　宜在天命□及恻兴乱

丁宗洛本、朱右曾本、张闻玉本、牛鸿恩本、徐芹庭本:"□及恻兴乱"作"弗反侧兴乱"。唐大沛本:"□及恻兴乱"作"乃反侧兴乱"。

【17】予保奭其介　有斯勿用天命

程荣本、吴琯本、赵标本:"勿"作"易"。

【18】若朕言在周曰　商百姓无罪　朕命在周　其乃先作我肆罪疾

丁宗洛本:"若朕言在周曰"作"若朕在周言曰",删"朕命在周"。庄述祖本:"朕言在周"作"朕言在害","罪"作"皋","朕命在周"作"朕命在害","我肆罪疾"作"威肆皋疾"。

【19】予惟以先王之道御复正尔百姓　越则非朕负乱

丁宗洛本:"百姓"后添"朕命在周"。庄述祖本、张闻玉本:"惟"作"维"。

【20】惟尔在我王曰　百姓　我闻古商先誓王成汤　克辟上帝　保生商民　克用三德　疑商民　弗怀用辟厥辟

杨慎本、章檗本、何允中本、钟惺本、四库本、王谟本、庄述祖本、黄怀信本、姚蓉本、徐芹庭本:"先誓王"作"先哲王"。何本卢校:"先哲王"作"先誓王"。孙诒让本:"克辟上帝"作"克叓上帝","用辟厥辟"作"用叓厥辟"。庄述祖本、刘师培本:"用辟厥辟"作"用叓厥辟"。庄述祖本:"克辟上帝"作"克享上帝"。

【21】今紂弃成汤之典　肆上帝命我小国曰　革商国

赵标本:"弃"字阙如。

【22】肆予明命汝百姓　其斯弗用朕命　其斯尔冢邦君　商庶百姓　予则□刘灭之　王曰　霍予天命

程荣本、吴琯本、何允中本、赵标本、汪士汉本、四库本、王谟本、周光霁本:"王曰"作"上曰"。赵标本:"冢邦君"作"家邦君"。陈逢衡本、唐大沛本、徐芹庭本:"□"补"咸"字。庄述祖本:"汝"作"女","□"补"乃"字,"王曰:霍予天命"作"王曰:於呼天命"。孙诒让本:"□"补"肆"字。朱骏声本:"□"补"虔"。牛鸿恩本:"冢邦君"作"邦冢君","□"补"肆"字。

【23】维既咸汝克承天休于我有周　斯小国于有命不易

汪士汉本:"于我有周"作"干我有周"。陈逢衡本:"承"作"成"。丁宗洛本:"维既咸汝克承天休于我有周"作"维汝既咸克承天休于我有周"。庄述祖本:"斯小国于有命不易"作"斯我小国于有命不易","汝"作"女"。

【24】昔我盟津　帝休辨商其有何国

朱右曾本:"昔我盟津"作"昔在盟津"。庄述祖本:"其有何国"作"其斯有何国"。

【25】命予小子肆我殷戎　亦辨百度□□美左右予　予肆刘殷之命

陈逢衡本:"予肆刘殷之命"作"小子肆刘殷之命"。丁宗洛本:"我"作"伐","□□"作"集众"。唐大沛本、徐芹庭本:"□□"补"之休","予肆刘殷之命"作"小子肆刘殷之命"。庄述祖本:"肆我殷戎"作"肆戎殷","予肆刘殷之命"作"今予肆刘殷之命","亦辨百度□□美左右予"作"亦辨百度奭美,越尔庶义庶刑,勤我西土,其左右予"。孙诒让本、牛鸿恩本:"肆我殷戎"作"肆伐戎殷","亦辨百度□□美左右予"作"亦辨百姓庶刑庶义左右予"。朱骏声本:"□□"补"厥材"。刘师培本:"肆我殷戎"作"肆戎殷",下"戎"字衍。

【26】今予维笃祐尔　予史　太史违　我寔视尔

元至正本、杨慎本、章檗本、程荣本、吴琯本、何允中本、赵标本、钟惺本、汪士汉本、四库本、王谟本、周光霁本、黄怀信本、姚蓉本、章宁本:"寔"作"史"。吴琯本:"予史"作"予吏"。赵标本:"予史"的"史"字阙如。丁宗洛本:"予史"作"小史","寔"作"更"。唐大沛本:"维"作"惟","祐"作"祜"。朱右曾本、牛鸿恩本、徐芹庭本:"祐"作"佑"。龙凤镳本:"寔"作"实"。

【27】靖疑　胥敬　请其斯一话　敢逸僭予　则上帝之明命

陈逢衡本、唐大沛本、孙诒让本、牛鸿恩本:"请"作"诸"。丁宗洛本、朱右曾本、张闻玉本、徐芹庭本:"请"作"诰"。庄述祖本:"靖疑"作"靖尔疑"。

【28】予尔拜　拜□百姓　越尔庶义　庶刑　予维及西土

元至正本、杨慎本、章檗本、黄怀信本、章宁本:"予维及西土"作"子维及西土"。赵标本:"□"作"口"。丁宗洛本、朱右曾本、张闻玉本、徐芹庭本:"予尔拜拜□百姓"作"予尔屏屏尔百姓"。唐大沛本:"予尔拜拜□百姓"作"予尔邦君及百姓"。孙诒让本:"拜拜"作"辨辨"。龙凤镳本、王云五本:"刑"作"㓝",异体字。牛鸿恩本:"予尔拜,拜□百姓"作"予尔辨,辨商百姓"。

【29】我乃其来　即刑乃　敬之哉　庶听朕言　罔胥告

龙凤镳本、王云五本:"刑"作"㓝",异体字。

度　邑

【1】度邑解第四十四

朱右曾本、翁曾源本:"度邑解第四十四"作"度邑弟四十四"。张闻玉本、牛鸿恩本、徐芹庭本、章宁本:"度邑解第四十四"作"度邑第四十四"。周宝宏本:"度邑解第四十四"作"度邑四十四"。

【2】维王克殷　国君诸侯　乃厥献民征主　九牧之师见王于殷郊

赵标本："维王克殷"作"维上克殷"。朱右曾本："乃厥献民征主"作"乃征厥献民"。孙诒让本、牛鸿恩本："乃"作"及"。张闻玉本："乃厥献民征主"作"乃征厥献民"。庄述祖本、牛鸿恩本："国君"作"邦君"。徐芹庭本：删"征主"。

【3】王乃升汾之阜以望商邑

赵标本："阜"作"■"。

【4】永叹曰　呜呼　不淑　兑天对

何本卢校："兑天对"作"充天之对"。陈逢衡本、朱右曾本、张闻玉本、牛鸿恩本、徐芹庭本："兑天对"作"充天对"。丁宗洛本："兑天对"作"衷对天"。庄述祖本："兑天对"作"克天之对"。

【5】遂命一日　维显畏弗忘　王至于周　自鹿至于丘中

元至正本、杨慎本、章檗本、程荣本、吴琯本、何允中本、赵标本、钟惺本、汪士汉本、四库本、王谟本、周光霁本、黄怀信本、姚蓉本、章宁本："鹿"作"□"。何本卢校："□"作"鹿"。王谟本、潘振本："丘"作"工"。周光霁本、陈逢衡本："丘"作"邱"，避孔子讳。丁宗洛本："遂命"作"命遂"。庄述祖本："遂"作"隊"。

【6】具明不寝　王小子御告叔旦　叔旦丞奔即王　曰　久忧劳　问　害不寝

元至正本、杨慎本、章檗本、程荣本、吴琯本、何允中本、赵标本、钟惺本、汪士汉本、四库本、王谟本、周光霁本、黄怀信本、姚蓉本、章宁本："害"作"周"。何本卢校："周"作"害"。赵标本："御"作"复"。丁宗洛本："问"字移到"曰"前。

【7】曰　安　予告汝

程荣本、吴琯本、四库本："予告汝"作"予告于"。赵标本："子告汝"作"予告于"。

【8】王曰　呜呼　旦　惟天不享于殷　发之未生　至于今六十年　夷羊在牧　飞鸿满野

　　元至正本、杨慎本、章檗本、程荣本、吴琯本、何允中本、赵标本、钟惺本、汪士汉本、四库本、王谟本、周光霁本、黄怀信本、姚蓉本、章宁本："满"作"过"。何本卢校："过"作"满"。赵标本：缺"享于殷发之未生至于今"几个字。陈逢衡本、朱右曾本、翁曾源本、庄述祖本、牛鸿恩本、徐芹庭本："惟"作"维"。丁宗洛本："未"作"末"。郝懿行本："维天不飨殷，自发未生，于今六十年，夷羊在牧，蜚鸿满野。"翁曾源本："六十年"作"十六年"。庄述祖本："年"作"季"。

【9】天不享于殷　乃今有成　维天建殷　厥征天民　名三百六十夫　弗顾　亦不宾威　用戾于今

　　元至正本、杨慎本、章檗本、程荣本、吴琯本、何允中本、钟惺本、汪士汉本、四库本、王谟本、周光霁本、黄怀信本、姚蓉本、章宁本："天不享于殷"作"天自幽不享于殷"，"亦不宾威"作"亦不宾成"。赵标本：缺"天不享于殷乃今"几个字。赵标本："亦不宾威"作"亦不宾成"。陈逢衡本："天不享于殷"作"天不享于殷自幽"。陈逢衡本："名三百六十"作"三百六十"，"夫"作"天"。丁宗洛本、朱右曾本、翁曾源本、张闻玉本、牛鸿恩本、徐芹庭本："天不享于殷"作"天自幽不享于殷"。庄述祖本："天不享于殷"作"天自幽不享于殷"。刘师培本："天民名三百六十"作"名民三百六十"。牛鸿恩本："天民名三百六十"作"名民三百六十"。

【10】呜呼　于忧　兹难近饱于恤　辰是不室　我未定天保　何寝能欲

　　元至正本、杨慎本、章檗本、程荣本、吴琯本、何允中本、赵标本、钟惺本、汪士汉本、四库本、王谟本、周光霁本、陈逢衡本、唐大沛本、黄怀信本、姚蓉本、章宁本："我未定天保"作"我来所定天保"。何本卢校："来所"作"未"。陈逢衡本、唐大沛本、朱右曾本、庄述祖本、张闻玉本、牛鸿恩本、徐芹庭本："于忧"作"予忧"。丁宗洛本："于忧"作"天忧"，"辰是不室"作"依是天室"，"我未定天保"作"我所未定天保"。庄述祖本："近"作"迡"，"我未定天保"作"我末所定天保"。

【11】王曰　旦　予克致天之明命　定天保　依天室　志我共恶　专从殷王纣　日夜劳来　定我于西土

　　元至正本、杨慎本、章檗本、程荣本、吴琯本、何允中本、赵标本、钟惺本、汪士汉本、四库本、王谟本、周光霁本、黄怀信本、姚蓉本、章宁本："专"作"俾"，"日夜劳来定我于西土"作"四方赤宜未定我于西土"。吴琯本、赵标本、龙凤镳本："予克致天之明命"作"子克致天之明命"。何本卢校："四方赤宜未"作"日夜肯劳来"。周光霁本、朱右曾本、朱骏声本、张闻玉、徐芹庭本："志我共恶"作"志我其恶"。陈逢衡本、唐大沛本、牛鸿恩本："专"作"俾"，"日夜劳来定我于西土"作"四方亦肯来定我于西土"。丁宗洛本："专"作"佐"，"日夜劳来定我于西土"作"四方亦直来定我于西土"。唐大沛本：无"日夜劳来"四个字。庄述祖本、牛鸿恩本："志我共恶"作"悉求共恶"。庄述祖本："日夜劳来定我于西土"作"四方亦宜未定我于西土"。孙诒让本："志我共恶"作"志我矢恶"。龙凤镳本："西土"作"西士"。周宝宏本、徐芹庭本："专"作"贬"。

【12】我维显服　及德之方明

　　丁宗洛本："及"作"女"。

【13】叔旦泣涕于常　悲不能对　王□□传于后

　　四库本："泣涕于常"作"泣涕干常"。丁宗洛本："泣涕于常"作"涕泣于常"，无"王□□传于后"句，丁宗洛认为此《武儆》篇错简。唐大沛本、孙诒让本、黄怀信本、徐芹庭本："□□"作"命旦"。朱右曾："□□"作"欲旦"。庄述祖本："泣涕于常"作"泣涕在裳"，"王□□传于后"作"王命叔旦传于后"。朱骏声本："□□"补"乃命"。

【14】王曰　旦　汝维朕达弟　予有使汝　汝播食不遑暇食　矧其有乃室

　　元至正本、程荣本、吴琯本、何允中本、赵标本、汪士汉本、四库本、王谟本、周光霁本、姚蓉本："予有使汝"作"子有使汝"。何本卢校："子"作"予"。丁宗洛本无此句，丁宗洛认为此《武儆》篇错简。庄述祖本：三个"汝"均作"女"。

【15】今维天使子　惟二神授朕灵期　予未致　予休　予近怀子　朕室汝维幼子大有知

　　元至正本："予未致"作"于未致"，"予近怀子"的"予"脱。杨慎本："今维天使子"作"今惟天使予"，"予未致"作"于来致"，"予休予近怀子"作"予休□近怀于"，"维幼子"作"惟幼子"。章檗本、钟惺本、黄怀信本、姚蓉本："今维天使子"作"今惟天使予"，"予未致"作"于未致"，"予休予近怀子"作"予休□近怀予"，"维幼子"作"惟幼子"。程荣本、吴琯本、何允中本、汪士汉本、四库本、王谟本、周光霁本："予未致"作"于未致"，"予近怀子"作"于近怀子"。何本卢校："于未致"作"予未致"，"于近怀子"作"予近怀子"。赵标本："予未致"作"于未致"，"予休予"作"予休于"，"予休予近怀子"的"近"阙如。陈逢衡本、唐大沛本、牛鸿恩本："予休"作"于休"，"予近怀子"作"予近怀于"。丁宗洛本无此句，丁宗洛认为此《武儆》篇错简。朱右曾本、张闻玉本："今维天使子"作"今维天使予"，"予休，予近怀子"作"于休，予近怀于"。庄述祖本："惟二神授朕灵期"作"维帝神授朕灵期"，"予未致，予休，予近怀子"作"于未致，予休，于近怀于"，"汝"作"女"。徐芹庭本："今维天使子"作"今惟天使予"，"予休"作"于休"，"予近怀子"作"予近怀于"。章宁本："今维天使子"作"今惟天使予"，"予未致"作"于未致"，"予近怀子"作"□近怀予"。

【16】昔皇祖氐于今　勖厥遗　得显义　告期付于朕身

　　元至正本、杨慎本、章檗本、程荣本、吴琯本、何允中本、赵标本、钟惺本、汪士汉本、四库本、王谟本、周光霁本、唐大沛本、庄述祖本、龙凤镳本、黄怀信本、姚蓉本、徐芹庭本、章宁本："氐"作"底"。丁宗洛本无此句，丁宗洛认为此《武儆》篇错简。庄述祖本："得"作"德"。孙诒让本："勖厥遗得显义"作"勖厥贵德显义"。张闻玉本、周宝宏本、牛鸿恩本："氐"作"厎"。

【17】肆若农服田　饥以望获　予有不显　朕卑皇祖不得高位于上帝

　　周光霁本："卑"作"畀"。丁宗洛本无此句，丁宗洛认为此《武儆》篇错简。唐大沛本无"肆"字。庄述祖本："予有不显"作"子有不显"。

【18】汝幼子庚厥心　庶乃来班　朕大环兹于有虞　意乃怀厥妻子　德不可追于上民　亦不可答于朕

　　丁宗洛本无此句，丁宗洛认为此《武儆》篇错简。天保本："德不可追于上民"作"德不可追千上民"。唐大沛本、朱右曾本、张闻玉本、牛鸿恩本、徐芹庭本："亦不可答于"下有"下"字，移"朕"于下句。庄述祖本："汝"作"女"，"环"作"鲍"，"兹于"作"兹予"。

【19】下不宾在高祖　维天不嘉于降来省

　　丁宗洛本无此句，丁宗洛认为此《武儆》篇错简。唐大沛本、朱右曾本无"下"字，移至上句。庄述祖本："于"作"予"。孙诒让本："省"作"眚"。

【20】汝其可瘳于兹　乃今我兄弟相后　我筮龟其何所即　今用建庶建

　　元至正本、章宁本："今用建庶建"作"今用建庶达"。赵标本："用建"作"用逮"，"今用建庶建"的第二个"建"字阙如。陈逢衡本、唐大沛本："筮龟"作"龟筮"。丁宗洛本无此句，丁宗洛认为此《武儆》篇错简。唐大沛本："用建庶建"作"用建叔建"。庄述祖本："汝"作"女"，"今"作"命"，第二个"建"作"及"。孙诒让本、牛鸿恩本："用建庶建"作"用逮叔建"。

【21】叔旦恐　泣涕共手

　　程荣本、吴琯本、赵标本："泣涕共手"作"泣涕共于"。周光霁本、周宝宏本："泣涕共手"作"泣涕其手"。丁宗洛本无此句，丁宗洛认为此《武儆》篇错简。刘师培本："泣涕共手"作"汔涕拱手"。

【22】王曰　呜呼　旦　我图夷兹殷　其惟依天　其有宪命　求兹无远

　　杨慎本、章檗本、钟惺本、黄怀信本、姚蓉本："其有宪命"作"其有宪今"，"远"下有"虑"字。丁宗洛本："有宪命其求兹无远"。唐大沛本：无"呜呼"，"其惟依天"下有"室"字。朱右曾本、张闻玉本、徐芹庭本："其惟依天"下有"室"字。庄述祖本："惟"作"维"。徐芹庭本："远"下有"虑"字。

【23】天有求绎　相我不难　自洛汭延于伊汭　居阳无固　其有夏之居

　　丁宗洛本："天有求绎"作"天有永绎"，"无固"作"翟因"。唐大沛本：句前有"宪"字。朱右曾本、庄述祖本、张闻玉本、牛鸿恩本、徐芹庭本："居阳无

【24】我南望过于三涂　我北望过于有岳　鄙顾瞻过于河宛　瞻于伊洛无远天室

　　元至正本、杨慎本、章檗本、程荣本、吴琯本、何允中本、钟惺本、汪士汉本、四库本、王谟本、周光霁本、陈逢衡本、丁宗洛本、唐大沛本、郝懿行本、庄述祖本、黄怀信本、姚蓉本："鄙顾"作"丕愿"。丁宗洛本："有岳"作"乔岳"。王念孙本："我北望过于有岳，鄙顾瞻过于河宛"作"我北望过于岳鄙，顾瞻过于有河"。朱右曾本、翁曾源本、张闻玉本、徐芹庭本："我北望过于有岳，鄙顾瞻过于河宛，瞻于伊洛"作"我北望过于岳鄙，顾瞻过于有河，宛瞻延于伊洛"。庄述祖本：两个"瞻"均作"詹"。刘师培本："鄙顾瞻过于河宛，瞻于伊洛"作"丕顾瞻过于河，宛瞻过于伊洛"。牛鸿恩本："我北望过于有岳，鄙顾瞻过于河宛，瞻于伊洛"作"我北望过于岳鄙，顾瞻过于有河，宛瞻于伊洛"。牛本比朱本、翁本等少一"延"字。章宁本："鄙顾"作"丕顾"。

【25】其曰兹曰度邑

　　周光霁本：前一个"曰"作"日"。陈逢衡本："其曰兹曰度邑"作"其兹度邑"。丁宗洛本："其曰兹曰度邑"作"其由兹曰度邑"。王念孙本、朱右曾本、翁曾源本、孙诒让本、张闻玉本、牛鸿恩本、徐芹庭本："其曰兹曰度邑"作"其名兹曰度邑"。

皇　门

【1】皇门解第四十九

　　郝懿行本："皇门解第四十九"作"皇门"。朱右曾本："皇门解第四十九"作"皇门弟四十九"。刘师培本："皇门"作"闳门"。张闻玉本、牛鸿恩本、徐芹庭本、章宁本："皇门解第四十九"作"皇门第四十九"。周宝宏本："皇门解第四十九"作"皇门四十九"。

【2】维正月庚午　周公格左闳门　会群门

孔注:"格,至也。路寝左门曰皇门。闳,音皇也。"

赵标本孔注:"闳"作"闲"。王谟本、王念孙本、郝懿行本:"群门"作"群臣"。朱右曾本、张闻玉本:"周公格左闳门,会群门"作"周公格于左闳门,会群臣"。俞樾力主此处的"群门"不需要改成"群臣"。孙诒让本:"周公格左闳门,会群门"作"周公格于左闳门,会群门"。孙诒让本:"曰皇门。闳,音皇也"作"亦曰皇门。闳,音近皇也"。徐芹庭本:"格"下有"于","闳门"作"皇门","群门"作"群臣"。

清华简:"惟正月庚午,公格在库门。"

【3】曰　呜呼　下邑小国　克有耇老据屏位　建沈人　罔不用明刑

孔注:"耇老,贤人也。又建立沈伏之贤人,无不用明法。"

元至正本、杨慎本、章檗本、程荣本、吴琯本、何允中本、赵标本、钟惺本、汪士汉本、四库本、王谟本、周光霁本、黄怀信本、姚蓉本:"人"作"入","罔"作"非"。章宁本:"罔"作"非"。元至正本孔注、杨慎本孔注、章檗本孔注、程荣本孔注、吴琯本孔注、何允中本孔注、赵标本孔注、钟惺本孔注、汪士汉本孔注、四库本孔注、王谟本孔注、周光霁本孔注、章宁本孔注:"耇老之贤人也。又建立沈伏贤人,不用明法。"何本卢校:"人"作"入","非"作"罔","沈伏贤人"作"沈伏之贤人","不用"前加"无"。唐大沛本:"沈"作"沉"。唐大沛本孔注:无"又建立沈伏之贤人,无不用明法"句。庄述祖本:"呜呼"作"乌呼","罔不"作"棐"。龙凤镳本、王云五本:"刑"作"刑",异体字。

清华简:"公若曰:呜呼!朕寡邑小邦,蔑有耆耇虑事屏朕位,肆朕冲人非敢不用明刑。"

【4】维其开告于予嘉德之说

孔注:"言下邑所行而我法之是,开告我于善德之说。"

杨慎本孔注:"于"作"千"。唐大沛本该句无孔注。王念孙本:"维其开告于予嘉德之说"作"维其开告子于嘉德之说"。朱右曾本、庄述祖本、牛鸿恩本、徐芹庭本:"于予"作"予于"。庄述祖本:"开"作"启"。

清华简:"惟莫开余嘉德之说。"

【5】命我辟王　小至于大　我闻在昔　有国誓王之不绥于恤

孔注："小至于大者,小大邦君也。恤,忧言思治也。"

程荣本、吴琯本、赵标本："小至于大"作"小至三大"。何本卢校："誓王"作"哲王"。丁宗洛本："命我辟王"四个字漫漶不清。唐大沛本孔注："小大邦君。"王念孙本："有国誓王之不绥于恤"作"有国哲王罔不绥于恤"。庄述祖本、徐芹庭："誓王"作"哲王"。

清华简："今我譬小于大,我闻昔在二有国之哲王,则不恐于恤。"

【6】乃维其有大门宗子势臣　罔不茂扬肃德　讫亦有孚　以助厥辟　勤王国王家

孔注："大门宗子,适长。势臣,显仕。茂,勉。肃,敬。讫,既也。孚,信也。"

元至正本、杨慎本、章檗本、程荣本、吴琯本、何允中本、赵标本、钟惺本、汪士汉本、四库本、王谟本、周光霁本、黄怀信本、姚蓉本、章宁本："罔"作"内"。程荣本孔注、吴琯本孔注、何允中本孔注、赵标本孔注、汪士汉本孔注、四库本孔注："势臣"作"势日"。何本卢校："内"作"罔","势日"作"势臣"。周光霁本孔注："势臣"作"勤日"。唐大沛本孔注："讫"作"迄"。朱右曾本孔注："茂,勉"后添"扬,举"。庄述祖本："大门宗子"作"大宗门子","势"作"执"。孙诒让本："势臣"作"埶臣"。高时显本："其"作"共"。

清华简："乃惟大门宗子迩臣,懋扬嘉德,迄有宝,以助厥辟,勤恤王邦王家。"

【7】乃方求论择元圣武夫　羞于王所

孔注："方,旁。羞,进。"

元至正本孔注、杨慎本孔注、章檗本孔注、程荣本孔注、吴琯本孔注、何允中本孔注、赵标本孔注、钟惺本孔注、汪士汉本孔注、四库本孔注、王谟本孔注、周光霁本孔注、章宁本孔注："言旁自。羞,进。"何本卢校："言"作"方",去"自"。

清华简："乃旁求选择元武圣夫,羞于王所。"

【8】其善臣　以至于有分私子　苟克有常　罔不允通　咸献言在于王所

　　孔注:"私子,庶孽也。常,谓常德。言皆信通于义以益王也。"

　　元至正本、杨慎本、章檗本、程荣本、吴琯本、何允中本、赵标本、钟惺本、汪士汉本、四库本、周光霁本、姚蓉本、章宁本:"以至于有分私子"作"以至十有分私子"。元至正本:"于王"二字漫漶不清,"所"字残缺。元至正本孔注、杨慎本孔注、程荣本孔注、吴琯本孔注、汪士汉本孔注、四库本孔注、王谟本孔注、周光霁本孔注、陈逢衡本孔注、丁宗洛本孔注、唐大沛本孔注、章宁本孔注:"孽"作"蘖"。章檗本孔注、钟惺本孔注:"孽"作"蘖"。程荣本:"私子"作"私于",但孔注部分作"私子"。赵标本:"私子"作"私予",但孔注部分作"私子"。赵标本孔注:"庶孽也"作"庶■也"。丁宗洛本、朱右曾本、庄述祖本、张闻玉本、牛鸿恩本、徐芹庭本:"其善臣"作"自其善臣"。朱右曾本、张闻玉本、牛鸿恩本、徐芹庭本:"以至于有分私子"作"以至有分私子"。庄述祖本:"以至于有分私子"作"以至在有分私子"。章宁本:"王所"作"□□"。

　　清华简:"自鳌臣至于有分私子,苟克有谅,无不懔达,献言在王所。"

【9】人斯是助　王恭明祀　敷明刑

　　孔注:"言善人君子皆顺是助,法王也。"

　　元至正本:"敷明刑"的"明"字漫漶不清。丁宗洛本:"言善人君子皆是顺助,王法也。"刘师培本:"人斯是助"作"人各顺斯助王"。刘师培本孔注:"顺是助法王"作"顺是法助王"。龙凤镳本、王云五本:"刑"作"刑",异体字。

　　清华简:"是人斯助王恭明祀,敷明刑。"

【10】王用有监　明宪朕命　用克和有成　用能承天嘏命

　　孔注:"监,视。明此事法,故能承天命、王天下也。"

　　杨慎本:"承"作"成",但杨慎本孔注作"承"。程荣本、吴琯本、赵标本、汪士汉本、周光霁本:"王用有监"作"王周有监"。陈逢衡本孔注:"承"作"成"。唐大沛本该句无孔注。庄述祖本:"明宪朕命"作"明宪训命","承"作"成"。

　　清华简:"王用有监,多宪政命,用克和有成,王用能承天之鲁命。"

【11】百姓兆民用　罔不茂在王庭

孔注:"勉在王庭,献言于王所也。"

程荣本、吴琯本、何允中本、赵标本、汪士汉本、四库本、王谟本、周光霁本:"罔"作"周"。

清华简:"百姓万民用,无不扰比在王廷。"

【12】先用有劝　永有□于上下

孔注:"上谓天,下谓地也。"

丁宗洛本、朱右曾本、张闻玉本、牛鸿恩本、徐芹庭本:"□"补"孚"字。唐大沛本:"□"补"格"字。王念孙本、朱右曾本、庄述祖本、陈汉章本、张闻玉本、徐芹庭:"先用有劝"作"克用有劝"。庄述祖本:"□"补"答"字。朱骏声本:"□"补"享"字。

清华简:"先王用有劝,以宾佑于上。"

【13】人斯既助　厥勤劳王家

孔注:"助君也。谓大门众子也。"

元至正本孔注、杨慎本孔注、章檗本孔注、程荣本孔注、吴琯本孔注、赵标本孔注、钟惺本孔注、汪士汉本孔注、四库本孔注、周光霁本孔注、章宁本孔注:"谓大门众子也"作"谓大明众于也"。何允中本孔注、王谟本孔注:"谓大门众子也"作"谓大明众予也"。何本卢校:"谓大明众予也"作"谓大门众子也"。丁宗洛本孔注:"众子"作"宗子"。唐大沛本:"人斯既助"作"人斯是助"。朱右曾本、张闻玉本、牛鸿恩本、徐芹庭本:"厥"作"厥辟"。

清华简:"是人斯既助厥辟勤劳王邦王家。"

【14】先人神祇　报职用休　俾嗣在厥家

孔注:"先人及天地报之王,用美绍家。"

元至正本孔注、杨慎本孔注、章檗本孔注、程荣本孔注、吴琯本孔注、何允中本孔注、钟惺本孔注、汪士汉本孔注、四库本孔注、王谟本孔注、周光霁本孔注、章宁本孔注:"用美绍家"作"用善诏家"。杨慎本、章檗本、程荣本、吴琯本、何允中本、赵标本、汪士汉本、四库本、王谟本、潘振本、周光霁本、陈逢衡本、丁宗洛本、庄述祖本:"祇"作"祇"。程荣本孔注、吴琯本孔注、汪士汉本孔注、四库本孔注、王谟本孔注、周光霁本孔注:"王"作"正"。何本卢校:"用善诏家"作"用美绍家"。赵标本孔注:"先人及天地报之王,用美绍家"的"之""绍"阙如,"王"作"正","美"作"善"。朱右曾本、张闻玉本、徐芹庭本:"厥家"作"王家"。

清华简:"先神祇复式用休,俾服在厥家。"

【15】王国用宁　小人用格　□能稼穑　咸祀天神　戎兵克慎　军用克多

孔注:"神祐之故。"

程荣本、吴琯本、赵标本、汪士汉本、四库本、周光霁本:"王国"作"三国"。赵标本:"□"作"口"。陈逢衡本孔注:"祐"作"佑"。唐大沛本:"□"补"用"字。唐大沛本该句无孔注。朱右曾本、张闻玉本:"王国"作"四国"。庄述祖本:"□"补"家"字。朱骏声本、徐芹庭本:"□"补"爰"字。

清华简:"王邦用宁,小民用假能稼穑,并祀天神,戎兵以能兴,军用多实。"

【16】王用奄有四邻　远士丕承　万子孙用末　被先王之灵光

孔注:"奄,同。丕,大。末,终。"

元至正本、杨慎本、章檗本、程荣本、何允中本、钟惺本、汪士汉本、四库本、王谟本、周光霁本、陈逢衡本、丁宗洛本、唐大沛本、王念孙本、朱右曾本、张闻玉本、黄怀信本、牛鸿恩本、姚蓉本、徐芹庭本、章宁本:"士"作"土"。吴琯本、赵标本、汪士汉本:"被先王之灵光"作"被先土之灵光"。元至正本孔注、程荣本孔注、吴琯本孔注、赵标本孔注、汪士汉本孔注、周光霁本孔注:"末"作"未"。周光霁本孔注:"被先王之灵光"作"被先士之灵光"。周光霁本孔注:"末"作"未"。庄述祖本:删"万"。

清华简:"王用能奄有四邻,远土丕承,子孙用末,被先王之耿光。"

【17】至于厥后嗣　弗见先王之明刑　维时及胥学于非夷

孔注:"时,有。胥,相为是。相学于非常也。"

元至正本孔注:"学"字漫漶不清。元至正本孔注、杨慎本孔注、章檗本孔注、程荣本孔注、吴琯本孔注、何允中本孔注、赵标本孔注、钟惺本孔注、汪士汉本孔注、四库本孔注、王谟本孔注、周光霁本孔注、章宁本孔注:"于"作

"与"。何本卢校:"与"作"于"。赵标本:"及"作"■"。丁宗洛本、郝懿行本:"及"作"反"。丁宗洛本孔注、唐大沛本孔注、朱右曾本孔注:"时,有"作"时,是"。唐大沛本:"及"作"乃"。按:唐大沛本此处所疑是赵标本,因为"乃"用的是补字。王念孙本、朱右曾本、庄述祖本、张闻玉本、徐芹庭本:"及"作"乃"。孙诒让本:"夷"作"彝"。龙凤镳本、王云五本:"刑"作"刑",异体字。章宁本孔注:"学"作"孝"。

清华简:"至于厥后嗣立王,乃弗肯用先王之明刑,乃维急急胥驱胥教于非彝。"

【18】以家相厥室　弗卹王国王家　维德是用

孔注:"言势人以大夫私家不忧王家之用德。"

何允中本孔注、赵标本孔注、汪士汉本孔注、四库本孔注、王谟本孔注、周光霁本孔注:"不忧"作"不庆"。何本卢校:"不庆"作"不忧"。俞樾本:"以家相厥室"作"以家相乱厥室"。庄述祖本:"以家相厥室"作"以相厥室"。孙诒让本:"德"作"一德"。刘师培本:"弗"作"勿","以家相厥室"作"以家相私厥室"。

清华简:"以家相厥室,弗卹王邦王家,维媮德用。"

【19】以昏求臣　作威不详　不屑惠听无辜之乱辞　是羞于王

孔注:"详,善也。不察无罪以恶民。言顺不进辞于王。"

元至正本、杨慎本、章檗本、钟惺本、四库本、王谟本、郝懿行本、姚蓉本、章宁本:"详"作"祥"。元至正本孔注、杨慎本孔注、章檗本孔注、钟惺本孔注、汪士汉本孔注、章宁本孔注:"详"作"祥","民"下有"也"字,"言顺不进辞于王"作"言顺不进之辞于王"。程荣本、汪士汉本、四库本、王谟本、周光霁本、郝懿行本、庄述祖本:"乱辞"作"乱乱"。程荣本孔注、吴琯本孔注、何允中本孔注、四库本孔注、周光霁本孔注:"详"作"祥",但正文部分是"详","民"下有"也"字。何本卢校:"详,祥同。"赵标本孔注:"祥,善也。不■无罪以恶民也。言顺不进乱于王。"陈逢衡本孔注:"言顺不进辞于王"作"言进不顺之辞于王"。王念孙本:"以昏臣作威不详,不屑惠听无辜之辞,乃惟不顺之辞,是羞于王。"朱右曾本、张闻玉本、牛鸿恩本、徐芹庭本:"以昏臣作威不详,不屑惠听无辜之辞,乃维不顺之辞,是羞于王。"王、朱之异仅在"惟""维"。

清华简:"以问求于王臣,弗畏不祥,不肯惠听无皋之辞,乃惟不顺是治。"

【20】王阜良　乃惟不顺之言　于是人斯乃非维直以应　维作诬以对　俾无依无助

孔注:"阜,大。良,善也。王求善而是人作诬以对,故王无依助也。"

丁宗洛:"惟"作"维","人"作"入"。唐大沛本:"维直以应"作"惟直以应"。王念孙本、朱右曾本、张闻玉本、牛鸿恩本、徐芹庭本:"王阜求良言,于是人斯乃非维直以应,维作诬以对,俾无依无助。"庄述祖本:"王阜良"作"王师刱","惟"作"维","于"作"在"。

清华简:"我王访良言于是人,斯乃非休德以应,乃维诈诉以答,俾王之无依无助。"

【21】譬若畋　犬骄用逐禽　其犹不克有获

孔注:"骄,谓不习也。言□人之无得,犹骄犬逐禽,不能获。"

元至正本孔注:"□"处缺字,"人"字无法辨认。杨慎本孔注:无"□","言人"相连。章檗本孔注:"□"处缺字,"犬"作"大"。程荣本、吴琯本、赵标本、四库本:"畋"作"略"。程荣本孔注、吴琯本孔注、钟惺本孔注、汪士汉本孔注:"□"处缺字。赵标本孔注:"□"作"■"。王谟本孔注:"□"补"是"字。周光霁本孔注:"□"补"于"字,"犬"作"大"。丁宗洛本孔注:"□"补"于"字。唐大沛本孔注:"□"补"用"字。庄述祖本:"畋"作"田"。章宁本孔注:"人"作"□"。

清华简:"譬如戎夫,骄用从禽,其犹克有获?"

【22】是人斯乃逸贼媢嫉　以不利于厥家国

孔注:"言贼仁贤忌媢嫉妒,以不利其君。"

程荣本孔注、吴琯本孔注、汪士汉本孔注、四库本孔注、周光霁本孔注:"不"作"而"。赵标本、钟惺本、陈逢衡本:"媢"作"娼"。钟惺本孔注、陈逢衡本孔注:"媢"作"娼"。周光霁本孔注:"贼"作"则","媢"作"娼"。丁宗洛本孔注:"言贼仁贤忌媚嫉妒,以不利其君。"庄述祖本:"嫉"作"佞"。

清华简:"是人斯乃谗贼□□,以不利厥辟厥邦。"

【23】譬若匹夫之有婚妻　曰　予独服在寝　以自露厥家

孔注:"寝,室也。言自露于家,言谓美好,喻昏臣也。"

元至正本孔注、吴琯本孔注、赵标本孔注、汪士汉本孔注、四库本孔注:"寝"作"収","自"作"百"。程荣本孔注、周光霁本孔注:"寝"作"収"。吴琯本孔注、赵标本孔注:"喻"作"俞"。丁宗洛本孔注:"言自露于家"作"以自露于家","言谓美好"作"自谓美好"。章宁本孔注:"自"作"百"。王念孙本、于鬯本:"婚妻"作"昏妻"。于鬯本:下句"媚夫有迩无远"移至"曰予独服在寝"之上。

清华简:"譬如梏夫之有媢妻,曰'余独服在寝',以自落厥家。"

【24】媚夫有迩无远　乃食盖善夫　俾莫通在于王所

孔注:"食为野□媚夫见近利而无远虑,利为掩盖,善夫使莫通。"

元至正本、杨慎本、章檗本、程荣本、吴琯本、何允中本、赵标本、钟惺本、汪士汉本、四库本、王谟本、周光霁本、庄述祖本、黄怀信本、姚蓉本、章宁本:"于"作"士"。何本卢校:"士"作"于"。元至正本孔注、章檗本孔注、程荣本孔注、吴琯本孔注、钟惺本孔注、汪士汉本孔注、周光霁本孔注:"□"处缺字。杨慎本孔注:无"□","野媚"相连。程荣本孔注、吴琯本孔注、何允中本孔注、赵标本孔注、汪士汉本孔注、四库本孔注、王谟本孔注、周光霁本孔注:"掩盖"作"远盖"。何本卢校:"远盖"作"掩盖"。赵标本孔注:"□"作"■"。唐大沛本孔注:"媚夫见近利而无远虑。""掩盖。"唐大沛本无其余部分孔注。庄述祖本:"食"作"既"王念孙本:"媚夫"作"娼夫"。王念孙本孔注:"掩"作"弇(奄)"。朱右曾本:"善夫使莫通"作"善夫俾莫通"。

清华简:"娼夫有迩无远,乃弇盖善夫,善夫莫达在王所。"

【25】乃维有奉狂夫　是阳是绳　是以为上　是授司事于正长

孔注:"言阳举狂夫以为上,人□为官长正主其事也。"

杨慎本孔注:"官长正主其事也"作"宜长正长其事也"。章檗本、钟惺本:"狂"作"任"。章檗本孔注、钟惺本孔注:"狂夫"作"征夫","官长正主其事也"作"官长正长其事也"。程荣本、四库本:"维"作"惟","是以为上"的"是"字阙如,"授"作"挼"。程荣本孔注:"□"作"日"。吴琯本、汪士汉本:"是以为上"的"是"字阙如,"授"作"挼"。何允中本、王谟本:"维"作"惟","是以为上"作"□以为上","授"作"挼"。何本卢校:"□以为上"作"是以为上"。赵标本:"是以为上"作"■以为上","是授司事于正长"作"是挼司事于上长"。周光霁本:"授"作"挼"。周光霁本孔注:"上"作"士"。丁宗洛本孔注:"□"作"授"。唐大沛本孔注:"□"补"以"字。庄述祖本:"授"作"挼"。章宁本孔注:"狂"作"征"。

清华简:"乃惟有奉疑夫,是扬是绳,是以为上,是授司事师长。"

【26】命用迷乱　狱用无成　小民率穑

孔注:"命者,教也。率皆痛愁困也。"

程荣本孔注、吴琯本孔注、赵标本孔注、汪士汉本孔注、四库本孔注、周光霁本孔注:"因"作"用"。丁宗洛本:"穑"作"憜"。丁宗洛本孔注:"痛"作"憜"。庄述祖本:"穑"作"瘴"。

清华简:"政用迷乱,狱用无成。"

【27】保用无用　寿亡以嗣　天用弗保

孔注:"安民之用无所宣施,是故民失其性,天所不安,用非其人故也。"

杨慎本、王谟本:"天"作"大"。何允中本孔注、程荣本孔注、吴琯本孔注、汪士汉本孔注、四库本孔注、周光霁本孔注:"安"字阙如。何本卢校:"□"作"安"。赵标本孔注:"安"作"■","民失其性"作"民夫其性"。王谟本孔注:"安民之用"作"用民之用"。王谟本孔注:"故民失其性"作"故氏失其性"。周光霁本孔注:"民失其性"作"民夫其性"。唐大沛本孔注:无"是故"二字。王云五本孔注:"失"作"夫"。庄述祖本:"弗"作"不"。

清华简:"小民用祷无用祀,天用弗保。"

【28】媚夫先受殄罚　国亦不宁　呜呼　敬哉　监于兹　朕维其及

孔注:"殄,绝其世。罚,及其人也。"

元至正本孔注、杨慎本孔注、章檗本孔注、程荣本孔注、吴琯本孔注、何允中本孔注、赵标本孔注、钟惺本孔注、汪士汉本孔注、四库本孔注、王谟本孔注、周光霁本孔注、章宁本孔注:"世"后有"也",无"罚"字。何本卢校:"也"作"罚"。丁宗洛本孔注:"罚,及其人也"作"又,及其君也"。庄述祖本:"呜呼"作"乌呼",删"敬哉"。于鬯本:"媢夫"作"娼夫"。

清华简:"媢夫先受殄罚,邦亦不宁。呜呼!敬哉,监于兹。"

【29】朕荩臣夫　明尔德　以助予一人忧

孔注:"荩,进也。言我进用之臣。夫明明之德助我忧天下者。"

章檗本孔注、钟惺本孔注:"夫"作"大"。陈逢衡本、朱右曾本、张闻玉本、牛鸿恩本、徐芹庭本:"夫"作"大"。陈逢衡本孔注:"夫明明之德助我忧天下者"作"大明尔德助我忧天下者"。丁宗洛本孔注:"荩,进也。言我进用夫明明德之臣助我忧天下者。"唐大沛本孔注:"明明之德"作"明尔之德"。庄述祖本、孙诒让本:"夫"作"矢"。

清华简:"朕遗父兄眔朕荩臣,夫明尔德,以助余一人忧。"

【30】无维乃身之暴　皆恤尔　假予德宪　资告予元

孔注:"假借资用也。借我德法,用告我大德之所行也。"

元至正本孔注、杨慎本孔注、章檗本孔注、吴琯本孔注、何允中本孔注、赵标本孔注、钟惺本孔注、汪士汉本孔注、四库本孔注、王谟本孔注、周光霁本孔注、章宁本孔注:"假借资用也。借我法,用德之告我,我大德之所行也。"庄述祖本:"皆恤"作"比自恤"。孙诒让本:"资告予元"作"咨告予允"。

清华简:"毋惟尔身之懔,皆恤尔邦,假余宪。既告汝元德之行。"

【31】譬若众畋　常扶予险　乃而予于济

孔注:"如众令畋猎,相扶持也。济,遂也。"

程荣本、吴琯本、何允中本、赵标本、汪士汉本、四库本、王谟本、周光霁本:"畋"作"略"。何本卢校:"略"作"畋"。赵标本孔注:"畋"作"略","遂"作"逐"。周光霁本孔注:"令"作"介",应为"令"的异体字。丁宗洛本孔注:"众令"作"众人"。庄述祖本:"众畋"作"泳肙","而"作"能"。

清华简:"譬如主舟,辅余于险,临余于济。"

【32】汝无作

　　庄述祖本:"汝"作"女"。刘师培本:"作"作"忘"。

　　清华简:"毋作祖考羞哉。"

祭　公

【1】祭公解第六十

　　郝懿行本:"祭公解第六十"作"祭公"。朱右曾本:"祭公解第六十"作"祭公弟六十"。张闻玉本、牛鸿恩本、徐芹庭本、章宁本:"祭公解第六十"作"祭公第六十"。周宝宏本:"祭公解第六十"作"祭公六十"。

【2】王若曰　祖祭公　次予小子虔虔在位

　　孔注:"祭公,周公之后。昭穆于穆王,在祖列。虔,敬。"

　　丁宗洛本、天保本:无"次",把"次"字移到孔注"列"后。朱右曾本、张闻玉本:删"次"。刘师培本:"次"作"欥"。徐芹庭本、于鬯本:"次"作"咨"。

　　清华简:"王若曰:祖祭公,哀余小子,昧其在位。"

【3】昊天疾威　予多时溥愆

　　孔注:"溥,大也。言昊天疾威于我,故多是过失。"

　　唐大沛本孔注:无"溥,大也"。

　　清华简:"旻天疾威,余多时假愆。"

【4】我闻祖不豫有加　予维敬省不吊　天降疾病　予畏天威　公其告予懿德

　　孔注:"吊,至也。言已道不至,故天下病王畏守不美懿美也。"

　　元至正本、杨慎本、章檗本、程荣本、吴琯本、何允中本、赵标本、钟惺本、汪士汉本、四库本、王谟本、周光霁本、郝懿行本、庄述祖本、黄怀信本、姚蓉本、章宁本:"予畏天威"作"予畏之威"。何本卢校:"予畏之威"作"予畏天威"。元至正本孔注、程荣本孔注、吴琯本孔注、汪士汉本孔注、周光霁本孔注、章宁本孔注:"守"作"寽"。程荣本孔注、何允中本孔注、四库本孔注:

"吊"作"予"。何本卢校:"予"作"吊"。钟惺本、潘振本、朱右曾本、姚蓉本、徐芹庭本:"予维敬省不吊"作"予惟敬省不吊"。钟惺本孔注:"病"作"疾"。丁宗洛本、张闻玉本、黄怀信本:"维"作"惟"。丁宗洛本孔注:"故天下病王畏守不美懿美也"作"故天降病王思公告以美德懿美也"。庄述祖本:句前无"我"。

清华简:"我闻祖不豫有迟,余惟时来见,不淑疾甚,余畏天之作威。公其告我懿德。"

【5】祭公拜手稽首曰　天子　谋父疾维不瘳　朕身尚在兹　朕魂在于天

孔注:"拜手,头至手。稽首,头俯地。谋父,祭公名。我魂在于天,言必死也。"

元至正本孔注:"头俯地"后有"也"字。吴琯本孔注、赵标本孔注、汪士汉本孔注、周光霱本孔注:"头俯地"作"头俯也"。赵标本孔注:"谋父"作"谋■","我魂在于天"作"我魂在■天"。唐大沛本:"维"作"惟"。

清华简:"祭公拜手稽首,曰:天子,谋父朕疾惟不瘳。朕身尚在兹。"

【6】昭王之所勖　宅天命

孔注:"言虽魂在天,犹明王之所勉君天下之事也。"

章檗本孔注、钟惺本孔注:"事"作"士"。程荣本孔注、吴琯本孔注、汪士汉本孔注:"勉"作"兔"。赵标本孔注:"勉"作"■"。周光霱本孔注:"勉"作"勖"。唐大沛本该句无孔注。章宁本孔注:"君"作"居"。

清华简:"朕魂在朕辟昭王之所,无图不知命。"

【7】王曰　呜呼　公　朕皇祖文王　烈祖武王　度下国　作陈周　维皇皇上帝　度其心　寘之明德

孔注:"下国,谓诸侯也。天度其心,所能寘明德于其身也。"

赵标本孔注:"身"作"心"。庄述祖本:"呜呼"作"乌呼","国"作"邑"。俞樾本:"作陈周"作"作甸周"。

清华简:"王曰:呜呼,公,朕之皇祖周文王、烈祖武王,宅下国,作陈周邦。惟时皇上帝宅其心,享其明德。"

【8】付俾于四方　用应受天命　敷文在下

　　孔注:"付与四方,受命于天而敷其文德,在下土也。"

　　元至正本孔注、赵标本孔注、章宁本孔注:"土"作"士"。何本卢注:"俾,畀同。"朱右曾本:"俾"作"畀"。

　　清华简:"付畀四方,用膺受天之命,敷闻在下。"

【9】我亦维有若文祖周公　暨列祖召公　兹申予小子　追学于文武之蔑

　　孔注:"言已追学文武之微德,此由周召分治之化也。"

　　元至正本孔注、杨慎本孔注、程荣本孔注、吴琯本孔注、何允中本孔注、赵标本孔注、钟惺本孔注、汪士汉本孔注、四库本孔注、王谟本孔注、周光霁本孔注、章宁本孔注:"微"作"徵"。何本卢注:"徵,疑微。"赵标本、陈逢衡本、唐大沛本:"列祖"作"烈祖"。唐大沛本孔注:"微"字模糊难辨,疑似是"徵"。王念孙本:"蔑"作"末"。刘师培本:删"我"字,"召公"下有脱文。于鬯本:"蔑"作"茂"。

　　清华简:"我亦惟有若祖周公暨祖召公,兹迪袭学于文武之曼德。"

【10】用克龛绍成康之业　以将天命　用夷居之大商之众

　　孔注:"将行夷平也。言大商本其初也。"

　　元至正本、杨慎本、章檗本、程荣本、吴琯本、何允中本、赵标本、钟惺本、汪士汉本、四库本、王谟本、周光霁本、黄怀信本、姚蓉本、章宁本:"用"作"周"。何本卢校:"周"作"用"。何本卢注:"龛,堪同。"程荣本孔注、吴琯本孔注、赵标本孔注:"平"作"干"。周光霁本孔注:"平"作"干"。丁宗洛本、张闻玉本:"用夷居之大商之众"作"用夷居大商之众"。朱右曾本、张闻玉本、徐芹庭本:"天命"作"大命"。庄述祖本:"用"作"害"。

　　清华简:"克夹绍成康,用毕成大商。"

【11】我亦维有若祖祭公之执和周国　保乂王家

　　孔注:"执,谓执其政也。"

　　清华简:"我亦惟有若祖祭公,修和周邦,保乂王家。"

【12】王曰　公称丕显之德　以予小子扬文武大勋　弘成康昭考之烈

孔注："称,谓举行也。昭考,昭王,穆王之父也。"

元至正本、杨慎本、吴琯本、赵标本、章宁本："扬"作"杨","昭"作"照"。程荣本："扬"作"杨"。赵标本孔注："穆王之父也"的"王"字阙如。王谟本、陈逢衡本、丁宗洛本、庄述祖本："弘"作"宏",避讳。周光霁本："弘"作"引",避讳。朱右曾本孔注："称,谓举行也"作"称,举也"。

清华简："王曰：公称丕显德,以余小子扬文武之烈,扬成、康、昭主之烈。"

【13】王曰　公无困我哉　俾百僚　乃心率辅弼予一人

孔注："言公当使百官相率和辅弼我,不然则困我。"

牛鸿恩本："乃心"作"明乃心"。

清华简："王曰：呜呼,公,汝念哉！逊措乃心,尽付畀余一人。"

【14】祭公拜手稽首曰　允乃诏　毕桓于黎民般

孔注："般,乐也。言信如王告尽治民乐政也。乃汝,汝王也。"

唐大沛本孔注：无"乃汝,汝王也"。王念孙本："毕桓于黎民般"作"毕相于黎民服"。陈汉章本："桓"即"和"。牛鸿恩本："诏"作"召"。

清华简："公懋拜手稽首,曰：允哉！乃召毕桓、井利、毛班。"

【15】公曰　天子　谋父疾维不瘳　敢告天子　皇天改大殷之命　维文王受之　维武王大克　咸茂厥功

孔注："茂,美也。文王以受命为美,武王以克殷为美。故曰咸也。"

唐大沛本："疾维不瘳"作"疾惟不瘳","维文王受之"作"惟文王受之"。朱右曾本、徐芹庭本："维武王大克之"作"惟武王大克之"。庄述祖本："大殷"作"大邦殷"。

清华简："曰：三公,谋父朕疾惟不瘳,敢告天子,皇天改大邦殷之命,惟周文王受之,惟武王大败之,成厥功。"

【16】维天贞文王之菫用威　亦尚宽壮厥心　康受义之式用休

　　孔注:"贞,正也。菫之用威,伐崇黎也。既克之而安,受治之其治,用美也。"

　　元至正本、杨慎本、章檗本、程荣本、吴琯本、何允中本、赵标本、钟惺本、汪士汉本、四库本、王谟本、周光霁本、庄述祖本、黄怀信本、姚蓉本、章宁本:"菫"作"重"。何本卢校:"重"作"菫"。元至正本孔注、杨慎本孔注、章檗本孔注、程荣本孔注、吴琯本孔注、何允中本孔注、赵标本孔注、钟惺本孔注、汪士汉本孔注、四库本孔注、王谟本孔注、周光霁本孔注、章宁本孔注:"菫"作"重"。何本卢校:"重"作"菫"。吴琯本孔注:"贞"作"真",但正文是"贞"。唐大沛本孔注:"用美也"作"用休也"。俞樾本:"之菫"作"菫之"。周宝宏本:"之菫用威"作"菫用威"。

　　清华简:"惟天奠我文王之志,菫之用威,亦尚宽臧厥心,康受亦式用休。"

【17】亦先王茂绥厥心　敬恭承之　维武王申大命　戡厥敌

　　孔注:"言武王申文王受命之意而胜殷也。"

　　陈逢衡本:"茂绥厥心"作"茂绥之心"。唐大沛本:"厥心"作"之心"。

　　清华简:"亦美懋绥心,敬恭之。惟文、武申大命,戡厥敌。"

【18】公曰　天子自三公上下辟于文武　文武之子孙　大开方封于下土

　　孔注:"辟,法也。言我上法文武方大开国,旁布于下土。"

　　元至正本孔注、章宁本孔注:"土"作"士",但其正文部分作"土"。程荣本孔注、吴琯本孔注、赵标本孔注、汪士汉本孔注:"上法"作"土法"。四库本孔注:"上法"作"王法"。周光霁本孔注:"上法"作"十法"。陈逢衡本孔注、唐大沛本孔注:"方"作"乃"。王念孙本、朱右曾本、张闻玉本、徐芹庭本:"大开方封于下土"作"大开封方于下土"。庄述祖本:"公曰:天子、三公!自上帝享于文武,文武之子孙大启邦方敷于下土。"

　　清华简:"公曰:天子、三公,我亦上下臂于文武之受命,皇尵方邦。"

【19】天之所锡　武王时疆土　丕维周之基　丕维后稷之受命　是永宅之

孔注:"锡,与。言天予武王是疆,所受是大,维周之开基大,维后稷所受命,是长居此也。"

元至正本、杨慎本、章檗本、程荣本、吴琯本、何允中本、赵标本、钟惺本、汪士汉、四库本、周光霁本、黄怀信本、姚蓉本、章宁本:"基丕维"作"□□□"。赵标本:"天之所锡"的"天"字阙如。王谟本:"基丕维"作"开基维"。庄述祖本:"周之基"作"周之肇基","丕维后稷之受命"作"自后稷之受命"。

清华简:"丕惟周之旁,丕惟后稷之受命是永厚。"

【20】维我后嗣旁建宗子　丕维周之始并

孔注:"旁建宗子,立为诸侯。言皆始并,天子之故也。"

程荣本孔注、吴琯本孔注、赵标本孔注、汪士汉本孔注、周光霁本孔注:"天子"作"大子"。钟惺本:"并"作"□"。庄述祖本:"旁"作"方"。

清华简:"惟我后嗣方建宗子,丕惟周之厚屏。"

【21】呜呼　天子三公　监于夏商之既败　丕则无遗后难　至于万亿年守序终之

孔注:"言当以夏商为戒,大无后难之道,守其序而终也。"

章檗本孔注、钟惺本孔注:"言当以夏商为戒"作"言当夏商以为戒"。朱右曾本孔注:"大无后难之道"作"无后难之遗"。无名氏本:"监"作"建"。庄述祖本:"呜呼"作"乌呼"。

清华简:"呜呼,天子,监于夏商之既败,丕则无遗后,至于万亿年,参叙之。"

【22】既毕　丕乃有利宗　丕维文王由之

孔注:"既终之,则有利于宗。皆由文武之德也。"

杨慎本孔注:"文武之德"作"文王之德"。朱右曾本孔注:无"也"。俞樾本:"丕维文王由之"作"丕维文武由之"。龙凤镳本:"丕维文王由之"作"丕为文王由之"。

清华简:"既沁,乃有履宗,丕惟文武之由。"

【23】公曰　呜呼　天子　我不则寅哉　寅哉

　　孔注:"寅,敬也。不则,言则也。"

　　陈逢衡本孔注:去"言"字。庄述祖本:"呜呼"作"乌呼"。朱骏声本、牛鸿恩本、徐芹庭本:"不"作"丕"。

　　清华简:"公曰:呜呼,天子,丕则寅言哉。"

【24】汝无以戾反罪疾　丧时二王大功

　　孔注:"戾反罪疾,谓己所行。时,是。二王,文武。"

　　元至正本、杨慎本、章檗本、程荣本、何允中本、赵标本、钟惺本、汪士汉本、四库本、周光霁本、黄怀信本、姚蓉本、章宁本:"反"作"□"。吴琯本、郝懿行本:"反"作"口",应是"□"之讹。元至正本孔注、杨慎本孔注、章檗本孔注、程荣本孔注、吴琯本孔注、何允中本孔注、赵标本孔注、钟惺本孔注、汪士汉本孔注、四库本孔注、周光霁本孔注、章宁本孔注:"行"下有"也",无"时"字。何本卢校:"也"作"时"。王谟本孔注:"戾反罪疾,谓己所行也。二王,是文武。"庄述祖本:"汝"作"女","反罪"作"遘自"。

　　清华简:"汝毋以戾兹皋辜无时远大邦。"

【25】汝无以嬖御固庄后

　　孔注:"嬖御,宠妾也。庄,正也。"

　　元至正本孔注:"庄,正也"作"固,疾也"。章檗本孔注、钟惺本孔注:"庄,正也"作"固,戾也"。庄述祖本:"嬖御"作"嬖御人"。章宁本孔注:"庄,正也"作"固,疾也"。

　　清华简:"汝毋以嬖御塞尔庄后。"

【26】汝无以小谋败大作

　　孔注:"小谋,谓不法先王也。大作,大事也。"

　　元至正本孔注、杨慎本孔注、吴琯本孔注、何允中本孔注、赵标本孔注、汪士汉本孔注、四库本孔注、王谟本孔注、周光霁本孔注:无"谋"字。章檗本孔注、程荣本孔注、钟惺本孔注:无"谓"字。赵标本孔注:"谓不法先王也"作"谓不法先王中"。庄述祖本:"汝"作"女"。

　　清华简:"汝毋以小谋败大作。"

【27】汝无以嬖御士疾大夫卿士

　　孔注:"言无亲小人、疾君子。"

　　程荣本孔注、吴琯本孔注、赵标本孔注、汪士汉本孔注、周光霁本孔注:"君子"作"后子"。周光霁本孔注:"士"作"土"。庄述祖本:"汝"作"女","大夫"前有"庄士"。王念孙本、朱右曾本、张闻玉本、牛鸿恩本、徐芹庭本:"汝无以嬖御士疾大夫、卿士"作"汝无以嬖御士疾庄士、大夫、卿士"。

　　清华简:"汝毋以嬖士塞大夫、卿士。"

【28】汝无以家相乱王室而莫恤其外

　　孔注:"言陪臣执国命。恤,忧也。外,谓王室之外也。"

　　章檗本孔注、钟惺本孔注:"陪臣"作"倍臣"。庄述祖本:"女无以相乱王室而莫恤其外。"

　　清华简:"汝毋各家相乃室,然莫恤其外。"

【29】尚皆以时中乂万国

　　孔注:"言当尽用是中道治天下也。"

　　赵标本:"乂"作"又"。庄述祖本:"国"作"邦"。

　　清华简:"其皆自时中乂万邦。"

【30】呜呼　三公　汝念哉　汝无泯泯芬芬　厚颜忍丑　时维大不吊哉

　　孔注:"戒三公使念我与王也。泯芬,乱也。忍,行乱则厚颜忍丑也。如是则大不善之也。"

　　章檗本孔注、钟惺本孔注:"大不善之也"作"大不善者也"。程荣本、吴琯本、赵标本:"泯泯芬芬"作"泯泯劳芬"。何本卢注:"芬,棼同。"周光霁本孔注:"泯芬"作"泯棼"。庄述祖本:"呜呼"作"乌呼",第二个"汝"作"女","维"作"惟"。

　　清华简:"公曰:呜呼,天子、三公,汝念哉! 汝毋□,唐唐厚颜忍耻,时惟大不淑哉。曰:三公,事,求先王之恭明德;刑,四方克中尔罚。"

【31】昔在先王　我亦维丕以我辟险于难　不失于正　我亦以免没我世

孔注:"先王,穆王父,祭公所事也。辟,君也。言我事先王,遇大难,正而不失,故能以善没世。言善终。"

元至正本孔注、杨慎本孔注、程荣本孔注、吴琯本孔注、何允中本孔注、赵标本孔注、汪士汉本孔注、四库本孔注、王谟本孔注、周光霁本孔注、章宁本孔注:"穆王父"作"穆父"。元至正本孔注、章檗本孔注、钟惺本孔注、章宁本孔注:"正而不失"作"险而不失"。章檗本孔注、钟惺本孔注:"穆王父"作"穆公"。吴琯本、赵标本:"不失于正"作"不失千正"。赵标本孔注:"言善终"后有"■"。陈逢衡本:"免没我世"作"免没于世"。丁宗洛本:"昔在先王,我亦维丕以我辟险于难"作"昔在先王,我亦丕维以我辟于险难"。唐大沛本:"维"作"惟","我世"作"于世"。庄述祖本:"丕"作"不",第一个"于"作"干"。王念孙本、郝懿行本、牛鸿恩本:"免没我世"作"克没我世"。章宁本:"不失于正"作"不失干正"。

清华简:"昔在先王,我亦不以我辟陷于难,弗失于政,我亦惟以没我世。"

【32】呜呼　三公　予维不起　朕疾　汝其皇敬哉　兹皆保之

孔注:"皇,大也。言当式敬我。言如此则天下皆安之。"

庄述祖本:"汝"作"女","呜呼"作"乌呼"。

清华简:"公曰:天子、三公,余惟弗起朕疾,汝其敬哉。兹皆保胥一人。"

【33】曰　康子之攸保　勖教诲之　世祀无绝　不　我周有常刑

孔注:"康,安也。子之所宜,安以善道勉教之,则子孙有福。不然,则犯常刑也。"

陈逢衡本:"我周有常刑"作"则周有常刑"。龙凤镳本、龙凤镳本孔注、王云五本:"刑"作"刑",异体字。牛鸿恩本:删"保"。

清华简:"康□之,蠠服之,然毋夕,□维我周有常刑。"

【34】王拜手稽首党言

孔注:"王拜受祭公之党言也。王拜,则三公拜可知也。"

章檗本孔注、钟惺本孔注:"王拜"作"三拜"。程荣本孔注、赵标本孔注:

"王拜"作"三年"。吴琯本孔注、汪士汉本孔注、周光霁本孔注:"王拜"作"三年"。何本卢注:"党,说同。"陈逢衡本:"拜手稽首"作"拜首稽首"。

清华简:"王拜稽首举言,乃出。"

庄述祖本《商誓》

王若曰:"告尔伊旧何父,耿几肃执,乃殷之旧官人庶位及太史友、小史友及百官里居献民及邦君师尹,敬诸!疾听朕言,用胥生蠲烝。"王曰:"嗟,来尔众!予小国敢顾天命,予来致上帝之威命明罚。今维新诰命尔,敬诸!"王曰:"我在昔后稷,维上帝之歆,克播百谷,登禹之绩。凡在天下之庶民,罔不维后稷之元谷用胥饮食。在商先哲王,明祀上帝,亦维我后稷之元谷用告和用烝享。肆商先哲王,维厥故,斯用显我西土,胥翕稷政,奉天之命。今在商纣,昏虐百姓,上帝弗显,乃命朕文考曰:'殪商之多辠纣!'肆予小子发,弗敢忘天命、朕考。予惟甲子,克致天之大罚,敬帝之赉革纣之命。予亦无敢违大命,敬诸!朕其明命,尔冢邦君我无攸爱。上帝曰:'必伐之!'昔我在西土,我其齐信,胥告商之百姓无辠,其维一夫。予既殪纣,承天命,予亦赉休命尔。尔冢邦君无敢其有不见事于我有周。其比尔多子其人,自敬助天,永休于我西土。其介尔百姓,其亦有安处,其周即命。今予惟明告尔,予其往追辠纣,自其弗显上帝曰:'命在天!'任诐蓁达,反侧兴乱,昏扰天下,其有何在上?尔百姓献民其有缀芳,有斯天命,不令尔百姓无告。天维用重勤,兴起我。予维及西土疾勤,克乃一心,集之于上帝。天其有命,予保靖尔,疑商民弗怀,有斯弗用天命。若朕言在害曰:'商百姓无辠。'朕命在害,其乃先作威肆辠疾。予维以先王之道御复正尔,无违我胥告话言。"王曰:"百姓,我闻古商先哲王成汤,克享上帝,保生商民,克用三德,用叜厥辟。今纣弃成汤之典,肆上帝命我小国曰:'革商国!'斯我小国于有命不易。昔我盟津,帝休辨商,其斯有何国?肆上帝曰:'毕伐之!'重命予小子肆戎殷。今予肆刘殷之命,肆予明命女百姓,其斯弗用朕命。其斯尔冢邦君、商庶百姓,越则非朕负乱,维尔即刑,予则乃刘灭之。"王曰:"於乎,天命维既咸女,克承天休,于我有周。宜亦辨百度奭美,越尔庶义庶刑,勤我西土,其左右予。予维笃佑赉尔邦君百姓,敬之哉!庶听朕言,罔䈇逸僭。予则矢上帝之明命于尔邦。"王曰:"百姓里居君子,我言若胥,敬诸!予史大史疑史,其斯自一话言至于十话言,视乃戒!"

附录三 《逸周书》西周诸篇自行点校

我们在附录二中汇校了三十四个古籍版本、七个今人点校本、一个简本（清华简），凡四十二个版本。现对附录二的汇校成果做一个总结，出一个自己的点校本①。在西周六篇中，《皇门》《祭公》因有出土文献清华简而十分特殊。传世文献与出土文献的版本差异远大于传世文献内部，所以取舍就成了一个大问题。从时间远近来看，出土文献属于"战国本"，而传世文献现存最早也只有"元本"，所以出土文献在时间轴上具有极大的优势。但是，如果一切异文皆以出土文献为准则会涉及两个问题：第一，即李零"气体论"②。我们不能排除战国时期存在与当今传世版本更接近的本子。第二，出土文献具有随机性。出土文献在它的时代不一定被珍视，而传世文献凝聚了一代代学者整理校勘的心血。所以，出土文献不一定高于传世文献，我们在出自行点校本时会充分重视两种文献，在两可之处各有取舍。

特别强调，本书正文部分在引用《逸周书》文本时，出于权威性的考虑，依然引用卢文弨抱经堂本并点校，而不是引用本附录所出的自行点校本。笔者点校本之质量，留待后来者考察，不敢自以为是。

---

① 只有正文，不含孔注。
② 详见附录二。

克 殷

克殷解第三十六

周车三百五十乘,阵于牧野。帝辛从。武王使师尚父与伯夫致师。王既誓,以虎贲戎车驰商师,商师大败。商辛奔内,登于鹿台之上,屏遮而自燔于火。

武王乃手大白以麾诸侯,诸侯毕拜,遂揖之。商庶百姓咸俟于郊。群宾佥进曰:"上天降休!"再拜稽首。

武王答拜,先入,适王所,乃克射之三发。而后下车,而击之以轻吕,斩之以黄钺。折,悬诸大白。适二女之所,乃既缢。王又射之三发,乃击之以轻吕,斩之以玄钺。折,悬诸小白。乃出,扬于厥军。

翼日,除道修社及商纣宫。及期,百夫荷素质之旗于王前。叔振奏拜假命,又阵常车。周公把大钺,召公把小钺,以夹王。泰颠、闳夭皆执轻吕以夹王。王入,即位于社。太卒之左,群臣毕从。毛叔郑奉明水,卫叔封傅礼。召公奭赞采,师尚父牵牲。

尹佚策曰:"殷末孙受,德迷先王成汤之明,侮灭神祇不祀!昏暴商邑百姓,其彰显闻于昊天上帝!"武王再拜稽首,曰:"膺受大命,革殷,受天明命。"武王又再拜稽首,乃出。

立王子武庚,命管叔相。

乃命召公释箕子之囚,乃命毕公、卫叔出百姓之囚、表商容之闾,乃命南宫忽振鹿台之财、巨桥之粟,乃命南宫伯达、史佚迁九鼎三巫,乃命闳夭封比干之墓,乃命宗祝、宗宾祷。

飨之于军,乃班。

世 俘

世俘解第四十

维四月乙未日，武王成辟。四方通殷命，有国。

惟一月丙午旁生魄，若翌日丁未，王乃步自于周，征伐商王纣。

越若来二月既死魄，越五日甲子，朝至，接于商，则咸刘商王纣，执矢恶臣百人。

太公望命御方来。丁卯，望至，告以馘俘。戊辰，王遂御循追祀文王。时日，王立政。吕他命伐越戏方，壬申，荒新至，告以馘俘。侯来命伐靡集于陈，辛巳，至，告以馘俘。甲申，百弇以虎贲誓，命伐卫，至，告以馘俘。庚子，陈本命伐磨，百韦命伐宣方，新荒命伐蜀。乙巳，陈本命新荒。蜀磨至，告禽霍侯，俘艾侯、佚侯、小臣四十有六。禽御八百有三十两，告以馘俘。百韦至，告以禽宣方。禽御三十两，告以馘俘。百韦命伐厉，告以馘俘。

辛亥，荐俘殷王鼎。武王乃翼，矢珪矢宪，告天宗上帝。王不革服，格于庙。秉语治庶国，籥人九终。王烈祖自太王、太伯、王季、虞公、文王、邑考以列升，维告殷罪。籥人造，王秉黄钺，正国伯。壬子，王服衮衣，矢琰格庙。籥人造，王秉黄钺，正邦君。癸丑，荐殷俘王士百人。籥人造，王矢琰，秉黄钺执戈。王入，奏《庸》《大享》，一终。王拜手稽首。王定，奏《庸》《大享》，三终。甲寅，谒戎殷于牧野。王佩赤白旂，籥人奏《武》。王入，进《万献》《明明》，三终。乙卯，籥人奏《崇禹生启》，三终。王定。

武王狩，禽虎二十有二、猫二、麋五千二百三十五、犀十有二、氂七百二十有一、熊百五十有一、罴百一十有八、豕三百五十有二、貉十有八、麈十有六、麝五十、麇三十、鹿三千五百有八。

武王遂征四方，凡憝国九十有九，馘磿亿有七万七千七百七十有九，俘人三亿万有二百三十，凡服国六百五十有二。

时四月既旁生魄，越六日庚戌。武王朝至，燎于周庙曰："维予冲子，绥文考！"武王降自车，乃俾史佚繇书于天号。武王乃废于纣矢恶臣百人，伐厥甲小子鼎大师，伐厥四十夫。家君、鼎师、司徒、司马初厥于郊号。武王乃夹于南门，用俘皆施佩衣，衣先馘入。武王在祀，太师负商王纣，悬首白旂，妻二首赤旂。乃以先馘入，燎于周庙。

若翌日辛亥，祀于位，用籥于天位。越五日乙卯，武王乃以庶祀馘于周庙曰："翼予冲子！"断牛六，断羊二。庶国乃竟，告于周庙曰："古朕闻文考修商人典，以斩纣身！"告于天于稷。用小牲羊犬豕于百神水土，誓于社曰："惟予冲子，绥文考！至于冲子！"用牛于天于稷，五百有四。用小牲羊犬豕于百神水土，二千七百有一。祀商王纣于商郊。

时甲子夕，商王纣取天智玉琰瓎身，厚以自焚。凡厥有庶，告焚玉四千。

五日，武王乃俾于千人求之。四千庶则销，天智玉五在火中不销。凡天智玉，武王则宝与同。凡武王俘商旧玉万四千，佩玉亿有八万。

商　誓

商誓解第四十三

王若曰："告尔伊旧何父，□、□、□、□、饥、邢、萧、挚，乃殷之旧官人、庶位、庶士、御事，及太史比、小史昔，及百官里居献民。今予其来尹师之敬诸戒，疾听朕言，用胥生蠲尹！"

王曰："嗟，尔众！予言非敢顾天命，予来致上帝之威命明罚！今惟新诰命尔，敬诸！朕话言自一言至于十话言，其惟明命尔。"

王曰："在昔后稷，惟上帝之享。克播百谷，登禹之绩。凡在天下之庶民，罔不维后稷之元谷用蒸享。在商先哲王，明祀上帝、社稷宗庙，亦维我后稷之元谷。用告和，用胥饮食。肆商先哲王，维厥故，斯用显我西土。今在商纣，昏忧天下，弗显上帝，昏虐百姓，奉天之命。上帝弗显，乃命朕文考曰：'殪商之多罪纣！'肆予小子发，弗敢忘天命。朕考胥翕稷政，肆上帝曰：'必伐之！'予惟甲子，克致天之大罚，上帝之来革纣之命，予亦无敢违大命。敬诸！昔在我西土，我其有言，胥告商之百无罪，其维一夫！予既殛纣，承天命。予亦惟休命，尔百姓里居君子，其周即命。亦惟纣敷虐于尔庶邦，淫酗无度,罔顾于商先哲王,天大降威,畀我有周。尔冢邦君无敢其有不告见于我有周,其比冢邦君,我无攸爱!上帝曰:'必伐之!'今予惟明告尔,予其往追商纣,遂臻集之于上帝。天王其有命尔,百姓献民其有缀芳。夫自敬其有斯天命,不令尔百姓无告,西土疾勤,其斯有何重天?维用重勤,兴起我,罪勤我,无克乃一心!尔多子其人,自敬助天,永休于我西土!尔百姓其亦有安处在彼,宜在天命,弗反侧兴乱。予保奭其介,有斯勿用天命。若朕言在周曰:'商百姓无罪!'朕命在周,其乃先作我肆罪疾。予惟以先王之道御复正尔百姓,越则非朕负乱,惟尔在我。"

王曰:"百姓!我闻古商先哲王成汤,克辟上帝,保生商民,克用三德。疑商民,弗怀用辟厥辟。今纣弃成汤之典,肆上帝命我小国曰:'革商国!'肆予明命汝百姓,其斯弗用朕命,其斯尔冢邦君、商庶百姓,予则咸刘灭之!"

王曰:"霍!予天命!维既咸汝克承天休于我有周,斯小国于有命不易。昔我盟津,帝休辨商其有何国。命予小子肆伐殷戎,亦辨伯旦、伯奭左右予,予肆刘殷之命。今予维笃佑尔,予史,太史违,我寔视尔。靖疑胥敬,请其斯一话,敢逸僭予,则上帝之明命。予尔拜,拜商百姓,越尔庶义、庶刑,予维及西土。我乃其来,即刑乃,敬之哉!庶听朕言,罔胥告!"

度　邑

度邑解第四十四

维王克殷,邦君、诸侯乃厥献民、征主、九牧之师,见王于殷郊。王乃升汾之阜以望商邑。永叹曰:"呜呼,不淑!兑天对!遂命一日,维显畏弗忘!"王至于周,自鹿至于丘中,具明不寝。王小子御告叔旦,叔旦亟奔即王,曰:"久忧劳!"问:"害不寝?"曰:"安,予告汝!"

王曰:"呜呼,旦!惟天不享于殷,发之未生,至于今六十年。夷羊在牧,飞鸿过野。天自幽,不享于殷,乃今有成。维天建殷,厥征天民,名三百六十夫。弗顾,亦不宾灭,用戾于今。呜呼,予忧!兹难!近饱于恤,辰是不室。我未定天保,何寝能欲?"

王曰:"旦!予克致天之明命,定天保,依天室。志我共恶,俾从殷王纣。四方赤宜未定,我于西土劳来。我维显服,及德之方明。"

王命旦传于后。叔旦泣涕于裳,悲不能对。

王曰:"旦,汝维朕达弟。予有使汝,汝播食不遑暇食,矧其有乃室。今维天使子,惟二神授朕灵期。予未致,子休,予近怀于朕室。汝维幼子,大有知。昔皇祖底于今,勖厥遗,得显义,告期付于朕身。肆若农服田,饥以望获。予有不显,朕卑皇祖不得高位于上帝。汝幼子庚厥心,庶乃来班。朕大环兹于有虞,意乃怀厥妻子。德不可追于上,民亦不可答于下。朕不宾在高祖,维天不嘉于降来省,汝其可瘳于兹!乃今我兄弟相后,我筮龟其何所即!今用建庶建!"

叔旦恐,泣涕拱手。

王曰:"呜呼,旦!我图夷兹殷,其惟依天室。其有宪命,求兹无远虑。天有求绎,相我不难。自洛汭延于伊汭,居阳无固,其有夏之居。我南望过于三涂,我北望过于有岳,丕顾瞻过于河宛、瞻延于伊洛,无远天室。"

其曰:兹曰度邑。

皇　门

皇门解第四十九

维正月庚午,周公格在库门,会群门。

公若曰:"呜呼!下邑小邦,克有耇老虑事,屏朕位,肆朕冲人,非不用明刑。维其开告予嘉德之说。今我譬小于大:我闻在昔,二有国之哲王不绥于恤。乃维其有大门宗子迩臣,罔不懋扬嘉德,讫亦有宝,以助厥辟勤恤王邦王家。乃旁求论择元武圣夫,羞于王所。自釐臣以至于有分私子,苟克有常,罔不懔达,咸献言在于王所。是人斯助王恭明祀、敷明刑。王用有监,明宪政命,用克和有成,王用能承天之嘏命。百姓兆民用,无不茂比在王庭。先王用有劝,永有孚于上下。是人斯既助厥辟勤劳王邦王家。先人神祇,报职用休,俾服在厥家。王邦用宁,小民用格,假能稼穑,咸祀天神。戎兵以能兴，军用多实。王用能奄有四邻，远土丕承，万子孙用末，被先王之耿光。至于厥后嗣立王，乃弗肯见先王之明刑，维时急胥驱胥学于非彝。以家相厥室，弗恤王邦王家，维媮德是用。以昏求于王臣，弗畏不祥，不屑惠听无辜之辞，辞是羞于王，乃惟不顺是治。王皐求良言于是人，斯乃非维休德以应，维作诈诬以对，俾王之无依无助。譬若畋，犬骄用从禽，其犹克有获？是人斯乃谗贼媢疾，以不利于厥家邦。譬若梏夫之有媢妻，曰：'予独服在寝！'以自露厥家。媢夫有迩无远，乃拿盖善夫，俾莫达在于王所。乃维有奉疑夫，是扬是绳，是以为上，是授司事于师长。政用迷乱，狱用无成，小民用祷无用祀，天用弗保。媢夫先受殄罚，邦亦不宁。呜呼，敬哉！监于兹，朕维其及！朕遗父兄众荩臣，夫明尔德，以助予一人忧。无维乃身之憸，皆恤尔邦，假予宪，既告汝元德之行。譬若主舟，扶予于险，乃能临予于济。汝无作祖考羞哉！

祭　公

祭公解第六十

王若曰："祖祭公，哀予小子虔虔在位。昊天疾威，予多时假惩。我闻祖不豫有迟，予维敬省不吊，天降疾病，予畏天之作威，公其告予懿德。"

祭公拜手稽首曰："天子，谋父疾维不瘳！朕身尚在兹，朕魂在朕辟昭王之所，勖宅天命。"

王曰："呜呼，公！朕皇祖文王、烈祖武王，宅下国，作陈周邦。维时皇上帝，宅其心，寘之明德，付畀于四方，用膺受天命，敷闻在下。我亦维有若祖周公暨祖召公，兹迪予小子追学于文武之茂德。用克戡绍成康之业，以将天命，用夷居之大商之众。我亦维有若祖祭公之修和周邦、保乂王家。"

王曰："公称丕显之德，以予小子扬文武大勋，弘成康昭考之烈。"

王曰："公，汝念哉！逊揩乃心，俾百僚率辅弼予一人。"

祭公拜手稽首曰："允哉！"乃召毕桓、井利、毛班。

公曰："三公！谋父朕疾维不瘳，敢告天子，皇天改大邦殷之命，维文王受之，维武王大克之，咸成厥功。维天贞文王之志，董之用威，亦尚宽臧厥心，康受乂之式用休。亦先王美茂绥厥心，敬恭承之。维文武中大命，戡厥敌。"

公曰："天子、三公！上下辟于文武之受命，大开方邦于下土。天之所锡武王时疆土，丕维周之邦基，丕维后稷之受命，是永宅之。维我后嗣旁建宗子，丕维周之始屏。呜呼，天子、三公！监于夏商之既败，丕则无遗后难，至于万亿年，守序终之。既毕，丕乃有履宗，丕维文武之由。"

公曰："呜呼，天子！丕则寅言哉！汝无以庋兹罪疾，无丧时二王大功；汝无以嬖御塞尔庄后；汝无以小谋败大作；汝无以嬖御士塞大夫、卿士；汝无以家相乱王室，而莫恤其外，尚皆以时中乂万邦。呜呼，天子、三公，汝念哉！汝无泯泯芬芬，厚颜忍耻，时维大不淑哉！"曰："三公，事，求先王之恭明德；刑，四方克中尔罚。昔在先王，我亦维丕以我辟险于难，不失于政，我亦惟以免没我世。"

公曰："呜呼，天子、三公！予维不起朕疾，汝其皇敬哉，兹皆保胥一人。"曰："康子之忧保，勖教诲之，然世祀无绝，丕维我周有常刑。"

王拜手稽首党言，乃出。

附录四　周光霁本概说

本书涉及的周光霁校刊《袖珍廿一种秘书》本《汲冢周书》乃世之稀见版本。笔者尝撰文详论此版本，可惜文章未能发表。[①]为使周光霁本免于埋没，也为使本书所用周光霁本有所凭据，笔者决定撮录此文主要章节，做适当修改后作为附录附于书后，以备参考。

周光霁校刊《袖珍廿一种秘书》本《汲冢周书》十分稀见。以笔者目力所及，未见学界提过这个本子，也未见任何数据库收录，颇有"孤本"之嫌疑。谨慎起见，我们权且称之为"稀见本"。丁宗洛《逸周书管笺·历朝校订姓氏·国朝》提到"金谿周光霁晓轩"[②]，但这个版本并无"晓轩"字样，显然说的不是同一个版本。经仔细排查，只有上海图书馆古籍联合目录及循证平台显示焦作市图书馆藏有一本落款为"周光霁校刊"的不明版本的《汲冢周书》。[③]据西北大学安小兰博士提供的该版本一手信息："周光霁《汲冢周书》清刻本，10卷，今存焦作市图书馆，半页十行，每行20字，白口，四周单边，单黑鱼尾，前有周梦龄乾隆乙酉（1765）桂月所作《汲冢周书题辞》，卷末周毓龄识曰：'是书流传已久，向来坊刻字多鲁鱼豕亥之讹，又未行工其句读，后学苦之。兹刻细加点校，一辟蚕丛，俾读者心目了然。其中间有脱简、文义

[①] 虽未发表，但这篇文章参加了山西大学"民间文献研究的理论与实践"学术研讨会（2022年9月），原题《稀见坊刻周光霁〈汲冢周书〉研究》。

[②] ［晋］孔晁注，［清］丁宗洛笺：《逸周书管笺》，清道光十年（1830）济宁海康丁宗洛迂园刻本，宋志英、晁岳佩选编：《〈逸周书〉研究文献辑刊》第5册，北京：国家图书出版社，2015年，第532页。

[③] 上海图书馆古籍联合目录及循证平台，https://gj.library.sh.cn/unionCatalogue/work/list#uri=http://data.library.sh.cn/gj/resource/instance/68krghs2nfeaam0s（2023年12月14日）。

不可强通者,则姑阙焉。志慎也。'"显然,焦作市图书馆的周光霁本也不是《袖珍廿一种秘书》本。从书名、版式、内容来看,周光霁本与汪士汉本(即《秘书廿一种》本)①有明显的源流关系。笔者已于 2021 年 6 月将周光霁本购回,以供研究。据卖家透露,这本书原是四川巴中地方官员的私家藏书。

第一节　周光霁本的版本概况

周光霁本,1 册,白皮纸,前几叶有水渍。书根处写有"廿一"二字。后几卷的书根部分磨损较为明显,但只缺个别几个字②。全书长 22.5 cm,宽 12.9 cm,厚约 1.2 cm。半叶十行,行二十字,部分为四周单边,部分为左右双边。白口,单、黑鱼尾,版心上方刻书名"周书",版心题"卷之某＋叶码"(如:卷之三九)。版框高 14.5 cm,宽 10.3 cm,天头 6.3 cm,地脚 1.7 cm。以上数据以正文第一叶上半叶为准,各半叶有误差,部分甚至误差较大。部分半叶天头较长,如卷之三《小开武解第二十八》篇名所在半叶(见图 1),天头为 7.2 cm,但各行字数不变,仍为二十字。原书封面已失,现封面为今人补,封面上写作"汲冢周书全十卷　袖珍二十一种秘书"。该本不避清讳,如正文最后一篇《器服解第七十》的最后四个字,作"玄象玄纯"。书中有大量的简体字、异体字,且大小不一,不甚工整。宏观看,此书具有鲜明的民间坊刻本的特点。

---

① [清]汪士汉:《汲冢周书》,《秘书廿一种》本,清康熙八年(1669)刻本,哈佛大学图书馆藏。https://curiosity.lib.harvard.edu/chinese-rare-books/catalog/49-990080677320203941 (2023 年 12 月 14 日)。
② 卷六第五叶下半叶第五行第一个字所在位置破了一个洞,有两个孔注小字残缺。全书最后一叶下半叶第一行的"王制将衰穆王"残缺不全,但可据汪本补全。除此之外,没有缺字。

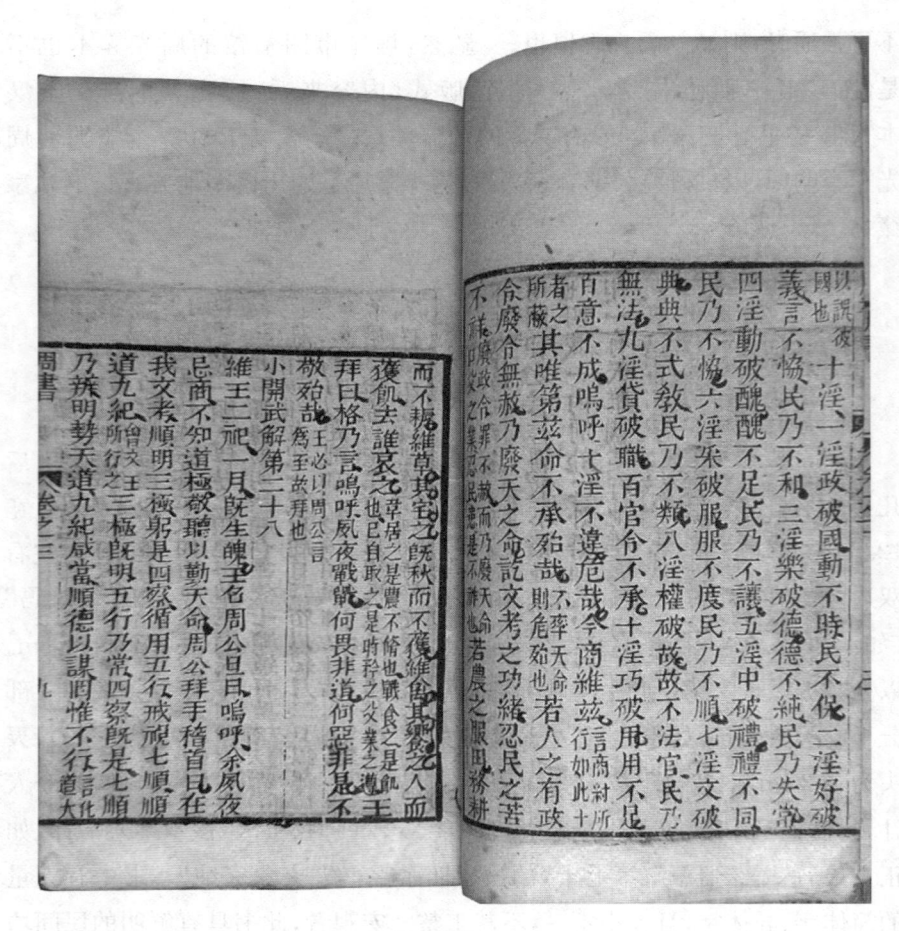

图 1

  第一叶前无衬纸。第一叶上半叶是江永的序,没有鱼尾,书口上栏题"江序二"。可见,原应有两个序,江序为第二个序,而第一个序已佚。江序的落款为"嘉庆己巳皋月同邑后学江永拜撰"(见图2)。第一叶下半叶是周光霁的识,落款为"嘉庆己巳金谿周光霁识"(见图3)。嘉庆己巳年,即公元1809年;皋月,即夏历五月。所以,江永的序作于公历的1809年6月。其实,江永序的时间是有问题的,我们下文再详谈。周光霁的识作于同年,月份不明。由周光霁的识可知,本书的刊刻时间为嘉庆己巳年,即1809年。

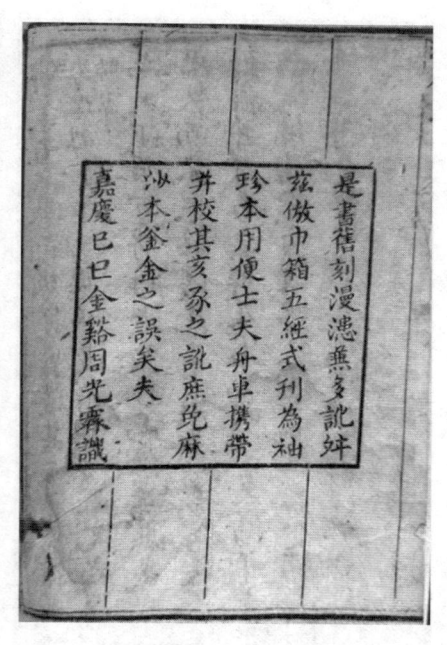

图 2

图 3

接下来,是《袖珍廿一种秘书总目》,分为上下函。上函有《汲冢周书》《吴越春秋》《拾遗记》等五种书(凡四十六卷)(见图 4),下函有《博物志》《续博物志》《桂海虞衡志》等十六种书(凡四十八卷)(见图 4—5),加起来正好是二十一种书(凡九十四卷)。可见,《汲冢周书》是《袖珍廿一种秘书》中的第一种书,本册《汲冢周书》的首叶也是《袖珍廿一种秘书》的首叶。从位置和内容看,江永序和周光霁识都是针对《袖珍廿一种秘书》写的,而非《汲冢周书》。从总卷数看,《袖珍廿一种秘书》全书原应有 9—10 册,《汲冢周书》是它的第 1 册。

432 / 《逸周书》西周诸篇研究

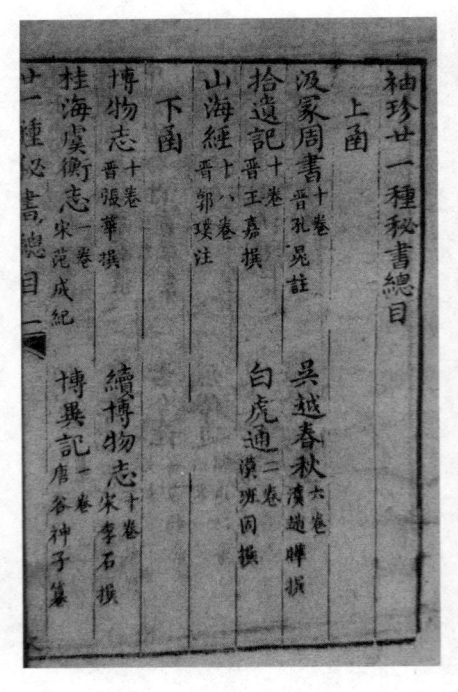

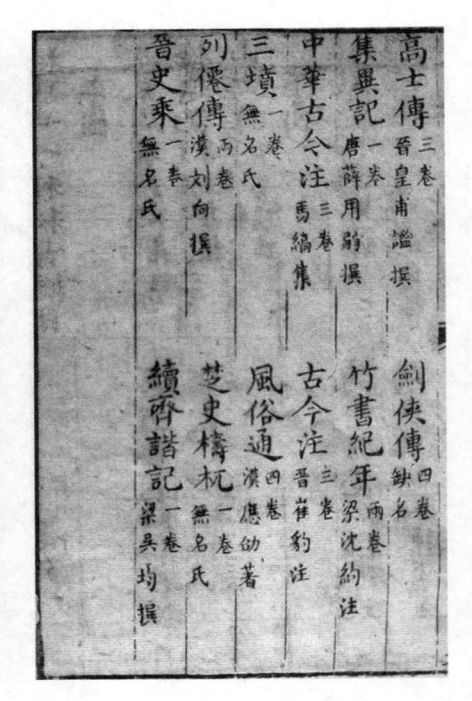

图 4

图 5

  目录叶之后是《汲冢周书题辞》，落款为"嘉庆己巳二月春分前二日新安汪士汉识"（见图6）。按公元公历推算，即1809年3月19日。这个汪士汉《题辞》的落款时间也是有问题的，具体下文说。汪士汉《题辞》之后，是李焘的旧序，即《汲冢周书序》。李焘旧序之后是正文的第一叶，此半叶无藏章、印记、印鉴等。注者信息为"晋孔晁注"，校刊者信息为"清金豀周光霁重校刊"（见图7）。全书有大量的黑色毛笔圈点。除此之外，还有少量的批注，如卷之八《祭公解第六十》第三叶上半叶第二行："汝无以家相乱王室而莫恤其外。""家相"边上有小字批注："陪臣。"（见图8）

图 6　　　　　　图 7

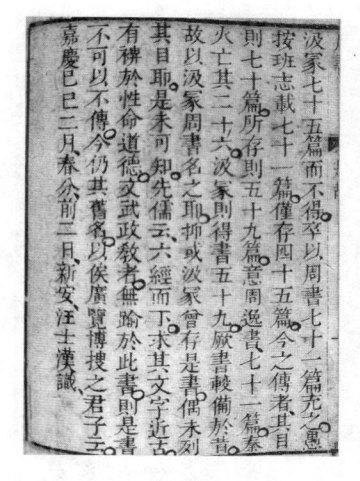

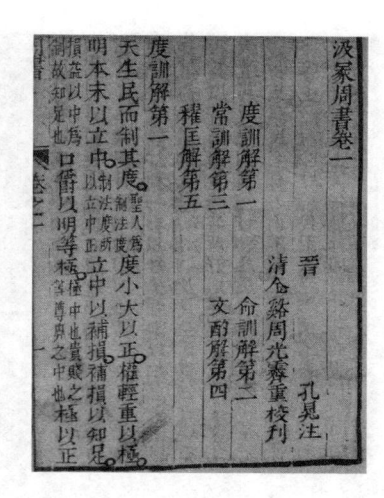

正文结束后,是《逸周书》的古序"昔在文王……大备",题《周书序》。最后半叶的最后一行,即卷之十《周书序》第六叶下半叶第十行,写作"不慎作铨法车服制度民不苟踰作器服周道于乎大备终"(图 9),凡二十三个字。除这一行之外,其他全都是每行二十字,全书没有例外。《周书序》原文结尾本无"终"字,这个"终"显然是后人添上去的。在《周书序》的后面,有两张衬纸。第一张衬纸空白,第二张衬纸上写着"安君臣"和"安军臣"(图 10)。字体稚嫩,似少年儿童所书。"安君臣"或"安军臣"应为当代藏书家或其稚子的名字。

图 8

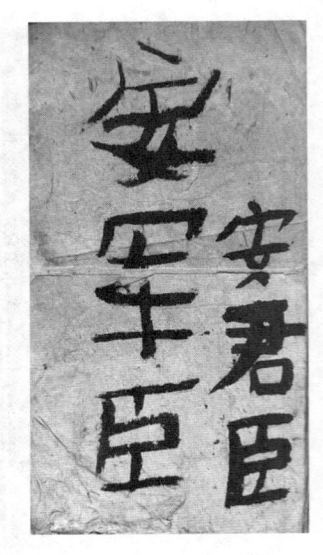

图 9　　　　　　　　　图 10

第二节　校刊者周光霁其人

周光霁其人无传,我们只能立足"金谿周光霁"和"嘉庆己巳"来寻找线索。

《(道光)金谿县志》:"金谿县,在抚州府东南。"①《历代地理志韵编今释》:"金谿:【宋】县,江南西路抚州;【元】县,江西省抚州路;【明】县,江西省抚州府;【今】江西抚州府金谿县治。"②所以,"金谿周光霁"就是江西省抚州府金谿县人周光霁,是基本可以确定的。

据上海图书馆古籍联合目录及循证平台,有清刻本《令德堂增定课儿鉴

---

① [清]李云:《(道光)金谿县志》卷一,清道光三年(1823)刻本,南京图书馆藏,第 1 叶上半叶。
② [清]李兆洛:《历代地理志韵编今释》卷三,清同治十年(1871)刻本,第 22 叶上半叶。

署妥注善本》①五卷,落款为明李廷机著、明邹圣脉原订、明张瑞图校正、清周光霁重校,现藏于开封市图书馆。②然而,该版本并无具体刊刻时间,题曰:"明阁九我李廷机先生手著,梧冈邹圣脉原订,翰院二水张瑞图先生校正,绣谷周光霁重校。"(见图11)

图 11

---

① [明]李廷机著,[明]张瑞图校正,[明]邹圣脉原订,[清]周光霁重校:《令德堂增定课儿鉴略妥注善本》,道光中后期(1832—1850)刻本。
② 上海图书馆古籍联合目录及循证平台,https://gj.library.sh.cn/unionCatalogue/work/list#uri=http://data.library.sh.cn/gj/resource/instance/ftgin3yefjfnmfaz(2023年12月14日)。

我们来看"绣谷"。《江西通志》:"吴憩山在靖安县北五里,世传吴真君猛尝憩于此。相近有绣谷山,一名幽谷山,山半瀑布如练。"①《读史方舆纪要》卷八四《南昌府·靖安县》:"绣谷山,在县北五里,一名幽谷山。嵯峨深秀,瀑布飞悬。"②既然绣谷山在靖安县北五里,那么我们就可以在清代江西全图(见图12)上轻松标出它的位置(见图13)。由图可知,金溪(豀)县离靖安县不远。

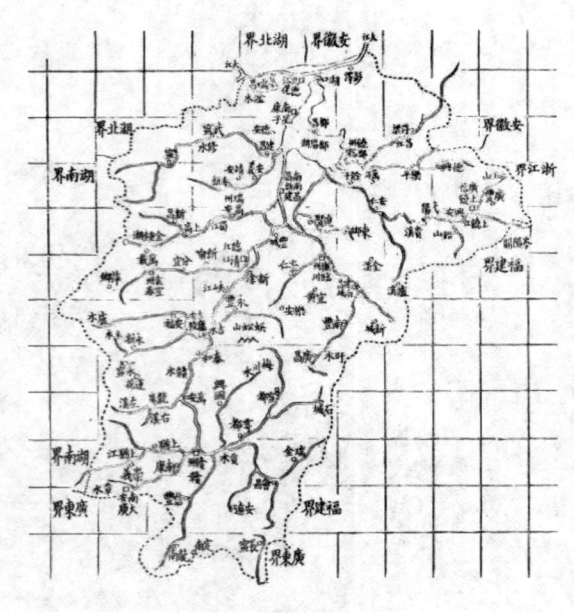

图 12

---

① [清]谢旻:《江西通志》卷七,[清]永瑢、纪昀等:《景印文渊阁四库全书》第513册,台北:台湾商务印书馆,1986年,第260页下栏。
② [清]顾祖禹辑著:《读史方舆纪要》卷八四,北京:中华书局,1955年,第3562页。

图 13①

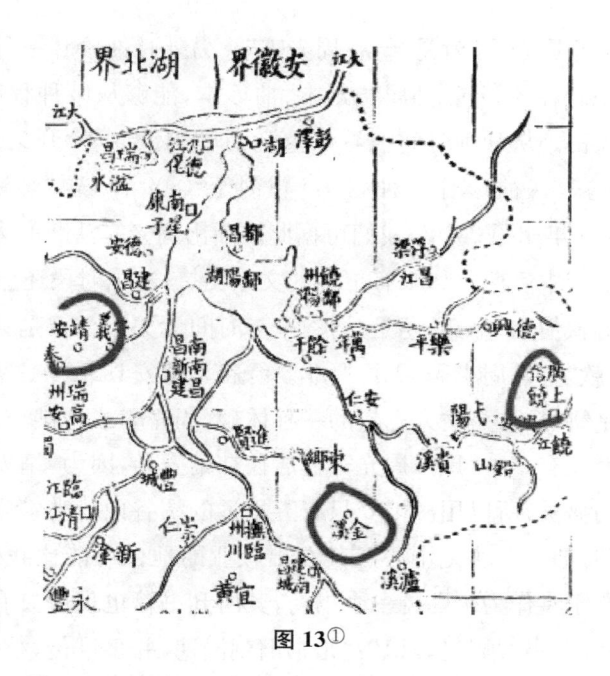

杨华在讨论《酬世锦囊》的版本时，提到过"绣谷周光霁"：

> 乾隆五十四年(1789)，江西金谿（明清时期另一坊刻中心）的友于堂为了使《酬世锦囊》便于携带，就以邹景扬的新辑本为底本，稍加修正改编，刻印了一个袖珍本。该袖珍本前缀有《重刊袖珍酬世锦囊序》，署乾隆己酉，即乾隆五十四年(1789)。"序"中还提到，新刊本不仅是为了便于携带，还修正了原文中的部分错别字。友于堂版第一集的目录上方记有"绣谷周光霁校"字样，周光霁正是友于堂的主人。②（杨华《〈酬世锦囊〉与民间日用礼书》）

结合杨华的论述，我们发现江西金谿友于堂的主人就是"绣谷周光霁"，

---

① [清]洪亮吉：《乾隆府厅州县图志》卷二九，清光绪二十三年(1897)新化三味书室刻本，第1叶下半叶—第2叶上半叶。
② 杨华：《〈酬世锦囊〉与民间日用礼书》，《中国出版史研究》2016年第4期，第91—92页。

也就是说,"金豀周光霁"就是"绣谷周光霁"。另外,《袖珍廿一种秘书》性质与《重刊袖珍酬世锦囊》同,都属坊刻本、袖珍本,能够从某种程度上反映周光霁的刻书风格。从刊刻时间上看,《重刊袖珍酬世锦囊》刊刻于1789年,题"绣谷周光霁";《袖珍廿一种秘书》刊刻于1809年,题"金豀周光霁"。1789年与1809年相距20年,我们可据此推断出周光霁活跃的大致年份,即乾隆后期至嘉庆中后期。如果有更多的文献支持,这个时段还会再延长。

周光霁落款使用"金豀"还是"绣谷",与时间无关。金豀是县名,是周光霁的籍贯,落款"金豀周光霁"无可厚非。绣谷是靖安县北边一座山的山名。山名自然不是籍贯,应是文人志趣的一种体现,周光霁或曾某个时期居住在绣谷山。或者还有一种可能,周光霁曾居住在靖安县,因为"靖安周光霁"会让人误会他的籍贯,所以用离靖安只有五里远的绣谷山代替靖安。此外,金豀作为"明清时期另一坊刻中心",其在出版业的地位可能比我们预想中更高。周光霁友于堂作为金豀的一个书坊,其所刊书籍也理应具有坊刻性质。据《袖珍廿一种秘书》"周光霁识":"是书旧刻漫漶,并多讹传,兹仿巾箱五经式刊为袖珍本,用便士大夫舟车携带。并校其亥豕之讹,庶免麻沙本釜金之误矣夫。"(参见图3)这样的论述可视为坊刻的证据。杨华在描述《重刊袖珍酬世锦囊》时,提到周光霁"序"中强调了"新刊本不仅是为了便于携带,还修正了原文中的部分错别字"等内容,与《袖珍廿一种秘书》的"识"可谓高度吻合。鉴于1789年至1809年有长达20年的时间跨度,我们可以推测,周光霁可能长期从事袖珍本的刊刻,并以此作为自己书坊的一个特色。

周光霁是友于堂主人,关于友于堂的记载也可谓繁杂。然细细筛检,却几乎未见时间、地域皆吻合的友于堂。我们由此推测,友于堂堂号应存在时间不长,或只与周光霁生卒相始终。

至此,我们可以给周光霁做一个简单的小传:周光霁(活跃于1789?—1809?),江西抚州金豀县人,曾居住于靖安县或其附近的绣谷山,号友于堂主人,是乾隆、嘉庆年间金豀坊刻书籍的代表人物之一。周光霁整理、校勘、刊刻了多种前代书籍,袖珍本是其书坊的特色。周光霁无可称道的政治建树,也无科举、仕进记录①,属民间的读书人、校书人、刻书人。

第三节 周光霁本的版本源流与异文

与周光霁本(《袖珍廿一种秘书》本)源流关系最密切的,首推汪士汉本(《秘书廿一种》本),因为它们都有"廿一种秘书"。无须细细比较,大致翻一翻,我们就可知这两个版本高度同源。如正文第一叶的上半叶,除校刊者信息不同外,其他部分的样式完全一致(见图15—16)。由于周光霁本是嘉庆刻本、汪士汉本是康熙刻本,所以汪本是源、周本是流。

图 14

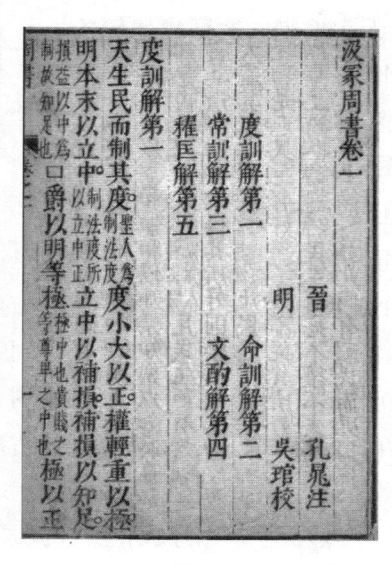

图 15

图14—15为哈佛大学图书馆藏汪士汉《秘书廿一种》本,图16据自购周光霁《袖珍廿一种秘书》本拍摄。

---

① 遍查《(道光)金谿县志》的《官师》《选举》《仕臣》《名宦》《列传》凡三十一卷,并无周光霁之名。参见[清]李云:《(道光)金谿县志》卷八—三八,清道光三年(1823)刻本,南京图书馆藏。

汪本和周本都是半叶十行，行二十字。汪本倒数第二叶下半叶最后一行依然是二十字，把最后一个字"备"拖到了最后一叶的上半叶；而周本最后一叶下半叶最后一行有二十三个字，不仅挤进了"备"，还多加一个"终"。再加上上一行余下的"不"，居本行第一个字，所以是二十三个字（见图9）。汪士汉本的版框比较齐整，天头地脚的宽度也比较统一。相比较而言，周光霱本版框并不齐整，甚至出现了歪斜的现象（参见图9），最后一个半叶的最后一行还能多挤进三个字，具有明显

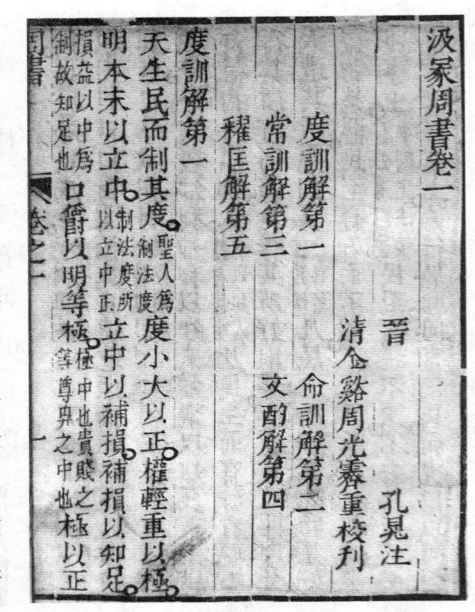

图 16

的坊刻特点。两个版本在字体上也有差别，汪本字体较为规整，横平竖直，大小统一。相比较而言，周本字体的审美性远不能与之颉颃。

汪士汉本的体例是：牌记（《秘书廿一种》总目录就在牌记上，见图14）、李焘《汲冢周书序》、汪士汉《汲冢周书题辞》、正文（《汲冢周书》目录在每卷卷首，无单独的目录）、《周书序》（古序"昔在文王……大备"）。周光霱本的体例是：江永序、周光霱识、《袖珍廿一种秘书总目》、汪士汉《汲冢周书题辞》、李焘《汲冢周书序》、正文（《汲冢周书》目录在每卷卷首，无单独的目录，体例与汪士汉本同）、《周书序》（古序"昔在文王……大备"）。

根据汪士汉本《秘书廿一种》的总目，汪士汉本有12册，顺序为：《汲冢周书》《吴越春秋》《拾遗记》《白虎通》《山海经》《博物志》《桂海虞衡志》《续博物志》《博异记》《高士传》《剑侠传》《楚史梼杌》《晋史乘》《竹书纪年》《中华古今注》《古今注》《三坟》《风俗通》《列仙传》《集异记》《续齐谐记》。周光霱本《袖珍廿一种秘书》的顺序为1—21：《汲冢周书1》《吴越春秋2》《拾遗记3》《白虎通4》《山海经5》《博物志6》《桂海虞衡志8》《续博物志7》《博异记9》

《高士传 10》《剑侠传 11》《楚史梼杌 19》《晋史乘 20》《竹书纪年 13》《中华古今注 14》《古今注 15》《三坟 16》《风俗通 17》《列仙传 18》《集异记 12》《续齐谐记 21》。由此，两版本目录的差异就一目了然了。汪士汉的 21 种书和周光霁的 21 种书完全相同，这足以证明周光霁本源于汪士汉本。但是，两个版本的 21 种书的目录顺序并不一致，甚至乱到无规律可循。由此可见周光霁在重刊汪士汉本时的用心，其理由应有两点：第一，袖珍本的册数应当略少于原本，所以周光霁本可能少于 12 册。为了每册厚度相当，周光霁对各书的顺序做了调整。第二，周光霁有意识地对各书的顺序进行了优化，如《博物志》之后紧接着是《续博物志》，这样的顺序就更合理。相比之下，汪士汉本在两书之间还夹了一个《桂海虞衡志》，就不甚合理。

汪士汉本《汲冢周书》单独成 1 册，与周光霁本同。由此我们推测，周光霁本《袖珍廿一种秘书》也在 12 册左右，但很可能不是正好 12 本。按上下函看，很可能是偶数本，即 10 本或 14 本。由本附录第一节推断的"9—10 册"和袖珍本的册数"略少"，则大概率是 10 本。

笔者遍查包括汪士汉本在内的《逸周书》(《汲冢周书》)各版本，未再见同款江永序(参见图 2)。汪士汉序除汪士汉本、周光霁本之外，还见于陈逢衡本(《逸周书补注》本)。仔细推敲，周光霁本的江永序和汪士汉识的时间都是有问题的。

先看汪士汉识。周光霁本"汪士汉识"的落款是："嘉庆己巳二月春分前二日，新安汪士汉识。"汪士汉本"汪士汉识"的落款是："康熙己酉二月春分前二日，新安汪士汉识。"陈逢衡本"汪士汉识"的落款是："康熙己酉二月春分前二日，星源汪士汉识。"三个版本的主要分歧在于：第一，周光霁本年份是"嘉庆己巳"(1809)，而汪士汉本和陈逢衡本都是"康熙己酉"(1669)；第二，周光霁本和汪士汉本的籍贯都是"新安汪士汉"，而陈逢衡本的籍贯是"星源汪士汉"。针对第一点分歧，显然周光霁本是擅改旧本的结果。周光霁本把周光霁识、江永序、汪士汉识的时间统一写成了"嘉庆己巳"，篡改痕迹非常明显。针对第二点分歧，我们可以不用具体讨论汪士汉的籍贯，但可从中得知：周本和汪本在源流上更亲近，而陈本较为疏远。

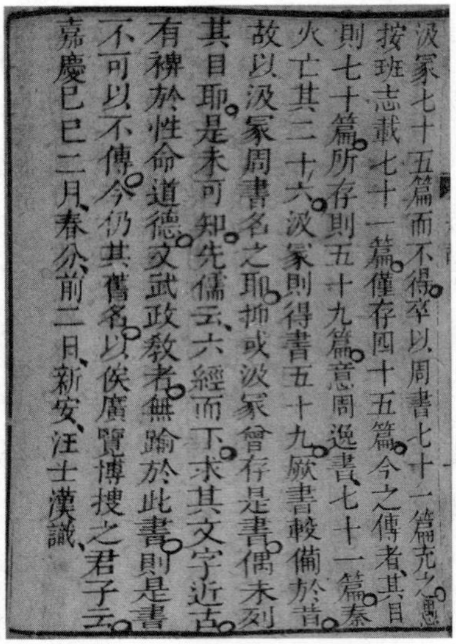

汲冢七十五篇而不得卒以周書七十一篇充之愚
按班志載七十一篇僅存四十五篇今之傳者其目
則七十篇所存則五十九篇意周逸書七十一篇秦
火亡其二十六汲冢則得書五十九厥書較備於昔
故以汲冢周書名之耶抑或汲冢曾存是書偶未列
其目耶是未可知先儒云六經而下求其文字近古
有裨於性命道德文武政教者無踰於此書則是書
不可以不傳今仍其舊名以俟廣覽博搜之君子云
嘉慶巳巳二月春分前二日新安汪士漢識

图 17　周光霁本

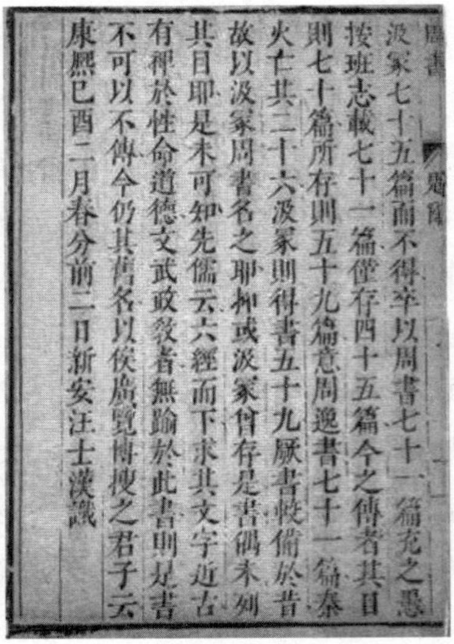

汲冢七十五篇而不得卒以周書七十一篇充之愚
按班志載七十一篇僅存四十五篇今之傳者其目
則七十篇所存則五十九篇意周逸書七十一篇秦
火亡其二十六汲冢則得書五十九厥書較備於昔
故以汲冢周書名之耶抑或汲冢曾存是書偶未列
其目耶是未可知先儒云六經而下求其文字近古
有裨於性命道德文武政教者無踰於此書則是書
不可以不傳今仍其舊名以俟廣覽博搜之君子云
康熙巳酉二月春分前二日新安汪士漢識

图 18　汪士汉本

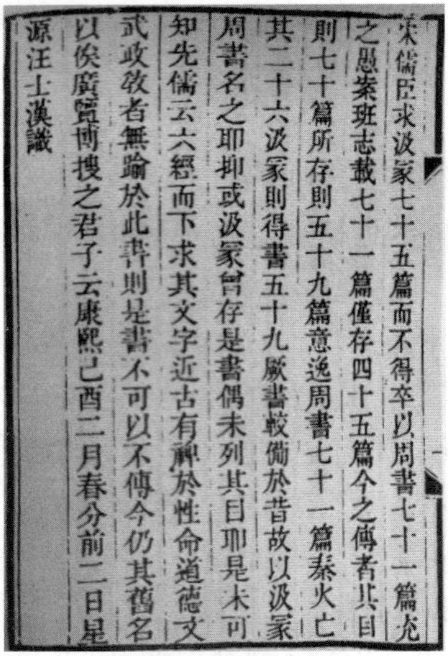

宋儒臣求汲冢七十五篇而不得卒以周書七十一篇充
之愚案班志載七十一篇僅存四十五篇今之傳者其目
則七十篇所存則五十九篇意逸周書七十一篇秦火亡
其二十六汲冢則得書五十九厥書較備於昔故以汲冢
周書名之耶抑或汲冢曾存是書偶未列其目耶是未可
知先儒云六經而下求其文字近古有裨於性命道德文
武政教者無踰於此書則是書不可以不傳今仍其舊名
以俟廣覽博搜之君子云康熙巳酉二月春分前二日星
源汪士漢識

图 19　陈逢衡本(影印)①

① ［晋］孔晁注，［清］陈逢衡补注：《逸周书补注》，清道光五年（1825）刻本，宋志英、晁岳佩选编：《〈逸周书〉研究文献辑刊》第 2 册，北京：国家图书馆出版社，2015 年，第 442 页。

再看江永序。江永序的落款是："嘉庆己巳皋月,同邑后学江永拜撰。"周光霁本把周光霁识、江永序、汪士汉识的落款时间统一为"嘉庆己巳",是篡改所致。根据上文三个版本的比对,我们已可确定汪士汉识作于"康熙己酉",而非篡改后的"嘉庆己巳"。因此,江永序的落款时间也要引起我们的警惕。江永是婺源县人(今属江西上饶婺源)①,为当时之大家,著有《四声切韵表》,曾是戴震的老师②。江永的生卒年一般定为1681—1762年,没有活到"嘉庆己巳"(1809年)。显然,江永序的时间和汪士汉识一样,都被周光霁统一修改了。江永辈分在周光霁之前,这个"后学"显然不是对周光霁说的。江永作序的时候,并无周光霁本,那他只能为汪士汉本作序。汪士汉刊刻《秘书廿一种》时是"康熙己酉"(1669),汪士汉辈分大于江永,所以"后学"是对汪士汉说的。据《(光绪)重修安徽通志》:"唐歙州新安郡婺源县。"下注:"今县志下同。"③可见,清光绪时婺源属新安郡。所以"同邑后学江永拜撰"正好与"新安汪士汉"的籍贯吻合。可见,江永确实为汪士汉的《秘书廿一种》作过序。由于汪本刊刻时为"康熙己酉"(1669),当时江永(1681—1762)尚未出生,所以江序并非"康熙己酉"(1669)时所作,只能是之后补作。然而江永并未活到"嘉庆己巳"(1809),所以江永作序的版本只能是汪、周之间的某个版本,并在周光霁刊刻《袖珍廿一种秘书》时被收录。鉴于其他现存版本的《汲冢周书》并无江序,所以周本江序的发现或可证明三点:第一,江永曾经关注过《秘书廿一种》,并为之作序;第二,江永敬重汪士汉,并对他的《秘书廿一种》持有较高评价;第三,汪、周两版本之间还有一个现已佚失

---

① 《近思录集注》题"婺源江永撰"。参见[清]江永:《近思录集注》卷一,[清]永瑢、纪昀等:《景印文渊阁四库全书》第699册,台北:台湾商务印书馆,1986年,第358页下栏。《周礼疑义举要》题"婺源江永撰"。参见[清]江永撰:《周礼疑义举要》卷一,王云五主编:《丛书集成初编》,上海:商务印书馆,1935年,第1页。《礼记训义择言》题"婺源江永撰"。参见[清]江永:《礼记训义择言》卷一,[清]永瑢、纪昀等:《景印文渊阁四库全书》第128册,台北:台湾商务印书馆,1986年,第290页下栏。
② "戴震受学于江永,亦事栋以先辈礼。"参见梁启超:《清代学术概论》,上海:上海古籍出版社,1998年,第5页。
③ [清]沈葆桢、[清]吴坤修等修:《(光绪)重修安徽通志》卷十九,《续修四库全书》编纂委员会编:《续修四库全书》第651册,上海:上海古籍出版社,2002年,第200页上栏。

的《秘书廿一种》版本,这个版本有江序,并且是周本的直系底本。

另外,黄怀信明确说过,《秘书廿一种》是"清康熙八年汪士汉据《古今逸史》残版重编刊"而成的,并且"此本另有乾隆七年(1742)文盛堂刊本"[1]。笔者在南京图书馆看到了乾隆五十三年(1788)新镌本(见图20),应是文盛堂另一再刊本。另据黄怀信《〈逸周书〉版本源流图》,汪士汉本除以吴琯本为底本外,还参校了何允中本(《广汉魏丛书》本)(见图21)。所以,周光霁本与吴琯本、何允中本、文盛堂本都有较近的源流关系。其中文盛堂本可视为另一汪本。

图 20[2]　汪本的乾隆新镌本

至于上文提过的有江永序的周光霁校刊《秘书廿一种》本,应是汪士汉《秘书廿一种》本和周光霁《袖珍廿一种秘书》本的中间版本,即后者的直接版本来源。周光霁当初在重校汪本时收录了江永的序,之后为凸显他友于堂的"袖珍"特色,就在重校本的基础上再刊了袖珍本,并继续收录了江永的序。由于我们现在不能确保江序周本《秘书廿一种》一定存在,故补入版本源流图

---

[1]　黄怀信:《〈逸周书〉源流考辨》,西安:西北大学出版社,1992年,第127页。
[2]　[清]汪士汉:《汲冢周书》,《秘书廿一种》本,清乾隆五十三年(1788)刻本。

时要加"存疑"。但无论其存在与否,都不妨碍周本以汪本为底本的事实。

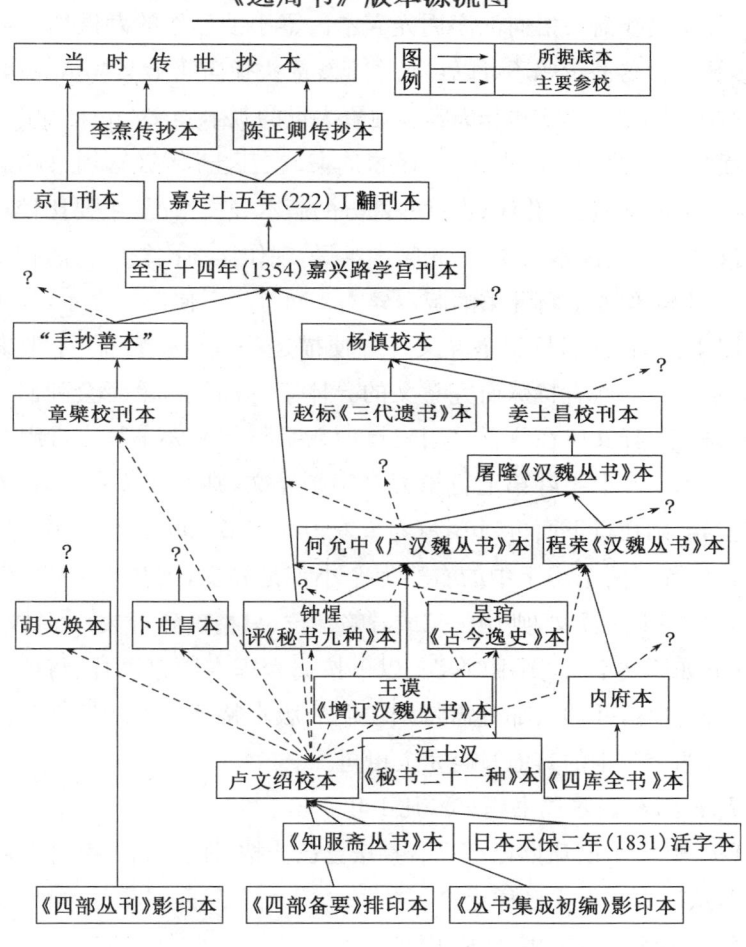

《逸周书》版本源流图

```
                    当时传世抄本                  图例  ──→ 所据底本
                     ↑      ↑                        ┄→ 主要参校
              李焘传抄本  陈正卿传抄本
                ↑           ↑
           京口刊本    嘉定十五年(222)丁黼刊本
                           ↑
                  至正十四年(1354)嘉兴路学宫刊本
              ?↗          ↑           ↖?
          "手抄善本"      杨慎校本
              ↑                            ↘?
          章檗校刊本   赵标《三代遗书》本  姜士昌校刊本
                                            ↓
                                      屠隆《汉魏丛书》本
                                   ?↗              ↖?
                          何允中《广汉魏丛书》本  程荣《汉魏丛书》本
                       ?↗       ↑       ↑       ↗
          ?↑      ?↑    钟惺       吴琯
        胡文焕本  卜世昌本 评《秘书九种》本 《古今逸史》本   ?↑
                                                   内府本
                              王谟
                           《增订汉魏丛书》本
                                ↓       汪士汉
                           卢文绍校本 《秘书二十一种》本 《四库全书》本
                                ↓
                          《知服斋丛书》本  日本天保二年(1831)活字本
                                ↓           ↓             ↓
                        《四部丛刊》影印本《四部备要》排印本《丛书集成初编》影印本
```

图 21①

在这幅图上,汪士汉本下面是空白,并没有某个版本以汪士汉本为底本。现在我们根据研究周光霁本得出的结论可知,周光霁本是以汪士汉本为底本的。藉此,我们可以进一步补全这幅图:在汪士汉本下方再画一个方

---

① 黄怀信:《〈逸周书〉源流考辨》,西安:西北大学出版社,1992 年,第 139 页。

框,里面写上"江序周光霁《秘书廿一种》本(存疑)",并用实线箭头指向汪士汉本。江序周光霁本下方再画一个方框,里面写上"周光霁《袖珍廿一种秘书》本",并用实线箭头指向江序周光霁本。鉴于袖珍本的勘误用心,"周光霁《袖珍廿一种秘书》本"还可以再画个虚线箭头指向汪士汉本。

在版本异文方面,汪本和周本存在着大量的版本异文。

下面具体讨论一下周光霁本《汲冢周书》在汪士汉《汲冢周书题辞》、李焘《汲冢周书序》、正文、孔注、古《序》部分的版本异文情况,主要比较对象还是汪士汉本。汪士汉本易得,周光霁本难得,现作详细比较的目的在于使学者虽不得周本,但亦能将此书的版本异文一网打尽。使汪本在手,等于周本在手。限于篇幅,我们只列举异文并顺便描述一些版本特征,不考虑异体字、繁简字等。一些有特殊研究意义的异体字、繁简字,笔者会列出。为方便描述与检索,异文所在位置采用阿拉伯数字与英文大小写字母组合的方式呈现,如第二叶上半叶第七行第五个字是异文,则写作 2A7—5。如注文小字有差异,则在行下面再列 b、a(右 a 左 b),如第二叶上半叶第七行第五个字所在位置的两个小字中的右边那个小字是异文,则写作 2A7—5a。如果连续几个字都是异文,则用"～"或省略字位(只精确到行数)。原文有□,则径用□;如原文空白,则用"&"。以下按周光霁本顺序,力图将两个版本的异文一网打尽,并加入部分需特别说明的版本特征。除最后部分汪本多出一叶外,两个版本的其他叶码完全相同。

【1】汪士汉《汲冢周书题辞》,凡 1 叶。

[1B9—1～4]汪:康熙己酉;周:嘉庆己巳。按:汪士汉作序时间应为"康熙己酉",从汪本。上文已详论。

【2】李焘《汲冢周书序》,凡 1 叶。

[1A6—19]汪:西;周:酉。按:周本"酉"被手校为"西"。

【3】卷之一,凡 8 叶。

[1A3—11～19]汪:明 &&&& 吴琯校;周:清金谿周光霁重校刊。[2A1—16b]汪:能;周:道。[2A1—17b]汪:居;周:若。[2B1—19]汪:川;周:困。[2B5—7b]汪:也;周:&。按:周本批校者手添"也"。[3A3—4]汪:夫;周:天。[3B7—5]汪:诚;周:诚。[4B10—13]汪:&;周:变。[5A4—8b]

汪：自；周：白。［6B10—7a］汪：信；周：言。［7B2—16a］汪：厨；周：树。［7B7—12a］汪：令；周：合。［8A3—1］汪：运；周：连。

【4】卷之二，凡9叶。

［1A3］汪：&&&&&&&&&；周：清金豀周光霁重校刊。［1A5—4］汪：天；周：太。［3A4—17］汪：攻；周：政。［3B3—3a］汪：任；周：在。［3B5—13a］汪：祇；周：祇。［3B8—1］汪：三；周：二。［5B4—11］汪：极；周：汲。［5B7—12］汪：具；周：其。［6A5—11a］汪：家；周：冢。［7A1—17a］汪：甲；周：日。［7A1—18a］汪：贷；周：货。［7A10—20］汪：之；周：乏。［7B4—7］汪：利；周：射。［7B7—12b］汪：近；周：送。［8A8—4］汪：让；周：匕。按：两个版本上文同有"让"，故周本"匕"应作重复符号解。下文孔注有"以让为化"，故周本"匕"也可作"化"的异体字解。［8B3—18a］汪：诚；周：诫。［9B10］汪：汲冢周书卷一毕；周：&&&&&&&。按：汪本的"汲冢周书卷一毕"是一处明显的错误。此处应是"卷二毕"，而非"卷一毕"。翻回本卷卷首，写的是"卷二"，与周本一致。另："毕"作注文小字，居右。

【5】卷之三，凡15叶。

［1A3—3］汪：二；周：三。［1A3］汪：&&&&&&&&&；周：清金豀周光霁重校刊。［2A2—10］汪：戒；周：武。［2A10—8］汪：二；周：三。［2B3—17］汪：工；周：三。［3A6—12］汪：手；周：于。［3A9—12］汪：祇；周：祇。［5B5—20］汪：山；周：出。［7A1—19］汪：厥；周：明。［7A1—20］汪：民；周：故。［7A2—19］汪：匮；周：圆。［7A3—19~20］汪：□□；周：曰曰。按：特别强调，周本"曰"里的"一"是刻上去的，并非手书添加。［7B10—17］汪：祇；周：祇。［8A6—19］汪：祇；周：祇。［9B6—20a］汪：得；周：行。［10A1—3a］汪本周本都作"人"，但周本被批校者添笔改成了"天"。［10A4—16］汪：旦；周：且。［10A5—19a］汪：此；周：四。［10B6—14］汪：慝；周：恶。［10B7—15a］汪：嘏；周：諨。按：此处孔注显然是周本的错误，应从正文作"嘏"。［10B8—14a］汪：问；周：则。［11A1—5］汪：于；周：子。［11A2—20a］汪：诚；周：诫。［11B9］汪本周本正文部分第三十篇的篇名都叫《酆讲解第三十》，与目录"酆谋"不符。此处应作"酆谋"，乃基本常识。汪本周本在同一个位置错同一个字，更可说明这两个版本之间存在源流关系，周本以汪本为底本。

[12A1—4b]汪：土；周：王。按：应作"王"。汪本把孔注"武王"讹成了"武土"。[12A6—17a]汪：二；周：三。[12A8—4]汪：爱；周：咸。[12B5—19]汪：三；周：三。[13A2—20]汪：祗；周：祇。[13A5—19]汪：尚；周：曰。[13B10—15a]虽然汪本周本都作"三"，但是周本被手校为"二"。[14A10—18a]汪：咸；周：戚。按：依正文，应为"咸"。周本孔注误。[15A1—1]虽然汪本周本都作"章"，但是周本被手校为"竟"。[15B10]汪本周本都有"汲冢周书卷三毕"，"毕"为小字居右，两个版本一模一样。周本在这方面较为随意，时有时无，如卷二就没有。凡是有的部分，都与汪本一致。由此也可证明周本是以汪本为底本的。

【6】卷之四，凡 11 叶。

[1A3]汪：&&&&&&&&；周：清金谿周光霁重校刊。[1A4]汪：克瘠解第三十五；周：武瘠解第三十五。[1B7]虽然汪本周本目录部分不统一，但正文部分都是"武瘠解第三十五"。[1B10—4b]汪：薄；周：祷。[2A5—16a]汪：三；周：二。[2A10—17a]汪：文；周：武。[2B5—5]汪本周本都是"玄"，皆未避讳。[3A2—17]汪：迷；周：述。按：周本将"述"手校为"迷"。[3A3—6]汪本周本都作"祗"。[3A3—15a]汪：祗；周：祇。[3A6—2]汪：叔；周：羽。[3A9—9]汪：天；周：天。按：周本被手校为"夭"，应作"夭"。[3B9—15b]汪：忽；周：忿。[4A7—7—8]汪本周本都作"祗"。[4B3—12a]汪：平；周：羽。[4B6—12a]汪：大；周：天。[5A6—12]汪：奸；周：如。[5A8—8]汪本周本都是"祗"。[5B10—18]汪本周本都是"祗"。[6A4—1b]汪：行；周：有。[6A9—15]汪本周本都是"廉"，周本边有旁批"广"。[6A10—15b]汪：土；周：士。[6B7—11]汪：考；周：老。[6B10—19]汪：间；周：间。[7A5—2a,7A5—2b]汪本 7A5—2a 的"一"被周本错印到了 7A5—2b，显然是印刷错误。[7B7—12]汪：臣；周：匡。[8A10—9]汪：乃；周：约。[8B10—10]汪：伐；周：我。[9A5—17a]汪：祖；周：不。[9A7—20b]汪：萧；周：籥。[9A8—4b]汪：仕；周：位。[9A8—6]汪：壬；周：王。[9A9—20a]汪：之；周：王。[10A10—8a,10A10—8]汪本 10A10—8a 的孔注小字"小"被替换成周本 10A10—8 的正文大字"明"。[11A6—6]汪：中；周：申。应作"中"，明显是周本印刷错误。

【7】卷之五,凡 11 叶。

[1A3]汪:&&&&&&&&&;周:清金谿周光霁重校刊。[1B5—1]汪:播;周:搔。[2A10—5]汪:土;周:工。应作"土",明显是周本印刷错误。[2B10—15]汪:干;周:于。[3B1—1]汪:丘;周:邱。[4A8—17]汪:共;周:其。[5B8—11,5B9—1a]汪:祇;周:祇。[6A1—9b]汪:也;周:&。[8A7—12a]汪:土;周:上。[8B6—18]汪:人;周:入。[9A1—16a]汪:势;周:勤。[9A9—2]汪本周本都作"祇"。[9B1—18]汪:末;周:未。[9B2—1]汪:土;周:士。[9B9—8a]汪:&;周:于。按:汪本这里原来有一个字(应是"于"),被挖掉了。[9B10—8a]汪:贼;周:则。[10A3—20]汪:&;周:是。按:汪本的"是"被挖掉了。[10A4—18a]汪:上;周:士。[10B5—20b]汪:难;周:于。[10B6—20a]汪:于;周:难。按:以上两个位置颠倒了。[11A1—9b]汪:&;周:一。按:汪本的"一"被挖掉了。[11A]11A 有多处挖字现象,但两个版本被挖位置统一。这进一步证明了两个版本的源流关系,即周本以汪本为底本。[11A5—1b]汪:□;周:&。周本手添□。[11B3—8]汪:贵;周:责。[11B10—7a,11B10—7]汪本 11B10—7a 的孔注小字"毕"被替换成了周本 11B10—7 的正文大字"毕"。

【8】卷之六,凡 13 叶。

[1A3]汪本:&&&&&&&&&;周本:清金谿周光霁重校刊。[1B9—13,1B10—13]汪本 1B9—13 的"不"(据周本)和 1B10—13 的"除"(据周本)都被挖掉了。[2B7—10,2B8—10]2B7—10 和 2B8—10,汪本周本都作"鸣",但周本都被手校为"鹗"。[3A9—16]3A9—16 的"恒",汪本缺下"一",避宋真宗讳。周本不避。《南园漫录》:"元灭宋后,元刻诸史,如殷敬恒桓构之类,皆讳。又如恒字省下一画,至今亦不改。"[1]此处汪本避宋讳,应为宋本遗存。吴琯本此处"恒"也缺笔,可进一步确证见两者之源流关系。吴琯本此处"恒"也有缺笔[2],可见汪本以吴本为底本之说确凿无误。

---

[1] [明]张志淳:《南园漫录》,[清]永瑢、纪昀等:《景印文渊阁四库全书》第 867 册,台北:商务印书馆,1986 年,第 257 页下栏。

[2] [明]吴琯:《汲冢周书》卷六,《古今逸史》本,明万历间(1573—1620)刻本,第 3 叶上半叶。

450 / 《逸周书》西周诸篇研究

[3B7—15,3B8—13]汪：玄；周：立。按：此处与避讳无关。[3B10—3]汪：培；周：坏。[3B10—3,4A1—3]汪：培；周：坏。[4A1—13]汪：甲；周：用。[4B1—10]汪：闭；周：闲。[4B2—3]汪：鸥；周：鹗。[5A6—6b]汪：实；周：胃。[5B5—1a,5B5—1b]汪：恭、也。周：&&。按：周本破了一个洞，缺两个注文小字。[5B7—4b]汪：按；周：接。[6A7—6b]汪：逆；周：通。[6B1—1a]汪：任；周：在。[6B4—4b]汪：过；周：通。[7A9—8b]汪：思；周：志。[7B3—6b]汪：白；周：日。[7B4—10]汪：洽；周：合。[7B9—16]汪：旱；周：早。[8A1—8,8A1—17]汪：刺；周：剌。[8A9—14a]汪：□；周：曰。[8B3—1]汪：曰；周：自。[8B3—10]汪：白；周：自。[8B5—20]汪：戾；周：尻。[8B8—16b]汪：足；周：尼。[8B9—15a]汪：任；周：仕。[9A1—15a]汪：成；周：戍。[9A9—20]汪：吿；周：告。[10A2—20]汪：宸；周：裹。[11A6—4]汪：大；周：天。[11B1—3]汪本周本都作"祇"。[11B1—8]汪：令；周：合。[11B8—1]汪：大；周：天。[12B2—2]汪：考；周：者。[13A]周本印刷模糊，但不影响认字（见图22）。

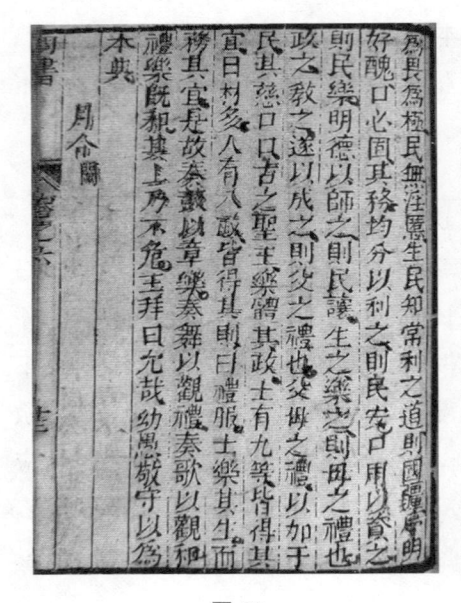

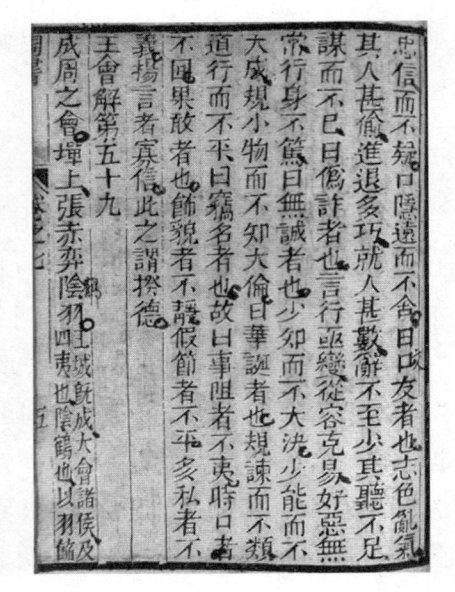

图 22   图 23

【9】卷之七，凡9叶。

[1A3]汪：&&&&&&&&&；周：清金谿周光霁重校刊。[2B7—20]

汪：&。周：能。按：汪本这个字被挖掉了。［3A6—17］汪：喜；周：音。周本被手校为"喜"。［5A1—13］汪本周本都是□，周本被手添"交"（见图23第一行）。［5A10—10］汪本周本都作"阴"。周本"阴"边上有手写旁批"鹤"（见图23第十行）。

［5B10—9］汪：太；周：大。［6A9—4b］汪：旄；周：旌。［6B2—1b,6B2—9,6B3—2a,6B4—8］汪本周本都作"玄"，不避清讳。［6B8—11a］汪：各；周：名。［7A8—7,7A8—9b］汪本周本都作"玄"，不避清讳。［7B6—8a］汪：札；周：北。［7B9—10,7B9—14a,7B9—16b,7B10—1a］汪：丘；周：邱。［7B10—18b~19b］汪：[鹿鸟][鹿鸟]；周：[鹿鸟]匕。周本"匕"显然是重复符号。［8A1—5b］汪：黄；周：皇。［8A2—8a］汪：皋；周：皇。［8A2—20a］汪：孔；周：之。［8A2—19b］汪：匹；周：四。［8B1—13,8B1—16b］汪本周本都作"玄"，不避清讳。［8B5—15b］汪：戎；周：戍。［8B9—6b］汪：营；周：管。［9A9—20］汪：令；周：合。［9A10—19a］汪：鲗；周：[鱼见]。［9B3—5b］汪：狗；周：狗。［9B4—9］汪：丘；周：邱。［9B6—15］汪：姑；周：始。［9B6—17］汪：旦；周：且。

【10】卷之八，凡8叶。

［1A1］汪：汲冢周书；周：汲冢周书。［1A3］汪：&&&&&&&&；周：清金谿周光霁重校刊。［1B3—3b］汪：兔；周：䖝。［2B1—19a］汪：土；周：士。［3A1—13］汪：士；周：土。［3A2—6~7］周本"家相"边上有旁批"陪臣"（见图8）。［3A3—9］汪：义；周：又。［3A5—11a］汪：芬；周：梦。［4A2—13a］汪：不；周：下。［4A4—14b］汪：断；周：析。［4A4—17b］汪：滥；周：监。［4A9—18］汪：久；周：人。［4B2—1］汪：大；周：太。［4B2—3］汪：间；周：问。［4B8—5b］汪：任；周：在。［4B10—18b］汪：戎；周：我。［5A1—1a,5A1—2a］汪本缺两个字，周本作"礼遂"。［6A8—18,6A10—5］汪本周本都作"玄"，不避清讳。［6A10—11a］汪：任；周：在。［6B4—5,6B4—11a］汪：丘；周：邱。［7A5—18］汪：具；周：其。周本"其"边有旁批"巨"，作为注音（见图24）。

452 / 《逸周书》西周诸篇研究

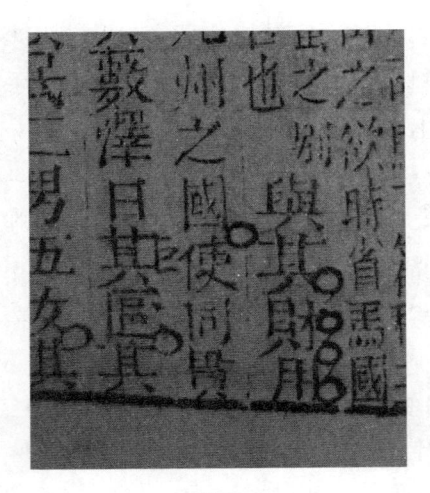

图 24

[7A7—17a]汪：土；周：士。[8A9—5b]汪：事；周：士。[8A10—13b]汪：王；周：干。[8B4—20]汪：各；周：名。[8B8—20b]汪：白；周：模糊不清，疑似是"日"或"曰"。

【11】卷之九，凡10叶。

[1A3]汪：&&&&&&&&&；周：清金谿周光霁重校刊。[1A5]汪：殷祝解第六十六；周：殷视解第六十六。按：应是《殷祝》，从汪本。基本常识。[1B4—13a]汪：专；周：惠。[1B10—20b]汪本模糊不清，周本作"知"。[2A2—20]汪：不；周：下。[2A4—3]汪：土；周：上。[2A4—7a]汪：土；周：主。[3A6—16b]汪：故；周：不。周本被手校为"故"。[3B1—2～4]汪本周本同样被挖掉了三个字。这也是两版本具备源流关系的明证，即周本以汪本为底本。[3B3—1]汪：至；周：主。[3B4—10b]汪：偷；周：喻。[5B7—1, 5B8—1]汪本周本都作"王"，汪本被手添"、"，作"玉"。[6B2—2b]汪：奸；周：好。[6B4—19]汪：皆；周：模糊难认，疑似"皆"。[7B5—11a]汪：女；周：文。[8B1—15]汪：以；周：&。按：周本被挖掉了。[8B4—4a]汪：官；周：宜。[9A3—1]汪：勇；周：男。[9A10—14]汪：滇；周：须。[10A3—15]汪：石；周：在。[10A5—20a]汪：皆；周：者。[10B1—16b]汪：久；周：人。[10B3—14a]汪：若；周：右。[10B7—1b]汪：例；周：物。[10B10]汪：汲冢周书卷九

毕周:&&&&&&&。按:汪本"毕"为小字,居右。

【12】卷之十,凡6叶。

[1A3]汪:&&&&&&&&;周:清金谿周光霁重校刊。[1A7—20]汪:令;周:合。[2A5—3]汪:本;周:木。[2B9—14]汪:干;周:于。[2B9—20]汪:说;周:悦。[3B8—15]汪:祗;周:衹。[4A6—3,4A6—10,4A8—15,4A9—9,4A9—11]汪本周本都作"玄",不避清讳。按:其中4A9—9、4A9—11即"玄象玄纯"。[4B1—14]汪:弘;周:[弘]。按:异体字,非避清讳。[4B6—5]汪:俭;周:㑎。[4B10—13]汪:开;周:间。[5A5—20]汪:文;周:之。[6A9]汪本有21个字,周本依然是20个字。汪本:"王以五征则作本典成王访周公以民事周公陈六征"。周本:"王以五征则作本典成王访周公以民事周公陈六"。字数不同,但无异文。[6A10、6B1～9]汪本周本都是20个字,但是字位错开。[6B4—15(汪)、6B4—16(周)]汪:纳;周:讷。[6B6—16(汪)、6B6—17(周)]汪:王;周:玉。按:汪本的"王"被手添"、",作"玉"。[6B9—16(汪)、6B9—17(周)]汪:生;周:主。[6B10]周本有23个字,汪本依然是20个字。汪本:"慎作铨法车服制度民不苟踰作器服周道于乎大"。周本:"不慎作铨法车服制度民不苟踰作器服周道于乎大备终"。两个版本相同部分并无异文。周本末尾平添一"终"字,并至此彻底结束,不再有第7叶,只剩衬纸。汪本还余一"备"字,刻在了7A1—1。[7A1—10]汪本7A1—10,汲冢周书卷十毕,"毕"为小字,居右。

经过逐字比对,我们可得出以下规律:第一,汪本的"罔",周本多写作"冈";第二,当出现繁简之别时,多数情况下汪本为繁体字、周本为简体字;第三,汪本喜欢用"亾",周本喜欢用"亡";第四,汪本喜欢用"宐",周本喜欢用"宜";第五,一般来说,汪本作"祗",周本则作"衹",但也有时汪本周本都作"衹";第六,周本避孔子讳,汪本不避,汪本的"丘",周本一律作"邱"。

最后我们来对周本的刻本类型做一个鉴定。周本同时具备覆刻本和仿刻本的特征,笔者认为,周本属仿刻本。虽然汪本、周本有多处明显的挖改情况,甚至刊刻缺字的位置都一样,但此只可理解为周光霁故意模仿汪本,而非覆刻。更确凿的证据是,大量的异文不可能全归于周光霁故意的校改,必有相当部分属仿刻错误。还有一些常识性错误,如汪本"殷祝"被周本刻成"殷视",此绝不可能是周光霁故意校改,只能用刻错解释。所以周光霁本还是应鉴定为仿刻本,即一般的翻刻本。

第四节　结论

周光霁校刊《袖珍廿一种秘书》本《汲冢周书》是嘉庆十四年(1809)江西金谿友于堂的坊刻本,与康熙八年(1669)汪士汉《秘书廿一种》本《汲冢周书》有着密切的源流关系。周本仿刻汪本,两者高度同源,但又有着明显的版面差异和大量的版本异文。异文之所在,即汇校价值之所在。对本书来说,将周本纳入汇校,可作为汪本之补充,亦可作为黄怀信《版本源流图》之补充。

附录五 《芮良夫》成篇年代再论

在本书第一章中,除已鉴定为西周的《世俘》《克殷》《商誓》《度邑》《皇门》《祭公》六篇外,《作雒》《尝麦》《芮良夫》等篇目也一度被提名为西周文献,其中《芮良夫》的"西周呼声"最高。本附录将再论《芮良夫》的成篇年代,并论证为什么不把它纳入本书讨论的"西周诸篇"。与本书第一章从细节入手再论相应篇目的西周性质不同,欲否定一篇文献的西周性质,需从宏观层面去把握。宏观层面主要指两个方面:第一,通过大段文本呈现的思想特征(非某个字、某句话体现的思想特征);第二,连续的长段的词句系统体现的语言特征。

第一节 从词句系统看《芮良夫》的成篇年代

一、予小臣良夫、以予小臣良夫、余未知王之所定

"予小臣""余小臣""予小子""予冲子""予冲人""予幼冲人"皆不见于《铭图》《铭续》《铭三》《集成》《汇编》。"余小子"的西周用例有伯簋盉(西周

中期前段)①、师𩰫鼎(共王)②、㝬钟(厉王)③、毛公鼎(西周晚期)④等;东周用例有秦公镈甲(春秋早期)⑤、叔尸镈(春秋晚期)⑥等。"予小子"等用法在《尚书》中十分常见⑦,却不见于西周金文;与此同时,"余小子"不见于《尚书》。这说明《尚书》的"予"是后世统一修订的产物,并非西周原貌。《芮良夫》的"余"要么是未经修订的西周原貌,要么是后世元素。然而,《芮良夫》"予小臣良夫"的"予"明显不是西周原貌。一篇之中,部分被修订,部分未被修订,似乎不合情理。合理的解释是,"予""余"都是修订年代及之后的产物,"余"只是沿用了早期用法而已。由金文用例可知,修订年代必不在西周。因此,《芮良夫》"予""余"的写定年代必不能早于春秋早期。考虑到孔子"删书"等因素,写定年代大概率不会早于春秋晚期。

二、商纣不道

详查《铭图》等,未见西周金文将帝辛称作"受(纣)"的用例。"受(纣)"见于战国简,如上博简《容成氏》42:"汤王天下三十有一世而受作。"⑧清华简《子犯子余》12:"则桀及受(纣)。"⑨《尚书》西周各篇之"受"多指"受命",只有

---

① 吴镇烽编著:《商周青铜器铭文暨图像集成》第 26 卷,上海:上海古籍出版社,2012 年,第 204 页。
② 吴镇烽编著:《商周青铜器铭文暨图像集成》第 5 卷,上海:上海古籍出版社,2012 年,第 381 页。
③ 吴镇烽编著:《商周青铜器铭文暨图像集成》第 29 卷,上海:上海古籍出版社,2012 年,第 142 页。
④ 吴镇烽编著:《商周青铜器铭文暨图像集成》第 5 卷,上海:上海古籍出版社,2012 年,第 471 页。
⑤ 吴镇烽编著:《商周青铜器铭文暨图像集成》第 29 卷,上海:上海古籍出版社,2012 年,第 377 页。
⑥ 中国社会科学院考古研究所编:《殷周金文集成(修订增补本)》第 1 册,北京:中华书局,2007 年,第 342 页。
⑦ 如《大诰》:"越予小子考翼。"《召诰》:"予小臣敢以王之仇民。"《洛诰》:"以予小子扬文武烈。"《君奭》:"在今予小子旦。"顾颉刚、刘起釪《尚书校释译论》第 3 册,北京:中华书局,2005 年,第 1271、1444、1468、1554 页。
⑧ 马承源主编:《上海博物馆藏战国楚竹书(二)》,上海:上海古籍出版社,2002 年,第 283 页。
⑨ 清华大学出土文献研究与保护中心编,李学勤主编:《清华大学藏战国竹简(柒)》,上海:中西书局,2017 年,第 93 页。

一处指向"纣",即《立政》:"其在受德暋。"①《逸周书》西周各篇也只有一处,即《克殷》:"殷末孙受。""受"出现在《立政》《克殷》中,情况应与"予小子"之"予"相似,乃后世修订的产物。值得注意的是,《芮良夫》的用法比《立政》《克殷》还要晚,因为其文本作"商纣不道",而非"商受不道"。在《尚书》西周各篇中,"纣"皆写作"受",但是《逸周书》西周各篇除《克殷》"殷末孙受"外,其余皆写作"纣"或"辛"。如《世俘》:"征伐商王纣。"《商誓》:"今在商纣,昏忧天下。"《克殷》:"商辛奔内。"《克殷》的"殷末孙受"乃"尹逸筴曰"的内容。筴,策也。按文献形成的一般规律,"策"的写成应早于该篇的其他部分。所以,"受"是一种较早的用法。如果按《克殷》《世俘》《商誓》皆一个文献系统来看,"受"的用法必早于"纣",后者是在"受"的基础上修订的产物。如此看来,《芮良夫》"商纣不道"的写定时间与上文"予""余"的情况相同:必不早于春秋早期,且大概率不早于春秋晚期。

三、厥道、厥德、厥求

"厥道""厥德"在《尚书》西周各篇中有多处用例,如《顾命》:"皇天用训厥道。"《召诰》:"惟不敬厥德。"《多士》:"惟天不畀,不明厥德。"②然而,《尚书》《逸周书》西周各篇皆无"厥求"。详查《铭图》等,在西周金文中也没有"厥求"这种用法,只有"求厥",如楚公逆钟(西周晚期):"楚公逆出,求氒(厥)用祀四方首。"③甚至,《尚书》中也只有一处以"求"为名词,即《康诰》:"用康乂民作求。"④但"求"乃"逑"之通,与《芮良夫》之"求"完全不同。《诗经·大雅·下武》:"王配于京,世德作求。"⑤"求"同《关雎》"逑","匹也"⑥。除此之外,《尚书》其他的"求"全是动词。《芮良夫》"并得厥求"孔注:"各得

---

① 顾颉刚、刘起釪:《尚书校释译论》第4册,北京:中华书局,2005年,第1666页。
② 顾颉刚、刘起釪:《尚书校释译论》第3、4册,北京:中华书局,2005年,第1839、1441、1513页。
③ 钟柏生、陈昭容、黄铭崇、袁国华编:《新收殷周青铜器铭文暨器影汇编》,台北:艺文印书馆,2006年,第654页。
④ 顾颉刚、刘起釪:《尚书校释译论》第3册,北京:中华书局,2005年,第1348页。
⑤ [清]方玉润撰,李先耕点校:《诗经原始》下册,北京:中华书局,1986年,第498页。
⑥ [清]方玉润撰,李先耕点校:《诗经原始》上册,北京:中华书局,1986年,第74页。

其求。"《芮良夫》的"求"很明确,就是"所求的东西",词性为名词。以"求"为名词,在后世有例,如上博简《容成氏》29:"无求不得。"①综合以上考察,我们可基本确定"厥求"就是东周笔法。至于为什么东周"厥求"和西周"厥道""厥德"同时出现,笔者认为后者应是西周笔法的遗存或东周时人故意拟古的产物。

四、最后一段

《逸周书》中常见的"一、二、三、四""一曰、二曰、三曰、四曰""一某、二某、三某、四某"序数词,属于典型的东周句式,一旦大量出现,就可直接排除该篇是西周文献的可能。再比如连续的四字句,如非诗歌,也可断定为东周文献。《芮良夫》最后一段写道:"我闻曰:以言取人,人饰其言;以行取人,人竭其行。饰言无庸,竭行有成。惟尔小子,饰言事王,寔蕃有徒。王貌受之,终弗获用,面相诬蒙,及尔颠覆。尔自谓有余,予谓尔弗足。敬思以德,备乃祸难。难至而悔,悔将安及,无曰予为惟尔之祸。"这段话不仅有连续的四字句,还有排比、对仗,其东周特征一眼可辨。"以言取人""以行取人"这类句式颇似格言体,再加上各句之间无韵,更说明此非四言诗歌。

五、小结

我们先后考察了三组词句:予小臣良夫、以予小臣良夫、余未知王之所定;商纣不道;厥道、厥德、厥求。通过考察,我们发现这三组词句都是东周笔法。再加上周玉秀的"疑问代词'安'"②,《芮良夫》已至少有 4 组、8 处东周笔法。此外,连续的四字句也明确了《芮良夫》最后一段的东周属性。虽然我们在考察词句系统时依然采用的是举隅的方法、而非逐句分析,但至少可以证明《芮良夫》中的东周元素不是零星、个别,而是大面积存在。

---

① 马承源主编:《上海博物馆藏战国楚竹书(二)》,上海:上海古籍出版社,2002年,第273页。
② 周玉秀:"《芮良夫》《尝麦》两篇的写定时代可能稍晚些,其中用了第一人称代词'余'字,说明它们可能与《尚书》逸篇无关;《芮良夫》中有1例疑问代词'安';《尝麦》中有1例句末语气词'也',这都是春秋以后的语言特征。"参见周玉秀:《〈逸周书〉的语言特点及其文献学价值》,北京:中华书局,2005年,第272页。

至此，我们可推断《芮良夫》的成篇年代应是以下两种情况之一：第一，全部写成于东周，是百分百的东周文献；第二，曾经存在西周的原始版本，但今人所见版本经过了东周人大幅度的修改加工，尤其最后一段是东周人后加上去的。

第二节　从思想系统看《芮良夫》的成篇年代——以君民关系为例

上古社会的发展经历了由无阶级向有阶级演进的过程，"礼"就是阶级分化的产物。不同时期的君民关系处在不同的"礼"的秩序中。夏商时期的君民关系可概括为两点：第一，"用民"，即君王把民众当作工具，是用来"用"的，《尚书·汤誓》："我后不恤我众，舍我穑事而割正夏。"[1]清华简《尹诰》："亦惟厥众，非民亡与守邑。"[2]在这里，"民"属于战争资源。第二，"蓄民"，即把民众当作牲口，是需要通过软硬兼施来使之服从的。《盘庚》："乃祖乃父乃断弃汝，不救乃死。"[3]当然，这些文献多为后世补述，并非当时所作，但从这些朴素的语言中，我们能感受到与后世不同的君民关系。

到了西周，"用民""蓄民"思想依然普遍存在，前者如"我其遹省先王受民受疆土"[4]（《集成》02837）等，后者如"我周有常刑"（《祭公》）等。但是，周人在夏商的基础上又多了保民、畏民的思想。第一，"保民"，《康诰》："用保乂民。""用康保民。"《无逸》："怀保小民。"[5]第二，"畏民"，指的是要畏惧民众的力量、在意民众的态度。《酒诰》："诞惟民怨，庶群自酒，腥闻在上，故天降

---

[1] 顾颉刚、刘起釪：《尚书校释译论》第2册，北京：中华书局，2005年，第881页。
[2] 清华大学出土文献研究与保护中心编，李学勤主编：《清华大学藏战国竹简（壹）》，上海：中西书局，2010年，第133页。
[3] 顾颉刚、刘起釪：《尚书校释译论》第2册，北京：中华书局，2005年，第914页。
[4] 中国社会科学院考古研究所编：《殷周金文集成（修订增补本）》第2册，北京：中华书局，2005年，第1517页。
[5] 顾颉刚、刘起釪：《尚书校释译论》第3册，北京：中华书局，2005年，第1309—1310、1538页。

丧于殷。"《酒诰》："天非虐,惟民自速辜。"《无逸》："治民祗惧,不敢荒宁。"①略作比较,可知《芮良夫》"民将弗堪""下民胥怨"表达的都是与此相同的"畏民"思想。

除此之外,西周时期也有"民主"思想,《多方》："诞作民主,罔可念听。"②但这里的民主指的是做民的主人。《芮良夫》："天子惟民父母。"做民的主人与做民的父母有相似之处,但不能完全等同。《洪范》："天子作民父母。"③《洪范》的句式与《芮良夫》一致,但可惜《洪范》并非被认定的西周文献。一般认为,《洪范》成篇于东周。④ 西周时期有没有"作民父母"的思想,笔者认为是有的,关键是如何看待"父母"与"子女"的关系。《左传·襄公十四年》："养民如子,盖之如天,容之如地;民奉其君,爱之如父母,仰之如日月,敬之如神明,畏之如雷霆。"⑤可见,直至春秋时期,君民关系依然是"子"对"父母"的顺从。如果是这样的相处模式,"君"也不失为"民之父母"。然而,《芮良夫》中的"天子惟民父母"并非旨在要求民众顺从天子。《芮良夫》："天子惟民父母,致厥道,无远不服;无道,左右臣妾乃违。民归于德,德则民戴,否则民雠。"孔注："无道无德,政违叛也。"《芮良夫》中提倡的君民关系并非顺从与被顺从的关系,而是一种相互关系。君有道,则民众拥戴;君无道,则民众视之如雠寇。同时,"德"成了衡量一个君王是否能被民众拥戴的重要标准。《孟子·离娄下》："君之视臣如手足,则臣视君如腹心;君之视臣如犬马,则臣视君如国人;君之视臣如土芥,则臣视君如寇雠。"⑥孟子的思想与《芮良

---

① 顾颉刚、刘起釪:《尚书校释译论》第3册,北京:中华书局,2005年,第1407—1408、1532页。
② 顾颉刚、刘起釪:《尚书校释译论》第4册,北京:中华书局,2005年,第1611页。
③ 顾颉刚、刘起釪:《尚书校释译论》第3册,北京:中华书局,2005年,第1163页。
④ 刘起釪:"《洪范》原稿由商代传至周,经过了加工,到春秋前期已基本写定成为今日所见的本子。"顾颉刚、刘起釪:《尚书校释译论》第3册,北京:中华书局,2005年,第1218页。屈万里:"本篇之著成,盖约当战国初叶至中叶时也。"屈万里著,李伟泰、周凤五校:《尚书集释》,上海:中西书局,2014年,第117页。程水金:"其最后定型之时代相对较晚。"程水金:《尚书释读》上册,北京:人民文学出版社,2020年,第417页。按:《洪范》中有大量的序数词,与《逸周书》东周篇目形式相似,故其为东周所作明矣。
⑤ 杨伯峻编著:《春秋左传注》第4册,北京:中华书局,2016年,第1117页。
⑥ 杨伯峻译注:《孟子译注》,北京:中华书局,2010年,第171页。

夫》"德则民戴,否则民雠"如出一辙。

《芮良夫》:"后除民害不惟民害,害民乃非后,惟其雠。后作类,后弗类,民不知后,惟其怨。民至亿兆,后一而已,寡不敌众,后其危哉。"与此思想相似的是《荀子·王制》:"庶人安政,然后君子安位。《传》曰:'君者,舟也;庶人者,水也。水则载舟,水则覆舟。'"①这是把民众视作君王实施统治的基础,一旦民众视君王为雠寇,就会以不可逆的大势推翻君王。君舟民水的思想是对西周"畏民"思想的继承,但两者又有着质的不同。"畏民"思想指的是"民"可以作为惩罚君王的雷霆手段,在君王昏庸时剥夺他的天命,意在警戒君王要保民、敬民,不能肆意妄为。晁福林:"西周时期虽然也大讲惠民、保民,但总体不出治民的圈子。"②"畏民"思想的落脚点还是为了"治",本质是把"民"看作"物",相当于工具。正确使用工具,工具就会为你服务;不正确使用工具,工具就要伤人。君舟民水思想则不同,君舟民水把"民"看作"人",他可以自主选择拥护你还是反对你。《芮良夫》"民至亿兆,后一而已,寡不敌众,后其危哉"把后(即"君")和民放在了完全平等的位置上,后是一个人,民也是一个人,亿兆民就是亿兆个人。一人与亿兆人对抗,于是"寡不敌众"。《芮良夫》中的"后"是一个凡人,不是"天之子",不因其身份的特殊而高于普通的"民"。如果说《荀子》的载舟覆舟还保留了一丝"物"性的话,那么《芮良夫》的"民至亿兆,后一而已"则是人本主义的觉醒。

将时间轴从孟荀时代往前推,《论语·颜渊》孔子曰:"民无信不立。"③孔子已把"民"视作可以取信的"人",而非牲畜。孔子的"民"是可以讲道理、可以感化的,而非仅是威胁恐吓的对象。西周文献常见的"我周有常刑"就是一种威胁恐吓。《芮良夫》"无远不服""德则民戴"强调的也是道德感化,而非威胁恐吓。《礼记·缁衣》:"子曰:'民以君为心,君以民为体。'"④孔子的

---

① 梁启雄:《荀子简释》,北京:中华书局,1983年,第102页。
② 晁福林:《"君民同构":孔子政治哲学的一个重要命题——上博简和郭店简〈缁衣〉篇的启示》,《哲学研究》2012年第10期,第53页。
③ 杨伯峻译注:《论语译注》,北京:中华书局,2009年,第124页。
④ [汉]郑玄注,[唐]孔颖达正义:《礼记注疏》,[清]阮元校刻,方向东点校:《十三经注疏》第13册,北京:中华书局,2021年,第2577页。

君民一体思想强调了君民的不可分割性,但同时也以"心""体"之别凸显了君的独尊。相比于"民至亿兆,后一而已",显然孔子的思想属于较早期的形态。

综上可知,《芮良夫》中对君民关系的理解应属于战国中后期的思想,并非西周时人所能书写。

第三节　结论

通过对"予小臣良夫、以予小臣良夫、余未知王之所定;商纣不道;厥道、厥德、厥求"三组词句的考察,我们发现《芮良夫》中的东周元素并非个例,而是大面积存在;通过对《芮良夫》中君民关系的考察,我们发现《芮良夫》作者对君民关系的理解更接近孟荀时期,而非西周时期。再配合周玉秀的"安"和最后一段明显的东周四字句,可得出最终结论:《芮良夫》全部写成于东周,是百分百的东周文献,故而不能纳入本书"西周诸篇"的讨论。

参考文献

一、传世元典

（一）《逸周书》

1. 〔晋〕孔晁注:《元本汲冢周书》,元至正十四年(1354)嘉兴路儒学刻本,杜泽逊审定:《国学基本典籍丛刊》,北京:国家图书馆出版社,2017年。

2. 〔明〕杨慎:《汲冢周书》,明嘉靖元年(1522)刻本。

3. 〔明〕章檗:《汲冢周书》,明嘉靖二十二年(1543)刻本。

4. 〔明〕程荣:《逸周书》,《汉魏丛书》本,明万历二十年(1592)刻本。

5. 〔明〕赵标:《汲冢周书》,《汇刻三代遗书》本,明万历二十二年(1594)刻本。

6. 〔明〕吴琯:《汲冢周书》,《古今逸史》本,明万历间(1573—1620)刻本。

7. 〔明〕何允中:《逸周书》,《广汉魏丛书》本,明万历间(1573—1620)刻本,南京图书馆藏。

8. 〔明〕钟惺:《汲冢周书》,《秘书九种》本,明万历间(1573—1620)刻本,湖南图书馆藏。

9. 〔清〕汪士汉:《汲冢周书》,《秘书廿一种》本,清康熙八年(1669)刻本,哈佛大学图书馆藏。

10. 〔晋〕孔晁注:《逸周书》,乾隆四十四年(1779)抄本,〔清〕永瑢、纪昀等:《景印文渊阁四库全书》第370册,台北:台湾商务印书馆,1986年。

11. 〔晋〕孔晁注,〔清〕卢文弨校:《逸周书》,清乾隆五十一年(1786)余姚卢氏抱经堂刻本,宋志英、晁岳佩选编:《〈逸周书〉研究文献辑刊》第1册,北京:国家图书馆出版社,2015年。

12. [清]王谟:《汲冢周书》,《增订汉魏丛书》本,清乾隆五十六年(1791)刻本。

13. [清]王昶:《汲冢周书》,《经余必读》本,清嘉庆八年(1803)刻本。

14. [清]周光霁:《汲冢周书》,《袖珍廿一种秘书》本,清嘉庆十四年(1809)刻本。

15. [清]潘振注:《周书解义》,清嘉庆间(1796—1820)刻本,宋志英、晁岳佩选编:《〈逸周书〉研究文献辑刊》第2册,北京:国家图书馆出版社,2015年。

16. [晋]孔晁注,[清]陈逢衡补注:《逸周书补注》,清道光五年(1825)刻本,宋志英、晁岳佩选编:《〈逸周书〉研究文献辑刊》第2—4册,北京:国家图书馆出版社,2015年。

17. [晋]孔晁注,[清]丁宗洛笺:《逸周书管笺》,清道光十年(1830)济宁海康丁宗洛迂园刻本,宋志英、晁岳佩选编:《〈逸周书〉研究文献辑刊》第6册,北京:国家图书馆出版社,2015年。

18. [日]西乡义:《逸周书》,日本天保二年(1831)彦藩弘道馆本,东京大学东洋文化研究所藏。

19. [清]唐大沛撰:《逸周书分编句释》,清道光十六年(1836)著者手定底稿本,宋志英、晁岳佩选编:《〈逸周书〉研究文献辑刊》第7册,北京:国家图书馆出版社,2015年。

20. [清]朱骏声:《周书集训校释增校》,邓实、黄节主编:《国粹学报》第15册,扬州:广陵书社,2006年。

21. [清]王念孙撰:《逸周书杂志》,清同治九年(1870)金陵书局刻本,宋志英、晁岳佩选编:《〈逸周书〉研究文献辑刊》第7册,北京:国家图书馆出版社,2015年。

22. [清]郝懿行:《汲冢周书辑要》,清光绪八年(1882)东路厅署开雕本。

23. [清]翁曾源:《汲冢周书摘录》,清同光间(1862—1908)抄本,南京图书馆藏。

24. ［清］朱右曾撰:《逸周书集训校释》,清光绪十四年(1888)南菁书院刻《皇清经解续编》本,宋志英、晁岳佩选编:《〈逸周书〉研究文献辑刊》第 8 册,北京:国家图书馆出版社,2015 年。

25. ［清］龙凤镳:《逸周书》,《知服斋丛书》本,清光绪二十二年(1896)刻本。

26. ［清］俞樾撰:《周书平议》,清光绪二十五年(1899)德清俞氏增修本,宋志英、晁岳佩选编:《〈逸周书〉研究文献辑刊》第 8 册,北京:国家图书馆出版社,2015 年。

27. ［清］庄述祖:《尚书记》,《云自在龛丛书》本,清光绪二十五年(1899)菊月江阴缪氏校刊本。

28. ［清］孙诒让撰:《周书斠补》,清光绪二十六年(1900)里安孙氏刻本,宋志英、晁岳佩选编:《〈逸周书〉研究文献辑刊》第 8 册,北京:国家图书馆出版社,2015 年。

29. ［清］无名氏:《逸周书不分卷 附国语不分卷 白虎通一卷》,清同光间(1862—1908)抄本,南京图书馆藏。

30. ［清］于鬯:《香草校书》,北京:中华书局,1984 年。

31. 陈汉章撰:《周书后案》,民国二十五年(1936)铅印本,宋志英、晁岳佩选编:《逸周书研究文献辑刊》第 9 册,北京:国家图书馆出版社,2015 年。

32. 刘师培撰:《周书补正》,民国间(1912—1949)宁武南氏铅印本,宋志英、晁岳佩选编:《〈逸周书〉研究文献辑刊》第 9 册,北京:国家图书馆出版社,2015 年。

33. 高时显辑校:《逸周书》,《四部备要》本,上海:中华书局,民国间(1912—1949)刻本。

34. ［晋］孔晁注:《逸周书》,王云五主编:《丛书集成初编》,上海:商务印书馆,1937 年。

35. 黄怀信、张懋镕、田旭东撰,黄怀信修订,李学勤审定:《逸周书汇校集注》,上海:上海古籍出版社,2007 年。

36. 黄怀信:《逸周书校补注译》,西安:三秦出版社,2006 年。

37. 张闻玉译注:《逸周书全译》,贵阳:贵州人民出版社,2000 年。

38. 周宝宏:《〈逸周书〉考释》,北京:社会科学文献出版社,2001年。
39. 牛鸿恩注译:《新译逸周书》,台北:三民书局,2015年。
40. 姚蓉:《逸周书文系年注析》,桂林:广西师范大学出版社,2015年。
41. 徐芹庭编著:《细说逸周书》,徐耀环主编:《细说廿四经》第12册,新北:圣环图书,2017年。
42. 章宁疏证,晁福林审订:《逸周书疏证》,西安:三秦出版社,2023年。

(二)经部

1. [魏]王弼,[晋]韩康伯注,[唐]孔颖达正义:《周易注疏》,[清]阮元校刻,方向东点校:《十三经注疏》第1册,北京:中华书局,2021年。
2. [汉]孔安国传,[唐]孔颖达正义:《尚书注疏》,[清]阮元校刻,方向东点校:《十三经注疏》第2册,北京:中华书局,2021年。
3. [汉]孔安国传,[唐]孔颖达正义:《尚书正义》,[清]阮元校刻:《十三经注疏(清嘉庆刊本)》第1册,北京:中华书局,2009年。
4. [宋]蔡沈撰,王丰先点校:《书集传》,北京:中华书局,2018年。
5. [明]王樵撰:《尚书日记》,[清]永瑢、纪昀等:《景印文渊阁四库全书》第64册,台北:台湾商务印书馆,1986年。
6. [清]阎咏辑:《朱子古文书疑》,清嘉庆元年(1796)天津吴人骥刻本,南京图书馆藏。
7. [清]朱骏声撰:《尚书古注便读》,民国二十四年(1935)华西国学丛书活字本。
8. 顾颉刚、刘起釪:《尚书校释译论》,北京:中华书局,2005年。
9. 曾运乾撰,黄曙辉点校:《尚书正读》,上海:华东师范大学出版社,2011年。
10. 屈万里著,李伟泰、周凤五校:《尚书集释》,上海:中西书局,2014年。
11. 屈万里:《尚书今注今译》,上海:上海辞书出版社,2015年。
12. 雒江生校诂:《尚书校诂》,北京:中华书局,2018年。
13. 程水金:《尚书释读》,北京:人民文学出版社,2020年。
14. [汉]毛亨传,[汉]郑玄笺,[唐]孔颖达正义:《毛诗注疏》,[清]阮元校刻,方向东点校:《十三经注疏》第 5 册,北京:中华书局,2021 年。

15. [宋]朱熹集撰,赵长征点校:《诗集传》,北京:中华书局,2017 年。

16. [清]方玉润撰,李先耕点校:《诗经原始》,北京:中华书局,1986 年。

17. [汉]郑玄注,[唐]贾公彦疏:《周礼注疏》,[清]阮元校刻,方向东点校:《十三经注疏》第 8 册,北京:中华书局,2021 年。

18. [清]孙诒让撰,王文锦、陈玉霞点校:《周礼正义》,《十三经清人注疏》,北京:中华书局,2013 年。

19. [清]江永撰:《周礼疑义举要》,王云五主编:《丛书集成初编》,上海:商务印书馆,1935 年。

20. [元]汪克宽撰:《经礼补逸》,[清]永瑢、纪昀等:《景印文渊阁四库全书》第 105 册,台北:商务印书馆,1986 年。

21. [汉]郑玄注,[唐]孔颖达正义:《礼记注疏》,[清]阮元校刻,方向东点校:《十三经注疏》第 13 册,北京:中华书局,2021 年。

22. [清]江永:《礼记训义择言》,[清]永瑢、纪昀等:《景印文渊阁四库全书》第 128 册,台北:商务印书馆,1986 年。

23. [清]王聘珍撰,王文锦点校:《大戴礼记解诂》,《十三经清人注疏》,北京:中华书局,1983 年。

24. [清]秦蕙田撰,方向东、王锷点校:《五礼通考》,北京:中华书局,2020 年。

25. [宋]张洽撰,陈岘点校:《春秋集注》,北京:中华书局,2021 年。

26. 杨伯峻编著:《春秋左传注》,北京:中华书局,2016 年。

27. 赵生群注:《春秋左传新注》,西安:陕西人民出版社,2008 年。

28. [汉]何休注,[唐]徐彦疏:《春秋公羊传注疏》,[清]阮元校刻,方向东点校:《十三经注疏》第 20 册,北京:中华书局,2021 年。

29. [晋]范宁注,[唐]杨士勋疏:《春秋谷梁传注疏》,[清]阮元校刻,方向东点校:《十三经注疏》第 22 册,北京:中华书局,2021 年。

30. [魏]何晏注,[宋]邢昺疏:《论语注疏》,[清]阮元校刻,方向东点校:《十三经注疏》第 23 册,北京:中华书局,2021 年。

31. 杨伯峻译注:《论语译注》,北京:中华书局,2009 年。

32. 杨伯峻译注：《孟子译注》，北京：中华书局，2010年。

33. [汉]许慎撰，[宋]徐铉等校定：《说文解字》，北京：中华书局，2013年。

34. [汉]许慎撰，[清]段玉裁注：《说文解字注》，杭州：浙江古籍出版社，2006年。

35. [汉]佚名：《尔雅：附音序、笔画索引》，北京：中华书局，2016年。

36. [汉]扬雄撰：《宋本方言》，宋庆元六年(1200)浔阳郡斋刻本，杜泽逊审定：《国学基本典籍丛刊》，北京：国家图书馆出版社，2017年。

（三）史部（不包括《逸周书》）

1. [汉]司马迁撰，[南朝宋]裴骃集解，[唐]司马贞索隐，[唐]张守节正义：《宋本史记》，日本国立历史民俗博物馆藏本，杜泽逊审定：《国学基本典籍丛刊》，北京：国家图书馆出版社，2018年。

2. [汉]司马迁撰：《史记》，北京：中华书局，1982年。

3. [汉]司马迁撰，[南朝宋]裴骃集解，[唐]司马贞索隐，[唐]张守节正义：《史记》，北京：中华书局，2014年。

4. [汉]班固撰，[唐]颜师古注：《汉书》，北京：中华书局，1962年。

5. [南朝宋]范晔撰，[唐]李贤等注：《后汉书》，北京：中华书局，1965年。

6. [晋]陈寿撰，[南朝宋]裴松之注：《三国志》，北京：中华书局，1982年。

7. [唐]房玄龄等撰：《晋书》，北京：中华书局，1974年。

8. [南朝梁]沈约撰：《宋书》，北京：中华书局，1974年。

9. [唐]魏征、令狐德棻撰：《隋书》，北京：中华书局，1973年。

10. 方诗铭、王修龄撰：《古本竹书纪年辑证》，上海：上海古籍出版社，2005年。

11. 王国维撰，黄永年校点：《今本竹书纪年疏证》，沈阳：辽宁教育出版社，1997年。

12. [宋]罗泌撰：《路史》，[清]永瑢、纪昀等：《景印文渊阁四库全书》第383册，台北：商务印书馆，1986年。

13. 徐元诰撰,王树民、沈长云点校:《国语集解》,北京:中华书局,2002年。

14. 诸祖耿编撰:《战国策集注汇考》,南京:凤凰出版社,2008年。

15. 吴则虞撰:《晏子春秋集释》,北京:中华书局,1988年。

16. [汉]赵晔撰:《吴越春秋》,王云五主编:《丛书集成初编》,上海:商务印书馆,1937年。

17. [清]永瑢等:《四库全书总目》,北京:中华书局,1965年。

18. [唐]刘知几著,[清]浦起龙通释,王煦华整理:《史通通释》,上海:上海古籍出版社,2009年。

19. [清]章学诚撰,叶瑛校注:《文史通义校注》,北京:中华书局,2014年。

20. [清]顾祖禹辑著:《读史方舆纪要》,北京:中华书局,1955年。

21. [清]李兆洛:《历代地理志韵编今释》,清同治十年(1871)刻本。

22. [清]谢旻:《江西通志》,[清]永瑢、纪昀等:《景印文渊阁四库全书》第513册,台北:商务印书馆,1986年。

23. [清]洪亮吉:《乾隆府厅州县图志》,清光绪二十三年(1897)新化三味书室刻本。

24. [清]李云:《(道光)金谿县志》,清道光三年(1823)刻本,南京图书馆藏。

25. [清]沈葆桢,[清]吴坤修等修:《(光绪)重修安徽通志》;《续修四库全书》编纂委员会编:《续修四库全书》第651册,上海:上海古籍出版社,2002年。

(四)子部

1. 梁启雄:《荀子简释》,北京:中华书局,1983年。

2. [汉]贾谊撰,阎振益、钟夏校注:《新书校注》,北京:中华书局,2000年。

3. [明]李廷机著,[明]张瑞图校正,[明]邹圣脉原订,[清]周光霁重校:《令德堂增定课儿鉴略妥注善本》,道光中后期(1832—1850)刻本。

4. [清]江永:《近思录集注》,[清]永瑢、纪昀等:《景印文渊阁四库全书》第 699 册,台北:商务印书馆,1986 年。

5. 黎翔凤撰,梁运华整理:《管子校注》,北京:中华书局,2004 年。

6. 蒋礼鸿撰:《商君书锥指》,北京:中华书局,1986 年。

7. 《韩非子》校注组编写,周勋初修订:《韩非子校注》,南京:凤凰出版社,2009 年。

8. [汉]徐岳撰,[北周]甄鸾注:《数术记遗》,王云五主编:《丛书集成初编》,上海:商务印书馆,1939 年。

9. [清]孙诒让撰,孙启治点校:《墨子闲诂》,北京:中华书局,2001 年。

10. 许维遹撰:《吕氏春秋集释》,北京:中华书局,2016 年。

11. 刘文典撰,冯逸、乔华点校:《淮南鸿烈集解》,北京:中华书局,1989 年。

12. [南朝梁]萧绎撰,陈志平、熊清元疏证校注:《金楼子疏证校注》,上海:上海古籍出版社,2014 年。

13. [清]陈立撰:《白虎通疏证》,北京:中华书局,1994 年。

14. [明]顾炎武著,[清]黄汝成集释,栾保群校注:《日知录集释》,杭州:浙江古籍出版社,2013 年。

15. [明]张志淳:《南园漫录》,[清]永瑢、纪昀等:《景印文渊阁四库全书》第 867 册,台北:商务印书馆,1986 年。

16. [清]马国翰辑:《玉函山房辑佚书》,扬州:广陵书社,2004 年。

17. [清]吴承志撰,罗凌校注:《横阳札记》,上海:华东师范大学出版社,2012 年。

18. [唐]欧阳询撰,汪绍楹校:《艺文类聚》,上海:上海古籍出版社,1982 年。

19. [唐]徐坚等:《初学记》,北京:中华书局,2004 年。

20. [宋]李昉撰:《太平御览》,北京:中华书局,1960 年。

21. 袁珂校注:《山海经校注》,成都:巴蜀书社,1992 年。

22. [晋]张华撰,范宁校证:《博物志校证》,北京:中华书局,2014 年。

23. [清]郭庆藩撰,王孝鱼点校:《庄子集释》,北京:中华书局,2012 年。

（五）集部

1. ［宋］洪兴祖撰，白化文等点校：《楚辞补注》，北京：中华书局，1983年。

2. ［南朝梁］萧统编，［唐］李善等注：《六臣注文选》，北京：中华书局，2012年。

3. ［南朝陈］徐陵编，［清］吴兆宜注，［清］程琰删补，穆克宏点校：《玉台新咏笺注》，北京：中华书局，2017年。

4. ［宋］郭茂倩编：《乐府诗集》，北京：中华书局，1979年。

5. ［清］吴楚材、吴调侯编选：《古文观止》，长沙：岳麓书社，1982年。

6. ［南朝梁］刘勰著，黄淑琳注，李详补注，杨明照校注拾遗：《增订文心雕龙校注》，北京：中华书局，2012年。

7. ［宋］陈骙撰：《文则》，王云五主编：《丛书集成初编》，上海：商务印书馆，1937年。

8. ［唐］李白著，瞿蜕园、朱金城校注：《李白集校注》，上海：上海古籍出版社，1980年。

9. ［清］汪中撰，戴庆钰、涂小马校点：《述学》，沈阳：辽宁教育出版社，2000年。

10. ［清］陈寿祺撰：《左海文集》，《续修四库全书》编纂委员会编：《续修四库全书》第1496册，上海：上海古籍出版社，2002年。

11. ［明］罗贯中著，［清］毛宗岗评点：《毛宗岗批评本三国演义》，长沙：岳麓书社，2015年。

二、出土文献

1. 胡厚宣、郭沫若等编：《甲骨文合集》，北京：中华书局，2001年。

2. 胡厚宣主编：《甲骨文合集释文》，北京：中国社会科学出版社，1999年。

3. 天理大学、天理教道友社编：《天理大学附属天理参考馆藏品·甲骨文字》，奈良：天理教道友社，1986年。

4. 中国社会科学院考古研究所编：《殷周金文集成（修订增补本）》，北京:中华书局,2007年。

5. 钟柏生、陈昭容、黄铭崇、袁国华编:《新收殷周青铜器铭文暨器影汇编》,台北:艺文印书馆,2006年。

6. 吴镇烽编著:《商周青铜器铭文暨图像集成》,上海:上海古籍出版社,2012年。

7. 吴镇烽编著:《商周青铜器铭文暨图像集成续编》,上海:上海古籍出版社,2016年。

8. 吴镇烽编著:《商周青铜器铭文暨图像集成三编》,上海:上海古籍出版社,2020年。

9. 湖北省荆沙铁路考古队:《包山楚简》,北京:文物出版社,1991年。

10. 荆门市博物馆编:《郭店楚墓竹简》,北京:文物出版社,2002年。

11. 马承源主编:《上海博物馆藏战国楚竹书(一)》,上海:上海古籍出版社,2001年。

12. 马承源主编:《上海博物馆藏战国楚竹书(二)》,上海:上海古籍出版社,2002年。

13. 马承源主编:《上海博物馆藏战国楚竹书(四)》,上海:上海古籍出版社,2004年。

14. 清华大学出土文献研究与保护中心编,李学勤主编:《清华大学藏战国竹简(壹)》,上海:中西书局,2010年。

15. 清华大学出土文献研究与保护中心编,李学勤主编:《清华大学藏战国竹简(叁)》,上海:中西书局,2012年。

16. 清华大学出土文献研究与保护中心编,李学勤主编:《清华大学藏战国竹简(伍)》,上海:中西书局,2015年。

17. 清华大学出土文献研究与保护中心编,李学勤主编:《清华大学藏战国竹简(柒)》,上海:中西书局,2017年。

三、今人著述

(一)"书"类著述

1. 蒋善国:《尚书综述》,上海:上海古籍出版社,1988年。

2. 陈梦家:《尚书通论》,北京:中华书局,2005 年。

3. 刘起釪:《尚书学史》,北京:中华书局,2017 年。

4. 程元敏:《尚书学史》,上海:华东师范大学出版社,2013 年。

5. 黄怀信:《〈逸周书〉源流考辨》,西安:西北大学出版社,1992 年。

6. 张怀通:《〈逸周书〉新研》,北京:中华书局,2013 年。

7. 张怀通:《〈尚书〉新研》,北京:中华书局,2021 年。

8. 周玉秀:《〈逸周书〉的语言特点及其文献学价值》,北京:中华书局,2005 年。

9. 王连龙:《〈逸周书〉研究》,北京:社会科学文献出版社,2010 年。

10. 杜勇:《〈尚书〉周初八诰研究》,北京:中国社会科学出版社,2017 年。

11. 罗家湘:《〈逸周书〉研究》,上海:上海古籍出版社,2006 年。

12. 唐元发:《〈逸周书〉词汇研究》,杭州:浙江大学出版社,2015 年。

13. 冯胜君:《清华简〈尚书〉类文献笺释》,上海:上海古籍出版社,2022 年。

14. 马士远:《周秦〈尚书〉学研究》,北京:中华书局,2008 年。

15. Robin Mcneal. *Conquer and Govern: Early Chinese Military Texts from the Yizhou Shu*, Hawai'i: University of Hawai'i Press, 2012.

16. 赵奉蓉:《〈逸周书〉文学研究》,北京:中国社会科学出版社,2013 年。

17. 程浩:《有为言之:先秦"书"类文献的源与流》,北京:中华书局,2021 年。

(二)其他著述

1. 李宗邺:《中国历史要籍介绍》,上海:上海古籍出版社,1982 年。

2. 屈万里:《先秦文史资料考辨》,台北:联经出版事业公司,1983 年。

3. 闻一多:《天问疏证》,上海:上海古籍出版社,1985 年。

4. 白春仁:《文学修辞学》,长春:吉林教育出版社,1993 年。

5. 吕思勉:《经子解题》,上海:华东师范大学出版社,1995 年。

6. 梁启超:《清代学术概论》,上海:上海古籍出版社,1998年。

7. 谭家健:《先秦散文艺术新探》,济南:齐鲁书社,2007年。

8. 余嘉锡:《目录学发微 古书通例》,北京:中华书局,2009年。

9. 陈望道:《修辞学发凡》,上海:复旦大学出版社,2011年。

10. 徐芹庭:《修辞学发微》,台北:中华书局,2015年。

11. 夏德靠:《先秦语类文献形态研究》,北京:中华书局,2015年。

12. 梅军:《殷商西周散文文体研究》,北京:科学出版社,2016年。

13. 鲁迅:《中国小说史略》,南昌:江西教育出版社,2017年。

14. 杜勇:《清华简与古史探赜》,北京:科学出版社,2018年。

15. 李曰刚:《文心雕龙斠诠》,台北:南天书局,2018年。

16. [美]夏含夷:《孔子之前:中国经典诞生的研究》,上海:中西书局,2019年。

17. 李零:《简帛古书与学术源流》,北京:三联书店,2020年。

18. 刘国忠:《走近清华简(增补版)》,北京:清华大学出版社,2020年。

19. 胡宁:《楚简诗类文献与诗经学要论丛考》,北京:中华书局,2021年。

20. 王国维:《观堂集林》,北京:中华书局,1959年。

21. 顾颉刚:《史林杂识初编》,北京:中华书局,1963年。

22. 郭沫若:《中国古代社会研究》,北京:人民出版社,1964年。

23. Lotman, Yuri M. *Universe of the Mind: a Semiotic Theory of Culture*. translated by Ann Shukman. London. New York: I. B. TAURIS & CO. LTD, 1990.

24. 裘锡圭:《古代文史研究新探》,南京:江苏古籍出版社,1992年。

25. 南京博物院编:《曾昭燏文集》,北京:文物出版社,1999年。

26. 严毅沉:《周代氏族制度》,哈尔滨:黑龙江人民出版社,2001年。

27. 文物出版社编:《中国历史年代简表》,北京:文物出版社,2001年。

28. 吕思勉:《吕思勉读史札记》,上海:上海古籍出版社,2005年。

29. 张闻玉、饶尚宽、王辉:《西周纪年研究》,贵阳:贵州大学出版社,2010年。

30. 晁福林:《夏商西周的社会变迁》,北京:中国人民大学出版社,2010年。

31. 王国维:《古史新证》,长沙:湖南人民出版社,2010年。

32. 何忠礼:《中国古代史史料学》,上海:上海古籍出版社,2012年。

33. 陕西省考古研究院、渭南市文物旅游局、华县文物旅游局编著:《华县泉护村——1997年考古发掘报告》,北京:文物出版社,2014年。

34. 丁山:《古代神话与民族》,北京:商务印书馆,2015年。

35. 梁启超:《中国历史研究法》,北京:中华书局,2016年。

36. 李峰著,徐峰译,汤惠生校:《西周的灭亡:中国早期国家的地理和政治危机(增订本)》,上海:上海古籍出版社,2016年。

37. 杨宽:《西周史》,上海:上海人民出版社,2016年。

38. 陈高华、陈智超等:《中国古代史史料学》,北京:中华书局,2016年。

39. 许倬云:《西周史》,北京:三联书店,2018年。

40. 张光直:《商文明》,北京:三联书店,2019年。

41. 夏商周断代工程专家组编著:《夏商周断代工程报告》,北京:科学出版社,2022年。

42. 丁山:《甲骨文所见氏族及其制度》,北京:中华书局,1988年。

43. 郭沫若:《两周金文辞大系图录考释》;郭沫若著作编辑出版委员会编:《郭沫若全集·考古编》,北京:科学出版社,2002年。

44. 郭沫若:《卜辞通纂》;郭沫若著作编辑出版委员会编:《郭沫若全集·考古编》,北京:科学出版社,2002年。

45. 王晖:《古文字与商周史新证》,北京:中华书局,2003年。

46. 黄德宽主编:《古文字谱系疏证》,北京:商务印书馆,2007年。

47. 郭锡良编著:《汉字古音手册》,北京:商务印书馆,2010年。

48. 王长丰:《殷周金文族徽研究》,上海古籍出版社,2015年。

49. 曹方向编著:《甲骨文读本》,南京:凤凰出版社,2017年。

四、学术论文

（一）期刊论文

1. 唐兰：《卜辞时代的文学和卜辞文学》，《清华大学学报（自然科学版）》1936 年第 3 期。

2. Edward. L. Shaughnessy. "'New' Evidence on the Zhou Conquest." *Early China*, Vol. 6(1980-81).

3. 何幼琦：《〈武成〉〈世俘〉述评》，《江汉论坛》1983 年第 2 期。

4. 张永言：《"轻吕"和"乌育"》，《语言研究》1983 年第 2 期。

5. 江龙山：《拜和再拜》，《辞书研究》1985 年第 4 期。

6. 马承玉：《〈逸周书〉之名始于〈说文〉》，《江汉论坛》1985 年第 5 期。

7. 赵光贤：《说〈逸周书·世俘〉篇并拟武王伐纣日程表》，《历史研究》1986 年第 6 期。

8. 温同想：《表生富集在我国上古生界铝土矿富矿体形成中的意义》，《河南国土资源》1987 年第 1 期。

9. 孙醒：《试探武王伐纣的目的与性质》，《史学月刊》1987 年第 2 期。

10. 邓乐群：《略论西周"以德辅天"思想的兴起及其积极作用》，《南充师院学报（哲学社会科学版）》1987 年第 2 期。

11. 李学勤：《〈世俘〉篇研究》，《史学月刊》1988 年第 2 期。

12. 李学勤：《祭公谋父及其德论》，《齐鲁学刊》1988 年第 3 期。

13. 祝中熹：《先秦独特的挑战方式——致师》，《文史知识》1988 年第 7 期。

14. 祝中熹：《〈逸周书〉浅探》，《青海师范大学学报（哲学社会科学版）》1989 年第 2 期。

15. Edward. L. Shaughnessy. "The Role of Grand Protector Shi in the Consolidation of the Zhou Conquest." *Ars Orientalis*, Vol. 19 (1989).

16. 黄怀信：《〈逸周书〉时代略考》，《西北大学学报（哲学社会科学版）》1990 年第 1 期。

17. 王太阁：《致师，独特的上古挑战方式》，《殷都学刊》1991 年第 1 期。

18. 谭家健:《〈逸周书〉与先秦文学》,《文史哲》1991 年第 3 期。

19. 黄怀信:《〈逸周书〉各家旧校注勘误举例》,《西北大学学报(哲学社会科学版)》1991 年第 3 期。

20. 侯莉闽:《吉林延边新龙青铜墓葬及对该遗存的认识》,《北方文物》1994 年第 3 期。

21. 王昌燧、左健、毛振伟、河西学、舆水达司:《班村遗址出土彩陶的陶彩分析》,《中国历史博物馆馆刊》1995 年第 1 期。

22. 肖明华:《云南剑川海门口青铜时代早期遗址》,《考古》1995 年第 9 期。

23. 李学勤:《〈尚书〉与〈逸周书〉中的月相》,《中国文化研究》1998 年第 2 期。

24. 蔡升奕:《〈逸周书〉若干校注疏证》,《语文研究》2000 年第 4 期。

25. 王永波:《论禽簋与鲁国始封年代》,《东南文化》2000 年第 11 期。

26. 李零:《从简帛发现看古书的体例和分类》,《中国典籍与文化》2001 年第 1 期。

27. 韩维志:《古代"致师"小考》,《古籍整理研究学刊》2001 年第 1 期。

28. 罗家湘:《〈逸周书〉的异名与编辑》,《西北师大学报(社会科学版)》2001 年第 5 期。

29. 李绍平:《〈逸周书〉考辨四题》,《湖南师范大学社会科学学报》2001 年第 5 期。

30. 叶正渤:《〈逸周书〉与武王克商日程、年代研究》,《南京社会科学》2001 年第 8 期。

31. 林文华:《金文研究在〈逸周书〉经文训解上的几项新证》,《书目季刊》2002 年第 2 期。

32. 朱忠平、范晓慧、姜涛、李光辉:《我国氧化铝工业及铝土矿铝硅分离研究进展》,《矿产保护与利用》2002 年第 4 期。

33. 刘红霞:《先秦的"致师"》,《山东省农业管理干部学院学报》2003 年第 6 期。

34. 曹海东:《〈国殇〉"凌余阵"新诠》,《华中师范大学学报(人文社会科学版)》2004年第4期。

35. 魏慈德:《〈逸周书〉〈世俘〉〈克殷〉两篇与出土文献互证试论》,《东华人文学报》2004年第6期。

36. 童庆炳:《怎样理解文学是"审美意识形态"?——〈文学理论教程〉编著手札》,《中国大学教学》2004年第1期。

37. 刘精盛:《王念孙〈读书杂志·逸周书〉校雠补正》,《古籍整理研究学刊》2007年第3期。

38. 傅仁义:《金牛山古人类遗址的发掘和研究简史》,《考古学研究》2008年第0期。

39. 罗运兵、张居中:《河南舞阳县贾湖遗址出土猪骨的再研究》,《考古》2008年第1期。

40. 过常宝:《论〈尚书〉诰体的文化背景》,《北京师范大学学报(社会科学版)》2008年第4期。

41. 罗家湘:《大祝"会"辞源流考》,《云南民族大学学报(哲学社会科学版)》2009年第26卷第1期。

42. [俄]А. А. 科瓦列夫、[蒙]Д. 额尔德涅巴特尔、邵会秋、潘玲:《蒙古青铜时代文化的新发现》,《边疆考古研究》第8辑(2009年)。

43. 陈彦辉:《西周册命铭文的礼仪内涵及其文体意义——以文体要素"拜手稽首"为例》,《广东外语外贸大学学报》2009年第20卷第5期。

44. 叶修成:《论〈尚书〉诰体的生成机制及其文化意蕴》,《海南大学学报(人文社会科学版)》2009年第27卷第5期。

45. 黄怀信:《清华简〈保训〉篇的性质、时代及真伪》,《历史文献研究》第29辑(2010年)。

46. 王炜林:《猫、鼠与人类的定居生活——从泉护村遗址出土的猫骨谈起》,《考古与文物》2010年第1期。

47. 苗霞:《殷墟出土的虎类遗物探析》,《考古学集刊》2010年第2期。

48. 沈建华:《清华楚简〈祭公之顾命〉中的三公与西周世卿制度》,《中华文史论丛》2010年第4期。

49. 郑春元:《〈聊斋志异〉中的神秘描写》,《蒲松龄研究》2010年第

4 期。

50. 杜勇:《关于清华简〈保训〉的著作年代问题》,《天津师范大学学报(社会科学版)》2010 年第 4 期。

51. 叶正渤:《〈汲冢周书·克殷解〉〈世俘解〉合校》,《古籍整理研究学刊》2010 年第 4 期。

52. 翟胜利:《西周金文与献俘礼》,《文物春秋》2010 年第 6 期。

53. 佚名:《法国"人骨剑"吸血惊魂》,《奇闻怪事》2010 年第 7 期。

54. 李均明:《清华简〈皇门〉之君臣观》,《中国史研究》2011 年第 1 期。

55. 李学勤:《清华简与〈尚书〉〈逸周书〉的研究》,《史学史研究》2011 年第 2 期。

56. 胡新生:《周代拜礼的演进》,《文史哲》2011 年第 3 期。

57. 牛鸿恩:《论〈逸周书〉写作的时代与地域——兼与刘起釪、李学勤先生商榷》,《励耘学刊(文学卷)》2012 年第 1 期。

58. 晁福林:《"君民同构":孔子政治哲学的一个重要命题——上博简和郭店简〈缁衣〉篇的启示》,《哲学研究》2012 年第 10 期。

59. 王向辉:《清华简〈皇门〉篇主旨新读》,《宝鸡文理学院学报(社会科学版)》2012 年第 32 卷第 5 期。

60. 张怀通:《〈世俘〉错简续证》,《中国史研究》2013 年第 1 期。

61. 李学勤:《清华简的文献特色与学术价值》,《文艺研究》2013 年第 8 期。

62. 桂珍明:《〈逸周书〉所载武王伐纣史事述论》,《西部学刊》2014 年第 8 期。

63. 王连龙:《谈汲冢〈周书〉与〈逸周书〉——从出土文献研究看古书形成和流传问题》,《中原文化研究》2014 年第 2 卷第 4 期。

64. 魏慈德:《从出土的〈清华简·祭公之顾命〉来看清人对〈逸周书·祭公〉篇的校注》,《厦大中文学报》2016 年第 1 期。

65. 晁福林:《从清华简〈程寤〉篇看"文王受命"问题》,《北京师范大学学报(社会科学版)》2016 年第 5 期。

66. 杨华:《〈酬世锦囊〉与民间日用礼书》,《中国出版史研究》2016 年第

4 期。

67. 谢肃：《〈世俘〉"皆施佩，衣衣，先馘入"解》，《中国史研究》2017 年第 1 期。

68. 梁祖萍：《文辞所被，夸饰恒存——〈文心雕龙〉"夸饰"论探析》，《宁夏大学学报（人文社会科学版）》2017 年第 39 卷第 4 期。

69. ［捷克］石安瑞：《由铜器铭文的编纂角度看西周金文中"拜手稽首"的性质》，《青铜器与金文》第 1 辑（2017 年）。

70. 刘梦扬：《〈祭公之顾命〉中的人物关系》，《中国社会科学报》2018 年 06 月 25 日。

71. 刘丽：《〈保训〉性质、体裁与年代探析》，《简帛研究》2018 年第 2 期。

72. 朱凤瀚：《也论西周金文中的"拜手稽首"》，《青铜器与金文》2019 年第 0 期。

73. 章宁：《"书"类文献刍议》，《史学史研究》2019 年第 1 期。

74. 刘光胜：《"康丘之封"与西周封建方式的转进——以清华简〈系年〉为中心的考察》，《史学月刊》2019 年第 2 期。

75. 张瀚墨：《新出文本与历史真实：王位继承语境下清华简〈保训〉篇解读及相关问题讨论》，《浙江大学学报（人文社会科学版）》2019 年第 49 卷第 2 期。

76. 刘建民、张学城：《〈书〉类文献字词研究二题》，《汉语史与汉藏语研究》2020 年第 1 期。

77. 章宁：《〈世俘〉编纂考》，《经学文献研究集刊》2020 年第 1 期。

78. 刘光胜：《清华简〈书〉类文献界定原则新探》，《简帛》2020 年第 2 期。

79. 刘芳亮：《袁传璋〈唐张守节史记正义佚存〉手稿之文献价值〉补正》，《域外汉籍研究集刊》2021 年第 1 期。

80. 李治霖、多立安、李晟、王天明：《陆生食肉动物竞争与共存研究概述》，《生物多样性》2021 年第 29 卷第 1 期。

81. 王福海：《殷周之际"天命"思想变迁内在理路的哲学省察——以周武王的天命思想为中心》，《周易研究》2021 年第 2 期。

82.《第三次全国国土调查结果:2019年末我国耕地超19亿亩》,《中国经济周刊》2021年第17期。

83. 张怀通:《〈世俘〉与武王献俘盟誓典礼》,《古代文明》2022年第16卷第3期。

(二)学位论文

1. 黄沛荣:《周书研究》,台湾大学中国文学研究所博士学位论文,1976年。

2. 胡宏哲:《〈尚书〉与〈逸周书〉比较研究》,北京语言大学博士学位论文,2008年。

3. 禄书果:《清华简〈书〉类文献整理与研究》,郑州大学博士学位论文,2017年。

4. 杨闯:《〈尚书〉周初诸诰研究》,南京师范大学博士学位论文,2019年。

5. 曾雯瑶:《〈逸周书〉周初史事诸篇研究》,吉林大学硕士学位论文,2016年。

6. 任惠霞:《周代"大师之礼"研究》,青岛大学硕士学位论文,2016年。

7. 李薇:《基于词汇史的〈逸周书〉三篇之传世及出土本撰成时代考》,西南大学硕士学位论文,2018年。

8. 王静蓉:《〈文心雕龙〉"夸饰"篇美学研究》,西北大学硕士学位论文,2021年。

(三)析出论文

1. 顾颉刚:《〈逸周书·世俘篇〉校注、写定与评论》,新建设编辑部编:《文史》第2辑,北京:中华书局,1963年。

2. 李学勤:《释多君、多子》,胡厚宣主编:《甲骨文与殷商史》,上海:上海古籍出版社,1983年。

3. 周凤五:《由文心辨骚、诠赋、谐隐论赋的起源》,中国古典文学研究会主编:《文心雕龙综论》,台北:台湾学生书局,1988年。

4. 沈谦:《从〈文心雕龙〉论修辞之"夸饰"》,中国古典文学研究会主编:《文心雕龙综论》,台北:台湾学生书局,1988年。

5. 顾颉刚:《讨论古史答刘、胡二先生》,顾颉刚编著:《古史辨》第 1 册,海口:海南出版社,2005 年。

6. 顾颉刚:《与钱玄同先生论古史书》,顾颉刚编著:《古史辨》第 1 册,海口:海南出版社,2005 年。

7. 刘韵叶:《略论〈逸周书〉中的夏史料》,《史海侦迹——庆祝孟世凯先生七十岁文集》,香港:新世纪出版社,2006 年。

8. 饶宗颐:《古史重建与地域扩张问题》,沈建华编:《饶宗颐新出土文献论证》,上海:上海古籍出版社,2005 年。

9. 郭伟川:《略论两周典籍对周公史事之记述——兼论若干出土铜器铭文对周公史事之印证》,《两周史论》,北京:北京图书馆出版社,2006 年。

10. 郭伟川:《周公称王考——〈尚书·周书〉与〈逸周书〉新探》,《两周史论》,北京:北京图书馆出版社,2006 年。

11. [日]谷中信一:《逸周书的思想及其成书——对于齐学术一个侧面的考察》,《日本学者论中国哲学史》,上海:华东师范大学出版社,2010 年。

12. 朱凤瀚:《读清华楚简〈皇门〉》,清华大学出土文献研究与保护中心编:《清华简研究(第一辑):清华大学藏战国竹简(壹)国际学术研讨会论文集》,上海:中西书局,2012 年。

13. 裘锡圭:《出土文献与古典学重建》,复旦大学出土文献与古文字研究中心编:《出土文献与古典学重建论集》,上海:中西书局,2018 年。

14. 俞可平:《从〈逸周书〉看西周的国家形态》,俞可平主编:《北大政治学评论》第 7 辑,北京:商务印书馆,2020 年。

15. 王文意:《〈程寤〉〈保训〉视野下的〈逸周书〉文王佚篇研究》,吴琦主编:《华大史学论坛》第 7 辑,武汉:湖北人民出版社,2021 年。

后 记

这本专著是在我博士学位论文(2023年5月通过答辩)的基础上修改而成的,也是我尝试出版的第一本书。我自知其中肯定有很多幼稚的观点与低级的错漏,但作为一个阶段性成果,代表的是我博士期间的治学状态与精神状态,因此思虑再三,觉得还是应当出版出来,以志纪念。不指望对相关领域的研究有多大的贡献,但视作个人学术生涯上的一个小小节点还是担当得起的。我不知道未来我的学术能走到哪一步,如果未来沦为平庸,那么这本专著就会成为我个人的巅峰之作;如果未来我可以在学术界拥有一个小小的立足之地——虽然这种可能性微乎其微,那么这本书也可以视作我治学的一个起点。在此特别感谢南京大学出版社王文军社长、李晨远编辑,不嫌弃拙著之简陋,使之得以面世。

回首我的求学生涯,2018年从本科学校江南大学保研到南京师范大学,在徐克谦老师门下读了两年硕士,然后2020年硕博连读,在王青老师门下读了三年博士。这一路走来,我首先要感谢的理所应当是我的恩师王青老师。我能读博三年就申请博士学位,军功章有一大半应归于王老师。老师给我的指导、给我提供的资源,决定我能够走到今天。我的选题方向其实和老师的研究领域并没有特别契合,然而老师给予了我足够自由的研究空间,并没有苛责我去迎合什么。在我论文写作的过程中,有些内容我自己可能反复看很多遍也看不出有什么问题,但只要一经老师指点,马上就能找到修改和提升的方向。王老师有着极强的人格魅力,我们在一起的时候,总能从他的言语中受到教益。这样的教益是各方面的,有学术方面,也有非学术方面。2023年初,老师贵体抱恙。为了不耽误我按时参加答辩,老师在病床上帮我看完了学位论文的初稿,并提出了很详细的修改意见,我真的非常感激。我不好意思在这里说太多极端溢美之辞，一言以概之，我对老师有着非常深的感激和崇敬。在毕业以后的学术研究与日常生活中，我都会好好做学术、好好生活，不辜负老师的教导、付出、期望。

我还要感谢徐克谦老师，徐老师是我的硕士导师，是我来南师时的引路人。我自认为我学术稍稍入门的起点，就是来自徐老师和徐门师兄们（杨闯、韩旭、韩述、任奇霖、王国明）的熏陶。我永远忘不了2017年我保研面试时徐老师看我的眼神——那是来自长者的欣赏。每每想起那天，我就会为我现在没有达到当年老师期望中的高度而惭愧。徐老师一句"论文是解决问题的"，让我永远受益。徐老师在我申请硕博连读期间的"鼎力推荐"，真的让我非常感动。那天我去他家楼下找他写推荐信，他写了好长好长，"鼎力推荐"四个字格外醒目。

我还要感谢我的本科毕业论文指导老师刘桂秋老师。江南大学的刘桂秋老师是我最想成为的人，本科时这么觉得，现在依然这么觉得。这些年，我见识了许多大佬，但刘桂秋先生依然是我最想成为的人。他的治学精神、治学态度以及对家乡无锡的热爱，永远感染着我、激励着我。

我还要感谢江南大学的包佳道老师。从我2018年本科毕业至今，我们一直保持着密切的联系。包老师经常和我聊他的学术观点，会和我分享他在治学过程中的乐趣。每当我对学术前途失去信心时，他总是鼓励我，让我重新振作。

我还要感谢徐门2016级博士杨闯师兄。杨闯是我硕士入学时最崇拜的师兄，他的博士论文题目是《〈尚书〉周初诸诰研究》。因为我过于崇拜他，所以2019年就已定下《〈逸周书〉西周诸篇研究》这个题目了。我本打算论文结构也效仿他的样子，但后来为了求稳，没有实行。

我还要感谢李高昌师弟。高昌是我关系最好的同门，是可以睡我家的挚友，我们经常一起出去约饭、出去玩。在论文写作的过程中，他经常夸我优秀，给予了我很大的鼓励。

我还要感谢张妍师妹。张妍是我们这一届的答辩秘书，在毕业答辩环节为我提供了很多帮助。

我还要感谢宗伟师兄、吴海乐师妹、丁帅师弟等同门、同学，在我读博期间给予了我很多帮助,我们一起度过了一些美好的时光。

  我还要感谢江苏城市职业学院的学生尹承龙,有段时间天天陪我泡图书馆,我写论文,他准备转本考试。我在论文写不下去的时候,他经常给予我鼓励。现在他转本成功了,我也博士毕业了。

  接下来,我再谈一谈我的论文写作心得。我在2016年本科二年级的时候,就已经开始关注《尚书》了。当时同学们都在选题,有人选唐宋诗词,有人选明清小说,我当时的想法是,我要选就选个最难的,这样才能最有成就感。我看《尚书》有《虞书》《夏书》,就疑心这确实是虞夏时人写的,便觉得若能研究这个,必然可以站在鄙视链的顶端。于是,我写了一篇《〈尚书〉人物话语特色研究》的论文,六万多字。本打算当作毕业论文的,但到了本科四年级又不满意了,就又写了一篇《〈尚书〉〈逸周书〉、清华简"九篇释文"人物话语特色比较研究》,二十一万字。当时有很多同学崇拜我,觉得我一个本科生能写这么多字很了不起,奉我为"大佬"。我当时有点飘,有点浮躁。读研之后,我继续做《尚书》《逸周书》等"书"类文献方面的研究,并一直在构思"二书"、前轴心时代、"书"类文学等概念。到了2019年,我基本定下了我的硕士学位论文题目,就是现在这个题目。幸得恩师王青老师垂爱,2019年底我取得了硕博连读的资格,于是就继续把这个题目留到了博士学位论文。之后,我一直在收集与这个主题相关的材料,一直在构思这篇论文。2021年底开题的时候,在答辩组老师的建议下,我对论文框架结构进行了一次大的修改,但是好在之前收集的材料还是有用的,我的许多早期想法也最终得以实现,比如关于"话言""猫""顾命"体的讨论以及放在附录里的版本汇校和阙文整理等等。为了考证"话言",早在2019年我就向江西南昌的朋友请教过南昌方言中有关"话事"的问题。本书附录里有很多内容本来打算放在正文里的,但后来又觉得不合适,就放在了附录。"周光霁"这篇文章一直未能发表,虽然凭此参加了山西大学"民间文献研究的理论与实践"学术研讨会(2022年9月),但影响有限。为防止这个版本湮没无闻,我就把它放在了附录里,期待有朝一日能被学界关注。本书靠后部分关于文学的研究,构思时间较晚。因为我申请的是文学博士学位,我一向担心被答辩组老师说"不是文学论文",因此在靠后部分着重增加了"文学"的比重。原本作为重头戏的文献内容,很多被转移到了附录。

时至今日,我已放弃了本科时成为"大佬"的理想。人总是要面对现实的,我很清楚自己几斤几两。我现在的理想是,有个可以做学术的平台,做个普普通通的大学老师,做点自己的小研究,不去争任何头衔。我只要做我喜欢的事,不要被关注,不想站在聚光灯下。刘桂秋先生就是这样一位学者,一直在做自己喜欢的事,在自己的研究领域里有一些引以为傲的成果,但他不追求成为"大佬"。

学术是我一辈子要做的事,我不接受从事与学术研究完全无关的工作。但是,我也不想争,不追求成为"大佬"。同时,我也不追求做贯通古今中外的大学问,那样太累了。我只想沉浸在自己的小领域里,获得一点满足感,就很好了。也许这对社会的贡献微不足道,也不能为家人带来什么实质好处,但我认为这样的一生是有意义的。做学术最重要的是开心,而不是为了达到什么功利目的。我自己开心就好,不在意别人怎么说我。

我希望,"历尽千帆,归来仍是少年",这是我本科毕业那天操场边横幅上写的字;我希望,"国学立身,文采泽人",这是我高中二年级参加演讲比赛时发的誓愿。